当代语言学理论丛书
Contemporary Linguistic Theory Series
主编 Chief Editors
黄正德（哈佛大学）
James Huang (Harvard University)
许德宝（澳门大学）
De Bao Xu (University of Macau)

形式语义学引论

Introduction to Formal Semantics

蒋严　潘海华　著

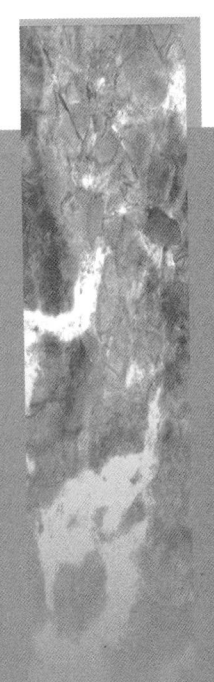

中国社会科学出版社

图书在版编目(CIP)数据

形式语义学引论/蒋严,潘海华著.—北京:中国社会科学出版社,1998.5(2005.6修订版,2015.5重印)

(当代语言学理论丛书/主编 黄正德 许德宝)

ISBN 978-7-5004-2076-7

Ⅰ.①形… Ⅱ.①蒋…②潘… Ⅲ.①形式语义学 Ⅳ.①H0301.2

中国版本图书馆 CIP 数据核字(1998)第 01116 号

出 版 人	赵剑英
责任编辑	任 明
责任校对	季 静
责任印制	何 艳

出 版	中国社会科学出版社
社 址	北京鼓楼西大街甲 158 号
邮 编	100720
网 址	http://www.csspw.cn
发 行 部	010-84083685
门 市 部	010-84029450
经 销	新华书店及其他书店
印刷装订	北京市兴怀印刷厂
版 次	1998 年 5 月第 1 版 2005 年 6 月修订版
印 次	2015 年 5 月第 3 次印刷
开 本	710×1000 1/16
印 张	30.5
插 页	2
字 数	488 千字
定 价	65.00 元

凡购买中国社会科学出版社图书,如有质量问题请与本社联系调换
电话:010-84083683
版权所有 侵权必究

2015年改版说明

《当代语言学理论丛书》（下称《丛书》）2015年再次改版的原因大概有四个：一是内容的更新。自2004年《丛书》再版以来又是十年过去了，语言学理论又发生了变化，有些新的东西需要补写进去。另外，有些作者、编委的工作和联系方式也有了变动，这次改版时都进行了更新。二是市场的需要。《丛书》自1997年初版和2004年再版以来，一直受到读者的欢迎，有的也一直被作为语言学课程的教材，比如《简明语言学史》、《当代社会语言学》、《生成音系学——理论及其应用》、《语言获得理论研究》等。这次改版就是为了满足市场需要，继续为语言学课程提供不同的用书。三是补遗勘误。比如《简明语言学史》的《前言》在初版和再版时都不慎丢失，致使读者对翻译的背景、版权、缘起、作者和朗曼出版公司的大力支持等都不慎了解，这次改版，就把丢失十几年的《前言》"还原"进去，为读者提供了这方面的信息。再有错印、漏印之处这次也都加以改正，比如《生成音系学——理论及其应用》一书的勘误就有16处之多。四是调整版本尺寸。这次改版的版本从原来的大32开改成了小16开，读者会发现小16开本比大32开本容易读得多。

最后，希望这次改版能继续为国内外语言学理论的研究、教学、介绍和交流起到积极的作用。

《当代语言学理论丛书》主编
黄正德　许德宝

《当代语言学理论丛书》再版前言

中国社会科学出版社根据读者的要求，决定再版《丛书》。再版首先是包括增加《丛书》的书目，从第一版的八种增加到现在的十二种；其次是修订增补第一版各书的内容，根据不同学科的进展，增加新的章节；最后是借再版的机会改正第一版中的印刷错误。

《丛书》再版，首先得感谢读者，没有读者的热情支持和鼓励，再版《丛书》是不可能的。其次是感谢编委，也就是《丛书》的作者们。没有《丛书》作者们的辛勤劳动和丰硕的研究成果赢得读者的欢迎，再版《丛书》更是不可能的。另外，特邀编委的热情支持和帮助、责任编辑以及社科出版社的鼎力相助也是《丛书》得以成功的原因之一。在此一并致以衷心的谢意。

较之第一版，再版增加了《关联：交际与认知》、《音系与句法的交叉研究》、《音段音系学》和《历史语言学：方音比较与层次》四种书。如在第一版前言中所指出，《丛书》前八种书主要覆盖美国语言学系研究生（博士、硕士）的八门必修课。再版时增加的四种书属于选修课或专题研究的范围。编委的工作单位有的有了变化，再版时作了相应的改变。特邀编委有的已经退休，再版时还按以前的工作单位列出。

《丛书》再版，错误、疏漏仍在所难免，敬请专家学者批评指正。

最后，希望《丛书》的再版能在国内外语言学理论的研究、教学，以及介绍和交流等方面再次起到积极的作用。

《当代语言学理论丛书》主编

黄正德　许德宝

序　言

　　语言学自乔姆斯基以来，对认知科学、心理学、医学、电子计算机以及人工智能等学科都产生了巨大的影响，成为人文科学的带头学科。只要在国外走一走，就会发现几乎所有的大学都设有语言学系或语言学专业。语言学理论不但对语言学系的学生至关重要，而且也是心理系、教育系、社会学系、认知学理论乃至计算机系的学生必修的基础理论课。乔姆斯基的语言学理论为什么对人文科学和社会科学的影响如此之大？他的什么变革使本来默默无闻的语言学（理论）一跃而成为认知科学、心理学、电子计算机以及人工智能等学科的奠基理论？这不是一句话能说清楚的。要回答这个问题，得从现代语言学的立足点说起，系统介绍现代语言学的基本理论和研究方法、研究对象、研究范围以及研究结果等。不说清楚这些问题，现代语言学在人文科学中的带头作用和对社会科学的巨大影响也就无法说清楚。有系统有深度地介绍现代语言学理论，这就是我们这套丛书的编写目的。

　　要系统介绍现代语言学，各种理论的来龙去脉都得交代清楚，某种理论的发生、发展、不同阶段以及各个流派之间的关系都要说清楚。不能只把一种理论搬来，不管它的过去和与其他理论的联系，那样会让人不知所云。在系统介绍的同时，也要把各种理论的最新研究成果写进去，并评价其优劣不同以及对现代语言学研究的贡献等，做到有深度，有系统、有深度，这是我们介绍的第一个原则。介绍的起点一般是以乔姆斯基与哈利的《英语语音系统》（1968）为始，介绍的终点就是今天，介绍时以八九十年代发展起来的语言学理论为主，所以这套书叫作《当代语言学理论丛书》。

　　要介绍现代语言学并不容易。中国台湾、新加坡、中国香港等地的学者有很好的经验。他们介绍的特点就是把现代语言学理论与汉语的研究结合起来。这样理解起来方便得多，效果也就比较好。单纯介绍，不谈在汉语中的应用，结果理论还是死的东西。我们这套丛书也本着这一点，在选材和编写上都强调在汉语中的应用，尽量用汉语说明。汉语与某种理论不相关的时候，才用其他语言中的例子。这是我们介绍的第二个原则。

我们的第三个原则是以介绍美国语言学理论为主。美国是现代语言学研究的中心，也是生成语言学的发源地。要介绍现代语言学就离不开这个发源地。所以从选材上来讲，我们以美国语言学系研究生（博士和硕士）的必修课为标准，包括语言学史、句法学、音系学、语义学、心理语言学、社会语言学、历史语言学、语言获得理论、计算机语言学与人工智能等。有些新兴学科和边缘学科就放在主要学科中介绍。比如神经语言学归入了心理语言学，音系与句法的交叉研究归入了音系学，语义和句法的交叉研究归入了语义学等。

应该指出，有些学者一直在致力于现代语言学的介绍工作，比如黑龙江大学、上海复旦大学、天津师范大学的学者等。我们希望这套丛书能与他们的研究结合起来，起到使国内外语言学研究接轨的作用。

《当代语言学理论丛书》的编写开始于1993年，由著名句法学家黄正德教授全面负责，许德宝协助作主编工作。编委大都是在美国读语言学博士而且有教授语言学经验的学者，一般是在讲义的基础上增删整理成书。但即使是如此，也都得付出很多的劳动。我们也请了在美国教授多年的语言学家、汉学家和有在国内外介绍现代语言学经验的学者作为顾问，帮助我们把这一套丛书出好。在此向他们谨致谢意。我们还得感谢中国社会科学出版社对这套丛书的大力支持，特别是责任编辑及其他有关同志的辛苦工作，不然这套丛书也不能和读者见面，在此也一并致以谢意。

《当代语言学理论丛书》编委会
1996年7月于纽约

《当代语言学理论丛书》
Contemporary Linguistic Theory Series

主　编
Chief Editors

黄正德（哈佛大学）
James Huang (Harvard University)

许德宝（澳门大学）
De Bao Xu (University of Macau)

编辑委员会
Editorial Board

（按姓氏字母顺序）
包智明（美国麻省理工学院语言学博士、新加坡国立大学英文系教授）
Zhiming Bao (Ph. D. in Linguistics, MIT; National University of Singapore)
端木三（美国麻省理工学院语言学博士、密西根大学语言学系教授）
Duanmu San (Ph. D. in Linguistics, MIT; University of Michigan)
冯建明（北京师范大学汉语史硕士、北京师范大学对外汉语教育学院教授）
Jianming Feng (M. A. in History of Chinese Language, Beijing Normal University)
胡明亮（美国佛罗里达大学语言学博士、岭南师范学院教授）
Mingliang Hu (Ph. D. in Linguistics, University of Florida; Lingnan Teacher's College)
蒋严（英国伦敦大学语言学博士、香港理工学院中文及双语学系教授）

Yan Jiang (Ph. D. in Linguistics, University of London; Polytechnic of Hong Kong)

靳洪刚（美国伊利诺大学教育心理学博士、澳门大学人文艺术学院院长）
Hong Gang Jin (Ph. D. in Educational Psychology, University of Illinois at Champaign Urbana; University of Macau, Dean of FAH)

李亚飞（美国麻省理工学院语言学博士、威斯康辛大学语言学系教授）
Yafei Li (Ph. D. in Linguistics, MIT; University of Wisconsin, Madison)

林燕慧（美国德克萨斯大学语言学博士、州立密西根大学中文及语言学系教授）
Yen-hwei Lin (Ph. D. in Linguistics, University of Texas at Austin; Michigan State University)

陆丙甫（美国南加州大学东亚语言博士、南昌大学中文系教授）
Bingfu Lu (Ph. D. in East Asian Languages, University of Southern California; Nanchang University)

潘海华（美国德克萨斯大学语言学博士、香港城市大学中文、翻译及语言学系教授）
Haihua Pan (Ph. D. in Linguistics, University of Texas at Austin; City University of Hong Kong)

石定栩（美国南加州大学语言学博士、香港理工大学教授）
Dingxu Shi (Ph. D. in Linguistics, University of Southern California; Polytechnic of Hong Kong)

侍建国（美国俄亥俄州立大学中国语言学博士、澳门大学中文系教授）
Jianguo Shi (Ph. D. in Chinese Linguistics, Ohio State University; University of Macau)

宋国明（美国洛杉矶加州大学罗曼语言学博士、威斯康辛劳伦斯大学东亚系教授）
Kuo-ming Sung (Ph. D. in Romance Linguistics, University of California at Los Angeles, Lawrence University, Wisconsin)

陶红印（美国圣巴巴拉加州大学语言学博士、美国洛杉矶加州大学东亚系教授）
Hongyin Tao (Ph. D. in Linguistics, University of California at Santa Barbara; University of California at Los Angeles)

王野翎（美国卡内基-梅隆大学计算科学院计算语言学博士、华盛顿州微软研究院研究员）
Ye-Yi Wang (Ph. D., in Computer Science, Carnegie Mellon University; Microsoft Research

Institute, Washington)

翁富良（美国卡内基-梅隆大学计算科学院计算语言学硕士、加州罗伯特技术研究中心研究员）

Fuliang Weng（M. A., in Computer Science, Carnegie Mellon University; Robert Bosch Corporation, California）

吴建慧（美国伊利诺大学语言学博士、台湾暨南大学英文系教授）

Mary Wu（Ph. D. in Linguistics, University of Illinois at Champaign-Urbana; Taiwan National Chi Nan University）

谢天蔚（美国匹茨堡大学外语教育学博士、长堤加州州立大学东亚系退休教授）

Tianwei Xie（Ph. D. in Foreign Language Education, University of Pittsburgh; California State University, Long Beach）

徐大明（加拿大渥太华大学语言学博士、澳门大学中文系教授）

Daming Xu（Ph. D. in Linguistics, University of Ottawa; University of Macau）

许德宝（美国伊利诺大学语言学博士、澳门大学中文系讲座教授）

De Bao Xu（Ph. D. in Linguistics, University of Illinois at Champaign-Urbana; University of Macau）

张 乔（英国爱丁堡大学语言学博士、新西兰奥克兰大学东亚系教授）

Qiao Zhang（Ph. D. in Linguistics, University of Edinburgh; University of Auckland, New Zealand）

特邀编辑委员会
Guest Editorial Board

(按姓氏字母顺序)

陈渊泉（美国圣地亚哥加州大学）
Matthew Chen（University of California, San Diego）

郑锦全（美国伊利诺大学）
Chin-Chuan Cheng（University of Illinois, Champaign-Urbana）

薛凤生（美国俄亥俄州立大学）
F.-S. Hsueh（Ohio State University）

李艳慧（美国南加州大学）
Audrey Li（University of Southern California）

戴浩一（美国俄亥俄州立大学）
James H.-Y. Tai（Ohio State University）

汤廷池（台湾清华大学）
Ting-Chi Tang（Taiwan National Tsing-Hua University）

丁邦新（美国伯克莱加州大学）
Pang-Hsin Ting（University of California, Berkeley）

王士元（美国伯克莱加州大学）
Williams S.-Y. Wang（University of California, Berkeley）

徐烈炯（香港理工学院）
Liejiong Xu（City Polytechnic of Hong Kong）

序

　　古今中外有各式各样的语义学。专业学者研究的语义学与一般人心目中的语义学当然大不一样。同是语义学家，分歧也很大。我在《语义学》一书第一版（1990年）前言中提到，如果找两本语义学概论著作来比较一下，说不定会发现两本书内容几乎没有共同之处。我还在另一篇文章——"汉语语义研究的空白地带"（《中国语文》1996年第四期）中提出：为什么国内出版的语义学著作和海外出版的语义学著作，即使都研究汉语语义，研究课题却都南辕北辙。我认为原因在两个方面：一是说汉语的人和说英语等其他语言的人对意义的理解不同，汉语中的"意义"与英语中的"meaning"并不等值。二是中国传统和欧美传统对语言学的性质、对象和归属看法不同。

　　假如要把各种语义学排队，把比较接近的排在一起，应该怎个排法？队伍的一端是从人文学角度谈论语义的文章，感兴趣的是：某一个词、某一个成语是什么意思，几百年之前是一个意思，几百年之后变成另一个意思，等等。这是最传统的语义研究，着眼于个别事实，不打算建立系统。比这进一步的是结构语义学，研究同义关系、反义关系、上义关系、下义关系、多义关系、歧义关系，等等。五十年代时语言学家曾一度借用人类学中的成分分析法，通过分析义素来确定词义。这种方法也被介绍到中国来，还颇有市场。其实介绍进来的时候，外面的人早已发现这样分析语义局限性很大。比结构语义学更进一步的是当代语言学对某些语义课题的探讨，例如题元结构、照应关系、量词辖域等等。我所写的《语义学》，上篇评述哲学家对什么是语义的种种观点，下篇重点讨论上述这类问题。由于我本人的知识背景和研究兴趣，我没有走得更远。我对语义学产生兴趣，主要是因为在1981—1982年在纽约期间每周有机会与语言哲学家Jerrold Katz见面讨论两小时，有时也去听听逻辑学家Arnold Koslow等人上课。80年代后期我在撰写《语义学》的时候，较多考虑到国内读者的接受程度，在前言中说明该书的特点是少引原文，并避免形式化表达。我承认："不过这样处理难免产生一些困难，有些高度形式化的理论无法得到充分反映。当前语义学中最有生气的蒙塔古语义学和境况语义学等，在书中都没有占到应有的比例。"写《语义学》第二版（1995 年）时，增加了一些章节，其中有概念语义学，还有 J. A. W. Kamp 及 Irene Heim 的话语表达理论，并在再版前言中写明："从整个学科领域看，形式语义学进展较多，但本书目的主要是给广大语言学同行看的，全面、深入讨论语义的形式表达需要另外一本书。"在写这段话的时候我已经知道蒋严和潘海华两位正在写《形式语义学引论》。所谓"另外一本书"就是预告他们这部著作。这部著作的出版标志着语义学研究的另一端——当代形式语义学——在中国也有了代表。

形式语义学在国外发展了多年，当代美国和欧洲大学教语义学主要是教形式语义学，平均每隔一、两年就出版一本课本，有：David Dowty：*Introduction to Montague Semantics*（1981，1989）；Gennaro Chierchia & Sally McConnell-Ginet：*Meaning and Grammar：an Introduction to Semantics*（1990）；Ronnie Cann：*Formal Semantics：an Introduction*（1993）；Denis Bouchard：*The Semantics of Syntax：a Minimalist Approach to Grammar*（1995）；Richard Larson and Gabriel Segal：*Knowledge of Meaning*（1995），等。国内几乎没有出版过这类著作，1984 年王维贤等几位翻译过 Jens Allwood 等三位瑞典作者写的 *Logic in Linguistics*。美国麻州大学的 Emmon Bach 教授 1984 年在天津师范大学暑期语言学讲习班上讲授过形式语义学，后来把讲稿整理后出版，书名为：*Informal Lectures on Formal Semantics*。该书是由纽约州立大学奥巴尼分校出版社出版的，国内读者，包括听讲座者，大都无缘见到。十年之后中国才出了一部形式语义学的书。1995 年社会科学文献出版社出版了社会科学院哲学研究所邹崇理写的《逻辑、语言和蒙太格语法》，显示我国学者在形式语言学研究方面的进步。相信蒋严和潘海华著作的出版将更有助于国内读者学习和了解形式语义学。

把蒋、潘两位写的书翻一遍，不少人会觉得与其说是语言学不如说更像逻辑学。当代语义学确实越来越向逻辑学靠拢。曾经听人说，美国有些大学里学语言学的学生和学哲学的学生上的课相差无几，学生最终决定归语言学系还是哲学系，取决于他们认为音系学比道德哲学更讨厌，还是道德哲学比音系学更讨厌。中国大学中文系和外文系的学生都不大上逻辑课，学语言学的学生读一遍《形式语义学引论》会得益匪浅。

两位作者有好些共同之处。他们都是 80 年代在中国大学毕业的，毕业以后去英美留学，获得博士学位后到香港的大学里担任教学和从事研究。蒋严在伦敦大学时得 Ruth Kempson 和 Deirdre Wilson 两位教授指导，前者是对逻辑深感兴趣的语文学家，后者是语用学中关联理论的创始人之一。潘海华在美国德州大学 Austin 分校的导师 Manfred Krifka 语义学著作丰硕，发表过有关英汉名词词组语义比较的文章。蒋严在复旦大学本科学习时上过我教的语言学课，他的语言学硕士论文是我指导完成的。潘海华是我在香港城市大学的同事，我们曾合教过为硕士生开设的"语义与话语"。蒋、潘两位都是香港语言学界十分活跃的年轻学者，能有机会为他们的书作序，把他们介绍给读者，我十分乐意。

徐烈炯
1998 年 5 月

作者前言

本书详细介绍形式语义学的基本内容、主要技巧和方法，可供大学语言和语言学专业的高年级本科学生及硕士、博士生作研习、参考之用。对自然语言分析和处理感兴趣的计算机、数学、哲学、逻辑和人工智能专业的学生也可从本书中获得系统的语义学知识。在阅读此书之前，读者最好先学一门现代语言学导论课或读一本基础教科书，如 Akmajian et al（1984）或 Fromkin & Rodman（1993），也可上一门生成句法学导论课或读一本句法教科书，如 Radford（1988）、徐烈炯（1988）或宋国明（1997）。如能看一下徐烈炯（1990/1996）和（1993）则更有帮助。

本书内容的取舍并非简单地照搬一些外文教科书，在章节安排上也力免陈袭他人。我们在书中注入了自己的理解和观点，并力求对汉语的语义结构做尝试性的形式化描写。故此，本书并不是一本求稳求全的教材，而是一本讨论性、探索性的论著。当然，作为导论性教科书，本书介绍的许多方面无法深入详谈，技术上也不一定代表最新最好的解决方法。我们在书中提出了问题，找到了部分答案，但是留下了更多的研究空间让读者去遨游驰骋。

本书第二章、第九至十二章及第十四章由潘海华撰写，其余各章由蒋严撰写。初稿完成后，由合作双方互相审阅评改，然后定稿。

书成之际，我们要分别感谢曾经给予我们教诲和鼓励的诸位师长前辈。

蒋严要感谢徐烈炯、程雨民、Jerrold Katz、Ruth Kempson 和 Deirdre Wilson 诸教授以及 Wynn Chao 博士。

潘海华要感谢范继淹、李家治、徐志敏、Carl Lee Baker、Manfred Krifka、Robert F. Simmons、Carlota Smith 诸教授。

非常感谢徐烈炯教授为本书作序。

我们还要特别感谢本丛书的主编之一许德宝博士，感谢他在我们为应付繁重的教学工作和参加其他科研项目而被迫多次押后本书交稿日期时所表现出的极大理解和耐心。

衷心感谢本书的责任编辑任明先生为本书顺利出版所付出的劳动。

感谢冼景钜博士在翻译术语方面所给予的帮助。

感谢朱志瑜博士就本书第一章的内容、文字和体例所提出的宝贵意见。

感谢姚玉敏小姐协助输入部分文字并对本书的内容提出了宝贵意见。

最后要感谢何咏梅女士为本书第一章绘制插图。

本书存在的任何舛误，由两位作者承担全部责任。

蒋严　潘海华

1998 年 5 月于香港九龙

修订版序

自本书五年前出版以来，又有许多新作问世，其数量之多，很可能超过了从蒙太格论文集一九七四年问世后二十五年形式语义学论著的总和。当然，语言学的其他领域又何尝不是如此？借此修订重版的机会，我们在保留原书基本框架的前提下，对部分章节作了较大幅度的增删，改正了一些笔误并全面更新了参考书目。改动较多的是第一章、第三章、第十章和第十五章。

在撰写和修订过程中，我们都力求使本书的内容具有较宽的覆盖面，注重吸收中英文两方面的新近研究成果，并努力提供一个初步的汉语分析框架。我们期盼读者跟以往一样能继续向我们提供批评建议，对此我们不胜感激！

借此机会我们要感谢一些专家学者在不同场合就本书内容对我们作出的批评、指正和鼓励。按拼音字母的顺序，他们是：方立（北京语言大学）、陆镜光（香港大学）、陆汝占（上海交通大学）、沈家煊（中国社会科学院）、束定芳（上海外国语大学）、王修力（北京语言大学）、伍雅清（湖南大学）、谢国平（台湾师范大学）、熊学亮（复旦大学）、袁毓林（北京大学）、邹崇理（中国社会科学院）。尤其要感谢邹崇理先生在《国外语言学》上为本书撰写深刻中肯的书评并就技术问题提出修改意见。本修订稿的一些改动采纳了邹先生的建议。

以上的鸣谢尚未包括我们所在单位的领导和同事以及香港语言学会的其他同行，他们也是我们要感谢的对象——他们的鼓励和关心是我们完成本书的重要动力。此外，我们要感谢香港理工大学和城市大学为我们提供的科研资助，因为本书反映了我们从事相关研究课题的部分成果。

感谢苗传江博士协助制作本书打印稿；感谢何雁妍小姐帮助输入部分书目。

我们还要感谢上过我们各自相关课程的学生，他们就本书的内容和行文提出了不少问题。

最后我们要衷心感谢本丛书主编许德宝先生和责任编辑任明先生为本书的再版所提供的帮助及付出的劳动。

蒋严	潘海华
香港理工大学	香港城市大学
中文及双语学系	中文、翻译及语言学系
	2003年12月　香港　九龙

作 者 简 介

蒋 严 男，浙江海宁人，1962年生于北京。1984年获复旦大学英美语言文学学士学位，1987年获复旦大学现代英语硕士学位。1986至1989年在复旦大学外国语言文学系英语教研室任教。1989至1993年在伦敦大学的大学院（University College, London）和亚非学院（the School of Oriental and African Studies）两个语言学系学习。1995年获伦敦大学哲学博士学位，博士论文为 Logical Dependency in Quantification。1993年秋至今在香港理工大学中文及双语学系任教，现为该系副教授，兼任北京《当代语言学》、广州《现代外语》编委，湘潭《英语研究》特邀编审。研究兴趣包括语义学、语用学、语言哲学、自然语言逻辑、语篇分析、英语语法、翻译理论等。

电信邮址　ctyjiang@polyu.edu.hk

个人网址　http://www.cbs.polyu.edu/ctyjiang

潘海华 男，湖北孝感人，1962年生于湖北潜江。1983年获华中理工大学计算机学士学位，1986年获武汉大学语言信息处理硕士学位。1986至1988年在华中理工大学语言研究所任教。1988至1994年在美国德州大学奥斯汀分校（UT-Austin）语言学系学习，1995年获该校哲学博士学位，博士论文为 Locality, Self-Ascription, Discourse Prominence, and Mandarin Reflexives，1997年以 Constraints on Reflexivization in Mandarin Chinese 为名发表在美国 Garland Publishing, Inc. 的丛书 Outstanding Dissertations in Linguistics 中。1995年上半年在香港中文大学系统工程与管理工程系从事博士后研究。1995年下半年至今在香港城市大学中文、翻译及语言学系任教，现为该系副教授，兼任北京《当代语言学》、广州《现代外语》、韩国 Language Research 编委，曾在 Journal of East Asian Linguistics, Journal of Pragmatics, Linguistics, Natural Language and Linguistic Theory,《当代语言学》、《中国语

文》、《现代外语》等杂志上发表文章,也曾为上述杂志以及其他国际知名杂志 Computer Processing of Oriental Languages, Journal of Linguistics, Linguistic Inquiry, Natural Language Semantics 等评审论文。研究兴趣包括句法理论、形式语义、语料库语言学、计算语言学、机器翻译等。

电信邮址　cthpan@cityu.edu.hk

个人网址　http://ctlhpan.cityu.edu.hk/haihuapan

目　录

第一章　语义、真值与逻辑 ……………………………… (1)
第一节　命题、句义和话语义 ……………………………… (1)
第二节　句义的信息类型 …………………………………… (4)
第三节　言语交际的意义层次 ……………………………… (6)
第四节　形式语义学的研究范围 …………………………… (8)
第五节　逻辑在语义研究中的地位 ………………………… (8)
第六节　几个基本的语义概念 ……………………………… (10)
第七节　各章内容简介 ……………………………………… (12)
阅读文选 ……………………………………………………… (13)

第二章　逻辑演算 …………………………………………… (14)
第一节　集合论 ……………………………………………… (14)
第二节　关系和函数 ………………………………………… (18)
第三节　命题逻辑和真值表 ………………………………… (23)
第四节　谓词逻辑 …………………………………………… (26)
第五节　逻辑证明 …………………………………………… (31)
阅读文选 ……………………………………………………… (34)

第三章　C_p 系统和语义解释 ……………………………… (35)
第一节　部分语句系统 C_p ………………………………… (35)
第二节　C_p 的语义解释 …………………………………… (44)
第三节　模型与语义解释 …………………………………… (51)
阅读文选 ……………………………………………………… (56)

第四章　对 C_p 系统的扩展 ………………………………… (57)
第一节　三种特殊句式 ……………………………………… (58)
第二节　复句的生成和解释 ………………………………… (63)
第三节　逻辑否定句 ………………………………………… (72)

第四节　语法范畴和逻辑范畴：传统语法、传统逻辑和
　　　　　形式逻辑的同与异 ………………………………（75）
　第五节　规则小结 …………………………………………（76）
　第六节　语义解释的递归性 ………………………………（78）
　第七节　实例分析 …………………………………………（79）
　阅读文选 ……………………………………………………（84）

第五章　类型论初步 ……………………………………………（85）
　第一节　再论组合性原则 …………………………………（85）
　第二节　逻辑语义类型 ……………………………………（89）
　第三节　类型驱动的语句分析与生成 ……………………（95）
　第四节　特征函项 …………………………………………（106）
　第五节　类型的语义性质 …………………………………（112）
　第六节　C_t 系统 …………………………………………（116）
　阅读文选 ……………………………………………………（117）

第六章　量词、辖域与逻辑依存 ………………………………（118）
　第一节　变量、约束词与量化结构 ………………………（118）
　第二节　量化结构的语义解释 ……………………………（123）
　第三节　逻辑依存 …………………………………………（135）
　第四节　逐指与统指 ………………………………………（137）
　第五节　分支量词 …………………………………………（141）
　第六节　自然语言量化句的歧义和表达 …………………（145）
　第七节　结语 ………………………………………………（157）
　阅读文选 ……………………………………………………（158）

第七章　λ-转换 ………………………………………………（159）
　第一节　自然语句分析中的一些疑难现象 ………………（159）
　第二节　λ-抽象和λ-还原 ………………………………（164）
　第三节　对疑难现象的分析 ………………………………（170）
　第四节　λ-表达式的语义解释 …………………………（179）
　第五节　广义的λ-转换 …………………………………（183）
　第六节　λ-抽象与条件引入规则 ………………………（191）
　阅读文选 ……………………………………………………（194）

第八章　广义量词 (195)

- 第一节　从量词到广义量词 (195)
- 第二节　作为广义量词的名词组 (200)
- 第三节　广义量词的范畴演算 (208)
- 第四节　GQ 式语义解释 (212)
- 第五节　与广义量词相关的语义现象 (214)
- 第六节　类型的等级与转换 (219)
- 阅读文选 (232)

第九章　时间、时制与时态 (234)

- 第一节　时间与句子的意义 (234)
- 第二节　时制:过去时和将来时 (236)
- 第三节　时制算子与其他算子之关系 (241)
- 第四节　对时间进行直接运算 (249)
- 第五节　时段与时态 (261)
- 阅读文选 (271)

第十章　对时间的量化与限制、量化类型及其三分结构 (272)

- 第一节　对时间的量化 (272)
- 第二节　限制对时间的量化 (276)
- 第三节　进一步限制对时间的量化 (289)
- 第四节　量化类型与三分结构 (292)
- 阅读文选 (300)

第十一章　可能世界与模态逻辑 (301)

- 第一节　可能世界的概念 (301)
- 第二节　一个新的模态逻辑模型 (303)
- 第三节　时态逻辑与模态逻辑的统一 (308)
- 第四节　自然语言中的情态 (309)
- 第五节　含有时态和模态算子的新模型 (312)
- 第六节　将来时的新定义 (315)
- 第七节　时制悖论和非进行态悖论 (317)
- 第八节　条件句 (321)
- 第九节　可能世界语义学的优越性 (327)

阅读文选 ………………………………………………………（329）
第十二章　内涵逻辑与命题态度 ………………………………（330）
　第一节　组合性原则与替换定律 ………………………………（330）
　第二节　弗雷格的所指与含义理论 ……………………………（331）
　第三节　名词的涉名与涉实解释 ………………………………（333）
　第四节　内涵与外延 ……………………………………………（335）
　第五节　内涵逻辑的基本定义 …………………………………（337）
　第六节　蒙太格的内涵逻辑 ……………………………………（340）
　第七节　信念与涉实—涉名歧义 ………………………………（342）
　第八节　直接对索引进行运算 …………………………………（345）
　第九节　命题态度以及信念的非逻辑性 ………………………（358）
　　阅读文选 ………………………………………………………（365）
第十三章　博弈论语义学 ………………………………………（367）
　第一节　问题的提出 ……………………………………………（367）
　第二节　对一阶逻辑式的解释 …………………………………（368）
　第三节　对自然语言量化句的解释 ……………………………（371）
　第四节　博弈论语义学的主要特征 ……………………………（373）
　第五节　博弈论与证明程序 ……………………………………（374）
　　阅读文选 ………………………………………………………（380）
第十四章　篇章表述理论 ………………………………………（381）
　第一节　传统形式语义学的问题 ………………………………（381）
　第二节　篇章理论的形式和特点 ………………………………（386）
　第三节　篇章理论的语义解释 …………………………………（395）
　第四节　相关问题的讨论 ………………………………………（396）
　第五节　基尔基亚的动态约束理论 ……………………………（401）
　　阅读文选 ………………………………………………………（408）
第十五章　研习文献 ……………………………………………（409）
附录　形式语义学经典书目 ……………………………………（417）
汉英译名对照表 …………………………………………………（429）
参考书目 …………………………………………………………（442）

第一章　语义、真值与逻辑

本章主要讨论语义研究中的一些基本概念和分类并勾勒出**形式语义学**（formal semantics）的研究范围。我们还将扼要介绍逻辑在语义研究中的作用。最后简介余下各章的内容。

第一节　命题、句义和话语义

语言是人赖以从事复杂思维的工具，思想是语言的内容，两者相辅相成。但语言既不能等同于说出的话语，也不能等同于写下的句子。思维更难以感知。思维与语言便都成了不易把握的现象，彼此间的关系也因此具有一定的复杂性。

我们不妨设想某人进行了一番思维活动，获得了某些思维结果即思想。无须赘言，上述思维活动本身也离不开语言和其他思想。但我们在此关心的是作为某个特定思维活动结果的新的思想，期望以此为出发点，走出思维↔语言交织一体、互为因果的怪圈，进而确定两者间的对应关系。

思想的客观的、不包括人的主观因素的那部分内容，被许多哲学家称为**命题**（proposition）。也就是说，客观的思想以命题的形式出现。维特根斯坦（Wittgenstein, 1922: 3.11）认为："在命题中，思想得到了可由感官感知的表达。"赫福德与希斯雷（Hurford & Heasley, 1983）也指出："命题是思维的产物，……一般的思想被认为是内在的、个人的心理过程，而［作为客观思想的］命题则是公开的，因为同一个命题可为多人获得并理解……"[①] 更重要的是，命题具有真值（truth value），这个问题我们在下文详述。

[①] 引文方括号内的内容为本书作者所添加，下同。

命题虽有内容，但无语音、语法外形，所以从物理特性上看，命题是个与句子不同的概念。①罗素（Russell，1940）指出："一个命题可由任何语言来表述。……就是在一个语言里也可以通过多种［句法］途径来表达同一个命题。"所以，命题与表述命题的语言相对独立。命题无所谓是英语的还是法语的，因为它只有语义特征，不具语言特征。某个命题可能在某语言产生之前就存在了，也可以在某语言消亡之后继续存在。

句子由词组成，词都是音义结合体，所以句子也就有了意义。**句义**（sentence meaning）是**词义**（lexical meaning）根据一定方式组合的产物。我们可以相对孤立地考察词义，比如在编纂词典或查阅词典时。我们也可以机械地研究组词成句后的句义，而不必考虑句子使用时所涉及的语境因素。

命题是陈述或断言的内容，但用以作陈述或断言的句子并不就是陈述或断言本身。虽然可以通过说某个句子来表达某个命题，但单单说该句子并不构成表达该命题的充分条件，因为一个人可以说某个句子但并不断言任何内容，或是用该句子断言其他的命题；一个人为断言某个内容也不是非得说某个句子不可，因为他完全可以使用别的语句。所以，我们陈述或断言的是命题，而不是句子。

话语（utterance）是语言使用者在言语交际时使用的语言单位。它可以是一个句子，也可以是句子的片段或几个句子。**话语义**（utterance meaning）是言者在特定语境中所表达的意义。它可能等同于句义，但也可能超越句义，有额外附加的意义，甚至与句义完全不同。话语义可被看成是由命题组成的集合，然而，只有说出的命题才构成话语义，此外却还有储存在记忆之中未经表述的命题。

虽然话语义并不等同于承载该话语的句子的意义，但听者总能从某个句义出发，借助语用原则和认知语境信息，经过语用推理而得到话语所表达的命题。同时，他可以用与言者原来使用的句子不一定相同的一个或几个句子，把有关命题表达出来。总之，句义虽不能等同于话语所表达的命题，但命题总可以通过句子表达出来，否则我们便永远无法表

---

① 对"命题"有不同的定义和理解，参见章末阅读文选。

达命题了。

现在我们举一些实例。

（1）A：屋里可真冷。

（1）中 A 讲的话由一个句子组成。我们可以用（2）来对（1）的句义作**释义**（paraphrase）：

（2）| = <这间屋子室温很低。>①

这是由句中所含的各个词义相加而得到的。但听者所理解的 A 话语所传达的命题却可以是：

（3）| = <这间屋子室温很低。希望你能做些什么使屋子变暖和些。>

（3）中的命题是承载该话语的句义（2），再加上语用推理得到的额外意义。

下一例涉及讽刺义。

（4）A：小张在系主任那里打你的小报告呢！
　　　B：他可真是我的好朋友！

（4）中 B 的句义可由（5）作释义，但其表达的命题却是与（5）相反的（6）：

（5）| = <小张真是 B 君的好朋友！>

（6）| = <小张真不够朋友！>

再看涉及比喻义的例（7）：

（7）S 君简直是一只狼！

其句义表述为：

（8）| = <S 君是一只茹毛饮血、四肢着地行走的、穴居的凶残的野兽。>

但其表达的命题却是：

（9）| = <S 君为人蛮横，如同一只狼。>

最后我们来看看话语义少于句义的例子：

（10）他喜欢轻松愉快的西洋音乐和中国民乐。

其句义为：

---

① 我们用 | = <A> 表示 A 的语义。

(11) |= <他喜欢轻松愉快的西洋音乐,也喜欢轻松愉快的中国民乐。> 或者

<他喜欢中国民乐和轻松愉快的西洋音乐。>

根据说话的特定语境而选择得到的命题只可能是其中之一,如:

(12) |= <他喜欢轻松愉快的西洋音乐,也喜欢轻松愉快的中国民乐。>

上述诸命题也都是用句子表达的,但是这些句义已不再是承载话语原句的意义了。这说明:句义不同于命题,但命题的表达离不开句子。所以我们虽然划分了句义与命题的区别,却仍然可以通过前者来研究后者。

第二节　句义的信息类型

句子的语义从信息内容上看可以分成三种类型:**真值条件义**(truth-conditional meaning)、**表情感叹义**(affective meaning)和**言语行为义**(performative meaning)。① 以下我们分小节论述。

一　真值条件义

语言的一个主要用途是描述人的外部世界。一个陈述性的句子或者真实地反映了外部世界的某个现象,或者对某现象做出了不正确的、虚假的描述。用逻辑的术语说,前者为**真**(true),后者为**假**(false)。真和假统称为**真值**(truth value)。我们可以进一步研究句子的**真值条件**(truth condition),即研究一个句子在什么场合下为真、在什么场合下为假。凡是陈述性的语句都具有真值条件。如果把真值条件当作句子的逻辑语义,就有了句子的真值条件义。

举例来说,根据图1所示的外部世界,(13)的真值条件义为真,(14)的真值条件义为假。而根据图2的情形,(13)为假,(14)为真。

(13) 猫正坐着。

(14) 猫在走路。

---

① 更详细的讨论可参见利奇(Leech, 1981:第二章)。

第一章 语义、真值与逻辑　　　　　　　　　5

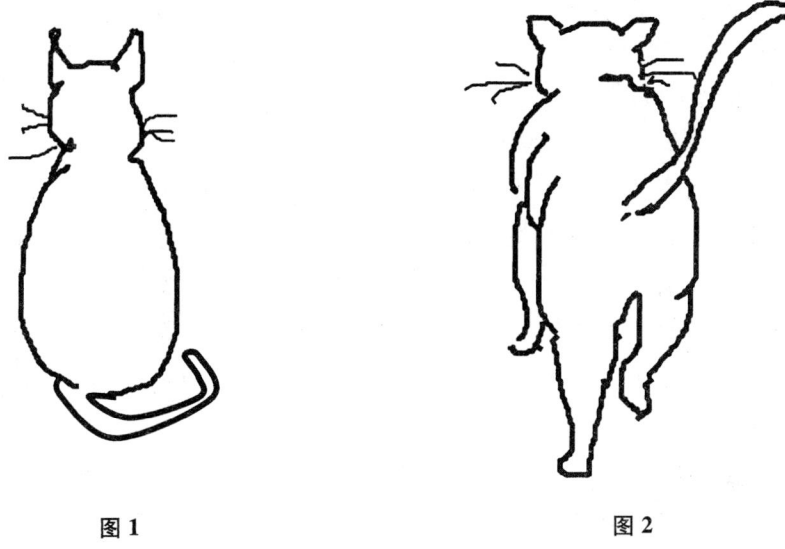

图1　　　　　　　　　图2

　　注意，我们并不是在说，陈述性句子的意义**等**同于真值条件义。果真是那样的话，必然会导致荒谬的结论，即把所有取真值的句子视为同义，把所有取假值的句子也视为同义。那么所有陈述性语句总共就只有两个句义了。因此，真值条件义只是陈述性句义的一个重要方面。如果弄清了词义与外物的关系，并进一步弄清了词义组合成句义、得出真值条件义的过程，就能准确地把握语句的意义结构及其抽象的组合机制。德·索绪尔（de Saussure）的符号理论告诉我们，词的语音外形与所指的概念之间并无自然的联系。什么词取什么义是任意的、约定俗成的产物。鲍林杰与西尔斯（Bolinger & Sears, 1981）进一步指出，词义对外部世界的割取也是任意的、约定俗成的。然而，词义组合成句子的过程却是有规律可循的。语义学的一个重要目标就是从词性所属的类别出发，在句义合成的理性世界中去发掘逻辑性的真理。①

二　表情感叹义和言语行为义

　　语言的另一个用途是表达语言使用者的情感，助其抒发胸臆。举例

---

① 假设真理可分为**偶然真理**（contingent truth）、**必然真理**（necessary truth）/**逻辑真理**（logical truth）和**分析性真理**（analytic truth）（即谓语的内容已包括在主语内，如"单身汉是未婚男子"）。

如下：

（15）爱情的魅力真大。

（16）这音乐太棒了！

（17）但愿人长久，千里共婵娟。

上述语句表达的意义又可称作表情感叹义。它们不是对外部世界的描述，而是表达一种价值观念或主观愿望。所以这些语句无所谓真，也无所谓假，没有真值条件。

语言的第三个用途是运用言语办事。举例如下：

（18）陪审团一致裁定：被告无罪。

（19）你被开除了。

（20）犯规！

以上三例属**言语行为**（speech act），这种行为，如裁决、裁判、辞人、宣战、主持婚礼、结拜兄弟等，必须在特定场合、遵循特定的方式、运用特定的言辞才能办到，离开了语言就办不成，所以被称作**言有所为**（doing things with words）。有关的话语义便是言语行为义。一般来说，这种行为或是**恰当的**（felicitous）或是**不恰当的**（infelicitous），无所谓真或假。根据奥斯汀（Austin，1962）的论证，事实上每个话语都有**语导行动**（illocutionary speech act）的一面，都可以被视为言语行为，但是我们仍然可以区别言语行为义和其他功用的语义。言语行为的成功与否，取决于诸多语境因素，包括言者的身份和社会制度规范等。所以，对言语行为的研究一直属**语用学**（pragmatics）和**语言哲学**（the philosophy of language）的领域。从更广义的层次看，言语行为义属于**命题态度**（propositional attitude）的一种，后者是人持有及表达某个命题的具体方式，如相信、怀疑、质疑、打算、愿望、需求、引述、阐释、担心、警告、讽刺等。

形式语义学的研究对象是真值条件义的表达和解释。

第三节　言语交际的意义层次

语言主要是用来交流思想的，在言语交际过程中，交际双方能直接凭感官得到的是语音流，而最后得到的是句义乃至命题。句法只是一个中介层面。它帮助我们切分语音流,得出句子的层次结构,以协助词义循句法提供的结构有规律地组合起来,从而得到句义。

句法输出的是句子的逻辑结构。对逻辑结构进行语义解释,得到的意义是句子的逻辑语义即真值条件义。

然而,**关联理论**(Relevance Theory)的研究表明:[①] 从句法输出的语句的逻辑表达式往往是**欠明确的**(underdetermined),据此得到的句子的**直陈义**(literal meaning)可能不完整,也可能是几种句义并存,还可能是模糊不明的,不能马上得到真值条件义。例如:

(21) 他答应明天去办。

(21)中的逻辑式告诉我们的是以下的不完全信息:

(22) ⊨ ＜［男性,第三人称单数］答应［该话语说出的第二天］去办［？事］。＞

不弄清(22)里［ ］的更确切的内容,就无法得出真值条件义。所以必须对残缺的逻辑式进行扩充,以**充实**(flesh out)不完整的直陈义。这需要我们根据语境进行逻辑语用推理,获得句子的**显义**(explicature),即经过充实的直陈义,其下限是句子的真值条件义。例如(22)的语义经过语用充实后可以得到(23):

(23) ⊨ ＜［小李］答应［1996年9月15日的第二天］去办［定购机票这件事］。＞

从严格意义上看,任何话语所使用的语句意义或多或少都具有欠明性,都需要充实完善。对话语到底充实到何种程度,这要看听者认定哪些是言者真正要表达的话语意义,也受具体语境、语用推理和语用原则的限制。

显义总会伴有上节已经提到的命题态度,即人持有及表达某个命题的具体方式,又称**高阶显义**(higher-order explicature)。此外,显义有时还不是话语真正要表达的命题,为得到后者,往往需要获得显义之外的**寓义**(implicature)。另外,还可能根据语句的具体措辞推出隐现其中的**预设**(presupposition),即为语句的词语或结构所触发而由听者逆向推

[①] 参见斯博贝尔与威尔逊(Sperber & Wilson, 1986/1995)、卡斯顿(Carston, 1988)和布莱克莫(Blakemore, 1992)。

理得出的、由言者假定是理所当然的事实的命题。凡此种种，都需要进一步的语用充实。

显义、命题态度、寓意和预设可统称为**推理义**（inferred meaning），因为要得到它们离不开逻辑语用推理。另一方面，直陈义和显义属真值条件义，其中显义涵盖了直陈义。

第四节 形式语义学的研究范围

形式语义学的研究中心是句子的真值条件语义，特别是句子的直陈语义。所以我们往往又把它叫作**真值条件语义学**（truth-conditional semantics）或**真值论语义学**（truth-theoretic semantics）。它所考察的对象主要是词的**指谓**（denotation）、[1] 句子的真值条件以及真值条件义的组合过程。

真值条件义当然不是语义的全部，但研究词义的结构及词义间关系的任务主要由**词汇语义学**（lexical semantics）承担，而研究语境、推理义和语用推理的任务主要是由语用学承担的。[2]

从横向的角度看，有的学派横跨句法、语义乃至语用多个领域，甚至根本不承认语义与语用间的分界。我们在赞赏这些学派对语义的贯通性研究的努力之余，仍然认为语义与语用研究之间存在着较清楚的界线。从形式化的角度看，形式语用学所涉及的研究对象和逻辑工具与形式语义学有着许多不同之处。[3]

第五节 逻辑在语义研究中的地位

我们在第二节中已经讨论了研究真值条件语义的重要性，尽管真值条件义只是语义的一部分。对真值条件语义的研究离不开逻辑。真值条件本身就是逻辑语言里的基本语义概念。离开逻辑谈真假并非不可能，却难以用精确的方法把真值条件与词的指谓联系起来，这点读者只要看

---

[1] 我们将在第六节介绍此概念。
[2] 有时又把语用学中的语义研究称作**非真值条件语义学**（non-truth-conditional semantics）。
[3] 参见蒋严（2002）。

了本书的第三章就会意识到。所以真值条件语义学与**逻辑语义学**（logical semantics）可以说是同义的。

自然语言的句法和语义曾被认为是极不严谨、缺乏逻辑规范的，根本无法用逻辑语言来描述。这是 20 世纪上半叶分析哲学家和语言哲学家的普遍观点。① 但是，经过四十多年的努力，以语言学家乔姆斯基（Chomsky）为代表的句法界已成功地揭示了自然语言句法结构的数学特性，使语言学成为一门科学。同时，逻辑学家蒙太格（Montague）创立了**蒙太格语法**（Montague Grammar），② 运用逻辑方法成功地构造出英语的部分语句系统，详细地描写了自然语言的真值语义特性。蒙太格宣称"在自然语言和逻辑学家的人工语言之间没有重要的理论上的差别"，认为可以用数学、逻辑方法对它们做同样的描述。蒙太格去世后，他的事业得到继承并被发扬光大。至今，形式语义学的研究硕果累累，除蒙太格语法外，还产生了一些新的理论如**博弈论语义学**（Game-theoretic Semantics）、**范畴语法**（Categorial Grammars）、**文本更新语义学**（File Change Semantics）、**篇章表述理论**（Discourse Representation Theory，简称 DRT）、**动态语义学**（Dynamic Semantics）、**境况语义学**（Situation Semantics）、**类型－逻辑语法**（Type-logical Grammar）等。形式语义学不但对语义研究做出了巨大贡献，而且成为语言学、哲学、数学、逻辑学、计算机科学和人工智能研究的交汇点。

与此同时，逻辑也有了迅猛的发展，新的逻辑理论层出不穷，为自然语言的语义分析不断注入新思维新方法，自然语言语义研究的成果也进一步丰富了逻辑的内容。

囿于传统的逻辑学家认为：只有一阶逻辑才可以被证明是**完整一致的**（complete and consistent），所以只有一阶逻辑才是唯一靠得住的逻辑理论，其他都是虚妄。但新派的逻辑学家却认为：逻辑无所不在，无所不能。不要问我什么是逻辑系统，给我需要描写的现象，让我来驯服逻辑，给你一套适用的新的逻辑理论。从这个意义上说，逻辑工作者便是逻辑系统的创造者，不时有新的逻辑系统得到构建完善，以适应计算机

---

① 参见奥格登与里却茨（Ogden & Richards, 1923）。
② 又称**蒙太格语义学**（Montague Semantics）。

科学、心理学、语言学等学科的发展需要，例如直接孕育出语言研究新领域的**时间逻辑**（temporal logic）〔相关语言研究领域：**时制算子**（tense operator）的表达、时间索引（temporal indices）研究〕、**模态逻辑**（modal logic）〔相关研究：广义量词理论（generalized quantifier theory）〕、**算法证明**（algorithmic proof）〔篇章表述理论〕、**非单调逻辑**（non-monotonic logic）〔歧义的消解、机器翻译、关联理论（relevance theory）〕、**集合论**（set theory），**高阶逻辑**（higher-order logic），**λ－演算**（λ－calculus），**类型论**〔蒙太格语义学、境况语义学〕、**相干逻辑**（relevance logic），**线性逻辑**（linear logic），**道义逻辑**（deontic logic），**行动逻辑**（action logic）〔情态动词研究、形式语用研究〕、**加标演绎系统**（labelled deductive systems，LDS）〔语言过程的多角度模拟、动态句法（dynamic syntax）〕等等。①

第六节 几个基本的语义概念

现在介绍几个基本的语义概念，以方便后面章节的讨论。

一 指谓与指称

人名、地名属专名，作为语言符号被用来命名外部世界特定的个人或地点，如："李贺"、"长安"等。别的词（或语言的其他表意单位，以下从略。）也可被用来与外部世界的一个或一类事物及现象相联系。我们把这种词与物的较固定的联系称为**指谓关系**（denotation），据此我们可以说：词**指谓**（denote）外部世界的某物或某种事物。实际上，更严格的说法应该是：词指谓人脑在认识外部事物的基础上所形成的概念。以下有关词与物的论述都要从这个角度来理解，即这个"物"并非具体的外物，而是相关的概念。进一步说，概念还可以反映现实世界不存在的东西，如"麒麟"、"龙"、"圆的方"等。这是因为它们可以出现在**可能世界**（possible world）里。②

---

① 参见加贝（Gabbay, 1994/1995, 1996）、加贝与贡斯纳〔Gabbay and Guenthner (eds.), 2002〕。

② 详见本书第十一章。

词与物的指谓关系是约定俗成的，固定的，它体现了一种类别（type）上的联系，不涉及语言的具体运用。在实际使用中，交际者可以用某个词来表示符合其指谓类别的某个具体的事例（token），但在另一个话语中则可用相同的词来表示另一个具体的事例。换了别的人，同样的词也可以意指不同的事例。这种因使用者和语境而异的、使用中的词与特定对象之间的暂时联系称作**指称关系**（reference）。比如，"那本书"指谓独一的印刷读物，然而，如果张三在某日买书时说"请把那本书给我看看"，"那本书"可以**指称**（refer to）一本名为《西游记》的书。但是，当另一位顾客说同样的话时，"那本书"却可以指称《废都》。虽然有些哲学和语义学著作并不区别指谓和指称这两个概念，我们在此遵从莱昂斯（Lyons, 1977）和坎恩（Cann, 1993）的建议，把它们区分开来。在本书中，我们主要研究指谓关系，甚少涉及指称关系。

二 蕴涵

设有两个句子 S_1 与 S_2，两者在句子结构上不必相同，如果 S_1 为真，S_2 总为真，则 S_1 **蕴涵**（entail）S_2。举例如下：

(24) 张三买了一辆车。

(25) 一辆车被人买了。

(26) 张三买了一件东西。

(27) 有人买了一辆车。

(28) 有人买了一件东西。

(24) 蕴涵 (25)、(26)、(27)、(28)，但 (25) 不蕴涵 (24)，因为一辆车可以被别人而不是张三买走；(26) 不蕴涵 (27)，因为张三买的可能是别的东西，而不是车。

三 组合性原则

句子由词组成，词的意义可分几类，有的词具有指谓义，有的词表示逻辑关系。句子一般都有真值义。词义与句义之间的关系是部分意义与整体意义的关系。一种流行的假定是：整体意义是**所有**的部分意义按句法结构从小到大逐层加合的结果，这就是由逻辑学家弗雷格（Frege）

最早提出的组合性观念，被后人发展成**组合性原则**（the principle of compositionality）。最常见的提法是：复合表达式的意义是其成分意义和结构的**函项**（function）。[①] 从中我们可以得出，句中的每个词都必须对句义有所贡献。据此，我们可以根据某个词对句义的贡献来研究该词的逻辑语义特性。组合性原则在形式语义研究中占有重要地位，它决定了句义合成的基本方式。詹森（Janssen，1997）认为该原则不是可检验的制约规则，而是一条方法上的指导性原则，它指导着句法、语义系统的建构。我们将在第五章和第十三章对该原则做进一步的讨论。

需要注意的是，还有一类词与句子的真值义无关，而只是对语篇的**衔接**（cohesion）和**连贯**（coherence）做出贡献。它们一般被称作**话语标记词**（discourse markers）或**话语小词**（utterance particles）。由于它们与句子的真值义无关，所以与组合性原则无涉。这方面的研究属于**语篇分析**（discourse analysis）和语用学的领域。

第七节　各章内容简介

本书的余下章节分成以下几个部分。

第二章自成一体，介绍一阶逻辑的基本内容。

第三四章为一单元，讨论如何构造汉语的部分语句系统 C_p。句法方面采用简单的词组结构语法，语义方面模拟一阶谓词逻辑的表达和解释步骤。

第五至十二章介绍的内容基本上属于蒙太格语义学的范围，其中的第十二章第六节具体介绍了蒙太格的经典著作（Montague，1974）PTQ 系统中语句和语义的翻译、解释规则。

第五章到第八章为一单元，在扬弃了 C_p 系统之后，构造以类型论为基础的新体系 C_t，着重讨论重化结构的表达和解释，由此对所有词类做新的类型论定义，间中还介绍了 λ-演算的方法和应用，最后讨论广义量词理论。

第九章到第十二章为另一单元，介绍对时态、时制、可能世界和内

[①] 有关定义参见本书第二章。

涵结构的处理。其中的第十章第四节对量化又作了更为深化的讨论，介绍了限定词量化和修饰语量化这两种量化类型。另外还介绍了三分结构的概念、它与量化的关系，以及焦点对量化的作用与影响。

第十三章和第十四章介绍另外两派理论，它们分别是博弈论语义学和篇章表述理论。

第十五章为文献介绍专章，我们开列了进一步研习形式语义学的主要书目和一些探访网址。

阅 读 文 选

基尔基亚与麦考耐尔－基内（Chierchia & McConnell-Ginet，2000：第一章）和坎恩（Cann，1993：第一章）对本章介绍的部分内容作了更详细的讨论。肯普森（Kempson，1988a）就语义、心智、物质世界之间的关系介绍了语言学界的一些不同观点。帕蒂（Partee，1996）叙述了形式语义学的起源、发展和现状。这些文献都值得一读。帕蒂的文章后半部分读者暂时无法理解，可在学习了本书的大部分章节（比如第一到第十二章）后再阅读此文的余下部分。

对命题的介绍还可参阅陈嘉映（2003）。经典性研究论文有邱奇（Church，1956）、吉奇（Geach，1965）、莱蒙（Lemmon，1966）、皮彻（Pitcher，1964）、舍尔（Searle，1968）、斯道纳克（Stalnaker，1976）等。近期研究论文有艾阿康纳（Iacona，2003）。

对命题态度的介绍另可参阅麦肯奇（Mackenzie，1997）第九章和里查德（Richard，1997）。更深入的论著有索姆斯（Soames，1987）和里查德（Richard，1990）。

有关组合性原则的研究除了正文已经提到过的论文外，还有萨博的博士论文（Szabó，2000）可资参考。

本章未能详述的还有语义学与语用学的划界问题，可资参考的文献有坎普（Kamp，1979）、特纳（Turner（ed.），1999）等。

第二章　逻辑演算

本章介绍与逻辑演算有关的一些概念和运算。先介绍与**集合论**（set theory）和**函数**（function）有关的概念，接着讨论**命题逻辑**（propositional logic）、**真值表**（truth table）与谓词逻辑（predicate logic），最后讨论**逻辑证明**（logic proof）。

第一节　集合论

一　集合的基本概念

集合（set）是一个抽象的概念，可由性质完全不同的**元素**（member）组成。例如，集合 {a, b, c, d} 由 a, b, c, d 四个元素组成。这四个元素中，a 可以代表"一张桌子"，b 可以表示"一个人"，c 表示"一个事件"，d 表示"一台电脑"。若一个集合中一个元素都没有，就叫做**空集**（null set），记为 φ。只有一个元素的集合叫做**独元素**（singleton），如：{a}。一个集合也可以是另一个集合的元素，所以可以有集合：X = {a, {b, c, d}, e, f}，其中集合 Y = {b, c, d} 是集合 X 的一个元素，记为 Y ∈ X。空集也能是另一个集合的一员，如 {a, b, φ, d}。需要注意的是，只含有空集作为其元素的独元集 {φ} 不等于空集，因为空集是"{ }"，里面没有一个元素。

有一种特殊的集合，其所有的元素本身也是集合，如：{{1,2,3}, {a,b,c,d}, {C,D,E}, {x,y,z}}，该集合的元素{1,2,3}, {a,b,c,d}, {C,D,E}和{x,y,z}本身都是集合。我们把这种集合叫做**集合的集合**（set of sets）。在本书以后讨论自然语言的语义时，这种集合很有用。

如果一个集合 A 的所有元素都包含在另一集合 B 之中，我们称 A 是 B 的一个**子集**（subset），记为 A⊆B。假如同时 B 中元素的个数又多于 A 中元素的个数，则 A 是 B 的一个**真子集**（proper subset），记为 A⊂B。

空集是所有集合的子集。

还有一种集合是**幂集**（power set）。一个集合 A 的幂集由其所有的子集组成，记为 $\mathscr{P}(A)$。例如，集合 A = {x, y, z} 的幂集 $\mathscr{P}(A)$ = {ϕ, {x}, {y}, {z}, {x,y}, {x,z}, {y,z}, {x,y,z}}。集合 A 的子集包括它本身和空集。若用#（A）表示集合 A 中元素的个数，A 的幂集中元素的个数则为 $2^{\#(A)}$。例如，若#（A）= 3，#($\mathscr{P}$A)) = $2^{\#(A)}$ = 2^3 = 8。

二 集合的表达方法

可以用三种不同的方法定义一个集合：**穷举法，谓词定义法及递归定义法**。穷举法是指列出集合中所有的元素。谓词定义法则是用一个或几个谓词来定义一个集合。例如，{x | x 是偶数}，此集合包括自然数中所有的偶数。我们也可以有：{x | x 是大于 5 小于 10 的整数}，此集合由 6，7，8，9 组成。递归定义法是用递归规则来定义集合。下面的例子就是用此法定义集合 E = {4，6，8，…} 的。

(1) a. $4 \in E$。

　　b. 如果 $x \in E$，那么 $x + 2 \in E$。

　　c. 其他的任何数都不属于 E。

(1a) 定义数字"4"为 E 中的元素，(1b) 规定任何一个在集合 E 中的元素加上"2"，仍然是该集合的元素。(1c) 进一步规定，其他的东西或者数字都不是 E 中的元素，(1c) 是一个排他条件。

三 对集合的运算

对集合可求其**交集**（intersection）和**并集**（union），分别用 ∩ 和 ∪ 表示，其定义如下：

(2) a. $A \cap B =_{def}$ {x | x ∈ A 且 x ∈ B}

　　("$=_{def}$"表示"定义为")

　　b. $A \cup B =_{def}$ {x | x ∈ A 或 x ∈ B}

集合 A 和 B 的并集（∪）包括 A 和 B 中所有的元素，但其交集（∩）则只包含它们两者所共有的元素，如图 1 所示。在图 1 中，C 是 A 和 B 的交集，它们的并集则包括两个圆所覆盖的区域，即：在两个圆内的所有空间或个体。

```
     A   C   B
```

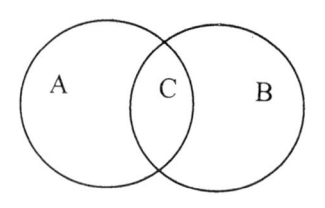

图 1

假设集合 A = {a, b, c, d} 中的人都喜欢蓝色的衣服，集合 B = {e, f, g} 中的人都喜欢绿色的衣服，且集合 C = {a, e, g} 中的人都喜欢红色的衣服，我们可以有下面的运算：

(3) a. A∪B = {a,b,c,d,e,f,g} = B∪A
　　b. A∪C = {a,b,c,d,e,g}
　　c. A∪B∪C = {a,b,c,d,e,f,g}
　　d. A∩C = {a} = C∩A
　　e. B∩C = {e,g}
　　f. A∩B = φ
　　g. A∩B∩C = φ

注意，相同的元素在集合中只出现一次，所以（3b, c）中没有重复列出 a 和 e。另外，集合中的元素没有顺序上的规定，任何排列都是等价的。同时，A∪B = B∪A[见(3a)]，A∩C = C∩A [见（3d）]。这说明并集和交集运算符合交换律，即这两种运算没有顺序上的限制。

我们还可以对集合进行另一种运算，即求其**补集**（complement），定义如下：

(4) a. A⁻ =$_{def}$ {x | x ∉A} （"∉"表示 x 不属于 A，即 x 不是 A 中的一个元素。）
　　b. B − A =$_{def}$ {x | x ∉A 但 x ∈ B}

(4a) 中定义的是集合 A 的**补集**（complememt），（4b）中定义的是 A 相对于 B 的补集，叫做**相对补集**（relative complement）。让我们通过图 2 详释：

集合 A 的绝对补集是相对于世界上的万物来说的，在图 2 中我们用 U（正方形）来表示这个由世界上万物组成的集合。从图 2 中可以看出

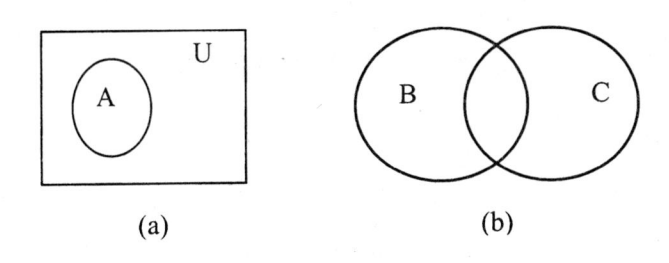

图 2

A 的绝对补集是除了 A 之外所有在 U 中的元素，而 B 相对于 C 的补集（C－B）包括 C 中的元素但必须从 C 中除去所有属于 B 的元素。反过来，C 相对于 B 的补集（B－C）则包括 B 中的元素但必须从 B 中除去所有属于 C 的元素。比较图 2 中的（a）和（b），可以看出，相对于 U 来说，绝对补集也是一种相对补集。

若有集合 A = {x,y,z,w}，B = {y,w,p,q} 和 C = {p,m,n}，可以有如下运算：

（5） a. A－B = {x,z}　　（B 相对于 A 的补集）
　　　b. B－A = {p,q}　　（A 相对于 B 的补集）
　　　c. B－C = {y,w,q}
　　　d. C－B = {m,n}
　　　e. A－C = {x,y,z,w} = A
　　　f. C－A = {p,m,n} = C

从上面的运算结果中可以看出，A－B 是 B 相对于 A 的补集，它意味着从 A 中去掉那些 A 和 B 所共有的元素。由于 y,w 是 A 和 B 共有的元素，A－B 的结果就必须从 A 中去掉 y,w，这样我们就有（5a）。B－A 就是从 B 中去掉 A 和 B 所共有的元素，即从 B 中去掉 y,w，这样我们就得到（5b）。这说明，如果两个集合不共有任何元素，即其交集 X∩Y = φ，那么，X 相对于 Y 的补集 Y－X 就等于 Y 本身，因为不需要从 Y 中去掉任何元素［见（5e, f）］。从上面的运算结果我们还可以看出，A－B 不等于 B－A，即求相对补集运算不遵守交换律。在这一点上，它不同于前面的两种运算，因为 A∩B = B∩A，A∪B = B∪A。

第二节　关系和函数

一　关系

两个集合 A 和 B 之间可以建立某种**关系**（relation），这种关系是一个以二元组为元素的集合。例如，假设有 A = {a,b}，B = {c,d,e} 两个集合，如果 a 只喜欢 c，b 只喜欢 e，则关系"喜欢"就定义为集合 C = {<a, c>, <b, e>}。集合 C 中有两个二元组。次序在二元组中起一定的作用，因为 a 喜欢 b 并不等于 b 喜欢 a，即："喜欢"关系不是一种对称关系，所以集合 C 定义一个从 A 到 B 的关系，而不是从 B 到 A 的关系。我们把这种二元组称为**有序二元组**或**有序偶**（ordered pair）。如果集合 A 中的所有元素都和集合 B 中的元素存在着一种关系，我们称这种情况为**笛卡尔积**（Cartesian product），记为 A×B。同时，若集合 B 中的所有元素又都和集合 A 中的元素存在着一种关系，我们就可以得到 B×A 的笛卡尔积，结果见（6）：

(6) a. A×B = { <a,c>, <a,d>, <a,e>, <b,c>, <b,d>, <b,e> }

　　b. B×A = { <c,a>, <c,b>, <d,a>, <d,b>, <e,a>, <e,b> }

集合 A 和 B 的笛卡尔积包括它们所有可能的二元组合，但是有顺序上的限制，即：A×B 一定是 A 中的元素作为二元组合的第一个元素，而 B×A 则是 B 中的元素作为二元组合的第一个元素。笛卡尔积的定义如下：

$A \times B =_{def} \{ <x, y> | x \in A \ \& \ y \in B \}$

比较集合 C = { <a, c>, <b, e> } 与 A 和 B 的笛卡尔积（6a），可以看出，集合 C 是笛卡尔积 A×B 的一个子集。实际上，定义在集合 A 和 B 上的所有关系，要么是笛卡尔积 A×B 的一个子集，要么是 B×A 的一个子集。

一个关系也可以定义在同一个集合 A 上，即：从集合 A 到集合 A 的一个关系。该关系是笛卡尔积 A×A 的一个子集。如用上面的集合 B 可以定义很多从 B 到 B 的关系。下面我们给出两个例子：

(7) a. Q = { <c,c> , <c,e> , <d,c> }
　　b. R = { <c,d> , <d,e> }

二　函数

如果定义在集合 A 和 B 上的关系 R 同时满足下面（8）的两个条件，我们就称之为从 A 到 B 的**函数**，记为 F：A→B。①

(8) a. A 中的每一个元素都只能对应于 B 中的一个元素。
　　b. A 中所有的元素都必须对应于 B 中的一个元素。

假设有 A = {a, b, c, d}，B = {1, 2, 3, 4}，（9）中的关系都是函数，而（10）中的关系都不是（全）函数。这些关系，我们用图示的方法在下面给出。

(9) M = { <a,1> , <b,2> , <c,4> , <d,3> }
　　N = { <a,3> , <b,4> , <c,1> , <d,2> }
　　P = { <a,3> , <b,2> , <c,2> , <d,3> }
　　Q = { <a,3> , <b,3> , <c,3> , <d,3> }

(10) S = { <a,1> , <b,2> }　U = { <a,3> , <a,1> , <c,2> }
　　T = { <a, 3> , <b, 2> , <a, 1> , <c, 1> }

从图中可以看出关系 S 违反了第二个条件（8b），因为并不是 A 中的每一个元素都在 B 中有一个对应的值，如 A 中的 c 就没有一个对应的值在 B 中。关系 T 违反了第一个条件（8a），因为 A 中的 a 对应于 B 中的两个值，而不是所要求的一个值。关系 U 两个条件（8a）和（8b）都违反了，a 有两个值，而 b 和 d 却没有值。

我们也可以用 f（x）表示一个函数，x 的值取自 A，f（x）的值取自 B。我们称 f 为**函数算子**或**函项**（functor），x 为其**论元**（argument）或称**主目**，f（x）为**函数值**，A 为函数的**论域**（domain of discourse），B 为函数的**值域**（range）。

我们可以把只违反（8b）的关系也叫做函数。由于并不是论域中的所有元素都有一个对应的值在值域中，我们把这种函数叫做**部分函数**（partial function），而把满足（8）中两个条件的函数叫做**全函数**（com-

---

① 这是狭义的函数概念，严格地讲我们定义的是**全函数**。

关系 M

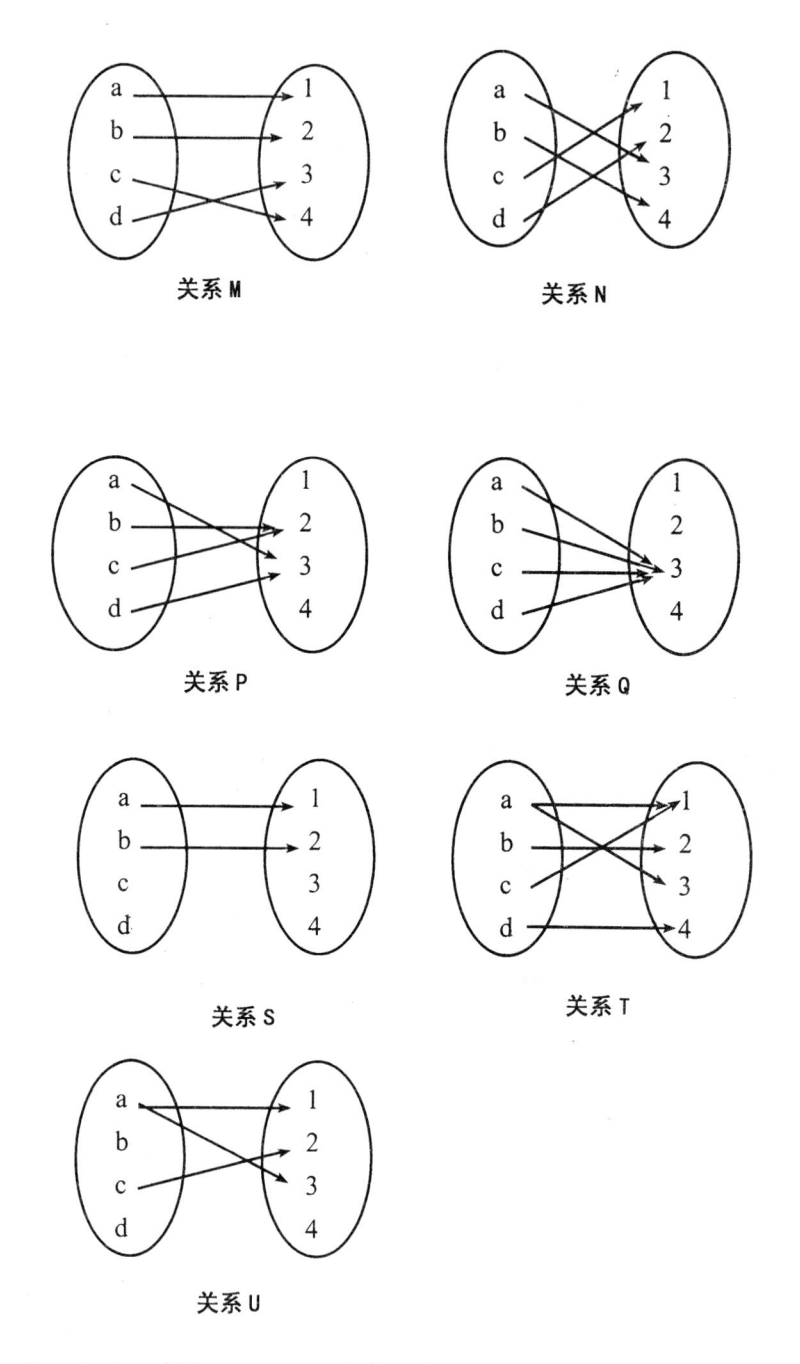

关系 N

关系 P

关系 Q

关系 S

关系 T

关系 U

plete function)。例如，(10) 中的 S 就是一个部分函数，而 (9) 中的 M，N，P 和 Q 都是全函数。

在函数中，我们还可以进一步区分**映满**（onto）、**映入**（into）、**一对一**（one-to-one）和**多对一**（many-to-one）这四种函数。部分函数和全函数的差别关键在于函数的论域，即论域中的元素是否都有一个对应的值在值域中。而映满和映入函数的差别则在于值域。如果值域中所有的元素都被论域中的元素选取，那么该函数就是一个映满函数，否则就是一个映入函数。所有的函数都是映入函数，即所有的映满函数都是映入函数，反之则不然。例（9）中的 M 和 N 都是映满和映入函数，而 P 和 Q 则只是映入函数。从论域和值域的关系来看，还可以把函数分成一对一和多对一函数。一对一函数是指函数论域中不能有一个以上的元素对应于值域中的同一个元素，而不满足这一条件的函数则叫做多对一的函数。所有的函数都是多对一的函数，但是，只有一些函数是一对一的函数。例如，（9）中的 M 和 N 是一对一的函数，而 P 和 Q 则是多对一的函数。

部分函数也可以是一对一的函数，该函数的要求是每个论域中的元素都只能对应于值域中的一个元素。下页图中给出的部分函数都满足这一条件。关系 X 是个一对一的函数，也是一个映入函数，关系 Y 也是个一对一的函数，同时还是一个映满函数，因为它的值域中的元素在其论域中都有一个对应的元素。

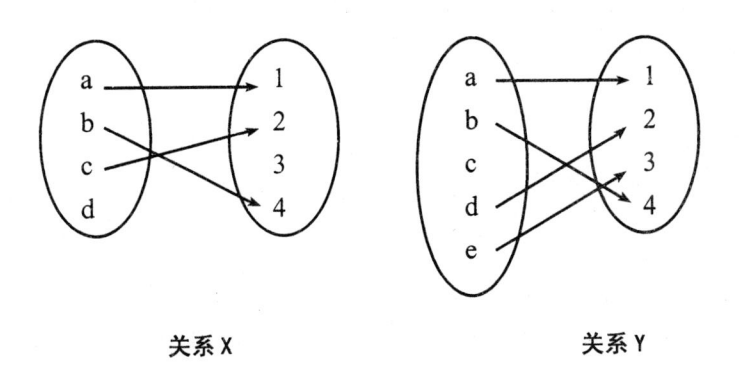

关系 X

关系 Y

如果一个函数既是一对一的函数，又是映满函数，我们称之为**一一对应**（one-to-one correspondence）。这种函数有一个特点，即：若有一个从 A 到 B 一对一的映满函数 F，则其从 B 到 A 的关系 G 也是一个函数，且也是个一对一的函数。但是 G 不一定是一个映满函数，如上面的关系

Y。这是因为一个从 A 到 B 一对一的映满函数 F 可以是一个部分函数。如果 F 是一个从 A 到 B 一对一的映满全函数，那么，从 B 到 A 的关系所形成的函数也是个一对一的映满全函数。例（9）中的 M 和 N 所定义的函数都具有一一对应的特点。上图中给出的关系 Y 表明部分函数也可以具有一一对应的特点。

思考与练习一

若有集合 A = {a, b, c, d}，B = {e, f, g, h, i}，判断下面的关系哪些是函数。是从 A 到 B 的函数，还是从 B 到 A 的函数？是全函数，还是部分函数？是映入函数，还是映满函数？有没有一对一的函数？若有，是哪（几）个？有没有一一对应关系？若有，是哪（几）个？

C = { <a,f>, <c,i>, <d,h> }
D = { <a,e>, <b,i>, <c,h>, <d,f> }
E = { <a,f>, <e,d>, <c,i>, <d,h> }
F = { <a,e>, <b,g>, <c,f>, <d,i> }
G = { <e,a>, <f,b>, <h,c>, <i,d> }
H = { <e,b>, <f,c>, <g,d>, <h,a>, <i,c> }
I = { <a,i>, <b,f>, <c,e>, <d,e> }
J = { <a,e>, <b,e>, <c,e>, <d,e> }

三 复合函数

由两个函数 F：A→B，G：B→C，可以组成一个从 A 到 C 的**复合函数**（composite function），其定义如下：

（11） F o G =$_{def}$
　　　　{ <x,z> | 对于某些 y，有：<x,y> ∈ F 且 <y,z> ∈ G }

由 F 和 G 组成的函数 F o G 的论域是 A，值域是 C，集合 B 仅起联结作用，如下图所示。

图 3 中显示从函数 F_1 和 F_2 可以得到一个复合函数 F_3。从复合函数的定义中可以看出，从 A 到 C 的函数只要求 B 中有某（几）个元素把 F 和 G 联结起来，而不要求 B 中所有的元素都起作用，关键在于 F o G 必须满

第二章 逻辑演算

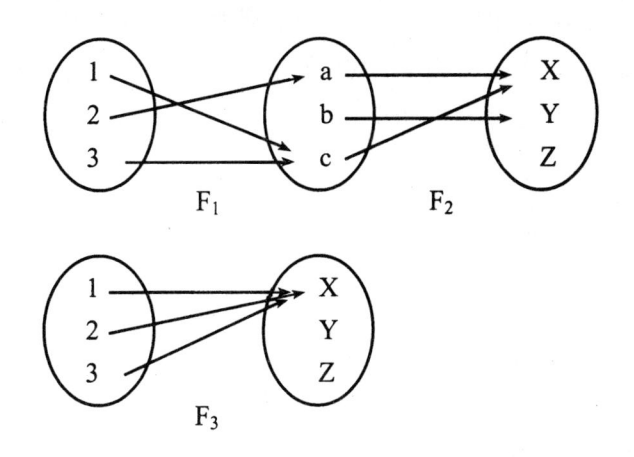

[图：F₁ 将 {1,2,3} 映射到 {a,b,c}；F₂ 将 {a,b,c} 映射到 {X,Y,Z}；F₃ 将 {1,2,3} 映射到 {X,Y,Z}]

图 3 复合函数

足（8）中的两个条件。也就是说函数 F_2 可以违反（8b）中给出的条件，但是不能违反（8b）中的条件，即 F_2 可以是一个部分函数。

四 函数与函项

宋文淦等在苏佩斯（Suppes，1963）的中译本译注中指出："'函项'和'函数'在英语中是一个词，即 function。一般地我们都译作'函项'，当指的是数学中的函项时就作'函数'。"周礼全指出：英语逻辑文献中所谓的 function 常常是广义的，其定义域和值域都不限于实数，因之汉语逻辑文献里把 function 译作"函项"，以示区别于"函数"。鉴于本书讨论的基本上是逻辑语义问题而非数学问题，我们在以下章节中将仅用"函项"这个词。

第三节 命题逻辑和真值表

一 命题逻辑

命题逻辑（propositional logic）的句法很简单。我们用 P，Q，R，S，…表示简单命题。在简单命题之前加上否定符合"~"或称算子可构成一个合法的**复合命题**（composite proposition），如 $\sim P$，$\sim Q$。任何两个命题用下列符号联结起来都可以构成合法的命题："&"（**合取**，conjunction），"∨"（**析取**，disjunction），"→"（**条件式**，conditional，又名**蕴涵式**，entailment），"↔"（**双条件式**，biconditional，又名**等值式**，equivalence）。下面（12）中都是合法的命题，而（13）中都是不合法的命题。

（12） $(P \vee Q)$

~ $(P \leftrightarrow Q)$

~ ~ R

$(((P \& Q) \vee \sim S) \to R)$

（13） PQ

$\vee Q$

~ $\vee P \& Q$

二　真值表

每一个简单命题都可以有两个值：**真**（true）或**假**（false），分别用 1（或 T）和 0（或 F）表示。复合命题的真值则由组成它的简单命题的值和上述联结符号的真值特性来决定。下面我们给出每个联结符的**真值表**（truth table）。

（14）**合取**（conjunction）（&）

P	Q	$(P \& Q)$
1	1	1
0	1	0
1	0	0
0	0	0

对于任何命题 P, Q 而言，只有当两者都取真值时，其合取命题 $(P \& Q)$ 才可以真值。

（15）**析取**（disjunction）（∨）

P	Q	$(P \vee Q)$
1	1	1
0	1	1
1	0	1
0	0	0

对于任何命题 P, Q 而言，只有当两者都取假值时，其析取命题

($P \vee Q$）才取假值，否则就都取真值。

(16) **否定**（negation）（~）

P	Q
0	1
1	0

对于任何命题 P 而言，如果 P 为真，则其否定命题 $\sim P$ 为假。

(17) **条件式**（conditional）（→）

P	Q	($P \rightarrow Q$)
1	1	1
0	1	1
1	0	0
0	0	1

对于任何命题 P，Q 而言，只有当 P 为真而 Q 为假时，条件命题 ($P \rightarrow Q$) 才取假值，其余情况下都取真值。在条件命题 ($P \rightarrow Q$) 中，P 叫做**前件**（antecedent），Q 叫做**后件**（consequent）。

(18) **双条件式**（biconditional）（↔）

P	Q	($P \leftrightarrow Q$)
1	1	1
0	1	0
1	0	0
0	0	1

不同于条件式命题，双条件式命题只有在 P 和 Q 取相同的值时才为真，如 (18) 所示。

比较条件式和双条件式，可以看出，双条件式可由条件式推出，即：($P \leftrightarrow Q$) ⇔ ($P \rightarrow Q$) & ($Q \rightarrow P$)。

用列出子命题真值表的方法我们可以求出一个复合命题的真值表。例如，复合命题 (($P \& Q$) → ~ ($P \rightarrow Q$)) 有如下真值表：

P	Q	($P \& Q$)	($P \rightarrow Q$)	~ ($P \rightarrow Q$)	(($P \& Q$) → ~ ($P \rightarrow Q$))
1	1	1	1	0	0
0	1	0	1	0	1
1	0	0	0	1	1
0	0	0	1	0	1

由于该复合命题由两个简单命题组成，而一个简单命题只可能取两

个值，真或假，所以就只有四种可能性，由真值表中的 P 和 Q 两列给出。第三列给出了合取命题 P & Q 的真值，只有当 P 和 Q 都取真值时它才取真值。第四列给出了条件命题 P→Q 的真值，第五列是第四列的否定命题的真值，最后一列是我们所求的复合命题的真值。

由于该复合命题是一个由第三列和第五列组成的条件命题，所以其值应该由这两列的值和条件命题的真值特性来决定。条件命题只有在其前件为真，而后件为假时才取假值，所以我们知道，所求的复合命题的第一行取假值，其余的各行都取真值，因为只有第一行当前件 P & Q 为真时，后件 ~（P→Q）才为假。

如果一个复合命题总是取真值，那它就是一个**全真命题**（tautology）。而一个总取假的复合命题则叫做**矛盾命题**（contradiction）。上面讨论的复合命题既不是全真命题，也不是矛盾命题。

第四节　谓词逻辑

命题逻辑中的命题是一个整体，不能被分成几个部分。而在**谓词逻辑**（predicate logic）里我们可以把一个命题分成两个部分：**谓词**（predicate）及其**项**（argument）或称**主目**。一个命题可有一个项，也可以有多个项。例如，"张三是人"是一个命题 Q[①]，其谓词是"是人"，项是"张三"。如用 P 表示谓词，r 表示项，我们就可以用 P（r）表示命题 Q。同样，"张三喜欢李四"可以用 W（r, s）表示，这里 W 表示"喜欢"，r 和 s 是其两个项，分别对应于"张三"和"李四"。原则上讲，一个谓词可以有无穷个项，这些项可以是**常量**（constant），也可以是**变量**（variable）。常量的值是恒定不变的，如人名、地名等。变量的值则是相对不确定的，如代数中的 x，y，z 等，它们可以取多个不同的值。前面例子中的项都是常量。通常我们用英文字母前面的字母，如：a，b，c，d 等表示常量，而用最后的几个字母作变量，如 u，v，w，x，y，z。只有一个项的谓词叫做**一元谓词**（one-place predicate），两个项的叫

[①] 在讨论谓词逻辑时，我们以斜体的大写英文字母表示命题，以正体大写字母表谓词，以小写字母表示项。

二元谓词（two-place predicate），n 个项的则叫 n **元谓词**。

一个谓词的项若恰好都是常量，则该逻辑式构成一个完整的命题。一个谓词若与一个或几个变量项相结合就不是一个完整的命题，而是一个**开语句**（open sentence），又叫**命题函项**（propositional function）。有的逻辑系统规定，变量项必须受**约束**（binding）。在**一阶逻辑**（first-order logic）系统里，要想把带变量项的开语句变成一个命题就必须在前面冠以逻辑**量词**（quantifier）以约束其中的变量。一阶逻辑有两个量词：**全称量词**（universal quantifier）和**存在量词**（existential quantifier），分别用 ∀ 和 ∃ 表示。比如：设变量项的论域为"人"，W 表示"喜欢"，∀xW（x, s）表示"每个人都喜欢李四"，而 ∃x W（r, x）表示"张三喜欢某个人"。也可以有多个量词同时出现在一个命题中，如：∀x ∃y W（x, y），∀x [P（x）→ ∃y W（x, y）]，其中 P 是个一元谓词，W 为二元谓词，x, y 为变量。

命题逻辑中提到的所有联结符都可以和上述命题 P 和 W 连用，其中否定算子既可以放在量词之前，也可以放在量词之后。下面（19）中给出的都是合法的复合命题。

(19) a. ~P(r)
　　 b. ~P(r) & W(r,s)
　　 c. P(r)→W(r,s)
　　 d. ∀x ~ W(x,s) ∨ P(r)
　　 e. ∀x ~ [P(x)→ ∃y W(x,y)]
　　 f. (~P(r)→ ~ ∀xW(x,x))

每个量词都有其**辖域**（scope）。下面的例子中画线部分是量词的辖域：

(20) a. ∃xP(x)
　　 b. ∃yR(x,y)&P(y)
　　 c. ∃y (R(x,y)&P(y))
　　 d. ∀x∃y (R(x,y)→K(x,x))
　　　　（画线部分是存在量词 ∃y 的辖域）

(20d) 中全称量词（∀x）的辖域是 ∃y(R(x,y)→K(x,x))，包括存在量词（∃y）及其辖域。一个变量若在一个量词的辖域内，并受该量词约束，就被称为**受约变量**（bound variable）。若一个变量不在任何量词的辖域之内，该变量就是**自由变量**（free variable）。在谓词逻辑中，一个合法命题不能含有任何自由变量，即：所有的变量都必须受某个量词约束，出现在某个量词的辖域之内。在（20）中，只有（20b）不是合法命题，这是因为（20b）中的基本命题 P（y）不在存在量词（∃x）的辖域内，也不受任何其他量词的约束，即 P（y）中的变量 y 是一个**自由变量**（free variable）。

一　谓词逻辑命题的真值验证

逻辑中一个合法命题是否为真不仅取决于谓词及其项，还取决于在什么环境下验证该命题。这种环境我们称之为**模型**（model），所以，一个命题并不是绝对地取真或假值，而是相对于某个特定的模型来取值。一个模型 M 由两个部分组成：集合 D 和函项 F。集合 D 包含模型中所有可能的个体，函项 F 则有下面（21）所示的功能。[①]

（21）a. 赋给每个常量集合 D 中的一个元素。

　　　b. 赋给每个一元谓词集合 D 中的一个子集。

　　　c. 赋给每个二元谓词二元笛卡尔积 D×D 中的一个子集。

　　　d. 赋给每个 n 元谓词 n 元笛卡尔积 $\underbrace{D \times D \times \cdots \times D}_{n\text{个}}$ 中的一个子集。

含有量词的命题的真值验证也是相对于某个特定的模型来进行的。一个含有全称量词 ∀ 的命题只有在某变量论域中的每一个成员都使其为真时，才可以取真值，否则就取假值。也就是说，只要其变量论域中有一个成员使其为假，整个命题就得取假值。一个含有存在量词 ∃ 的命题，只要其变量论域中有一个成员能使其为真，就取真值。下面我们用一个例子来说明模型、命题及其真值验证之间的关系。

假设有如下模型，集合 **D** = ｛张三，李四，王五，小兵，大力，陈规｝，个体常项如 a，b，c，d，e，h 等，及函项 F，其定义如下：

（22）　F(a) = 张三　　F(b) = 李四　　F(c) = 王五

　　　　F(d) = 小兵　　F(e) = **大力**　　F(h) = 陈规

　　　　F(H) = ｛张三，李四，王五，小兵｝

[①] 关于谓词为什么由集合而不用别的方法来表示，我们在后面的章节有详细的说明。

F(M) = {张三,李四,王五,小兵,大力,陈规} = D
F(L) = { <张三,李四> , <王五,小兵> , <大力,
陈规> , <张三,王五> , <小兵,大力> }

这个模型中一共有六个人，两个一元谓词，H 表示"高兴"，M 表示"是人"。还有一个二元谓词，L 表示"喜欢"。函项 F 把集合 D 中的元素分别赋给常量：a，b，c，d，e，h。在这个模型中只有"**大力**"和"**陈规**"两个人不高兴。集合 D 中所有的成员都是人。F（L）中给出了具有"喜欢"关系的二元组合。在此模型基础上我们验证下面的命题是否为真：

（23） a. H(a),H(d),H(e),M(c),M(b),M(h)
 b. L(a,b),L(e,h),L(d,b),L(c,h),L(h,d)
 c. ∃xH(x), ∃yM(y), ∃xL(x,c), ∃xL(b,x) ∃x∃yL(x,y)
 d. ∀xH(x), ∀yM(y), ∀x∃yL(x,y), ∃x∀yL(x,y), ∃x∀yL(y,x)
 e. ∀x[H(x)→∃yL(x,y)], ∀x[M(x)→∃yL(x,y)]
 f. ∃xM(x)&∀yM(y), ∃x[M(x)&∀yL(x,y)]

一个命题为真的条件是其论元 a 的对应值必须是其谓词 P 的对应值（一个集合）中的一个元素，即：F(a)∈F(P)。现在来看看（23a, b）的命题哪个为真哪个为假。（23a）中除 H(e)外其余的命题都为真，因为只有常量 e 的对应值 F(e) = "大力"，不在 F（H）的集合中；其余的常量，即 a，b，c，d，h 的对应值"张三"、"李四"、"王五"、"**小兵**"和"**陈规**"都在 F(H)或 F(M)中。（23b）中有序偶 <a, b> 的对应值 <F(a),F(b)> = <张三，李四>是 F(L)中的一个元素，所以 L(a,b)为真。同理，L(e,h)也为真。由于 <F(d),F(b)> = <小兵,李四> , <F(c),F(h)> = <王五,陈规> , <F(h),F(d)> = <陈规,小兵> 都不在 F(L)中，L(d,b)，L(c,h)和 L(h,d)都不能为真。

现在我们来检验（23）中含量词的命题。① 先看（23c）中的命题。对于存在命题，只要论域中有一个元素使其为真，该命题就为真。由于

---

① 这里我们只能凭直觉来解释量化式，不可能用组合性原则来解释，原因见后面章节的讨论。

至少有一个元素，如 a，使 H(x) 为真，即 F(a)∈F(H)，所以 ∃xH(x) 取真值。同样，命题 ∃x∃yL(x,y) 也为真，这是因为至少有一个有序偶，如 <a, b>（即把 a 赋给变量 x，b 赋给变量 y 时），<F(a), F(b)> = <张三，李四>，使命题 L(x,y) 为真。对于含有全称量词的命题，必须检查是否论域中所有的元素都使该命题为真。只有当论域中所有的元素都使其为真时，该命题才能为真。对照（22）后我们得出，∀xH(x) 为假，∀yM(y) 为真。

如果一个命题中既有量词又有我们前面一节里提到的联结符，则其真值验证既要考虑量词的意义，也要参照相应联结符的真值表，以作出综合的评价。

思考与练习二

按照这一节书中给出的模型，求（23c, d, e, f）中命题的真值。请给出非正式的验证过程。

二　量词定律

当"否定"联结符出现时，含有存在量词和全称量词的命题遵循下面的定律：

(24) ~(∀x)Ψ(x) ⇔ ∃x~Ψ(x)

(24) 是说，如果不是所有的 x 都使 Ψ(x) 为真，则存在着某个 x 使 Ψ(x) 取假值。反之，若存在着某个 x 使 Ψ(x) 不取真值，则表示不是所有的 x 都使 Ψ(x) 取真值。例如，在前面一节的模型里，∀xH(x) 为假，即：~∀xH(x) 为真。由此，我们应该推出 ∃x~H(x)，以证明（24）从左到右是正确的。检查上面的模型，我们知道确实有一个 x，即 e，其对应值不在 F(H) 中，所以 ∃x~H(x) 为真。从右到左我们也同样可以证明（24）是正确的。

根据**双重否定律**（double negation），~~Ψ ⇔ Ψ，量词否定律还可以有下面的等价形式

(25) a. ∀xΨ(x) ⇔ ~∃x~Ψ(x)

　　　b. ~∀x~Ψ(x) ⇔ ∃xΨ(x)

　　　c. ∀x~Ψ(x) ⇔ ~∃xΨ(x)

此外，多重量化式还遵循下面的定律：

(26) a. $\forall x \forall y \Psi(x,y) \Leftrightarrow \forall y \forall x \Psi(x,y)$
　　　b. $\exists x \exists y \Psi(x,y) \Leftrightarrow \exists y \exists x \Psi(x,y)$
　　　c. $\exists x \forall y \Psi(x,y) \Rightarrow \forall y \exists x \Psi(x,y)$

(26a) 表示两个全称量词可以变换顺序，而不影响其真值和意义。(26b) 表示存在量词遵循同样的规律。[①] 量词的这些定律及其他一些未给出的定律的证明涉及到一些还没有介绍的内容，由于篇幅的限制，我们这里就不再详述。有兴趣的读者可以参见帕蒂等（Partee et al. 1990）或其他相关的文献。

第五节　逻辑证明

一个证明包括三个部分：前提（premise），结论（conclusion）和推理过程，即由前提开始，通过有效的推理过程得出结论。有效的推理或论证过程必须证明，不存在一种对基本命题的赋值，使前提为真，而结论为假；如果存在着这种赋值，则说明该论证无效。换句话说，给定 $P_1, P_2, \cdots, P_n$ 为前提（即假设 $P_1, P_2, \cdots, P_n$ 为真），R 为结论，我们必须证明命题 $[(P_1 \& P_2 \& \cdots \& P_n) \rightarrow R]$ 为全真命题。也就是说，只要前提为真，结论总是为真。整个证明过程只考虑每个步骤在逻辑上是否合理有效，而不关心每个命题事实上真假与否。重要的是若推理过程有效，即可从前提推出结论。在举例说明这种演绎推理的全过程之前，我们先介绍一些推理规则。

(27) a. **假设规则**（Rule of Assumption，简称 **A**）
　　　　　任何命题都可以在证明过程的任何阶段引入。
　　　b. **肯定前件规则**（Modus Ponendo Ponens，简称 MPP）
　　　　　给定 **A** 和 **A**→**B**，可得 **B**。
　　　c. **否定后件规则**（Modus Tollendo Tollens，简称 MTT）
　　　　　给定 ~**B** 和 **A**→**B**，可得 ~**A**。
　　　d. **条件证明**（Conditional Proof，简称 CP）

[①] 对定律（26c）的解释可参阅本书第六章。

如果可从 A 推出 B，则可得 $A \rightarrow B$。

e. **合取引入规则**（& Introduction，简称 &I）

给定 A 和 B，可得 $A \& B$。

f. **合取消除规则**（& Elimination，简称 &E）

给定 $A \& B$，可分别得到 A 和 B。

g. **析取引入规则**（∨ Introduction，简称 ∨I）

给定 A，可得 $A \vee B$。

h. **析取消除规则**（∨ Elimination，简称 ∨E）

给定 $A \vee B$，且可从 A 和 B 分别得出 C，则可得 C。

以上各规则中的黑体大体字母为**元符号**（meta-symbol），每个元符号在此代表一个（简单或复杂）命题，可由任何具体的命题代入。代入的命题既可以是命题逻辑中的命题式（即以简单命题为最小单位），也可以是谓词逻辑中的命题式（可以表示出简单命题的内部结构）。

有了这些推理规则后，我们就可以证明一个复合命题是否为真。在下面的证明中，方括号里的数字表示行号。方括号左边的数字表示该行证明所依赖的假设的行号，方括号右边是命题，命题的右边是得到该命题所使用的规则及规则作用的对象，即前提（后者用行号数字表示）。为求简便，我们仅举了命题逻辑中的例子。

(28) $Q \rightarrow R \vdash (P \vee Q) \rightarrow (P \vee R)$①

1	[1]	$Q \rightarrow R$	A
2	[2]	$P \vee Q$	A
3	[3]	P	A
3	[4]	$P \vee R$	3 ∨I
5	[5]	Q	A
1,5	[6]	R	1,5 MPP
1,5	[7]	$P \vee R$	6 ∨I
1,2	[8]	$P \vee R$	2,3,4,5,7 ∨E
1	[9]	$(P \vee Q) \rightarrow (P \vee R)$	2,8 CP

(28) 中的前提是 $Q \rightarrow R$，须求证的结论是条件式 $(P \vee Q) \rightarrow (P \vee$

---

① 符号"⊢"是**断言符号**（assertion sign），表示"可以从逻辑上推出"。

R)。而要证明条件式为真,则须证明在其前件为真时,其后件也为真,即可以从($P\vee Q$)推出($P\vee R$)。(28)给出了证明的全过程。[1]用假设规则假设前提为真,[2]假设结论中条件式的前件为真。由于[2]是析取式,我们须先假设其中一项 P 为真,得出一个结果。然后假设另一项 Q 为真,得出另一结果。只有推出两个相同的结果,才能从原来的析取式中最后推出结论,缺一不可。[3]便假设析取式的第一项 P 为真。应用析取引入规则($\vee$I),我们从[3]得到[4]。[5]假设析取式的第二项 Q 为真。应用 MPP 规则于[1]和[5]得到[6]。对[6]应用析取引入规则可得[7]。由于我们可以从 $P\vee Q$ 中的两个析取肢分别推出 $P\vee R$,即从[3]和[5]都可以得到 $P\vee R$,应用析取消除规则($\vee$E),便可从[2]、[3]、[4]、[5]和[7]推出[8](这里的 $P\vee R$ 就是析取消除规则中所指的 C),同时消去额外的假设3和5。由于可以从[2]推出[8],应用条件证明规则 CP,就可以得到[9],也就是我们所要证明的结论,并消去已被归并入结论中的那条假设2。这样我们就从原题给定的假设,即[1],应用推理规则推出了所需的结论,即[9]。

下面我们介绍一个重要的推理规则,叫做**归谬原则**(Reductio ad Absurdum,简称 RAA)。其要点是,如果我们可以从某个命题 P 推出一个矛盾命题($Q\&\sim Q$),则可以根据 RAA 规则推出 $\sim P$ 为真,即 P 为假。(29)是一个相关的示例。

(29) $P\to Q, P\to \sim Q \;\vdash\; \sim P$

1	[1] $P\to Q$	A
2	[2] $P\to \sim Q$	A
3	[3] P	A
1,3	[4] Q	1,3 MPP
2,3	[5] $\sim Q$	2,3 MPP
1,2,3	[6] $Q\&\sim Q$	4,5 &I
1,2	[7] $\sim P$	3,6 RAA

这个例子要求证明 $\sim P$ 为真。我们先假设 $\sim P$ 为假,即 P 为真[3],希望由此推出一个矛盾命题,然后应用 RAA 规则得出 $\sim P$ 为真。我们在[6]得到矛盾命题 $Q\&\sim Q$。该命题是对[4]和[5]应用合

取引入规则推出的，而［4］是对［1］和［3］应用 MPP 规则推出的，［5］是对［2］和［3］应用同样的规则推出的。也就是说，由［1］、［2］、［3］可以推出矛盾命题［7］，应用 RAA，得到 ~P，即 P 为假。由于这个结论否定了假设 P，所以［7］不依赖于 3，只依赖于 MPP 推理时使用过的假设 1 和 2。

规则 RAA 在证明一个（复合）命题 P 为真时非常有用。我们不用直接证明 P 为真，只需假设其否命题为真，且证明可以由之推出一个矛盾命题。这样应用 RAA 规则就可以推出 P。[①]

思考与练习三

试证明以下各式为真：

a. $P\&(Q\&R) \vdash Q\&(P\&R)$
b. $(P \rightarrow Q)\&(P \rightarrow R) \vdash P \rightarrow (Q\&R)$
c. $P\&Q \vdash P \vee Q$
d. $(P \rightarrow R)\&(Q \rightarrow R) \vdash (P \vee Q) \rightarrow R$
e. $P \rightarrow Q, R \rightarrow S \vdash (P\&R) \rightarrow (Q\&S)$
f. $P \rightarrow Q, R \rightarrow S \vdash (P \vee R) \rightarrow (Q \vee S)$

阅 读 文 选

本章讨论的内容，在莱蒙（Lemmon, 1965）和帕蒂等（Partee et al., 1990）的书中都有详细的论述。有兴趣的读者可在莱蒙的书中找到详细的逻辑证明过程，以及更多的逻辑规则。马神武（McCawley, 1981/1993）和阿尔伍德等（Allwood et al., 1977）的书中也有相关的论述。关于函数定义的讨论可参阅苏佩斯（1963）和莫绍揆（1980）。

[①] 涉及谓词逻辑特别是**量化式**（quantificational formulae）的推理演算虽然重要，但是与本书介绍的内容相对独立，故从略。有兴趣的读者可参阅章末开列的阅读文选。

第三章　C_p 系统和语义解释

第一节　部分语句系统 C_p

本章开始讨论自然语言语义的形式化表达和解释。为方便讨论起见，我们构造一个汉语的部分语句系统 C_p。① 该系统包括一套比较简单的句法规则和一套语义翻译规则。由于 C_p 的句法规则只涵盖了汉语句法的一小部分，所以它所能生成的句子类型仅仅是汉语句型的一个子集。在后面几章里，我们会对 C_p 作修订扩充，构造出较为复杂的汉语语句系统。

一　C_p 的句法

C_p 的句法包括句法规则、句法范畴和词库。句法规则罗列于下：

(1) a. 1 G C_p　　S　→NPV$_不$.
　　b. 2 G C_p　　S　→NP$_1$V$_及$NP$_2$.
　　c. 3 G C_p　　S　→NP$_1$V$_双$(给)NP$_2$NP$_3$.
　　d. 4 G C_p　　S　→NP$_1$ 把 NP$_2$V$_双$(给)NP$_3$.
　　e. 5 G C_p　　S　→NP$_1$ 被 NP$_2$V$_及$.
　　f. 6 G C_p　　S　→NP$_1$ 被 NP$_2$V$_双$给 NP$_3$.
　　g. 7 G C_p　　NP　→N$_专$.
　　h. 8 G C_p　　NP　→$w_数$ $w_{单位}$N.
　　i. 9 G C_p　　NP　→ϕN.

(1) 中的 G C_p 表示 C_p 的句法规则，G C 前的数字为规则序号。S

---

① C 代表"汉语语句系统"。下标$_p$取自**谓词逻辑**（predicate logic）的英文首字母，因为该系统与一阶谓词逻辑相似。

表示句子，NP 表示名词组，V 表示谓语动词，V$_{不}$表示不及动物词，V$_{及}$表示带单宾语的及物动词，V$_{双}$为带双宾语的及物动词，N$_{专}$为专有名词，如人名、地名、书名等等，N 为**普通名词**（common noun）。① w 表示词，$w_{数}$表示汉语的数词，$w_{单位}$指汉语中表示单位的量词，② 为避免与**逻辑量词**（quantifier）混淆，我们在本书中把前者叫做单位词，而只把后者称作量词。③ 规则中的圆括号（）表示有选，即括号内的成分可出现也可不出现。φ 代表零形位，它的作用将在第二小节讨论。给定一个词库（2），G C$_p$ 便可生成诸如（3）中所列的句子：

(2) a. N$_{专}$ → {三毛、八戒、西施、小花、《西游记》}.
　　b. N → {学生、老师、信、鱼}.
　　c. V$_{不}$ → {跑（了）、睡觉（了）、喝水、上学}.
　　d. V$_{及}$ → {吃（了）、看（书）、喜欢}.
　　e. V$_{双}$ → {给（了）、交<给>（了）}.④
　　f. w$_{单位}$ → {个、封、条}.
　　g. w$_{数}$ → {一}.

(3) a. 小花跑了。
　　b. 八戒睡觉。
　　c. 西施喜欢小花。
　　d. 三毛看《西游记》。
　　e. 西施给了小花一条鱼。
　　f. 老师把信交给一个学生。
　　g. 鱼被小花吃了。
　　h. 信被一个学生交给了老师。

由于本章尚不讨论时态和时制的语义表达，所以我们暂且把(3a)-(3h)规定为已经发生过的事或过去习惯性发生的事。

（3）中所生成的句子，是严格运用 G C$_p$ 规则的结果。以（3b）为

---

① 又译作**类名词**。
② 英文常译作 classifier。
③ 单位词的选择取决于名词中心语的特征，这点我们虽然暂不能在规则中表示出来，解决的方法并不难。设想我们把每个词都分解为一组特征，那么名词中心语就能选择与之特征相符的单位词。参见凯（Kay, 1992）对**特征合一理论**（unification theory）的介绍。
④ < > 内的成分为常项词，由句法规则直接生成，在下面会进一步解释。

例，该句的具体生成过程可通过逐行替换法表示：

(4) a. S.
　　b. NPV$_不$.　　　　1G C$_p$
　　c. N$_专$ V$_不$.　　　7G C$_p$
　　d. 八戒睡觉。　　　词项代入

(4a) - (4d)展示了句(3b)生成的四个阶段，在每个阶段，利用右边的规则，我们对某个句法范畴进行扩展，直到无法进一步扩展为止。这时，我们从词库中选取与有关范畴特征一致的具体词项代入，得到句子。我们规定：规则每次作用于一个范畴，而词项代入则一次性操作完毕。整个过程也可用树形图(5)来表示。

(5)的**描写能力**(descriptive power)与(4)相当，它们是同一个**词组结构语法**(phrase structure grammar)的两种不同表述形式。我们通常把(5)中的直线和斜线称作**分枝**(branch)，把分枝与分枝的交点称作节点(node)。每个节点都用一个句法范畴作**标记**(label)。居于高层的范畴扩展为居于其下的、与其有分枝直接相连的范畴，直到词项代入。在(5)中的**非终端节点**(non-terminal node)的标记旁边，[①]我们附上了有关的扩展规则。这些规则作用于相关范畴，得出居于其下的范畴。

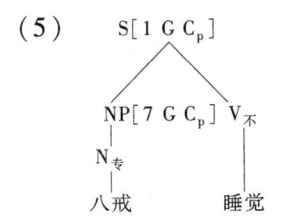

(5)　　S[1 G C$_p$]
　　　／　＼
　　NP[7 G C$_p$]　V$_不$
　　　｜　　　　　｜
　　　N$_专$　　　　｜
　　　｜　　　　　｜
　　　八戒　　　睡觉

再以(3h)为例，其生成过程如下：

(6) a. S.
　　b. NP$_1$ 被 NP$_2$V$_双$给 NP$_3$.　　　　6 G C$_p$
　　c. φN 被 NP$_2$V$_双$给 NP$_3$.　　　　　9 G C$_p$
　　d. φN 被 $w_数$ $w_{单位}$NV$_双$给 NP$_3$.　　8 G C$_p$
　　e. φN 被 $w_数$ $w_{单位}$NV$_双$给＞N.　　9 G C$_p$

[①] 指直接居于范畴节点而不是词项之上的节点。与非终端节点相对的是**终端节点**(terminal node)，这种节点直接居于词项之上。

f. 信被一个学生交给了老师。　　　词项代入

为求简便，"把"、"被"、"给"、"φ"、"$w_{数}$"和"$w_{单位}$"在 G C_p 均被处理为**常项词**（constant）。相对 G C_p 而言，它们本身是词，由居其上的句法范畴扩展而得，但它们并不是原范畴的中心语。换言之，在 G C_p 里不存在以这些词为中心语的词组。

　　给定词库（2），我们可以通过 G C_p 的句法规则（1）生成 C_p 的句子。凡是能用 G C_p 的规则生成的句子就是 C_p 的合法句，反之则不是 C_p 的句子。

思考与练习一

1. 仿（5），用树形图法写出（3h）的生成过程。
2. 用逐行替换法写出（3c）、（3e）、（3f）和（3g）的生成过程。
3. 汉语中哪些句型不能由 G C_p 生成？为什么？

二　C_p 的翻译规则

　　由 G C_p 生成的句子体现了 C_p 的句法结构，但 C_p 的句法结构并不是逻辑结构。如果我们想用一阶谓词逻辑的语义解释规则、借助集合论的概念来对 C_p 作语义解释，那就必须将句法结构翻译成一阶谓词逻辑结构。因此需要制定一套翻译规则。C_p 的翻译规则应该能够把所有 G C_p 生成的句子都译成逻辑式。此外，译出的逻辑式在其后的语义解释过程中应符合组合性原则，即句子或词组的语义是其组成成分的语义按一定方式组合的结果。语义解释必须循着成分组合的方式进行，才能得到正确的结果。因此，逻辑式也就必须反映句子成分的组合结构。我们于是规定，翻译规则与句法规则要一一对应，就是说，每条句法规则都有一条相应的翻译规则，把有关句法结构译成逻辑式。这在形式语义学里被称作**"规则对应假设"**（the Rule to Rule Hypothesis），即翻译规则对应于句法规则的假设。

　　现在我们着手制定翻译规则。要把句法结构译成逻辑式，就要决定句子、词组和词在逻辑式中的对应形式。一阶谓词逻辑的语汇与 C_p 的句法语汇是两套不同的系统。具体地说，句法系统 GC_p 的语汇包括一套句法范畴和自然语言的词汇（即词库），如 S、NP、N、V、"三毛"、

"老师"、"西游记"等。而逻辑系统的语汇是一套逻辑范畴和代入这些范畴的具体词项,即具体的谓词、论元和逻辑算子。在第二章里,我们已经引入了一阶谓词逻辑的基本词汇,在此我们选取其中一部分作为翻译 C_p 的逻辑语汇。C_p 句法和一阶谓词逻辑两种语汇的对应关系罗列如下:

(7) a. S =$_{tr}$ t.
　　b. V$_不$ =$_{tr}$ Pred$_1$.
　　c. V$_及$ =$_{tr}$ Pred$_2$.
　　d. V$_双$ =$_{tr}$ Pred$_3$.
　　e. NP =$_{tr}$ e.
　　f. N$_专$ =$_{tr}$ e.

"=$_{tr}$"表示"翻译成",t 指句义,① Pred 指谓词,② Pred 后的数字表示谓词的价或项,即某个谓词可带论元的数目。e 指充当论元的**单个实体/个体实体**(individual entity,简称**个体**)。③ 普通名词 N 在 C_p 无对应的逻辑范畴。在 C_p 里,N 与一些常项词结合成 NP,才有对应的 e。根据(1i),有时 NP 只扩展成光杆的 N,但我们不能把它简单地看成一个普通名词,而应把它看成是前面带有零形位的名词,即 NP→ϕN。ϕ 也是个常项词,只是没有显性的语音形式。这对我们下一步的语义解释有重要的意义。汉语中的普通名词 N 能与数词和单位词组合成名词组,其语义通常被理解成是**无定的**(indefinite)。④ N 与 ϕ 结合成名词组时,其语义有时可被理解成**有定的**(definite) 单数名词组,有时也可被理解成**类指名词组**(generic NP)。⑤ C_p 中的 NP 均对应于 e。虽然普通名词 N 在 C_p 无对等的逻辑范畴,但由单个普通名词充当的名词组 NP 却有对应的逻辑范畴 e。

---

① t 为英语 truth-value(真值)的缩写。一阶逻辑将句义等同于命题。这是一种简化的处理方法。实际情况复杂得多,参见本书第一章的有关讨论。
② Pred 为英语 predicate(谓词)的缩写。
③ e 为英语 entity(**实体**)的缩写。
④ 有不少论著认为该结构在主语位置的语义应被看成是**特指**(specific) 的,是无定语义的一种,详细的讨论和定义可参见蒋严、潘海华和邹崇理(Jiang et al.,1997)。
⑤ "有定"、"无定"、"类指"及相关概念的精确定义及其在汉语中的表现形式可参见蒋严、潘海华和邹崇理(Jiang et al.,1997)。

（7）中"$=_{tr}$"左边各范畴间的关系已在（1）列出，"$=_{tr}$"右边的 t、Pred. 和 e 之间的关系可以通过（8）来揭示：

(8) $t \Leftrightarrow Pred_n(e_1, e_2, e_3, \cdots)$.

（7a）-（7f）虽能把句法范畴译成逻辑范畴，但却不能把句法结构的各生成步骤逐一翻译成逻辑式，因为它们不是"规则对应"的翻译。另外，句法范畴虽是固定的一组，句法规则生成的语符串却是多样的，因为这取决于词库里的具体词项的代入。所以我们也要为每个词项找到在逻辑式中的对等项。这意味着我们不能把具体的句子简单地译成 t，或是把具体的动词译成 Pred，也不能把具体的 NP 译成 e。不然的话，所有带 $V_不$ 的句子都会译成同一种逻辑式 $Pred_1(e)$。以此类推，所有句子也都会直接译成几种抽象的逻辑式，各个句子的具体语义就会荡然无存。为避免这种情形的出现，需要把句法语汇译成一套表现形式更丰富的逻辑语汇。我们虽然可以创造一套全新的符号，但这会不必要地增加读者的记忆负担。更简捷的办法是对句法语汇在形式上加以修饰，衍生出一套相应的逻辑语汇。GC_p 规则中的句法范畴都用英语名称的首字母表示，而最后的词项则是汉语。在本书中，我们在每个句法语汇的右上角加上一撇，把它们作为从句法翻译过来的逻辑语汇。这样，我们得到了（9）：

(9) a. $S \Rightarrow S'$.
    b. $V_不 \Rightarrow V'_1$.
    c. $V_及 \Rightarrow V'_2$.
    d. $V_双 \Rightarrow V'_3$.
    e. $NP \Rightarrow NP'$.
    f. $N_专 \Rightarrow N'_专$.
    g. $w \Rightarrow w'$.

这样，所有句法范畴 A_1、A_2、A_3…都译成了对应的逻辑范畴 A'_1、A'_2、A'_3…，大多数词项也译成了逻辑词项。我们进一步规定，所有汉语词项译成逻辑词项时，都取其汉语拼音的形式加右上角的一撇，谓词以大写字母开头，论元以小写字母开头。例如："三毛"译成 $sanmao'$、"睡觉"译成 $Shuijiao'$ 等等。这样做表面上似乎是在自添麻烦，造成了汉语的汉字、拼音两种书写系统并列的不必要情形，但事实上却给我们带来了表达上的不少便利。原因有三：一、可凭拼音字母的大小写区分谓词与论元，这与逻辑表达的传统做法一致。需要时还可取每个词的拼音式的首字母组成简缩的逻辑式，这也是逻辑上的常规表达法，如用汉字就很难缩简。① 二、以词为单位的拼音在直观上有清楚的分界。三、在讨论中如需引述某个逻辑词项时，如词项是汉字则必须加引号，以同前后讨论该词项的汉字有所区分。本身已带撇号的词项再加引号，就会变成如"睡觉'"或"睡觉'"的形式，难以辨别。而用拼音式后，引述词项是拼音，讨论语言是汉字，不加引号也不会混淆两者。再说，逻辑式本来就是不同于自然语句的表达系统，在翻译过程中把汉字转换成拼音应属正常的调整。

现在，我们终于可以按"规则对应"假设来着手翻译了。我们先设计一套对应于句法规则的翻译规则 T G C_p：②

(10) a. 1 T G C_p S′→V′$_1$(NP′).
  b. 2 T G C_p S′→V′$_2$(NP′$_1$, NP′$_2$).
  c. 3 T G C_p S′→V′$_3$(NP′$_1$, NP′$_3$, NP′$_2$).
  d. 4 T G C_p S′→V′$_3$(NP′$_1$, NP′$_2$, NP′$_3$).
  e. 5 T G C_p S′→V′$_2$(NP′$_2$, NP′$_1$).
  f. 6 T G C_p S′→V′$_3$(NP′$_2$, NP′$_1$, NP′$_3$).
  g. 7 T G C_p NP′→N′$_专$.
  h. 8 T G C_p NP′→[$w_数\ w_{单位}$ N]′.
  i. 9 T G C_p NP′→[ϕN]′.

(10)中的谓语动词后的论元排列次序，反映了语义解释的组合性原则。逻辑主语、直接和间接宾语必须有固定的排列，才能得到正确的命题结构，语义解释才不至于出错。这要求我们在翻译过程中对句法结构作一定的调整，而这些调整往往是根据句子里的有关常项词的提示而做出的。比如我们首先决定主语宾语在谓词后的排列是（主，宾），而直接宾语居于间接宾语之前。那么带双宾语动词的句子结构就是 V′$_3$（主语，直接宾语，间接宾语）。（1d）中的"把"字告诉我们其后的 NP$_2$

---

① 例如，把"三毛看红楼梦"的逻辑式 Kan′(sanmao′, hongloumeng′) 缩简成 K(s, h) 或 Ksh。
② T 表示翻译，TGC$_p$ 指 GC$_p$ 的对应翻译规则系统。

是直接宾语，（1f）的"被"告诉我们 NP$_1$ 是直接宾语，NP$_2$ 是主语，"给"告诉我们 NP$_3$ 是间接宾语，等等。所以我们的翻译并不是任意进行的。另外我们又规定，〔 〕里的成分当作一个词项来翻译，并在语义解释时作为一个词项来解释。

我们现在把（10）应用到具体句子的翻译上，请看对例句（3b）的翻译：

(11) 八戒睡觉。

    a. S.

    a′ ⇒S′.

    b. NPV$_不$.   1 G C$_p$

    b′. ⇒V′$_1$(NP′).   1 T G C$_p$

    c. N$_专$ V$_不$.   7 G C$_p$

    c′. ⇒V′$_1$(N′$_专$).   7 T G C$_p$

    d. 八戒睡觉。   词项插入

    d′. ⇒Shuijiao′(bajie′).   词项翻译

（11）的 a、b、c 等列出了句法扩展步骤，a′、b′、c′等列出了翻译步骤。（11）忠实地贯彻了"从规则到规则"的要求，每一步句法扩展都伴有相应的逻辑式翻译。

再看（3f）的翻译过程：

(12) 老师把信交给一个学生。

    a. S.

    a′. ⇒S′.

    b. NP$_1$ 把 NP$_2$V$_双$给 NP$_3$.   4 G C$_p$

    b′. ⇒V′$_3$(NP′$_1$, NP′$_2$, NP′$_3$).   4 T G C$_p$

    c. φN 把 NP$_2$V$_双$给 NP$_3$.   9 G C$_p$

    c′. ⇒V′$_3$(〔φN〕′, NP′$_2$, NP′$_3$).   9 T G C$_p$

    d. φN 把 φNV$_双$给 NP$_3$.   9 G C$_p$

    d′. ⇒V′$_3$(〔φN〕′, 〔φN〕′, NP′$_3$). 9 T G C$_p$

    e. φN 把 φNV$_双$给 w$_数$w$_单位$N.   8 G C$_p$

    e′. ⇒V′$_3$(〔φN〕′, 〔φN〕′, 〔w$_数$w$_单位$N〕′).

                                         8 T G C$_p$

f. 老师把信交给一个学生。　　　　　　词项插入
f′. ⇒Jiao′（［ϕlaoshi］′,［ϕxin］′,［yi ge xuesheng］′）．
　　　　　　　　　　　　　　　　　　词项翻译

C_p 的一些常项词"把"、"给"和"被"在逻辑式中并不出现，这是因为它们的作用仅仅是指示命题结构中论元的排列顺序，即帮助辨别主语和宾语，它们本身并不对逻辑命题的真值条件的内容直接做出贡献。换言之，它们在语义解释中只有程序上的指示作用。有关的理论问题可参见威尔逊与斯博贝尔（Wilson & Sperber, 1993）和埃斯皮纳尔（Espinal, 1996）。

在本节中我们一直在说：A_1、A_2、A_3…是 C_p 语言的句法范畴和外在词汇形式，而 A'_1、A'_2、A'_3…则是对应于 A 的一阶逻辑表达式。那么两者到底有什么区别呢？首先，自然语句有歧义现象，但逻辑式不再有歧义。在翻译过程中，歧义句被分别译成不同的逻辑式。其次，自然语句有不少形态上的变化，如英语的动词词尾变化-S，也有不少语气助词，如汉语的"吧"、"嘛"、"了"等，这些在逻辑式中并不出现。动词译成逻辑谓词后，只以光杆形式出现。至于表示时制、时态的形态变化，需借助较复杂的逻辑方法来描写，这里暂不研究。[①] 而语气助词则多半与命题态度相关，属语用学研究的范畴。在下一章里我们还会看到，还有些词直接译成了逻辑算子。

最后我们再回过头来看看（9）中"⇒"右边的逻辑语汇和（7）中"$=_{tr}$"右边的逻辑范畴的关系。首先，（7a）到（7f）的"$=_{tr}$"左边的句法范畴与（9a）到（9f）的"⇒"左边的范畴完全一致。那么（7）与（9）的这些式子的右边的范畴应该是对应的，即：

(13) a. S′ = t.
　　　b. V'_1 = $Pred_1$.
　　　c. V'_2 = $Pred_2$.
　　　d. V'_3 = $Pred_3$.
　　　e. NP′ = e.
　　　f. $N'_专$ = e.

---

① 参见第九章。

（13）中各式等号两边逻辑语汇的指谓特性是相同的，这点我们在下节详述。但等号左边的符号都可最后为词项所代替，而右边的符号却更为抽象。可以说，等号左边的是对象语言的符号，而右边的是抽象的元语言符号。[①]

（13）未涉及（9g），后者只是词项翻译，w'的值视其所属范畴而定。另外，（10h）-（10i）的普通名词N并无对应的逻辑符号。在C_p里，我们只简单地把N与它的常项词作为一个单位来解释。普通名词的逻辑翻译和语义解释留待后面的章节讨论。

思考与练习二

1. 如果翻译规则TC_p并不与句法规则GC_p一一对应，那么逻辑式的翻译是否仍然可能？

2. 用逐行替换-翻译法写出（3a）、（3c）、（3e）、（3g）和（3h）的生成/翻译全过程。

3. 试用树形图表示（11）和（12）的全过程。

第二节　C_p的语义解释

通过句法规则GC_p，我们得到了C_p的合法语句；通过翻译规则TGC_p，我们进而得到了C_p语句的逻辑表达式。剩下的工作是对逻辑式进行语义解释。不难看出，C_p语句的逻辑式在表达能力上比第二章介绍的一阶谓词逻辑还要弱。C_p没有变量，也没有逻辑量词。事实上，从本章直到第七章，我们讨论的自然语言现象绝大多数都不会超出一阶谓词逻辑的表达能力。这使我们能够从容地把一些基本问题讲解清楚。

一　真值条件的确定

如第一章所述，任何一个合法句都应有句义，任何一个合法的陈述句都有真值。然而，真值的判定总是相对于具体情形、特定场合而言的。一个句子在一个场合可以为真，在另一场合却可以为假。倘若孤立

[①] 对象语言与元语言的定义可在第二节二小节找到。

地考察句子，它就无所谓真，也无所谓假。但是我们根据句子的逻辑式，仍然能够知道这个孤立句所表达的语义在何种条件下为真，在何种条件下为假。一旦把孤立句与具体场合联系起来，如果后者满足使该句为真的条件，则句子为真，反之则为假。这样，我们就可以说，孤立句所告诉我们的不是确定的真值，而是它的真值条件。在二元的真值系统中，一个句子的真值条件只有两个：何时该句可为真、何时该句可为假。而句子在具体使用场合的真值只能有一个：非真即假，否则就会违反排中律。

真值条件的确定取决于逻辑式中各组成部分的指谓特性以及它们之间的隶属关系。在 C_p 的逻辑式中，论元均与名词组对应，而谓词则与动词对应。我们以 NP′ 代表前者，以 V′ 代表后者。另外，根据本书第二章中对谓词逻辑的介绍，我们知道论元的赋值为模型论域中的个体，所以，与论元对应的 NP′ 便指谓外部世界中的个体。这样就可以得到如(14) 中给出的指谓关系：

(14) a. sanmao′（三毛）　　　　　　指谓**男孩**$_i$.

　　　b. bajie′（八戒）　　　　　　　指谓**神怪**$_j$.

　　　c. xishi′（西施）　　　　　　　指谓**女人**$_k$.

　　　d. xiaohua′（小花）　　　　　　指谓**猫**$_l$.

　　　e. xiyouji′（西游记）　　　　　指谓**书**$_m$.

　　　f. [ϕlaoshi]′（老师）　　　　　指谓**男人**$_n$.

　　　g. [ϕyu]′（鱼）　　　　　　　指谓**鲤鱼**$_o$.

　　　h. [yi ge xuesheng]′（一个学生）指谓**女孩**$_p$.

(14) 各式中，在"指谓"左边纵列的括号里，我们给出了与逻辑式词项对应的汉字，起注释作用，严格地说这并不需要。"指谓"的右边纵列的黑体字代表具体世界的人、物或其他生物。黑体字后的下标表示某个特定的个体。应该特别强调的是：不能把这里的黑体字看作是语言符号或逻辑式中的范畴，而应该把它们当做是事物本身。就好像我们用一幅图像来代替黑体字。但严格说来，图像与黑体字都只是真实事物的象征，而不是事物本身，只有事物本身才是被语言—逻辑符号指谓的对象。

我们按通常做法，把逻辑词项用〖 〗括起来，〖A′〗表示 A′ 的语义值，即 A′的指谓对象。这样，(14) 便可改写为 (15)：

(15) a. 〖sanmao′〗 = **男孩**$_i$.
　　 b. 〖bajie′〗 = **神怪**$_j$.
　　 c. 〖xishi′〗 = **女人**$_k$.
　　 d. 〖xiaohua′〗 = **猫**$_l$.
　　 e. 〖xiyouji′〗 = **书**$_m$.
　　 f. 〖[φlaoshi]′〗 = **男人**$_n$.
　　 g. 〖[φyu]′〗 = **鲤鱼**$_o$.
　　 h. 〖[yi ge xuesheng]′〗 = **女孩**$_p$.

括号〖 〗能使我们抽象地谈论某词项的指谓对象，而不必真正列出具体的个体。此外，如（14）-（15）所示，专名本身是符号，并非实体，所以有时会有一名多指的现象。但为了讨论的方便，我们有时用黑体的专名表具体人或物，而不再进一步给出其所指，如（16）所示。这可被视为简化了的验证过程。

谓词的指谓特征与我们常识上的理解似有区别。按一般常识上的理解，谓词表示**属性**（property）或动作。但是，属性或动作本身并不具有实在性，难以由谓词指谓。可另一方面，属性和行动总是相对于某些个体而言的，前者依附于后者、通过后者来实现。没有后者，也就没有前者。所以，我们可以把谓词的指谓看成是相关个体的集合，集合中各元素都是谓词概念的施行者。

C_p 逻辑式中的谓词 Pred 都与动词相对应。一元谓词与 $V_{不}$ 对应，指谓的集合中每个元素皆为个体，我们以历史知识为背景，举例说明谓词及其指谓的个体的集合：

(16)
　　 a. 〖Changxi′（唱戏）〗= {**梅兰芳，程砚秋，荀慧生，尚小云**}.
　　 b. 〖Zaofan′（造反）〗= {**项羽，安禄山，李自成，张献忠，吴三桂**}.
　　 c. 〖Chengwang′（称王）〗= {**刘邦，刘秀，李渊，赵匡胤，朱元璋**}.
　　 d. 〖Zuijiu′（醉酒）〗= {**张飞，李白，杨贵妃，武松，牛皋**}.

二元谓词与动词 $V_{及}$ 对应，指谓的不是以个体为元素的集合，而是以有序偶为元素的集合。每个元素由两个个体构成，第一个对应于句子的主语，第二个对应于宾语。每个有序偶的两个个体间都存在一种关系，如

"喜欢"、"看"、"吃"等等,如下例所示:

(17)
 a. 〖Xihuan′(喜欢)〗 =
  {<西施,小花>,<三毛,八戒>,<八戒,西施>}.
 b. 〖Kan′(看)〗={<三毛,西游记>,<黛玉,西厢记>}.
 c. 〖Chi′(吃)〗={<小花,鲤鱼$_o$>,<八戒,西瓜$_q$>}.

三元谓词与动词 $V_{双}$ 对应,指谓的集合由**有序三元组**(ordered triple)构成。三元组中第一个个体对应于主语,第二个对应于直接宾语,第三个对应于间接宾语。有序三元组反映了三个个体间的关系,例如:

(18)
 a. 〖Gei′(给)〗 =
  {<西施,鲤鱼$_o$,小花>,<女孩$_p$,信$_r$,男人$_n$>}.
 b. 〖Song′(送)〗 =
  {<男人$_n$,西游记,三毛>,<荆轲,地图$_s$,秦王>}.
 c. 〖Jieshao′(介绍)〗 =
  {<柴进,武松,宋江>,<孔明,庞统,刘备>}.

与名词组对应的论元指谓个体,与动词对应的谓词指谓个体的集合,而对应于句子的逻辑式则指谓真值。真值在具体情形或场合得到验证,但真值条件须先行确定。逻辑式的真值条件取决于其论元指谓对其谓词指谓的依属关系,这由谓词的类型决定,并不取决于逻辑式中各成分的具体指谓内容。定义如下:

(19) 相对于某个具体情形而言,
  a. $V'_1(NP')$ = 1 iff 〖NP′〗 ∈ 〖V'_1〗,否则为 0.
  b. $V'_2(NP'_1, NP'_2)$ = 1 iff <〖NP'_1〗,〖NP'_2〗> ∈ 〖V'_2〗,否则为 0.
  c. $V'_3(NP'_1, NP'_2, NP'_3)$ = 1 iff
   <〖NP'_1〗,〖NP'_2〗,〖NP'_3〗> ∈ 〖V'_3〗,否则为 0.

举例来说,已知(15)和(17a)中给出的指谓关系,我们可以验证以下句子的真值:

(20) a. 西施喜欢小花。
  b. 小花喜欢八戒。
  c. 孙悟空喜欢八戒。

d. 八戒恨西施。

具体验证如下：

(21)

　　a. Xihuan′(xishi′, xiaohua′) = 1,

　　∵ <〖xishi′〗,〖xiaohua′〗> ∈ 〖Xihuan′〗; 即

　　　<〖xishi′〗,〖xiaohua′〗> ∈

　　{<西施，小花>、<三毛，八戒>、<八戒，西施>}.①

　　b. Xihuan′(xiaohua′, bajie′) = 0,

　　∵ <〖xiaohua′〗,〖bajie′〗> ∉ 〖Xihuan′〗.

　　c. Xihuan′(sunwukong′, bajie′) = 0,

　　∵　(ⅰ)〖sunwukong′〗= φ;②

　　　　(ⅱ) <〖sunwukong′〗,〖bajie′〗> ∉ 〖Xihuan′〗.③

　　d. Hen′(bajie′, xishi′) = 0, ∵　〖Hen′〗= φ.

这样，我们通过指谓和集合的概念，确定了 C_p 逻辑式的真值条件。在下一节里，我们将详细讨论"真"这个概念及其验证方法。

思考与练习三

1. 确定下列语句的真值条件并按历史知识求出其真值：

　　a. 孔子辑《春秋》。

　　b. 蔺相如把和氏璧还给赵王。

　　c. 朱元璋称帝。

　　d. 袁绍被曹操打败。

　　e. 关公战秦琼。

2. 试述在 C_p 中，翻译规则和逻辑式在语句真值条件的确定过程中所起的作用。

---

① ∵ 表示原因。
② "孙悟空"在此指谓的是个空集，即根据(15)和(17)，它不指谓任何实体。
③ (ⅰ)必然导致(ⅱ)。也可以认为由(15)和(17)构成的模型无法检验(20c)的真值，因为两者不匹配。

二 作为语义学概念的"真"

现在，让我们考察一下句子真值验证的形式化过程，这可以使我们从语言哲学的角度把握形式语义学中"真"这个概念及其验证步骤的实质。

波兰逻辑学家塔尔斯基（Tarski）提出了"真"这个语义学的概念（Tarski, 1944; 1956a）。他认为形式语句的"真"可以通过下式来理解：

（22）作为语义学概念的"真"（T）
　　　设有语句 S，如果 X 为 S 之名而 p 为 S 句本身，则 "X" = 1 iff p.
　　　["X" 为真当且仅当 p。]

（T）式导致了塔尔斯基的名句：

（23）"雪是白的"为真 iff 雪是白的。

（23）表面上是无益的同义反复，其实不然。（23）是（T）式（22）的特例。根据（T）从形式上界定的语句为真时需要满足的充分必要条件，我们可以从以下几个方面来理解（23）式：首先，（23）式引号里的是**对象语言**（object language）的引述形式，可以由句子的代号 X 取代。其次，iff 右边是对象语句的指谓内容，由**元语言**（meta-language）构成。我们既不应该把语句的指谓内容与语句本身等同起来，也不可以把元语言与对象语言相混淆。混淆了元语言和对象语言，也就会混淆讨论语言与引述语言的区别。在（23）式中，对象语言和元语言恰巧都用同一种语言即汉语写成。如果我们用英语构造元语言，两者的界线便更加清晰了：

（24）"雪是白的" = 1 iff Snow is white.

但在通常的讨论中我们并不这么写，原因很简单，引入另一套语言会增加理解上的负担。我们可以保证懂汉语的人都能从字面上看懂这本书，但是我们无从知道读者是否都能同样看懂用英文写的例句。这涉及有没有公认的元语言的问题。每个语言都可作为对象语言讨论，而每个元语言都是针对其对象语言而言，才算是元语言。我们可以进一步讨论某个特定的元语言，这时，该语言便成了对象语言，需要设计一套新的元语言。而后者又可转化为对象语言，没有穷尽。

根据以上的讨论，我们可以把（22）的（T）式改写成（25）：

(25) 作为语义学概念的"真"[（T）的修正式（RT）]

　　设有语句 S，如果 X 为 S 之名而 p 为 S 的指谓内容，则：

　　"X" = 1 iff p.

把 p 看成是 S 的指谓内容，即是把 p 看成是 S 所描述的具体事态。这样做是以外延的方法处理 p 的内容，源自美国分析哲学家戴维森（Davidson）的著作（Davidson，1967）。p 作为元语言语句，当然还可以有其他诠释的方式，比如可以把 p 看成是**心理表达**（mental representation）。① 但是把 p 看作具体事态，有助于我们对 S 进行**模型论语义学**（model-theoretic semantics）的解释。

（T）式的修正式能帮助我们避免一种谬误，这种谬误被广为引用以责难真值条件语义学。② 设句子的指谓对象为真值，如果把句子的意义等同于指谓义，则所有的语句都只有两种意义：真或假，且所有取其真的句子都互为同义句，取假的句子也互为同义句。那样，我们就会有（26）：

(26) ∵ a. 雪是白的 = 1，且 草是绿的 = 1

　　　∴ b. 雪是白的 = 草是绿的

（26）会导致荒谬的（27），因为如果我们用 p 代替（25）的（T）式左边的语句"X"，由于（26b）等号右边的语句与 p 等值，（T）式便可写成（27）：

(27) "雪是白的" = 1 iff 草是绿的。

需要注意的是，如果指谓义确实等同于句子的意义的话，则（26）-（27）是自然的推论。（27）的荒谬不是（T）的过错，而是源于"意义等同于指谓义"这个立论。我们仍然有理由认为，（T）是有效的等式，因为它是独立于任何语言和语义理论的形式化概念。对于任何语义理论来说，如果（T）能够完整地保存语义理论的根本观点而不会减弱或加强其内容，则它就是站得住脚的。此外，我们已在第一章谈过，指谓义只是意义的一部分，不能等同于意义。再则，由于我们把

---

① 参见卡斯顿（Carston，1995）和肯普森（Kempson，1996）的有关讨论。
② 如福德（Fodor，1977），卡茨（Katz，1987）。

（T）式中的 p 看成是 S 的外延（extension）指谓义，所以更不会导致（27）的结论，因为修订后的（T）式（RT）告诉我们，判定句 S 真值的是作为 S 的指谓内容的外延事态。"雪是白的"与"草是绿的"可能同为真，但两者的外延事态的验证应是不同的过程。正如戴维森（Davidson, 1967）所说的：

……在并不确知某语句之真值的情形下，我们仅在有足够理由相信［(27)］中"为真"［=1］谓词所联系的［左右］两语句确实等同，才能认同［(27)］的等式。如果有人对雪或草的颜色有疑问的话，即使他对两者的怀疑程度是相等的，要让他接受导致［(27)］的理论也是不可取的，除非他认为一物的颜色与另一物的颜色是紧密相关的。

如果我们事先已分别确知（27）式中的两句句子为真，那么（27）的等式只是把一个取真的对象语句同一个取真的元语句偶尔地等同了起来。这样的等式不可谓不成立，但也没什么大的价值。因为我们既已"无所不知"，就无须再关注（27）式中对象语句真值的验证了。正如戴维森（Davidson, 1967）所说的："无所不知比无知更能提供怪诞的理论，然而既然已经无所不知，就不那么需要［用语言］交际了，［也就无需再考虑语句的真值问题了。——本书作者增补］。"[①]

最后要说明的是，（T）式仅仅是对"真"这个语义学概念的形式阐述，不是全面的定义。塔尔斯基（Tarski, 1944）认为，每个（T）式的特例可以解释某个语句为真的原因，这只是对概念"真"的部分定义。"普遍的定义应是所有部分定义的逻辑合取。"（Tarski, 1944）

第三节 模型与语义解释

在上一节里，我们讨论了真值条件的确定，并简要示范了具体事态中语句真值的验证。在本节中，我们结合第二章中对模型的形式化定

---

① 参阅卡茨（Katz, 1987）对戴维森这些见解的不同看法。

义，更详细地考察自然语句真值的验证过程，并借助模型作一完整的示范。

一 模型与真值验证

自然语句真值的验证，取决于物质世界的具体情形。根据相关事态，我们对语句的真值作出判定。这个物质世界就是逻辑中所谓的模型。如第二章所述，模型 M 本身是个抽象体，它由两部分组成：集合 D 和函数 F。集合 D 中元素的性质决定了模型 M 的内容。这样，通过对 D 中元素的选取，我们就可以构造出不同内容的模型，模型可大可小，全凭讨论的需要而定。模型中的另一要素 F 对语句逻辑式中的各个成分进行赋值，把 D 中的元素指派给它们，其赋值形式见第二章。函数 F 规定了逻辑式成分的指谓内容，根据与谓词类型相关的真值条件，我们就可以顺利地求出语句相对于模型 M 的真值。在下一小节里，我们用具体的实例来说明语义解释的全过程。

二 实例分析

本章构造的汉语部分语句系统 C_p 包括一套句法规则（GC_p）即（1），一套翻译规则（TGC_p）即（10），和真值条件（19）。现在我们假设词库（2）已生成（28a）－（28j）。给定模型（29），让我们来检验一下（28）各句的真值。在这里我们力求完整，所以不简化验证过程，给出了专名的具体所指。

(28) a. 小花跑了。
 b. 三毛睡觉。
 c. 西施喝水。
 d. 八戒上学。
 e. 鱼被小花吃了。
 f. 八戒把小花吃了。
 g. 老师看《西游记》。
 h. 西施喜欢小花。
 i. 西施送给小花一条鱼。
 j. 学生把信给了三毛。

第三章　C_p 系统和语义解释　　53

(29) $M < D, F >$

　　$D = \{男孩_i、神怪_j、女人_k、猫_l、书_m、男人_n、鲤鱼_o、女孩_p\}.$

　　〖sanmao′（三毛）〗^{M}　　　　= 男孩$_i$.

　　〖bajie′（八戒）〗^{M}　　　　　= 神怪$_j$.

　　〖xishi′（西施）〗^{M}　　　　　= 女人$_k$.

　　〖xiaohua′（小花）〗^{M}　　　　= 猫$_l$.

　　〖xiyouji′（西游记）〗^{M}　　　= 书$_m$.

　　〖[ϕlaoshi]′（老师）〗^{M}　　　= 男人$_n$.

　　〖[yi tiao yu]′（一条鱼）〗^{M} = 鲤鱼$_o$.

　　〖[ϕxuesheng]′（学生）〗^{M}　 = 女孩$_p$.

　　〖Pao′（跑）〗^{M}　　　　　　　= $\{猫_l\}$.

　　〖Shuijiao′（睡觉）〗^{M}　　　 = $\{男孩_i, 神怪_j\}$.

　　〖Heshui′（喝水）〗^{M}　　　　 = $\{鲤鱼_o, 神怪_j. 男人_n\}$.

　　〖Shangxue′（上学）〗^{M}　　　 = $\{男孩_i, 女孩_p\}$.

　　〖Chi′（吃）〗^{M}　　　　　　　= $\{<猫_l, 鲤鱼_o>\}$.

　　〖Kan′（看[书]）〗^{M}　　　　　= $\{<男孩_i, 书_m>\}$.

　　〖Xihuan′（喜欢）〗^{M}　　　　 = $\{<男孩_i, 书_m>, <女人_k, 猫_l>\}$.

　　〖Gei′（给）〗^{M}　　　　　　　= $\{<女人_k, 鲤鱼_o, 猫_l>,$
　　　　　　　　　　　　　　　　　　　$<女孩_p, 书_m, 男孩_i>\}$.

　　〖Song′（送）〗^{M}　　　　　　 = ϕ.

（上标 ^{M} 表示"相对于模型 M 的赋值"。）

在检验真值之前，先要按规则对应假设把（28）各句译成逻辑式。省却具体的翻译过程，我们得到了（30）：

(30) a. Pao′（xiaohua′）.

　　　b. Shuijiao′（sanmao′）.

　　　c. Heshui′（xishi′）.

　　　d. Shangxue′（bajie′）.

　　　e. Chi′（xiaohua′, [ϕyu]′）.

　　　f. Chi′（bajie′, xiaohua′）.

　　　g. Kan′（[ϕlaoshi]′, xiyouji′）.

h. Xihuan′(xishi′, xiaohua′).

i. Song′(xishi′, [yi tiao yu]′, xiaohua′).

j. Gei′([ϕxuesheng]′, [ϕxin]′, sanmao′).

经过验证，(30) 各句的真值如下：

(31)

a. Pao′(xiaohua′) = 1,

∵ 〚xiaohua′〛^{M} ∈ 〚Pao′〛^{M};

即 猫$_l$ ∈ {猫$_l$}.

b. Shuijiao′(sanmao′) = 1,

∵ 〚sanmao′〛^{M} ∈ 〚Shuijiao′〛^{M};

即 男孩$_i$ ∈ {男孩$_i$, 神怪$_j$}.

c. Heshui′(xishi′) = 0,

∵ 〚xishi′〛^{M} ∉ 〚Heshui′〛^{M};

即 女人$_k$ ∉ {鲤鱼$_o$, 神怪$_j$, 男人$_n$}.

d. Shangxue′(bajie′) = 0,

∵ 〚bajie′〛^{M} ∉ 〚shangxue′〛^{M};

即 神怪$_j$ ∉ {男孩$_i$, 女孩$_p$}.

e. Chi′(xiaohua′, [yu]′) = 1,

∵ <〚xiaohua′〛^{M}, 〚ϕyu′〛^{M}> ∈ 〚Chi′〛^{M};

即 <猫$_l$, 鲤鱼$_o$> ∈ {<猫$_l$, 鲤鱼$_o$>}.

f. Chi′(bajie′, xiaohua′) = 0,

∵ <〚bajie′〛^{M}, 〚xiaohua′〛^{M}> ∉ 〚Chi′〛^{M};

即 <神怪$_j$, 猫$_l$> ∉ {<猫$_l$, 鲤鱼$_o$>}.

g. Kan′([ϕlaoshi]′, xiyouji′) = 0,

∵ <〚[ϕlaoshi]′〛^{M}, 〚xiyouji′〛^{M}> ∉ 〚Kan′〛^{M};

即 <男人$_n$, 书$_m$> ∉ {<男孩$_i$, 书$_m$>}.

h. Xihuan′(xishi′, xiaohua′) = 1,

∵ <〚xishi′〛^{M}, 〚xiaohua′〛^{M}> ∈ 〚Xihuan′〛^{M};

即 <女人$_k$, 猫$_l$> ∈ {<男孩$_i$, 书$_m$>, <女人$_k$, 猫$_l$>}.

i. $Song'(xishi', [yi\ tiao\ yu]', xiaohua') = 0$,

∴ $<〖xishi'〗^M, 〖[yi\ tiao\ yu]'〗^M, 〖xiaohua'〗^M> \notin 〖Song'〗^M$;

即 $<女人_k, 鲤鱼_o, 猫_l> \notin \phi$.

j. $Gei'([\phi xuesheng]', [\phi xin]', sanmao') = 0$,

∴ $<〖[\phi xuesheng]'〗^M, 〖[\phi xing]'〗^M, 〖sanmao'〗^M> \notin 〖Gei'〗^M$;

即 $<女孩_p, \phi, 男孩_i> \notin \{<女人_k, 鲤鱼_o, 猫_l>, <女孩_p, 书_m, 男孩_i>\}$.

真值的验证向我们展示了把真值语义学与外部世界联系起来的具体步骤，从而揭示了以真值研究为中心的形式语义学的价值和意义。但是，语句真值的实际确定并不是形式语义学的任务，形式语义学真正关心的是真值条件的确立。

思考与练习四

1. 根据模型（29），请再造一些句子，先把它们译成逻辑式，然后求其真值。要求写出全过程。

2. C_p 不能生成和解释以下三类句子：

A. 汉语的形容词大都可作谓语用，如：

（1）鱼熟了。

（2）三毛高兴了。

（3）天冷了。

（4）风大了。

〔如果在形容词谓语前加上否定词"不"、程度副词"非常"、"很"或比较助词"比较"等，则例子会更容易找。但已介绍的分析方法还不足以处理否定、副词和比较这几种结构。〕

B. 联系动词"是"加上名词组作谓语，与主语组合成句，如：

（5）三毛是学生。

（6）小花是猫。

（7）《西游记》是书。

"是"也可加形容词再加"的"，组成谓语，如：

（8）鱼是熟的。

（9）三毛是高兴的。

(10) 西施是美的。

(11) 小花是聪明的。

我们可以把"是"与其后的成分看成是一个逻辑谓词,表示主语的属性。

C. 汉语有一类句子只有谓语,没有主语,如:

(12) 下雨了。

(13) 起风了。

(14) 上课了。

我们既可以认为这类句子的谓语是动宾结构,又可以认为"下雨"、"起风"、"上课"都由一个动词组成,可以译成一个谓词。

试写出句法规则以生成上述三类句子,然后拟出相应的翻译规则和真值条件,作为对 C_p 系统的扩展。

阅 读 文 选

如欲了解词组结构语法的更多细节,可参见徐烈炯(1988:第三章)。关于塔尔斯基对概念"真"的研究及其讨论,比较容易的有卡彭特(Carpenter, 1997:第一章)、卡斯顿(Carston, 1995),肯普森(Kempson, 1988)和塔尔斯基(Tarski, 1944)。较难的有戴维森(Davidson, 1967)、菲尔德(Field, 1972)及麦克道尔(McDowell, 1978)。塔尔斯基(Tarski, 1956)完整地展示了塔氏对概念"真"的研究成果,但读者需具备较多的逻辑知识才能够看懂。还可以参阅的是索姆斯的专著(Soames, 1999)。

第四章 对 C_p 系统的扩展

在上一章里，我们构造了一个汉语部分语句系统 C_p，并用该系统处理了汉语简单句的一些基本句型的生成、翻译和语义解释。为方便讨论起见，我们把业已构造的 C_p 系统抄录于下：

部分语句系统 C_p

（1）句法规则 GC_p

    a. $1G\ C_p$ S $\rightarrow NPV_{\pi}.$

    b. $2G\ C_p$ S $\rightarrow NP_1V_{及}NP_2.$

    c. $3G\ C_p$ S $\rightarrow NP_1V_{双}(给)NP_2NP_3.$

    d. $4G\ C_p$ S $\rightarrow NP_1 把 NP_2V_{双}(给)NP_3.$

    e. $5G\ C_p$ S $\rightarrow NP_1 被 NP_2V_{及}.$

    f. $6G\ C_p$ S $\rightarrow NP_1 被 NP_2V_{双}给NP_3.$

    g. $7G\ C_p$ NP $\rightarrow N_{专}.$

    h. $8G\ C_p$ NP $\rightarrow w_{数}\ w_{单位}\ N.$

    i. $9G\ C_p$ NP $\rightarrow \phi\ N.$

（2）翻译规则 TGC_p

    a. $1T\ G\ C_p$ S′ $\rightarrow V'_1(NP').$

    b. $2T\ G\ C_p$ S′ $\rightarrow V'_2(NP'_1,NP'_2).$

    c. $3T\ G\ C_p$ S′ $\rightarrow V'_3(NP'_1,NP'_3,NP'_2).$

    d. $4T\ G\ C_p$ S′ $\rightarrow V'_3(NP'_1,NP'_2,NP'_3).$

    e. $5T\ G\ C_p$ S′ $\rightarrow V'_2(NP'_2,NP'_1).$

    f. $6T\ G\ C_p$ S′ $\rightarrow V'_3(NP'_2,NP'_1,NP'_3).$

    g. $7T\ G\ C_p$ NP′ $\rightarrow N'_{专}.$

    h. $8T\ G\ C_p$ NP′ $\rightarrow [w_{数}\ w_{单位}\ N]'.$

    i. $9T\ G\ C_p$ NP′ $\rightarrow [\phi\ N]'.$

本章试图将 C_p 系统略作扩展，以便处理其他一些基本句型和复合句型。我们先从上一章思考与练习（四）中提到的形容词谓语句、"是"字句和无主句谈起。

第一节　三种特殊句式

一　形容词谓语句

除了用动词作谓语外，汉语的形容词可直接充当谓语，举例如下：

(3) 鱼熟了。

(4) 三毛高兴了。

(5) 天冷了。

(6) 风大了。

现有的 C_p 系统显然无法处理这个现象。我们需要先订出生成该句型的句法规则，然后再制定相应的逻辑式翻译规则，最后确定其真值条件。形容词充当谓语，其句法作用形如不及物动词。所以我们可仿(1a) 为 C_p 增加一条句法规则：①

(7) 10GC$_p$　S　→NP A.

辅之以相应的词库信息(8)，我们就可生成如(3)—(6)的句子。

(8) A　→{熟(了)、高兴(了)、冷(了)、大(了)}

仿（2a），我们为 TC$_p$ 增加一条翻译规则：

(9) 10TGC$_p$　S′　→A′$_1$(NP′).

据此我们可得到与该句型相关的逻辑式，如：

(3′) Shu′([ϕyu′])　　[鱼熟了。]

(4′) Gaoxing′(sanmao′)　[三毛高兴了。]

(5′) Leng′(tian′)　　　[天冷了。]

(6′) Da′(feng′)　　　　[风大了。]②

在第三章的第二节第一小节我们谈到，谓词指谓个体的集合，那么，形容词谓语也应同不及物动词谓词一样，指谓单个个体的集合。集合中的每一成员都具有该形容词所规定的属性。相关逻辑式的定义

---

① 根据绝大多数人的语感，汉语普通话的形容词谓语从不及物，所以只能带有一个论元，即句子的主语。

② 其中"天"、"风"两词可被理解成专有名词。

如下：

（10）相对于某具体情形而言，

　　　$A'_1(NP') = 1$ iff $NP' \in A'_1$，否则为 0.

二 "是"字句

"是"字作联系动词表判断，实际上有几种用法。[①] 从句法上看，"是"后面的表语可以是形容词，也可是名词。举例如下：

（11）鱼是熟的。

（12）三毛是高兴的。

（13）西施是美的。

（14）小花是聪明的。

（15）三毛是学生。

（16）小花是猫。

（17）《西游记》是书。

严格地说，上述例句分属两种句型，分列于下：

（18）11GC$_p$　　S　→　NP 是 A 的.

（19）12GC$_p$　　S　→　NP 是 NP.

就是说，以形容词为表语的句子需跟常项词"的"，但以名词为表语的句子不跟"的"。从逻辑的角度看，上述两种句子又有相同的一面，即两者都表属性。先看前者。形容词表语在此的作用形如形容词谓语，指谓个体的集合。"是……的"在句中的作用是明确表示主语相对表语的种属关系。当然，带"是……的"形容词表语句与形容词谓语句是有不同之处的，虽然从**情状类型**（situation type）看，两者皆表状态，但从**时态**（aspect）信息看，形容词谓语句所带的"了"，在此指相关的情况发生了变化。[②] 这里我们尚不准备谈时态的形式化表达。但形容词谓语句不一定带"了"，如下列句子所示：[③]

（20）鱼很熟。

（21）三毛非常高兴。

[①] 有关分析参照陈宗明（1993）、林杏光等（1994）以及韦世林（1994）。

[②] 参见陈平（1988）、龚千炎（1995）。

[③] 对状语副词的处理留待第五章。

（22）天太冷。

故此我们可以把时态信息作为外加因素另行考察，① 而把形容词表语句译成与形容词谓语句相同的结构：

（23）11TGC$_p$　S′　→A′$_1$(NP)②

11TGC$_p$ 与 10TGC$_p$ 完全一样，因此它们的真值条件同为（10）。

再看名词表语句。在句（15）到（17）中，"是"字后的名词组有一个特点，即它们都不指某个特定的个体，而是指某一类事物。而这是类名词的特性。类名词由光杆名词 N 充当。它指谓一个类，即具相同属性的个体的集合。③ 因此，句（15）—（17）的表语 NP 由类名词直接充任。为此我们需再增加一条规则：

（24）13GC$_p$　NP　→　N④

名词表语句的表语既是一个类，且例句中的主语都指谓特定的个体，那么，"是"的作用就是明确地表示主语相对表语的种属关系。在这一点上，名词表语句与形容词表语句的作用相当。所以，可以订出翻译规则（25）和（26）。（27）是句型（25）的真值条件。

（25）12TGC$_p$　S′　→NP′$_表$(NP′)

（26）13TGC$_p$　NP′　→N′

（27）NP′$_表$(NP′) = 1，iff NP′ ∈ NP′$_表$，否则为 0。

但是，以上讨论的情况仅是名词表语句的一类，另有一类名词表语句的主语和表语之间并不是种属关系，而是等同关系。举例如下：

（28）鲁迅是周树人。

（29）《仲夏夜之梦》的作者是莎士比亚。

（30）《石头记》是《红楼梦》。

（31）齐天大圣是孙悟空。

这些句子中联系动词"是"两边的名词组都指谓个体。"是"把两端的名词组等同了起来。就是说，两个名词组的指称相同。所以这些句子的主语和表语的关系不是元素与集合的关系，而是个体指称间的等同

---

① 参见本书第九、十章。
② 为求翻译上的一一对应，我们暂且把此规则单独列出，尽管它与 10TGC$_p$ 完全相同。
③ 有关类名词和名词组的关系，我们会在第五章和第八章中重点讨论。
④ 这与规则 9GC$_p$ 完全不同。N 不同于 [φN]，参见第三章第一节第二小节的讨论。

关系。① 从句法上说，(19) 的 $12GC_p$ 及 (1) 的 $7GC_p$ 已可生成这类句型，② 但翻译规则需要增加。我们根据 $12GC_p$，订出以下规则和相应的真值条件：

(32) $12bTGC_p$　　S' →NP' = NP'$_表$

(33) 相对于某具体情形而言，

(NP' = NP'$_表$) = 1, iff NP' = NP'$_表$，否则为 0。

[即 (NP' = NP'$_表$) = 0, iff NP' ≠ NP'$_表$。]

那么，(25) 所列的 $12TGC_p$ 就得改名为 $12aTGC_p$。这里我们得到的是一个句型译成两个逻辑式的情况，原因是该句型中的联系动词"是"字有两种用法，致使生成的句型也有两种可能的解释。相对于 C_p 系统而言，对 (25) 或 (32) 的取舍会影响对表语 NP 的下一步扩展。选 (25) 会导致 (24)，而选 (32) 则会导致 (1g) 即 $7GC_p$。当然，我们还可考虑另一种更合理的可能，即翻译规则不应影响句法规则的操作。那样，不管选的是 (25) 还是 (32)，下一步总是可以有两种选择：(1g) 或 (24)。假设考虑的句子都由专名作主语，句词表语的扩展会导致四种可能：

(34) N$_专$ 是 N　　　= $_{tr}$ N'(N'$_专$)

(35) N$_专$ 是 N$_专$　= $_{tr}$ N'$_专$(N'$_专$)

(36) N$_专$ 是 N$_专$　= $_{tr}$ N'$_专$ = N'$_专$

(37) N$_专$ 是 N　　　= $_{tr}$ N'$_专$ = N'

但 (35) 中的逻辑式无法验证真值条件，因为作为谓词的专名指谓个体，不指谓集合。而 (37) 中的逻辑式也无法验证其真值条件，原因是指谓个体的专名不能等同于指谓集合的类名词。所以，尽管句法规则和翻译规则的操作皆准确无误，仍可能得出无法作语义解释的逻辑式。

以上我们既看到了一种句型译成两种逻辑式的情况[(25) 和 (32)]，也看到了两种句型译成一种逻辑式的情况[(9) 和 (23)]。从中我们可以认识到自然语句具有的歧义性和同义性。逻辑式翻译的过程就是一个消

---

① 据弗雷格 (Frege, 1892/1952)，**指称** (Bedeutung [nominatum/reference]) 不同于**涵义** (Sinn [sense])，详见第十二章第二节。此外，据坎恩 (Cann, 1993)，指称也不同于指谓，见第一章第六节第二小节。

② 我们暂且把"《仲夏夜之梦》的作者"处理成一个由 N$_专$ 充任的 NP。

除歧义的过程。逻辑式无歧义，且除了少数应用逻辑定理互相转换的情况，也不容许有任意的同义不同型的表达式。

三　无主句

在上一章的思考与练习（四）中谈到的最后一类句子是无主句，这类句子只有谓语，没有主语，如：

（38）下雨了。

（39）起风了。

（40）上课了。

这类句子既不隐含主语，也不涉及主语的省略，它们的主语根本不存在。① 就是说，这类句子不存在主语这个论元。我们既可以认为这种句子的谓语是动宾结构，又可以认为"下雨"、"起风"、"上课"都由一个动词组成，可以译成一个谓词。我们暂且采用后一种分析方法，这样，该类句子就由如下规则生成：

（41）14GC$_p$　S　→V.

相关的翻译规则如下：

（42）14TGC$_p$　S′　→V′$_0$.

那么，如何为无主句的逻辑式制定真值条件呢？既然整句只有一个谓词，且谓词的价为零，那么，按一阶逻辑规定，不带论元的谓词等于命题逻辑中的一个命题。该命题不能被分成更小的成分，其真值条件可简单地定为真或假，与第二章中命题 P 的真值表相同，如（43）所示：

（43）相对于某具体情形而言，

$V'_0 = 1$ 或 $V'_0 = 0$.

思考与练习一

作为联系动词的"是"仅仅是联系动词的一种。汉语（特别是古汉语）还可用其他词汇做联系动词，如：

（i）鲁迅即周树人。

（ii）《红楼梦》乃千古奇书。

---

① 详细分析可参见于思（1993）。

第四章　对 C_p 系统的扩展　　　　　　　　　　　63

(ⅲ) 吕公女，乃吕后也。

也有一些不用联系动词，却同样起判断作用的句式，如：

(ⅳ) 孔子，鲁人也。

(ⅴ) 颖考叔，纯孝也。

(ⅵ) 赵元任，江苏省常州市人。

a. 试给出句法规则以生成以上句子，并列出相关的翻译规则。

b. 试用一条句法规则生成所有含连系动词的句型，并列出相关的翻译规则。

第二节　复句的生成和解释

至此，C_p 系统所能生成的都是单个的句子，即单句。自然语言中还有大量的复合句（简称复句）和复杂句。从句法上说，复句是由两个或两个以上互不为对方句子成分的单句组成的句子。[①] 从语义上看，复句表达两个或多个命题。自然语句的无限性和递归性主要表现在复句和复杂句的生成上。[②] 在这一节里，我们要把 C_p 系统进一步扩展，以处理一些基本的复句类型。[③]

一　联合句—合取关系（并列、递进、转折）和析取关系

我们先看以下例句：

（44）月亮环绕地球并且地球环绕太阳。

（45）天黑了，且下了雪。

（46）警察问过了当事人，并且照了相。

（47）张三来了，李四也去了。

（48）哥哥唱歌，弟弟拍球。

上述各句都由两个分句组成，分句间的关系是平行的，所以可称为并列关系。特别是两分句的位置可以互换而不影响句子的意义。从逻辑上说，这是典型的合取关系。从结构上说，（44）—（46）由连词连接

[①] 根据此定义，内嵌句和下节讨论的逻辑否定句就不属复句，而属复杂句。

[②] 关于句子生成的无限性和递归性，请参阅徐烈炯（1988）。

[③] 本书无意对现代汉语的复句作详细的考察，有关文献可参阅王维贤等（1994）。

两个分句，形成 S_1 Conj. S_2 式。① （47）的连词不在两分句间，而在 S_2 内。（48）没有连词，虽然两分句间的关系仍是并列关系。此外，（46）的 S_2 的主语承前省略，是**零形回指**（zero anaphora）。

我们用以下句法规则和词库增项来生成上述句型：

(49) $15GC_p$　S　$\rightarrow S_1$ Conj.$_{[1]}$ S_2.

(50) $16GC_p$　S　$\rightarrow S_1$ S_2 <Conj.$_{[2]}$>.　/S_2 = NP Conj.$_{[2]}$.../

(51) Conj.$_{[1]}$　$\rightarrow$｛并且、且、φ…｝.

(52) Conj.$_{[2]}$　$\rightarrow$｛也…｝.

这些规则的出发点在于：给定已有的单句 S_1 和 S_2，通过连词的联结，得到复句。由于居于两分句间的连词和居于 S_2 内的连词是两个不同的词项集合，所以有必要区分 Conj.$_{[1]}$ 和 Conj.$_{[2]}$。$16GC_p$ 中的 S_2 < Conj.$_{[2]}$ > 表示 S_2 含一个 Conj.$_{[2]}$，其具体位置由斜线/…/内的注解规定。后者规定了 Conj.$_{[2]}$ 插入 S_2 的方式，这里给出的只是省略式，仅规定 Conj.$_{[2]}$ 可置于句子的主语后，不论该句的其他部分是什么结构。② 据此，我们可用 $1GC_p$ 和 $16GC_p$ 生成句（47），用 $2GC_p$ 和 $15GC_p$ 生成（44），用 $1GC_p$ 和 $15GC_p$ 生成（45）和（48）。复句（46）可由 $15GC_p$ 生成，其中的 S_1 可由 $2GC_p$ 生成；③ S_2 可由 $1GC_p$ 生成，其中的零形回指可被看作是由 NP 进一步生成的变量 Var，④ 记作新规则 $17GC_p$：

(53) $17GC_p$　NP　$\rightarrow$Var.

Var 的词项可以是 φ，也可以是代词，如（54），其值由它的先行词确定，例如（46）中 S_2 的 Var（φ）就取"警察"为值。⑤

(54) Var $\rightarrow$｛φ、他、她、它、他们…｝.

现在我们列出相应的翻译规则：

(55a)　$15TGC_p$　S′　$\rightarrow S'_1$ & S'_2

(55b)　$16TGC_p$　S′　$\rightarrow S'_1$ & S'_2

---

① Conj. 是 conjunction（连词）的缩写。

② 我们这里避免用规则直接生成 NP + Conj.$_{[2]}$ + V…的基本句型，原因是 Conj. 是连接句子的算子，不是单句内的基本成分。

③ 我们可暂时把"过"看作是常项词。

④ Var. 为 variable（变量）的缩写。

⑤ Var 与其先行词的约束关系及其结构上的制约涉及许多句法问题，在此无法详述。请参照新近出版的句法教科书。

第四章 对 C_p 系统的扩展

(56) 17TGC_p　NP′　→Var′

(57) Conj.$_{[1]/[2]}$　⇒ &

其中（57）是对第一二类连接词的直接翻译。也就是说，我们不必把 Conj.$_{[1]/[2]}$ 译成 Conj.′$_{[1]/[2]}$，因为后者直接对应逻辑算子 &。其实，在处理"是"字句时，我们也可把"是"的第二种用法直接译成逻辑算子 =。这已隐含在 12bTGC_p 里了。我们在上一章已把这种翻译称作词项翻译，它不涉及对箭头"→"左边范畴的进一步扩展。（55a）和（55b）的逻辑式相同。

根据译出的逻辑式，我们确定合取联合复句的真值：

(58) S'_1 & S'_2 = 1　iff　S'_1 = 1 且 S'_2 = 1，否则为 0。

这个真值条件是根据第二章给出的逻辑算子 & 的真值表制定的。S'_1、S'_2 各代表一个命题，有着各自的真值条件，但相对于逻辑算子 & 来说，它们只不过是不可进一步切分的原子命题而已。由于单句充任 & 的**合取项**（conjunct，又称合取支），复句真值的运算过程也就完全由 & 的真值表来确定了。

自然语言中的联合复句还以析取关系出现，举例如下：

(59) 张三来，或者李四去。

(60) 应聘者需具有大学会计本科学历或持有专业会计协会资格证书。

(61) 不是东风压倒西风，就是西风压倒东风。

(62) 不是你死，就是我活。①

(63) 要么张三道歉，要么李四辞职。

(64) 或者张三去，或者李四去。

这些句子可分为两种类型，一种是以中介连接词连接两个分句的，如（59）和（60），② 另一种却是以复合连接词同时在两个分句的句首出现的，如（61）—（64）。前者可通过（65）的规则生成，后者可由（66）生成：

(65) 18GC_p　S　→S_1 Disj.$_{[1]}$ S_2。

---

① 这句话恐怕应说成是"不是你死，就是我死"才更符合逻辑。另有"不是你死，就是我亡"的说法。

② （60）的 S_2 的主语也是零回指，可按 17GC_p 生成。

（66） 19GC$_p$　S　→Disj.$_{[2]<a>}$ S$_1$ Disj.$_{[2]<b>}$ S$_2$.

（67） Disj.$_{[1]}$ →{或、或者…}.

（68） Disj.$_{[2]}$ →{不是$_{<a>}$…就是$_{<b>}$、要么$_{<a>}$…要么$_{<b>}$、或者$_{<a>}$…或者$_{<b>}$}.

与此对应的翻译规则如下：

（69） 18TGC$_p$　S'　→S'$_1$ ∨ S'$_2$.

（70） 19TGC$_p$　S'　→S'$_1$ ∨ S'$_2$.

（71） Disj.$_{[1]/[2]}$ ⇒ ∨

这样的译法是把析取联合句直接等同于命题逻辑中的析取句。其相应的真值条件应与∨的真值表相同：

（72） S'$_1$ ∨ S'$_2$ = 1 iff ~[(S'$_1$ = 0)&(S'$_2$ = 0)]，否则为0。

就是说，只要 S'$_1$ 和 S'$_2$ 有一个为真，整个析取式就为真。如果两个单句皆为假，则整个析取式为假。倘两单句皆为真，则析取式也为真。

然而，自然语言的析取复句较常规定义的逻辑析取略有出入。以汉语为例，有的析取复句的真值与逻辑析取相同。以（60）为例，如果有应聘者同时具有相关的大学学历和专业证书，该句也应取真值。但汉语中更多的析取复句在 S$_1$ 和 S$_2$ 中只取其一为真，不允许两者同时取真值，如例（59）和（61）—（64）。逻辑上把这种特殊的析取称作**不相容析取**（exclusive disjunction），而把常规的析取称作**相容析取**（inclusive disjunction）。我们用一个新的逻辑符号⊕表示不相容析取，并修订（69）—（71）的翻译规则和词项翻译：①

（73） 18aTGC$_p$　　　S'　→S'$_1$ ∨ S'$_2$.

（74） 18bTGC$_p$　　　S'　→S'$_1$ ⊕ S'$_2$.

（75） 19aTGC$_p$　　　S'　→S'$_1$ ∨ S'$_2$.

（76） 19bTGC$_p$　　　S'　→S'$_1$ ⊕ S'$_2$.

（77） Disj.$_{[1]/[2]}$　　⇒　{∨, ⊕}.

⊕的真值条件可作如下定义：

（78） S'$_1$ ⊕ S'$_2$ = 1 iff

---

① 不相容析取并无公认的逻辑符号，这里采用的符号选自艾伦（Allen, 1987）。

（i）$S'_1 = 1$ 且 $S'_2 = 0$ 或

（ii）$S'_1 = 0$ 且 $S'_2 = 1$，

且（i）、（ii）不可同时并存，否则为 0。

至于 Disj.$_{[1]/[2]}$ 中何者译为 $\vee$，何者译成 $\oplus$，一般并无定式。汉语中有的析取词兼有两用，确切的译法视语境而定，只有极少数析取词只能译成 $\oplus$，如"不是……就是"、"要么……要么"等。[①] 这说明（77）还可以进一步细分，在此我们不再赘述。

就以上讨论的两种析取复句，我们根据其真值条件的不同而定义出不同的逻辑算子来描述其语义。自然语言中还有一些联合复句，它们的复合意义用合取来描述显得不足，但又没有更恰当的逻辑算子可供使用：

（79）山高，路又滑。

（80）张三查了《周易》，李四还翻了《春秋》。

（81）张三去了学校，并借了一本书。

（82）张三看了《西游记》，但李四念了《水浒》。

（83）虽然我爱恺撒，但是我更爱罗马。

（84）八戒喜欢西施，可是西施喜欢小花。

（85）科学没有国界，科学家却有祖国。

（79）—（81）可称作递进复句，即 S_2 比 S_1 有更进一层的意思。[②]（82）—（85）是转折句，即两分句的意义是相互对立或相互对举的。这些复句的两个分句位置不能互换，这与逻辑合取式不同。

从真值条件的角度看，这些复句所表达的基本逻辑关系还是合取，除此之外的其他意义都不影响其真值条件。换言之，那些额外的意义对话语命题义的贡献不在于确立真值条件，而在于语用方面：在于帮助确立语用推理的程序以便导出其他的显义或寓义。因此，我们无需在逻辑语义即**蕴涵义**（entailed meaning）的层面上描述这些额外的意义。[③]

要生成（79）—（85）句，我们无需再增加句法或翻译规则，只需在 Conj.$_{[1]/[2]}$ 的词项中增加相应的语汇：

[①] 参阅陈宗明（1993）、韦世林（1994）和王维贤等（1994）。

[②] 定义上的讨论参见王维贤等（1994）。

[③] 有关讨论参见布莱克莫（Blakemore, 1987）及埃斯皮纳尔（Espinal, 1996）。

(86) Conj.$_{[1]}$ → {并且、且、φ、并、但、但是、可是…}.

(87) Conj.$_{[2]}$ → {也、又、还、却…}.

二　条件句—蕴涵关系（条件、假设和因果）

按传统语法的划分，汉语的条件复句根据其连接词所表示的意义可分为几个次类，主要有条件关系句、假设关系句和因果关系句，各项又可细分成多个小类。① 本节力图用一阶谓词逻辑来概括这些条件句的逻辑义。某些特殊句子的翻译需要更高级的逻辑系统如模态逻辑，才能完全把握其意义，例如反事实假设句。② 鉴于 C_p 系统的逻辑基础是一阶谓词逻辑，所以我们在此仅能用一阶逻辑描述那些特殊句子的底线意义。

让我们来看看有关例句：

(88) 只要鱼是熟的，小花就高兴。（充分条件句）

(89) 只有西施来了，八戒才高兴。（必要条件句）

(90) 雪是白的当且仅当草是绿的。（充分必要条件句）

(91) 如果三毛来了，小花就高兴。（假设句）

(92) 假如三毛喜欢《西游记》，那么八戒就喜欢他。（假设句）

(93) 因为鱼是熟的，所以小花吃饭了。（因果句）

我们先看充分条件句（88）。该句可由下列规则生成：

(94) 20GC$_p$　S　→Cond.$_{[1]<a>}$ S$_1$ S$_2$ < Cond.$_{[1]<b>}$ >③
　　　　　　　/S$_2$ = NP Cond.$_{[1]<b>}$ …/.

(95) Cond.$_{[1]}$ → {只要 $_{<a>}$ …就 $_{<b>}$ …}.

充分条件句表达的语义关系是：有 S_1 即有 S_2，或曰无 S_2 则无 S_1，而无 S_1 不一定无 S_2，且有 S_2 不一定有 S_1。这种关系可直接译成一阶逻辑中的蕴涵式并按蕴涵式的真值条件来解释：④

(96) 20TGC$_p$　S′　→(S′$_1$→S′$_2$).

---

① 汉语语法界对条件句的定义和分类并无定论，见王维贤等（1994）。除了本章处理的几种条件句外，还有目的关系句，让步关系句和相关句，见陈宗明（1993）。王维贤等（1994）认为转折句也应属条件句。

② 又译作违实句。

③ *Cond.* 为 *conditional*（条件连词）的缩写。

④ 请参阅第二章的有关内容。

(97) Cond.$_{[1]}$ $\Rightarrow$ $\rightarrow$.

(98) $S'_1 \rightarrow S'_2 = 1$ iff $(S'_1 = 0) \vee (S'_2 = 1)$,否则为 0。

（即如果 $S'_1 = 1$ 而 $S'_2 = 0$,则整个条件式为 0。）

必要条件句（89）表达的语义关系是：无 S_1 则无 S_2,或曰有 S_2 则有 S_1,而有 S_1 不一定就有 S_2,无 S_2 不一定无 S_1。必要条件的规定与充分条件的规定是对称的。如果我们把必要条件复句的 S_2 作为前件,而把 S_1 作为后件,则可把必要条件句也译成逻辑蕴涵式,相关规则如下:

(99) 21GC$_p$ S $\rightarrow$ Cond.$_{[2]<a>}$ S$_1$ S$_2$ < Cond.$_{[2]<b>}$ >
    /S$_2$ = NP Cond.$_{[2]<b>}$ ···/

(100) Cond.$_{[2]}$ $\rightarrow$ { 只有 $_{<a>}$···才$_{<b>}$··· }

(101) 21TGC$_p$ S' $\rightarrow (S'_2 \rightarrow S'_1)$.

(102) Cond.$_{[2]}$ $\Rightarrow$ $\rightarrow$.

经过换位翻译的必要条件句的真值条件与充分条件句完全一样,因为它们都被译成了蕴涵式。

汉语中用"当且仅当"连接的复句是标准的充（分必）要条件句。① 在一阶逻辑中表达为双条件式（或称等值式）。② 以下是有关规则:

(103) 22GC$_p$ S $\rightarrow$ S$_1$ Cond.$_{[3]}$ S$_2$.

(104) a. Cond.$_{[3]}$ $\rightarrow$ { 当且仅当 }.

    b. Cond.$_{[3]}$ $\Rightarrow$ $\leftrightarrow$

(105) 22TGC$_p$ S' $\rightarrow$ $(S'_1 \leftrightarrow S'_2)$
    [即 $(S'_1 \rightarrow S'_2) \& (S'_2 \rightarrow S'_1)$.]

(106) $S'_1 \leftrightarrow S'_2 = 1$ iff $S'_1 = S'_2$

    [即两命题的真值须取同值],否则为 0。

现在让我们来看看假设句。从定义上看,汉语语法的条件句与假设句之间并无严谨的逻辑分野。条件句和假设句往往是我中有你、你中有我,两者的区别仅仅在于表述语气的侧重点不同。顾名思义,假设句的

---

① 除此西化的术语,汉语中并无专词表充要关系之职的连接词。韦世林（1994）认为有些格言警句传达的逻辑信息应从充要条件关系的角度去理解,如"金无足赤,人无完人"。（即"人有完人当且仅当金有足赤"。）

② 参阅第二章。

重点在说话人主观对于 S_1 的假定及其预料的结果 S_2。S_1 的内容是尚未证实的,并可进一步分为事实假设句和反事实假设句。前者指说话人认为 S_1 必定会发生,或可能会发生,也可能不会发生,总之不是绝对不可能发生的事情,如(107)—(109)。而后者则是说话人已知在过去不曾发生,或是在现在和将来都不可能发生的事,如(110)—(113)。而条件句则强调 S_1 与 S_2 之间不同程度的蕴涵关系。条件句的 S_1 既可是属实的,也可是违实的,只是说话者的假设语气并不显露罢了,如(114)—(117)。正因为假设句强调对于 S_1 的假定,所以当 S_1 具违实内容时,假设句中 S_1 的反事实性就比条件句 S_1 的反事实用法更为明确。尽管如此,汉语假设句中并无特定的语法形态标志表示反事实假设,惟有一些词汇手段与语境信息和百科知识相互作用,以传达反事实的信息。①

(107) 我们在院子里下棋。如果晚饭弄好了,就叫我们一声。(事实句:晚饭迟早会准备好。)

(108) 假如明天下雪,我们就堆雪人。假如天好,我们就晒太阳。(事实句:天气不确定。)

(109) 要是你们已经认识,我就不用介绍了。(事实句:未确定两人关系。)

(110) 东风不与周郎便,铜雀春深锁二乔。(反事实句:历史事实正相反,不可逆转。)

(111) 要是世界上有龙,海里就会有水晶宫。(反事实句:已知世界上并没有龙。)

(112) 倘若我是女的,我会是绝世美人。(反事实句:我是男人。)

(113) 假设有一天太阳从西边出来了,到那时你才会变成善人。(将来的反事实句:太阳永远不会从西边出来。)

(114) 只要天不下雨,我们就去爬山。(充分条件事实句)

(115) 只要六国联合拒秦,秦始皇就不会统一中国。

---

① 关于汉语反事实假设句的研究,可参见本书第十一章第八节以及布卢姆(Bloom, 1981)、邵京(1988)和蒋严(2000)。

（充分条件反事实句）
（116）只有出太阳的时候，他们才去野营。
（必要条件事实句）
（117）只有把人变成鸟，才能到达顶峰。
（必要条件反事实句）

从以上讨论我们可以看到：汉语条件句和假设句在逻辑语义上和句法形式上并无区别，汉语的事实与反事实假设句在形式上也无必然的分界。从真值条件的角度看，条件关系和假设关系同属蕴涵关系，事实和反事实关系也已为蕴涵算子→的真值表所包容。[①] 所以我们完全可以通过蕴涵式来描写假设句，把它和充分条件句等同起来。这样，我们只需在词库（95）中加入假设句的连接词，而无需另定规则。

最后我们来看因果句。因果句指说话人认为 S_1 是导致 S_2 的原因，S_2 是 S_1 的结果。因果关系是蕴涵关系的一类。它强调 S_1 和 S_2 同为真，但原因和结果既可同为已然，也可同是未然的，还允许其中一个为未然，另一个为已然。这实际上是说，因果关系对前件后件是否发生并不关心，只要求重视客观事实。也就是说：言者主观上认为 S_1、S_2 的真值皆不可为假。这是邢福义（2001：第一章）的观点。而陈宗明（1993）却认为 S_1、S_2 均须是已然的事实，所以把因果句翻译为 P&Q&（P→Q），即（P→Q）&（P&Q）。这两个观点并不一定是对立的。从说话人主观的角度看，至少他自己应认为前件后件都是确实无误的，或是必定会发生的。即使是未然的也应与已然的一样确立无疑。或者说，虽然有些命题是未然的，但对这些命题的肯定陈述却是已然的，见例（118）的 S_1 和（119）的 S_1/S_2。但如果从纯客观的角度看，不管说话人的主观信念如何，在命题的陈述时只有已经发生的事件才为已然，否则就是未然，那么，同样的例句又应理解成是未然的了。再举（120）为例，该句的前件后件对说话人来说是已然的，而就现代科学的客观事实而言不但不是已然或未然的，而且根本就是荒谬不真的。

[①] 当然，反事实假设句表示的 S_1 内容的必然违实性需要通过其他逻辑手段如模态逻辑来表达。参见本书第十一章第八节。

(118) 今天下午可能下雨,因此他把雨伞带走了。
(119) 因为女友说过下午要来,所以小李准备去理个发。
(120) 由于地球是一个圆盘,所以中国就在世界的中心。

从逻辑式翻译的角度看,未然和已然的区别在一阶谓词逻辑的句法表达上并不能得到反映。陈宗明(1993)的翻译式(P→Q)&(P&Q)实际上并不能反映P、Q的已然状况,只能反映出P、Q应同为真的要求。但从我们以上的讨论可以看出,所谓真,只是说话者主观信念中的真,不是客观现实世界的真。否则(120)就永远不能说了。主观信念中对真值的规定不能在一阶逻辑中表达出来,所以我们仅可将因果句表达成蕴涵式 $S_1 \to S_2$。① 蕴涵式的语义比因果句弱,因为前者的真值条件的取值包括了后者。同理,蕴涵式的语义比反事实假设句的语义弱;合取式的语义也比递进句和转折句的语义弱。②

第三节 逻辑否定句

自然语言的否定句主要有两类。一为**内部否定句**(internal negation),一为**外部否定句**(external negation)。内部否定句否定的内容是句子内的一个成分,如状语、定语等等。外部否定句又称**逻辑否定句**(logical negation),其否定的内容为整个命题,可译成逻辑式 ~P。③ 我们在此仅讨论逻辑否定句的生成和解释。④

逻辑否定句的否定词既可在句内,又可在句外。可以说在句外的否定词都导致逻辑否定,而位于句内的否定词可能导致内部否定,也可能导致逻辑否定。⑤ 以下是一些逻辑否定的例子:

(121) 并不是太阳绕着地球转,(事实正相反)。
(122) 并非太阳绕着地球转且地球绕着月亮转。

---

① 这样,因果句可用 $20GC_p$ 生成,只需将因果连词并入 Cond. (1)。
② 一旦引入其他逻辑机制,如"可能世界"(possible world)和"内涵逻辑"(intensional logic),有关的语句就能得到更合理的表达和解释。参见本书第十一、十二章。
③ 参见陈平(1991)和霍夫曼(Hofmann, 1993)。
④ 对内部否定句的讨论参见第九章。
⑤ 我们把居于主语前且作用于主语的否定词看成是位于句内的否定词,分析为 [s (~ Subj.) Pred.]。

（123） 并非所有的三角形都是等边的。

（124） 不是西施喜欢八戒，[是八戒喜欢西施]。

（125） 不是人人都信佛。

（126） 李四没有被聘用。

（127） 西施不是吴国人。

逻辑否定句可分析成一个句子 S_i 再加上一个否定词 Neg.，[①] 组成另一个句子 S_j。否定词作为逻辑算子是一元的，即它只带一个论元。所以否定词不是连词，它只与一个句子发生关系。尽管 S_i 可以是复合句如（122），但 S_i 内的连词是"且"，与否定词无关。当否定词与 S_i 相加时，S_i 被处理为单句。因此，逻辑否定句从定义上讲不是复合句。内部否定的逻辑否定句自然是简单句，但外部否定的逻辑否定句也不能算是复杂句，即一个句子含有另一个句子，后者是前者的一个成分。因为在 [$_{Sj}$Neg. + S_i] 这种结构里，对 S_j 来说，S_i 不是传统意义上的句子成分，除非我们把 Neg. 看成是谓词，而把 S_i 看作是 Neg. 的宾语（即论元）。在这个问题上，复合句和复杂句的传统分类并无太大意义。而逻辑上的分类却颇具卓识。从逻辑的观点来看，语法上的复合句和逻辑否定句（不论否定词在句内还是在句外）都表达**复合命题**（compound proposition），与**原子命题**（atomic proposition）相对，只是语法复合句的连接算子是二项的，而否定词是一项的。我们不妨把语法复合句和逻辑复合句统称为复合命题句。

根据上述论点，我们可制定规则生成逻辑否定句，并把它译成相应的一阶复合逻辑式：

（128） 23GC$_p$　　S　→Neg. S$_i$.

（129） 24GC$_p$　　S　→S$_i$ < Neg. >　　/NP Neg. ···/

（130） Neg.　→{不是、没有、并非、并不是···}

（131） 23TGC$_p$　　S′　→ ~ S$_i'$.

（132） 24TGC$_p$　　S′　→ ~ S$_i'$.

（133） Neg.　⇒　~

根据第二章给出的否定算子 ~ 的真值表，我们订出逻辑否定句的真

[①] Neg. 为 *negator*（否定词）的缩写。

值条件：

(134) ~S = 1 iff S = 0,否则为 0.

思考与练习二

1. 我们可把所有连接词都看作一类，称作 Conn.，制定几条规则生成抽象的复句类型。在逻辑式上也可把所有逻辑连词都统一地看成算子，称作 Op.。并将 Conn. 译成 Op.。这样做对 C_p 系统的运作有什么好处？有没有不利之处？

2. 结合本章对必要条件句和逻辑否定句的分析，试析下列必要条件句，要求订出句法、翻译规则。

(i) 除非鱼是熟的，小花不吃饭。

(ii) 除非你来我才去。

(iii) 除非张三请我，否则我不开会。

3. 如何处理以下句子的生成和翻译？

(i) 小花吃饭了，因为鱼是熟的。

(ii) 三毛喜欢西施，并非如此。

(iii) 小花可以吃鱼，假如鱼是熟的。

4. 运用本章第二、三节的论证方法处理目的关系句、让步关系句和无条件句的生成和语义解释。有关例句如下：

(i) 你先出去，让我们起床。（目的句）

(ii) 张三决定提交论文，以便人家邀请他。（目的句）

(iii) 她为了写论文，买下了那台电脑。（目的句）

(iv) 就是张三辞职了，李四还是不高兴。（让步）

(v) 尽管八戒喜欢西施，西施还是不喜欢八戒。（让步）

(vi) 就算张三欠李四一万块钱,李四仍然喜欢张三。（让步）

(vii) 不管下雨下雪，他都去学校。（无条件）

(viii) 无论是吃鱼还是吃肉，小花都高兴。（无条件）

第四节　语法范畴和逻辑范畴：传统语法、传统逻辑和形式逻辑的同与异

传统逻辑（即亚里士多德逻辑）的内容是现代形式逻辑的一个子集。[①] 站在现代人的角度看，后者是前者的发展，而前者讨论的问题和运用的技术只是后者研究范围的极小一部分，就是那些部分的讨论也往往是极不完全的。[②] 传统的语法关系和语义范畴的划分部分地汲取了传统逻辑的概念，如必要条件句、充分条件句和充要条件句的划分，也有些语法上的定名超出了传统逻辑的描写范围，如事实假设句、反事实（违实）假设句、因果条件句、无条件句等。在逻辑表达上，一旦语句译成了一阶逻辑式，传统逻辑的一些区别并不一定导致逻辑式表达的不同。这并不是说传统逻辑的一些规定是错误的或是无足轻重的，而是说相对于一些语句而言，虽在不同层面上它们的逻辑语义并不一样，但在一阶逻辑的基础句法和语义解释的描写范围内，它们的基本逻辑意义得到了一致的描写。其他层次的逻辑意义，可通过其他逻辑机制逐步得到表达，途径主要有三：1. 充实一阶谓词逻辑语义部分的元语言，即给原本抽象的逻辑概念赋予较实在的意义，并据此刻画某些语义，如**可能世界语义学**（possible world semantics）就是把抽象的模型及赋值与可能世界和时间这两个参照点联系起来，从而使我们得以把握事实、假设和反事实语句的差别。[③] 2. 运用其他逻辑系统的表达手段，如**内涵逻辑**（intensional logic）、**模态逻辑**（modal logic）、**相干逻辑**（relevance logic）、**线性逻辑**（linear logic）、**时态逻辑**（temporal logic）、**二阶逻辑**（second-order logic）以及**元逻辑系统**（metalogical systems）如**加标演绎系统**（labelled deductive systems）等。这些逻辑系统的丰富语汇和强有力的描写手段足以使我们得以更有效地描写和处理繁复的语言现象，如

[①] 这里所说的形式逻辑（formal logic）是指由布尔［Boole］、罗素［Russell］与怀特海［Whitehead］以及弗雷格创立的现代形式化的数理、哲学逻辑。有些语文教材把形式逻辑与亚里士多德的三段论等同起来，这与我们的定义不同。

[②] 可参见卢卡西维茨（Lukasiewicz, 1957/1981）。

[③] 详见本书第十一、十二章。

因果关系、必然和可能关系、时态的表达和理解、副词修饰、语序制约等。我们将在以下章节介绍部分内容。① 3. 引进语用概念来定义部分语义。如格赖斯语用学的**规约寓义**（conventional implicature）和**广义/狭义会话寓义**（generalized/particularized conversational implicatures）② 或关联理论语用学意义上的显义和寓义等。

第五节 规则小结

现在我们把 C_p 系统的句法、翻译规则详列于下。凡是我们在这两章里所举的例子，绝大多数都可由下述规则生成和翻译，并被赋予相应的真值条件。

A. 句法规则 GC_p

a. $1GC_p$　S　　→NP V$_{不}$.
b. $2GC_p$　S　　→NP$_1$ V$_{及}$ NP$_2$.
c. $3GC_p$　S　　→NP$_1$ V$_{双}$（给）NP$_2$ NP$_3$.
d. $4GC_p$　S　　→NP$_1$ 把 NP$_2$ V$_{双}$（给）NP$_3$.
e. $5GC_p$　S　　→NP$_1$ 被 NP$_2$ V$_{及}$.
f. $6GC_p$　S　　→NP$_1$ 被 NP$_2$ V$_{双}$给 NP$_3$.
g. $7GC_p$　NP　→N$_{专}$.
h. $8GC_p$　NP　→$w_{数}$ $w_{单位}$ N.
i. $9GC_p$　NP　→ϕ N.
j. $10GC_p$　S　　→NP A.
k. $11GC_p$　S　　→NP 是 A 的.
l. $12GC_p$　S　　→NP 是 NP.
m. $13GC_p$　NP　→N.
n. $14GC_p$　S　　→V.

---

① 当然，关键不在于寻求可能的逻辑手段来刻画某个语义现象，而在于有足够的理由证明这种处理方法的正当性。逻辑语言的表现力可以构筑得远远超过自然语言，所以后者的任何现象都不难由前者描写。问题在于如何用尽可能有限的语汇和逻辑方法来描写语义现象，以揭示并解释自然语言的本质和语言理论的心理现实性。

② 参见莱文森（Levinson, 1983）和格赖斯（Grice, 1989）。

第四章 对 C_p 系统的扩展

o. $15GC_p$ S $\to S_1$ Conj.$_{[1]}$ S_2.

p. $16GC_p$ S $\to S_1$ S_2 < Conj.$_{[2]}$ >.   /S_2 = NP Conj.$_{[2]}$ ···/

q. $17GC_p$ NP $\to$ Var.

r. $18GC_p$ S $\to S_1$ Disj.$_{[1]}$ S_2.

s. $19GC_p$ S $\to$ Disj.$_{[2]<a>}$ S_1 Disj.$_{[2]<b>}$ S_2.

t. $20GC_p$ S $\to$ Cond.$_{[1]<a>}$ S_1 S_2 < Cond.$_{[1]<b>}$ >
   /S_2 = NP Cond.$_{[1]<b>}$ ···/.

u. $21GC_p$ S $\to$ Cond.$_{[2]<a>}$ S_1 S_2 < Cond.$_{[2]<b>}$ >
   /S_2 = NP Cond.$_{[2]<b>}$ ···/.

v. $22GC_p$ S $\to S_1$ Cond.$_{[3]}$ S_2.

w. $23GC_p$ S $\to$ Neg. S_i.

x. $24GC_p$ S $\to S_i$ < Neg. >   /NP Neg. ···/.

B. 翻译规则 TGC_p

a. $1TGC_p$ S' $\to V'_1(NP')$.

b. $2TGC_p$ S' $\to V'_2(NP'_1, NP'_2)$.

c. $3TGC_p$ S' $\to V'_3(NP'_1, NP'_3, NP'_2)$.

d. $4TGC_p$ S' $\to V'_3(NP'_1, NP'_2, NP'_3)$.

e. $5TGC_p$ S' $\to V'_2(NP'_2, NP'_1)$.

f. $6TGC_p$ S' $\to V'_3(NP'_2, NP'_1, NP'_3)$.

g. $7TGC_p$ NP' $\to N'_专$.

h. $8TGC_p$ NP' $\to [w_数 \, w_{单位} \, N]'$.

i. $9TGC_p$ NP' $\to [\phi \, N]'$.

j. $10TGC_p$ S' $\to A'_1(NP')$.

k. $11TGC_p$ S' $\to A'_1(NP')$.

la. $12aTGC_p$ S' $\to NP'_表(NP')$.

lb. $12bTGC_p$ S' $\to NP' = NP'_表$.

m. $13TGC_p$ NP' $\to N'$.

n. $14TGC_p$ S' $\to V'_0$.

o. $15TGC_p$ S' $\to S'_1 \& S'_2$.

p. $16TGC_p$ S' $\to S'_1 \& S'_2$.

q. $17TGC_p$ NP' $\to$ Var'.

r. $18aTGC_p$ S $\rightarrow S'_1 \vee S'_2$.
s. $18bTGC_p$ S $\rightarrow S'_1 \oplus S'_2$.
t. $19aTGC_p$ S $\rightarrow S'_1 \vee S'_2$.
u. $19bTGC_p$ S $\rightarrow S'_1 \oplus S'_2$.
v. $20TGC_p$ S' $\rightarrow (S'_1 \rightarrow S'_2)$.
w. $21TGC_p$ S' $\rightarrow (S'_2 \rightarrow S'_1)$.
x. $22TGC_p$ S' $\rightarrow (S'_1 \leftrightarrow S'_2)$.
y. $23TGC_p$ S' $\rightarrow \sim S'_i$.
z. $24TGC_p$ S' $\rightarrow \sim S'_i$.

C_p系统可处理汉语的基本句型及其某些特殊句式，还可处理多种复合句和逻辑否定句。C_p系统尚不能处理的语言结构（及其语义）还有许多，比如内嵌结构、内部否定句、疑问句、定语和状语修饰、述补结构、量化名词结构等等。C_p系统比较简单，其句法部分甚至小于乔姆斯基（Chomsky, 1957）前半部分讨论的词组结构语法。C_p的语义解释也比一阶谓词逻辑的范围小。这并不是说C_p无法进一步扩展，只是现在并不要求面面俱到。我们的目的只是通过对以真值条件为基础的C_p系统的构筑，使大家领略到形式语义学的一些基本思路和手段，同时对汉语语法语义结构有一些感性的认识和第一手的分析经验。如果当代形式语义学理论像一群巍峨大厦，C_p系统就像一间简陋棚屋。然而，只有弄懂了棚屋的构筑原理，才有可能进而了解摩天楼的复杂营造过程。

第六节 语义解释的递归性

C_p系统可以部分地反映自然语言的递归性。GC_p可将任意两个单句连接起来，经连接的复合句又可被当作一个单句再次与其他单句连接。连接关系可以是并列，也可是条件。连接的任何阶段所生成的句子又都可被否定。因此从理论上说，句子的生成可以循环往复，没有穷尽。如果我们再计入GC_p尚不能生成的结构如内嵌句、关系从句和多重修饰结构，自然语言的递归性就更显著了。

再看语义解释。既然逻辑式翻译TGC_p是与GC_p对应的，那么逻辑式的组合也应是递归的，这可以通过译出的复合命题句而体现出来。

第四章 对 C_p 系统的扩展   79

最后，任何句子的真值条件都是从句子的原子成分出发，按组合性原则一步步导出的。单句中的谓词和论元按集合论的定义确立真值条件，逻辑复合句按逻辑算子的真值表确定真值条件。单句的真值需参照特定情形而确定，但到了逻辑复合句的层次，整个句子真值的检验变成了纯机械性的推导过程，而无需考虑特定情形。这体现了语义解释的递归性。无论句子有多长，也不论句子有多复杂，一旦确定了原子句的真值，整个复合句的真值就可推导出来。所以，我们在制定逻辑复合句的真值条件时就不再需要顾及特定情形了，就是说，不必再考虑模型中论域的特定指谓内容了。

第七节 实例分析

现在我们用扩展了的 C_p 系统分析一个实例，例句如下：

(135) 并非如果地球是圆的且月亮环绕地球，太阳就环绕地球或地球就环绕月亮。

有关模型如下：

(136) M < D, F >

D = {恒星$_i$, 行星$_j$, 卫星$_k$, 男孩$_l$, 男人$_m$, 神怪$_n$, 书$_o$, 书$_p$, 书$_q$, 猫$_r$, 女人$_s$}.

〚diqiu′(地球)〛^{M} = 行星$_j$.

〚yueliang′(月亮)〛^{M} = 卫星$_k$.

〚taiyang′(太阳)〛^{M} = 恒星$_i$.

〚sanmao′(三毛)〛^{M} = 男孩$_l$.

〚bajie′(八戒)〛^{M} = 神怪$_n$.

〚maodun′(茅盾)〛^{M} = 男人$_m$.

〚shen-yanbing′(沈雁冰)〛^{M} = 男人$_m$.

〚xiyouji′(西游记)〛^{M} = 书$_o$.

〚ziye′(子夜)〛^{M} = 书$_p$.

〚hongloumeng′(红楼梦)〛^{M} = 书$_q$.

〚xiaohua′(小花)〛^{M} = 猫$_r$.

〖xishi′(西施)〗^{M} = 女人$_s$.

〖Yuan′(圆)〗^{M} = {恒星$_i$, 行星$_j$, 卫星$_k$}.

〖Jiao′(交)〗^{M} = {<女人$_s$, 书$_q$, 男孩$_l$>}.

〖Gaoxing′(高兴)〗^{M} = {神怪$_n$, 男孩$_l$}.

〖Xie′(写)〗^{M} = {<男人$_m$, 书$_p$>}.

〖Huanrao′(环绕)〗^{M} = {<行星$_j$, 恒星$_i$>, <卫星$_k$, 行星$_j$>, <猫$_r$, 女人$_s$>}.

假设例（135）的词项都可在词库中找到，那么该句的生成和翻译过程如下：

(135)′

a. S.

a′. ⇒ S′.

b. Neg. S$_i$.   23 GC$_p$

b′. ⇒ ~ S$_i$.   23 TGC$_p$

c. Neg. (Cond.$_{[1]<a>}$ S$_1$ S$_2$ < Cond.$_{[1]<b>}$ >)   20 GC$_p$

/S$_2$ = (NP Cond.$_{[1]<b>}$ ...)/.

c′. ⇒ ~ (S′$_1$ → S′$_2$).   20 TGC$_p$

d. Neg. (Cond.$_{[1]<a>}$ (S$_3$ Conj.$_{[1]}$ S$_4$)(S$_2$ < Cond.$_{[1]<b>}$ >)①

/S$_2$ = NP Cond.$_{[1]<b>}$ .../.   15 GC$_p$

d′. ⇒ ~ ((S′$_3$ & S′$_4$) → S′$_2$).   15 TGC$_p$

e. Neg. (Cond.$_{[1]<a>}$ (S$_3$ Conj.$_{[1]}$ S$_4$)(S$_5$ < Cond.$_{[1]<b>}$ >

Disj.$_{[1]}$ S$_6$ < Cond.$_{[1]<b>}$ >))   19 GC$_p$

/S$_5$, S$_6$ = NP Cond.$_{[1]<b>}$ .../.

e′. ⇒ ~ ((S′$_3$ & S′$_4$) → (S′$_5$ ∨ S′$_6$)).   19a. TGC$_p$

f. Neg. (Cond.$_{[1]<a>}$ ((NP 是 A 的) Conj.$_{[1]}$ S$_4$)

(S$_5$ < Cond.$_{[1]<b>}$ > Disj.$_{[1]}$ S$_6$ < Cond.$_{[1]<b>}$ >))

/S$_5$, S$_6$ = NP Cond.$_{[1]<b>}$ .../.   11 GC$_p$

---

① 为避免不必要的混淆，我们把 S$_1$ 扩展成 S$_3$ 和 S$_4$，而不是原规则 15 GC$_p$ 的 S$_1$ 和 S$_2$。这是可容许的变通。逻辑证明在运用规则引进新变量时，也允许相应调整式中变量的字母以保持不同变量间的差别。

第四章 对 C_p 系统的扩展

f'. $\Rightarrow \sim(((A'_1(NP')) \& S'_4) \to (S'_5 \lor S'_6)).$ 11TGC$_p$

g. Neg. (Cond.$_{[1]<a>}$((NP 是 A 的)Conj.$_{[1]}$(NP$_1$ V 及 NP$_2$))
 (S$_5$ < Cond.$_{[1]<b>}$ > Disj.$_{[1]}$ S$_6$ < Cond.$_{[1]<b>}$ >))
 /S$_5$, S$_6$ = NP Cond.$_{[1]<b>}$.../.   2GC$_p$

g'. $\Rightarrow \sim(((A'_1(NP')) \& (V'_2(NP'_1, NP'_2))) \to (S'_5 \lor S'_6)).$
    2TGC$_p$

h. Neg. (Cond.$_{[1]<a>}$((NP 是 A 的)Conj.$_{[1]}$(NP$_1$ V 及 NP$_2$))
 ((NP$_3$ Cond.$_{[1]<b>}$ V 及 NP$_4$) Disj.$_{[1]}$S$_6$ < Cond.$_{[1]<b>}$ >))
 /S$_6$ = NP Cond.$_{[1]<b>}$.../.   2GC$_p$

h'. $\Rightarrow \sim(((A'_1(NP')) \& (V'_2(NP'_1, NP'_2))) \to$
    $((V'_2(NP'_3, NP'_4)) \lor S'_6)).$ 2TGC$_p$

i. Neg. (Cond.$_{[1]<a>}$((NP 是 A 的)Conj.$_{[1]}$(NP$_1$ V 及 NP$_2$))
 ((NP$_3$ Cond.$_{[1]<b>}$ V 及 NP$_4$) Disj.$_{[1]}$
 (NP$_5$ Cond.$_{[1]<b>}$ V 及 NP$_6$))   2GC$_p$

i'. $\Rightarrow \sim(((A'_1(NP')) \& (V'_2(NP'_1, NP'_2))) \to ((V'_2(NP'_3,$
    NP$'_4$)) $\lor (V'_2(NP'_5, NP'_6)))).$ 2TGC$_p$

j. Neg. (Cond.$_{[1]<a>}$((N$_专$是 A 的)Conj.$_{[1]}$(NP$_1$ V 及 NP$_2$))
 ((NP$_3$ Cond.$_{[1]<b>}$ V 及 NP$_4$) Disj.$_{[1]}$(NP$_5$ Cond.$_{[1]<b>}$ V 及
 NP$_6$))) .   7GC$_p$

j'. $\Rightarrow \sim(((A'_1(N'_专)) \& (V'_2(NP'_1, NP'_2))) \to ((V'_2(NP'_3,$
    NP$'_4$)) $\lor (V'_2(NP'_5, NP'_6)))).$ 7TGC$_p$

k. Neg. (Cond.$_{[1]<a>}$((N$_专$是 A 的)Conj.$_{[1]}$(N$_专$ V 及 NP$_2$))
 ((NP$_3$ Cond.$_{[1]<b>}$ V 及 NP$_4$) Disj.$_{[1]}$(NP$_5$ Cond.$_{[1]<b>}$ V 及
 NP$_6$)))   7GC$_p$

k'. $\Rightarrow \sim(((A'_1(N'_专)) \& (V'_2(N'_专, NP'_2))) \to ((V'_2(NP'_3,$
    NP$'_4$)) $\lor (V'_2(NP'_5, NP'_6)))).$ 7TGC$_p$

l. Neg. (Cond.$_{[1]<a>}$((N$_专$是 A 的)Conj.$_{[1]}$(N$_专$ V 及 N$_专$))
 ((NP$_3$ Cond.$_{[1]<b>}$ V 及 NP$_4$) Disj.$_{[1]}$(NP$_5$ Cond.$_{[1]<b>}$ V 及
 NP$_6$)))   7GC$_p$

l'. $\sim(((A'_1(N'_专)) \& (V'_2(N'_专, N'_专))) \to ((V'_2(NP'_3, NP'_4))$
    $\lor (V'_2(NP'_5, NP'_6)))).$ 7TGC$_p$

m. Neg. (Cond. $_{[1]<a>}$ ((N$_专$ 是 A 的) Conj. $_{[1]}$ (N$_专$ V及 N$_专$))((N$_专$ Cond. $_{[1]<b>}$ V及 NP$_4$) Disj. $_{[1]}$ (NP$_5$ Cond. $_{[1]<b>}$ V及 NP$_6$)))   7GC$_p$

m'. ⇒ ~ (((A'$_1$(N'$_专$)) & (V'$_2$(N'$_专$, N'$_专$))) → ((V'$_2$(N'$_专$, NP'$_4$)) ∨ (V'$_2$(NP'$_5$, NP'$_6$)))).   7TGC$_p$

n. Neg. (Cond. $_{[1]<a>}$ ((N$_专$ 是 A 的) Conj. $_{[1]}$ (N$_专$ V及 N$_专$))((N$_专$ Cond. $_{[1]<b>}$ V及 N$_专$) Disj. $_{[1]}$ (NP$_5$ Cond. $_{[1]<b>}$ V及 NP$_6$)))   7GC$_p$

n'. ⇒ ~ (((A'$_1$(N'$_专$)) & (V'$_2$(N'$_专$, N'$_专$))) → ((V'$_2$(N'$_专$, N'$_专$)) ∨ (V'$_2$(NP'$_5$, NP'$_6$)))).   7TGC$_p$

o. Neg. (Cond. $_{[1]<a>}$ ((N$_专$ 是 A 的) Conj. $_{(N_专 V及 N_专)}$)((N$_专$ Cond. $_{[1]<b>}$ V及 N$_专$) Disj. $_{[1]}$ (N$_专$ Cond. $_{[1]<b>}$ V及 NP$_6$)))   7GC$_p$

o'. ⇒ ~ (((A'$_1$(N'$_专$)) & (V'$_2$(N'$_专$, N'$_专$))) → ((V'$_2$(N'$_专$, N'$_专$)) ∨ (V'$_2$(N'$_专$, NP'$_6$)))).   7TGC$_p$

p. Neg. (Cond. $_{[1]<a>}$ ((N$_专$ 是 A 的) Conj. $_{[1]}$ (N$_专$ V及 N$_专$))((N$_专$ Cond. $_{[1]<b>}$ V及 N$_专$) Disj. $_{[1]}$ (N$_专$ Cond. $_{[1]<b>}$ V及 N$_专$)))   7GC$_p$

p'. ⇒ ~ (((A'$_1$(N'$_专$)) & (V'$_2$(N'$_专$, N'$_专$))) → ((V'$_2$(N'$_专$, N'$_专$)) ∨ (V'$_2$(N'$_专$, N'$_专$)))).   7TGC$_p$

q. 并非如果地球是圆的且月亮环绕地球,太阳就环绕地球或地球就环绕月亮。   (词项插入)

q'. ⇒ ~ (((Yuan'(diqiu')) & (Huanrao'(yueliang', diqiu'))) → ((Huanrao'(taiyang', diqiu')) ∨ (Huanrao'(diqiu', yueliang')))).   (词项翻译)

现在根据模型(136)来检测(135)的真值。为方便讨论,我们把(135)的逻辑式(即(135)'q')注上标记,主句及每个子句内侧的左下角和外侧的右上角都标有相同的标记,其验证过程如(138)。

(137) [$_{S'1}$ ~ [$_{S'2}$ [$_{S'3}$ [$_{S'4}$ Yuan'(diqiu')]$^{S'4}$ & [$_{S'5}$ Huanrao'(yueliang', diqiu')]$^{S'5}$]$^{S'3}$ → [$_{S'6}$ [$_{S'7}$ Huanrao'(taiyang', diqiu')]$^{S'7}$ ∨ [$_{S'8}$ Huanrao'(diqiu', yueliang')]$^{S'8}$]$^{S'6}$]$^{S'2}$]$^{S'1}$.

(138)

a. $[_{S'4}\text{Yuan}'(\text{diqiu}')]^{S'4}=1$, ∵ 〖diqiu'〗^{M} ∈ 〖Yuan'〗^{M}；即 行星$_j$ ∈ {恒星$_i$, 行星$_j$, 卫星$_k$}.

b. $[_{S'5}\text{Huanrao}'(\text{yueliang}',\text{diqiu}')]^{S'5}=1$,

∵ < 〖yueliang'〗^{M}, 〖diqiu'〗^{M} > ∈ 〖Huanrao'〗^{M};

即 < 卫星$_k$, 行星$_j$ > ∈ { < 行星$_j$, 恒星$_i$ >, < 卫星$_k$, 行星$_j$ >, < 猫$_r$, 女人$_s$ > }.

c. $[_{S'7}\text{Huanrao}'(\text{taiyang}',\text{diqiu}')]^{S'7}=0$,

∵ < 〖taiyang'〗^{M}, 〖diqiu'〗^{M} > ∉ 〖Huanrao'〗^{M};

即 < 恒星$_i$, 行星$_j$ > ∉ { < 行星$_j$, 恒星$_i$ >, < 卫星$_k$, 行星$_j$ >, < 猫$_r$, 女人$_s$ > }.

d. $[_{S'8}\text{Huanrao}'(\text{diqiu}',\text{yueliang}')]^{S'8}=0$,

∵ < 〖diqiu'〗^{M}, 〖yueliang'〗^{M} > ∉ 〖Huanrao'〗^{M};

即 < 行星$_j$, 卫星$_k$ > ∉ { < 行星$_j$, 恒星$_i$ >, < 卫星$_k$, 行星$_j$ >, < 猫$_r$, 女人$_s$ > }.

e. $[_{S'3}[_{S'4}\text{Yuan}'(\text{diqiu}')]^{S'4}\,\&\,[_{S'5}\text{Huanrao}'(\text{yueliang}',\text{diqiu}')]^{S'5}]^{S'3}=1$,

∵ $S'_4=1$, $S'_5=1$, ∴ $S'_4\,\&\,S'_5=1$. 即 $S'_3=1$.

f. $[_{S'6}[_{S'7}\text{Huanrao}'(\text{taiyang}',\text{diqiu}')]^{S'7}\vee[_{S'8}\text{Huanrao}'(\text{diqiu}',\text{yueliang}')]^{S'8}]^{S'6}=0$,

∵ $S'_7=0$, $S'_8=0$, ∴ $S'_7\vee S'_8=0$. 即 $S'_6=0$.

g. $[_{S'2}[_{S'3}[_{S'4}\text{Yuan}'(\text{diqiu}')]^{S'4}\,\&\,[_{S'5}\text{Huanrao}'(\text{yueliang}',\text{diqiu}')]^{S'5}]^{S'3}\to[_{S'6}[_{S'7}\text{Huanrao}'(\text{taiyang}',\text{diqiu}')]^{S'7}\vee[_{S'8}\text{Huanrao}'(\text{diqiu}',\text{yueliang}')]^{S'8}]^{S'6}]^{S'2}=0$,

∵ $S'_3=1$, $S'_6=0$, ∴ $S'_3\to S'_6=0$. 即 $S'_2=0$.

h. $[_{S'1}\sim[_{S'2}[_{S'3}[_{S'4}\text{Yuan}'(\text{diqiu}')]^{S'4}\,\&\,[_{S'5}\text{Huanrao}'(\text{yueliang}',\text{diqiu}')]^{S'5}]^{S'3}\to[_{S'6}[_{S'7}\text{Huanrao}'(\text{taiyang}',\text{diqiu}')]^{S'7}\vee[_{S'8}\text{Huanrao}'(\text{diqiu}',\text{yueliang}')]^{S'8}]^{S'6}]^{S'2}]^{S'1}=1$.

∵ $S'_2=0$, ∴ $\sim S'_2=1$. 即 $S'_1=1$.

思考与练习三

根据模型(136),仿第七节的方法分析以下各句:

(i) 只有三毛把《西游记》交给八戒,八戒才高兴。

(ii) 因为茅盾是沈雁冰,所以茅盾写了《子夜》且沈雁冰写了《子夜》。

(iii) 打雷当且仅当闪电,但要是下雨就不下雪。

阅 读 文 选

关于汉语复句及其逻辑特征,可参阅陈宗明(1993)、韦世林(1994)、周斌武与张国梁(1996)、王维贤等(1994)、邢福义(2001)以及徐阳春(2002)。与C_p系统类似的英语部分语句系统可在下列教科书中找到:坎恩(Cann, 1993)第二、三章;基尔基亚与麦考耐尔—基内(Chierchia & McConnell-Ginet, 2000)第二章。

第五章 类型论初步

本章详细介绍**类型论**（type theory）的基本内容并讨论与之相关的**特征函项**（characteristic function）。最后勾勒出以类型论为基础的汉语语句系统 C_t。

第一节 再论组合性原则

在前面的讨论中，我们已经介绍了组合性原则的内容，即任何非原子的语言单位的语义 Z 都是由它的子单位的语义（如 z_1、z_2、z_3…）按照其结构组合的顺序叠加而成的。不同的语法结构①会导致不同的语义表达和解释。所以，语义表达必须依靠语法提供的信息，与语法规则相对应。这就是语义翻译规则对应于句法规则的假设（即规则对应假设）。C_p 的建构可以说是符合了组合性原则和规则对应的要求。GC_p 提供了词与词结合成句的过程，而 TGC_p 与 GC_p 一一对应，同步翻译，所以最后得到的语义表达是贯彻了组合性原则的语义表达。GC_p 具备了句法生成的递归性，TGC_p 也能递归地表达任何 GC_p 可以生成的句子的语义。

然而，对组合性原则的不同阐释能导致完全不同的理论模式的创立。关键在于如何理解"规则对应"中的"对应"二字。一种解释是让句法规则与语义规则的运作相匹配，像下象棋一样，你走一步，我也走一步，彼此协调。但相匹配的一对规则在操作的具体内容上可以完全没有关系。用下象棋的比喻可以说明这一点。你走当头炮，我可以应之以屏风马，而不必也走炮。以这种规则的对应为基础的组合性原则要求比较宽，所以常被称作是**弱式的组合性原则**（the weak version of the Prin-

---

① 包括词组、单句和复合句的各类结构。

ciple of Compositionality)。对组合性原则的另一种阐释是：句法规则和语义表达规则不但应是同步对应的，而且操作内容必须一致。这种观点常被称作"**句法语义同构原则**"（the isomorphic principle of syntax and semantics）。以同构原则为基础的组合性原则就是**强式的组合性原则**（the strong version of the Principle of Compositionality）。具体地说，我们可以把句法和语义看成是两套代数系统 A 和 B，A 包括造句成分（如词组和单句）和造句的操作运算，B 包括两个真值 {0，1} 和与句法操作运算相对应的确定真值语义的运算。而语义解释就是从句法代数 A 到语义代数 B 的**同构映射**（isomorphic mapping）。

C_p 系统的规则对应是弱式的组合性原则的体现。举例来看，$3GC_p$ 把 S 扩展为 $NP_1V_双$（给）NP_2NP_3。而 $3TGC_p$ 在此基础上把 S' 的语义表达为 V'_3（NP'_1，NP'_3，NP'_2）。句法规则给出了句子的实际顺序，可翻译规则不但把顺序完全打乱了，且没有把"给"这个常项词译出来。需要澄清的是，同构并不意味着语义表达的线性顺序必须与句子的语序完全一致。C_p 之所以不是同构系统是因为 TGC_p 的操作内容与 GC_p 的操作内容无必然的联系，属不同的性质。前者是逻辑表达过程，后者是句子单位的组列过程。TGC_p 承继的只是 GC_p 的结果，不是其过程。TGC_p 只是把自然语言的句子译成了逻辑语言的表达式，并未对原语言和目的语言作语义解释。这样，逻辑式的语义解释与自然语言的句子已隔了一层，而且对逻辑式的解释也没有采用同构映射的方法。当然，设计一阶逻辑的同构解释并非不可能，也无需借助更复杂的逻辑方法。[1] 但要想直接对自然语句作同构解释，就必须放弃 C_p 系统，另辟蹊径。此外，GC_p 的内容虽然可以由 X – **标杠句法**（X-bar Syntax）来概括，[2] 或可进一步归纳为每个词汇单位与句子论元结构的联系，这会与谓词逻辑有许多相通之处，但仅就 GC_p 而论，它与逻辑并无直接关系。我们完全可以想象出诸如（1）和（2）中的规则。它们在 GC_p 中是可能的规则，其构造内容无需受谓词—论元模式的限制：

(1) a. S →$NP_1\ NP_2$.

---

[1] 参见帕蒂等（Partee et al., 1990：第十三章）。
[2] 有关介绍参见徐烈炯（1988）。

b. S →NP PP.
(2) a. S →NP.
b. NP →AP N.

在此我们尚不能充分讨论"同构"系统相对于 C_p 系统的优越性，但我们至少可以讨论一下 C_p 系统的固有缺陷。C_p 系统的一个明显弱点在于它的句法系统 GC_p 生成的是缺乏层次的结构。以动宾结构为例，我们都知道带及物宾语的句子可分为两个层次，即先由动词 $V_及$ 与充当宾语的名词组 NP_2 构成动词词组 VP，然后再由充当主语的名词组 NP_1 与动词词组组合成句。用树形图表示如下：

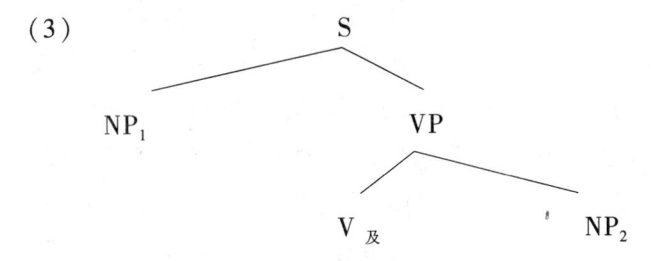

(3)
```
            S
           / \
         NP₁  VP
              / \
             V及  NP₂
```

(3) 的双层次分析更符合我们的语感，它告诉我们句子可首先划分为主语（NP_1）和谓语（VP）两大块，作为谓语的动词词组可以自成一个单独的成分，本身又可再分成更小的成分。为生成（3）的结构，我们就需要制定形如（4）的句法规则：

(4) a. S →NP VP
b. VP →$V_及$ NP

然而，这种规则在 GC_p 系统中并不存在。从句法的角度看，不难把规则（4a, b）加入 GC_p 中，但 C_p 的逻辑式却无法表达这两种结构。原因在于一阶谓词逻辑式要求谓词与它**所有的**论元一起同时出现，如 P(n, m)，而不允许在句子中充任宾语的论元（如 m）与谓词先行结合，然后再加入另一个论元。所以一阶谓词逻辑式的特性同时排斥了句法的两种操作内容：一是让谓语即动宾结构单独组合；二是允许句子的主语、动词和宾语的生成具有层次性。虽然句法做到这两点并不难，但由于逻辑式不接受这种结构，所以无法把有关的句法结构译成逻辑式，也无法作有关的语义解释。这样，C_p 的句法迁就了逻辑语言，让句子的主语、谓语动词和宾语一次性生成，其结构必然是无层次的（5）或是更普遍的形式（6），也就无法充分体现语义解释的组合性。

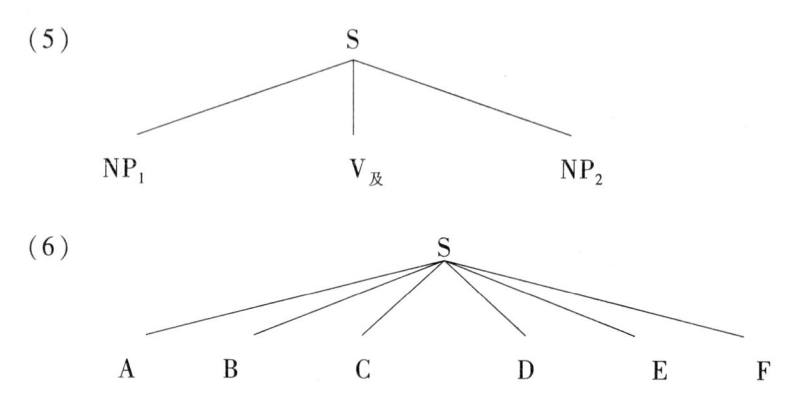

(5)
```
            S
      /     |     \
    NP₁    V及    NP₂
```

(6)
```
              S
       / / /  |  \ \ \
      A  B  C  D  E  F
```

而作为论元的名词组在 C_p 系统却可以有层次，因为这只涉及论元内部的扩展，与谓词无关，所以不受逻辑式的谓词—论元同现要求的限制。另外，复合句的生成也可以有层次，因为这类操作以单句为原子单位，不受单句内部逻辑式结构的限制。这说明 C_p 系统在表现句子结构的层次性上是不统一、不和谐的，在反映语义解释的组合性上也必定大打折扣。

至此，问题的焦点似乎在于寻求一种新的逻辑表达方法，使得我们可以表示命题组合的层次性并体现句子中动词词组这个单位的存在。我们下节要介绍的类型论就是为这个目的服务的。但是，C_p 系统的缺陷不仅在于层次性的缺乏，还在于句法规则本身。在上一章的讨论中我们提到过，GC_p 的句法规则属于词组结构语法，这种语法早已由乔姆斯基（Chomsky, 1957）证明是行不通的。在词组结构语法中，一些句子在逻辑结构上有明显的相通之处，却因表面结构的差异而需由不同的规则来分别生成。如正常语序的陈述句与**"把"字句、话题句**（topic sentence）及**焦点句**（focus sentence）之间的联系［参见例（7）］，又如陈述句与名词修饰句之间的联系［例（8）］。

(7) a. 我已经看完了这本书。
    b. 我已经把这本书看完了。（"把"字句）
    c. 我（,）这本书已经看完了。（焦点句）
    d. 这本书（,）我已经看完了。（话题句）

(8) a. 那个女孩养了一只猫。

b. 我爱上了［养了一只猫的那个女孩］。

另一方面，一些歧义句的语法关系不同，但由相同的规则生成，不能辨异，如例（9）所示：

(9) a. 鸡不吃了。

　　　［鸡不吃东西了／我不吃鸡了］

　　b. 这个人连我们的主任也不认识。

　　　［这个人不认识主任／主任不认识这个人］

此外，词组结构语法生成能力太弱，不能生成**非连续体结构**（discontinuous constituents）。简而言之，如果有一个语言单位 A，被另一个单位 B 插入，形成 A_1-B-A_2 这样的结构，这种结构就叫作非连续体。汉语中的例子如（7c）、（7d）和（10）：

(10) a. "喜欢"　→　"喜不喜欢"

　　 b. "洗澡"　→　"洗完了澡"

　　 c. "吃饭"　→　"吃没吃饭"

　　 d. "理发"　→　"理一次发"

至此，句法和语义两方面的考虑都要求我们放弃以词组结构语法和一阶逻辑为基础的 C_p 系统而建立以同构原则为基础的新的语句系统，本章就是迈向这个目标的第一步。

第二节　逻辑语义类型

在第三章里我们提到过，句法范畴与逻辑范畴有着一定的对应关系，复列于下：

(11) a.　S　$=_{tr}$　t.

　　 b.　$V_{不}$　$=_{tr}$　$Pred_1$.

　　 c.　$V_{及}$　$=_{tr}$　$Pred_2$.

　　 d.　$V_{双}$　$=_{tr}$　$Pred_3$.

　　 e.　NP　$=_{tr}$　e.

　　 f.　$N_{专}$　$=_{tr}$　e.

这个对应表显然是很不完全的，因为它未能收入许多其他的句法范畴，如形容词、副词、介词和以它们为中心词的词组，以及限定词

(determiner)和逻辑量词等。不过，在一阶逻辑中也找不到与它们直接对等的范畴。

（11）左边纵栏中各句法范畴的相互关系可以从 GC_p 中得到，而右边纵栏中各逻辑范畴的相互关系也已经在第三章中提到过：

（12） t   →$Pred_{[n]}$（e_1，e_2，e_3，…e_n）.

假如把 t 的载体定义为逻辑命题，就可以把逻辑命题和句子等同起来。从（12）可以引申出关于谓词、论元和真值条件的重要规律。首先，谓词本身或论元本身都不能成句，两者必须相互组合，方能成句。其次，谓词的价与论元的数目应该吻合，一元谓词与一个论元组合，二元谓词与两个论元组合，依此类推，多一个或少一个论元都不能成句。因此，我们可以把（12）改写成更直观的（13）：

（13） $Pred_{[n]} + e_1 + e_2 + \cdots + e_{[n]} = t$.

从（13）可以推出（14）各式：

（14） a. $Pred_1 + e_1 = t$.
      b. $Pred_2 + e_1 + e_2 = t$.
      c. $Pred_3 + e_1 + e_2 + e_3 = t$.

如果我们规定每个 e 都代表一个独特的个体，那么就不必给 e 下标。从（14）可以进一步推出（15）：

（15） a. $Pred_3 + e = Pred_2$.
      b. $Pred_2 + e = Pred_1$.
      c. $Pred_1 + e = t$.

从数学的角度上看，（15）无疑是正确的。但在自然语言中并没有类似的现象。一个与三元谓词相对应的 V$_双$ 加上一个宾语并不等同于一个 V$_及$。同样，一个与二元谓词相对应的 V$_及$ 加上一个宾语后也并没有变成一个 V$_不$。但是这只是从语言的词汇语形角度看问题的结果。从谓词—论元的必然关系出发，及物动词与宾语组合后得到的动词词组在句法性质上与不及物动词（本身也是个动词词组）是等价的。

至此，我们一直把 t、e 和 $Pred_{[n]}$ 看作是三个原子单位或基本单位。但是这还不是最简洁的表现方法。从（13）—（15）的推论中可以看到，谓词 $Pred_{[n]}$ 就像是一个生成 t 的框架，它需要一些其他的材料即若干论元像砖一般地把自己填满或充盈。完全充填了的框架就成了句子，未经充填的框架就是谓词，部分充填了的框架也仍然是（15）中的一种谓词。而 e 则是充填框架的原料。这样，作为框架的 $Pred_{[n]}$ 就可以完全通过 t 和 e 来定义，不必处理成原子单位：

(16) a. $Pred_1 = e \rightarrow t$.
 b. $Pred_2 = e \rightarrow (e \rightarrow t)$.
 c. $Pred_3 = e \rightarrow (e \rightarrow (e \rightarrow t))$.
 d. $Pred_{[n]} = e_1 \rightarrow (e_2 \rightarrow (\cdots \rightarrow (e_n \rightarrow t) \cdots))$.

（16）把谓词表达成函项，可通过其输入和输出即定义域和值域的内容来定义。用通俗的话来解释，（16a）的意思是说：如果你给我一个 e（主语），我就变成一个 t（句子）。（16b）说：如果给我一个 e（宾语），我就变成一个需要一个 e 而变成 t 的东西（一元谓词）。如果再给我一个 e（主语），那我就会变成 t（句子）。依此类推，我们可以给出其他谓词的解释。在（16）中，谓词被 e 和 t 的组合式所定义，其结果与（14）、（15）都吻合。另外，由于条件算子→是二元的，即只能连接两个单位，论元的充填变成了阶段性的过程，每一次只能填入一个论元，而不能同时填入两个或者更多的论元。① 这样的处理导致了谓词—论元组合的层次性，使我们避免了本章第一节指出的 C_P 无法表现层次的不足。关于这一点在下文中会进一步讨论。

我们把 e 和 t 规定为**原子类型**（primitive types）或**基本类型**（basic types），它们是语言单位的**逻辑语义**（logico-semantic）范畴。由基本类型组合起来的逻辑式叫做**复杂类型**（complex types）。相关的理论叫做**类型论**（type theory）。② 我们准备分两个阶段介绍类型论。本章先介绍有关类型论的初步知识。基本定义如下：

(17) **初级类型论定义**：
 a. e（个体）和 t（真值）为基本类型。

---

① 一个相关的问题是，根据一阶逻辑的定义，→连接的两个单位都应该具有真值条件，即它们都应该是命题。那么用→连接 e 和 t 是否合法？关于这个问题我们可以参照弗雷格（1879）的观点来解答。弗氏认为，在判断符号⊢的后面只能跟命题，但有时我们可以允许在表**意念**（idea）的符号前用⊢，意为"存在着与该意念相关的个体的情形"。所以，e→t 可理解为"如果给定一个 e，则会得到 t"。这种用法是对 e 和 t 的陈述，所以→左边仍然是命题，不是个体。

② 类型论源于对数学基础和逻辑理论的研究。

b. 如果 a, b 各为类型，则 ($a{\rightarrow}b$) 为类型。

（17）中的 a, b 可以是基本类型，也可以是复杂类型。据（17）可以递归地组合成无限种复合类型，以下是一些可能的组合：

(18) a. e→t.
　　 b. e→(e→t).
　　 c. e→(e→(e→t)).
　　 d. e→e.
　　 e. t→t.
　　 f. t→(e→t).
　　 g. (e→t)→t.
　　 h. (e→t)→(e→t).
　　 i. (e→t)→((e→t)→t).
　　 j. t→(t→(t→(e→t))).

由于复合类型表示的是从 a 到 b 的函项，两者的位置不可逆置，所以也可将（$a{\rightarrow}b$）表示为（19）：

(19) $<a,b>$.

（19）是一个有序偶（即有序二元组），其中第一个元素为输入的类型，第二个元素为输出的类型。据此，（18）也可以被表示成（20）：

(20) a. <e,t>.
　　 b. <e,<e,t>>.
　　 c. <e,<e,<e,t>>>.
　　 d. <e,e>.
　　 e. <t,t>.
　　 f. <t,<e,t>>.
　　 g. <<e,t>,t>.
　　 h. <<e,t>,<e,t>>.
　　 i. <<e,t>,<<e,t>,t>>.
　　 j. <t,<t,<t,<e,t>>>>.

（18）与（20）是表达力相同的两种表达方法。据帕蒂（Partee, 1992），条件式表示法更为计算语言学家所熟悉，而有序偶表示法为蒙太格（Montague, 1974）所采用，在形式语义学文献中较常见。本书将根据不同的侧重点相应地选取类型表达法。

（17）可递归地组成无限种类型，但自然语言乃至任何语言系统的类型都是有限的，所以必定有许多我们根本用不上的类型，（18j）就是一例。我们可以从已知的句法范畴着手，看看它们对应于哪些逻辑语义类型。据上面的讨论结果，我们已知以下对应关系：

（21） a. $TP(S) = t$.

b. $TP(VP) = e \rightarrow t$.

c. $TP(N_{专}) = e$.

d. $TP(V_{不}) = e \rightarrow t$.

e. $TP(V_{及[a]}) = e \rightarrow (e \rightarrow t)$.

f. $TP(V_{及[b]}) = t \rightarrow (e \rightarrow t)$.

g. $TP(V_{双}) = e \rightarrow (e \rightarrow (e \rightarrow t))$.

（21）中的 TP 是一个函项，其定义域是句法范畴的集合，其值域是类型的集合。TP 可被称作**赋类函项**（type assignment function）或**类映射**（type mapping）。

（21b）和（21d）的结果一样，原因已在前面讲过。（21f）的 $V_{及[b]}$ 的宾语本身是一个句子。根据对 $V_{不}$ 和 VP 的赋类，我们还可以推导出对类名词 CN、① 形容词 Adj 和副词 Adv 的赋类：

（22） a. $TP(CN) = e \rightarrow t$.

b. $TP(P\text{-}Adj) = e \rightarrow t$.

c. $TP(CN\text{-}Adj) = (e \rightarrow t) \rightarrow (e \rightarrow t)$.

d. $TP(VP\text{-}Adv) = (e \rightarrow t) \rightarrow (e \rightarrow t)$.

e. $TP(S\text{-}Adv) = t \rightarrow t$.

[P-Adj = 形容词谓语；CN-Adj = 修饰类名词的形容词；

VP-Adv = 修饰动词词组的副词；S-Adv = 修饰句子的副词。]

把 CN 的类型定为 $e \rightarrow t$ 的形式上的考虑是 CN 在一阶逻辑中被处理为一元谓词，这与 $V_{不}$ 一致，所以可从 $V_{不}$ 中类推出 CN 的类型。当然这只是假设一阶逻辑的处理完全真实地反映了有关的自然语言范畴的语义，所以真正的原因应该从 CN 的真值语义性质中去探究。这点我们留

---

① CN = common noun，与前文中的 N 相同。

待第五节讨论。同理，作为谓词使用的形容词 P-Adj. 也可被赋予 e→t 类。作为定语的 CN-Adj. 修饰的是 CN_i，输出的结果是另一个 CN_j。也就是说，CN-Adj. 对 CN_i 有所限定，缩小其适用范围，得出的是 CN_i 的一个子集 CN_j，如（23）所示：

(23) a. 人 →中国人.
　　 b. 猴 →猕猴.
　　 c. 衣服→红衣服.
　　 d. 苹果→烂苹果.

既然 (a→b) 中的 a,b 都是 CN，那么把 CN 的类代入便得出 (e→t)→(e→t)，这就是定语 CN-Adj. 的类型。讨论了 CN 和 CN-Adj. 的类型后，我们却不能马上讨论 NP 的类型，因为这需要在我们充分了解了类型的语义性质后才能进行。我们把这个问题留到第八章再讨论。在现阶段，我们仅知一种 NP 的类型，即由 $N_专$ 直接充任的 NP，其类型暂定为 e，因为专名指谓个体。

副词 Adv 主要有两种，一种是修饰 VP 的状语，简写为 VP-Adv，另一种是修饰 S 的状语，简写为 S-Adv。有关前者的例子如（24），后者的例子见（25）：

(24) a. 张三 **很快地** 看了《西游记》。
　　 b. 张三 **很快地 大声地** 念了《陋室铭》。
(25) a. 张三 **昨天** 看了《西游记》。
　　 b. **幸好** 三毛看了《水浒》。
　　 c. **可惜** 西施不喜欢八戒。

VP-Adv. 修饰 VP_i，得到 VP_j，$VP_j \subset VP_i$。所以它的类型是 (e→t)→(e→t)。这里的 VP-Adv. 不修饰单个动词，比如它不是先修饰 [$V_及$-NP] 结构中的 $V_及$，然后再将结果与 NP 组合。而 $V_不$ 在句中可单独成为 VP，所以不构成反例。VP-Adv. 跟 VP 发生关系，修饰的结果又是一个 VP，所以可以再被 VP-Adv. 修饰。这样就可以描写 (24a,b) 的结构。

S-Adv. 可以是时间地点状语和评说性状语，它修饰整个句子 S_i，得到另一个句子 S_j。所以它的类型应是 t→t。

现在我们来看看无主句、否定句和复句的类型。无主句由某些动词直接成句，所以有关动词 V_0 的类型就是 t：

(26) $TP(V_0) = t$.

否定句、并列句和条件句的逻辑特性源自它们各自的逻辑算子 $\sim$、$\&$、$\vee$ 和 $\rightarrow$。我们可以给这些算子赋予相应的逻辑类型：

(27) a. $TP(\sim) = t \rightarrow t$.
　　　b. $TP(\&) = t \rightarrow (t \rightarrow t)$.
　　　c. $TP(\vee) = t \rightarrow (t \rightarrow t)$.
　　　d. $TP(\rightarrow) = t \rightarrow (t \rightarrow t)$.

虽然如此赋类并无错误，但除了(27a)外，(27b)—(27d)都有不自然之处。复合结构的 S_1 和 S_2 在一阶逻辑中是由逻辑算子同时连接的，而不是相继组合的。另外，自然语言中只有 $S_1 \& S_2$ 的结构，不存在 t 类型的 S+& 或 &+S 的独立结构。可是(27b) —(27d) 却可以导致这种结构的产生。① 我们在第七章讨论 λ-转换时会提出一个更好的处理方法。

思考与练习一

1. 将本节中已赋类的句法范畴同 C_p 的句法范畴相比较，两个范畴的集合是否相同？

2. 学过转换生成语法的读者可以尝试比较一下 X-标杠句法和**题元理论**（θ-theory）与类型论的相通之处。② 也可将类型论的基本概念与其他理论如配价语法作一下比较。③

第三节　类型驱动的语句分析与生成

自然语言的词和词组绝大多数都对句子的真值做出一定的贡献，所以都有相应的逻辑语义类型。极少数词没有相应的赋类，因为它们与句

---

① 在生成语法中也有人建议把 S_1 and S_2 分析成 [S_1 [and S_2]$_{CONJP}$]$_S$（CONJP = **连词词组** [conjunction phrase]）。参照凯恩（Kayne, 1994）。
② 有关中文文献可参见黄正德（1982），徐烈炯（1988，1990），何元建（1995）。英文文献除句法教科书外，研究专著主要有杰肯道夫（Jackendoff, 1977）和布罗迪（Brody, 1993）。从上述文献的书目中可找到更多的文献。
③ 参见蒋严（2004）。

子的真值无直接的联系，如语气助词和感叹词。因此，凡是词一般都有几个方面的内容：a. 语形内容（即词的语音内容）；b. 词汇语义内容（即词所指的概念）；c. 组合语义内容（即某个词所属的逻辑类型）。这和我们熟知的传统词典的条目相比多了逻辑类型这一新的信息。类型论不但可以揭示语句的逻辑结构，还能帮助我们分析和生成语句。

让我们先看看语句分析。给定一个句子，我们要分析出它的结构层次：

(28) 昨天张三很快地看了《西游记》。

我们把句子先切分成词，然后列出它们各自所指的概念（记作 W′，即在相关词的拼音式的右上角加撇），并在概念的旁边标出其逻辑类型。

(29)

昨天	张三	很快地	看了	西游记
(S-Adv)	(N$_{专}$)	(VP-Adv)	(V)	(N$_{专}$)
zuotian′	zhangsan′	hen-kuai′	Kan′	xiyouji′
t→t	e	(e→t)→(e→t)	e→(e→t)	e

之所以要列出词的概念，是因为逻辑类型是对词的指谓性质的赋类，而不是对词的语形的赋类。词类范畴的定名归根结底是由词的指谓性质决定的，尽管词类在形态和分布上也有一定的规律可循。我们把较简单的类型作为输入，"喂"给较复杂的类型，消去相同的类，得出新的类型。这个过程与逻辑推导中的**肯定前件**（modus ponendo ponens，简称 MPP）规则一样，每个词的类型都是**前提**（premise），给定两个前提，较复杂的类型是**大前提**（major premise），较简单的类型是**小前提**（minor premise）。如果大前提的类型为 $a→b$，而小前提的类型为 a，即小前提与大前提的最外层→算子左边的式子相同，则可以做肯定前件的运算，消除前件 a，得到独自成为一个新的类型的后件 b。然后又开始下一轮的肯定前件运算，直至所有的类型都参与了这样的运算。与此同时，这些类型依附的概念和语形也随之组合起来，直到概念组成命题且语形组合成句子。如果给定的两前提间无法进行肯定前件的运算，则这两个类型无法约简，其概念和语形也就无法组合。我们把概念的组合看成是一个**泛函贴合运算**（functional application），即把具类型 $a→b$ 的概念当作**函项**（function）f，把具类型 a 的概念当作**主目**（argument）a,

把主目 *a* 代入函项 *f*，将概念的组合结果写成 *f*(*a*)。泛函贴合运算规则如下：

(30) **泛函贴合运算规则**

设 *f* 是具类型 *a*→*b* 的概念，*a* 是具类型 *a* 的概念，则 *f*(*a*) 是具类型 *b* 的概念。

最后，我们对词的语形组合暂时仅定性为邻界的线性组合，定义如下：

(31) **语形组合规则**

设有 <α, β>，α 为类型 A 的语形，β 为类型 B 的语形，且 A、B 间可做 MPP 演绎，则有组合语形 α-β。

也就是说，给定 α 和 β 的线性顺序，不论 A、B 何者为大前提，结果都是 α - β。

运用类型推导、泛函贴合运算和语形组合规则的方法分析例 (29)，可以得到 (32) 的结构。

(32) 的分析图中的数字表示组合的步骤。这里我们不讨论 "地" 和 "了" 的作用，所以这些虚词只在语形中出现。图中最底层的句子被拆成词项，配上了各自的类型，经组合而生成最高层的句子，且增加了意义表达的逻辑式，所以底层和顶层的句子并无重复，只有后者才是经过分析的句子。这种句子分析因为有了类型推导，才使词汇组合能顺利进行，进而带出了结构。树形图成了词汇组合的副产品，无需靠另外一套语法规则来引导组合的步骤。假使没有 (32) 中的①，那么就不会产生 e→t, VP-Adv. 就无法找到一个小前提与之合并，推理机制就会停顿。我们可把这个过程称作**类型驱动的**（type-driven）语句分析。由于句子的逻辑式也随之建立，所以语句结构的分析过程同时也是个语义表达的过程。设想如果没有逻辑类型和类型理论，我们就无从知道哪两个词需先组合，然后又需跟哪个词再组合，那就必须依赖词组语法规则先行生成的树形图的指导，尽管在许多教科书中，这种依赖往往并没有被明确地指出。

(32)

经泛函贴合运算得出的逻辑语义表达式与一阶谓词逻辑表达式并不相同。前者的结构是：(谓词 (宾语)) (主语)，而后者的结构是：

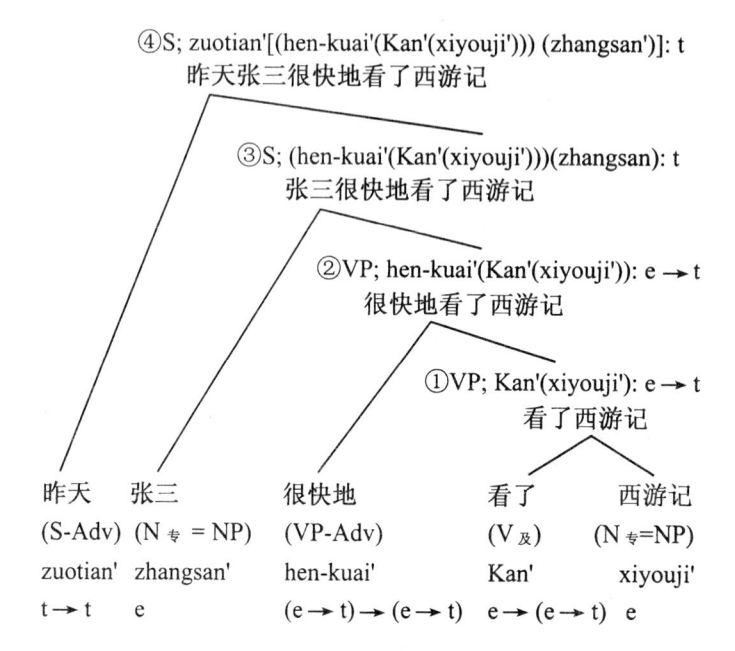

④S; zuotian'[(hen-kuai'(Kan'(xiyouji'))) (zhangsan')]: t
昨天张三很快地看了西游记

③S; (hen-kuai'(Kan'(xiyouji')))(zhangsan'): t
张三很快地看了西游记

②VP; hen-kuai'(Kan'(xiyouji')): e → t
很快地看了西游记

①VP; Kan'(xiyouji'): e → t
看了西游记

昨天	张三	很快地	看了	西游记
(S-Adv)	(N专=NP)	(VP-Adv)	(V及)	(N专=NP)
zuotian'	zhangsan'	hen-kuai'	Kan'	xiyouji'
t → t	e	(e → t) → (e → t)	e → (e → t)	e

谓词（主语，宾语）。前者的表达贯彻了组合性原则，因为它把 VP 作为一个单位，反映了句子的结构。VP 可被 VP-Adv. 进一步修饰，而主语总是等 VP 及其修饰词完全组合后才被组合进句子。如果有 S-Adv.，则有关逻辑式就会表达为（S-副词［（VP-副词（谓词（宾语）））（主语）］)，如（32）所示。

汉语的 VP-Adv. 不仅可以出现在主语的后面，还可以出现在主语的前面，这样我们似乎该得到（33）中给出的结构。

(33)

由于"很快地"无法组合到句子里，所以就无法完整地分析该句。

一种解决的办法是规定类型间的 MPP 演绎总是由复杂到简单，即类型驱动的推理总是以最复杂的类型为大前提，从大前提出发寻找可约简的小前提。如果暂时找不到适用的小前提，则退而求其次，以次一级相对最复杂的类型为大前提，再寻找小前提。如果在某个阶段有了结果，得出了新的类型，就再回归到前一个最复杂的类型，看看这次是否有了适合它的小前提。如果在某阶段有超过一个同等复杂的类型可用（不管是大前提还是小前提），则根据相邻顺序而决定取舍。这个规定实际上是严格地贯彻组合性原则和类型驱动组合法则的必然结果。我们可称它

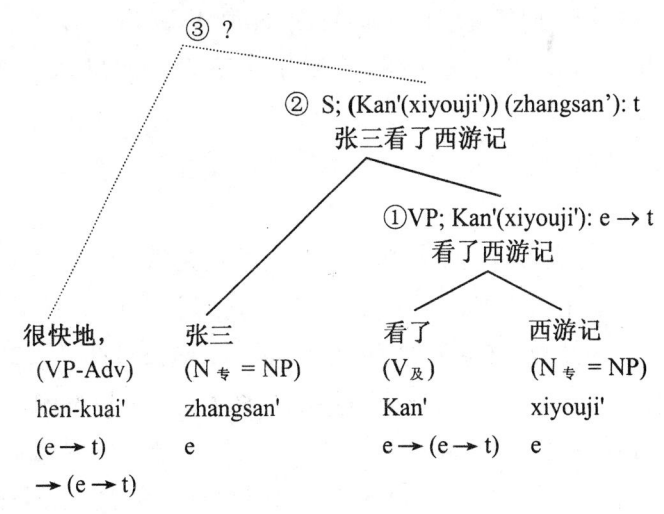

第五章 类型论初步

③ ?

② S; (Kan'(xiyouji')) (zhangsan'): t
张三看了西游记

①VP; Kan'(xiyouji'): e → t
看了西游记

很快地,	张三	看了	西游记
(VP-Adv)	(N专 = NP)	(V及)	(N专 = NP)
hen-kuai'	zhangsan'	Kan'	xiyouji'
(e → t)	e	e → (e → t)	e
→ (e → t)			

为**类型推理的等级规定**（the hierarchy of type-deduction）。① 我们在本章中已介绍的类型的复杂等级由高到低的排列为：

[(e→t)→(e→t)] > [e→(e→(e→t))/e→(e→t)/e→t] > e 其中用斜线隔开的三个类型的复杂程度相等。② 根据等级规定重新分析（33）的句子，可以得出如（34）所示的不同结果。

（34） ③S;(hen-kuai'(Kan'(xiyouji')))(zhangsan):t
张三很快地看了西游记

②VP; hen-kuai'(Kan'(xiyouji')): e → t
很快地看了西游记

①VP; Kan'(xiyouji'): e → t
看了西游记

很快地,	张三	看了	西游记
(VP-Adv)	(N专 = NP)	(V及)	(N专 = NP)
hen-kuai'	zhangsan'	Kan'	xiyouji'
(e → t)	e	e → (e → t)	e
→ (e → t)			

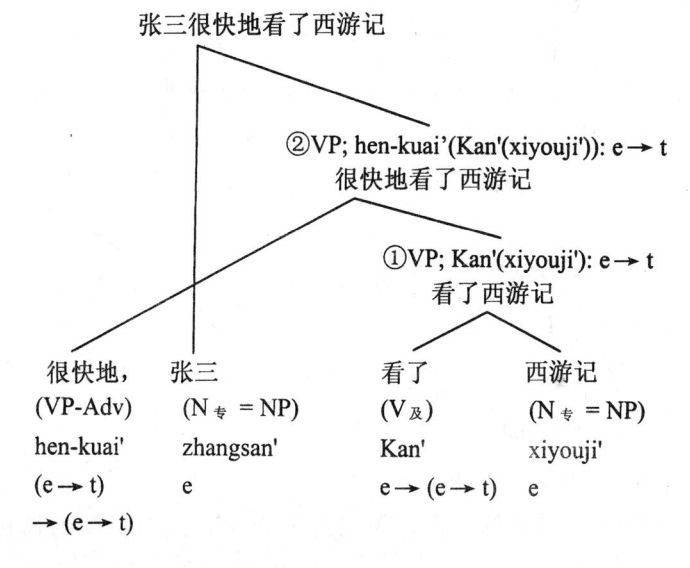

① 本名为作者自拟。
② 我们将在第八章全面讨论确定类型复杂程度的标准。

(34)的底层词汇类型中最复杂的为VP-Adv.的（e→t）→（e→t）。由于找不到e→t类的词汇作小前提，所以次一级的e→（e→t）先与相邻的e合并，得到①的结果e→t。然后我们回到最复杂的类型，以此为大前提同①的结果合并得到②，最后与e类词汇合并得到③。

这样，我们圆满地解决了非邻界副词与动词词组的结合问题，从而得到了有关句子的结构。但(34)得出的结果与(32)相同，没有反映两语句在语形语序上的差异。(34)的"很快地"本应出现在句首，现在反而在主语后面出现了。不过，副词在句中的位置确实具有相对的灵活性。VP-Adv.在汉语中往往既可以出现在句首，又可以出现在主语之后，在真值语义上并无差别。我们可以在语形上为汉语设计一条**变体规则**（variation rule）(35)。

(35) R_1. NP VP-Adv. ⇔ VP-Adv. NP.

复合句和否定句的分析与单句基本相仿，唯需注意三个问题。第一，根据组合性原则，我们应先让所有单句组合成句，然后再进行复句的组合。第二，如有不相邻的两个部分共同组成一个连接词，可以把它们赋成一个类型，如：

(36) *TP*（$Conj_{1<a>}...Conj_{<b>}$） = t→（t→t）.

第三，如果单句中含有隐现名词组，可以用**空语类**（empty category）Δ表示其语形，并赋予它e的类型。现举三例作说明：

(37) 李四没有看《红楼梦》。

(38) 语形变体规则：

R_2. 没有 S ⇒ NP 没有 VP.①

(39) 如果纽卡素对利物浦，那么森林斗热刺。②

(40) 西施不爱八戒，但 Δ 爱小花。

(41) 语形变体规则：

R_3. 不 S ⇒ NP 不 VP.

凡是不按给定词语的相邻顺序组合的句子，其树形图的树枝就会相

---

① 注意这里的箭头是单向的。
② 均为英国足球队名。

第五章 类型论初步

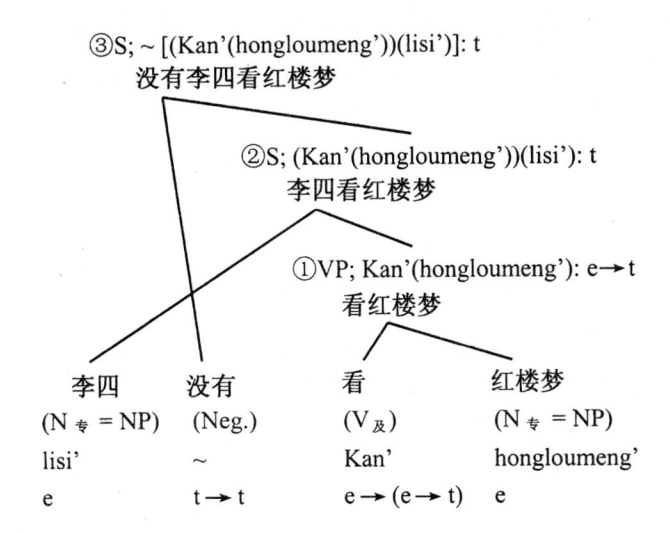

③S; ~ [(Kan'(hongloumeng'))(lisi')]: t
没有李四看红楼梦

②S; (Kan'(hongloumeng'))(lisi'): t
李四看红楼梦

①VP; Kan'(hongloumeng'): e→t
看红楼梦

李四	没有	看	红楼梦
(N专 = NP)	(Neg.)	(V及)	(N专 = NP)
lisi'	~	Kan'	hongloumeng'
e	t→t	e→(e→t)	e

⑥S; [(Dui'(liverpool'))(newcastle')] → [(Dou'(spurs'))(forest')]:t
如果纽卡素对利物浦，那么森林斗热刺

⑤S; [(Dui'(liverpool'))(newcastle')] → : t→t
如果纽卡素对利物浦那么

②S; (Dui'(liverpool'))(newcastle'): t
纽卡素对利物浦

④S; (Dou'(spurs'))(forest'):t
森林斗热刺

①VP; Dui'(liverpool'):
e→t, 对利物浦

③VP; Dou'(spurs'):
e→t; 斗热刺

如果,	纽卡素	对	利物浦,	那么	森林	斗	热刺
Cond<a>	N专	V及	N专	Cond<b>	N专	V及	N专
	newcastle'	Dui'	liverpool'		forest'	Dou'	spurs'
	e	e→(e→t)	e		e	e→(e→t)	e

▶ → ◀
t → (t → t)

交（cross），就需要制定语形变体规则。好在这些情况不涉及论元的组合，基本上不影响单句的成分组合。副词的位置本来就较自由，连词和

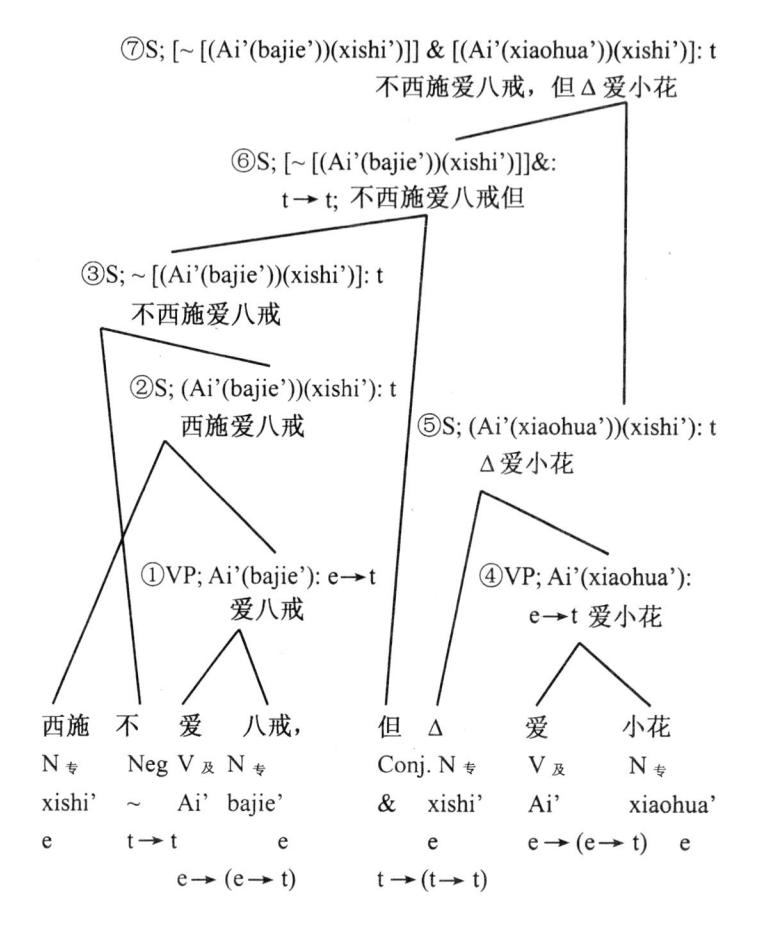

⑦S; [~ [(Ai'(bajie'))(xishi')]] & [(Ai'(xiaohua'))(xishi')]: t
　　不西施爱八戒，但△爱小花

⑥S; [~ [(Ai'(bajie'))(xishi')]]&:
　t→t; 不西施爱八戒但

③S; ~ [(Ai'(bajie'))(xishi')]: t
　不西施爱八戒

②S; (Ai'(bajie'))(xishi'): t
　西施爱八戒

⑤S; (Ai'(xiaohua'))(xishi'): t
　△爱小花

①VP; Ai'(bajie'): e→t
　爱八戒

④VP; Ai'(xiaohua'):
　e→t 爱小花

西施	不	爱	八戒，	但	△	爱	小花
N专	Neg	V及	N专	Conj.	N专	V及	N专
xishi'	~	Ai'	bajie'	&	xishi'	Ai'	xiaohua'
e	t→t		e		e		e
		e→(e→t)		t→(t→t)		e→(e→t)	

句子否定词可算作是超单句的单位，有时插入单句内部也属附加的调整过程。①

以上的讨论是围绕语句分析的议题进行的。现在让我们转入语句生成的议题。由于我们不再依赖句法规则的指引来分析或生成句子，可用的信息主要是每个词汇所属的逻辑语义类型及其相关原则即类型定义（17）、泛函贴合运算规则（30）、语形组合规则（31）和类型推理的等级规定。这样，给定一组从词库抽取的词汇，其类型可帮助确定大前提，选取小前提，靠类型驱动一步步组合成句。一组词汇可以有几种组合，视语句生成的需要而定。无关的词汇一开始就不会从词库中选取出

---

① 生成语法不允许树枝相交。在我们构造的无转换系统中允许这种结构出现，以语形变体规则规定的范围为限。

来。与析句不同的是，由于给定的词汇无一定的排列顺序，所以语形组合规则（31）在语句生成时并不适用。比方说，给定一个及物动词和两个名词，如果不做任何规定的话，就既可得出"名—动—名"语序，也可得到"动—名—名"甚至是"名—名—动"语序。我们既扬弃了句法规则，就无法对语序有所规定。

解决的办法是在复合类型中引入对顺序的规定，这是范畴语法的典型做法。① 对以→为连接词的复合类型来说，引入顺序可以导致下列类型式：

(42) $e_R \to (e_L \to t)$.

式中的 $_R$ 表示右边，$_L$ 表示左边。（42）意为：有一个复合类型，如输入一个位于其右边的 e，再输入一个位于左边的 e，可得 t。设有 e_R 和 e_L 与（42）合并，可得（43）：

(43) a. $e_R \to (e_L \to t)$, e $= e_L \to t$.

b. e, $e_L \to t$ $=$ t.

运用兰贝克表示法，② 我们可用斜线代替→，并引进**句法范畴**（syntactic category）定义如下：

(44)

a. /为**正斜线**（forward slash），意为向右边搜寻可用论元。

b. \ 为**逆斜线**（back slash），意为向左边搜寻可用论元。

c. 位于斜线下方的范畴为输入范畴，上方的范畴为输出范畴。

d. B/A 意为如在右边提供 A，则 B。

e. A \ B 意为如在左边提供 A，则 B。

f. S、N 为基本句法范畴，其逻辑语义类型分别为 t 和 e。③

g. 如 A、B 为句法范畴，则 B/A、A \ B 亦为句法范畴。

这样，(42) 可改写为 (45)，(43) 可改写为 (46)：

(45) (N\S)/N.

(46) a. (N \ S) /N, N $=$ N \ S.

b. N, N \ S $=$ S.

---

① 对范畴语法的介绍文献参见本书第十五章。
② 兰贝克（Joachim Lambek）。
③ 有关解释见下文。

根据兰贝克表示法修订语形组合规则，得到（47）：

（47）**语形组合规则**（修订式）：

语形组合需符合兰贝克表示法中的范畴合并顺序。

兰贝克的斜线式表示法规定了范畴组合后的语形顺序，但表示词汇概念的逻辑式仍应受泛函贴合运算的制约。对语形顺序的规定只是句法的内容，并非逻辑语义的内容。所以我们进一步把逻辑语义类型同句法范畴区别开来，前者的基本类型为 e 和 t，组合式用 a → b 或 <a, b> 表示，后者的基本范畴定为 N 和 S，组合式用 B/A 或 A \ B 表示。N、S 是与 e、t 相匹配的句法范畴。句法范畴源于逻辑语义类型，在句法层次上运作。这样，句法运作便有了与之匹配的逻辑语义运作，两者成了同构运算。①

总结讨论结果，我们得出了一个与 C_p 不同的语言系统，该系统包括以下几个部分：

Ⅰ．作用于语形的句法范畴、兰贝克表示法和语形组合规则；
Ⅱ．作用于词汇概念的语义类型和泛函贴合运算；
Ⅲ．作用于两者的类型推理规则、等级规定和组合性原则。

现在让我们举一例说明句子生成的过程：

（48）

a. **欲生成句子**：并非地球环绕月亮且月亮环绕太阳。

b. **词库信息**：

	语形	词类	概念	句法范畴	语义类型
（a）	并非	Neg	~	S/S	t→t
（b）	地球	N 专	diqiu′	N	e
（c）	环绕	V 及	Huanrao′	(N\S)/N	e→(e→t)
（d）	月亮	N 专	yueliang′	N	e
（e）	且	Conj.	&	S\(S/S)	t→(t→t)
（f）	太阳	N 专	taiyang′	N	e

---

① 参阅方立（1993a）的有关讨论。

c. 生成过程：

A.　　　　　　环绕(V及): (N\S)/N　　月亮(N专): N
　　　　　　　Huanrao': e → (e → t)　yueliang': e

　　地球(N专): N　　环绕月亮(VP): N\S
　　diqiu': e　　　Huanrao'(yueliang'): (e → t)

　　地球环绕月亮(S): S
　　(Huanrao'(yueliang'))(diqiu'): t

B.　　　　　　环绕(V及): (N\S)/N　　太阳(N专): N
　　　　　　　Huanrao': e → (e → t)　taiyang': e

　　月亮(N专): N　　环绕太阳(VP): N\S
　　yueliang': e　　Huanrao'(taiyang'): (e → t)

　　月亮环绕太阳(S): S
　　(Huanrao'(taiyang'))(yueliang'): t

C.　地球环绕月亮(S): S　　　　　且(Conj.): S\(S/S)
　　(Huanrao'(yueliang'))(diqiu'): t　　&: t → (t → t)

地球环绕月亮且(S): S/S
[(Huanrao'(yueliang'))(diqiu')] &: t → t

　　　　　　　月亮环绕太阳(S): S
　　　　　　　(Huanrao'(taiyang'))(yueliang'): t

　　地球环绕月亮且月亮环绕太阳(S): S

```
                    [(Huanrao'(yueliang'))(diqiu')] & [(Huanrao'(taiyang'))(yueliang')]: t

并非(Neg): S/S
~ : t → t

                    并非地球环绕月亮且月亮环绕太阳(S): S
                    ~[[(Huanrao'(yueliang'))(diqiu')]&[(Huanrao'(taiyang'))(yueliang')]]: t
```

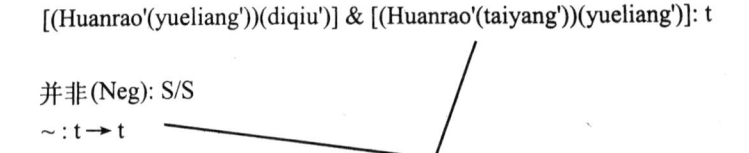

思考与练习二

1. 汉语的 S-Adv. 既可出现在句中，又可出现在主语后，写出有关的语形变体规则。

2. 用本节介绍的方法分析下列句子：
　　（ⅰ）张三幸好昨天看了《明报》。
　　（ⅱ）可惜西施不喜欢八戒。
　　（ⅲ）要么马可波罗到了中国，要么他没有到过中国。

3. 试写出以下句子的生成过程：
　　（ⅰ）张松偷偷给刘备一张地图。①
　　（ⅱ）假如关羽不死，孙权就得不到荆州。

第四节　特征函项

在详细讨论类型的语义性质及其语义解释前，我们先介绍一下**特征函项**（characteristic function）。在讨论 C_p 语句逻辑式的真值条件时，我们把谓词的指谓规定为个体的集合，把专名的指谓规定为个体。对任意一个逻辑式 $Pred_{[n]}$（e_1，e_2，$e_3\cdots e_n$）来说，如果 $<e_1,\cdots e_n>\in Pred_{[n]}$，则该式为真，否则为假。换一个角度来看，我们可以把谓词的指谓看作是一种函项，$f_\Sigma(a)=\{0,1\}$。其中 a 是模型的论域 A 中的成员，Σ 是某些特定个体的集合，{0, 1} 是值域，是真值的集合。A 中的成员有的是 Σ 的成员，有的不是，即 Σ 是 A 的子集。f_Σ 的作用是对 A 中的个体作筛选。凡属于 Σ 的个体做主目 a，f_Σ 就把它映射到 1，也就是肯定 a∈Σ。凡属 A 但

---

① 可暂且把"一张地图"的指谓对象看作是个体。

不属 Σ 的个体（也就是凡 Σ 的补集中的个体）做主目 a，f_Σ 就把它映射到 0，也就是否定 a∈Σ，即肯定 a∉Σ。我们把映射到值域 {0，1} 的函项称作特征函项，把相对于 Σ 的特征函项称作 Σ 的特征函项。每个个体的集合 Σ 都与一个特征函项 f_Σ 相对应，具体定义如下：

（49）对所有 a∈A 而言，如 a∈Σ，则 $f_\Sigma(a)=1$，否则为 0。

我们还可用图示法表示特征函项：

(50)　　　　De　　⟶　　Dt

　　　　　　　　（D 表示指谓）

(51)　　　Σ　　⟶　1
　　　　　Σ⁻　⟶　0
　　　　　　f_Σ
　　　A　　　　　　{0, 1}

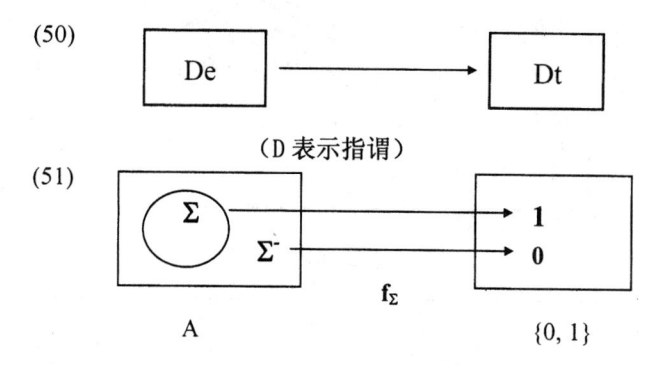

现在我们把特定的谓词代入 Σ，就得到了这个谓词的特征函项。举例来说，设有模型 M_1 如（52），则可以得出谓词"睡觉"、"上学"、"唱戏"的特征函项（53）、（54）、（55）。

(52)　　　　M_1

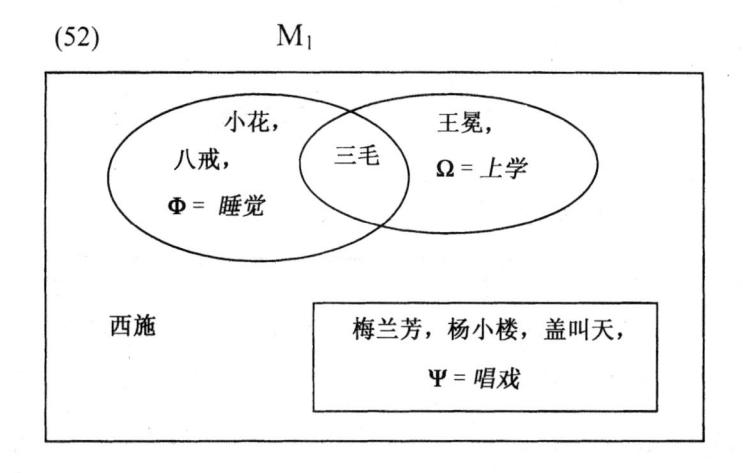

小花，八戒，三毛　Φ = 睡觉
王冕，三毛　Ω = 上学
西施
梅兰芳，杨小楼，盖叫天，Ψ = 唱戏

(53) Ω = 〚Shangxue'〛^{M_1}

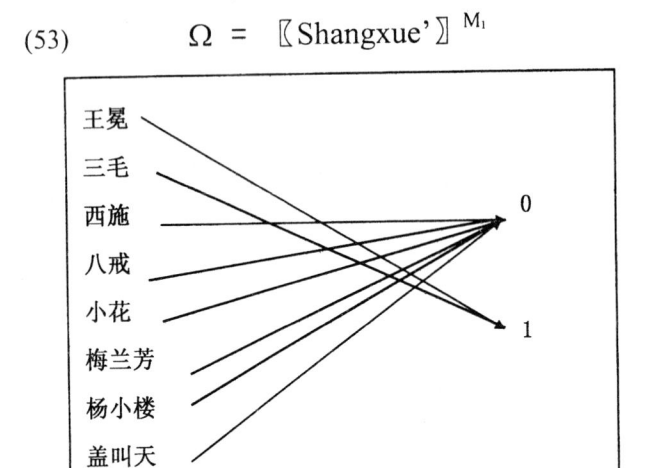

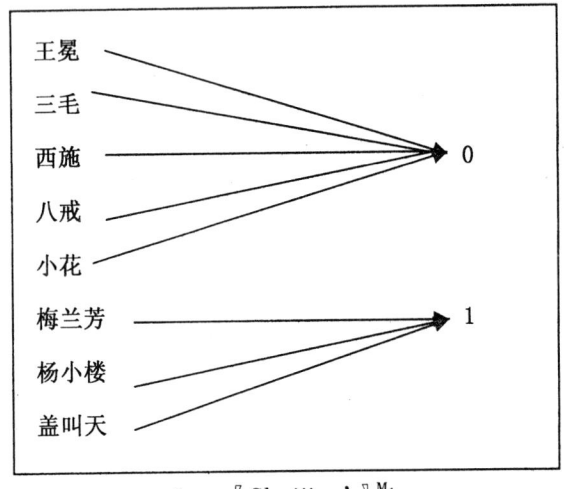

```
王冕 ──┐
三毛 ──┤
西施 ──┼──→ 0
八戒 ──┤
小花 ──┤    → 1
梅兰芳─┤
杨小楼─┤
盖叫天─┘
```

(54) Ψ = 〚Changxi'〛^{M_1}

```
王冕 ──┐
三毛 ──┤
西施 ──┼──→ 0
八戒 ──┤
小花 ──┘
梅兰芳────→ 1
杨小楼─┐
盖叫天─┘
```

(55) Φ = 〚Shuijiao'〛^{M_1}

以上列举的是一元谓词的特征函项。二元和三元谓词的特征函项可以是有序偶或有序三元集到 {0,1} 的函项，即：①

(56) Pred$_2$ = [A]────→[B]
                 <e$_1$,e$_2$>   {0,1}

---

① 根据第三章的分析，我们规定（57）中的 e$_2$ 为直接宾语，e$_3$ 为间接宾语。

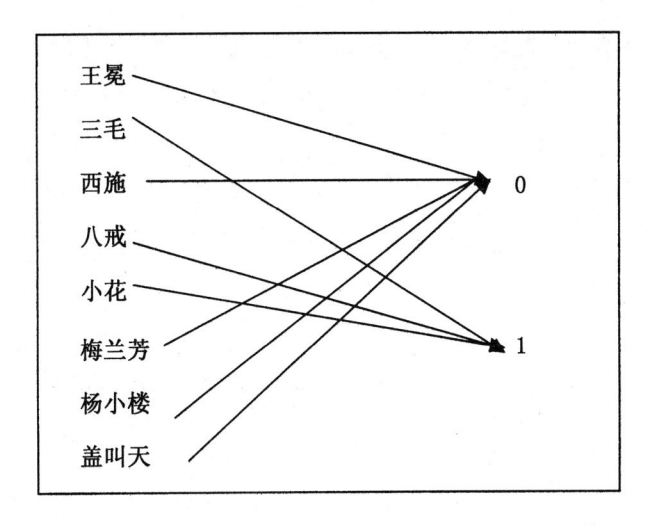

第五章 类型论初步

```
王冕
三毛
西施         ────▶ 0
八戒
小花
梅兰芳        ────▶ 1
杨小楼
盖叫天
```

(57) Pred₃   =   [A] ────▶ [B]
                 $<e_1,e_2,e_3>$ $\{0,1\}$

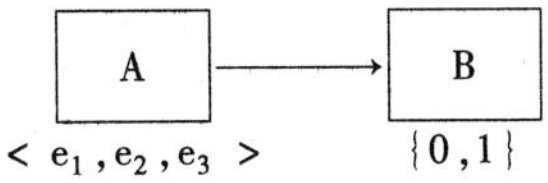

然而，从前面的讨论中，我们已经意识到，鉴于组合原则，谓词与论元的组合不是一次完成的，而是分阶段进行的。其顺序可表现为((谓词+[间接宾语])+直接宾语)+主语。①

根据这个精神，我们把（56）和（57）改写为（58）和（59）：

(58) Pred₂   =

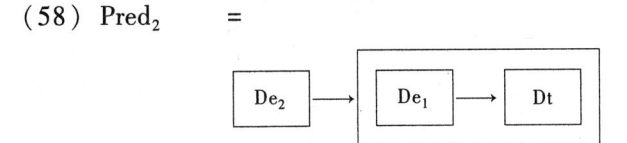

[De₂] ────▶ [[De₁] ────▶ [Dt]]

(59) Pred₃   =

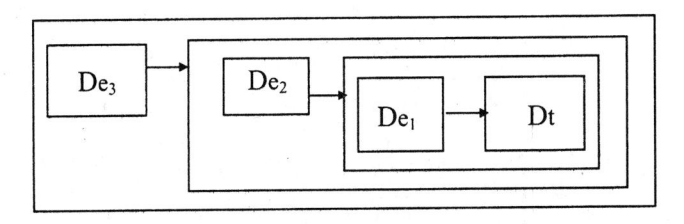

[De₃] ────▶ [[De₂] ────▶ [[De₁] ────▶ [Dt]]]

（58）表示一个一元函项，该函项的值又是一个（一元）特征函

---

① [ ]内的项可有可无，即在二元谓词句中不存在间接宾语。在双宾语结构中，我们规定谓词需先与间接宾语结合，原因见道蒂（Dowty, 1982）的论证。

项。(59) 也是一元函项,它的值乃是 (58) 所表示的函项。举例来说,设有 (60) 和 (61) 所示的模型 M_2、M_3,① 则分别有下面 (62) 和 (63) 中给出的函项。

这种把 n-元函项 (即该函项的主目可以是 n 个个体组成的有序集,如 (56) 和 (57)) 化解成一元函项的方法称作**勋芬克尔化** (Schönfinkelization)。②

(60)

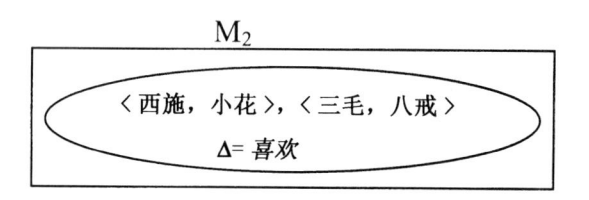

M_2

⟨西施,小花⟩,⟨三毛,八戒⟩
Δ= 喜欢

(61)

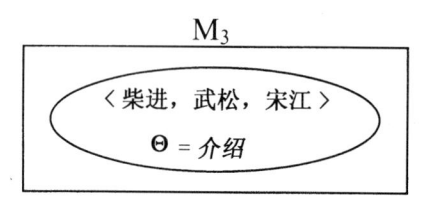

M_3

⟨柴进,武松,宋江⟩
Θ = 介绍

(62)　　　　Δ = 〚Xihuan'〛^{M_2}

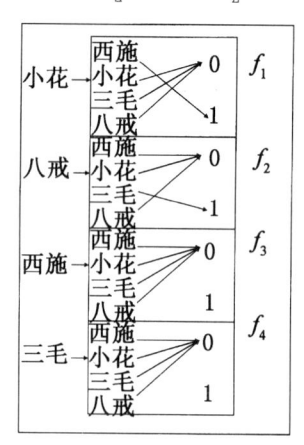

小花→ 西施 ↘ 0　f_1
　　　小花 ↗
　　　三毛 　 1
　　　八戒

八戒→ 西施 ↘ 0　f_2
　　　小花 ↗
　　　三毛 　 1
　　　八戒

西施→ 西施 ↘ 0　f_3
　　　小花 ↗
　　　三毛 　 1
　　　八戒

三毛→ 西施 ↘ 0　f_4
　　　小花 ↗
　　　三毛 　 1
　　　八戒

---

① 假设这两个模型中除了所列的个体外无其他个体。
② 以逻辑学家勋芬克尔 (Moses Schønfinkel) 命名。有时又叫做**柯里化** (Currying),原因是逻辑学家柯里 (H. B. Curry) 在几乎同时单独得出了与勋芬克尔相同的结论。

（63） $\Theta = [\![\text{Jieshao'}]\!]^{M_3}$

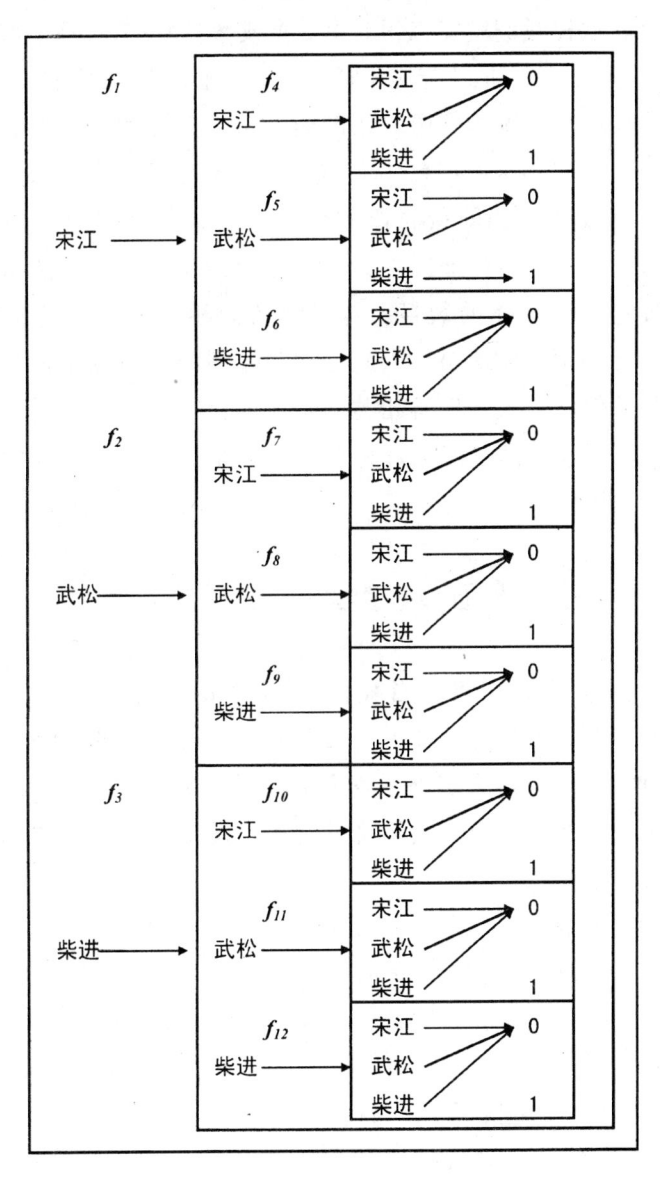

（62）和（63）何至于如此烦琐？这是因为在图解有关函项的时候，需要考虑到各种可能的映射，需要穷尽模型中所有个体的排列组合。给定两个集合 A、B，其排列组合的可能可以通过笛卡尔积 A×B 得出。① 给定三个

---

① 参见第二章中有关的定义。

集合，则有 A×B×C 的笛卡尔积。作为特例，A、B 或 A、B、C 可以是同一个集合。这样我们就可以得到 A×A 或 A×A×A。每个谓词的指谓只涉及同一个集合，所以与之相关的笛卡尔积属集合的自乘。因为（60）的 A 有四个个体，可居二元谓词的主、宾语的任一位置，所以可能的组列为 A×A＝4×4＝16。而（61）的 A 有三个个体，可居三元谓词的主语、直接宾语和间接宾语的任一位置，那么可能的组列为 A×A×A＝3×3×3＝27。推而广之，与二元谓词相关的个体的笛卡尔积为 A^2，A 代表论域中个体的数目。与三元谓词相关的个体的笛卡尔积为 A^3。如是一元谓词，则为 A。由此可知，模型中论域的个体越多，有关的笛卡尔积的值就越大，图解相关的函项也就越烦琐。

既然谓词可以由函项定义，其他复合类型也可仿效。我们在下一节进一步讨论这个问题。

第五节　类型的语义性质

现在我们应该意识到，当我们在第二节讨论类型时，赋类函项（21）和（22）并不是完全基于语义上的考虑而得到的。除了对基本类型的赋类由其指谓内容决定外，复合类的赋类完全是从 e 和 t 的句法特性推演出来的。在本节里，我们将讨论复合类型的语义性质，从而充实赋类的语义基础。

根据前几节的讨论结果，我们可以从函项的角度来考虑复合类型的语义性质。把对谓词的函项描写抽象化，我们得到了类型的指谓定义：

(64)

 a. D_e 为 A（D 表指谓；A 为模型的论域）。

 b. D_t 为 {0，1}（t 表真值）。

 c. D_α 为 α 类型表达式的可能的指谓对象的集合。

 d. 如果 a 与 b 为类型，则 D<a, b> 为从 D_a 到 D_b 的函项，记作 $D_b^{D_a}$。

(64d) 可图示为 (65)：

(65) $D_{<a,b>}$

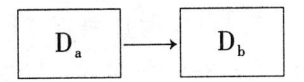

第五章 类型论初步　　　113

$$D_a \longrightarrow D_b$$

现在我们讨论一些有代表性的复合类型的语义性质。动词的类型分别为 e→t[VP/V不]、e→(e→t)[V及]、e→(e→(e→t))[V双]和 t→(e→(e→t))，根据（64）可将它们记作函项 $\{0,1\}^A$、$(\{0,1\}^A)^A$、$((\{0,1\}^A)^A)^A$ 和 $((\{0,1\}^A)^A)^{\{0,1\}}$。动词词组及 V不 的语义性质有三：

第一，它是从 D_e 到 D_t 的特征函项，其结果为真值 t。这与对应的句法赋类 N\S 相称。

第二，虽然在形式上不再表现为集合，而是以特征函项出现，VP 或者 V不 依然是 e 的集合。D_t^{De} 对 A 中的 e 作筛选，入选的 e 组成 A 的一个子集，也就是相关 VP 或者 V不 的指谓。

第三，从特征函项的角度看，VP 或者 V不 所指谓的是一种性质（property），它规定了该集合 A 的特定子集中所有的个体之所以成为该集合成员的原因——是因为它们都具某种性质。这种性质使一个动词指谓的集合不同于其他动词的集合。比如，"三毛睡觉"中的 sanmao′ 就有 Shuijiao′ 的性质，所以前者才是后者外延（集合）的一个成员。

同理，我们可以得出各种动词的语义性质。它们各自的函项的复杂程度不同，有的只是一层的映射，即 VP 或 V不，其余的却有多层内嵌映射。与之相联系的是它们指谓的个体集合中成员的组列方式也有差异，有的是单个个体，有的是有序偶，有的是有序三元组。它们也都指谓性质，这点我们在第七章介绍 λ-演算时还会继续讨论。动词函项的主目都是基本类型，绝大多数是 e，只有一例为 t，即 t→(e→(e→t))。① 形容词谓词 P-Adj. 的语义性质应与 VP 或 V不 完全一致。

修饰 VP 的状语副词 VP-adv. 的类型为 (e→t)→(e→t)。根据（64），我们可以把它表示为（66）：

(66)　　　D <e, t>　　　　　　　　　D <e, t>

$$\boxed{A \longrightarrow \{0,1\}} \longrightarrow \boxed{A \longrightarrow \{0,1\}}$$

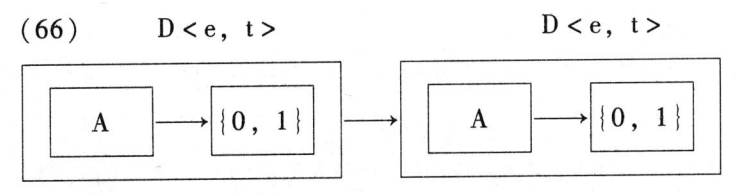

① 我们可把 t→(e→(e→t)) 看作是一种从 {0,1} 映射到 e→(e→t) 的复合函项。

前面谈过，我们可把 VP-Adv. 看作是对 VP 集合的约束，得到的是 VP 集合的一个子集。也可以把它看作是对 VP 性质的进一步限定，得到的是界定更明确的性质。需要注意的是，应用到某个 VP 的 VP-Adv. 只是该副词的函项的一部分，并非全部，因为其论域不只是包括一个 VP 的特征函项，还可以包括其他 VP，如"很快地"可以修饰"看书"、"吃饭"、"说话"、"跑"，等等。

现在我们讨论类名词的类型。类名词 CN 指谓的是一个种属的个体的集合，如"人"、"苹果"、"学生"、"猫"等。模型中的个体或属于某个类，或不属于某个类，所以任何类名词 CN_i 都把论域 D 分成 CN_i 和 CN_i^- 两个子集，CN_i^- 为 CN_i 的补集，即 $D-CN_i = CN_i^-$。据此，我们可用 e→t 作为它的类型。类名词指谓的也是一种性质，就算它的集合为空集，其性质仍然存在，如"龙"、"麒麟"、"凤凰"等。①

定语形容词 CN-Adj. 修饰 CN，得到 CN 的一个子集，其原理跟 VP-Adv. 一样，故此也记作（66）。应用于某个 CN 的 CN-Adj. 也是该形容词函项的一部分，因为它还可以修饰其他的 CN。

从以上的讨论中我们可以认识到，以类型论为基础的理论框架既可以分析、生成语句，又可以表达语句的逻辑语义。同时，类型论还在语义表达的过程中确立了语义解释的步骤。特征函项本身就是一个判定过程，得到的是真值。用嵌有特征函项的复杂函项可以表达并解释任何复杂类型及相应的逻辑式。

据坎恩（Cann, 1993），类型论的语义解释可用以下规则概括：
(67) 设有模型 M = <A, F>，其中 A 为论域，F 为指谓赋值函项。F 指派的是函项。②

  a. 对于任何常量 a，$[\![a]\!]^M = F(a)$

  b. 设有算子 f 和主目 a，如 f 的类型为 <a, b> 且 a 的类型为 a，则 $[\![f(a)]\!]^M = [\![f]\!]^M ([\![a]\!]^M)$.

用通俗的语言来解释（67），(67a) 是说，逻辑式中的常量 a③ 的指谓

---

① 这种集合在真实世界里为空集，但是在可能世界可以不为空集。有关可能世界的讨论参见第十一章。

② 而不是集合。

③ 即单个词语/原子词语，不是经组合而成的词语，也不是变量，参见下一章的讨论。

第五章 类型论初步

由 F 指派。(67b) 是说根据类型论及泛函贴合运算组合的逻辑式，每个组合过程都是一个从大前提的类型中消除小前提类型的肯定前件 (MPP) 推导过程，也就是一个函项加上主目的运算过程，可记作 $f(a)$。其语义解释就是 f 的值对 a 的值的运算结果。(67b) 为递归规则，故可处理任何复杂式的解释。

现举二例以说明 (67) 的应用。

例一：

根据模型 (52) 解释 (68) 句：

(68) 三毛上学。

解释过程如下 (每行末的 [ ] 内列的是所依照的规则或函项)：

(69) a. $[\![\text{Shangxue}'(\text{sanmao}')]\!]^{M_1} \Rightarrow$
   $[\![\text{Shangxue}']\!]^{M_1} ([\![\text{sanmao}']\!]^{M_1})$ 　　[(67b)]

b. $[\![\text{Shangxue}']\!]^{M_1} \Rightarrow$
   $F_1(\text{Shangxue}') = (53)$ 所示之函项 f_Ω. 　[(67a)]

c. $[\![\text{sanmao}']\!]^{M_1} \Rightarrow$
   $F_1(\text{sanmao}') = $ 三毛. 　[(67a)]

d. $f_\Omega($三毛$) = 1$ 　　[(53)]

e. ∴ $[\![\text{Shangxue}'(\text{sanmao}')]\!]^{M_1} = 1$

例二：

根据模型 (61) 解释句 (70)：

(70) 武松介绍柴进给宋江。

解释过程：

(71)

a. $[\![((\text{Jieshao}'(\text{songjiang}'))(\text{chaijin}'))(\text{wusong}')]\!]^{M_3}$
   $\Rightarrow$ $[\![(\text{Jieshao}'(\text{songjiang}'))(\text{chaijin}')]\!]^{M_3} ([\![\text{wusong}']\!]^{M_3})$
   $\Rightarrow$ $([\![\text{Jieshao}'(\text{songjiang}')]\!]^{M_3} ([\![\text{chaijin}']\!]^{M_3}))$
   $([\![\text{wusong}']\!]^{M_3})$
   $\Rightarrow$ $(([\![\text{Jieshao}']\!]^{M_3} ([\![\text{songjiang}']\!]^{M_3}))([\![\text{chaijin}']\!]^{M_3}))$
   $([\![\text{wusong}']\!]^{M_3})$. 　[(67b)]

b. $[\![\text{Jieshao}']\!]^{M_3} \Rightarrow$
   $F_3(\text{Jieshao}') = (63)$ 所示之函项 f_Θ. 　[(67a)]

c. ⟦songjiang'⟧^{M_3} ⇒ F_3(songjiang') = **宋江**. [(67a)]
d. ⟦Jieshao'⟧^{M_3}(⟦songjiang'⟧^{M_3}) =
   f_Θ(**宋江**) = f_1. [(63)]
e. ⟦chaijin'⟧^{M_3} ⇒ F_3(chaijin') = **柴进**. [(67a)]
f. (⟦Jieshao'⟧^{M_3}(⟦songjiang'⟧^{M_3}))(⟦chaijin'⟧^{M_3})
   = f_1(**柴进**) = f_6. [(63)]
g. ⟦wusong'⟧^{M_3} ⇒ F_3(wusong') = **武松**. [(67a)]
h. ((⟦Jieshao'⟧^{M_3}(⟦songjiang'⟧^{M_3}))(⟦chaijin'⟧^{M_3}))
   (⟦wusong'⟧^{M_3}) = f_6(**武松**) = 0. [(63)]
i. ∴ ⟦(((Jieshao'(songjiang'))(chaijin'))(wusong'))⟧^{M_3} = 0.

思考与练习三

1. 试讨论 S-Adv 和否定词类型的语义性质。
2. 解释以下句子：
   (i) 小花唱戏。[据模型 (52)]
   (ii) 三毛喜欢小花。[据模型 (60)]
   (iii) 宋江介绍柴进给武松。[据模型 (61)]

第六节 C_t 系统

根据上述理论框架，我们可以建立一个新的部分汉语语句系统 C_t。[①] 与 C_p 相比，C_t 的内容十分简洁，它包括我们在本章中介绍的类型论及相关的语形、语义的组合与解释规则，这些其实都是适用于任何语言的普遍逻辑语义理论的组成部分。此外，C_t 还包括对汉语具体词语的赋类及一些特殊的语形变体规则。C_t 描写的范围也不算大，较之 C_p，C_t 增加了对定语和状语的处理，但未涉及 "把" 和 "被" 字结构。我们在第七章里会提出相应的处理方法。

思考与练习四

根据本章二至五节的内容，重新讨论组合性原则及句法语义同构原

[①] t 代表类型。

则的要旨并讨论 C_t 系统相对于 C_p 系统在理论建构上的优越性。

阅 读 文 选

要全面了解词组结构语法的不足和转换的必要性，可参阅乔姆斯基（Chomsky，1957）和徐烈炯（1988）。关于生成语法和逻辑语法特别是范畴语法的优劣之争，见伍德（Wood，1993：第一章第一节）。出于教学上的简便，有些教科书仍以词组结构语法分析句子结构，如基尔基亚与麦考耐尔-基内（Chierchia & McConnell-Ginet，2000）和坎普与雷勒（Kamp & Reyle，1993）。这些书的作者都申明真正的研究工作需要借助不同的描写系统。有关同构原则的讨论可参见帕蒂等（Partee et al.，1990：第十三章），伍德（Wood，1993：第一章第一节）。

关于类型论的基本内容可参见坎恩（Cann，1993：第四章）、道蒂等（Dowty et al.，1981：第四章）和帕蒂等（Partee et al.，1990：第十三章）。也可参考奥尔伍德等（Allwood et al.，1977：第八章第五节）和巴赫（Bach，1989：第五讲）。全面的论述见特纳（Turner，1997）。

关于函项和特征函项在蒙太格语法中的应用，参见方立（1993）。

第六章 量词、辖域与逻辑依存

本章先讨论一阶逻辑量化结构的逻辑表达和解释并详释第二章已经介绍过的**变量、量词**和**辖域**等概念,由此引入**逻辑依存**(logical dependency)、**斯科林化**(Skolemization)、**分枝量词**(branching quantifiers)等概念。最后讨论自然语言中**多重量化式**(multiply quantified structure)的**相对辖域**(relative scope)的表达问题。

第一节 变量、约束词与量化结构

在第二章的谓词逻辑部分,我们简单介绍了变量、量词、辖域等概念。但在讨论自然语言单句的语义表达时,我们一直把范围局限在**常量**(constant)上。比如我们只讨论专有名词,未对其他形式的名词组作分析。这样做自有省力之处,因为只带常量的逻辑式在句法和语义的分析上相对简单一点。现在我们已有了一些基础,可以引进变量、探讨量化结构了。我们在第二章的基础上,逐阶详尽地介绍量化的基本原理和关键定义。

个体常量(individual constant)[①] 作为逻辑式的论元,以专名指谓模型论域的个体,但许多时候,逻辑语言和自然语言还通过更为概括、较为抽象的形式来指谓个体。因此,除了例(1),还有例(2)和(3)的用法:

(1) 三毛买了《西游记》。
(2) 三毛买了一本书。
(3) 三毛买了每一本书。

让我们参照模型(4)考察(1)—(3)句中的宾语论元。(1)的

---

① 简称常量。

论元是专名，指谓特定的个体，“西游记”，指谓个体♣。（2）的论元不是专名，它以一个无定名词组的形式，指谓集合｛书｝中的某一个个体，到底是哪一个，没有给出。所以“一本书”指谓的是“♣或♦或♥或♠或★”，即（5）：

（4）M^1

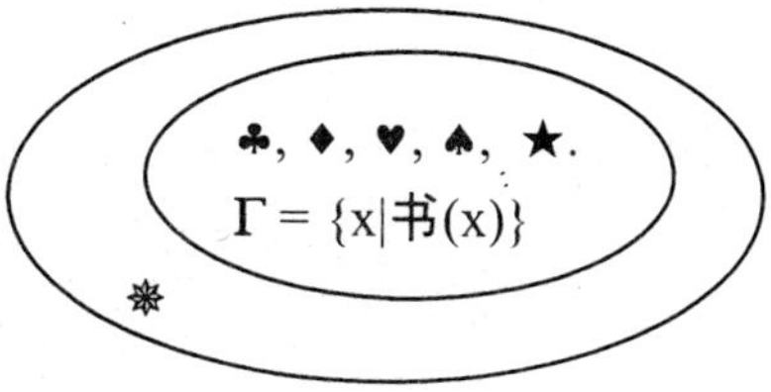

$[\![$西游记$]\!]^{M1}$ = ♣

$[\![$三毛$]\!]^{M1}$ = ❋

（5）♣ ∨ ♦ ∨ ♥ ∨ ♠ ∨ ★.

（3）的论元的指谓是集合｛x | 书(x)｝中所有的个体，“每一本书”指谓的是“♣和♦和♥和♠和★”，即（6）：

（6）♣&♦&♥&♠&★.

如果模型中的个体数量太多或是无穷的，不胜枚举，那么（5）和（6）只能以省略号结尾，不能穷举论域中的个体。再说，说话者使用句（2）和（3）时，并不需要知道论域中个体的确切数量及其专名。这和我们在第二章讨论集合论时的情况相似。定义“集合”的一种方法是谓词定义法，即用一个或几个谓词来定义一个集合，例如（7）：

（7）｛x | x 是偶数｝. 读作“所有作为偶数的 x 之集合”。

如果用 E 代表谓词“是偶数”，则有：

（8）｛x | E(x)｝.

这里的 x 是一个不定的项，它可代表偶数集合内的任何一个个体，所以 x 的值可由具体的个体代入，随不同个体的代入而相应变化，只要这些个体都是偶数。我们因此把 x 称为**“个体变量”**（individual variable）。① 出现在论元位置的变量和常量统称为**“项”**（term）。光有变量当论元还不足以构成合格的逻辑式，如（9）就不是个完整的表达式，因为我们必须明确变量在集合中所覆盖的个体的范围：是一个个体还是所有的个体。这点在（9）中没有界定。

① 简称**“变量”**，在其他文献中有时又称做**“变项”**或**“变元”**。因为一阶逻辑中无谓词变量，所以变量只指论元。

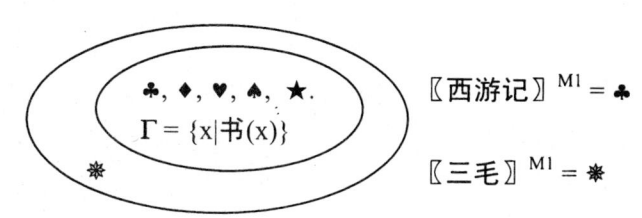

(9) E(x).

所以需要对变量进行量化,目的是明确变量与论域中有关集合的个体间的数量关系。在一阶逻辑中有两个逻辑量词:**全称量词**(universal quantifier)∀和**存在量词**(existential quantifier)∃,它们约束变量,起量化的作用。对(9)可以作两种量化,分别得到(10)和(11):

(10) ∀xE(x).
　　(索引:E(x)="x 是偶数")
(11) ∃xE(x).
　　(索引同上)

式子下面增加索引是为了便于理解经缩略的谓词的意义。(10)意为"对每一个 x 来说,x 为偶数";(11)意为"至少有一个 x,使得 x 为偶数"。至于为何要加"至少"这个词,我们在下面会解释。量词加上后面的那一个变量,如∀x、∃x,称作**量词前束式**(quantifier prefix),前束式里的变量不是项,因为它不是论元。我们把它称作**指导变量**或**作用变量**。在一阶谓词逻辑里,量词前束式约束作为论元的变量。如果一个逻辑式只有谓词和论元,而且其中至少有一个论元是变量,那么这个表达式就被称作是**开语句**(open sentence)或**命题函项**(propositional function),它不是完整的逻辑式。只有加上了量词前束式,使变量得到约束,该式才能单独成立,成为量化的逻辑式。重要的结论是:变量必须被约束。但是逻辑中的另一个常规是:量词前束式不必非得约束变量不可,就是说,可允许它做**空约束**(vacuous binding),如(12):

(12) ∀x∃yE(y).

其中∀x 不约束任何变量,但它是"无害"的羡余,所以整个表达式仍然成立。在句法研究中,往往订出更严格的规定,不允许空约束现象存在。

如果把(2)、(3)译成(13)、(14),尚有欠缺,因为它们没有表达"书"的意思,表达的只是"三毛买了一件/所有的东西"。

(13) ∃x Mai′(sanmao′,x).①

---

① 在此我们讨论的侧重点是一阶逻辑式,所以仍把逻辑式表达为 P(m,n),而不是"组合"形式(P(n))(m)。

(14) ∀x Mai′(sanmao′,x).

解决的办法是引进其他谓词以缩小外延：

(15) ∃x(Shu′(x)& Mai′(sanmao′,x)).

（存在着至少一个 x，使得 x 为书且三毛买 x。）

(16) ∀x(Shu′(x)→Mai′(sanmao′,x)).

（对每一个 x 来说，如果 x 是书，那么三毛买 x。）

连接存在量化式谓词的是合取连词，连接全称量化式的是条件连词。这样做的依据是它们各自所表达的语义。(15) 给定了一个 x，即 x 的存在已经确立，并规定 x 的性质有二：x 是书并且三毛买 x。假如用 (17) 来翻译句 (2)，则不是我们想要表达的意思。

(17) ∃x(Shu′(x)→Mai′(sanmao′,x)).

(17) 中 x 可以是书，也可能不是。如果 x 是书，三毛买 x，该式为真。如果 x 不是书，按→的定义，三毛不管买不买 x，该式都为真。就是说，可能不存在作为一本书的 x。但是当我们用存在量词的时候，我们应已能假定具某种性质的个体的存在。① 如果用 &，则两个合取项皆须为真，否则该式为假，所以 x 的存在得到了肯定。

相反的情况适用于 (16)。其中的 x 可以是论域中的任何个体，如果 x 属{x|书(x)}这个子集，则三毛买 x。如果三毛不买，则该式为假。如 x 不是书，则三毛买不买 x，该式皆为真。假如舍→而选用 &，则有 (18)：

(18) ∀x(Shu′(x)&Mai′(sanmao′,x)).

(18) 告诉我们，论域中所有的个体都是书且三毛把它们全部买下了。这也不是我们所要表示的意思。论域中的个体不全是书，还有别的事物，所以全称量化式不能用 &。

一个量化式可以含有一个以上的量词，于是我们便有了多重量化式：

(19) a. 每个学生买了一本书。

b. ∀x(Xuesheng′(x)→∃y(Shu′(y)&Mai′(x,y))).

(20) a. 有的狗不喜欢任何猫。

---

① 除非是在内涵语境里，参见本书第十二章。

b. $\exists x(\text{Gou}'(x) \& \forall y(\text{Mao}'(y) \rightarrow \sim \text{Xihuan}'(x,y)))$.

以上两式中左边的量词种类与其右边括号里的主要连接词（即连接最外层的两个逻辑式的连词）相匹配。仍然是∀配→、∃配&。每个量词前束式约束各自的变量，不可混淆。所以要用不同的字母表示不同量词约束的变量。一个变量可以在逻辑式中多处出现，但只由一个量词约束。也就是说，不允许两个量词约束一个逻辑式中的同一（可能是多处出现的）变量。

现在我们把量词和一阶逻辑的其他算子联系起来。在谓词逻辑中，否定词~、连接词&、∨、→、和逻辑量词∀、∃都属**逻辑算子**（logical operators）。其中~、∀、∃是**一元算子**（unary operators），连接词是**二元算子**（binary operators）。逻辑算子都有其**辖域**（scope），一元算子为**前置算子**（prefix operators），其辖域为右边最短的逻辑式或由括号括起的逻辑式。二元算子通常被表达为**中置算子**（infix operators），① 其辖域可定为核算子左右括号中的逻辑式，在无相应括号时定为整个逻辑式。在例（21）到（23）中，画线部分为相关算子的辖域：

（21）~<u>P(m)</u>.（~的辖域）

（22）<u>(P(m)&Q(n))</u>→(Q(n)∨R(S)).（&的辖域）

（23）∀x(S(X)→∃y<u>(P(y)&~R(x,y))</u>).（∃y、&的辖域）

对嵌有多个前置算子的逻辑式来说，越靠左边的算子辖域就越大。如例（23）中的∀x的辖域就比∃y的辖域大，而后者的辖域又大于式中~的辖域。这样，在一阶谓词逻辑中，量词的线性位置决定了量词间的相对辖域。例外的情况是，如果两个毗邻量词相同，则两者辖域可互换。我们把较大的相对辖域称为**宽域**（wide scope），把较小的称为**窄域**（narrow scope）。

前置算子∀、∃和~会相互作用。我们在第二章里已经列出了有关的量词定律，在下面的讨论中有时会用到。

---

① 也可以把二元算子表达为前置算子，如把（22）表达为→(&(P(m),Q(n)),∨(Q(n),R(S)))。波兰学派就采用这种表达法，当然他们用的连接词符号也与本书介绍的不同。马神武（McCawley, 1993/1981）也把二元算子表示成前置算子。

思考与练习一

将下列句子译成逻辑式并讨论全称量词和存在量词在汉语中的表现方法:[1]

（ⅰ）条条大路通罗马。

（ⅱ）人皆有一死。

（ⅲ）一个萝卜顶一个坑。

（ⅳ）一片冰心在玉壶。

（ⅴ）张三什么酒都不喝。

第二节　量化结构的语义解释

本节讨论量化逻辑式的语义解释。我们在此仍采用逻辑教科书中常规的做法，把谓词的值表示为个体的集合，而不表示成特征函项。在第八章讨论自然语言量化结构的类型时，我们再把本节介绍的方法转换成特征函项表示法。

量化逻辑式的语义解释涉及对变量和量词的解释，这与我们前面讨论的不涉及量化的谓词逻辑式的解释有所不同。逻辑式的解释是通过模型 M 进行的，而 M 可进一步分为论域 D 和赋值函项 F。其中的 F 对逻辑式的个体常量和谓词赋值，指派给它们 D 中的个体或个体的集合。就模型 M 而言，由 F 赋予的值是恒定不变的。如果 F 赋给常量"小花"的值是个体"猫$_k$"，那么我们在解释所有含常量"小花"的语句时都要以这个赋值为准绳，不会考虑任何其他的赋值可能，比如不会把常量"小花"的赋值假设为"狗$_j$"。但是在解释含有变量的结构时，我们却需要对它多次赋值，以检测各种可能性。我们首先用通俗的语言解释一下对变量多次赋值的需要，然后讨论技术手段。在不表特定语义时，我们用 a、b、c 表示常量；x、y、z 表示变量；φ 表示谓词；Qx 表示量词前束式。

我们现在已接触到的作为论元的变量有两种：一种为量词所约束，

---

[1] 可参考赵元任（Chao, 1955）、陈宗明（1993）和徐颂列（1998）。

叫做**受约变量**（bound variable）；另一种变量无约束词，所以是**自由变量**（free variable）。自由变量出现在开语句即命题函项中。一旦被量词约束，则有关命题函项就升格为命题。对量化结构的解释必然涉及命题函项，因为对量化逻辑式的解释也应符合组合性原则，从小到大，而量化结构是在给定了命题函项的基础上再冠之以量词前束式的。如欲解释量化式，就须先解释命题函项，而后者又含有自由变量。所以，尽管可把含自由变量的独立的逻辑式排除在合法表达式之外，但自由变量的解释并不能因此而遭忽略。

变量的特性在于其不确定性，给定模型（24）和逻辑式（25），我们可以设想多种对 x 赋值的可能，如（26）所示：

(24) M^2

　　a. 论域 D

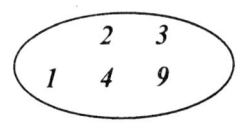

$$\begin{matrix} & 2 & 3 \\ 1 & 4 & 9 \end{matrix}$$

　　b. 常量 = a,b,c,d,e.
　　c. 谓词 = B,D,E,O,Z.
　　　B(x,y) = x 是 y 的平方.
　　　D(x) = x 大于 3.
　　　E(x) = x 是偶数.
　　　O(x) = x 是奇数.
　　　Z(x) = x 是自然数.
　　d. 赋值函项 F
　　　$F^2(a) = 1$.
　　　$F^2(b) = 2$.
　　　$F^2(c) = 3$.
　　　$F^2(d) = 4$.
　　　$F^2(e) = 9$.
　　　$F^2(B) = \{<4,2>, <9,3>\}$.
　　　$F^2(D) = \{4,9\}$.
　　　$F^2(E) = \{2,4\}$.

第六章 量词、辖域与逻辑依存

$F^2(O) = \{1,3,9\}$.

$F^2(Z) = \{1,2,3,4,9\}$.

(25) $\exists x(Z(x) \& D(X))$.

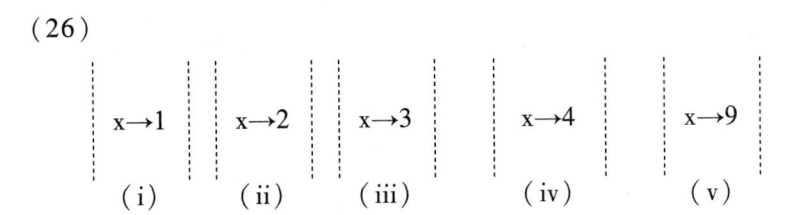

(26)

x→1	x→2	x→3	x→4	x→9
(i)	(ii)	(iii)	(iv)	(v)

但是，必须强调的是：这种多重赋值并不是同时进行的，而是独立的、分开的过程。也就是说 x 不能同时与一个以上的个体相联系。因为我们不知道（25）中 x 的所指，所以就只能在论域中一次一次地选取不同的个体代入 x，看（25）是否为真，而不能让 x 同时取多个值。如果一次给同一变量赋上几个值，就不符合函项的特性，逻辑式就无法得到解释。即便是自然语言中有歧义的量化式，每次对其变量的赋值也只能是一个。再强调一遍：对 x 的赋值是一个函项，每次得到的是单一的值。那么，对 x 的不同赋值的次数便取决于论域中个体的数量。这样，根据（24），（25）中命题函项的可能解释就有五个。

我们还要注意，（25）中的谓词碰巧是一元谓词，且两个谓词的变量论元又恰巧被同一个量词前束式所约束。如果谓词是二元或三元的、如果谓词的数量不止两个、如果这些谓词的变量论元为不同的量词前束式所约束，则对相关命题函项的解释会复杂得多，因为我们必须穷尽所有的排列组合。下面的示意图显示了对多个变量赋值的几种可能组合：

(27)

x→1	x→2	x→3	x→4	x→9
y→2	y→3	y→4	y→9	y→1
z→3	z→4	z→9	z→1	z→2
u→4	u→9	u→1	u→2	u→3
v→9	v→1	v→2	v→3	v→4
(i)	(ii)	(iii)	(iv)	(v)

对变量的赋值函项只保证每次指派给一个变量一个值，即第二章中

介绍的一对一的映射,并不排除两个变量同取一值的情况(即多对一的映射)。所以除了(27),还可以有形如(28)的情况:

(28)

$$\begin{vmatrix} x \to 1 \\ y \nearrow \\ z \to 9 \\ u \to 2 \\ v \to 4 \end{vmatrix}$$

我们在(24)中规定 M^2 的论域是有限集合,因它的个体数只有五个。另外我们又规定逻辑语言有五个个体常量:a、b、c、d、e。如果用其他字母做论元,如 m、n 等,由于没有对它们赋值,就算按常规它们应是常量,也无从解释它们。① 然而,逻辑语言的变量数却不只是(27)和(28)中的 x、y、z、u、v 五个。理论上说,相对有限的论域,变量的数目仍是无穷的。可以有无限的把变量同个体联系起来的方式。比如,我们可以设想出 x 的值域为自然数、y 为整数、z 为有理数、u 为无理数、v 为分数、w 为质数、x_1 为素数、② y_1 为奇数、z_1 为偶数、u_1 为论域中最小的数、v_1 为最大的数、w_1 为连续数、x_2 为论域中两个个体数之和、y_2 为 3 的倍数、z_2 为 2 的平方,等等。我们可以相应地造出许多谓词表示相关的集合,以在式中对变量的值域作限制。谓词能表示的集合的数量是 M^2 的论域 D 根据不同谓词论元数自乘后得到的有序集的总和再加空集 φ。但谓词的数量并不限于那样得到的数目,因为可以允许不同义的谓词具有相同的集合,如 〖K〗^{M2} = {连续数},〖L〗^{M2} = {小于 9 的数},两者在 M^2 所表示的集合都是 {1,2,3,4}。不同的谓词还可以同时指谓空集,如 {圆的方}、{最大的整数}、{乌有先生}。③ 结

---

① 我们先前规定,小写字母 a、b、c 等表常量,字母表上最后三个字母表变量,不够用时可取 u、v、w 等。但要明确分工,比如规定表常量的字母为从 a 到 n。其实一般的逻辑式中很少会超过三个变量。表常量的字母要多留一点,因为相对于某个模型而言,不同式子的相同的常量指谓相同的个体;而不同式子的相同的变量并不一定与相同的个体相联系。当然,我们还可用 x, x_1, x_2, ⋯, y, y_1, y_2, ⋯, z, z_1, z_2, ⋯ 来表示变量,这样就避免了字母不够用的情况。

② 质数和素数虽然相同,但不妨碍我们用不同的谓词指谓它们。

③ 这些谓词在任何可能世界皆指谓空集。

论是：给定有限的论域和有限的常量，我们仍可有无限的变量。但一般教科书的讨论往往把谓词一一罗列，从而限定了谓词的数量，无形中也限定了变量的数量。当然，我们一般只需考虑少数几个变量的赋值可能，但仍需明确的是：鉴于变量数量的无限性，虽然对有限的论域来说，一个变量的可能赋值是有限的，最多穷尽所有个体，但是变量总体上的可能赋值却是无限的。所以，（27）、（28）其实都应写成下面（29）的格式。也就是说，我们刚才讨论的变量赋值从总体上说只是对部分变量的赋值。因此，命题函项的解释于是涉及对变量的多次赋值，得出的是一系列的真值，其数量与式中变量及变量组合的赋值数相同。

（29）

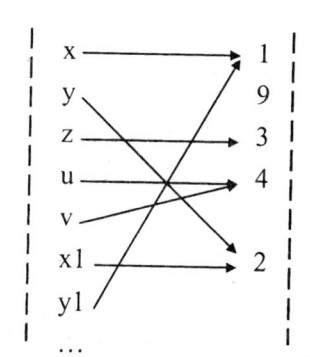

```
| x ——————→ 1 |
| y         9  |
| z ——————→ 3 |
| u         4  |
| v            |
| x1 —————→ 2 |
| y1           |
| ...          |
```

但如果我们考虑的不是单独存在的命题函项，而是量化逻辑式 Qx(ϕ(x))，则对变量的赋值会变得更有目的性。

先看存在量化式：

（30） ∃x(ϕ(x)&φ(x)).

存在量词规定其后的命题函项只要一次为真，存在量化式即为真。所以，对 x 的多次赋值何时得出一个使(ϕ(x)&φ(x))取真的值，（30）何时就为真。这时就不必继续考虑对 x 尚未完成的赋值。假如碰巧第一次对 x 赋的值得出真的解，则（30）就一次解释完毕。假如穷尽了论域中的个体，所有对 x 的赋值都不能使(ϕ(x)&φ(x))为真，则式（30）为假。由于 M^2 论域的个体是有限的，那么不管我们对 x 的赋值的顺序如何，即不管我们从（27）（v）开始还是从（27）（ii）开始，迟早总能得出使命题函项为真的结果，并使（30）为真。所以，变量赋值的顺序并不重要。结论是：存在量化式中的命题函项只要一次取真，全式就为真。这不排除（30）的 x 可能有几个赋值分别使（ϕ(x)&φ(x)）为真，所以我们要把存在量词解释为"至少有一个x……"

再看全称量化式（31）：

(31)　∀x(ϕ(x)→φ(x)).

全称量词规定其后的命题函项相对于 x 的每一个赋值都应取真。所以必须穷尽 x 的所有赋值可能，才能确定（31）为真。反过来说，相对 M^2 而言，只需有一次对 x 的赋值，使得(ϕ(x)→φ(x))为假，我们就可断定（31）不会为真，便无需考虑其他对 x 的赋值可能。但与全称量词不同的是，不穷尽 x 的所有可能，我们无法知道存在量化式（30）肯定为假。

倘若有模型的论域是一个无穷集，则我们**永远**无法保证一定能知道（30）为假，也**永远**无法保证一定能知道（31）为真。但我们可能**碰巧**得出（30）为真或（31）为假。在最坏的情况下，我们在相当长的检测过程中既无法找到使（30）为真的解，也无法得出使（31）为假的值。

从以上的讨论可以知道，对变量的赋值机制与对常量的赋值机制大相径庭。后者是一次性确定的，是不容更改的，而前者不但可以更改，而且必须多次更改。我们把对常量的赋值称作**指谓赋值函项**（denotation assignment function），而把对变量的赋值称作**变量赋值函项**（variable assignment function）。指谓赋值函项是模型的一个组成部分，而变量赋值函项则不属于模型自身规定的内容，所以是模型之外的机制。

这样，在任一模型 M 之外，我们需要另外增加一个变量赋值函项，记作 g。对一阶谓词逻辑式的赋值可作如下定义：

(32)　设 α 为谓词逻辑的表达式，⟦α⟧^{M,g} 就是该表达式根据模型 M 和变量赋值函项 g 的指谓。

模型 M 本身已含有指谓赋值函项 F，所以在（32）中不需另行列出。给定一个表达式，由 F 对常量和谓词（即常量的集合）赋值，由 g 对变量赋值。这可以通过（33）概括：

(33)　a. 如 α 为个体常量或谓词，则 ⟦α⟧^{M,g} = F(α)。
　　　b. 如 α 为变量，则 ⟦α⟧^{M,g} = g(α)。

其中对谓词的赋值可更详细地表述为（34）：

(34) 如 ϕ 为 n-元谓词，则 F(ϕ) 为由论域 D 中的个体所组成的 n-元的有序集，即 F(ϕ) ⊆ $D_1 × ⋯ × D_n$（$D_1 × ⋯ × D_n$ 为 D 自乘 n 次的笛卡尔积）。

虽然（33a）中的 α 不是变量，对 α 的解释仍附上 g，这是为了求得形式上的一致。g 实际上对作为常量的 α 不起作用。现在我们仍以（24）的 M^2 为参照模型，根据（32）来解释以下三式：

(35) ∃x(E(x)&D(x)).

（存在至少一个 x，使得 x 为偶数且 x 大于 3。）

(36) ∀x(O(x)→~E(x)).

（对每一个 x 来说，如果 x 是奇数，那么 x 不是偶数。）

(37) ∀x(E(x)→∃y(O(y)&B(y,x))).

（对每一个 x 来说，如果 x 是偶数，那么存在至少一个 y，使得 y 为奇数且 y 是 x 的平方。）

为解释（35），我们先解释（E(x)&D(x)）。

设 g^2 的赋值如下：

(38) g^2 [1/x] = | x → 1
 | y → 2
 | z → 3
 | u → 4
 | v → 9
 | w → 2
 | ⋅

[1/x] 表示以 1 作为 x 的值。将 1 代入式（35）的命题函项，则有（39）：[①]

(39) 〚E(1)&D(1)〛$^{M^2, g^2}$ ⇒

〚E(1)〛$^{M^2, g^2}$ & 〚D(1)〛$^{M^2, g^2}$ ⇒

F & F ⇒ <u>F</u>

但（38）只是对 x 赋值的一种可能，我们可再试以下的赋值：

[①] 在本节余下的实例分析中我们用 T/F 表示真/假，以免因为用 1 和 0 而与模型 M^2 的个体相混淆。带方框的真值为检测结果。

(40)

a. $g^2_1 [2/x] = $ | x ↘
　　　　　　　　　　y → 2
　　　　　　　　　　z → 3
　　　　　　　　　　u → 4
　　　　　　　　　　v → 9
　　　　　　　　　　w → 2
　　　　　　　　　　·

b. $g^2_2 [3/x] = $ | x
　　　　　　　　　　y ↘ 2
　　　　　　　　　　z → 3
　　　　　　　　　　u → 4
　　　　　　　　　　v → 9
　　　　　　　　　　w → 2
　　　　　　　　　　·

c. $g^2_3 [9/x] = $ | x
　　　　　　　　　　y → 2
　　　　　　　　　　z → 3
　　　　　　　　　　u → 4
　　　　　　　　　　v → 9
　　　　　　　　　　w → 2
　　　　　　　　　　·

d. $g^2_4 [4/x] = $ | x
　　　　　　　　　　y → 2
　　　　　　　　　　z → 3
　　　　　　　　　　u → 4
　　　　　　　　　　v → 9
　　　　　　　　　　w → 2
　　　　　　　　　　·

第六章 量词、辖域与逻辑依存

按照（40）各式的顺序一一检测，（40a）—（40c）的结果都为 F，而（40d）得出了 T。根据我们上面的讨论，（40d）使（35）为真。

（40）各式除了 x 外，其他变量的赋值都与（38）完全一致。这是取经济省力的策略。我们既只考虑 x 的不同取值，就无需关心其他变量。所以 g_1^2 与 g^2 的区别仅在于对 x 的不同取值。我们可以把这个关系表达为（41）：

（41） $g_1^2 = g^{2[2/x]}$.

意为"只要把 g^2 中 x 的赋值改为 x→2，就可以得到 g_1^2"。

同理，我们得到（42）：

（42） a. $g_2^2 = g^{2[3/x]}$.
　　　b. $g_3^2 = g^{2[9/x]}$.
　　　c. $g_4^2 = g^{2[4/x]}$.

现在我们把存在量词的真值条件定义如下：

（43）设 φ 为含有 x 的命题函项，〖∃xφ〗^{M,g} 为 1 当且仅当有一变量赋值函项 g′，使得〖φ〗$^{m,g'}$ = 1。g′ 与 g 完全一样或只在对 x 的赋值上不同。

g′ = g 时就是根据 g 已经可以直接得出 φ 为真并使 ∃xφ 为真的时候，否则 g′ 和 g 就会在对 x 的赋值上不同。（40a）—（40d）的每一个赋值函项都可被视为 g′。

现在我们可相应地订出全称量词的真值条件：

（44）设 φ 为含有 x 的命题函项，〖∀xφ〗^{M,g} 为 1 当且仅当对每一个变量赋值函项 g′ 来说，〖φ〗$^{M,g'}$ = 1。g′ 与 g 完全一样或只在对 x 的赋值上不同。

现在我们来解释（36）。我们可以利用（38）和（40）的赋值，解释过程如下：

（45） a. $g^2[1/x]$
　　　　　〖O(1) → ~E(1)〗$^{M2,g^2}$　　⇒
　　　　　　T　→　　~F　　　　　⇒
　　　　　　T　→　　T　　　　　⇒　　$\boxed{T}$.
　　　b. $g_1^2[2/x]$
　　　　　〖O(2) → ~E(2)〗$^{M2,g_1^2}$　　⇒

$\quad\quad$ F $\rightarrow$ ~T $\quad\quad\Rightarrow$

$\quad\quad$ F $\rightarrow$ F $\quad\quad\Rightarrow$ $\boxed{\text{T}}$.

c. $g^2_2[3/x]$

$\quad\quad$ $[\![O(3) \rightarrow \sim E(3)]\!]^{M2,g^2_2}$ $\Rightarrow$

$\quad\quad$ T $\rightarrow$ ~F $\quad\quad\Rightarrow$

$\quad\quad$ T $\rightarrow$ T $\quad\quad\Rightarrow$ $\boxed{\text{T}}$.

d. $g^2_3[9/x]$

$\quad\quad$ $[\![O(9) \rightarrow \sim E(9)]\!]^{M2,g^2_4}$ $\Rightarrow$

$\quad\quad$ T $\rightarrow$ ~F $\quad\quad\Rightarrow$

$\quad\quad$ T $\rightarrow$ T $\quad\quad\Rightarrow$ $\boxed{\text{T}}$.

e. $g^2_4[4/x]$

$\quad\quad$ $[\![O(4) \rightarrow \sim E(4)]\!]^{M2,g^2_3}$ $\Rightarrow$

$\quad\quad$ F $\rightarrow$ ~T $\quad\quad\Rightarrow$

$\quad\quad$ F $\rightarrow$ F $\quad\quad\Rightarrow$ $\boxed{\text{T}}$.

根据（45），（36）为真。

最后我们来看（37）。需要判定的是（37）中命题函项 E(x)→∃y(O(y)&B(y,x))是否总为真。

需要注意的是，对（37）的解释不能从∃y(O(y)&B(y,x))开始，因为（37）中命题函项的组合过程并非是先构造出条件式的后件，再加上前件而得出全式的。

我们先假设 g^2 如下：

(46) $g^2[1/x] = $ | x → 1
$\quad\quad\quad\quad\quad\quad\quad$ | y → 2
$\quad\quad\quad\quad\quad\quad\quad$ | ·
$\quad\quad\quad\quad\quad\quad\quad$ | ·

这里我们只需关心 x 和 y 的取值。相关的命题函项的检测以对 x 的代入开始。代入 x 后得到（47）：

(47) $E(1) \rightarrow \exists y(O(y)\&B(y,1))$. ①

给定了 x 的值,再看存在量化式 $\exists y(O(y)\&B(y,1))$。这要求我们进一步讨论 $O(y)\&B(y,1)$ 的值。g^2 对 y 的赋值为 $[y\rightarrow 2]$,由此得到 (48):

(48) $[\![O(2)\&B(2,1)]\!]^{M2,g2}$ ⇒

　　　$[\![O(2)]\!]^{M2,g2} \& [\![B(2,1)]\!]^{M2,g2}$ ⇒

　　　　F　　　&　　F　　　　⇒ $\boxed{F}$.

我们带着 (48) 的结果再回到 (47),运算的结果如 (49):

(49) $[\![E(1)]\!]^{M2,g2} \rightarrow [\![\exists y(O(y)\&B(y,1))]\!]^{M2,g2}$ ⇒

　　　　F　　→　　　F　　　⇒ $\boxed{T}$.

但这只是第一次对 y 赋值的结果。我们还需要在 $[x\rightarrow 1]$ 的前提下,给出 y 的其他可能的取值。这需要考虑 (50) 的情况,省略中间步骤,我们得到 (51)。

(50) a.　$g^2_1 = g^{2[1/y]}$.
　　 b.　$g^2_2 = g^{2[3/y]}$.
　　 c.　$g^2_3 = g^{2[4/y]}$.
　　 d.　$g^2_4 = g^{2[9/y]}$.

(51)

a. $[\![E(1)]\!]^{M2,g^2_1} \rightarrow [\![\exists y(O(y)\&B(y,1))]\!]^{M2,g^2_1}$

⇒　　F　　→　　F　　　⇒ $\boxed{T}$.

b. $[\![E(1)]\!]^{M2,g^2_2} \rightarrow [\![\exists y(O(y)\&B(y,1))]\!]^{M2,g^2_2}$

⇒　　F　　→　　F　　　⇒ $\boxed{T}$.

c. $[\![E(1)]\!]^{M2,g^2_3} \rightarrow [\![\exists y(O(y)\&B(y,1))]\!]^{M2,g^2_3}$

⇒　　F　　→　　F　　　⇒ $\boxed{T}$.

d. $[\![E(1)]\!]^{M2,g^2_4} \rightarrow [\![\exists y(O(y)\&B(y,1))]\!]^{M2,g^2_4}$

⇒　　F　　→　　F　　　⇒ $\boxed{T}$.

---

① 至此,由于 (47) 中条件式的前件 $E(1)$ 已取 F,事实上无须再检测该条件式的后件,已经能得知该式在 "$x\rightarrow 1$" 时总是为真,这由条件式的真值表所规定。但为了展现语义解释的组合性步骤,我们仍不妨再演示一下对此条件式后件的赋值运算,并期望借此得出更普遍意义的结论。

上述运算只是对 x 的第一个赋值的结果，我们还要对 x 作第二次赋值：

(52) $g^2_5 = g^{2[2/x]} = $ | x → 2
                              y → 2
                              · |

代入 x 后，得到（53）：

(53) $E(2) \to \exists y(O(y) \& B(y,2))$.

根据 g^2_5 对 y 的赋值，我们再考虑 $\exists y(O(y) \& B(y,2))$ 的值，对其命题函项的检测如下：

(54) $[\![O(2) \& B(2,2)]\!]^{M2, g^2_5} \Rightarrow$
     F   &   F $\Rightarrow$ $\boxed{F}$.

回到（53），我们得到了如下结果：

(55) $[\![E(2)]\!]^{M2,g^2_5} \to [\![\exists y(O(y) \& B(y,2))]\!]^{M2,g^2_5}$
     $\Rightarrow$ T $\to$ F $\Rightarrow$ $\boxed{F}$.

参照（44）的规定，（55）已足够能使我们得出（37）为假的结论，即

(56) $[\![\forall x(E(x) \to \exists y(O(y) \& B(y,x)))]\!]^{M2, g^2} = \boxed{F}$.

这样，单凭一个取假值的结果就可以否定一个全称量化式。对（37）的解释因此结束。但我们关心的不仅是（37）的真值，更重要的是从中揭示的对多重量化式的解释过程。假设（55）得出的结论仍为 T，那么就要继续检测下去。我们要根据 M^2、g^2_5 对 x 的赋值，一个个地变换对 y 的赋值，直到穷尽论域中所有的个体。这时，y 的取值可称作 g^2_6、g^2_7 等等。它们与 g^2_5 的差异仅在于对 y 的不同赋值，但与原先 g^2 的差异可能不止一个赋值，而是两个（即 x 和 y）。所以我们可把 $g^{2[1/y]}_6$、$g^{2[3/y]}_7$ 写作 $g^2_6 = g^{2[1/y]}_5$、$g^2_7 = g^{2[3/y]}_5$。但不能把它们写成 $g^2_6 = g^{2[1/y]}$、$g^2_7 = g^{2[3/y]}$。然而，正如（56）所示，最后对整个逻辑式的解释结果不需列出 y 在 x 取某值的前提下进一步的赋值函项，甚至不需列出其他对 x 的赋值函项，原因是 g^2 本身就是一个在 D 中的随意赋值。只要遵循 $\forall$ 和 $\exists$ 的解释定义，不管对变量取值的顺序为何，最后总能得出正确的解释。

第六章 量词、辖域与逻辑依存

再进一步，假如对 x 的第二次赋值也未得出使逻辑式为假的值，则又需要对 x 进行下一次赋值，并穷尽 y 的赋值。这样层层检测，直到对 x 的赋值穷尽所有个体。如仍无反例，则整个全称量化式为真。

从中我们可以归纳出多重量化式的解释过程（57），[①] 它告诉我们，多重量化式中域小的量词的解释是在域大的量词的个体变量赋值的基础上进行的。只有穷尽了 x_1 的可能赋值，才能考虑下一个赋值 x_2。这自然是就逻辑式中已经存在的变量而言的。无关的变量的赋值无需考虑，因为它们与给定逻辑式的解释无关。

（57）

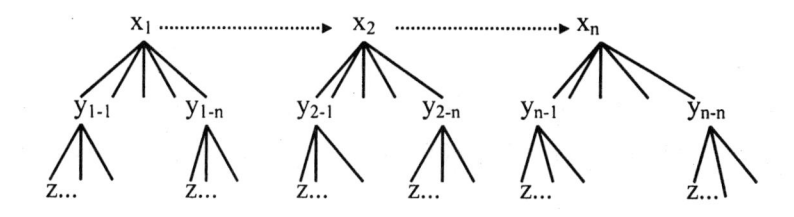

思考与练习二

参考（24）的模型 M^2，解释下列逻辑式：

（ⅰ）D(e)
（ⅱ）O(c) & B(e,c).
（ⅲ）∀x(D(X)→(B(x,b) ∨ B(x,c))).
（ⅳ）~∃x(E(x) & O(x)).
（ⅴ）∃x(O(x) & ∀y(B(y,x)→D(y))).

第三节 逻辑依存

从（57）可以看到，确定量词辖域有助于得到正确的语义解释，域窄的量化结构的解释是在域宽的结构所提供的定义域中进行的。给定逻辑式 ∀x∃yφ(x, y)，y 值的确定取决于 x 的值。如果 x 的定义域为

[①] 图（57）录自谢尔（Sher, 1991），略有改动。

{a, b, c}，则 y 值可根据 x 所选取的值而变化，如 x = a, y = m; x = b, y = n; x = c, y = s。即相对于每一个 x 来说，可以有一个取不同值的 y。反之，在 ∃y ∀x φ (x, y) 中，y 值的确定就不取决于 x 的定义域。不过，在此式中，x 的值也不取决于 y，因为受全称量词约束的变量的值必须是其定义域中的每个个体，不管它前面的其他量词的定义域是什么。这由全称量词的特性使然。两者间的关系如（58）所示：

(58)

$$y_1 \dashrightarrow y_2 \dashrightarrow y_n$$

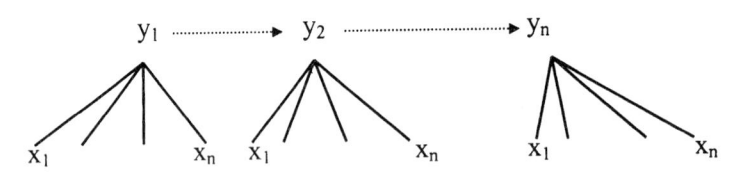

（连线：y_1 连 $x_1 \ldots x_n$；y_2 连 $x_1 \ldots x_n$；y_n 连 $x_1 \ldots x_n$）

（58）与（57）的不同之处在于，（58）中 x 的取值不因 y 值的变化而改变。（58）可被视为（57）的特例。所以，（57）**包含**（include）（58），而后者蕴涵前者。我们将在第四节继续讨论这个问题。

由此可知，在一阶谓词逻辑中，真正通过辖域来决定变量值的仅仅是存在量词。[①] 换言之，存在量词的解释依赖于其左边的全称量词。我们可以通过**斯科林前束范式**（Skolem normal form）来明确地表示这种依存关系，[②] 举例如下：

(59) a. ∃y ∀x ∃z ∀u ∀v ∃w φ(y,x,z,u,v,w). ⇒
    b. ∃y ∃f ∀x ∀u ∀v ∃w φ(y,x,f(x),u,v,w). ⇒
    c. ∃y ∃f ∃g ∀x ∀u ∀v φ(y,x,f(x),u,v,g(x,u,v)).

式（59a）中 z 的解释依赖于 ∀x 规定的定义域中的个体。在（59b）中，我们通过**斯科林化**（Skolemization），把 ∃z 转化为**斯科林函项**（Skolem function）∃f，该函项取全称量词所给定的个体域为定义域，得到的值为依存于全称量词的存在量词的语义值，即 ∀x ∃z φ (x, z) = ∃f ∀x φ (x, f(x))。这里的函项 f 也需受 ∃ 的约束，因为它是高阶逻辑中的一种变量，同理，我们得到了（59c）。（59c）的函项 g 取

[①] 高阶逻辑中的量词类型不限于 ∀、∃ 两个，情况会复杂得多，自然语言中的量词类型也比一阶逻辑多得多。

[②] 斯科林（T. Skolem），逻辑学家。

代了（59b）中的∃w。∃w 的左边有三个全称量词，w 的解释需同时依赖于∀x、∀u 和∀v，这通过∃g 的引入而加以明确。g 有三个主目：x、u、v。这个依存关系可通过下图示范：

（60）

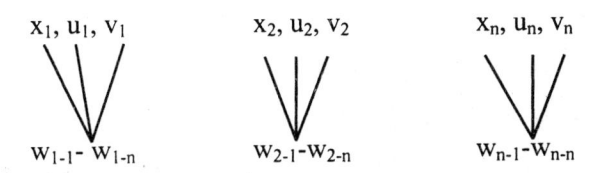

```
 x₁, u₁, v₁         x₂, u₂, v₂         xₙ, uₙ, vₙ
   \|/                \|/                \|/
 w₁₋₁-w₁₋ₙ          w₂₋₁-w₂₋ₙ          wₙ₋₁-wₙ₋ₙ
```

另外，（59）中 y 的解释不依赖于其他个体的值，因为∃y 不在任何全称量词的辖域之内。所以斯科林化对∃y 不适用。

总结斯科林化的步骤，它把一个一阶存在量词转换成二阶存在量词，用后者约束一个函项，该函项替代了原来的一阶存在量词所约束的变量论元。函项的主目为其左边的所有全称量词所约束的个体变量，函项的值与原变量论元在语义解释时所取的值相同。

约束斯科林函项的量词是二阶量词，因为它约束的是一个函项，而不是一个个体论元。函项的主目是个体，所以函项本身比主目高出一阶。因此约束该函项的存在量词也比约束谓词论元的量词高出一阶。倘若不用斯科林函项，一阶逻辑本身无法明确地表示量词解释时变量赋值的依存关系。辖域这个概念只能隐示依存关系，不能显示之，因为一种语言无法自我解释，而需由高一级的语言来解释它。

思考与练习三

1. 将（ⅰ）译成一阶逻辑量化式，然后把该量化式转换为斯科林前束范式。

（ⅰ）遴选委员会的每个成员各约见了一位有一技之长的候选人。

2. 设有抽象的量化逻辑式（ⅱ），试将它转换为相应的斯科林前束范式。

（ⅱ）（∀x₁）…（∀xₙ）(∃y₁)…(∃yₙ)Φ.

第四节 逐指与统指

虽然取窄域的全称量词的解释不依赖于取宽域的存在量词，但是它们的相对辖域仍能影响对全称量化名词的解释，使后者或取**逐指解**（distributive reading），或取**统指解**（collective reading）。

前面说过，全称量词涉及其定义域的每个个体，所以全称量化式（61）实际上等同于多项合取式（62）：

(61) $\forall x \phi x$

(62) ϕx_1 & ϕx_2 & $\phi x_3 \cdots$ & ϕx_n
（n 为个体 x_i 的总数）

(62) 中的 x_i 为代入（61）中变量 x 的每个个体。我们也可将式（62）简化为（63）：

(63) $\wedge \phi(x_i)$。①

据此，逻辑学家把全称量化式看成是对相应的多项合取式的**封闭**（close-up），具体称为**全称封闭**（universal closure）。反之，从式（61）也可得出式（62）或（63），这可被视为全称封闭的逆过程。②

从（62）式的角度可清楚地看到，x_i 可分别与谓词 ϕ 逐个发生关系。这被称作全称量化名词的逐指解。有关的例子如下：

(64) 每个女人都生了孩子。

(64) 中的"每个女人"是一个个分别生产的，而不太可能是一个集体完成的行为。

但我们也可以设想另一种情况，由全称量词的定义域中所有的个体一齐与谓词 ϕ 发生关系，这又可以进一步分成两小类情况。第一类是定义域中所有的个体在同一时间完成同一个行为，其逻辑表达式仍然是（62），举例如下：

(65) 昨天所有的人都在晚上的电视新闻里看到了奥运新闻。

第二类情况是定义域中所有的个体融为一体，被作为一个个体来使用，如同下式所表示的逻辑关系：

---

① & 与 ∧ 都是合取符，两者同义。∧ 是多个 ∧ 的简化式。
② 与全称封闭对应的是**存在封闭**（existential closure），即由存在量化式（ⅰ）替换相应的多项析取式（ⅱ）或（ⅲ）：
(ⅰ) $\exists x \phi(x)$.
(ⅱ) $\phi(x_1) \vee \phi(x_2) \vee \phi(x_3) \ldots \vee \phi(x_n)$.
(ⅲ) $\vee \phi(x_i)$

(66) φ（x_1 & x_2 & x_3 … & x_n）.

有关例子如下：

(67) 六个人合住一间宿舍。

(68) 三十根冰棍一齐化成了一大摊水。①

我们把这两种情况称作全称量化名词的统指解，把第一种类型称为一般统指，把第二种情况称为整体统指。不过在只含有一个量词的逻辑式中，逐指与统指的区分尚不明显，除非是在讨论全称量化式中哪些动词的语义可以影响量化名词取统指解或逐指解，或是研究哪些名词指谓的对象是不可分割的整体，所以必须取统指解，而另一些名词则可以分割成单个对象，所以既可取逐指解，又可取统指解。②

在多重量化式中，逐指与统指的区分有着更重要的意义。比方在例(69)中，∃y取窄域，如果取宽域的∀x是逐指，y值就可以因x的不同而变化。参见(70)所表示的关系，有关例句见(71)。如果∀x取整体统指解，则就算∃y的域小，y值也不能相应变化，如(72)所示，有关例句见(67)。另外，如果y的定义域是独元集，即只有一个y，则不管x取何值，y以不变应万变，逻辑依存的结果都一样，这时全称量词∀x虽取逐指解，但与一般统指解并无分别，有关图示见(73)，可用(74)来例证。

(69) ∀x ∃y φ（x, y）

(70)③

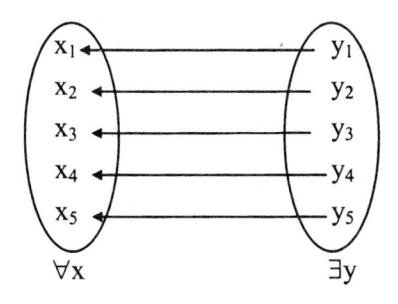

```
     x₁ ←――――― y₁
     x₂ ←――――― y₂
     x₃ ←――――― y₃
     x₄ ←――――― y₄
     x₅ ←――――― y₅
     ∀x           ∃y
```

(71) 每个学生看了一本书。

---

① (67)和(68)表面上只涉及数量词，实际上也与全称量词有关，因为我们可以把有关数量词表达为："存在一个集合S，S的个体数量为n，且该集合所有的个体s都具有某特性Φ"，即：∃S（|S|=n）∀s（s∈S）Φ(s)。

② 有关研究参阅克罗夫特（Croft, 1984）、陈宗明（1993）和徐颂列（1998）。

③ 这里的图例要说明的是逻辑依存关系，与第二章表示函数关系的图例无关。

(72)

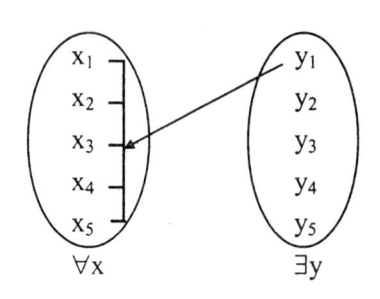

$$\forall x \quad \exists y$$

(73)

$$\forall x \quad \exists y$$

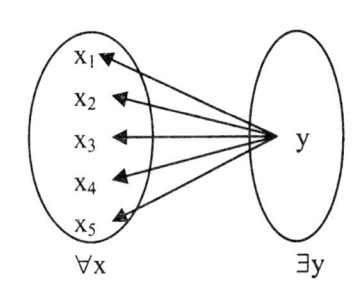

(74) 碰巧每个男孩都爱上了（同）一个女孩，她就是小芳。① 这与存在量词取宽域的情况完全相似，如图（75）所示：

(75)

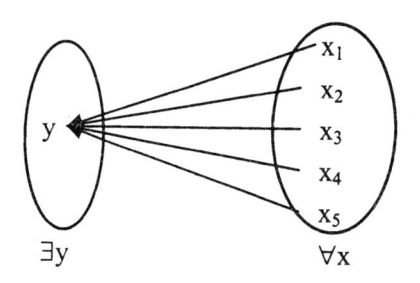

$$\exists y \quad \forall x$$

(75) 的 $\exists y \forall x \phi$ 蕴涵（73）的 $\forall x \exists y \phi$，后者包含前者但不蕴涵前者。

从上述讨论中我们可以得出如下结论：在多重量化结构中，如 $\forall x$ 的逐指解不导致 $\exists y$ 值的变化，则 $\forall x$ 的逐指解与统指解无异。

前面说过，当存在量词 $\exists y$ 取宽域时，不管它的定义域里是否为独

---

① 试比较取一般统指解的（i）：
　（i）昨天下午，每个学生都听了张教授的讲座。
　（i）强调同时做的同一件事。

第六章　量词、辖域与逻辑依存　　　141

元集，y的值从不因取窄域的∀x的值而变化。所以我们有类似（75）的（76）：

（76）

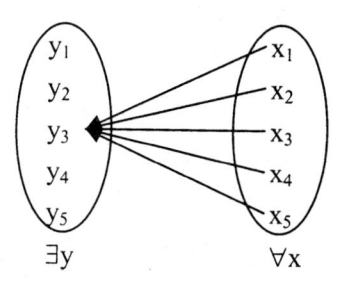

```
   y₁        x₁
   y₂        x₂
   y₃◄─────  x₃
   y₄        x₄
   y₅        x₅
   ∃y        ∀x
```

从本节的讨论中我们可以看到，多重量化式中全称量词的逐指解或统指解既取决于存在量词的出现与否，又取决于两者的相对辖域。辖域可以隐示全称量词所取的解，但并不显现之。

思考与练习四

1. 为什么说"∃y∀xφ 蕴涵 ∀x∃yφ，后者包含前者但不蕴涵前者"？

2. 下列论断是否成立？为什么？

在多重量化式∀x∃yφ 中，如果 y 值只有**事例上的差异**（token difference），而无**类别上的差异**（type difference），则 y 值的变化不是实质性的变化。此时∀x的逐指解与统指解无异。

事例上的差异如：

（ⅰ）每个学生都收到了一份内容相同的传单。

　　　（每人收到的是同一份传单的不同事例。）

类别上的差异如：

（ⅱ）每个学生各选了一门课。

　　　（张三选了句法学、李四选了语义学、王五选了语用学……）

第五节　分支量词

一阶谓词逻辑的语义解释过程呈线性展开，如（57）—（60）所示，域窄的存在量化式须在域宽的全称量化式的辖域中解释，所以存在量化式的取值就必须依赖于其左边的全称量化式的取值。

现在让我们假设域窄的存在量化式的取值不依赖于域宽的全称量化式，或者不依赖于所有域宽的全称量化式，这种不完全的依存方式会使我们得出与一阶逻辑不同的语义解释。以（59）为例，我们就可以得出与之不同的结果（77）：

(77) a. $\exists y \forall x \exists z \forall u \forall v \exists w \phi(y,x,z,u,v,w). \Rightarrow$
b. $\exists y \exists f \forall x \forall u \forall v \exists w \phi(y,x,f(x),u,v,w). \Rightarrow$
c. $\exists y \exists f \exists g \forall x \forall u \forall v \phi(y,x,f(x),u,v,g(u,v))$.

式（77b）中的 $\exists w$ 只依赖于 $\forall u$ 和 $\forall v$，但不依赖于 $\forall x$，所以（77c）中的斯科林函项 g(u, v) 的主目不包括 x。

这种部分依存关系不能用一阶逻辑式表示，甚至不能由一阶逻辑式隐示，逻辑学家把按这种方式解释的量词叫作**有穷偏序量词**（finite partially-ordered (FPO) quantifiers）或**亨金**（Henkin）**量词**。① 除了斯科林前束范式表达法（77c）外，还可以用更直观的**分支量词**（branching quantifiers）表达法，如（78）所示：

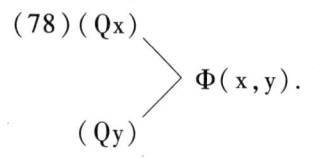

(78) (Qx)
     　　＞Φ(x,y).
     (Qy)

更具体的分支量词表达式可取以下诸式：

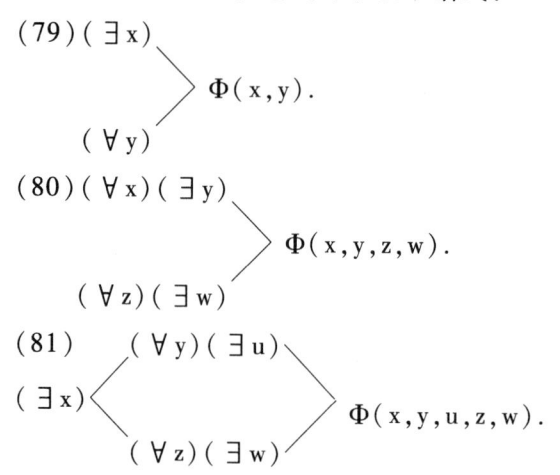

(79) (∃x)
     　　＞Φ(x,y).
     (∀y)

(80) (∀x)(∃y)
     　　　　＞Φ(x,y,z,w).
     (∀z)(∃w)

(81)　　(∀y)(∃u)
     (∃x)＜　　　＞Φ(x,y,u,z,w).
     　　(∀z)(∃w)

---

① 亨金（Henkin），逻辑学家。

$$(82) \begin{array}{l}(\forall x_1)(\forall y_1)(\exists z_1) \\ (\forall x_2)(\forall y_2)(\exists z_2) \\ \cdots \\ (\forall x_k)(\forall y_k)(\forall z_k)\end{array} \Phi(x_1,x_2,\cdots,x_k,y_1,y_2,\cdots,y_k,z_1,z_2,\cdots,z_k).$$

据此，我们可把（77c）改写为分枝式（83）：

$$(83)\quad (\exists y) \begin{array}{l}(\forall x)(\exists z) \\ (\forall u)(\forall v)(\exists w)\end{array} \Phi(y,x,z,u,v,w).$$

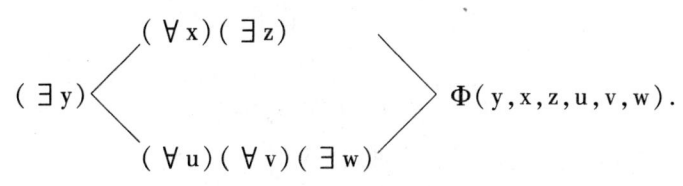

各式中上下行的顺序并不重要，可随意变更。重要的是每行中各项的左右顺序。语言学家更为关心的是自然语言中是否有类似的分枝量化结构。根据欣迪卡（Hintikka, 1974, 1976a）、加贝与莫拉伏契克（Gabbay & Moravcsik, 1974）、巴怀士（Barwise, 1979）、吉尔（Gil, 1982）、范-本瑟姆（van Benthem, 1983）、刘凤樨（Liu, 1990, 1997）和谢尔（Sher, 1991）的研究，英语中确实存在不少量化句，需要用分枝量化式来表达其逻辑结构。以下我们举一些中文的例子。[①] 例句后的数字表示与之相当的分枝量化表达式。

(84) 每个村民的一个亲戚与每个市民的一个亲戚不睦。[80]

(85) 每个作家的一本书为每位书评家的一篇文章所抨击。[80]

(86) 一日一苹果，胜似餐餐一壶酒。[80]

(87) 家家供尊佛，不如一人一偶像。[80]

(88) 每年许个宏愿，不如天天做件小事。[80]

(89) 一年一个理儿，就好比一天一个调儿。[80]

(90) 大多数学生尊敬大部分教师。[78]

(91) 三个导演共同执导了五部电影。[78]

(92) 二桃杀三士。[78]

(93) 六人一台戏。[78]

(94) 五饼二鱼，五千人食有余。[78]

[①] 有的例句是根据上述研究所列举的英语句翻译的，有的为作者自拟。

(95) 千秋成一典。[79]

(96) 每人看了（同）一个电影。[79]

(84) 所表达的意思是每个村民都有某一个亲戚与每个市民的某一个亲戚不睦。所以不睦的双方是成对固定的，而不是任一亲戚都可承当这个角色的。但这某个亲戚的选择取决于他所属的村民或市民，与他憎恨的对方的亲属（村民或市民）无关。所以需用分枝量化式表示。(85) 与 (84) 相同。将它们与下面两式比较，就可以看出差别：

(97) 每个村民 i 的最年长的亲戚 $f(i)$ 与每个市民 k 的一个
    与那位村民年龄最相当的亲戚 $g(i,k)$ 不睦。

(98) 每个作家 i 对自己新作 $f(i)$ 的钟爱程度绝不亚于每位
    书评家 k 在初次阅读该作家的作品 $g(i,k)$ 时的厌恶
    程度。

(97) 和 (98) 都需要用线性依存方式来解释，所以不属分枝量化式。

(90) — (94) 涉及**非标准量词**（non-standard quantifiers）[①] 和数量词，所以都用 (78) 表示。(95) 严格地说也不属于标准量词，因为"千"是数量词。我们只是分别借用与之相近的 (79) 以揭示其中的依存关系。

(96) 值得特别注意。如果它要表示的是"每个人（∀x）看了同一部电影（∃y）"，则 ∃y 独立于 ∀x 存在，所以可用分枝式 (79) 表示。而根据上节的讨论，我们知道 (96) 又可以表达成 ∃y 取宽域的逻辑式，后者又蕴涵 ∀x 取宽域、∃y 取窄域的表达式。根据逻辑学家的论证，(79) 式与 ∃y 取宽域的线性表达式完全相同，两者皆蕴涵 ∀x 取宽域的表达式。巴怀士（Barwise, 1979）进一步证明，只含一阶谓词逻辑量词的分枝量化式都可以被转换为一阶逻辑线性表达式，不必借助斯科林前束范式，唯有非标准量词组成的分支量化式不能转换为一阶逻辑线性表达式。巴怀士（Barwise, 1979）把前者称作**非实质分枝式**(inessential branching)，

[①] 即不属于一阶谓词逻辑中的量词。

把后者称作**实质性分枝式**（essential branching）。巴怀士（Barwise, 1979）和欣迪卡（Hintikka, 1974, 1976a, 1979a）都认为自然语言的分枝量化式对弗雷格的组合性原则构成了挑战。对分枝式不能先解释命题函项，然后就各个量词的特性由里向外地逐层解释量化结构。分枝量化式要求对各分枝一齐同时做解释。尽管有的学者试图遵循组合性原则来解释分枝式，如加贝与莫拉伏契克（Gabbay & Moravcsik, 1974），他们所处理的仅是非实质分枝式。既然非实质分枝式都可转换为一阶谓词逻辑式，对其解释不违反组合性原则就一点也不奇怪了。可对实质性分枝式的解释却不那么容易走组合性原则之路。分枝量化式的表达和解释与斯科林前束范式一样，已超出了一阶谓词逻辑的描写能力，属高阶逻辑的处理方法。

欣迪卡因此提出了一套全新的语义学理论——**博弈论语义学**（Game-theoretical Semantics）。我们将辟专章介绍该理论。[①]

也有论著不承认分枝式存在的必要性，早期有福考尼艾（Fauconnier, 1975）和斯坦纽思（Stenius, 1976），近期有戴维斯（Davies, 1989）和卡彭特（Carpenter, 1994a, b）。

思考与练习五

将（90）译成分枝量化式并根据其语义解释过程说明组合性原则的困难所在。

第六节　自然语言量化句的歧义和表达

自然语言的量化结构在很多方面不同于一阶谓词逻辑的量化式。区别之一在于前者不如后者严谨机械，经常出现歧义。自然语言的线性结构不足以决定多个量词的相对辖域。有时居于右边的量词的辖域反而大于居左量词的辖域。例如（99）可有两解：（99a）与（99b）。

（99）每个学生都恨一个老师。

a. $\exists x(T(x) \& \forall y(S(y) \rightarrow H(y,x)))$.

---

① 见第十三章。

  b. $\forall y(S(y)\rightarrow \exists x(T(x)\ \&\ H(y,x)))$.
   （索引:T=老师;S=学生;H=恨）

（99b）中的"一个老师"的解释依赖于"每个学生"的取值，即相对于每一位学生y，可以有一位不同的老师x，y恨x。

  但倘若置换了有关量词的位置，则得出的句子在汉语中无歧义。如（100）：

（100）一个学生痛恨学校里的每一个老师。
   $\exists x(S(x)\ \&\ \forall y((T(y)\ \& X(y))\rightarrow H(x,y)))$.
   （索引:S=学生;T=老师;X=(在)学校里;H=痛恨）

（100）中的"一个学生"的解释不能依赖于"学校里的每一个老师"。在被动句中，情况也如此:①②

（101）一名教师被学校里的每个学生批评。
   $\exists x(T(x)\ \&\ \forall y((S(y)\ \&\ X(y))\rightarrow C(x,y)))$.
   （索引：T=老师；S=学生；X=（在）学校里；C=批评）

  要准确地表达自然语言的逻辑语义，就必须找出与自然语句对应的逻辑表达式。形式句法学中常用的方法是对句子结构进行整饬规范化，使之成为与一阶逻辑式同构的无歧义表达式，这样量词辖域也就能随之确定了。在介绍具体方法之前，先要引入**限制型量化表达式**（restricted quantification）并讨论一下量化表达式的蕴涵问题。

一　限制型量化式

  巴怀士与库珀（Barwise & Cooper, 1981）、马神武（McCawley, 1993/1981）和黄正德（Huang, 1995）均认为，限制型量化式能更准确地表达自然语句的量化结构。该表达式的特点是把一阶逻辑量化式中定义论域的谓词及其论元从命题函项中割取出来，把这个部分放在逻辑量词前束式与命题函项之间。以（99）为例，其限制型量化式可表达为（102）：

---

  ①　然而在英语中，类似（100）和（101）的句子也都有歧义。
  ②　（101）是否有歧义，对此尚有不同意见。奥恩与李艳惠（Aoun & Li, 1993）认为有歧义，而其他文献或是没有提及这类例子，或是认为（101）与（100）在辖域解释上无区别[见蒋严（Jiang, 1998）]。

（102）每个学生都恨一个老师。
    a. $\exists x(T(x))\forall y(S(y))H(x,y).$
    b. $\forall y(S(y))\exists x(T(x))H(x,y).$
    （索引：T = 老师；S = 学生；H = 恨）

　　限制型量化式虽与非限制型量化式同属一阶谓词逻辑的表达式，但在表达能力上颇有区别。前者的逻辑式不以量词的性质而决定，而后者的逻辑式因量词而异，$\forall x$ 右边的逻辑式需取条件式，$\exists x$ 右边的逻辑式需取合取式。显然，自然语言的量化式不因量化结构的不同而取不同的表达式。其次，自然语言中作为谓词论元的量化名词（简称QNP）虽可分为量词 Q 和类名词 CN（common noun）两部分，却又是以一个名词短语的形式出现的，也就是说，QNP 中的量词 Q 必须与其后的类名词 CN 相邻。如果按非限制型量化式表达，则会割裂 Q 与 CN 的联系。再则，与非标准量词对应的 QNP 只能由限制型量化式表示，这点我们在第八章介绍广义量词时将继续讨论。此外，非限制型全称量化式如（99b）有一个局限：因该式以条件式出现，所以当其前件为假，即有关量化个体在所有可能世界皆不存在时，该逻辑式依然为真，这个逻辑上的规定与我们对自然语言量化式直觉上的理解相悖。而限制型全称量化式如（102b）不以条件式出现，它以某类具体事物的存在为前提，而不是先引入所有事物，然后再在前件中缩小范围，所以避免了非限制全称量化式的困窘。也就是说，限制型量化式中的量化名词组具有实在性，从哲学本体论的角度来看，更适合表达自然语言的量化。最后一个区别是由黄正德（Huang，1995）引述的希金博特姆 [Higginbotham] 的见解：既然非限制型存在量化式以合取式出现，那么，因合取项具有对称性，所以原则上两个合取项可以互换位置。这在逻辑上虽不为过，但对于自然语言来说却欠精密。这具体表现在对疑问句的表达上。假如（103）与（104）都以（105）的形式出现，两者在语义上的差异就无从体现。①

（103）哪个男人是单身汉？

---

　　① 这里我们仅用问号表示疑问句式。疑问句的确切翻译涉及一些较复杂的技术方法，我们在本书中无法详述。参见格罗伦戴克与斯托克霍夫（Groenendijk & Stokhof, 1984；1989；1997）。

(104) 哪个单身汉是男人？

(105) ? ∃x(M(x) & B(x)).

　　（索引：M = 男人；B = 单身汉）

(103) 是合适的问句，但 (104) 则是同义反复，因为从语义的角度分析，该句属**分析性语句**（analytic sentence），即谓语的内容已包括在主语的意义内，不能用作问句。采用限制型量化式 (106) 和 (107) 就能清楚地反映两者的区别。①

(106) ? ∃x(M(x))B(x).

　　（索引同上）

(107) ? ∃x(B(x))M(x).

　　（索引同上）

二　蕴涵与表达

从本章第三节和第四节的讨论中，我们已经得知：∃y∀xΦ 蕴涵 ∀x∃yΦ，后者包含前者但不蕴涵前者。这样就引出了自然语言量化式辖域表达的效率问题。以 (99) 为例，我们知道该句在逻辑语义上有两解，可分别表达为 (99a) 的 ∃y∀xΦ 式和 (99b) 的 ∀x∃yΦ 式。鉴于 (99a) 蕴涵 (99b)，只要给出后者，就必然包含前者，如图 (108) 所示：

(108)

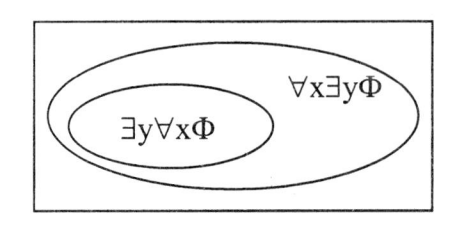

因此，埃厄普（Ioup, 1975, 1976）和莱因哈特（Reinhart, 1976, 1983）根据英语的同类例句得出这样的结论：在承认 (99) 所具的辖域歧义的前提下，只需将它表达成 (99b)，不需另给出 (99a)。我们

---

① 沈思国（Shen, 1989）也谈到非限制量化式在表达这种语句时的不足。

把这种观点称作"**蕴涵论**"(Entailment Thesis)。"蕴涵论"的拥护者不仅建议用更具概括性的量化式 $\forall x \exists y \Phi$ 表示 $\forall x \exists y \Phi$ 和 $\exists y \forall x \Phi$ 这两种辖域义,而且认为逻辑表达上更具概括力的量化式 $\forall x \exists y \Phi$ 还应该与自然语言量化句的线性顺序相吻合。这样,句子的逻辑表达就可遵循组合性原则,由命题函项一步步向外构造出多重量化式,进而得到所有可能的辖域解释。

"蕴涵论"对汉语量化结构的表达似乎更具概括力。(99)虽有歧义,却可根据"蕴涵论"用 $\forall x \exists y \Phi$ 式表达两解。[①] 而(100)和(101)本身都无歧义,所以只需用 $\exists y \forall x \Phi$ 表达它们的逻辑义。这样,我们得到的汉语的量化逻辑式都与句子中量词出现的线性次序完全吻合。也就是说,如果只涉及 $\forall$ 和 $\exists$ 这两个标准量词,汉语多重量化句可以按其线性顺序直接译成逻辑式。这就是汉语量化结构与逻辑表达式的"**同构**(isomorphism)**现象**"。[②]

需要注意的有两点:第一,不能因(99)被译成一个逻辑式而认为这种结构在汉语或英语中没有逻辑辖域上的歧义。第二,上述"同构现象"只适用于汉语中出现在谓词的主、宾语论元位置上的量化词组,并不适用于汉语名词组内部的多重量化结构:

(109) 我看了两个作家写的每一本书。

(110) 两个作家写的每一本书我都看了。

根据(109)和(110)得到的同构逻辑式为 $\exists y \forall x \Phi$,但是它们还有 $\forall x \exists y \Phi$ 的解,不能由 $\exists y \forall x \Phi$ 概括。如果我们仍想保留"蕴涵论"的处理方法,就必须把 $\forall x \exists y \Phi$ 作为(109)—(110)的表达式,但这样一来,这些语句中量词的线性排列顺序就与其逻辑式无同构关系了。与之相关的是:"同构现象"对英语不适用,因为英语中与(100)类似的句子可有两解,如(111):

[①] 也有人认为(99)并无辖域上的歧义,即无 $\exists y \forall x \Phi$ 解。不能肯定这种观点是否真的是基于可靠的语感,还是受了"蕴涵论"的影响,先入为主地把逻辑上采取的无歧义表达与语感上的无歧义判断等同起来。蒋严(1998)认为倘若(99)真的没有 $\exists y \forall x \Phi$ 解,我们就无从理解汉语中一些相关结构的语义。

[②] 见黄宣范(S. F. Huang,1981)、黄正德(J. Huang,1983)、李行德(T. Lee,1986)、端木三(Duanmu,1989)、徐烈炯与李行德(Xu & Lee,1989)、沈思国(Shen,1989)和奥恩与李艳惠(Aoun & Li,1993)。实际上,更准确的叫法应该是**同形**(homomorphism)**现象**。

(111) A nurse takes care of every patient.

（有一个护士照顾每一个病人。）

a. $\exists x(N(x)) \forall y(P(y)) T(x,y)$.
b. $\forall y(P(y)) \exists x(N(x)) T(x,y)$.

［索引：N = nurse; P = patient; T = take-care-of］

正如汉语（109）和（110）的情况，（111）的辖域关系要么用（111a）和（111b）分别表达，要么用与其不同形的（111b）表达。这样，"蕴涵论"虽仍可采纳，但选用的更具概括力的逻辑式 $\forall x \exists y \Phi$ 与量化语句的组合构造顺序并不一致。也就是说，"同形表达"论在汉语和英语中都有反例。事实上，按埃厄普（Ioup, 1975）和莱因哈特（Reinhart, 1976, 1983）的原意，根据"蕴涵论"，英语的多重量化句也应该按其线性顺序直接译成逻辑式。她们认为（111）的逆序理解 $\forall x \exists y \Phi$ 很不自然，不能为多数母语使用者认同，所以充其量只不过是个**有标记**（marked）的特殊现象，不必从自然的组合性解释过程中得到，只需单独列出。

要想验证"蕴涵论"是否真正对自然语言的辖域表达做出了正确的概括，我们必须考察这样一种可能：有的句子只具 $\exists y \forall x \Phi$ 解，不具 $\forall x \exists y \Phi$ 解。这在逻辑上说似乎总是不可能的。因为前者蕴涵后者，不会有例外。但如果将考察范围加以扩大，则在三种不寻常的情况下，确实找到了例外。

第一种情况是外部否定结构。[①] 肯普森与科马克（Kempson & Cormack, 1981）、基尔基亚与麦考耐尔-基内（Chierchia & McConnell-Ginet, 1990）和鲁伊斯（Ruys, 1992）都指出，虽然"蕴涵论"试图用更具概括力的 $\forall x \exists y \Phi$ 来包容 $\exists y \forall x \Phi$，使后者成为前者的特例，但是这种策略遇到外部否定句时并不奏效。否定式颠倒了（108）中的蕴涵关系，导致了（112）的关系。也就是说，当我们引入否定词时，（108）中的两个集合变成了它们各自的补集，两者的包含关系也相应颠倒，如（113）所示：

[①] 外部否定句指否定以 ~S 形式出现，而不是只否定句子内部的某成分。参见肯普森（Kempson, 1977）、陈平（1991b）、霍夫曼（Hofmann, 1993）和本书第九章。

(112)

$\forall x \exists y \Phi$

$\exists y \forall x \Phi$

$\sim \forall x \exists y \Phi$　　　$\sim \exists y \forall x \Phi$

(113)

A / B　　　~B / ~A

有关的汉语例句有：

（114）并非每个学生都恨一个老师。

根据"蕴涵论"，我们用 $\forall x \exists y \Phi$ 来表达"每个学生都恨一个老师"。而加入否定词"并非"后，$\forall x \exists y \Phi$ 却变成了概括范围较小的集合。所以 $\sim \forall x \exists y \Phi$ 只能表示（115），而不能包括（116），但 $\sim \exists y \forall x \Phi$ 却可以包括两者。

（115）并非每个学生都恨一个不同的老师。

（116）并非每个学生都恨同一个老师。

因此，在否定句中，$\sim \exists y \forall x \Phi$ 成了更有概括力的逻辑式。这又是与语句的线性顺序相反的逻辑表达。所以，"同构表达"论不可能贯彻始终，就是单独的"蕴涵论"也无法以一种表达式同时覆盖肯定句和否定句的表达。

不过，正如莱因哈特（Reinhart，1995）所指出的，应用到具体的例子中，上述结论并不易验证，因为其中涉及的语感甚微妙，不易察觉。

倘若读者对理解具体的例子有困难，可以参照（112），从以下思路来入手：首先排除内部否定的解释，即不能把（114）理解成"有的学生不恨老师"。然后考察下列推论：参照（108），既然连"每个学生恨一个不同的老师"都不可能，那么"每个学生恨同一个老师"就更不可能了，因为后者①为前者所包含，是前者的特例。所以，前者的不可能

---

① 指引号内的句义。

蕴涵了后者的不可能。这等于是说，前者的不可能是后者不可能的一个特例，即后者的不可能包括了前者的不可能。

以上是"蕴涵论"不适用的第一种情况。第二种情况为鲁伊斯（Ruys，1992）所发现，涉及非标准量词。让我们先看相关的例句（117），① 句中的"整整一半"属非标准量词。②

(117) 班里整整一半男孩吻了一个女孩。

  a. $Qx(Bx)\exists y(Ny)W(x,y)$.
  b. $\exists y(Ny)Qx(By)W(x,y)$.

[索引：Q = 整整一半；B = 男孩；N = 女孩；W = 吻。]

(117a) 与 (117b) 互不蕴涵，特别是 $\exists y$ 取宽域的 (117b) 不蕴涵 $\exists y$ 取窄域的 (117a)。我们可以用模型 (118) 和 (119) 做具体说明。

(118)

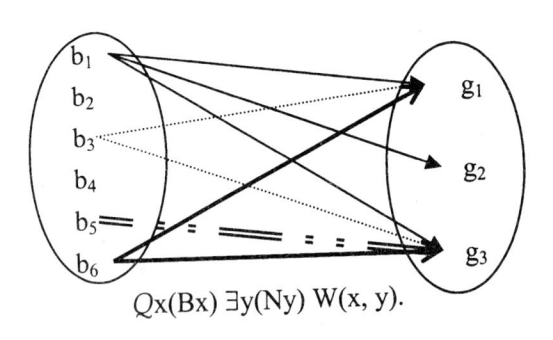

$Qx(Bx)\exists y(Ny)W(x,y)$.

(119)

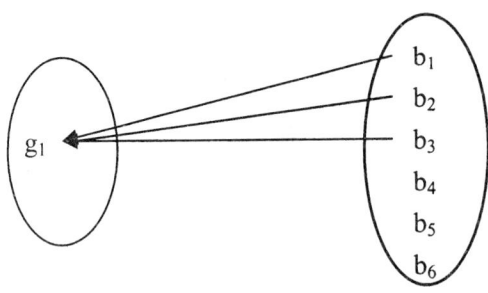

$\exists y(Ny)Qx(By)W(x,y)$.

---

① 这是与鲁伊斯（Ruys，1992）的英文句子相对应的汉语句。
② 我们将在第八章介绍非标准量词的逻辑表达和解释。

图 (118) 表现的情况符合 (117a)，(119) 符合 (117b)。据 (118)，男孩 b_1、b_3、b_5 和 b_6 分别吻了一个或几个女孩（g_1、g_2 和 g_3）。因为总共六个男孩中的四个吻了女孩，所以大部分男孩吻了女孩。而只有女孩 g_1 被整整一半男孩吻过。据 (119)，至少有一个相同的女孩被整整一半男孩吻过。但 (119) 并没有说关于其他男孩的事。(119) 不蕴涵 (118)，因为 (119) 只告诉我们整整一半男孩吻了女孩，而 (118) 中超过半数的男孩吻了这个或那个女孩。此外，(119) 中整整一半男孩与 (118) 的整整一半男孩不一定是相同的三个人。这样，(118) 就不包括 (119)。假如我们依照 (117) 的线性组合顺序，只用 (117a) 来表达 (117) 的逻辑关系，就无法得到该句的另一个意义即 (117b)。所以"蕴涵论"在此也不适用。

"蕴涵论"不适用的第三种情况为阿布希（Abusch, 1994）所发现。阿布希指出，以往对"蕴涵论"的论证多局限于 $\exists y$ 与另一量词同处一个主句的情况，如果 $\exists y$ 出现在**限定从句**（restrictive clause）即修饰性从句中，则辖域关系会有所不同。① 请看以下例句：②

(120) 希梅尔教授表扬了每个［念过一本由他推荐的名作的］学生。③
  a. $\forall x[[S(x)\&\exists y[(B(y)\&T(h,y))\&N(x,y)]]\rightarrow R(h,y)]$.
  b. $\exists y[(B(y)\&T(h,y))\&\forall x[[S(x)\&N(x,y)]\rightarrow R(h,x)]]$.
    ［索引：S = 学生；B = 书；T = 推荐；h = 希梅尔教授；N = 念；R = 表扬］④

假设希梅尔教授向大家推荐了《浮士德》和《神曲》两部名作，根据 (120a)，每个学生只要念了其中的一本，不管是《浮士德》还是《神曲》，都会得到希梅尔教授的表扬。而 (120b) 告诉我们的却是：至少有一本书是由希梅尔教授推荐的，比如《浮士德》，任何念了这本书的学生都得到希梅尔教授的表扬。但同时可能有学生念了希梅尔教授推荐的《神曲》，却没有受表扬。由此得出，(120b) 可以不蕴涵 (120a)，后者因此不能包含前者。

总结以上的讨论，自然语句的逻辑表达不能采用"蕴涵论"所建议

---

① 这里我们简化了阿布希的观点并更换了有关术语。
② 这是与阿布希的英文例句相对应的汉语句。
③ 方括号［］内是限定从句。
④ 这里我们沿用阿布希（Abusch, 1994）的非限制型量化表达式。

的无歧义的单一表达方法。

思考与练习六

在讨论"蕴涵论"不适用的第二种情况时,我们举了非标准量词的例子(117)—(119)。只有在涉及非标准量词时才会出现(117b)不蕴涵(117a)的情况。如果用"每一个"替换"整整一半",就不会出现类似情况。参照相关的模型,讨论一下其中的原因。

三 生成语法的处理方法

现在我们介绍两种生成语法中较有代表性的辖域表达方法:梅(May,1977)提出的**量词前提法**(quantifier-raising,简称QR)和梅(May,1985)提出的量词前提与**辖域原则**(scope principle)并用的方法。

量词前提

梅(May,1977)在生成语法的**括充式标准理论**(Extended Standard Theory)框架中提出了**量词前提**(quantifier raising,简称QR)的方法。通过QR的操作,可将句子**表层结构**(S-structures)的**量化名词组**(quantified NP,简称QNP)移至句首,使其辖域统摄全句。QR在论元位置上留下了变量,由前移的QNP约束。这样,QNP右边的部分就成了一阶谓词逻辑中的命题函项,而整个句子则形如限制型量化式。从表层结构经过QR得到的表达式叫做**逻辑式**(logical form,简称LF)。① 我们以句(121)为例,把QR应用在该句上,便可以得到句(122):

(121) Some nurse takes care of every patient.
　　　　(有一些护士照顾每一个病人。)
　　　a. $\exists x(N(x)) \forall y(P(y)) T(x,y)$.
　　　b. $\forall y(P(y)) \exists x(N(x)) T(x,y)$.
　　　　[索引:N = nurse;P = patient;T = take care of]

---

① 如果QR不适用,则表层结构直接成为逻辑式。

第六章 量词、辖域与逻辑依存

(122) Some nurse takes care of every patient.①

    a. [$_{CP}$... [$_{IP}$ some nurse$_x$ [$_{IP}$ every patient$_y$ [$_{IP}$ e$_x$ takes care of e$_y$]]]].

    a′. "There is some x, x a nurse, such that for all y, y a patient, x takes care of y."

    b. [$_{CP}$... [$_{IP}$ every patient$_y$ [$_{IP}$ some nurse$_x$ [$_{IP}$ e$_x$ takes care of e$_y$]]]].

    b′. "For all y, y a patient, there is some x, x a nurse, such that x takes care of y."

(122a,b)中量词的不同排列取决于两次 QR 的先后顺序。先移宾语 QNP，再移主语 QNP，就会得出（122a），反之则得到（122b）。后移的 QNP 的辖域总是大于先移的 QNP 辖域。经 QR 移位的 QNP 皆**嫁接**（adjoin）在 IP 上，②处于非论元位置。(122a,b)两式应解读为（122a′,b′），后者正是一阶逻辑的限制型量化表达式的解读。

辖域原则

梅（May, 1985）根据生成语法的**管辖与约束理论**（Government and Binding Theory，简称管约论或 GB 理论）修订了他先前提出的量化理论。修订后的理论可分为两部分，一部分涉及 QR，另一部分涉及辖域原则（Scope Principle）。QR 仍是从表层结构到 LF 的重要操作，但在操作细节上与梅（May, 1977）大不相同。最主要的差别在于，管约论规定：移位的 QNP 必须**严格管辖**（properly govern）其**语迹**（trace），③否则就会违反**空语类原则**（empty category principle，简称 ECP）。这样，(122a) 就成了违反 ECP 的逻辑式，必须剔除，因为句中的 some nurse

---

① May 的原文用的是 S′和 S，在此我们采用改进的范畴 CP 和 IP。生成语法把句子分析成 [$_{CP}$ [$_{IP}$ [$_{VP}$]]] 的结构，IP 是 VP 之上的层次，它包括了主语 NP、VP 等范畴。IP 之上有 CP，后者包括了英语的特殊疑问词或汉语的话题，以及 IP 等范畴。详细情况请读者参阅句法教科书。

② "A 嫁接在 B 上"意指在 B 下直接复制另一个 B，并把 A 置于其下。原来的 B 与其他范畴的关系保持不变。参见例（124）的 IP 结构。

③ 即 QNP 原来的论元位置，现由变量占据。

不能严格管辖其语迹 e_x。只有（122b）是合法的逻辑式。①

梅的解决办法是提出辖域原则，该原则的基本内容如下：

(123)

a. 设有任意两个算子 O_i、Q_j，每个算子由在 LF 非论元位置上的词组充任，当且仅当 O_i 管辖 O_j 时，两者构成 Σ 序列。

b. Σ 序列的成员可相互任意构成各种辖域关系，即：如 O_i、O_j 为 Σ 序列的成员，则

（ⅰ）O_i 取宽域，O_j 取窄域；或

（ⅱ）O_j 取宽域，O_i 取窄域；或

（ⅲ）O_i、O_j 互不依存，组成分枝量词结构。

c. 如（在树形结构中）每个居 α 之上的最大投射也居 β 之上，且 α 不居 β 之上，则 α 统领 β。②

以（122b）为例，其结构可用树形图（124）表示：

(124)

```
         CP
         /\
        /  \
         IP
         /\
        /  \
       Qy   IP
            /\
           /  \
          Qx   IP
               △
```

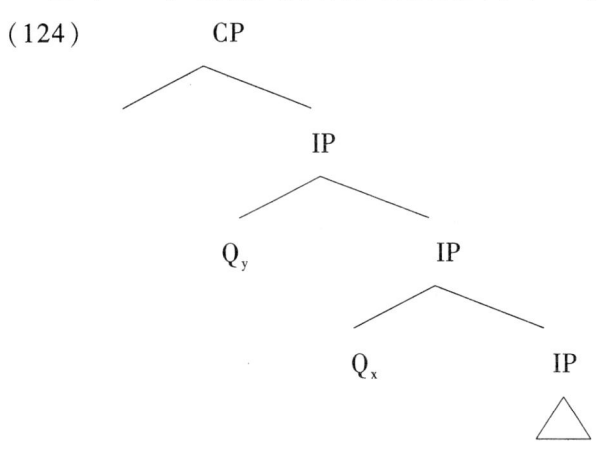

（124）中的 CP 为居 Q_y、Q_x 之上的最大投射，据（123d），Q_y 统领 Q_x，反之亦然。据（123c），Q_y 管辖 Q_x。据（123a），Q_y、Q_x 组成一 Σ 序列。据（123b），Q_y 可取宽域，Q_x 取窄域；或 Q_x 取宽域，Q_y 取窄

---

① 管约论规定，NP 移位后留下的语迹要受严格管辖。严格管辖共有两种：**先行词管辖**（antecedent government）和**词汇管辖**（lexical government）。由于宾语语迹总是受其动词的词汇管辖，因而不需要与其先行词毗邻。而主语语迹受严格管辖时，则要求其先行词与之相毗邻，因为没有任何成分可以对主语作词汇管辖。管辖的定义见（123）。有关严格管辖的后期定义可参见哈格曼（Haegeman, 1994）。

② 对统领有不同的定义，这里的定义并不是最常见的，参见 Haegeman（1994）。

域；Q_y、Q_x 还可互不依存。

有了辖域原则，只需（122b）的逻辑式就能导出所需的依存关系。（122a）既成冗赘，又不合 ECP，就可剔除出去。

QR 与辖域原则并用的方法可成功地概括英语中量化式的表达和解释。尽管汉语中与（121）类似的结构并无逻辑上的歧义，只有 $\exists y \forall x \Phi$ 之义，我们可以进一步研究汉语句法结构的特殊性及其相关的语义解释的特性，从中探索导致英语和汉语辖域解释差异的原因。此外，在生成句法内还有其他的描写和解释方案，如狄辛（Diesing, 1992）的研究，以及奥恩与李艳惠（Aoun & Li, 1993）提出的**最小约束要求**（Minimal Binding Requirement，简称 MBR）及辖域原则的理论。[①]

形式语义学对自然语句的处理与生成语法的方法有相似之处，也有许多不同之处，我们将在第八章和第十章作详细的介绍。

第七节 结语

量化结构的研究在形式语言学里一直占有重要的地位。作为谓词论元的量化词组的辖域表达和多重量化结构的逻辑依存关系的确立是各家理论不可避免的基本研究课题。此外，名词组内的量词解释、复数名词组的语义解释、**量化副词**（adverbs of quantification）的表达、非标准量词的解释都是以上述基本问题的研究成果为基础的。量化结构与其他现象相互作用，又进一步引出了一系列棘手的难题：如量化与**省略结构**（ellipsis）、量化结构与照应词（anaphora）、量化与并列结构、量化与空语类 PRO 的**控制**（control）、量化与句法上的**无界限依存**（unbounded dependency）还有著名的**驴子句**（donkey sentence）。[②] 可以说，量化的表达和解释是一个理论成功与否的试金石。有些题目，我们将在下面几章介绍，而大多数题目的讨论已远远超出了本书的范围。尽管如此，本章介绍的内容为进一步了解量化研究的前沿课题提供了必备的基础

[①] 奥恩与李艳惠（Aoun & Li, 1993）对英语和汉语的辖域现象都有详细的论述和解释。他们的辖域原则与梅（May, 1985）的辖域原则不是一回事。

[②] 有关量化的类型（包括副词量化）、**三分结构**（tripartite structure）以及焦点对量化的影响，参见本书第十章第四节中的相关介绍和讨论。

知识。

阅 读 文 选

  一阶谓词逻辑与自然语言的互译需要较多的练习才能掌握，对某些结构的逻辑式翻译也存在着不同看法。可资参考的教科书有奥尔伍德等（Allwood et al.，1977），柯比与科恩（Copi & Cohen，1990），盖莫特（Gamut，1991：第一卷），莱蒙（Lemmon，1965），马神武（McCawley，1981/1994），陈宗明（1993）。这些书有的翻译练习较多，有的侧重讨论自然语言的逻辑特性。

  本章讨论的部分内容可在基尔基亚与麦考耐尔-基内（Chierchia & McConnell-Ginet，2000：第三章）和坎恩（Cann，1993：第六章 6.1-6.2.3）中找到。较专门的综述是萨保契（Szabolcsi，2000）。在第八章末我们将附上一些讨论量化结构的难度较大的文献选目。第十五章列出了部分新近文献。

第七章 λ-转换

本章先论述引入 **λ-算子**（λ-operator）的必要性，继而介绍 **λ-转换**（λ-conversion）的基本内容并讨论 λ-逻辑式的语义解释。最后，我们对 **λ-抽象**（λ-abstraction）与**条件引入规则**（→Introduction）作一综合考察。

第一节 自然语句分析中的一些疑难现象

根据类型论的规定，每个词项都被赋予相应的句法范畴和语义类型。动词的句法范畴规定了相关的名词论元出现的左右位置。这样，作为大前提的动词就会朝某个方向去搜寻论元并与之合并。

然而，有些论元由于种种原因，有时并不出现在规定的方位，却出现在相反的方向。这样，动词就寻觅不到所需的论元。而另一方面，正因为动词无法与相关论元合并，整个句子中便出现了一个额外的、不能用的论元。组合机制因此陷于停顿，句子便无从生成。我们以汉语的**话题句**（topic sentence）、"被"字句和"把"字句为例，分别加以说明。

一 话题句

话题句有几种类型。最常见的一类以下列形式出现：

(1) $NP_1 NP_2 V_及$

其中 $V_及$ 是谓语，NP_1 和 NP_2 皆为 $V_及$ 的论元，NP_1 为**话题**（topic），NP_2 为主语。另外，NP_1 又是句子的逻辑宾语，所以，根据组合性原则的要求，应由 NP_1 和 $V_及$ 组合成 VP，然后再与 NP_2 组合成句。有关例句如下：

(2)《西游记》张三买了；(《红楼梦》他没买。)

由于动词"买"的句法范畴为 (N\S)/N，所以它必需向右搜寻可用论元 N，然而宾语"西游记"却在左边，无法与它合并。

为生成例（2），我们也不能让动词先与左边的主语直接合并，再加入宾语，因为这样得出的逻辑式是［谓语（主语）］（宾语），不符合组合性原则。① 再则，由于主语、宾语这些功能范畴在逻辑式中并无形态标记，仅凭组合顺序而定，打乱了原来的顺序，就会导致主宾难辨，引起混乱。②

或许我们可以给"买"赋上另一个范畴，让它从左边搜寻宾语论元，即 N\(N\S)。可是这样一来，动词先找到的应是主语论元，不是宾语论元。

要是规定动词先从最左边找出宾语论元合并，即假设有 N < (N\S)，"<"表示最左边，似乎可以解决眼下的难题。然而碰到宾语在主语和动词中间的**焦点句**（focus sentence）如（3），则又会得出错误的结果：

(3) 张三《西游记》买了，（可《红楼梦》没买）。

(4) 岳飞文武兼备。

这要求我们为 V$_及$ 再赋一范畴，即 N\(N\S)。一个动词因此得出了三个范畴，失去了应有的普遍性，远不如转换生成语法的惯常做法，即让宾语先在动词右边生成，然后再移位至左边的话题或焦点位置。

我们所面临的困境是：在维护组合性原则的前提下，既想给 V$_及$ 一个统一的范畴(N\S)/N，又想兼顾（2）、（3）两种句型。

二 "被"字句

汉语的被动语义可以由"被"字句表示，③ 如：

(5) 董卓被吕布杀了。

---

① 在下面的讨论中，我们会利用 λ-转换创造一种变通的办法，既使得动词和主语先行结合，又满足了组合性原则的要求。在范畴语法中也有一些技术手段可以达到类似的目的，参见伍德（Wood, 1993）。

② 可资比较的是自然语言的主宾语标记。拉丁语、俄语、日语等语言中主宾语都有不同的语法格标记。英语只有代词才有语法格标记。而汉语在形式上则完全没有格标记。

③ 若要进一步了解对汉语被动句的研究，可参见李珊（1994）、宋玉柱（1991）和冯胜利（1997）以及这些文献中所列列的参考文献。除"被"字句外，汉语的被动语义还可从动词的语义上直接得出，不必依赖语法标记。

(6) 黄盖被周瑜打了。

这些句子的**语法主语**(grammatical subject)其实是**逻辑宾语**(logical object),是动词向右搜寻不到的论元。出于逻辑表达上的考虑,被动句的语法主语(即逻辑宾语)应与动词先行合并,然后再与"被"之后的名词组(**逻辑主语**(logical subject))合并。①

然而,与动词毗邻的论元不是逻辑宾语,而是逻辑主语。如果让动词与逻辑主语先行合并,就会违反组合性原则。

遇有"被"之后不出现名词组(即逻辑主语)的情况,动词可以与语法主语(逻辑宾语)先行结合,其结果属 N\S 范畴和 e→t 类型。由于逻辑主语不出现,理论上说,属 N\S 范畴的逻辑表达式尚不能成句,但自然语言中却允许这种结构成为完整的句子,如:

(7) 肯尼迪被暗杀了。

我们可以假设例(7)中"被"之后的逻辑主语给省略了,但许多时候根本就补不出确切的逻辑主语,(7)就是这样的例子。我们也可以假设例(7)的"被"后面有一个零形位即空语类形式的逻辑主语。这就需要我们进一步考虑如何用逻辑语义学的语汇来描写空语类。

最后,我们也想使相关的谓语动词在主动句和被动句中保持统一的范畴(N\S)/N,尽管被动句中的宾语论元并不出现在动词的右边。

三 "把"字句

汉语"把"字的宾语有些可以被视为 $V_{及}$ 的宾语,如:

(8) 关羽把文丑斩了。

$V_{及}$ 同样无法在右边找到可用论元,尽管宾语与它相邻。这里还涉及"把"的句法作用。我们可将"把"看成是一种算子,② 它与右边的论元合并,得出新的宾语论元,即:

(9) 把(op.): N/N③ e→e

---

① 关于"语法主语/宾语"与"逻辑主语/宾语"的定义和讨论,可参见韩礼德(Halliday, 1970)。
② 在此我们不讨论"把"究竟属介词还是动词。
③ 这只是一个假设,我们在下文提出的处理会更简便。

但新的宾语论元依旧出现在 $V_{及}$ 的左边,无法与之合并。

现有的以类型论为基础的语句生成、解释系统还有另一个不足之处。C_t 系统的语句组合是阶段性的,在句子生成的各个阶段可以考察组合的中期结果,如例(10)中下标的各部分:

(10) [[[$V_{双}$ + NP]$_1$ + NP]$_2$ + NP]$_3$
　　　(谓语)　(间接宾语)　　(直接宾语)　(主语)

但是,我们无法考察其他的一些非常规组合结构,比如[主语 + 及物动词]、[否定词 + 动词组]、[谓词 + 连词 + 谓词],等等。这对第三、四章构建的 C_p 系统来说,也是无法做到的事。因为 C_p 只能一次性地把动词和所有论元组合成句,连分段考察组合结果都不可能。

当然,更重要的是证明自然语言确实存在上述非常规组合结构。让我们继续考察汉语的有关情况。

四　主语 + 及物动词

在汉语"的"字结构中,既可以有[[$V_{及}$ + 宾语] + 的]的结构,又可以有[[主语 + $V_{及}$] + 的]的结构。例如:

(11) 使枪的胜了耍锤的。　　　　　[[$V_{及}$ + 宾语] + 的]
(12) 三毛学的胜过李四学的。　　　[[主语 + $V_{及}$] + 的]
(13) 三毛喜欢的今天是武松、明天是秦琼、后天是张飞。
　　　　　　　　　　　　　　　　[[主语 + $V_{及}$] + 的]

从(12)和(13)可以看出,不管主句中宾语或表语是否与主语从句中未出现的宾语有逻辑关系,"的"字结构中确实有[主语 + $V_{及}$]结构。

五　否定词 + 动词组

动词组可以被否定词修饰,这是常见的现象,例如:

(14) 不吃饭干不了活。
(15) 不管喜欢不喜欢,每个学生都要上课。

然而,根据我们在第四章对"不"的定义,作为一元否定算子,"不"应取句子为其论元,即:~S。也就是说,"不"在句子层次上起作用,不能进入句子内部取 V 或 VP 为其论元。因此我们也无法生成并解释（14）、（15）这样的结构。

六　谓词＋连词＋谓词

连词在前面的章节里被定义为连接单句的二元算子，即 S_1 & S_2。所以遇到下列句子时，就有了麻烦：

（16）他们唱歌又跳舞。

（17）一群狗又跑又叫。

（18）河水清且涟漪。

我们可以把连词在此连接的项叫做谓词词组，用 PredP 表示。一种解决方法是假设（16）—（18）各句的第二个合取项是省略句，完整的句子应是（19）—（21）：

（19）他们唱歌；他们跳舞。

（20）一群狗跑；一群狗叫。

（21）河水清清；河水涟漪。

但是，（19）—（21）中两分句的主语并不一定有相同的指称，而（16）—（18）中的两个谓词词组一定是与同一个主语发生关系的。因此，把后者看成是对前者的省略，这种观点并不恰当。

七　话题句

我们还可以再看一下共享一个话题的复句：

（22）这把泥土，[野火烧过、春风吹过……]

　　　（方括号内为并列式）

（23）这种事，[我们不干，谁干？]

　　　（方括号内为条件式）

（22）和（23）最直接的生成方式似应如此：先把两个不完整的单句连成复合句，然后再与话题合并。然而，这样做也是违反组合性原则的。

总结本节的讨论，我们面临的是两大难题，一是可用论元有时不在动词搜寻的方向出现，二是非常规组合结构无法生成。在不违反组合性原则和类型论的前提下，形式语义学提供了一种技术方法，可以一石二鸟，同时化解这两个难题。这个方法便是以 **λ‑算子**（λ‑operator）为

中心的 **λ-演算**（λ-Calculus）。[①]

第二节　λ-抽象和λ-还原

在介绍技术细节之前，让我们先用通俗的语言，把λ-演算所提供的解决有关难题的思路叙述一下：

设有动词 $V_及$ 在其右边找不到可用论元，我们就在右边提供一个自由变量 x，让它先与 $V_及$ 合并，得 V(x)，即 VP，这使组合性原则得到了满足。然后我们再对 x 作一定形式的抽象，使其形同虚设，虽占据论元位置，却无实质内容。这样，形式上还是 VP，但只是 V 具实质内容。然后 VP 继续与其他句法范畴合并。一旦遇到真正的可用论元如逻辑宾语，即将宾语代入抽象了的变元位置。在生成非常规组合的并列结构时也如法炮制。我们先在该结构中一一填入自由变量，然后对它们做抽象，由此得出所需的结构。遇到该结构共享的论元时，再用它代替有关变量，得出全句。

具体的做法涉及 λ-演算中的两个技术：**λ-抽象**（λ-abstraction）和 **λ-还原**（λ-reduction）。在本书已介绍的逻辑语汇的基础上，我们引进一个新的算子 λ-算子。该算子作用于命题函项如（24）中的自由变量 x，对其进行抽象（abstraction），得到抽象式（25）。这个抽象过程叫做 λ-抽象（λ-abstraction）。

(24) P(x).

(25) λx[P(x)].

在式（25）中，变量 x 为前束式 λx 所约束，所以处于论元位置的 x 已不复为自由变量，而是受约变量。[ ] 内的逻辑式为 λ-算子的辖域。命题函项中的自由变量有时在不止一处出现，只要有关的命题函项式处于某 λ-算子的辖域内，就由该算子约束与其指导变元相同的所有以同一字母形式出现的变量论元。这点与第六章讨论过的逻辑量词的约束方式完全相同。有关的抽象式如下：

(26) λx[(P(x))(x)].

(27) λx[P(x)→Q(x)].

[①] λ 读作"兰姆达"（lambda）。

(28) λx[~P(x)∨Q(x)].

如果命题函项中的自由变量以不同的字母形式出现,则需用不同的 λ-算子对其分别进行抽象。同一个 λ-算子不能约束两个不同的变量。举例如下:

(29) λy[λx[(P(x))(y)]].
(30) λy[λx[P(x)→Q(y)]].
(31) λy[λx[~P(x)∨Q(y)]].

λ-抽象式的语义类型和句法范畴与抽象前的逻辑式的类型和范畴有关,也与 λ-抽象的次数有关。以(24)为例,该式的语义类型为 t,其句法范畴为 S。对(24)运用 λ-抽象得到(25),此时(25)中的论元 x 既被抽象,便失去了实质内容,所以(25)的语义类型可以被理解为从原来的命题函项的类型 t 中减去一个论元 e 之后得到的类型,即(t-e)。[①] 倘若对该式再提供一个 e,则它又会还原为 t。因此(t-e)可以表达为(e→t)。这也就是(25)的语义类型。而(25)的句法范畴便应是(32):

(32)　　　S
　　　　　—
　　　　　N

之所以在 S 和 N 间写横线而不写斜线,是因为 λ-抽象式的相关句法范畴与未抽象的范畴比较,引入了一个被抽象的范畴,在此且称做 C。据第五章介绍的范畴运算方法,引入的范畴 C 在相关的复合范畴中可以再被消除掉,只要提供另一个与 C 相同的范畴作为新的小前提,后者在此且称做 C'。但 λ-抽象式的范畴对 C'的出现方向并不作规定,所以有(32)的范畴,其中 S 为结果范畴,N 为输入范畴。如果抽象式的句法范畴再复杂一点的话,则需在纵向另加横线表示,如(33)所示:

(33)　　　S
　　　　　—
　　　　　N
　　　　　—
　　　　　N

---

① 其中"-"为减号。

(33) 表示的是((S—N)—N)的范畴。由于(33)占据了过多的纵向空间，我们改用S|N的形式，并规定竖线左边的范畴为结果范畴，右边为输入范畴。遇有规定可用论元方向的带斜线的范畴，则照原样不变，仍然是结果在斜线的上方，输入在下。据此，我们可以得出任何 λ-抽象式的语义类型和句法范畴。(26)—(28) 只含一次对变量 x 的 λ-抽象，所以它们的语义类型均为 e→t，其句法范畴也均为 S|N。(29)—(31) 含两次对变量 x 的 λ-抽象，所以其类型为 e→(e→t)，其范畴为(S|N)|N。λ-抽象的次数越多，相关类型/范畴式的层次也就越多。

根据以上的讨论，我们可以得出 λ-抽象的句法定义：

(34) **λ-抽象**

设 φ 为 t 类 [S 范畴] 表达式，φ 含有自由变量 x 且 x 为 e 类 [N 范畴] 表达式，则 λx[φ] 为 e→t 类 [S|N 范畴] 的合法表达式。

既然 λ-抽象可以多次应用于同一逻辑式，(34) 就可以改为更广义的 (35)：

(35) **λ-抽象（修订式）**

设 Φ 为 B 类 [B 范畴] 表达式，Φ 含有自由变量 α 且 α 为 A 类 [A 范畴] 表达式，则 λα[Φ] 为 A→B 类 [B|A 范畴] 的合法表达式。

λ-抽象的逆过程叫做 λ-还原（λ-reduction）。[①] 前面讲过，一个 e→t 类 [S|N 范畴] 的 λ-抽象式可以与一个 e 类 [N 范畴] 表达式作泛函贴合运算，得到一个不含 λ-算子的 t 类 [S 范畴] 逻辑式。这种运算就是 λ-还原的一个范例。之所以叫 λ-还原，是因为该运算将一个较复杂的 λ-表达式还原成一个相对简单的式子。让我们先看与 (25)—(28) 有关的几个例子：

(36) λx[P(x)](m).   S|N,N   e→t,e
⇒P(m)   S   t
(37) λx[(P(x))(x)](n). S|N,N   e→t,e

---

① 有时也叫作 λ-contraction。

第七章　λ-转换

⇒(P(n))(n).	S	t
(38) λx[P(x)→Q(x)](r).	S|N,N	e→t,e
⇒P(r)→Q(r)	S	t
(39) λx[~P(x)∨Q(x)](s).	S|N,N	e→t,e
⇒~P(s)∨Q(s)	S	t

在 λ-还原的运算中，我们用论域 D 中的一个个体代入被 λ-约束的变量 x，并消去 λ-算子。在还原过程中，代入 λ-抽象式的个体必须同时替换所有相同的变量，否则就会得出错误的结果。比如下面这个 λ-还原就是不正确的运算。

(40) λx[P(x)&~Q(x)](p).
⇒P(x)&~Q(p).

如果一个 λ-抽象式中含有多个 λ-前束式，就有可能对其多次运用 λ-还原，只要提供相应数量的个体以代入有关的 λ-抽象式。本着从易到难的精神，我们先看一些与(29)—(31)相关的 λ-还原运算：

(41) λy[λx[(P(x))(y)](n)](m).
⇒λx[(P(x))(m)](n).
⇒(P(n))(m).

(42) λy[λx[P(x)→Q(y)](r)](s).
⇒λx[P(x)→Q(s)](r).
⇒P(r)→Q(s).

(43) λy[λx[~P(x)∨Q(y)](q)](p).
⇒λx[~P(x)∨Q(p)](q).
⇒~P(q)∨Q(p).

从以上三例的 λ-还原过程中我们可以看到，λ-还原总是从最外层的 λ-算子开始。以（44）式为例，n 只能代替 φ 中为 λy 所约束的变量 y，而不能代替 φ 中为 λx 所约束的变量，这是因为与 n 发生关系的是统辖外层 [ ] 的 λy。

(44) λy[λx[φ](m)](n).

同理，（44）中的 m 只能与统辖内层 [ ] 的 λx 发生关系。λ-还原时所提供的论元也可以一齐写在 λ-抽象式的右外侧，即不写在任何 [ ] 内。请看（45）：

(45) $((\lambda z[\lambda y[\lambda x[(((\Phi(x))(y))(z)]]](m))(n))(r).$
$\Rightarrow (\lambda y[\lambda x[(((\Phi(x))(y))(m)]](n))(r).$
$\Rightarrow (\lambda x[((\Phi(x))(n))(m)](r).$
$\Rightarrow ((\Phi(r))(n))(m).$

（45）的还原操作看起来与（44）的略有不同，但是在实质上是完全一致的。式中的谓词是三元谓词。在 λ - 还原过程中，（45）外层 [ ] 的右侧所列的三个个体常量与其左边的 λ - 抽象式有层次地结合。这个层次性由圆括号（）界定，以保证每次组合只涉及两个单位。最靠左的个体常量与 λ - 抽象式率先组合，组合的结果再与其他个体常量依次合并，逐层还原。

从以上讨论我们可以看到，就多重 λ - 抽象式而言，最先经 λ - 抽象而得到的 λ - 抽象式在对应的 λ - 还原中最后得到还原。其原因是最先得到的 λ - 抽象式必定是整个逻辑式中内嵌最深的部分，而 λ - 还原总是从最外层的 λ - 约束式着手的。套用**自动机理论**（automata theory）的术语，我们可以把 λ - 抽象和 λ - 还原的对应顺序关系称作"**先进后出**（first in last out）、**后入先出**（last in first out）"，宛如一个**堆栈**（stack）的工作情况。

现在我们可以给出 λ - 还原的定义了：

(46) **λ - 还原**

设 $\lambda\alpha[\Phi]$ 为 $A \to B$ 类 [B|A 范畴] 的合法表达式，Φ 含有变量 α，且 T 为 A 类 [A 范畴] 表达式，则 $\lambda\alpha[\Phi](T)$ 为 B 类 [B 范畴] 表达式。

事实上，$\lambda\alpha[\Phi](T)$ 与将 T 代入 Φ 中所有 α 的位置而得出的式子在类型 [范畴] 和真值条件上都是等同的。从类型暨范畴的角度看，$\lambda\alpha[\Phi](T)$ 的类型 $A \to B$ 加 A，合并后必然为 B 类，而其范畴 B | A 加 A，结果也必然为 B 范畴。这与 T 代入 Φ 表达式后得出的类型及范畴完全一样。关于 λ - 还原式的真值条件，我们将在本章第四节讨论。

对 λ - 抽象和 λ - 还原并行考察，可以得到以下双向规则：

(47) **λ - 转换**（λ - conversion）**规则**：

$\lambda\alpha[\Phi](T) \leftrightarrow \Phi[T/\alpha].$

其中箭头←表λ-抽象过程，而箭头→表λ-还原过程。需要注意的是有关术语的使用在文献中不尽相同。坎恩（Cann，1993）中的λ-conversion 等于我们这里的λ-还原。我们采用的术语与道蒂等（Dowty et al.，1981）及基尔基亚与麦考耐尔-基内（Chierchia & McConnell-Ginet，2000）相同。

另一个需要注意的细节是λ-抽象式可以有不同的表述方式。比如在最早提出λ-演算的丘奇（Church，1941）中，λ-抽象式就被表述为λx.Φ，这种抽象式与本书所采用的表述方式有如下对等关系：

(48) λx.Φ ⇒ λx[Φ].

(49) λxy.Φ ⇒ λx[λy[Φ]].

(50) λxyz.Φ ⇒ λx[λy[λz[Φ]]].

这与量化式的不同表述法相类似。

最后一个需注意的细节是含有变量的表达式可以有几种表述方式。我们既可以把约束词和受约变量一齐写出，如（51）所示，也可以省略变量，如（52）所示：

(51) a. ∀x∃yP(x,y).

　　 b. λx[λy[Q(x,y)]].

(52) a. ∀x∃yΦ.

　　 b. λx[λy[Φ]].

(52)中的Φ应理解为含有变量 x 和 y 的表达式，不能因论元未实际给出而断定（52a，b）是含有**空约束**（vacuous binding）的表达式。因为Φ在此可以被理解成元语言中的谓词，不必把它的论元写出来。这与真正的空约束式有明显的区别，如（53）：

(53) a. ∀x∃yP(x,m).

　　　　（∃y 为空约束量词）

　　 b. λx[λy[Q(y)]].

　　　　（λx 为空约束**抽象算子**（abstractor））

（53）之所以有别于（52），是因为（53）给出了论元，但仍有空约束，而（52）未给出论元，且Φ本身总是定义为含有相关变量的谓词，尽管这部分定义往往因其不言而喻的性质而被省略。

思考与练习一

试计算下列式子的转换结果：

（1）λx[(L(m))(x)](j).

（2）λx[$4x^2 - 2x + 5 = 140$](7).

（3）λx[∀y[y<7→x>(2y-x)]](11).

（4）λz[∃y((B(y)&T(z,y))&∀x((S(x)&N(x,y))→R(z,x)))](h).

（5）λz[λy[λy[(((S(x)&B(y))&T(z,y))&N(x,y))→R(z,y)](m)](n)](h).

第三节　对疑难现象的分析

现在我们用 λ-转换的技术手段来分析第一节所列的疑难现象。我们需要生成的是以下句子：

（2）《西游记》张三买了。　　　　（话题句）

（3）张三《西游记》买了。　　　　（焦点句）

（5）董卓被吕布杀了。　　　　　　（"被"字句）

（8）关羽把文丑斩了。　　　　　　（"把"字句）

（12）三毛学的胜过李四学的。　　（"的"字结构）

（14）不吃饭干不了活。　　　　　（否定词+动词组）

（16）他们唱歌又跳舞。　　　　　（并列动词组）

根据本书第五章所列的常规，结合本章所介绍的 λ-转换方法，我们来看一下上述各句的生成过程。

先看例（2），其生成过程见（2'）。其中（c）—（d）为 λ-抽象，（e）—（f）为 λ-还原。在（d）中，我们引入空语符 Δ，作为经 λ-抽象后在语形上留下的印记。引进话题名词组后，我们把该名词组与 Δ 同标为 i，以说明在 λ-还原时论元与空位之间的联系。

（2'）

(a)　　　　　　买（了）（V$_及$）:(N\S)/N　　　x:N

　　　　　　　Mai':e→(e→t)　　　　　　　　　　e

第七章 λ-转换

(b)　　张三(N专):N　　　　买(了)x(VP):N\S
　　　　zhangsan':e　　　　Mai'(x):e→t

(c)　　　　　　　　张三买(了)x:S
　　　　　　　　(Mai'(x))(zhangsan'):t
　　　　　　　　　　⇓

(d)　西游记(N专):N　　　张三买(了)Δ:S↑N
　　　xiyouji':e　　　　λx[(Mai'(x))(zhangsan')]:e→t

(e)　　　　　　西游记ᵢ张三买(了)Δᵢ:S
　　　　　λx[(Mai'(x))(zhangsan')](xiyouji'):t
　　　　　　　　　　⇓

(f)　　　　　　西游记ᵢ张三买(了)Δᵢ:S
　　　　　(Mai'(xiyouji'))(zhangsan'):t

(3')与(2')的区别在于λ-还原时(3')左边的NP加入命题函项的论元位置的顺序正好与(2')相反。

(3')

(a)　　　买(了)(V及):(N\S)/N　　　　x:N
　　　　Mai':e→(e→t)　　　　　　　　e

　　　　　　买(了)x(VP):N\S
　　　　　　Mai'(x):e→t
　　　　　　　　⇓

(b)　西游记(N专):N　　　买(了)Δ:(N\S)↑N
　　　xiyouji':e　　　　λx[Mai'(x)]:e→(e→t)

(c)　　　　　　西游记ᵢ买(了)Δᵢ:N\S
　　　　　　λx[Mai'(x)](xiyouji'):e→t
　　　　　　　　⇓

(d)　张三(N专):N　　　　西游记ᵢ买(了)Δᵢ:(N\S)

(e)　　　　　zhangsan':e　　　　Mai'(xiyouji'):e→t
　　　　　张三西游记ᵢ买(了)Δᵢ:S
　　　　　(Mai'(xiyouji'))(zhangsan'):t

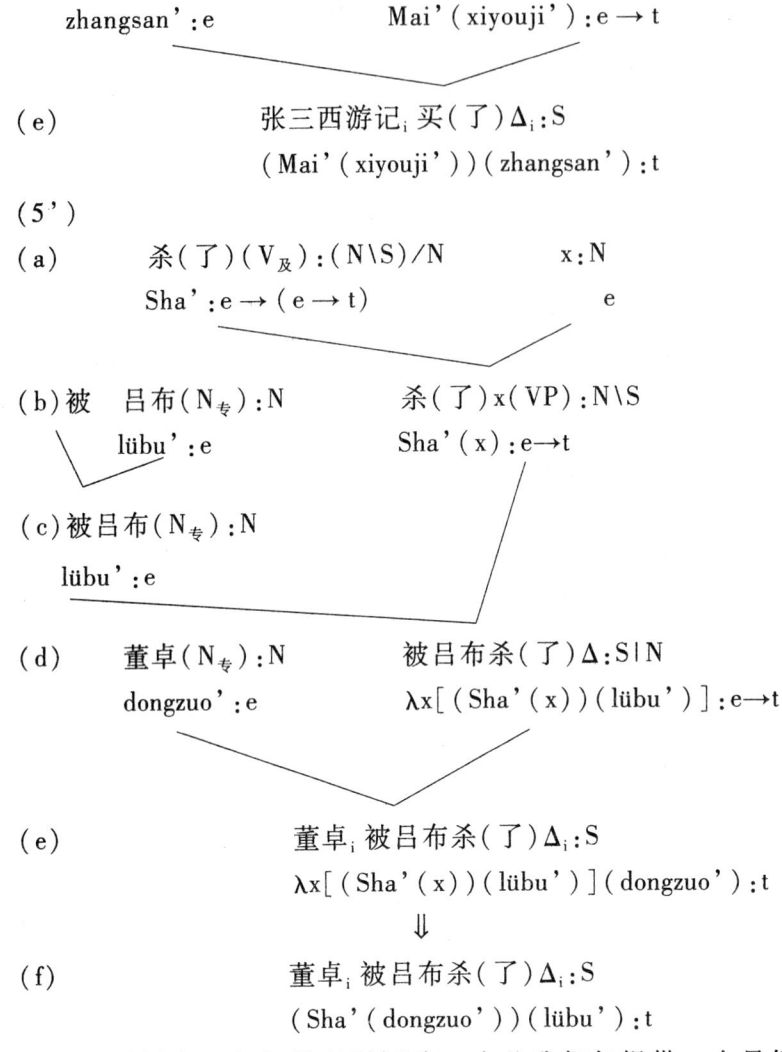

(5')
(a)　　　杀(了)(V及):(N\S)/N　　　x:N
　　　　Sha':e→(e→t)　　　　　　e

(b)被　吕布(N专):N　　　杀(了)x(VP):N\S
　　　　lübu':e　　　　　　Sha'(x):e→t

(c)被吕布(N专):N
　　lübu':e

(d)　　董卓(N专):N　　　被吕布杀(了)Δ:S|N
　　　dongzuo':e　　　　λx[(Sha'(x))(lübu')]:e→t

(e)　　　　　董卓ᵢ被吕布杀(了)Δᵢ:S
　　　　　λx[(Sha'(x))(lübu')](dongzuo'):t
　　　　　　　　　⇓
(f)　　　　　董卓ᵢ被吕布杀(了)Δᵢ:S
　　　　　(Sha'(dongzuo'))(lübu'):t

(5')的关键在于如何处理"被"字。在此我们仅提供一个最简单直接的处理方法,即把"被"看成是一种句子生成过程中的程序指示词,它不具逻辑概念,只告诉我们居其右的为逻辑主语。

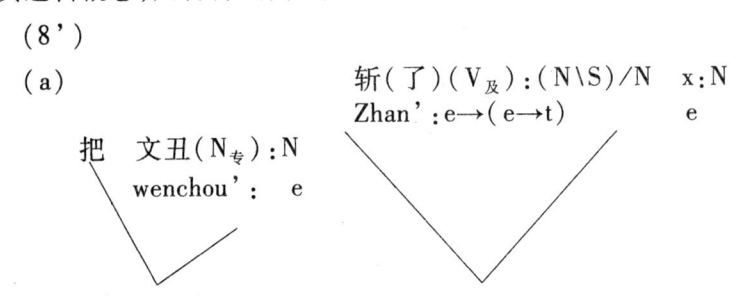

(8')
(a)　　　　　　　　　斩(了)(V及):(N\S)/N　x:N
　　　　　　　　　　Zhan':e→(e→t)　　　　e
　　把　文丑(N专):N
　　　wenchou'：e

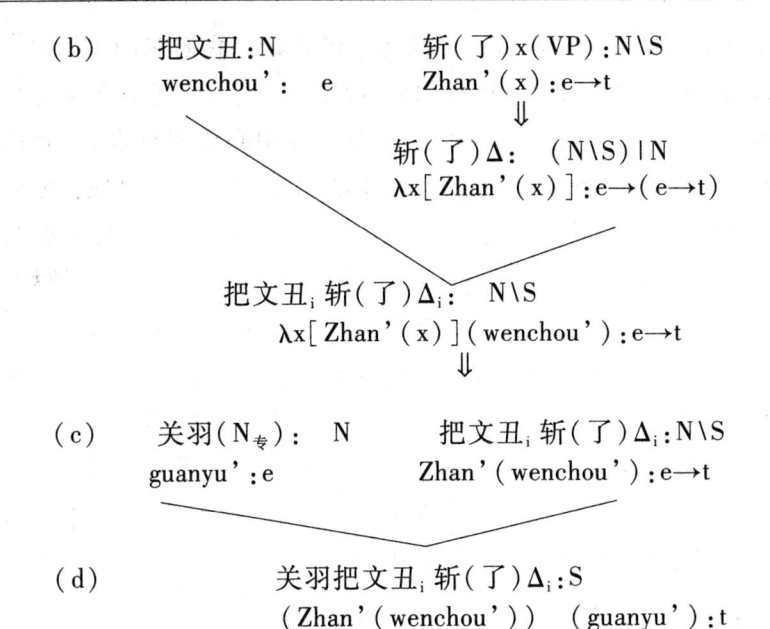

（b）　　　把文丑：N　　　　　斩（了）x（VP）：N\S
　　　　　wenchou'： e　　　　Zhan'（x）：e→t
　　　　　　　　　　　　　　　　⇓
　　　　　　　　　　　　斩（了）Δ：　（N\S）|N
　　　　　　　　　　　　λx[Zhan'（x）]：e→（e→t）

　　　　　　　　把文丑ᵢ 斩（了）Δᵢ：　N\S
　　　　　　　　λx[Zhan'（x）]（wenchou'）：e→t
　　　　　　　　　　　　⇓

（c）　　　关羽（N专）：　N　　　把文丑ᵢ 斩（了）Δᵢ：N\S
　　　　　guanyu'：e　　　　　　Zhan'（wenchou'）：e→t

（d）　　　　　　关羽把文丑ᵢ 斩（了）Δᵢ：S
　　　　　　　（Zhan'（wenchou'））（guanyu'）：t

　　这里对"把"字的处理也是取最简单的方法，即将其看成是个程序指示词。"把"右边的论元一般可以被处理为宾语论元，"把"字结构（即"把"加其宾语）由此间接触发λ-抽象，使"把"的宾语可以随之加入组合过程。"把"字的更全面准确的句法、语义的处理则须留待更专门的文章去论述。

　　（12）中的关键在于"的"字结构的生成。我们在此根据鲍厄斯（Bowers，1993）的观点把"的"处理成一个修饰标记词，简称 Mod，该函项与一个语言单位 α 相结合，得到一个类型为 β→β 的修饰结构，后者再与右边的中心语组合，得到名词性结构。所以 Mod 的类型就是（α→（β→β））。由于"的"与左边的 α 组合后得到的是类名词的修饰语，所以 β 的类型应是（e→t）→（e→t）。而 α 的类型可以有多种，一种是 e 类名词，如"张三"等专名，这时"的"的类型就是（e→((e→t)→(e→t))）；另一种 α 是 e→t 类的形容词，如"红"，这样"的"的相应类型就是（(e→t)→((e→t)→(e→t))）；第三种 α 就是我们在（12）中要处理的成分，它是个不完整的子句，其中缺少了一个论元。我们先用自由变项填入空缺的论元的位置，从而生成完整的子句，然后再对自由变项作λ-抽象，得到e→t类的λ表达式，这时，"的"的类型取（(e→t)→((e→t)→(e→t))），两者组合后得到的是具有

(e→t)→(e→t)类型的逻辑表达式。根据上述讨论，我们在(12')中把"的"字的逻辑式表达为 λP[λQ[λx[P(x)&Q(x)]]]，①其中 P 与上面讨论的 α 相对应，Q 与"的"的字结构所修饰的中心语相对应。x 是满足集合 P 和 Q 的任何个体。"的"后面的中心语经常可以不出现，那样我们可以得到的结构似乎只能是 λQ[λx[P'(x)&Q(x)]]，其类型为(e→t)→(e→t)，式中的 P'为通过 λ-还原取代变量 P 后的具体结构。可实际上，"的"字结构不仅能作定语用，还可以作名词性结构用，其后的中心语虽不出现，却不影响理解，仿佛是承前文而省略了，也可以认为可以承前文而补足这个空缺的中心语。为求简便，我们可以假设一个隐性的补足过程，使我们从 λQ[λx[P'(x)&Q(x)]] 直接得到 e→t 类的 λx[P'(x)&Q'(x)]，Q'为补足过程中通过 λ-还原取代变量 Q 后的具体结构。但这个结果仍不是我们所需要的最终结果，因为在我们现在的讨论阶段，e→t 类结构不能作为论元使用。我们可以假设一个"个体化"过程，将某个集合所规定的性质具体化，转化成 e 类个体 c'，后者就可以充当论元了。这个过程是一个类型转换的过程，详细的解释留待第八章第六节讨论。"的"字结构还可以有不同的表达和描写方法，比如可以把"的"直接看成一个**名物化**（nominalization）的函项。它把一个 e→t 类的性质 [即上文中的 α] 直接映射到 e 类的实体上，所以得到的结果具类型 e。这种处理可以看成是对上文提出的分析过程的一种简化，适用于对名词性"的"字结构的描写。应用以上讨论结构，我们得到了(12')：

(12')

a.　　　　　　学($V_及$)：(N\S)/N　　　　　x：N
　　　　　　　Xue'：e→(e→t)　　　　　　　　e

　　　三毛($N_专$)：N　　　　　学 x：N\S
　　　sanmao'：e　　　　　　Xue'(x)：e→t

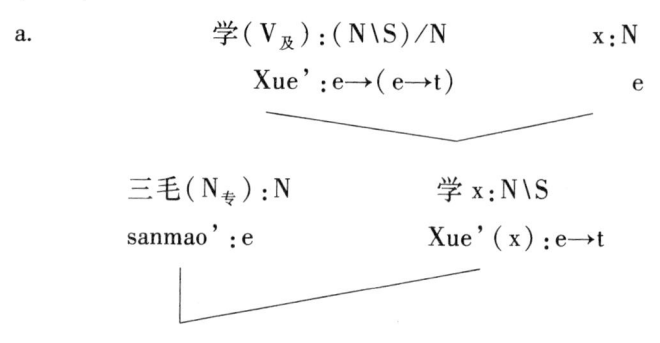

① 对谓词的 λ-抽象参见本章第五节；关于形容词语义的逻辑表达见第八章第二节。

三毛学 x:S
(Xue'(x))(sanmao'):t
　　　⇩

三毛学 Δ:S|N　　　　　　的:(S|N)\(S|N)/(S|N)
λx[(Xue'(x))(sanmao')]:　λP[λQ[λx[P(x)&Q(x)]]]:
　e→t　　　　　　　　　　((e→t)→((e→t)→(e→t)))

(三毛学 Δ)的:(S|N)/(S|N)
λP[λQ[λx[P(x)&Q(x)]]](λx[(Xue'(x))(sanmao')])
⇒ λP[λQ[λx[P(x)&Q(x)]]](λy[(Xue'(y))(sanmao')])①
⇒ λQ[λx[λy[(Xue'(y))(sanmao')](x)&Q(x)]]
⇒ λQ[λx[(Xue'(x))(sanmao')&Q(x)]]:(e→t)→(e→t)
　　　⇩　　　　[隐性的补足过程]
(三毛学 Δ)的:(S|N)
λx[(Xue'(x))(sanmao')&Q'(x)]:
(e→t)
　　　⇩　　　　[个体化过程]
(三毛学 Δ)的:N
[(Xue'(c'))(sanmao')& Q'(c')]:e

b.　(李四学 δ)的:N②
　　[(Xue'(c"))(lisi')&R'(c")]:e

c.　胜(过)(V及):(N\S)/N　　(李四学 δ)的:N
　　Sheng':e→(e→t)　　　[(Xue'(c"))(lisi')&R'(c")]:e

　　　　　　　　胜(过)(李四学 δ)的:N\S

---

① 这一步的目的是对变量符号作调整,把上一行中右边 λ 约束的变量改为 y,以免在一个表达式内出现两个为不同前束式约束的相同变量。
② δ 也代表空语符,以区别于 Δ。

$$\text{Sheng'}[(\text{Xue'}(c''))(\text{lisi'})\&\text{R'}(c'')]:e\to t$$

(三毛学 Δ)的:N
$[(\text{Xue'}(c'))(\text{sanmao'})\&\text{Q'}(c')]:e$

(三毛学 Δ)的胜(过)(李四学 δ)的:S
$[\text{Sheng'}[(\text{Xue'}(c''))(\text{lisi'})\&\text{R'}(c'')]][(\text{Xue'}(c'))(\text{sanmao'})\&\text{Q'}(c')]:t$①

(14')

a.　　　　　　　　　x:N　　吃饭(V 不):N\S
　　　　　　　　　　e　　Chifan':e→t

不:S/S　　　　　　x 吃饭:S
~ :t→t　　　　　Chifan'(x):t

　　　　　　x 不吃饭:S
　　　　　　~(Chifan'(x)):t

b.　　　　x 干不了活:S
　　　　　~(Ganhuo'(x)):t

c.　　　x 不吃饭 x 就干不了活:S②
　　　　~(Chifan'(x))→~(Ganhuo'(x)):t
　　　　　　　　⇒
m:N　　Δᵢ不吃饭 Δᵢ就干不了活:S∣N
m':e　　λx[~(Chifan'(x))→~(Ganhuo'(x))]:e→t

　　　　m[Δᵢ不吃饭 Δᵢ就干不了活]:S
　　　　λx[~(Chifan'(x))→~(Ganhuo'(x))](m):t
　　　　　　⇒

---

① 我们在此省略了对"过"的分析,有关讨论参见本书第九章。

② "就"可译成"→:t→(t→t)",由于我们将在本章第五节对→的逻辑表达式作修订,所以在此暂不对其作单独的分析。

m 不吃饭就干不了活：S

~（Chifan'（m））→ ~（Ganhuo'（m））：t

（14'）先围绕着动词"吃饭"而组合出句子，然后冠之以否定词，得出 ~S$_1$。同理得出 ~S$_2$ 即"x 干不了活"。两句组合成复句 ~S$_1$ → ~S$_2$。这时，我们再运用 λ - 抽象将先前增设的论元 x 抽取出来，得到相应的 λ - 抽象式。但句(14')实际上隐含一个主语，可以理解为表类指的"我们"或"大家"。所以我们最后又引入论元 m，通过 λ - 还原代入逻辑式，得出相关语句。倘若（14'）A 不先行增设自由变量论元 x，则否定词无法与 VP"吃饭"合并。如果得到了否定词后马上进行 λ - 抽象以弃置增设的论元 x，则得出的抽象式又无法组合成复句，因为复句需由两个 t 类表达式组成。① （14'）C 中先作 λ - 抽象，弃置的是增设的论元 x。引入的是另一个实际的论元 m，所以又有了 λ - 还原，期间并无重复。

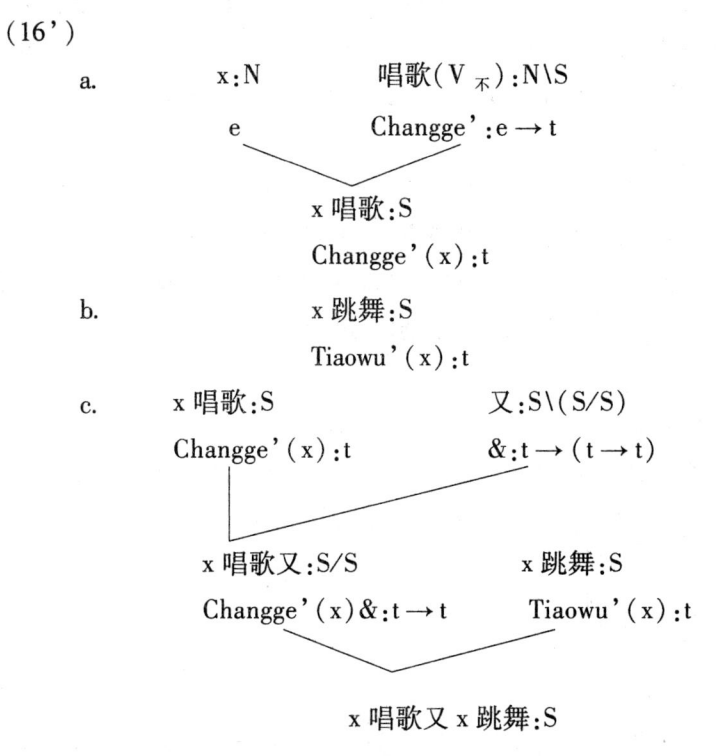

（16'）

a.　　　　x:N　　　　唱歌(V$_{不}$):N\S
　　　　　　e　　　　Changge':e → t

　　　　　　　x 唱歌:S
　　　　　　　Changge'(x):t

b.　　　　　　x 跳舞:S
　　　　　　　Tiaowu'(x):t

c.　　　x 唱歌:S　　　　　又:S\(S/S)
　　　Changge'(x):t　　　&:t → (t → t)

　　　　　x 唱歌又:S/S　　　　x 跳舞:S
　　　　Changge'(x)&:t → t　　Tiaowu'(x):t

　　　　　　x 唱歌又 x 跳舞:S

---

① 为何要弃置增设的论元，我们将在本章第六节详释。

$$\text{Changge'}(x) \& \text{Tiaowu'}(x) : t$$
$$\Downarrow$$

他们($N_\text{专}$):N Δ_i唱歌又Δ_i跳舞:S | N

tamen':e $\lambda x[\text{Changge'}(x) \& \text{Tiaowu'}(x)] : e \to t$

他们[Δ_i唱歌又Δ_i跳舞]:S

$\lambda x[\text{Changge'}(x) \& \text{Tiaowu'}(x)](\text{tamen'}) : t$
$$\Downarrow$$
他们唱歌又跳舞:S

$\text{Changge'}(\text{tamen'}_i) \& \text{Tiaowu'}(\text{tamen'}_i) : t$

(16') 把代词处理成专名当然只是一种简化的处理方法。代词至少可以分为三类，一类属**指示语**（indexicals, deixis），其指称根据语境、说话者和说话者的手势而定；一类属**回指词**（anaphora）或**预指词**（cataphora），其指称与上下文中的名词组有关；第三类属泛指，如"我们都知道地球是圆的"中的"我们"并不根据语境来定指称（即它不是指示词），而是广义地指任何人。这里我们无法详细讨论这几类代词的表达和解释。

以上的分析涉及了话题句、焦点句、"被"字句、"把"字句、"的"字结构、动词组的否定和并列以及条件句的生成，从形式语义学的角度为生成和分析现代汉语的一些特殊句式和非常规组合结构提供了初步的处理方案。所涉及的主要技术手段就是 λ - 转换。

思考与练习二

试生成本章所列的例句（6）、（7）、（11）、（13）、（18）、（19）和（22）。[注意（16）与（19）的不同之处。]①

---

① 本节所分析的例句除了正文和练习中涉及的那些之外，还有一些我们暂不处理，如（4）、（15）、（17）、（20）、（23）等，原因是它们涉及类名词、广义量化结构及反问句的分析。这些内容有些留待下章讨论，有些则属更专门的问题，如反问句，在本书中无法详述。

第四节 λ-表达式的语义解释

从前面的讨论中我们已经得知，λ-表达式可以分为两个部分，一是 λ-前束式，一是位于 λ-前束式右边的命题函项。命题函项属类型 t，其中含有自由变量，而 λ-**抽象算子**（λ-abstractor）则把命题函项中的自由变量抽取出来，如果被抽取的自由变量具有类型 e，得到的 λ-抽象式就是具有类型 e→t 的表达式。当然这仅是最简单的情况，只涉及一次 λ-抽象。我们可以由此入手，先考察这种简单式的语义解释。λ-表达式既以 e→t 类型出现，就可以表达成一个从 D_e 到 D_t 的特征函项。从这个意义上讲，我们可以认为是 λ-算子把一个命题函项转变为一个一元谓词的，该谓词指谓一个特征函项——一个**满足**（satisfy）相关命题函项的个体的集合，所以可以把 λ-抽象式 λxφ 称作"使 x 满足 φ 的函项（或性质）"。如遇有个体 **a** 与变量 x 相联系，即让 x = **a**，则 **a** 或是 φ 集合中的成员，或不是其成员，前者令命题 φ 为真，后者令其为假。从中可以看到，λ-表达式的解释涉及两部分内容，第一是对变量的赋值，第二是对特征函项的解释，这些内容我们已经分别在本书的第五和第六章中作了介绍。另外还要注意的是：语义解释总是依照某个模型而进行的。

（47）所列的 λ-转换定义显示了 λ-抽象和 λ-还原的句法对应关系。现在我们可以给出与（47）相关的语义对应关系：

（54）**λ-转换**

$$〖λx[φ](a)〗^{M,g} \leftrightarrow 〖φ〗^{M,g[a]\text{-}M/x}.$$

[根据模型 M 和赋值函项 g 解释的 λ-表达式 λx[φ] 与个体 **a** 的组合与将 **a** 代入 φ 中变量 x 后所得的解释等值。

〖**a**〗$^{\text{-}M/x}$ 表示将赋予 **a** 的值与变量 x 联系起来，且 **a** 的赋值是根据模型 M 作出的。]

由此我们得出了 λ-表达式的语义解释规则：

（55）设 φ 为 t 类表达式且 x 为 e 类表达式，则〖λxφ〗^{M,g} 为从论域 A 到 $\{0,1\}$ 的函项 h。对 A 中的所有个体 **a** 而言，h(**a**) 为真当且仅当〖φ〗$^{M,g[a]\text{-}M/x}$ = 1，否则 h(**a**) = 0。

现在我们结合具体模型（56）来解释 λ-表达式（57）的真值义：

(56) M^1

a. 论域 **D**   关羽 颜良 甘宁 庞德
于禁 吕蒙 文丑 潘璋 华雄

b. 常量　 ＝ guanyu'，wenchou'，yanliang'，
pangde'，huaxiong'，yujing'，
lümeng'，ganning'，panzhang'．

c. 谓词 ＝ （Fuluo'(y)）(x) ＝ x 俘虏 y；(Sha'(y))(x) ＝ x 杀 y．

d. 赋值函项 F^1

F^1(guanyu')　＝关羽；　F^1(huaxiong')　＝华雄；
F^1(wenchou')　＝文丑；　F^1(yujing')　　＝于禁；
F^1(yanliang')　＝颜良；　F^1(lümeng')　　＝吕蒙；
F^1(pangde')　　＝庞德；　F^1(ganning')　＝甘宁；
F^1(panzhang') ＝潘璋。

F^1(Sha')　　　＝｛<关羽、华雄>，<关羽、文丑>，
<关羽、颜良>，<关羽、庞德>｝；

F^1(Fuluo')　　＝｛<关羽、于禁>，<吕蒙、关羽>，
<潘璋、关羽>，<关羽、庞德>｝。

(57) 被关羽杀了。

设我们已得出了（57）的逻辑式：λx[(Sha'(x))(guanyu')]．e→t
另设有变量赋值函项 g^1：

(58) g^1 | x　→华雄
y　→吕蒙
z　→于禁
x_1 →甘宁
y_1 →文丑
z_1 →颜良
x_2 →关羽
⋮

根据"被关羽杀了"的特征函项（59），可以得出（57）的真值（60）：

第七章　λ-转换

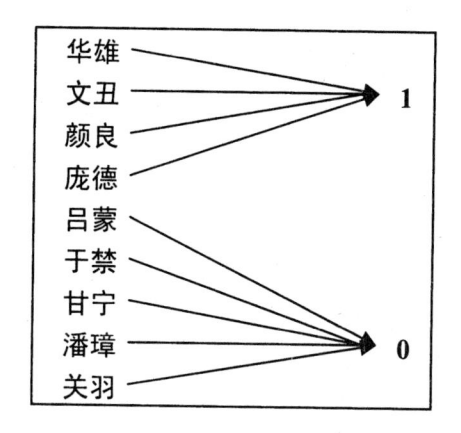

(59)

```
华雄 ─────────→ 1
文丑 ─────────↗
颜良 ─────────↗
庞德 ─────────↗
吕蒙 ─────────→ 0
于禁 ─────────↗
甘宁 ─────────↗
潘璋 ─────────↗
关羽 ─────────↗
```

(60)

a. 　　〚λx[Sha'(x)(guanyu')](huaxiong')〛^{M1,g1}.

⇒　〚(Sha'(x))(guanyu')〛$^{M1,g1[huaxiong']\text{-}M1/x}$.

⇒　〚(Sha'(huaxiong'))(guanyu')〛^{M1,g1}.

⇒　〚Sha'(huaxiong')〛^{M1,g1}(〚guanyu'〛^{M1,g1}).

⇒　(〚Sha'〛^{M1,g1}(〚huaxiong'〛^{M1,g1}))(〚guanyu'〛^{M1,g1}).

b. 　　〚Sha'〛^{M1,g1} = F^1(Sha') = (56d).

c. 　　〚huaxiong'〛^{M1,g1} = F^1(huaxiong') = 华雄.

d. 　　〚guanyu'〛^{M1,g1} = F^1(guanyu') = 关羽.

e. 　　(〚Sha'〛^{M1,g1}(〚huaxiong'〛^{M1,g1}))(〚guanyu'〛^{M1,g1})

⇒　(59) = 1.

(60e)简化了一步,我们既已把"被关羽杀了"当作一个谓词并表示成了特征函项(59),就不必再从 e→(e→t)的角度分两步验证(60),[①]而只需按 e→t 来检验它。从中我们可以看到,λ-表达式可以把一些复杂的性质简化为一元谓词。

(60)的结果虽为真,但这只是根据 g^1 得出的结果,我们还需进行不同的变量赋值,以得出(57)的其他结果。

如果我们用 g$^1_1$, g$^1_2$, g$^1_3$, 等对变量作不同赋值,我们便可以得出以下结果:

[①] 即按华雄→(关羽→{1, 0})的过程验证(60)。

（61）
a. g^1_1 $|x→吕蒙|$，
b. $[\]\!]^{M^1,g^1_1} = 0.$

（62）
a. g^1_2 $|x→于禁|$，
b. $[\]\!]^{M^1,g^1_2} = 0.$

（63）
a. g^1_3 $|x→甘宁|$，
b. $[\]\!]^{M^1,g^1_3} = 0.$

（64）
a. g^1_4 $|x→潘璋|$，
b. $[\]\!]^{M^1,g^1_4} = 0.$

（65）
a. g^1_5 $|x→关羽|$，
b. $[\]\!]^{M^1,g^1_5} = 0.$

（66）
a. g^1_6 $|x→文丑|$，
b. $[\]\!]^{M^1,g^1_6} = 1.$

（67）
a. g^1_7 $|x→颜良|$，
b. $[\]\!]^{M^1,g^1_7} = 1.$

（68）
a. g^1_8 $|x→庞德|$，
b. $[\]\!]^{M^1,g^1_8} = 1.$

思考与练习三

1. 根据模型 M^1，试计算下列语句的真值：
   （1）关羽把于禁俘虏了。
   （2）庞德被甘宁俘虏了。
   （3）吕蒙俘虏了关羽。
   （4）庞德杀了关羽。

（5）关羽把一个人杀了。

（6）每个人都被关羽俘虏过。

2. 参考第五、六章，试述 λ-表达式、量化式和不含变量的谓词逻辑式在真值验证上的异同点。

第五节 广义的 λ-转换

（55）所列的 λ-表达式的语义解释规则显然是不全面的，因为它只涉及含有一个 λ-前束式的 λ-表达式。为求包容多重 λ-抽象式，我们可以将（55）扩展成 λ-表达式的广义解释规则：

（69）设 φ 为含有变量 u 的 b 类表达式且 u 为 a 类表达式，则〖λu[φ]〗^{M,g} 为从 D_a 到 D_b 的函项 h。对 D_a 集合中的所有成分而言，h(**a**) 等于〖φ〗$^{M,g[a/u]}$。

（69）是 λ-表达式语义解释的广义规则，而（34）和（46）则为 λ-表达式句法上的广义规则。

从已经得到的定义看，λ-转换的适用范围远远不止我们已经考察的情况，无论是对形式语言还是对自然语句的逻辑式而言，都是这样。设有命题函项（70），我们可以对论元 x、y 一一抽象，得（71）和（72）：

（70） P(x,y).   t

（71） λy[P(x,y)].   e→t

（72） λx[λy[P(x,y)]].   e→(e→t)

但（69）也应允许我们对 P 这个二元谓词作抽象，得到（73）：

（73） a. λP[P(x,y)].   (e→(e→t))→t

b. λP[λx[P(x,y)]].   (e→(e→t))→(e→t)

c. λP[λx[λy[P(x,y)]]]. (e→(e→t))→(e→(e→t))

对谓词的抽象使我们不得不引入**谓词变量**（predicate variable）这个概念。在一阶谓词逻辑里，只有论元有常量、变量之分，谓词始终只是常量。而在二阶谓词逻辑里，谓词也有常量、变量之分。所以 λ-演算的描写能力已超出了一阶逻辑。① 然而，谓词不管是常量还是变量，都

---

① 结合本书第五、六章的内容，在讨论副词的类型(e→t)→(e→t)、斯科林前束范式和分枝量词时，我们已经在引用二阶逻辑的概念和技术了。

不是我们先前定义的项（term），项只能由个体常量或个体变量充任。自此，我们在讨论中不但要明确个体常量和个体变量之分，也要分清谓词常量和谓词变量。(73a)—(73c) 中的 P 都是谓词变量，因为 P 被 λP 所约束。但孤立地看(70)—(72) 中的 P，尚不能知道 P 是谓词常量还是变量。从一阶逻辑的角度看，P 应是谓词常量。如果是二阶逻辑，则要看有关的句法规定，如果句法规定谓词常量为 F、G、H……而谓词变量为 P、Q、R……则 P 为谓词变量。而在另外的规定里，则 P 可以为谓词常量。因此，形式语义学的文献一般都需在开头列出所采用的表达系统，包括其句法规定及其语义解释，以方便理解。

既然可以抽象谓词，我们就可以考察一下量词的抽象语义式。已知(74) 和 (75) 分别为全称量化命题和存在量化命题，运用 λ-抽象便可以得出量词 ∀ 与 ∃ 的语义表达式及其相应的类型：①

(74) a. ∀x(P(x)→Q(x)).　　　　　　　t
    b. λQ[∀x(P(x)→Q(x))].　　　　　(e→t)→t
    c. λP[λQ[∀x(P(x)→Q(x))]]. (e→t)→((e→t)→t)

(75) a. ∃x(P(x)&Q(x)).　　　　　　　t
    b. λQ[∃x(P(x)&Q(x))].　　　　　(e→t)→t
    c. λP[λQ[∃x(P(x)&Q(x))]]. (e→t)→((e→t)→t)

由此得出量词的类型为 (e→t)→((e→t)→t)，而量化名词组 QNP 的类型便是 (e→t)→t，如 (76) 所示。

(76) a. 每个人　= $_{tr}$　λQ[∀x(Ren'(x)→Q(x))].
    b. 一个人　= $_{tr}$　λQ[∃x(Ren'(x)&Q(x))].
    c. no one　= $_{tr}$　λQ[~∃x(Man'(x)&Q(x))].②

谓词变量 P(x)、Q(x) 等并不一定仅表示一元谓词，而是应视具体的代入谓词的价而定，代入 P、Q 的谓词可以是一元，也可以是二元甚至是更多元的，不管代入谓词是何者，都要保证 x 在代入的谓词中占一论

---

① 我们将在下一章里讨论量词的范畴表达及其推导。
② "无人"、"没有"、"有人" 在汉语语法中一般不被看作是自成一体的名词组，而是被当作谓词 "没有/有/无" 与宾语 "人" 的句法组合，有别于英语中的 "no one" 等，参见赵元任（Chao, 1955）。比如 "no one" 既可当主语又可当宾语，但 "无人" 就不能出现在宾语位置。（否则就成了 "谓 + 谓 + 宾" 的不合法结构。）

元位置。下举数例：

(77)
a. 每个教师 =$_{tr}$ λQ[∀x(Jiaoshi'(x)→Q(x))]. (e→t)→t
b. 喜欢小梅 =$_{tr}$ λy[(Xihuan'(xiaomei'))(y)]. e→t
c. 每个教师都喜欢小梅　=$_{tr}$
λQ[∀x(Jiaoshi'(x)→Q(x))](λy[(Xihuan'(xiaomei'))(y)]). t
⇒　∀x(Jiaoshi'(x)→λy[(Xihuan'(xiaomei'))(y)](x)). 　　t
⇒　∀x(Jiaoshi'(x)→(Xihuan'(xiaomei'))(x)). 　　　　t

(78)
a. 一个学生 =$_{tr}$ λQ[∃x(Xuesheng'(x)&Q(x))]. 　　(e→t)→t
b. 给张三一封信 =$_{tr}$
λz[∃y(Xin'(y)&((Gei'(y))(zhangsan'))(z))]. e→t
c. 一个学生给了张三一封信　=$_{tr}$
λQ[∃x(Xuesheng'(x)&Q(x))](λz[∃y(Xin'(y)&((Gei'(y))(zhangsan'))(z))]). 　　　　　t
⇒ ∃x(Xuesheng'(x)&λz[∃y(Xin'(y)&((Gei'(y))(zhangsan'))(z))](x)). 　　　　t
⇒ ∃x(Xuesheng'(x)& ∃y(Xin'(y)&((Gei'(y))(zhangsan'))(x))). 　　　　t

(79)
a. no one =$_{tr}$ λQ[~∃x(Man'(x)&Q(x))]. 　(e→t)→t
b. read every book =$_{tr}$ λz[∀y(Book'(y)→(Read'(y))(z))]. e→t
c. No one read every book =$_{tr}$
λQ[~∃x(Man'(x)&Q(x))](λz[∀y(book'(y)→(Read'(y))(z))]). 　t
⇒ ~∃x(Man'(x)&λz[∀y(book'(y)→(Read'(y))(z))](x)). 　　　　t
⇒ ~∃x(Man'(x)& ∀y(Book'(y)→(Read'(y))(x))). 　　　t

在（77）—（79）中，谓词所包含的变量论元的字母与代入 QNP 中的变量字母并不相同，但这不妨碍我们把两者联系起来，因为两个各自独立的表达式所含的变量是分别拟定的,在组合时可以按需要而统一起来。另一方面,如果两个表达式在组合时恰巧共有相同的变量字母,这也并不说明它们所指称的是同一对象,我们需要小心对待。如果两相同字母的论元并无联系,就应该更换字母,以免出现谬误。以下就是两个例子:

(80)   λy[∀x(Ren'(x)→(Xihuan'(y))(x))](x).
  ⇒ λy[∀x(Ren'(x)→(Xihuan'(y))(x))](z).
  ⇒ ∀x(Ren'(x)→(Xihuan'(z))(x)).
  ≠ ∀x(Ren'(x)→(Xihuan'(x))(x)).

(81) 每个人都写了一本小说。
λQ[∀x(Ren'(x)→Q(x))](λy[∃x(Xiaoshuo'(x)&Xie'(x))(y))]).
⇒λQ[∀x(Ren'(x)→Q(x))](λy[∃z(Xiaoshuo'(z)&Xie'(z))(y))]).
⇒ ∀x(Ren'(x)→λy[∃z(Xiaoshuo'(z)&Xie'(z))(y))](x)).
⇒ ∀x(Ren'(x)→∃z(Xiaoshuo'(z)&Xie'(z))(x))).

就是说,λ-还原允许我们作一些**字母变换**(alphabetic variation),将含有雷同字母的表达式转换成它**字母变换式**(alphabetic variant)。

按照λ-表达式的句法、语义定义,我们还可以对命题本身作一抽象,把一个命题转化为命题变量。这在研究复合命题时特别有用。而把命题看成变量,是一阶命题逻辑便已允许的做法。这使我们得以把逻辑连词翻译成以下逻辑式:

(82)   a. 且   = $_{tr}$ λ*P*[λ*Q*[*P* & *Q*]].   t→(t→t)
   b. 或者 = $_{tr}$ λ*P*[λ*Q*[*P* ∨ *Q*]].   t→(t→t)
   c. 如果 = $_{tr}$ λ*P*[λ*Q*[*P*→*Q*]].   t→(t→t)
   d. 当且仅当 = $_{tr}$ λ*P*[λ*Q*[*P*↔*Q*]].   t→(t→t)①

与本书第四章的处理方法不同的是,我们不再把诸如"且"、"或者"、"如果"、"当且仅当"等连词直接翻译成&、∨、→和↔等逻辑连词,而是把它们译成λ-抽象式。这样处理的好处在于连词始终与其

---

① 在此我们用斜体字母表示**命题变量**(propositional variable)。

连接的项同时出现,体现了连接词的实质。而在第五章中,由于没有(82)的定义,我们只能得出(P &)或(P→)这样荒谬的中间结果,然后再加上 Q 以最后取得 P & Q,或P→Q。

纵观 λ – 转换在语言学中的应用,可以得出这样的结论:从句法上讲,λ – 转换实际上是一种函项,被抽象的部分为函项的主目,如果引入一单位代入主目位置,则可以得出该函项的一个特定值。在多重 λ – 抽象式中,函项、主目的角色在不同阶段由不同成分担任,最左边即辖域最大的 λ – 前束式约束的就是函项的主目位置。下举二例说明:

(83) a. F(x,y).
  b. λy[P(x,y)].   (主目为 y)
  c. λx[λy[P(x,y)]]. (主目为 x)

(84) a. P(m,x).
  b. λx[P(m,x)].   (主目为 x)
  c. λP[λx[P(m,x)]]. (主目为 P)

有了作为函项的 λ – 表达式,就可以用逻辑语言表述自然语言的许多复杂性质。在引进该技术之前,我们只能用语句表达命题,用谓词及其修饰语表述较简单的性质,而 λ – 表达式使我们可以轻松自如地表达其他复杂性质,比如下列语法结构都需借助 λ – 抽象才能表达成逻辑式:

(85) a. 张三所喜欢的、李四写的、武松杀的、时迁偷的;
  b. 张三的所作所为、杨雄和石秀干的;
  c. 吃的、用的、听的、看的;
  d. 吃食堂的、上饭馆的、开公司的、领工资的、天上飞的、地上爬的;
  e. 所有长四条腿的、一只长着角的;
  f.(庖丁)手之所触、肩之所倚。

最后我们再介绍一下借助 λ – 转换来表达省略结构的方法。先看以下例句:

(86) 张三去上海,李四没去。
(87) 张三没有照顾自己,李四也没有。
(88) 张三说他负责,李四也这么说。
(89) 黛玉认为她爱宝玉,宝钗也有同感。

(86)的第二个分句省略了宾语,用 λ - 表达式处理如下:

(86') a. 张三去上海 　　 $=_{tr}$ （Qu'(shanghai'))(zhangsan'). t

　　　b. Δ 　　 $=_{tr}$ $\lambda P[\lambda Q[P \& Q]]$. 　　　　t→(t→t)

　　　c. 李四没去 　　 $=_{tr}$ $\lambda x[\sim(Qu'(x))(lisi')]$. 　　e→t

　　　⇒ $\lambda x[\sim(Qu'(x))(lisi')]$(shanghai'). 　　t

　　　⇒ ~(Qu'(shanghai'))(lisi'). 　　　　　　　t

　　　a + b =

　　　$\lambda Q[((Qu'(shanghai'))(zhangsan'))\&Q]$. 　t→t

　　　a + b + c =

((Qu'(shanghai'))(zhangsan'))&(~(Qu'(shanghai'))(lisi')). t

在(86'c)中,我们承前引入宾语 shanghai',经 λ - 还原得出完整的子句。

(87) 只能理解成(90),而不能理解成(91):

(90) 张三$_i$ 没有照顾自己$_i$,李四$_j$ 也没有照顾自己$_j$。

(91) 张三$_i$ 没有照顾自己$_i$,李四$_j$ 也没有照顾张三。

鉴于(91)不被认可,我们可以通过制定特定的 λ - 表达式来描述这一现象:

(92) a. 照顾自己 　　　　 $=_{tr}$ $\lambda x[(Zhaogu'(x))(x)]$. e→t

　　　b. 张三没有照顾自己 $=_{tr}$

　　　$\lambda x[\sim(Zhaogu'(x))(x)]$(zhangsan'). 　　　　t

　　　⇒ ~(Zhaogu'(zhangsan'))(zhangsan'). 　　　　t

　　　c. 李四也没有 　　 $=_{tr}$ $\lambda x[\sim(Zhaogu'(x))(x)]$(lisi'). t

　　　⇒ ~(Zhaogu'(lisi'))(lisi'). 　　　　　　　　　t

也就是说,(87)的第二分句中省略的是出现在第一分句中的(92a),所以在相应的语义表达中引入(92a),与主语论元合并再加上否定词,得出的只能是(90)而不是(91)。

(88)的语义却有三种可能:

(93) 张三$_i$ 说他$_i$ 负责,李四$_j$ 说他$_i$ 负责。

(94) 张三$_i$ 说他$_j$ 负责,李四$_j$ 说他$_j$ 负责。

(95) 张三$_i$ 说他$_j$ 负责,李四$_k$ 说他$_j$ 负责。

按(93)的解释,第二分句的"他"应严格与前一分句的"他"

同指，所以我们称之为**严格解**（strict reading）。按（94）的解释，各分句中内嵌句的代词主语与分句主语同指，两分句间相同部分并不需要完全等同，关系较宽松，所以可以叫做**宽松解**（sloppy reading）。而（95）中的两个"他"都同指第三者，可以看成是第二分句的"他"与第一分句的"他"同指，所以也属严格解。区分严格解与宽松解的关键在于如何解释第二分句中的"这么"。如果把"这么"理解作"x_i 负责"，则会按已定的下标去理解第一分句中的"他"，即把它理解成专名。这样就使我们得出了（93）或（95）的严格解。如把"这么"与"x 负责"等同，则会使我们得出（94）的宽松解。具体过程如下：

（96） a. 他负责   =$_{tr}$ Fuze'(x).t

        令 x = zhangsan'

   ⇒   Fuze'($x_{zhangsan'}$).t

   b. y 说他负责 =$_{tr}$

        λP[Shuo'(P)(y)](Fuze'($x_{zhangsan'}$)).t

   ⇒   (Shuo'(Fuze'($x_{zhangsan'}$)))(y).

        张三说他负责

        λy[(Shuo'(Fuze'($x_{zhangsan'}$)))(y)](zhangsan').t

   ⇒   (Shuo'(Fuze'($x_{zhangsan'}$)))(zhangsan').t

   c. 这么   =$_{tr}$ Fuze'($x_{zhangsan'}$).t

   d. 李四也这么说 =$_{tr}$

        λy[(Shuo'(Fuze'($x_{zhangsan'}$)))(y)](lisi').t

   ⇒   (Shuo'(Fuze'($x_{zhangsan'}$)))(lisi').t

   e. 也   =$_{tr}$ &

   f. 张三说他负责，李四也这么说。

        [(Shuo'(Fuze'($x_{zs'}$)))(zhangsan')] & [(Shuo'(Fuze'($x_{zs'}$)))(lisi')].t

（96）的组合过程可以通过（96'）的树形图来说明，式中的"张三"被处理成广义量词，通过内进式量化与第二层的 IP 组合，[①] 借助

[①] 有关的技术方法在下一章介绍。在此只需根据第六章第六节介绍转换语法的分析方法，把广义量词置于句首的非论元位置（A'）上。

λ-还原代入由受约变量 y 占据的主语位置。动词"说"的类型是 t→(e→t),它接受一个 t 类表达式,即宾语从句,然后再与一个 e 类表达式合并成句。在本句中,我们把从句的主语"他"看成是一个**有指代词**(referential pronoun),即它有特定的指称。"他"的指称需要特别确定,为此我们在(96)中用了"令 x = zhangsan'"这个规定性语句,以模仿指称确定这个过程。因此,x 与 zhangsan'就有了相同的指称。在组合第二个分句"李四也这么说"时,"李四"与已经确定代词所指的从句"λy[(Shuo'(Fuze'(x_{zhangsan'})))(y)]"结合,得到的只能是严格解。如果有指代词的指称被确定为与"张三"和"李四"皆不同的人,则可以令我们得到(95),但(95)与(96)的组合方式并无区别,得到的同属严格解。

(96')

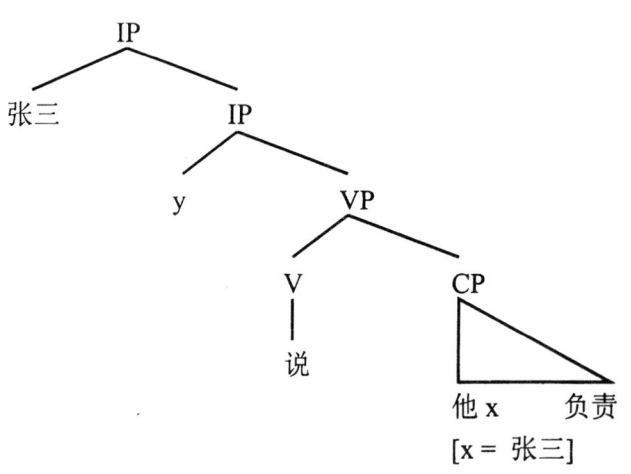

```
              IP
             /  \
           张三   IP
                /  \
               y    VP
                   /  \
                  V    CP
                  |    /\
                  说  他x  负责
                     [x = 张三]
```

(97) a. 他负责 $=_{tr}$ Fuze'(x).t

b. x 说他负责 $=_{tr}$
$\lambda P[(Shuo'(P))(x)](Fuze'(x)).t$
⇒ (Shuo'(Fuze'(x)))(x).t

c. 张三说他负责
$\lambda x[(Shuo'(Fuze'(x)))(x)](zhangsan').t$
⇒ (Shuo'(Fuze'(zhangsan')))(zhangsan').t

d. 这么 $=_{tr}$ Fuze'(x).t

e. 李四也这么说 $=_{tr}$

$$\lambda x[(Shuo'(Fuze'(x)))(x)](lisi').t$$
$$\Rightarrow (Shuo'(Fuze'(lisi')))(lisi').t$$

e. 也 $=_{tr}$ &

f. 张三说他负责，李四也这么说。

$$[(Shuo'(Fuze'(zs')))(zs')] \& [(Shuo'(Fuze'(lisi')))(lisi')].t$$

（97）中的代词"他"被处理成受约变量，而不是有指代词。该受约变量与主语位置上的受约变量 x 都受同一个 λx 约束，被广义量词"张三"同时代入，有关图形参见（97'）。在处理第二个分句时同样如此。得到的结果就成了宽松解。

（97'）

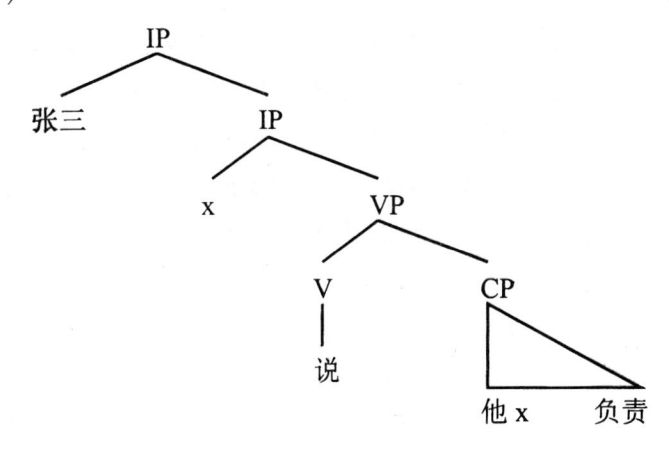

```
           IP
          /  \
        张三   IP
              /  \
             x    VP
                 /  \
                V    CP
                |   /  \
                说  他x 负责
```

思考与练习四

1. 将（85）译成相应的 λ - 表达式。

2. 试述（89）的可能解释并说明。

3. 试组出含有谓词变量的 λ - 抽象式的特征函项。

4. 参照（74）—（79）中对量化结构的 λ - 表达和赋类，讨论由此对语句组合的影响。

第六节 λ - 抽象与条件引入规则

λ - 转换只作用于逻辑式，并不直接作用于类型式和范畴式。然而，

λ-演算给相关的类型和范畴都带来了伴随性效应，两者之间的联系是我们要在本节阐释的内容。

我们先从**假设规则**（Rule of Assumption，A）和**条件引入规则**（→introduction，→I）谈起。

逻辑推导要求由给定的前提导出特定的结论。设 A_1，A_2，…A_n 和 B 皆为一阶逻辑中的合法表达式，则抽象式（98）告诉我们，给定**断言符号** ⊢（assertion sign，又名**旋栅号** turnstile）左边的假设，可以导出右边的结论。

(98) $A_1, A_2, \cdots A_n \vdash B$.

在具体的推导演算过程中，可以在任何阶段引进任何假设，这种做法叫做假设规则。顾名思义，假设规则不但允许我们引入（98）中给定的假设，还允许我们引入任何其他的假设。但如果引入了额外的假设并且在推导时使用了它们，便需要在推导结束前将其消去。这样，得到的结论便只依赖于给定的假设，符合（98）的题意。如果使用了额外的假设而又不将其消除，那么得到的结论既依赖于给定的假设，又依赖于额外引入的假设，虽然得出了所求的结论，然而答非所问，与（98）的题意不符。下面我们举个一阶命题逻辑的例子来说明：

(99) $P \rightarrow (Q \rightarrow R) \vdash Q \rightarrow (P \rightarrow R)$.

A	B	C	D
1	[1]	$P \rightarrow (Q \rightarrow R)$	A
2	[2]	Q	A^1
3	[3]	P	A^2
1, 3	[4]	$Q \rightarrow R$	1, 3 →E①
1, 2, 3	[5]	R	2, 4 →E
1, 2	[6]	$P \rightarrow R$	3, 5 →I^{-2}②
1	[7]	$Q \rightarrow (P \rightarrow R)$	2, 6 →I^{-1}

［纵栏 A = 本行结论所依赖的假设；B = 推导行序；C = 逻辑式；D = 应用的规则及其所依据的前提。］

―――――――――

① E 表**消除**（elimination），→E 又称**肯定前件规则**（Modus Ponendo Ponens，MPP）。即给定大前提 A→B 和小前提 A，可得到 B。参见本书第二章。

② I 代表**引入**（introduction），→I 又称**有条件的证明**［Conditional Proof（CP）］，即：如基于假设 A 证明了结论 B，则可得出基于其他假设（如有的话）的结论 A→B。

第七章 λ－转换

前提（premise）与**假设**（assumption）的区别在于：前提既可以是假设，又可以是上一步运算得出的中期结论。所以假设只是前提的一部分。

在（99）的［1］中，我们引入给定的假设，所用规则为假设规则，记作 A。［2］、［3］引入两个额外假设。这两步的动因是我们根据结论反推，预料到需要 Q 和 P 这两个前提。这是处理以条件式为结论的推导运算的常规方法，即把条件式结论的前件列为额外假设。如后件仍是条件式，则再将其前件列为额外假设。由于这些额外假设需要在最后消去，所以我们在有关假设规则边上各作一记号，如 A^1、A^2。每行的逻辑式都是一个运算步骤的结论，所以依赖于某个或几个假设。［1］本身是运用假设规则的结果，所以依赖于自己，［2］、［3］也一样。据［1］和［3］两个前提，我们运用条件消除规则→E，得到［4］。［4］的前提为［1］、［3］，而［1］、［3］所依赖的假设分别为 *1*、*3*，所以［4］依赖于假设 *1*、*3*。同理，我们根据［2］、［4］得到［5］。［5］依赖于［2］、［4］所依赖的假设，即 *1*、*2*、*3*。运用条件引入规则→I，可以将［3］中的 P 和［5］中的 R 结合成［6］。［3］中的 P 既然已被结合进［6］，成为条件式的前件，那么作为额外假设的 *3* 便不复存在。所以［6］只依赖于假设 *1*、*2*。同时我们在相关的→I 规则的右上角注上-2，表示第二条额外假设已被消除。同理，根据［2］和［6］，得到［7］，同时消除第一条额外假设。［7］因此只依赖于假设 *1*。

比较上述逻辑演算的内容与 λ－演算的方法，可得如下结论：

第一，引入自由变量（不管是个体的还是谓词的）以组合成 t 类的命题函项，就好比引入一个额外假设，需要在适当阶段将它消除。

第二，λ－演算中消除自由变量的方法为 λ－抽象，将有关逻辑式中的自由变量抽象成受 λ－算子约束的变量，这也是一个消除额外假设的过程。

第三，鉴于逻辑式的语义类型以条件式出现，而语型范畴的斜线表达式也可以转化为条件式，所以当 λ－抽象应用于语句的逻辑式时，→I 可以同时应用于语型范畴和语义类型，把抽象了的语言单位所属的范畴／类型放回到范畴式／类型式中去。

至此，我们所建构的以类型论为基础的部分汉语语句系统 C_t 就可以恰如其分地容纳λ-转换的机制了，C_t的描写和解释能力因此得到了极大的扩展。

阅读文选

坎恩（Cann, 1993：第五章）、基尔基亚与麦考耐尔-基内（Chierchia & McConnell-Ginet, 2000：第七章）、马神武（McCawley, 1993：第八章）、道蒂等（Dowty et al., 1981：第四章）和帕蒂等（Partee et al., 1990：第十三章）都对λ-转换作了详细的介绍并附有对英语相关结构（如省略、关系从句、被动句等）的处理。

朱水林（主编）（1992：第七章）从数理逻辑的角度对λ-演算做了介绍，技术性较强。

更专门的论述当属λ-演算的创始人丘奇［Church］的著作（Church, 1941）。潘洛斯（Penrose, 1989）对丘奇的λ-演算作了科普性的介绍。

第八章 广义量词

本章首先从集合论的角度讨论量化名词的语义特征，然后介绍**广义量词**（generalized quantifier）这个概念并从广义量词的角度分析名词词组。接着我们转入对广义量词的句法运算，并借此解决量化结构的歧义表达问题。在讨论了广义量词的语义解释之后，我们再介绍一些相关的逻辑语义现象。最后我们讨论语义类型的等级及其相互间的转换。

第一节 从量词到广义量词

在上一章里，我们得出了量词及量化名词组的抽象逻辑语义表达式和语义类型，复列于下：

(1) a. 每（个） $=_{tr}$ λp[λQ[∀x(P(x)→Q(x))]].
        (e→t)→((e→t)→t)
    b. 一（个） $=_{tr}$ λp[λQ[∃x(P(x)&Q(x))]].
        (e→t)→((e→t)→t)

(2) a. 每（个）N $=_{tr}$ λQ[∀x(N'(x)→Q(x))].
        (e→t)→t
    b. 一（个）N $=_{tr}$ λQ[∃x(N'(x)&Q(x))].
        (e→t)→t

（N 为类名词，N' 为 N 的逻辑式。）

(1)和(2)中的逻辑表达式是运用 λ-抽象抽取谓词后得到的结果，这我们已经详细讨论过。然而，(1)和(2)中的语义类型全凭机械的句法演算而得到，即与 λ-抽象同步获得。(e→t)→t 和 (e→t)→((e→t)→t) 这两种全然陌生的类型在语义上到底指谓什么，我们并没有说明。倘若因句法操作而得出的语义类型在逻辑语义的层面没有对应的抽象实体，那么它们的存在就缺乏依据。所以，确立上述类型的指谓对象，就成了我们的首要任务。

我们已经知道，专有名词指谓个体，所以具类型 e。但量化名词组 QNP 不指谓确定的个体，所以不能简单地赋之以类型 e。从这个意义上说，QNP 是**非指称的**（non-referential）。为确定 QNP 的指谓对象，我们需重新考察 NP 对句子真值语义的贡献。让我们再看一下简单的量化主谓句：

（3）每个学生都吸烟。

（4）每个学生都迟到了。

（5）每个学生都喜欢小梅。

根据主谓句的真值条件，（3）为真当且仅当个个学生都具吸烟的性质，即个个学生都是性质"吸烟"的外延集合中的成员。同样，（4）为真当且仅当个个学生都是性质"迟到"的外延集合中的成员；（5）为真当且仅当个个学生都是性质"喜欢小梅"外延集合中的成员。这样，"每个学生"可以同时具有许多性质。从中我们可以抽象出以下模式：

（6）"每个学生$_i$ + VP"为真当且仅当个个学生具性质 X_1、X_2、… X_n。（X_i 表示某个性质）

也就是说，我们可以认为〖每个学生〗这个语义单位汇集了一些性质，是这些性质的集合。欲知语句（7）是否为真，只需确定 VP 所具的性质是否为〖每个学生〗所汇集的性质集合中的一员。

（7）每个学生 VP。

就例（3）—（5）而言，我们只需确定性质〖吸烟〗、〖迟到〗、〖喜欢小梅〗相对于某个模型，是否分别为性质的集合〖每个学生〗中的成员。

再抽象一点，我们得到了（8）：

（8）"每个 N VP"为真当且仅当〖VP'〗^{M,g} ∈〖每个 N'〗^{M,g}。

同理，根据例（9）—（11），我们可以得出存在量化句的真值条件（12）：

（9）一个学生跑步。

（10）一个学生吸烟。

第八章 广义量词

(11) 一个学生喜欢小梅。

(12) "一个 N VP"为真当且仅当〖VP'〗^{M,g} ∈〖一个 N'〗^{M,g}。

这样，性质本身已经是个体的集合，那么性质的集合便成了**集合的集合**（set of sets, family of sets）。所以 QNP 便指谓集合的集合这一抽象的逻辑语义实体。从特征函项的角度看，QNP 所指谓的函项对有关的一组性质（e→t）一一做判断，如某性质属于 QNP 指谓的集合，则导致真，否则结果便为假。所以这是一种从 e→t 到 t 的特征函项，图示如下：

(13)

$$\boxed{A} \longrightarrow \boxed{\{1,0\}} \longrightarrow \boxed{\{1,0\}}$$

（A = 论域，即个体的集合）

由此我们从语义上得出了与上一章相同的结论：QNP 的类型应为 (e→t) →t。

那么如何分辨"每个 N"与"一个 N"的区别呢？给定"每个 N VP"，则对每个 x_i，x_i ∈〖N'〗来说 x_i ∈〖VP'〗。即〖N'〗中的每个个体 x 都应具〖VP'〗的性质，也就是说 x_i 必须为〖VP'〗中的成员。而相关的〖QNP'〗$_{每个}$则为一组各自包含每一个 x 的性质 $\{P_1, P_2, P_3 \cdots P_n\}$ 的集合。这个关系可以用下图示范：

(14)〖每个 N'〗^{M,g} =

给定"一个 N VP"，则至少有某个 x_i，x_i ∈〖N'〗对该 x_i 来说，x_i ∈〖VP'〗。而相应的〖QNP'〗$_{一个}$便是一组性质的集合，每个性质 P_i 包含这个或那个个体 x_i。图示如下：

(P_i 为某个性质)

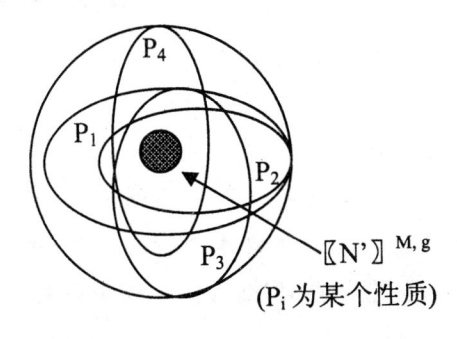

(15)〖一个 N'〗^{M,g} =

⟦N'⟧ ^{M, g}

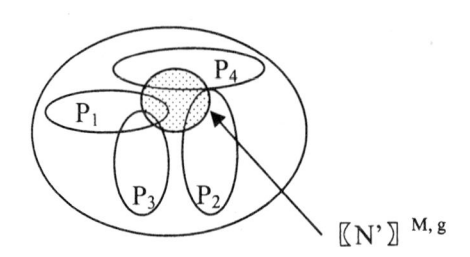

现在我们用集合论的术语，对上述结论作一形式化的描写。设 A 为类名词 N 的指谓，即 A = ⟦N'⟧，X 指 QNP 所具有的任意一个性质，|A| 指集合 A 的数目，U 为论域，则：

(16) ⟦每个 N'⟧ = {X⊆U | A⊆X}.

　　　(X 为论域 U 的子集，A 为 X 的子集。)

(17) ⟦一个 N'⟧ = {X⊆U | X∩A≠φ}.

　　　(X 与 A 的交集不为空集。)

不仅与标准量词相对应的 ⟦每个 N'⟧ 和 ⟦一个 N'⟧ 可以用集合论定义，含非标准量词和基数词的 NP 也可用此法定义，现举三例：

(18) ⟦no N'⟧ = {X⊆U | A∩X = φ}.

(19) ⟦两个 N'⟧ = {X⊆U | |A∩X|≥2}.

(20) ⟦大多数 N'⟧ = {X⊆U | |A∩X| > |A − X|}.

　　　(A、X 的交集中的个体数大于 X 相对于 A 的补集的个体数。)

我们把所有指谓集合之集合的语义单位称作**广义量词**（generalized quantifiers，简称 GQ）。在自然语言中，GQ 对应于完整的 NP，包括 QNP 和其他 NP，关于其他 NP 的 GQ 解释我们将在下一节详述。也就是说，按正统的 GQ 理论，GQ 并不对应于**限定词**（determiner），[①] 而后者先前却被认为与一阶逻辑中的 ∀ 与 ∃ 相对应。所以 GQ 不同于一阶逻辑的量词。这种观点更符合自然语言的语义结构。自然语言中的 QNP 为独立单位，可是在译成非限定量化逻辑式时却被割裂开来，成为量词前束式、类名词（在逻辑式中表达成了谓词）和逻辑连词三个部分，只有在限定的量化式中前束式和类名词才相互毗邻，但单凭限定的量化式表达法仍不能令 QNP 作为一个单位解释。这使组合性原则

[①] 也有与此不同的观点，参看本章末的阅读文选。

难以全面贯彻，也就是说：语义解释的组合过程与语句生成的组合过程不能同构，GQ 理论则解决了这个难题。GQ 的构思还有另一个优越性，即它使非标准量词的定义和表达成为可能。巴怀士和库珀（Barwise & Cooper, 1981）指出，传统的一阶逻辑表达方式无法用来表达某些量化概念，如"大多数"、"至少 1/2"、"最多 3/4"、"整整一半"等，因为标准量词的定义与类名词的解释无关，而非标准量化单位的定义却依赖于类名词所指谓的集合的性质（即该集合的个体数量）及上下文语境。这促使我们把 QNP 当作一个单位统一描写、统一考察，GQ 的设计满足了这个需要。

GQ 与整个 NP 对等，而 NP 又可进一步分为限定词 Det 和类名词 N。我们已知〖N'〗指谓个体的集合，那么〖Det'〗的语义性质是什么呢？

从第七章可知〖Det'〗的语义类型为 (e→t)→((e→t)→t)。现在我们还知道 Det 与类名词 N 组合得到 GQ。可以把 Det 看成是一种函项，其输入为集合（类名词的语义值），输出为集合的集合（GQ 的语义值）。也就是说，Det 是从个体集合到 GQ 的函项。这样，Det 的语义就可用集合论作如下定义：

对每个 Y⊆U 而言（Y 为类名词 N 的语义值，即 Y =〖N'〗）：

(21) 〖每(个)〗(Y) = {X⊆U | Y⊆X}.

(22) 〖一(个)〗(Y) = {X⊆U | X∩Y≠φ}.

(23) 〖两(个)〗(Y) = {X⊆U | |X∩Y|≥2}.

(24) 〖no〗(Y) = {X⊆U | Y∩X = φ}.

(25) 〖大多数〗(Y) = {X⊆U | |Y∩X| > |Y-X|}.

(21) — (25) 似乎与 (16) — (20) 并无二致，那为什么还要重复定义呢？关键在于 (16) — (20) 是对〖GQ〗的定义，未把 Det 和 N 分离开来，而 (21) — (25) 是对〖Det〗语义值的定义，Y 被看成是独立的单位，这样就使我们可以分别得出〖Det'〗和〖N'〗的指谓，然后再组合得到〖Det'〗^{M,g}(〖Y〗^{M,g}) =〖GQ〗^{M,g}，其中〖N'〗被处理为〖Det'〗的论元。然而，真正要对 Det 作单独立义的话，就需要通过 λ-抽象把 Y 抽取出来。为此梵库佑（Verkuyl, 1993）提出了一套有别于集合论定义的**函项式定义**（functional definition），现收录部分定义（稍有改编）：

(26)

GQ 及 Det	函项式定义
〚每（个）〛（Y）	λX. Y⊆X
〚每（个）〛	λYλX. Y⊆X
〚一（个）〛（Y）	λX. X∩Y≠φ
〚一（个）〛	λYλX. X∩Y≠φ
〚两（个）〛（Y）	λX. [｜X∩Y｜≥2]
〚两（个）〛	λYλX. [｜X∩Y｜≥2]
〚no〛（Y）	λX. Y∩X≠φ
〚no〛	λYλX. Y∩X≠φ
〚大多数〛（Y）	λX. [｜Y∩X｜>｜Y-X｜]
〚大多数〛	λYλX. [｜Y∩X｜>｜Y-X｜]

思考与练习一

1. 试用图形表示〚no N'〛和〚the N'〛所指谓的集合关系。

2. 为什么说量词大都"靠类名词指谓的个体集合而生存"［巴怀士与库珀（Barwise & Cooper，1981）］？这在(21)—(25)的定义中有没有得到反映？

第二节 作为广义量词的名词组

广义量词的提出使语句的组合过程发生了观念上的变化。就最简单的主谓语结构而言，本书前面各章都是把谓语当作函项，把主语当主目，经运算组合得出句义。但现在 GQ 的类型为（e→t）→t，而谓语的类型为 e→t，所以谓语反而成了主目，担任主语的 GQ 则成了函项，这是由彼此类型的等级决定的：既然 GQ 的类型比谓语的类型高了一级，在语句组合的类型推导过程中，GQ 的类型就成了大前提，谓语的类型成了小前提，两者组合得到类型 t。现举一例说明：

(27) 每个人吸烟。

a. 每(个) $=_{tr}$ λP[λQ[∀x(P(x)→Q(x))]].
   (e→t)→((e→t)→t)

b. 每个人 $=_{tr}$ λP[λQ[∀x(P(x)→Q(x))]](λx[Ren'(x)]).
   (e→t)→t
   λP[λQ[∀x(P(x)→Q(x))]](λy[Ren'(y)]).

$$\quad(e \to t) \to t$$
$$\Rightarrow \lambda Q[\,\forall x(\lambda y[\text{Ren}'(y)](x) \to Q(x))\,].$$
$$\quad(e \to t) \to t$$
$$\Rightarrow \lambda Q[\,\forall x(\text{Ren}'(x) \to Q(x))\,].$$
$$\quad(e \to t) \to t$$

c. 每个人吸烟 $=_{tr}$

$$\lambda Q[\,\forall x(\text{Ren}'(x) \to Q(x))\,](\lambda x[\text{Xiyan}'(x)]).\,t$$
$$\Rightarrow \lambda Q[\,\forall x(\text{Ren}'(x) \to Q(x))\,](\lambda y[\text{Xiyan}'(y)]).\,t$$
$$\Rightarrow \forall x(\text{Ren}'(x) \to \lambda y[\text{Xiyan}'(y)](x)). \qquad t$$
$$\Rightarrow \forall x(\text{Ren}'(x) \to \text{Xiyan}'(x)). \qquad\qquad t$$

有两点要说明一下，第一点是（27）只给出了逻辑表达式的组合过程和类型的推导过程，并没有反映语形组合的范畴推导过程，这点留待下一节介绍。第二点与量化逻辑式的表达方式有关。我们已经在第六章和本章第一节说过，限制型量化式更能准确地反映自然语言的量化结构。然而在具体表达时通常我们依然沿用非限制型表达式。这样做纯粹是为同大多数教科书及专业文献求得一致而已。事实上，我们尚未介绍根据限制型表达式而发展的 QNP 的三分语义分析理论，这将在以下章节详述。在现阶段，限制与非限制型量化式的区别仅在于表面上，前者让 Q 与 N 毗邻，而后者不能做到这点。所以，我们在此仍然可以沿用非限制型量化式。其实，（27）中各式可以很容易地转化为限制型量化式而不改变 λ-还原的过程。第三点是（27c）的第一行告诉我们：函项和主目都是 λ-抽象式，但这不影响两者的组合。函项的 λ-抽象式所抽象的是谓词 Q，而主目的 λ-抽象式所抽象的却是论元 y。当变量 Q 被主目代入后，λy 引导的抽象式再把原先作为 Q 之论元的 x 当作主目，让 x 代入 y。所以两个 λ-还原不在同一层次运作，互相没有联系。从中我们还可以看到，λ-抽象式的变量 y 在 λ-还原时可以被另一个变量 x 所替代，这也是 λ-转换的定义所允许的。新的变量需为受约变量，否则，用一个自由变量替代 λ 所约束的变量而得到命题函项，在自然语义的研究中没有什么用处。

那么宾语位置的 GQ 又如何与谓语动词组合呢？鉴于 GQ 的类型为 (e→t)→t，而及物动词的类型为 e→(e→t)，宾语 GQ 与动词的直接组合已无可能。但我们可以借助 λ-转换达到目的。采用的策略是：先让及物动词与一个自由变量合并，得 e→t 类逻辑式 V(x)，然后再让 V(x) 与主语 NP 合并，得 t 类逻辑式(V(x))(NP)。接着对 X 作 λ-抽象，得到 e→t 类逻辑式 λx[(V(x))(NP)]。这时才让宾语 GQ 与之合并，以得到(V(GQ))(NP) 的 t 类逻辑式。实例见(28)：

(28) 张三爱一个女孩。

a. 一(个) $=_{tr}$ λP[λQ[∃x(P(x) & Q(x))]].
                  (e→t)→((e→t)→t)

b. 一(个)女孩 $=_{tr}$ λP[λQ[∃x(P(x) & Q(x))]](λx[Nühai'(x)]).
                  (e→t)→t

   ⇒   λP[λQ[∃x(P(x) & Q(x))]](λy[Nühai'(y)]).
             (e→t)→t

   ⇒   λQ[∃x(λy[Nühai'(y)](x) & Q(x))].
             (e→t)→t

   ⇒   λQ[∃x(Nühai'(x) & Q(x))].
             (e→t)→t

c. 爱 w $=_{tr}$ Ai'(w).   e→t

d. 张三爱 w $=_{tr}$ (Ai'(w))(zhangsan'). t

e. 张三爱 $=_{tr}$ λw[(Ai'(w))(zhangsan')]. e→t

f. 张三爱一个女孩 $=_{tr}$
λQ[∃x(Nühai'(x) & Q(x))](λw[(Ai'(w))(zhangsan')]). t
⇒ ∃x(Nühai'(x) & λw[(Ai'(w))(zhangsan')](x)). t
⇒ ∃x(Nühai'(x) & (Ai'(x))(zhangsan')). t

(28)中由专名充任的 NP 的类型为 e，这点我们在下文中会进一步修订。

如果主宾语都为 GQ，那也可以运用上述策略完成命题的组合，只不过其过程更复杂一点。我们可让动词 V 与两个自由变量先后组合，形成 t 类逻辑式(V(y))(x)。然后我们对 y 作 λ-抽象，得到具 e→t 类型的 λy[(V(y))(x)]。此时我们引入宾语 GQ_i，得 t 类的 $(V(GQ_i))(x)$。

第八章 广义量词

接着我们重施此技，对 x 作 λ-抽象，又得到 e→t 类的 $\lambda x[(V(GQ_i))(x)]$，最后我们引入主语 GQ_j，得 t 类的 $(V(GQ_i))(GQ_j)$。举例如下（中间步骤稍有省略）：

(29) 每个男孩爱一个女孩。

a. 每(个) $=_{tr}$ $\lambda P[\lambda Q[\forall x(P(x) \to Q(x))]]$.
    $(e\to t) \to ((e\to t) \to t)$

b. 每(个)男孩 $=_{tr}$
    $\lambda P[\lambda Q[\forall x(P(x) \to Q(x))]](\lambda x[Nanhai'(x)])$.
    $(e\to t) \to t$

⇒ $\lambda Q[\forall x(Nanhai'(x) \to Q(x))]$. $(e\to t) \to t$

c. 一(个) $=_{tr}$ $\lambda P[\lambda Q[\exists x(P(x) \& Q(x))]]$.
    $(e\to t) \to ((e\to t) \to t)$

d. 一(个)女孩 $=_{tr}$
    $\lambda P[\lambda Q[\exists x(P(x) \& Q(x))]]\lambda x[Nühai'(x)]$.
    $(e\to t) \to t$

⇒ $\lambda Q[\exists x(Nühai'(x) \& Q(x))]$. $(e\to t) \to t$

e. z 爱 w $=_{tr}$ $(Ai'(w))(z)$. t

f. z 爱 $=_{tr}$ $\lambda w[(Ai'(w))(z)]$. e→t

g. z 爱一个女孩 $=_{tr}$
$\lambda Q[\exists x(Nühai'(x) \& Q(x))](\lambda w[(Ai'(w))(z)])$. t

⇒ $\exists x(Nühai'(x) \& \lambda w[(Ai'(w))(z)](x))$. t

⇒ $\exists x(Nühai'(x) \& (Ai'(w))(z))$. t

h. 爱一个女孩 $=_{tr}$
    $\lambda z[\exists x(Nühai'(x) \& (Ai'(x))(z))]$. e→t

i. 每个男孩爱一个女孩 $=_{tr}$
$\lambda Q[\forall x(Nanhai'(x) \to Q(x))](\lambda z[\exists x(Nühai'(x) \& (Ai'(x))(z))])$. t

⇒$\lambda Q[\forall x(Nanhai'(x) \to Q(x))](\lambda z[\exists y(Nühai'(y) \& (Ai'(y))(z))])$. t

⇒ $\forall x(Nanhai'(x) \to \lambda z[\exists y(Nühai'(y) \& (Ai'(y))(z))](x))$. t

⇒ $\forall x(Nanhai'(x) \to \exists y(Nühai'(y) \& (Ai'(y))(x)))$. t

（29）的组合顺序令我们得出了"每个男孩"的辖域大于"一个女孩"的解释，要想得到宾语的辖域大于主语辖域的解，只需变更对自由变量充任的论元作 λ-抽象的次序。如果我们首先抽取$(V(y))(x)$中的 x，则主语 GQ 先加入命题，然后才是宾语 GQ，这样便使宾语 GQ 取宽域了。我们从（29e）开始，更迭主宾位置的 λ-抽象次序，得到（30）：

(30)

 a. z 爱 w =$_{tr}$ $(Ai'(w))(z).t$

 b. 爱 w =$_{tr}$ $\lambda z[(Ai'(w))(z)].e \to t$

 c. 每个男孩爱 w =$_{tr}$

  $\lambda Q[\forall x(Nanhai'(x) \to Q(x))](\lambda z[(Ai'(w))(z)]).t$

$\Rightarrow \forall x(Nanhai'(x) \to \lambda z[(Ai'(w))(z)](x)).t$

$\Rightarrow \forall x(Nanhai'(x) \to (Ai'(w))(x)).t$

 d. 每个男孩爱 =$_{tr}$ $\lambda w[\forall x(Nanhai'(x) \to (Ai'(w))(x))].e \to t$

 e. 每个男孩爱一个女孩 =$_{tr}$

$\lambda Q[\exists x(Nühai'(x) \& Q(x))](\lambda w[\forall x(Nanhai'(x) \to (Ai'(w))(x))]).t$

$\Rightarrow \lambda Q[\exists x(Nühai'(x) \& Q(x))](\lambda w[\forall y(Nanhai'(y) \to (Ai'(w))(y))]).t$

$\Rightarrow \exists x(Nühai'(x) \& \lambda w[\forall y(Nanhai'(y) \to (Ai'(w))(y))](x)).t$

$\Rightarrow \exists x(Nühai'(x) \& \forall y(Nanhai'(y) \to (Ai'(x))(y))).t$

综合上述讨论结果，我们得到了 NP 的两种类型。[①] 一种是 $(e \to t) \to t$ 类的 GQ 型 NP，另一种是 e 类的专有名词 NP。两者与谓词的组合方式不同。GQ 必须与 V NP（GQ 为主语）或 NP V（GQ 为宾语）组合，用的是 λ-转换技术，而专名 NP 须与 VP（专名 NP 为主语）或 V$_{及}$（专名 NP 为宾语）组合，不涉及 λ-转换。另外，GQ 是函项，而专名 NP 只能是主目。这个区别是我们根据两者具体的语义指谓特性而设定的。但对语句组合过程来说，这种 GQ NP 与专名 NP 的巨大分别使我们无法对 NP 作统一的处理，这不能

[①] 限于篇幅，我们在本书中不讨论**类指名词组**（generic NP）、**复数名词组**（plural NP）和**集体名词组**（collective NP）的表达与解释。

不说是一大憾事,因为从句法的角度讲,各种 NP 在句中的分布有许多一致之处,它们在句子生成过程中所起的作用从常识上讲也应该是基本相同的。所以,为求得普遍性,蒙太格在他的名篇 PTQ(Montague,1973)中提出将所有 NP 都统一处理成 GQ。这里的关键在于如何使专名 NP 具有 GQ 的特性。事实上,不难把专名也看成是一组性质的集合,即把专名看成是一种性质的聚合体。比如,"梅兰芳"可以是以下这些性质的聚合体:

(31)〖梅兰芳〗^{M,g} =

{是中国人;是男人;演京剧;扮女角;…}.

这样,"梅兰芳"便可被表达成 λP[P(meilanfang′)],具类型(e→t)→t。对任何 e→t 类性质 P 来说(不管是 NP V 还是 V NP),如果 P 是〖梅兰芳〗^{M,g}指谓之性质的集合中的成员,则语句为真,否则为假。推而广之,任何由专名充任的名词组 m 都可被表达成 λP[P(m)],具类型(e→t)→t。作为 GQ 的专名 NP 的语义定义为(32):

(32)〖NP′$_{专名}$〗^{M,g} = { X ⊆ U |〖NP′$_{专名}$〗^{M,g} ∈ X }

(在此因专名 NP 的语义值实际上是一个个体,所以把它定义为 X 中的一个成员。)

这样做对专名来说,是舍简取繁、由直接变间接了,但对整个 NP 来说,却达到了普遍性。从中我们可以认识到,不同等级的类型间可以有程度地转化,这叫作**类转换**(type-shifting)。低级向高级类型的转换叫**类升级**(type-lifting 或 type-raising),反向的转换叫**类降级**(type-lowering)。从 e 到(e→t)→t 的转换就属类升级。作为专名的 NP 属 e 类,它可以是作为性质的集合里的一个成员。而作为 GQ 的 NP 属(e→t)→t 类,它是性质的集合,即集合的集合,类型的升降级需有可靠的句法操作和语义定义的支持,方能成立。这点我们将在本章第六节详述。

下面我们再介绍一些其他的 GQ。

先看英语的有定 NP,该名词组可分解为有定限定词 the 和类名词 N。根据罗素(Russell,1905),有定 NP 的逻辑表达应为(33):

(33)   ∃x((P(x) & ∀y(P(y)↔(y=x))) & Q(x)).

(有一个具有 P 性质的 x,且只有一个具有此性质的 x。任何一个其他具有 P 性质的变量 y 都与 x 等同。)

运用 λ – 抽象,我们可把〖the〗的逻辑式写出:

(34) λP[λQ[∃x((P(x)&∀y(P(y)↔(y=x)))&Q(x))]].
　　　(e→t)→((e→t)→t)

有定 NP 的语义定义如下：①

(35) 〖the N'〗= {X⊆U|设有某个体 u, u∈U, 则 A={u}且 u∈X}.
　　　(有定 NP 的〖N'〗是一个独元集{u}。)

而 Det "the" 的定义则为（36）：

(36) 〖the'〗(Y) = {X⊆U|设有某个 u, u∈U, 则 Y={u}且 u∈X}.②

限定词 "许多" 和 "少数" 的定义则更多地依赖于具体的语境。N'的数目多到多少才为"许多"、少到多少方为"少数"，无一定的界限。因此我们只能对它们作模糊的定义：

(37) 〖许多〗(Y) = {X⊆U||Y∩X|>m}.
　　　(m 为据语境定义的数目。)

(38) 〖少数〗(Y) = {X⊆U||Y∩X|<p}.
　　　(p 为据语境定义的数目。)

我们既定义了 GQ 和 Det，且把所有的 NP 都处理为 GQ，那就需要再考察一下定语形容词 NP-Adj. 的逻辑表达，因为 NP-Adj. 可介于 Det 和 N 之间，即它可与 N 组合并产生一个新的 N，而且这种修饰过程可以是递归的。

在第五章里，我们已经把 NP-Adj. 的类型定为 (e→t)→(e→t)，这可令其顺利地与 N 相组合并满足递归性，其结果也可以与 Det 的类型相组合。因此，从 N 到 Adj.-N 再到 Det-Adj.-N 就是一个从 (e→t) 到 (e→t) 再到 (e→t)→t 的过程。如无 Adj.，则 Det 与 N 直接组合，由 (e→t) 到 (e→t)→t。这似乎说明，处理 NP-Adj. 并不费力。然而，问题出在 NP-Adj. 的逻辑式表达上。如果我们把有关 Adj. 简单地表达成 Adj.'，似乎已可满足组合要求，例如（39）：

(39) 每个好学生。

　　a. 学生 =$_{tr}$　　　λx[Xuesheng'(x)]. (e→t)
　　b. 好　 =$_{tr}$　　　λR[Hao'(R)]. (e→t)→(e→t)
　　c. 好学生 =$_{tr}$　　λx[Hao'(Xuesheng'(x))]. e→t

---

① A =〖N'〗, X 指 GQ 所具有的任意一个性质，U 为论域。
② 汉语中并无专司表有定功能之职的限定词，所以汉语中的有定无特别的词法特征，而是通过对 NP 的特定解释，依赖语境信息得出。参见蒋严、潘海华、邹崇理（Jiang et al., 1997）。

d. 每个 =$_{tr}$ λP[λQ[∀x(P(x)→Q(X))]].
　　　　　　　(e→t)→((e→t)→t)

e. 每个好学生 =$_{tr}$ λQ[∀x(Hao'(Xuesheng'(x))→Q(x))].
　　　　　　　(e→t)→t

然而上述解决办法并未抓住问题的关键。〖NP-Adj.'〗本身是一个较特殊的函项，我们要求 Adj(N(x))组合的结果为 Adj(x)且 N(x)，正如一阶谓词逻辑的做法。否则的话，就不能保证函项〖NP-Adj.'〗把 N 的集合映射到 N 集合的子集中去。比如，当处理"好学生"时，如果〖学生〗^{M,g}的集合为 S_1 ={大力、陈规、李明}，则〖好学生〗^{M,g}的集合可以是 S_2 ={大力、李明}，而绝不可能是与 S_1 毫不相交的 S_3 ={三毛、八戒、西施}。可是函项的性质却不能保证这种从一个集合到其子集的映射。所以我们必须把 NP-Adj. 表达成对合取式所作的 λ-抽象式：

(40) NP-Adj'. ⇒λP[λy[Adj.'(y)& P(y)]].
　　　　　　　(e→t)→(e→t)

这样，不管何种 N 与其结合，得出的结果必然是〖Adj.'〗与〖P〗的交集中的集合，它既是〖Adj'.〗的子集，又是〖P'〗的子集。(39)也要因此改写成(41)：

(41) 每个好学生。

a. 学生 =$_{tr}$ λx[Xuesheng'(x)].(e→t)

b. 好　=$_{tr}$ λP[λy[Hao'(y)& P(y)]].(e→t)→(e→t)

c. 好学生 =$_{tr}$
λP[λy[Hao'(y)&P(y)]](λx[Xuesheng'(x)]).e→t
⇒ λy[Hao'(y)&λx[Xuesheng'(x)](y)].e→t
⇒ λy[Hao'(y)&Xuesheng'(y)].e→t

d. 每个 =$_{tr}$ λP[λQ[∀x(P(x)→Q(X))]].
　　　　　　　(e→t)→((e→t)→t)

e. 每个好学生　=$_{tr}$
λP[λQ[∀x(P(x)→Q(x))]](λy[Hao'(y)& Xuesheng'(y)]).
　　　　　　　　　　　　　　　　　　　　(e→t)→t

⇒λQ[∀x((λy[Hao'(y)& Xuesheng'(y)](x))→Q(x))].
　　　　　　　　　　　　　　　　　　　　(e→t)→t

$\Rightarrow \lambda Q[\forall x((\text{Hao'}(x) \& \text{Xuesheng'}(x)) \rightarrow Q(x))].$

$(e \rightarrow t) \rightarrow t$

上述处理方法适用于大多数 NP-Adj. 的逻辑语义表达，但对少数形容词不适用，例如："伪金币"不是"金币"的子集、"假洋鬼子"不是"洋鬼子"的子集、"玩具枪"不是"枪"的子集、"石狮子"不是"狮子"的子集、"泥菩萨"不是"菩萨"的子集、"金苹果"不是"苹果"的子集，等等。对这些形容词处理属较专门的课题，有关讨论见兰德曼（Landman，1991）。

限于篇幅，我们在此亦无法讨论其他定语结构的处理，如关系从句和做定语的介词词组，亦请参见兰德曼（Landman，1991）。

思考与练习二

1. 试给出下列语句的表达式，要求详列组合过程：
   （1）没有人看过每一本幽默小说。
   （2）大多数人选了两门新课。
2. 如何用逻辑式表达修饰 VP 的状语及修饰 S 的状语？
3. 试用图形表示〖梅兰芳〗和〖the man〗所指谓的集合关系。

第三节　广义量词的范畴演算

前两节围绕 GQ 的讨论集中在逻辑表达式和语义类型这两方面，未能顾及语形和句法范畴。由于语义类型不显示组合的方向性，所以语句生成需要依靠句法范畴的驱动。范畴负责语句生成，类型负责逻辑式组合，两者同步进行，同构操作。

首先要解决 GQ 的范畴问题。在原有的正斜线／、逆斜线＼和竖直线｜这三个中置算子之外，我们根据范畴语法的新流派——**类型-逻辑语法**（Type-Logical Grammar）的论述，[①] 再添置两个中置算子，它们是**抽取算子**（extraction operator）↑，又称**上箭头**（up arrow）和**嵌入算子**（infixation operator）↓，又称**下箭头**（down arrow）。↑与↓又合称为**子弹算**

[①] 参见莫瑞尔（Morrill，1994；1995）和卡彭特（Carpenter，1994a，b；1998）。

子/子弹连词（bullet operators/connectives），而先前的斜线/与\又称为斜线算子/连词（slash operators/ connectives）。子弹算子的定义如下：①

(42) **抽取算子** B↑A

　　一单位可以作为函项**裹住**（wrap）主目 A 而形成 B。比如有一单位 C，内有一空位 Δ。而 A 为与 Δ 范畴相同的单位。用 C 把 A 裹住，C 为函项，作为主目的 A 占据 Δ 的位置，结果得到 B。

(43) **嵌入算子** A↓B

　　一单位可以作为函项被主目 A 嵌入而形成 B。这与（42）正好相反。

利用子弹算子，我们可以把 GQ 的范畴定为（S↑N）↓S。该范畴可以这样理解：GQ 是这样一个单位：如果有（S↑N）插入自己，则可得到 S。而（S↑N）又是这样一个单位：把它裹住 N 便得 S。所以（S↑N）是个有空位的单位，它需要裹住的是 N 而不是 GQ，因为 GQ 是它插入的单位，且 GQ 也不具范畴 N。事实上，（S↑N）是个含有 λ - 抽象式的动词性单位，不是 NP + V + Δ，就是 Δ + V + NP（或是 Δ + 由 V 单独充当的 VP）。下面我们来看一下具体的例子：②

(44) 每个人办了一件事。

1. 每个人　— λQ[∀z(Ren'(z)→Q(Z))]:
　　　　　　（S↑N）↓S　　　　　　(e→t)→t　**A**

2. 为　　　— Ban':
　　　　　　（N\S）/N　　　　　　　e→(e→t)　**A**

3. 一件事　— λS[∃w(Shi'(x) & S(W))]:
　　　　　　（S↑N）↓S　　　　　　(e→t)→t　**A**

4. b　　　— y:　　　N　　　　　　　　　　**A**[1]

5. a　　　— x:　　　N　　　　　　　　　　**A**[2]

6. 办 + a　— Ban'(x):N\S　　e→t　　　　E/ 2,5

7. b + 办 + a — (Ban'(x))(y):

---

① ↑与↓最早是由穆加（Moortgat, 1988）提出的。
② 这里的表达法与上述类型一逻辑语法的具体做法有微小的出入。

| | S | t | E/ 4,6 |

8. b + 办 + Δ — λx[(Ban'(x))(y)]:
       S↑N   e→t   I↑A^{-2}5,7

9. b + 办 + 一件事 —
   λS[∃w(Shi'(w) & S(w))](λx[(Ban'(x))(y)]):
       S   t   E↓ 3,8

10. b + 办 + 一件事 —
    ∃w(Shi'(w) & λx[(Ban'(x))(y)](w)).   =9

11. b + 办 + 一件事 —
    ∃w(Shi'(w) & (Ban'(w))(y)).   =10

12. Δ + 办 + 一件事 —
    λy[∃w(Shi'(w) & (Ban'(w))(y))]:
        S↑N   e→t   I↑A^{-1}4,11

13. 每个人 + 办 + 一件事 —
    λQ[∀z(Ren'(z)→Q(z))](λy[∃w(Shi'(w) & (Ban'(w))(y))]).
        S   t   E↓ 1,12

14. 每个人 + 办 + 一件事 —
    ∀z(Ren'(z)→(λy[∃w(Shi'(w) & (Ban'(w))(y))](z))).
         =13

15. 每个人 + 办 + 一件事 —
    ∀z(Ren'(z)→∃w(Shi'(w) & (Ban'(w))(z))).   =14

现在我们就（44）作些说明。首先是符号术语。A = Assumption（假设）；A¹指1号额外假设；A⁻¹指消除1号额外假设。E/ = /Elimination（/消除）；E\ = \ Elimination（\ 消除）；I↑ = ↑ Introduction（↑引入）；E↓ = ↓Elimination（↓消除）。

第二，现在既有了子弹算子↑、↓与λ-表达式相联系，原先的竖线算子就不需要了。

第三，用与（44）同样的策略，可以得出"一件事"取宽域的解，办法是将（44）的4与5颠倒一下。然后仍依先入后出的原则作λ-抽象。具体细节留给读者去做。

现在，我们可以把GQ的范畴定为（S↑N）↓S并以此处理所有

NP。需要说明的是：范畴语法往往把 NP 分成专名和 QNP 两类，前者具范畴 N，后者具（S↑N）↓S，但根据范畴语法的类升级规则（45），我们可得（46）：

(45) a. A→B/(A\B).

     b. A→(B/A)\B.

(46) a. N→S/(N\S).

     （N 可升级为函项 f，给定右边的 V NP 结构作主目，可得 S。）

     b. N→(S/N)\S.

     （N 可升级为函项 g，给定左边的 NP V 结构作主目，可得 S。）

所以，非 QNP 的名词组表面上属范畴 N，实际上也可将其提升至函项的层次。利用 λ-抽象，可以很自然地将其转换成 QNP 的范畴。

卡彭特（1994a, b）还设计了一种新算子：**构造算子**（constructor A⇑B），定义如下：

(47) **构造算子 A⇑B**

     一单位可以起 B 的作用以生成 A，这时该单位可再起语义作用。比如：GQ 的范畴就是 S⇑N。GQ 可起 N 的作用以生成 S，并使其辖域统摄 S。实际上，照此定义，A⇑B 与（A↑B）↓A 等价。

以上讨论的 GQ 的处理方法让量化名词组最后与命题函项相结合，并同时界定辖域，这叫作**内进式量化**（quantifying-in）。[①] 按照此法，凡 GQ 都是函项，从左边与作为主目的命题函项相结合。我们将在第六节继续讨论内进式量化以及其他不同技术手段。

思考与练习三

1. 为什么说有了子弹算子↑↓，竖线算子 | 就不需要了？结合第七章，将含有竖线算子的式子改写成由子弹算子连接的式子。

2. 根据（44），给出宾语取宽域的表达步骤。

[①] 译名由作者自拟。

第四节　GQ 式语义解释

在本章的第一和第二节里，我们已给出了一些广义量词 GQ 及相关限定词 Det 的语义定义。对含有这些单位的语义解释便只需循其定义，参照 λ-抽象式的解释步骤，在特定的模型内求出。用最简单的话来解释，如果一个命题 P 含有 GQ_i，则 $〚P〛^{M,g} = 1$ 当且仅当性质 $〚J'〛^{M,g} \in 〚GQ_i〛^{M,g}$。J = Δ + V + NP（或单个 V 充任的 VP）或 NP + V + Δ。其中 $〚GQ_i〛^{M,g} = GQ_i$ 的语义定义，而 $〚J'〛$ 则是一个 λ-抽象式。所以 GQ 的定义、λ-抽象式的解释步骤以及特定的模型构成了含 GQ 命题的语义解释的三要素。如果我们把所有 NP 都视为 GQ，则绝大多数原子命题的解释都离不开对 GQ 的解释，因为它们都含有 NP。

我们先看一个主谓结构：

（48）一个学生唱了歌。

撇去时态信息，（48）的 GQ 式解释如下：

（48'）

a. 一个学生唱了歌　$=_{tr}$

　　（Yige'(Xuesheng')）(λx[Changge'(x)]).

b. $〚$(Yige'(Xuesheng'))(λx[Changge'(x)])$〛^{M,g}$.

⇒　$〚$Yige'(Xuesheng')$〛^{M,g}$($〚$λx[Changge'(x)]$〛^{M,g}$).

⇒　($〚$Yige'$〛^{M,g}$($〚$Xuesheng'$〛^{M,g}$))($〚$λx[Changge'(x)]$〛^{M,g}$).

c. ($〚$Yige'$〛^{M,g}$($〚$Xuesheng'$〛^{M,g}$))($〚$λx[Changge'(x)]$〛^{M,g}$)

　　= 1　　当且仅当

$〚$λx[Changge'(x)]$〛^{M,g} \in$ ($〚$Yige'$〛^{M,g}$($〚$Xuesheng'$〛^{M,g}$)).

⇒ $〚$λx[Changge'(x)]$〛^{M,g} \in \{X \subseteq U \mid X \cap 〚$Xuesheng'$〛^{M,g} \neq \phi\}$.

⇒ $\{u \mid 〚$Changge'(x)$〛^{M,g(u/x)} = 1\} \in \{X \subseteq U \mid X \cap 〚$Xuesheng'$〛^{M,g(u/x)} \neq \phi\}$.

之所以把（48'）叫作 GQ 式的解释，是因为我们一开始就按 GQ 的解释模式把（48）分解成(Det(N))(VP 的 λ-表达式)。明确了 VP 的 λ-表达式对 GQ 的隶属关系后，我们再列出两者的语义解释。最后得出命题的解释。必须有个体 u 可使 $〚$changge'(x)$〛^{M,g(u/x)} = 1$，这样 VP

指谓的性质 X 就不是一个空集。如果 $X = \phi$，则 $X \cap Y = \phi$。当 $X \neq \phi$ 时，$X \cap Y$ 可能 $\neq \phi$，也可能 $= \phi$，视具体模型而定。

现在我们加大难度，考察一下多重量化式（44）的 GQ 式语义解释。

(44')

a. 每个人办了一件事 $=_{tr}$
 (Meige'(ren'))(λy[(yijian'(shi'))(λx[(ban'(x))(y)])]).

b. $[\![$(Meige'(ren'))(λy[(yijian'(shi'))(λx[(ban'(x))(y)])])$]\!]^{M,g}$.

$\Rightarrow [\![$Meige'(ren')$]\!]^{M,g}([\![\lambda y$[(yijian'(shi'))(λx[(ban'(x))(y)])]$]\!]^{M,g})$.

$\Rightarrow ([\![$Meige'$]\!]^{M,g}([\![$ren'$]\!]^{M,g}))([\![\lambda y$[(yijian'(shi'))($\lambda x$[(ban'(x))(y)])]$]\!]^{M,g})$.

c. $([\![$Meige'$]\!]^{M,g}([\![$ren'$]\!]^{M,g}))([\![\lambda y$[(yijian'(shi'))($\lambda x$[(ban'(x))(y)])]$]\!]^{M,g}) = 1$ 当且仅当
 $[\![\lambda y$[(yijian'(shi'))(λx[(ban'(x))(y)])]$]\!]^{M,g} \in [\![$Meige'$]\!]^{M,g}([\![$ren'$]\!]^{M,g})$.

$\Rightarrow \{u | [\![$(yijian'(shi'))(λx[(ban'(x))(y)])$]\!]^{M,g(u/y)} = 1\} \in \{X \subseteq U | [\![ren']\!]^{M,g(u/y)} \subseteq X\}$.

$\Rightarrow \{u | [\![$yijian'(shi')$]\!]^{M,g(u/y)}([\![\lambda x$[(ban'(x))(y)]$]\!]^{M,g(u/y)}) = 1\} \in \{X \subseteq U | [\![ren']\!]^{M,g(u/y)} \subseteq X\}$.

$\Rightarrow \{u | ([\![\lambda x$[(ban'(x))(y)]$]\!]^{M,g(u/y)} \in [\![$yijian'(shi')$]\!]^{M,g(u/y)}) = 1\} \in \{X \subseteq U | [\![ren']\!]^{M,g(u/y)} \subseteq X\}$.

$\Rightarrow \{u | \{v | [\![$(ban'(x))(y)$]\!]^{M,g((u/y)v/x)} = 1\} \in \{X \subseteq U | X \cap [\![shi']\!]^{M,g((u/y)v/x)} \neq \phi\}\} \in \{X \subseteq U | [\![ren']\!]^{M,g((u/y)v/x)} \subseteq X\}$.

尽管形式化的细节比较烦琐复杂，(44') 仅仅是对含多个 GQ 的命题作了递归式的解释，(44') 是主语取宽域的解释，宾语取宽域的解释也可如法炮制，在此从略。

思考与练习四

1. 倘若我们把（48a）译成传统的一阶逻辑式，GQ 式的解释是否

仍然可能？

2. 写出（44'）的宾语取宽域的语义解释。

第五节　与广义量词相关的语义现象

Det 可根据一些语义现象而细分成几类，这有利于我们进一步研究 GQ 在语句结构中的分布。在此我们仅讨论**单调性**（Monotonicity）这个现象。先看一组例句（→表"蕴涵"）：

(49) a. 每个学生回家晚了。　　　　　　　　　→
　　　b. 每个学生回家了。
(50) a. 一个学生既讲广东话又会上海话。　　　→
　　　b. 一个学生讲广东话。
(51) a. 至少三个学生考试合格。　　　　　　　→
　　　b. 至少三个学生考了试。
(52) a. 许多学生上课不专心。　　　　　　　　→
　　　b. 许多学生上了课。

以上各例的 a 句语义均蕴涵 b 句语义。从中可以归纳出下列蕴涵式：

(53) δ(α)(β&γ)→δ(α)(β).

也就是说，设有 3 个任意集 X、Y 和 Z，(53) 告诉我们下列规律：

(54) (Z∩X) ∈ Det(Y)→X ∈ Det(Y).

也可把上述规律表现成下式：

(55) 如果(Det(A))B 且 B⊆B'，则(Det(A))B'.

如果一个限定词能导致上述结果，则称作**右上单调**（right upward entailing/monotone）限定词，记作 MON↑。"右"是指相关的性质出现在类名词 N 的右边，"上单调"指该性质可向上蕴涵其**超集**（superset）。下列句子说明有的限定词不是右上单调限定词（x→表"不蕴涵"）：

(56) a. No students are Italian and blond.　　　×→
　　　b. No students are Italian.
(57) a. Few students went back home late.　　　×→
　　　b. Few students went back home.

这里我们用英文例句是因为汉语中无对应的限定词。所以"没有"

第八章　广义量词

与"no one"并不对应。汉语的"少数"只能与"a few"相对应，不能像"few"那样理解，因为"few"含否定义，所以（58）中两个句子的蕴涵关系就与（57）不同：

（58）a. 少数学生回家晚了。　　　　　　　　　　→

　　　　b. 少数学生回家了。

与右上单调限定词相对的是**右下单调**（right downward monotone）限定词，记作 MON↓，蕴涵关系如（59），定义见（60）和（61），相关例句见（62）—（65）：

（59）$\delta(\alpha)(\beta) \to \delta(\alpha)(\beta \& \gamma)$.

（60）$X \in Det(Y) \to (X \cap Z) \in Det(Y)$.

（61）如果（Det(A)）B 且 B'$\subseteq$ B，则（Det(A)）B'.

（62）a. No students are tall.　　　　　　　　　　→

　　　　b. No students are tall and handsome.

（63）a. Few students speak Cantonese.　　　　　→

　　　　b. Few students speak Cantonese and Shanghainese.

（64）a. 每个学生吸烟。　　　　　　　　　　×→

　　　　b. 每个学生既吸烟又喝酒。

（65）a. 一个女孩唱了歌。　　　　　　　　　×→

　　　　b. 一个女孩唱了歌又跳了舞。

MON↑与 MON↓统称**右单调**（right monotone）限定词。与之相关的是**左单调**（left monotone）限定词，分为**左上单调**（left upward monotone）↑MON 和**左下单调**（left downward monotone）↓MON 限定词。↑MON 的蕴涵关系、定义及例句如下：

（66）$\delta(\alpha \& \gamma)(\beta) \to \delta(\alpha)(\beta)$.

（67）$X \in Det(Y \cap Z) \to X \in Det(Y)$.

（68）如果（Det(A)）B 且 A$\subseteq$A'，则（Det(A')）B.

（69）a. 一位青年学生毕业了。　　　　　　　　→

　　　　b. 一位学生毕业了。

（70）a. 至少三个男孩哭了。　　　　　　　　　→

　　　　b. 至少三个小孩哭了。

（71）a. 每个中国学生喝绿茶。　　　　　　　×→

b. 每个学生喝绿茶。

↓MON 的蕴涵关系、定义及例句如下：

(72) $\delta(\alpha)(\beta) \rightarrow \delta(\alpha \& \gamma)(\beta)$.

(73) $X \in \text{Det}(Y) \rightarrow X \in \text{Det}(Y \cap Z)$.

(74) 如果(Det(A))B 且 A'⊆A，则(Det(A'))B.

(75) a. Few women smoke. →
 b. Few Hong Kong women smoke.

(76) a. No child cried. →
 b. No small child cried.

(77) a. 每个婴儿哭了。 →
 b. 每个女婴哭了。

(78) a. 最多三个学生迟到了。 →
 b. 最多三个男学生迟到了。

(79) a. 一个学生报了名。 ×→
 b. 一个法国学生报了名。

(80) 是根据单调性对部分限定词的分类：①

限定词不但可按个性细分成小类，还有一些普遍特性。我们在此介绍**守恒性**（Conservativity，CONSERV）、**处延性**（Extension，EXT）和**数量性**（Quantity，QUANT）。

(80)

单调性	左单调	右单调
上单调	一 至少 n	一 至少 n 每 许多 大多
下单调	no few（?） 每	no Few

(? 表不确定，n 表数词)

守恒性限定词有下列蕴涵规律和定义：

---

① 对英语限定词的详细分类可参照巴怀士与库珀（Barwise & Cooper, 1981）。

第八章 广义量词

(81) $\delta(\alpha)(\beta) \leftrightarrow \delta(\alpha)(\alpha \& \beta)$.

(82) CONSERV(Det)：

$X \in \text{Det}(Y)$ 当且仅当 $X \cap Y \in \text{Det}(Y)$。

(83) $(\text{Det}(A))B \leftrightarrow (\text{Det}(A))(A \cap B)$.

相关例句如下：

(84) a. 每个人吸烟。　　　　　　　　　　　　→

　　　b. 每个人是吸烟的人。

(85) a. 一个人吸烟。　　　　　　　　　　　　→

　　　b. 一个人是吸烟的人。

(86) a. 少于五个但多于两个的人吸烟。　　　　→

　　　b. 少于五个但多于两个的人是吸烟的人。

(87) a. 大多数婴儿哭了。　　　　　　　　　　→

　　　b. 大多数婴儿是哭的婴儿。

我们可以很快断定：照此模式验证下去，所有的限定词都应该是守恒的。巴怀士与库珀（Barwise & Cooper, 1981）、基南与法尔茨（Keenan & Faltz, 1985）、范-本瑟姆（van Benthem, 1986）等都把守恒性看作是自然语言限定词的特性。根据守恒性的定义，我们只需研究类名词 N 的指谓及 N 与 VP 的交集。也就是说，我们不需研究 A 与 B 间的所有关系，只需考察 A 以及 B 中被 A 包含的那部分。集合 B-A 对语句的解释无关。这样，A 与 B 的其他二维关系都可排除在外，剩下的只是与自然语言有关的 A、B 关系中的一个子集。照这种思路测试，英语中的量词"only"便不守恒：①

(88) $(\text{ONLY}(A))B$ 当且仅当 $B \subseteq A$。

(89) a. Only babies cry.　　　　　　　　　　× ↔

　　　b. Only babies are babies who cry.

因此，"only"便不是限定词，而是一个副词，其句法分布也异于限定词：

(90) a. John only cares for his dog.

---

① Only 似乎与汉语的"就"、"唯"、"只"、"仅"类似。而"只有"却不能与 only 相提并论，原因是"只有"与"没有"一样，都不能被看成是一个词，所以不能当作一个限定词。

b. *John some cares for his dog.
(91) a. Only John came in late.
　　　b. *No John came in late.

外延性 EXT 体现了限定词语义的稳定性。其定义如下：

(92) EXT（Det）

对所有 A、B 而言（A⊆U，B⊆U），若（Det_u(A)）B 且 U⊆U'，则（$Det_{u'}$(A)）B。[Det_u 表示据论域 U 解释的限定词。]

外延性保证了限定词在不同模型中有一致的语义结构。比如，不可能出现某限定词在一个有五个个体的论域中指谓的是"所有"的关系，而在另一含有超过五个个体的论域中指谓"no"的关系。

把外延性与守恒性相结合，可得出守恒性的强式定义。据范-本瑟姆（van Benthem，1986），我们把它称作**强式守恒性**（Conservativity +）。

(93) 强式守恒性

（Det_u(A)）B ↔（Det_A(A)）(A∩B).

强式守恒性将论域的范围缩小至 A 的集合。在语句解释时，我们无需考察 B-A 中的成员，也无需考察 U-（A∪B）中的成员。

数量性 QUANT 涉及限定词语义的数目方面。定义如下：

(94) 数量性 QUANT

对所有 A、B（A⊆U，B⊆U）及 U 中个体的所有排列 m 而言，(Det(A))B ↔ (Det(m(A)))(m(B)).

也就是说，**数量性限定词**（quantitative determiners）的解释与集合 A、B 中个体的特性无关。语句的真值仅依赖于 A 与 A∩B 中个体的数目。比如，(95) 为真当且仅当懒学生的集合不为空集，与谁为懒学生无关。我们可把集合 A 与集合 A∩B 中的个体随意混合，只要 A∩B 不为空，其真值不变。

(95) 三个学生很懒。

所以"三个"是个数量性限定词。而所有格限定词便不属数量性限定词。

(96) 玛丽的自行车被偷了。

(96) 的真值依赖于某个特定个体，不容 A 与 A∩B 中的个体任意排列。所以，所有格限定词不属数量限定词。

思考与练习五

1. 举例证明限定词"所有"为↓MON↑("↓MON↑"表示该限定词既是↓MON又是MON↑)。

2. 试述 NP、QNP 与 GQ 三者间的区别与联系。

3. 为什么说汉语中的"有 N"、"只有 N"、"没有 N"、"无 N"不是广义量词，甚至不是量词？

第六节　类型的等级与转换

前面我们已经谈到，专名充任 NP 时，其最自然的语义类型应为 e，而 QNP 的语义类型应该是 (e→t)→t。然而，为了求得技术处理上的普遍性，蒙太格的 PTQ 系统将专名 NP 和 QNP 统一处理为具类型 (e→t)→t 的 GQ。也就是说，在 PTQ 系统中，所有 NP 一律被赋予 NP 可能得到的最高一级的类型，尽管有的 NP 还可能具有其他较低级的类型。蒙太格把作为 GQ 的 NP 称作**项短语**（term phrase, T）。由此产生的一个后果是，PTQ 系统中并没有与 e 类型相对应的逻辑表达式。在本章前几节的讨论中，我们也逐步把所有的 NP 都表达成 GQ，仅让自由变量与类型 e 相对应。而这些自由变量最终都被消除，在最后生成的命题中并不具有实在的地位。但既然我们的 C$_t$ 系统中仍有 e 类表达式，它就与 PTQ 系统不尽相同。从逻辑上讲，另外至少还有两种可能的做法。一是让 NP 的赋类具有灵活性，即让一种 NP 根据句子结构和动词的语义而选择不同的类型。二是修订原有的基本类型的种类，在 e、t 之外再加入别的基本类型，如表性质的 p。这两种做法都有人提倡。方法一由帕蒂与鲁斯（Rooth）提出。[①] 我们在此把它简称为**灵活赋类论**。方法二为基尔基亚的**性质理论**（property theory）。[②] 加上 PTQ 系统，总共就有三种类型理论。这些不同的类型理论的分歧主要在于如何协调语形范畴与语义类型之间的同构关系。逻辑语义类型是语形范畴的基础，因为语义类型揭

[①] 帕蒂与鲁斯（Partee & Rooth, 1983），帕蒂（Partee, 1992）。
[②] 基尔基亚（Chierchia, 1984）、基尔基亚（Chierchia, 1985）、基尔基亚与特纳（Chierchia & Turner, 1988）、特纳（Turner, 1992）。

示了真值语义的组合方式。另一方面,如果与语义类型同步的语形范畴不能顺利地运作,达不到我们所预计的语义效果,那就必须重新考虑语义类型的定义,对其做出相应的修订,以求在合理定义语义类型并遵守组合性原则的前提下,令同构的语形范畴在句法操作上也准确无误。在这里我们主要比较 PTQ 系统与灵活赋类论,并重点介绍帕蒂(Partee,1992)的观点。

对 NP 赋类的不同必然影响到对动词的赋类。及物动词与宾语 NP 组合,得动词组 VP,然后再与主语 NP 组合,得 t 类表达式即句子。不及物动词可与 VP 等同。在 PTQ 的系统中,由于没有 e 类表达式,及物动词(简称为范畴 TV)的类型为((e→t)→t)→(e→t),它必须先与(e→t)→t 类的项短语 T 组合,得到与不及物动词等同的 VP,也就是 PTQ 简称为 IV 的范畴,后者具 e→t 类型。在这个组合过程中,TV 为函项,T 为主目。而 IV 与主语 NP 的组合却是另一模式,此时 IV 为主目,充任主语的 T 为函项,两者结合得句子,PTQ 将其简称为范畴 t。所以 IV 的类型 e→t,而不是((e→t)→t)→t。PTQ 的范畴—类型系统列表如下:

(97) PTQ 系统

范畴名	范畴定义	语义类型	对应的表达式
e	基本类型	e	无
t	基本类型	t	句子
IV	t/e	e→t	动词组:不及物动词
T	t/IV	(e→t)→t	名词组:专名
TV	IV/T	((e→t)→t)→(e→t)	及物动词
IAV	IV/IV	(e→t)→(e→t)	修饰 IV 的副词
CN	t//e	e→t	类名词
t/t		t→t	修饰句子 t 的副词
IAV/T		((e→t)→t)→((e→t)→(e→t))	介词(可与 T 组合产生 IAV)
IV/t		t→(e→t)	带宾语从句的动词
IV//IV		(e→t)→(e→t)	带动词不定式的动词
Det	T/CN	(e→t)→((e→t)→t)	限定词

对上表我们要做几点说明。第一,在编制上表时,我们参照帕蒂(Partee,1992),在语义类型中省去了**内涵语义**(intensional meaning)的内容。所以(97)对 PTQ 系统作了**外延语义**(extensional meaning)的改编。这种简化纯粹是为了讨论上的方便。有关内涵语义类型的深入

讨论，我们留待本书的第十一、十二章。第二，PTQ系统的范畴名表面看来与我们的C_t系统所采用的范畴语法中的符号完全不同，但实质上的差别并不太大，两者可以很容易地转换。事实上，两者都源于裴凯维茨（Ajdukiewicz，1935）的著述。PTQ的范畴输入一律在斜线右，结果在左且结果一律在斜线之上部。斜线方向与输入单位的出现方向无关。设置双斜线与单斜线之分，目的在于从范畴表达上区别那些具有相同类型的不同句法单位。第三，类型e虽无对应的表达式，并不说明它没有存在的必要。许多复合类型都是基于基本类型e和t指谓的语义实体而定义的。蒙太格曾提出利用**意义公设**（meaning postulate）把有些NP从GQ类型下降为e类型。而我们马上就要从其他角度论证e类表达式存在的必要性。第四，PTQ系统特别是与之相关的类型论并非蒙太格所采用的唯一系统。在蒙太格的其他文章里，也出现过e类表达式。第五，与PTQ类型论相关的还有班尼特（Bennett，1976）的类型论，后者是对前者的修订。参见道蒂等（Dowty et al.，1981）的介绍。

现在再看本书采用的C_t系统。由于我们把自由变量的类型定为e，所以我们可以把及物动词$V_及$的类型仍然定为e→(e→t)。$V_及$可先与自由变量x结合得VP，再与y结合得句子。然后我们把y、x分阶段作λ-抽象，每一阶段得一e→t表达式，与(e→t)→t类的NP组合得句子。这样，宾语NP与主语NP都能顺利地作为函项与含有动词的λ-抽象式组合。$V_及$其实不直接与宾语NP结合。宾语和主语NP分别与一个特殊的复杂性质组合。这个复杂性质本身是从t类表达式经λ-抽象而得到的。这正是内进式量化的标志，即用一QNP与一自成一体的复杂性质相组合，前者使后者为真，且前者从外部约束该复杂性质内部的某个变量。这种方式在与**内涵结构**（intensional context）即**隐性结构**（opaque context）结合时，在语义上会与在隐性结构内部直接产生的QNP的解释有所不同。这点我们会在下面讲到并在第十二章详释。[①] 在这里需要明确的是，内进式量化只是一个技术手段，它不仅可以用于隐性结构，也

[①] 关于两者的差异可参见罗素（Russell，1905）、蒯因（Quine，1955，1960）及卡普兰（Kaplan，1975）。

可用于非隐性结构特别是多重量化式上。① 如果把内进式量化用于非隐性结构的多重量化式上，则得到的结果与生成语法的量词前提殊途同归，有利于表达主宾语量词组的相对辖域。另外，正如道蒂等（Dowty et al., 1981）所指出的，内进式量化的适用范围不限于量词词组，如果一 λ - 前束式约束一隐性结构中的变量且与一个体 m 合并，形成（98）的结构时，这也是内进式量化的一种表现。

(98) λx[…【…x…】…](m).　　（【　】为隐性结构。）

PTQ 系统也可以采用内进式量化的方法。TV 或 IV 可以与一具 T 范畴的自由变量先组合，得到结果 t 后再运用 λ - 抽象抽取相关论元。此时经过一系列替换消除运算，处于论元位置的变量的类型已被简约成 e 类。所以经 λ - 抽象后得到的是 e→t 类表达式。运用内进式量化使真正的主语或宾语论元作为函项与 λ - 表达式合并，得到 t。②

现在我们来看帕蒂与鲁斯（Partee & Rooth, 1983）关于灵活赋类的理论。③ 灵活赋类论的出发点是对**广义并列结构**（generalized conjunction）的处理。在 PTQ 的系统中，连词 and、or 等是用来连接 t 类语句的。④ 这与一阶逻辑中的 & 与 ∨ 相同。然而，在自然语言中，除了句子以外，还有许多语言单位可以并列，如名词组、不及物动词、及物动词、类名词、形容词词组，等等。PTQ 系统确实也提供了连接其他单位的手段，如 IV + IV、T + T：

(99) λx[ζ'$_1$(x) & ζ'$_2$(x)].　　（x 为 e 类变量）
　　　[IV + IV]

(100) λP[α'$_1$(P) & α'$_2$(P)].　　（P 为 e→t 类变量）
　　　[T + T]

其他结构也可按照这个模式类推获得。PTQ 的策略是：欲并列两相同的语言单位，先将各合取项与相同的自由变量加合以组成句子，然后

---

① 关于内进式量化，除本章第三节外，还可参照佩雷拉（Pereira, 1990）、莫瑞尔（Morrill, 1994, 1995）和卡彭特（Carpenter, 1994 a, b, 1998）。
② 由于我们尚未介绍内涵结构，所以在此不便详述其间涉及的替换消除过程，读者可在阅读了本书第十二章后看道蒂等（Dowty et al., 1981：第六、七章）。
③ 在此我们照录参考文献中的英文例句。
④ 在此我们不考虑 and 的特殊用法，如连接两 NP 作集体解的 and："John and Mary are a happy couple."

将两句并列，最后通过 λ - 抽象抽取自由变量，得到所需的并列结构。据此，我们可以得出**可并列类型**（conjoinable type）的递归性定义：

（101） 可并列类型

    a. t 为可并列类型。

    b. 如果 b 为可并列类型，则对所有 a 而言，a→b 为可并列类型。

由此我们又可定义出广义的并列算子，记作⊓。① 对⊓的赋类和定义如下：

（102） ⊓的类型：

    如果 X 为可并列类型，则⊓的类型为 X→(X→X)。

（103） 广义并列算子⊓（语义定义）：

    a. 对可并列类型 t 而言，⊓ = &。

    b. 对具可并列类型 a→b 的 f_1、f_2 而言：

        f_1 ⊓ f_2 由以下条件定义：

        [f_1 ⊓ f_2](x) = f_1(x) ⊓ f_2(x)

定义（103）令我们能通过改变函项、主目的内容而递归性地定义出具体的并列结构。例如：设（103）中的 f_1 和 f_2 同为 e→t 类表达式，则主目为 e 类表达式，由此可得到（104）：

（104） (e→t)：[walk' ⊓ talk'](x).

        = walk'(x) ⊓ talk'(x).

    即：walk' ⊓ talk' = λx[walk'(x) ⊓ talk'(x)].

如果把 (e→t) 当主目抽取，把函项 f_1、f_2 设定为 (e→t)→t，得到的就是（105）：

（105） (e→t)→t：[(every man)' ⊓ (some woman)'](P).

        = (every man)'(P) ⊓ (some woman)'(P).

    即：(every man)' ⊓ (some woman)' =

        λP[(every man)'(P) ⊓ (some woman)'(P)].

将主目 (e→t) 应用到以 [(e→t)→(e→t)] 为函项的结构，我们便得到了形容词组的并列结构：

---

① 由于打印上的技术问题，此处采用的⊓与帕蒂与鲁斯（Partee & Rooth, 1983）及帕蒂（Partee, 1992）所用的符号不同。

(106) $(e \to t) \to (e \to t)$: $[old' \cap useless'](P)$.
$\qquad = old'(P) \cap useless'(P)$.
即：$old' \cap useless'$.
$\qquad = \lambda P[old'(P) \cap useless'(P)]$.
$\qquad = \lambda P[\lambda x[old'(P)(x) \cap useless'(P)(x)]]$.

[最后一行加入 $\lambda x[x]$ 是对上一步再重复 (103b) 的过程。即对 $P \cap P$ 再应用 (103b)。]

依此类推，我们又得到了 TV 的并列式定义：

(107) 设 TV 的类型为 $T \to IV$，则 $[TVP_1 \cap TVP_2] = \lambda P \lambda x [TVP_1'(P)(x) \cap TVP'_2(P)(x)]$。

(其中 TVP_1 与 TVP_2 指两个不同的及物动词。P 是对项短语 T 的抽象。)

(107) 也是对 (103b) 的两度应用，即我们由 $TVP_1 \cap TVP_2$ 先得到 $\lambda P[TVP_1'(P) \cap TVP'_2(P)]$，然后再对 $P \cap P$ 应用 (103b)，得 $\lambda P \lambda x [TVP_1'(P)(x) \cap TVP'_2(P)(x)]$。

可是一旦我们把 (107) 应用到自然语言，却得出了错误的结果：

(108)
a. John caught and ate a fish.
b. $\Rightarrow \lambda P \lambda x [caught'(P)(x) \& ate'(P)(x)](a fish')(john')$.
c. $\Rightarrow \lambda x [caught'(a fish')(x) \& ate'(a fish')(x)](john')$.
d. $\Rightarrow$ John caught a fish and ate a fish.

(108d) 等于是说约翰抓了一条鱼又吃了另一条鱼，而原句 (108a) 的意思是约翰吃的鱼就是他抓的鱼。造成 (108a) 那种解释的原因在于 a fish 在此被表示成了 T，即性质的集合，这在 PTQ 中属于内涵语义，所以它在 λ-还原后在并列式中两者互不相干，不能指谓同一条鱼。而 (108a) 中的两个 TV 都是外延动词，要求所共用的论元指谓外延相同的个体。(107) 用于内涵动词则可以得出正确的结果：

(109) John wants and needs two secretaries.
$\Rightarrow$ John wants two secretaries and needs two secretaries.

这里"两个秘书"不能指谓两个相同的秘书，正好符合我们对内涵动词的理解。如果 (107) 用于一个内涵动词与一外延动词的并列，则结果也是正确的：

(110) John needed and bought a new coat.
⇒ John needed a new coat and bought a new coat.

倘若我们运用内进式量化来作组合，结果仍然一样，不能对（108a）作出正确的描写。要是我们把 TV 的类型赋为 e→IV，则有（111）：

(111) 如 TV 为 e→IV 类，则 [TVP$_1$ and TVP$_2$] =
λyλx[TVP'$_1$(y)(x) & TVP'$_2$(y)(x)]。

这时，由于 y 与 x 皆为个体，所以 TVP'$_1$ 与 TVP'$_2$ 的主、宾论元指谓的个体是一致的，例如 x 都等于 John，y 都等于 a coat。结果我们得到了对（108a）的正确描写，却对（109）和（110）作出了错误的描写。倘运用内进式量化来作组合，结果仍然是相同的。这等于是说，（111）无法处理内涵 TV 的并列结构。

既然实践告诉我们，有些 TV 需要较低的赋类，有些需要较高的赋类，我们必须采取的策略便是对 TV 作灵活赋类。这不单是说 TV 可分为两小类，一类具类型 T→IV，另一类具类型 e→IV。实际上具 e→IV 类型的外延性 TV 有时也需要具类型 T→IV，否则就无法与内涵性 TV 并列而得出例（110）。所以应该让类型之间能够按所需要的命题语义而互相转换。灵活赋类论更准确的叫法应是类型灵活转换论。

如果允许 TV 的类作灵活转换，则牵一发而动全局，NP 的类也必须在 e 与（e→t）→t 间灵活转换。也就是说，在与外延性 TV 并列结构合并时，NP 应取 e 类型，在与内涵性 TV 或混合性 TV 并列结构合并时，NP 应取（e→t）→t 类型。又如，倘若一个 QNP 与一个专名 NP 并列组成主语，则专名 NP 也应该取 T 类型，这样才能与 QNP 共享一个 IV，因为 QNP 的最低类型只能是 T，这点我们已经论证过。由此推论，我们不应根据 PTQ 系统而把每个 NP 都仅仅看成是 GQ，自然语言中还需要有 e 类型的 NP，且 GQ 与 e 类 NP 应该可以有条件地相互转换。

类型之间的转换应遵循一定的规律，具体体现为**类升级**（type-raising）与**类降级**（type-lowering）。（112）摘自帕蒂（Partee，1992），它显示了主语 NP 与动词组 IV 之间可能的等级关系：[1]

---

[1] 这里不包括内涵语义的信息。

(112)

NP	VP	级别
⋮	⋮	⋮
	IV$_3$：<T$_2$, t>	6
T$_2$：<IV$_2$, t>		5
	IV$_2$：<T$_1$, t>	4
T$_1$：<<e, t>, t>		3
	IV$_1$：<e, t>	2
e		1

(112) 的第一级为 e 类 NP。由于 IV$_1$ 是 e 的集合，所以具 e→t 类，为第二级。而作为项短语的 T$_1$ 取 IV$_1$ 为主目，得到 t，所以 T$_1$ 为（e→t）→t 类，等级为三。IV$_2$ 又是 T$_1$ 的集合，所以具((e→t)→t)→t 类，居第四级。如此类推，不断置换函项、主目的内容，我们可以得到无穷多的类型，所达到的等级也越来越高。当然，在自然语言处理中，四级以上的类型很少用到或根本不需要，① 但是从理论上讲，这些类型无疑是可能存在的。正如我们在三维空间里仍可以想象四维空间一样。

类型的级别越高，所涉及的逻辑的阶也越高，人脑处理这些高级别的类型式所消耗的时间和精力就越多，以下是帕蒂（Partee，1992）就 **TV 等级复杂度**（complexity）所作的示范［略有改编］：

(113)

TV 的类型 (A→B)	复杂度（i） A 级 + B 级	复杂度（ii） (A 级)^2 +（B 级)^2
TV$_1$：e→IV$_1$	1 + 2 = 3	5
TV$_2$：T$_1$→IV$_1$	3 + 2 = 5	13
TV$_3$：e→IV$_2$	1 + 4 = 5	17
TV$_4$：T$_1$→IV$_2$	3 + 4 = 7	25
TV$_5$：T$_2$→IV$_1$	5 + 2 = 7	29
TV$_6$：e→IV$_3$	1 + 6 = 7	37
TV$_7$：T$_2$→IV$_2$	5 + 4 = 9	41
⋮	⋮	⋮

---

① 温特（Winter，1995）用了较高的类型以解决带有**选择函项**（the choice function）的表达式。他把 every 的类型定为（(e→t)→t)→(((e→t)→t)→t)。

（113）纯为示范之用，其中（113i）与（113ii）对类型复杂度的计算方式仅纯属假设。(i)列的算式中等号左边的数字源自（112）所列的类级别。从中可以得知，复杂度并非无法计算。倘若类型的组合仅呈线性的复杂度，如（113i）所示，那采用高级类型表达式尚不致引起较大的计算负担。要是复杂度呈指数性增长，如（113ii）所示，则不能期望人脑可以处理级别过高的类型式。从**心理现实性**（psychological reality）与**可计算性**（computability）的角度看，我们应该争取以尽可能低的类型级别来分析和解释自然语言的结构和意义。

因而我们需要对类型的转换作系统的论述，从表面上的偶然性导出类型之间必然的联系。这种联系既要符合逻辑定义，又需反映自然语言的实际情况。以下我们集中研究 NP 类型的多样性。

根据母语使用者的语感，帕蒂认为对 NP 的最直接的赋类应是下列三种：

（114）NP 的直接赋类：

表达式举例	用法	逻辑式	类型
John	指称	j'	e
a fool	谓词	Fool'	e→t
Every man	量词	λP∀x[man'(x)→P(x)]	(e→t)→t

指称型名词涉及专名个体。动态语义学的研究成果表明，把这种名词的基本类型定义为 e，有助于解释**语篇回指词**（discourse anaphora）的分布。① 虽然任何单数 NP 都可在同一个句子之内约束一个单数代词，但只有 e 类型 NP 可跨句约束单数代词，有关例句如下：

（115） John
The man $\Big\}$ walked in. He looked tired. ②
A man

---

① 语篇回指词为代词的一种用法，其先行词不在同一句子里。也就是说，这种代词被 NP 跨句约束。

② 肯普与雷勒（Kamp & Reyle, 1993）认为**无定名词**（indefinite NP）如 "a man" 不是 QNP，而是 e 类 NP。有关无定名词在语篇中的处理，参见本书第十四章的讨论。

(116) Every man
　　　 No man 　　　　　} walked in. *He looked tired.
　　　 More than one man

NP 的谓词性用法如（117）所示。（117）的谓语动词 consider 后面跟的是一个**小句结构**（small clause），其中 that 为小句的主语，后面的 NP 为小句的谓语。（117）表明，并非所有 NP 都可以在小句中作谓语用。如果给适用的 NP 赋上 e→t 类型，则可以对 NP 的这种语义分布作出准确的描写。

(117) Mary considers that {
　　　an island
　　　two islands.
　　　the harbour.
　　　*every island.
　　　*most island.
　　　Utopia.
}

对量词的赋类不需要再作说明了。

帕蒂（Partee, 1992）根据（114）提出了更系统的 NP 类型转换框架，见（118）。

(118)

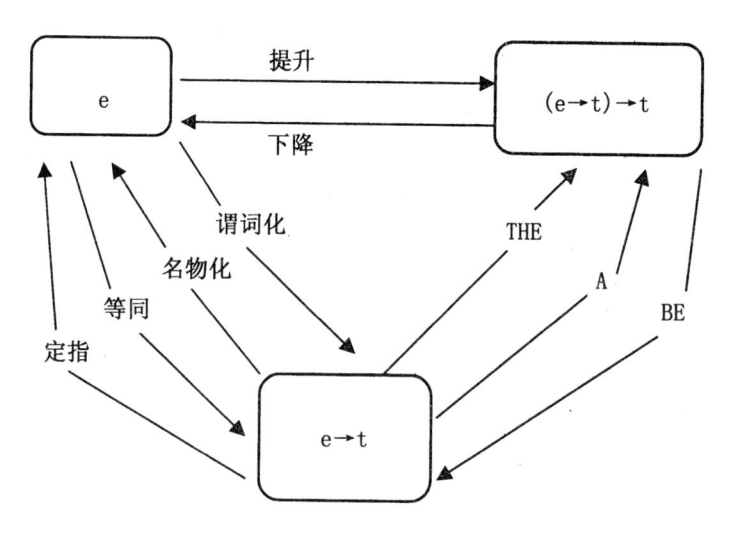

现在我们对这九种转称类型作逐一讲解。（118）中的三个方框分别为个体、一元谓词和广义量词的定义域。联系三个方框的是一些函项，

它们揭示了三种语义指谓对象间的自然对应关系。

先看（118）顶端两个方框。**提升**（raise）将一个个体映射到性质的集合，如（119）的例子：

(119) j→λP[P(j)].

提升是一个**全函项**（total function），因为从任何 e 类个体我们都可以构筑一个集合的集合，该集合的每个成员都是一个含有上述个体的集合。**提升**又是一个**内射**（injective）的函项，即它是**映（射）入**（into）而非**映（射）满**（onto）的，因为它的值域只是（e→t）→t 定义域的真子集。①

下降（lower）与**提升**相反。它是一个**部分函项**（partial function），也是一个**满射**（surjective）函项，因为它的定义域仅部分映射到了值域，且值域中的每个成分都为该函项的映射所涵盖，即它是**映（射）满**的。**下降**使广义量词同与其对应的个体相匹配。也就是说，当一个 GQ 指谓的性质之集合正好为一个个体所具有的所有性质的集合时，该 GQ 就有一个对应的个体，否则就无对应个体。

再看**等同**（ident）②与**定指**（iota）。它们与 e 及 e→t 两个定义域有关。

等同是全函项和内射的函项。它将个体如"John"映射到"与 John 等同"这一性质上。也就是说，等同把个体映射到包含自己的独元集上。与之相反的是部分、满射的函项定指。定指之所以被称作 iota（即希腊字母 ι，读作埃欧塔），是因为 ι 在哲学逻辑文献中一直被用作表示有定摹状算子。③**定指**取一性质为输入，如果仅有一个个体具此性质，则该个体为**定指**的值。否则，对该函项就不做定义，即该函项无结果。

名物化（nom）④与**谓词化**（pred）⑤也是 e 及 e→t 之间的函项。帕蒂认为把这对函项与个体的集合 e→t 相联系，尚不能准确地反映所涉及的语义对象即性质。所以更严密的考察须将 e→t 修订为与之相联系的内涵

---

① 我们将在第十章第二节中详细讨论对时制算子进行提升操作的问题。
② ident 之名为 identify 的缩写。
③ 参照基尔基亚（Chierchia, 1995）关于 ι-算子的定义。
④ **nom** 之名为 nominalize 的缩写。
⑤ **pred** 之名为 predicate 的缩写。

式即<s,<e,t>>。不过帕蒂仍然用e→t来将就表示所涉及的性质。

谓词化与**名物化**可协调个体与性质间的关系。如命名颜色的名词"blue"可转化为形容词谓词"blue",这是**谓词化**。而根据性质"blue",我们又可命名颜色"blue",这就是**名物化**。

最后我们讨论函项 **THE**、**A** 与 **BE**。这三个函项名虽然与英语的"the"、"a"、"be"相同,两者的功能也极其相似,可我们关心的是这些函项本身,不是英语中的示例。可以设想这些函项在许多语言中起作用,却并无与之对等的词项。比如汉语就无与"the"对应的词,且在表示与"a"、"be"对应的语义时也不一定非要用对等的词项。这更说明 **THE**、**A**、**BE** 这三个函项的自然性和普遍性,因为它们可以超脱具体的词项而存在。

先看 **THE** 与 **A**。两者皆为从性质e→t到性质之集合(e→t)→t即GQ的函项。也就是说它们的作用与限定词相仿。根据本章对限定词的分析,**THE** 与 **A** 的定义如下:

(120) THE(N) →
　　　　λP[∃x((N'(x) & ∀y(N'(y) ↔ (y = x))) & P(x))].
　　　　(e→t) →t

(121) A(N) →λP[∃x(N'(x) & P(x))].
　　　　(e→t) →t

上述两式应该从函项的角度来理解。**THE** 与 **A** 同为函项,N 为主目,箭头右边的逻辑式为函项的值。

THE 为全函项,可被理解成**定述函项**。**THE** 的运用并不需要预设有定个体的存在。倘若确有相关个体,则 **THE**(N) 得出的是该个体所有性质的集合,否则得到的性质集合便为空集。这由 GQ 的特性所决定。而**定指函项** ι 只有在确定存在着**独一**(unique)个体的前提下才能定义,否则就无结果。也就是说,ι 的运用需要预设有定个体的存在,而 **THE** 的结果不需要确有所指。所以 **THE** 的结果可以是关于**属性的**(attributive),而 ι 就不可能得出那种结果。①

---

① 参见蒋严、潘海华、邹崇理 (Jiang et al., 1997) 对属性语义的定义。

定指函项 ι 与定述函项 THE 的联系是：倘若 ι 得到定义（即存在惟一一个个体），则会有**提升**（ι（N'））＝ THE（N'），且**下降（THE**（N'））＝ι（N'）。倘 ι 无定义，则 THE（N'）指谓的性质之集合为 φ。

函项 **A** 可称作**不定指**函项。A 与 THE 的区别是：倘 A 的值不为空集的话，它可以是有关一个或几个个体的性质之集合。

BE 可称作**谓述**函项。它把 GQ 的类型映射到性质的类型上。是一全函项。其定义如下：

（122） $BE(P) \to \lambda x[P(\lambda y[y=x])]$ 或 $\lambda x[\{x\} \in P]$.

首先要说明的是，**BE** 涵盖的仅是英语"be"语义的一部分。"be"在其他场合的用法，如在**谓词化**场合的用法，不是我们讨论的范围。如果一个 GQ 出现在 e→t 的位置上，则说明这是经过**谓述**函项 **BE** 应用于 GQ 后的结果。

BE 的作用是把一个 GQ 中所有的独元集找出来，并把它们的个体成员汇成一个集合，正如（122）的后半部所表示的。由于 **BE** 是与独元集相关的，所以 **BE** 的主目就应是函项 **THE**（N）或 **A**（N）。这从定义上排除了 **BE**（many（N））之类的怪诞语义。[①]

BE(THE(N)) 得到的是一个独元集，内含特定的个体。如无此个体，则得到的为空集。相关例子如（123）：

（123） John is $\begin{cases} \text{the president.} \\ \text{president.} \end{cases}$

在英语中，只要"president"有独一解，则前面不必加定指词。但（124）中的定指词则不能省略，否则其定指不明确。

（124） John is $\begin{cases} \text{the teacher.} \\ \text{*teacher.} \end{cases}$

而 **BE(A(N))** 得到的个体之集合一般不应是独元集，所以得到的集合与定义（122）中的 P 等同，即：

（125） 对所有 P 来说：BE（A（P））＝P.

[①] many、a few、most 等语义也可能表现为如同 THE、A 的类转换函项，但它们不一定是最自然普遍的语义函项，可能过于局限在英语中特定词项的语义。

所以**不定指函项 A** 与**谓述性函项 BE** 的作用正好相反。A 把一个集合中的每个 e 都提升成独元集并把它们荟萃成集合的集合。BE 取出这些独元集，把每个独元集下降至个体再汇成集合。如果 BE 汇成的集合本身是个独元集，则 BE 遇到的是经函项 THE 处理过的对象。

上述九个函项皆为类型转换函项。有了这些函项，我们不但能处理与并列结构有关的类转换问题，而且为灵活的类转换提供了规律和制约。这些函项的基础仍然是 λ-转换。但它们避免了单纯依赖 λ-转换所遇到的难题，使得自然语义的处理更为准确。我们还可以据此设计同构的范畴转换或为现存的范畴转换机制提供自然语言的理据。

思考与练习六

1. 根据（103）的定义，给出下列结构的广义并列式并解释推导过程：

each and every；many but not all；black and white；happily and comfortably.

2. 灵活赋类论对本书的 C_t 系统会有哪些影响？

阅 读 文 选

本章关于广义量词的讨论主要取材自道蒂等（Dowty et al, 1981）、基尔基亚与麦考耐-基尔（Chierchia & McConnell-Ginet, 2000）、卡恩（Cann, 1993）、德-施瓦尔特（de Swart, 1991）及范-本瑟姆（van Benthem, 1986）。

广义量词的研究文献有许多。最早用于语言学的当推巴怀士与库珀（Barwise & Cooper, 1981）。文集有范-本瑟姆与迪-迈伦（合编）（van Benthem & ter Meulen eds., 1984）、加登弗（主编）（Gärdenfors ed., 1987）、格罗伦戴克等（合编）（Groenendijk et al. eds., 1987）、范-戴-道伊斯与范-艾伊克（合编）（van der Does & van Eijck eds., 1996）及莱平（主编）（Lappin, 1996）中的有关文章。另可参见德-施瓦尔特（de Swart, 1991）用广义量词论对状语量词的研究及邹崇理（1996）对汉语广义量词的形式化描写。

此外，有一种观点认为 GQ 既可以是 NP，也可是 Det、状语量词、逻辑连词。参见范-本瑟姆（van Benthem，1986）和德-施瓦尔特（de Swart，1991）。

对量词及广义量词的逻辑学上的研究可参考谢尔（Sher，1991）、范-戴-道伊斯与范-艾伊克（van der Does & van Eijck，1996）、威斯特希戴尔（Westerståhl，1989）、波洛斯与马苏赫（合编）（Polos & Masuch eds.，1995）及克莱尼基等（合编）（Krynicki et al.，1995）。

帕蒂与鲁斯（Partee & Rooth，1983）及帕蒂（Partee，1992）对类型的升降级有精辟的论述与翔实的分析。本章第六节主要取材于帕蒂（Partee，1992）。另可参考伍德（Wood，1993）有关范畴转换的论述。

近期研究文献在第十五章中列出。

第九章 时间、时制与时态

从本章开始，我们介绍与时间有关的概念以及它们对句子意义的影响。我们先介绍**时间**（time）与**时制**（tense）的概念，然后介绍时制与否定算子、量词之间的相互作用。最后，介绍与**时态**（aspect）有关的概念以及它们对句子意义的影响。

第一节 时间与句子的意义

到此为止我们所讨论的句子在模型中的解释都没有涉及时间的问题，即：一个句子若在一个模型中为真，则它在该模型中总是为真。可是在实际的语言运用中，很多句子的解释都是随着时间的变化而变化的。例如，"张三在说话"在说话人讲这句话时为真，但是，在此之前就不一定为真，且一分钟之后他也可能停止说话而在看书。下面的句子都可能随着时间点选择的不同而取不同的真值。

(1) a. 小王马上就来。
　　b. 小王来了。
　　c. 小王下午三点钟在家。
　　d. 小王上星期病了。
　　e. 一九九五年三月二十日小王在北京。
　　f. 昨天小王总是在笑。

(1a) 指一件就要发生的事件，(1b, d, e) 分别描述一件已经发生的事件。(1c) 则有歧义，它既可以表示一件经常发生的事，即：小王每天/经常下午三点钟在家，也可以描述一件将要发生的事，如：小王今天下午三点钟在家，还可以表示昨天已经发生的事。(1f) 中含有三种表示时间的方法：(a) 表示时间的副词"昨天"；(b) 副词性全称量词"总是"以及 (c) 表示**进行时态**（progressive aspect）的标志

第九章 时间、时制与时态

"在"。上述句子只有相对于**说话人**（speaker）的**说话时间**（speech time 或者 utterance time，以下简称 ST）而言，才具有我们上面所说的意思。如果改用另一个时间对它们进行评价，就很难说了。例如，如果小王是五分钟前刚到的，那么，评价（1b）的时间就必须是在说话人讲话时间（ST）前的五分钟以内或 ST 以后。如果评价时间是在 ST 的五分钟以前，那么，（1b）就不可能成立。同理，（1f）为真的条件是评价时间必须包括 ST 且在同一天。如果 ST 是一九九五年三月二十日中午十二点，那么，评价时间也必须是一九九五年三月二十日，因为只有这样，"昨天"所指的和说话人所指的才是同一天，即一九九五年三月十九日。

还有两个关于时间的概念对我们后面的讨论有用。一个是**参照时间**（reference time，简称 RT），一个是**事件时间**（event time，简称 ET）。后者是指句子所描述的事件发生的时间，而前者是我们用来评价一个事件是否为真的时间。例如，英语中的**完成时**（perfect）就必须相对于参照时间 RT 来进行评价，它要求 ET 在 RT 之前。如果是现在完成时，就有 RT = ST。若是过去完成时，则是 RT 在 ST 之前。如果 ET 只是在 ST 之前，同时如果 RT = ET，则是过去时，而不是完成时。这三个时间概念是莱辛巴赫（Reichenbach）1947 年提出的。

不仅句子的真值随着时间的不同而变化，而且名词短语和动词短语的语义解释也随之变化。如名词组"联合国秘书长"1996 年是布切斯布切斯·加里（Buthros Buthros Ghali），1990 年则是佩雷斯·德奎利亚尔（Perez de Quellar）。又如动词组"在说话"表示现在在说话，但不意味着一个小时前也在说话。

上述例子说明我们用于语义解释的模型中应该引入"时间"这个参数。若用 T 表示时间点（moment of time，本书简称"**时点**"之集合），我们的模型中就应该包括三个部分：M = < A, T, F >。由于时间是单向有序的，我们也应该在模型中引入一个定义在 T 上的关系，记为"<"（我们用 t < t′ 表示时点 t 在 t′ 之前）。这样，M 就变成为 < A, T, <, F >。同理，一个逻辑式的语义解释也必须加入时间参数，即：$⟦Ψ⟧^{M,g}$ 变成 $⟦Ψ⟧^{M,g,t}$。语义解释规则中相应的地方也都要加入这个参数，如（2）所示。

(2) a. $⟦\sim Ψ⟧^{M,g,t} = 1$ iff $⟦Ψ⟧^{M,g,t} = 0$

b. $[\![\Psi(\beta)]\!]^{M,g,t} = [\![\Psi]\!]^{M,g,t}([\![\beta]\!]^{M,g,t})$

(2b) 表明对一个含有谓词和论元的逻辑式进行语义解释时应该遵循前面章节中讨论过的组合性原则。

第二节 时制：过去时和将来时

有了时间的概念，我们就可以定义两个作用于句子上的**时制算子**(tense operator)：**过去时** P 和**将来时** F，并加入一条句法规则（3a）和两条语义解释规则（3b）。

(3) a. 如果 Ψ 是一个合法的逻辑式，则 PΨ 和 FΨ 都是合法的逻辑式。

b. 含有时制算子的逻辑式可用下面的规则进行解释：

如果有一个时点 t'，$t' < t$，且有 $[\![\Psi]\!]^{M,g,t'} = 1$，则 $[\![P\Psi]\!]^{M,g,t} = 1$

如果有一个时点 t'，$t < t'$，且有 $[\![\Psi]\!]^{M,g,t'} = 1$，则 $[\![F\Psi]\!]^{M,g,t} = 1$

对过去时和将来时最简单的解释就是：过去时表示要解释的逻辑式在过去的某个时点上为真；将来时则意味着该逻辑式在将来的某个时点上为真，如下图所示。

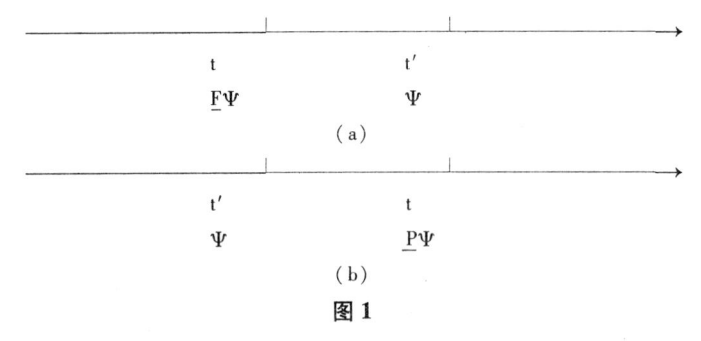

```
────────|────────────|──────────►
         t            t'
        FΨ            Ψ
              (a)

────────|────────────|──────────►
         t'           t
         Ψ           PΨ
              (b)
```
图1

上述两图中带箭头的直线是时间轴，它们上面各有两个时点，t 和 t'，且要解释的过去时和将来时都在时点 t 处为真。同理，句子 Ψ 应该在时点 t' 处为真。图1中的（a）显示如果要想使 FΨ 在时点 t 为真，Ψ 就应该在 t 之后的某个时点 t' 处为真。图中的（b）则表明 PΨ 在 t 处为真的条件是 Ψ 在它之前的某个时点 t' 处为真。

注意（3b）中的 t 可以是说话时间 ST，也可以不是。① 这里我们把这两个算子都解释为隐性的存在量词，它们把解释相关逻辑式的时点分别从 t 往后移或向前推。这两个算子是逻辑学家阿瑟·普赖尔（Arthur Prior）1947 年提出的。

下面我们用例子来说明如何计算含有过去时 P 和将来时 F 的逻辑式之真值。假设有如下模型，集合 D = {张三, 李四, 王五, 小兵, 大力, 陈规}，T = {一点钟, 两点钟, 三点钟}，函项 F 的定义如下：

(4) F(a, 一点钟) = F(a, 两点钟) = F(a, 三点钟) = 张三
　　F(b, 一点钟) = F(b, 两点钟) = F(b, 三点钟) = 李四
　　F(c, 一点钟) = F(c, 两点钟) = F(c, 三点钟) = 王五
　　F(d, 一点钟) = F(d, 两点钟) = F(d, 三点钟) = 小兵
　　F(e, 一点钟) = F(e, 两点钟) = F(e, 三点钟) = 大力
　　F(h, 一点钟) = F(h, 两点钟) = F(h, 三点钟) = 陈规
　　F(S, 一点钟) = {张三, 李四, 王五, 小兵}
　　F(S, 两点钟) = {张三, 李四, 陈规}
　　F(S, 三点钟) = {张三, 小兵, 大力}
　　F(J, 一点钟) = {张三, 李四, 大力, 陈规}
　　F(J, 两点钟) = {王五, 小兵, 陈规}
　　F(J, 三点钟) = {陈规}

	一点钟	两点钟	三点钟
S：	张三, 李四, 王五, 小兵	张三, 李四, 陈规	张三, 小兵, 大力
J：	张三, 李四, 大力, 陈规	王五, 小兵, 陈规	陈规

图 2

---

① 如果 t 是 ST 时，所给出的是绝对时制，而 t 不是 ST 时，定义的则是相对时制。这一差别，我们在后面的小节中会进一步讨论。

这个模型中一共有六个人，两个一元谓词，S 表示"睡觉"，J 表示"跳舞"。函项 F 把集合 D 中的元素分别赋给常量：a、b、c、d、e、h。这些常量的**指谓**（denotation）不随时间而变化，所以在三个时点上它们都取相同的值。但是，该模型中的两个一元谓词都随着时间变化。例如，谓词 S 在三点钟的指谓就和一点钟时不同。一点钟时**张三**，**李四**，**王五**和**小兵**都在睡觉，而到三点钟时只剩下**张三**和**小兵**在睡觉，同时多出一个"**大力**"，他也在睡觉。可以用图示的方法给出（4）中有关谓词部分的模型，如图 2 所示。

根据（4）中给出的模型，可以计算谓词 S 和 J 与时制算子相结合后的真值。我们先看看 PS（a）在"三点钟"时是否为真。根据（3b）中对时制算子 P 的定义，我们知道要证明（5a）为真，就必须证明（5b）为真。

(5) a. $[\![PS(a)]\!]^{M,g,三点钟} = 1$

b. iff $\exists t'[(t' < 三点钟) \& ([\![S(a)]\!]^{M,g,t'} = 1)]$

根据（2b）我们知道（5b）中合取式的第二部分可改写成（5c）中合取式的第二部分，所以要证明（5a）为真，就相当于要证明（5c）为真。由于 $[\![\beta]\!]^{M,g,t}$ 可改写为 $F(\beta, g, t)$，我们就有（5d）。

(5) c. iff $\exists t'[(t' < 三点钟) \& [\![S]\!]^{M,g,t'}([\![a]\!]^{M,g,t'}) = 1]$

d. iff $\exists t'[(t' < 三点钟) \& F(S,g,t')(F(a,g,t')) = 1]$

由于赋值函项 g 只对模型中的变量进行赋值，而 a 和 S 都是常项，所以，（5d）就可以改写成（5e）。这是因为在没有变量的情况下有：$F(S,g,t) = F(S,t)$，$F(a,g,t) = F(a,t)$。利用函项和论元和关系及定义，就可以得到（5f）。

(5) e. iff $\exists t'[(t' < 三点钟) \& F(S,t')(F(a,t')) = 1]$

f. iff $\exists t'[(t' < 三点钟) \& F(a,t') \in F(S,t')]$

另外，由于常项 a 不随时间变化，就有：$F(a,t') = F(a) = $ **张三**，这样，（5f）就变成了（5g）。

(5) g. iff $\exists t'[(t' < 三点钟) \& 张三 \in F(S,t')]$

与常项 a 不同，谓词 S 随时间而变化，因此，对于"三点钟"前的时点，我们应该检查"**张三**"是否在 S 的指谓里。如果 t' = 两点钟，则有：

第九章 时间、时制与时态

(5) h. iff ∃t'$_{=两点钟}$[（两点钟 < 三点钟）&

　　　　　张三 ∈ F(S,两点钟)]

　 i. iff ∃t'$_{=两点钟}$[（两点钟 < 三点钟）&

　　　　　张三 ∈ {张三,李四,陈规}]

如果 t' = 一点钟，则有：

(5) j. iff ∃t'$_{=一点钟}$[（一点钟 < 三点钟）&

　　　　　张三 ∈ F(S,一点钟)]

　 k. iff ∃t'$_{=一点钟}$[（一点钟 < 三点钟）&

　　　　　张三 ∈ {张三,李四,王五,小兵}]

由于"三点钟"前的两个时点（一点钟，两点钟）都能使 S(a) 为真，所以 P̲S(a) 在"三点钟"时取真值。实际上，只要在"三点钟"前**有一个时点能使** S(a) 为真，P̲S(a) 就可以为真。

尽管 P̲S(a) 在"三点钟"时取真值，P̲S(e) 在"三点钟"时则取假值，这是因为（4）中给出的模型里不存在着一个在三点钟前的时点，在该时点 e 所指谓的人"大力"在睡觉。也就是说，F(e) ∉ F(S,一点钟)，F(e) ∉ F(S,两点钟)，所以 P̲S(e) 在"三点钟"时就取假值。

下面我们看看 F̲J(a) 在"两点钟"时是否为真。同样，根据（2b）和（3b）中对时制算子 F̲ 的定义，我们有（6b）和（6c）。

(6) a. ⟦F̲J(a)⟧^{M,g,两点钟} = 1

　 b. iff ∃t'[（两点钟 < t'）& ⟦J(a)⟧$^{M,g,t'}$ = 1]

　 c. iff ∃t'[（两点钟 < t'）& ⟦J⟧$^{M,g,t'}$(⟦a⟧$^{M,g,t'}$) = 1]

由于 ⟦β⟧^{M,g,t} 可以改写为 F(β,g,t)，常项 a 不随时间变化，（6c）就等价于（6d）。（6e）是考虑到 g 只对变量赋值，而 J 和 a 都是常量所得到的结果。（6f）是应用函项与论元之关系而得到的结果。

(6) d. iff ∃t'[（两点钟 < t'）& F(J,g,t')(F(a,g)) = 1]

　 e. iff ∃t'[（两点钟 < t'）& F(J,t')(F(a)) = 1]

　 f. iff ∃t'[（两点钟 < t'）& 张三 ∈ F(J,t')]

现在我们检查"两点钟"之外的两个时点，看看它们是否能使 J(a) 为真。如果选 t' = 三点钟，则有：

(6) g. iff ∃t'$_{=三点钟}$[（两点钟 < 三点钟）&

　　　　　张三 ∈ F(J,三点钟)]

h. iff ∃t′₌三点钟[(两点钟 < 三点钟) & 张三 ∉ {陈规}]

因为"张三"不属于集合{陈规}，我们还需要检查 t′ = 一点钟时，J(a)是否为真。当 t′ = 一点钟时，则有：

(6) i. iff ∃t′₌一点钟[~(两点钟 < 一点钟) &
张三 ∈ F(J, 一点钟)]

j. iff ∃t′₌一点钟[~(两点钟 < 一点钟) &
张三 ∈ {张三, 李四, 大力, 陈规}]

这里我们用"~(t < t′)"表示 t 不在 t′ 之前。

尽管"张三"属于集合{**张三，李四，大力，陈规**}，可是我们还是不能说 F̲J(a)在"两点钟"时为真，这是因为（6i）中合取式的第一部分为假，从而使整个合取式为假。由于时点"两点钟"之后的所有时点（在此只有"三点钟"）都不能使 J(a)为真，所以 F̲J(a)在"两点钟"时取假值。然而，F̲J(a)在"一点钟"时则为真，这是因为存在着一个时点，即"两点钟"，使 J(a)为真。

上述讨论说明，在计算含有将来时的句子时，不需要看所求的时点之前的值，因为这些值都不会使（6j）中合取式的第一部分为真。同理，在计算含有过去时的句子时，也不需要看所求的时点之后的值。与 F̲J(a)不同，F̲J(h)在"两点钟"时取真值，因为存在一个时点，"三点钟"，在该时点 h 的指谓"**陈规**"是 F(J, 三点钟)的一个元素，即有：F(h) ∈ F(J, 三点钟)，陈规 ∈ {陈规}。

上面的例子还表明对于一个含有时制算子（过去时和将来时）的逻辑式，要确定其真值，一定要检查该逻辑式在其他时点的真值，即随着时点选择的不同，这个逻辑式的真值也可能会不同。

思考与练习一

根据（4）中的模型，计算下列逻辑式的真值：

⟦F̲S(b)⟧^{M,g,两点钟}, ⟦F̲J(c)⟧^{M,g,三点钟}, ⟦F̲J(e)⟧^{M,g,三点钟},

⟦P̲J(d)⟧^{M,g,一点钟}, ⟦P̲J(a)⟧^{M,g,两点钟}, ⟦P̲S(h)⟧^{M,g,三点钟},

⟦P̲S(c)⟧^{M,g,三点钟}。

第三节 时制算子与其他算子之关系

时制算子可以和其他算子，如"否定"、量词等同时出现在一个句子里。下面我们讨论三种情况：(a) 两个时制算子同时出现在一个句子里；(b) 时制算子和否定算子共现以及 (c) 时制算子和量词共现。

一　两个时制算子出现在同一个句子里

在自然语言如英语中，两个时制算子可以同时出现在一个句子里，如(7)所示。

(7) a. John will have jumped.

　　［直译为：(到将来的某个时点时) 约翰已经跳了。］

　b. John would have jumped.

　　［直译为：(在过去某时点之后的一个时点) 约翰应该已经跳了。］

(7a)是一个将来完成时的句子，(7b)是一个过去将来完成时的句子。如用 Ψ 代表"John jump"，我们就可分别用 <u>FPΨ</u> 和 <u>PFPΨ</u> 来表示(7a)和(7b)。为了讨论的方便，我们这里把简单的完成时解释成过去时，而没有考虑它与说话时间的关系。

要计算 <u>FPΨ</u> 和 <u>PFPΨ</u> 的真值，就要分别考虑使 <u>F</u> 和 <u>P</u> 为真的条件。

(8) a. $[\![\underline{F}\ \underline{P}\Psi]\!]^{M,g,t} = 1$ iff $\exists t'[t < t' \& [\![\underline{P}\Psi]\!]^{M,g,t'} = 1]$

　b. 　　　　　　　iff $\exists t''[t'' < t' \& [\![\Psi]\!]^{M,g,t''} = 1]$

在(8)中，我们先计算左边第一个算子的值，所以有(8a)中"iff"右边的逻辑式，这是使用将来时的定义得出的。(8b)则是进一步解释(8a)中"iff"右边合取式的第二部分所得到的结果，即：对其过去时算子进行解释。我们可以用图示的办法来表示所涉及的几个时点间的关系。

从图3中可以看出：计算一个含有两个时制算子的逻辑式在某一时点的取值依赖于另外两个时点。同时，从(8b)中可以看出 <u>P</u>Ψ 只依赖于 t'，而不依赖于 t。也就是说图(3a)中给出的只是一种可能性。由于 t'' 只要在 t' 之前就行了，而不需要在 t 之前，所以存在着另外一种可能性。图（3b）中就给出了这种可能性，即：t″在 t 之后，但在 t′之前。

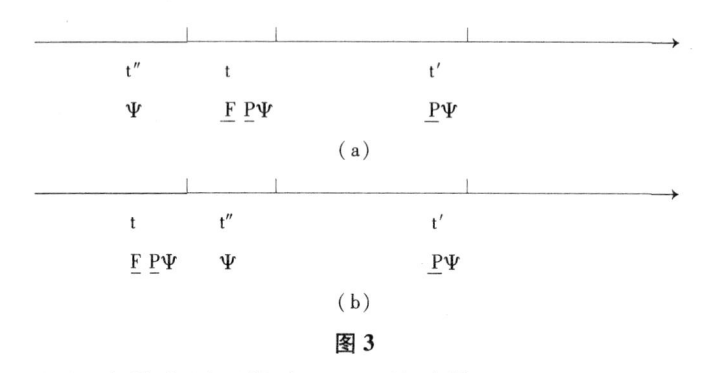

```
                    |         |              |
                    t″        t              t′
                    Ψ        F̲ P̲Ψ            PΨ
                             (a)

                    |         |              |
                    t         t″             t′
                   F̲ P̲Ψ       Ψ              PΨ
                             (b)
```

图 3

下面（9）中给出了逻辑式 P̲F̲P̲Ψ 的计算过程。（9a）是运用了过去时的语义解释规则之后得到的结果，（9b）是使用了将来时的解释规则后的结果，（9c）则是又一次使用过去时的语义解释得到的结果。

(9) a. $[\![\underline{P} \underline{F} \underline{P}Ψ]\!]^{M,g,t} = 1$ iff $\exists t'[\, t' < t \,\&\, [\![\underline{F}\underline{P}Ψ]\!]^{M,g,t'} = 1\,]$

   b.   iff $\exists t''[\, t' < t'' \,\&\, [\![\underline{P}Ψ]\!]^{M,g,t''} = 1\,]$

   c.   iff $\exists t'''[\, t''' < t'' \,\&\, [\![Ψ]\!]^{M,g,t'''} = 1\,]$

从（9）中可以看出，P̲F̲P̲Ψ 在 t 处的语义解释依赖于另外三个时点，t′、t″和 t‴。与（8）比较，（9）中尽管只多出了一个时点，可是这三个时点间的关系却比（8）中多出了三种可能性，下图中给出了这三点相对于时点 t 的各种可能性，条件是这四个时点都必须取不同的值。也就是说它们其中的任何两点都不可以重合。

从图 4 中给出的五种可能性可以看出，在解释时制算子 P̲ 和 F̲ 时，我们都是运用**相对时制**（relative tense）的概念来解释的，即：右边一个时制的解释只依赖于左边的算子提供的参照时间。也就是说，我们前面定义的时制算子都是相对时制算子，而不是**绝对时制**（absolute tense）算子。若是绝对时制算子，就应该要么在说话时间 n 之前，要么在 n 之后，而不可能有时在它之前，有时在它之后来确定一个时点。若把（3b）中给出的相对时制算子更改一下就能得到绝对时制的定义，即把 t 变成 n，我们分别用 P 和 F 表示绝对过去时和绝对将来时。这样，（9）中三个时点间的关系就只有两种可能性了，如图 5 所示。

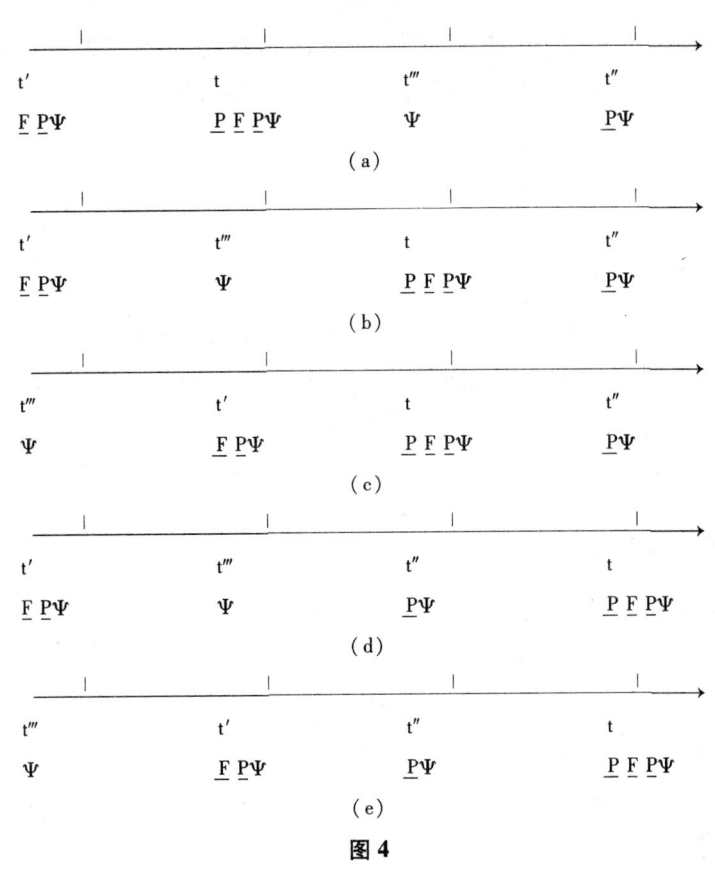

第九章 时间、时制与时态 243

```
────┼──────────┼──────────┼──────────┼────▶
    t′          t          t‴         t″
   F̲ PΨ       P̲ F̲ PΨ       Ψ          P̲Ψ
                    (a)

────┼──────────┼──────────┼──────────┼────▶
    t′          t‴         t          t″
   F̲ PΨ        Ψ         P̲ F̲ PΨ       P̲Ψ
                    (b)

────┼──────────┼──────────┼──────────┼────▶
    t‴          t′         t          t″
    Ψ          F̲ PΨ       P̲ F̲ PΨ       P̲Ψ
                    (c)

────┼──────────┼──────────┼──────────┼────▶
    t′          t‴         t″         t
   F̲ PΨ        Ψ          P̲Ψ         P̲ F̲ PΨ
                    (d)

────┼──────────┼──────────┼──────────┼────▶
    t‴          t′         t″         t
    Ψ          F̲ PΨ        P̲Ψ         P̲ F̲ PΨ
                    (e)
```

图 4

(10) a. 如果有一个时点 t'，$t' < n$，且有 $〚\Psi〛^{M,g,t'} = 1$，则 $〚\underline{P}\, \Psi〛^{M,g,n} = 1$

b. 如果有一个时点 t'，$n < t'$，且有 $〚\Psi〛^{M,g,t'} = 1$，则 $〚\underline{\underline{F}}\, \Psi〛^{M,g,n} = 1$

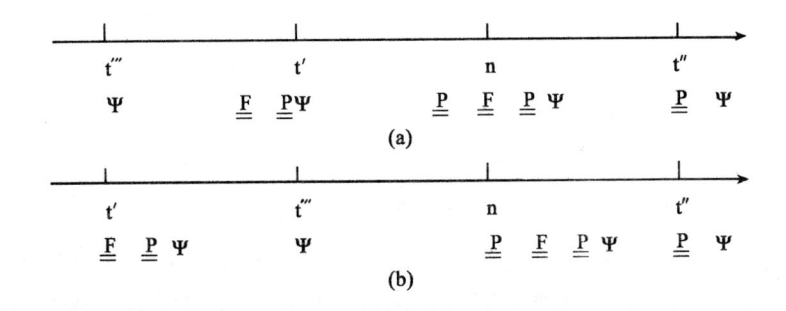

```
────┼──────────┼──────────┼──────────┼────▶
    t‴          t′         n          t″
    Ψ         F̲̲  P̲Ψ      P̲ F̲̲ P̲ Ψ     P̲ Ψ
                    (a)

────┼──────────┼──────────┼──────────┼────▶
    t′          t‴         n          t″
  F̲̲  P̲Ψ        Ψ        P̲ F̲̲ P̲ Ψ     P̲ Ψ
                    (b)
```

图 5

从逻辑上讲，没有任何规定可以限制能同时出现在一个句子中时制算子的数量。但是在英语中时制算子 $\underline{F}$ 和 $\underline{P}$ 的可能组合却受到一定的限制,我们可以想象的带有语法标记的最复杂的时制算子组合是过去将来完成进行时。

有些时制组合蕴涵更简单的逻辑式,例如:

(11) a. $\underline{F}\,\underline{F}\Psi = 1 \Rightarrow \underline{F}\Psi = 1$
  b. $\underline{P}\,\underline{P}\Psi = 1 \Rightarrow \underline{P}\Psi = 1$
  c. $\underline{F}\,\underline{P}\Psi = 1 \Rightarrow (\underline{F}\Psi = 1) \vee (\Psi = 1) \vee (\underline{P}\Psi = 1)$

(11a) 表明由 $\underline{FF}\Psi$ 为真可以推出 $\underline{F}\Psi$ 为真,(11b) 则说明该推理也适用于过去时 $\underline{P}$。(11c) 意味着一个将来时和一个过去时连用时,如果 $\underline{FP}\Psi$ 为真,则可以推出 $\underline{F}\Psi$ 为真,或 Ψ 为真,或 $\underline{P}\Psi$ 为真。

思考与练习二

1. 在时间轴上排列一下 $\underline{FF}\Psi$、$\underline{PP}\Psi$、和 $\underline{FP}\Psi$ 的可能顺序,以证明 (11a-c) 的正确性。

2. 根据 (4) 中给出的模型,计算 $\underline{PF}\Psi$,$\underline{FP}\Psi$ 以及 $\underline{PFP}\Psi$ 在哪个时点上为真。Ψ 分别是 S(a)、S(b)、……、S(h)、J(a)、J(b)、……、J(h)。时制的解释用相对时制的定义。

二 否定算子与时制算子

<u>内部否定与外部否定</u>

否定算子与时制算子共现的情况包括所有含有时制算子的否定句。一个含有过去时的否定句可以解释如下:

(12) $[\![\sim \underline{P}\,\Psi]\!]^{M,g,t} = 1$ iff $[\![\underline{P}\,\Psi]\!]^{M,g,t} = 0$
         iff $\sim \exists t'[(t' < t) \,\&\, [\![\Psi]\!]^{M,g,t'} = 1]$

否定算子也可以出现在时制算子的辖域之内,如在 (13) 中否定算子就在时制算子 $\underline{P}$ 的辖域之内。

(13) $[\![\underline{P} \sim \Psi]\!]^{M,g,t} = 1$ iff $\exists t'[(t' < t) \,\&\, [\![\sim \Psi]\!]^{M,g,t'} = 1]$
            i.e., $[\![\Psi]\!]^{M,g,t} = 0$

(12) 表达的是**外部否定**(external negation,或叫**事实否定** factual negation,又叫**逻辑否定** logical negation),(13) 表示的则是**内部否定**(internal negation,或叫**焦点否定** focus negation)。(12) 的意思是说在参

照时间 t（或 RT）以前没有一个时点使 Ψ 为真，(13) 只是说在 ST 或者 RT 以前存在着一个时点，在该时点 Ψ 为假，即在其他时点 Ψ 可能为真。也就是说外部否定否定的是全部，即没有一个时点能使 Ψ 为真（对于过去时来说，当然是参照时间以前的时点）；而内部否定只是否定某个特定的时点，即在该时点 Ψ 为假。该时点的确定是和我们前面提到的参照时间相关的，有时就是参照时间。这一点我们在后面的小节里还会进一步讨论。

内部否定的几种形式及其语义解释

从句法结构来看，外部否定否定的是整个句子，而内部否定否定的是句中的某一个成分，例如，"张三没有反驳李四"可以有几个解释。一是陈述一个事实，即"张三反驳了李四"不为真，这是外部否定。除此之外，还有另外几个意义：否定主语"张三"、否定宾语"李四"、否定动词、否定动词短语等，这些都是内部否定。(14) 中给出了相应的例子。

(14) a. **张三**没有反驳李四，其他人或是另一个人如王五反驳了李四。

b. 张三没有反驳**李四**，他反驳了另一个人如王五。

c. 张三没有**反驳**李四，他批评或者是指责了李四。

d. 张三没有**反驳李四**，他批评了王五或者是嘲弄了大刘。

(14) 中各句的第二部分在实际的使用中并不需要，只要重读黑体部分的内容就可以得到相应的意义。这里我们给出第二小句，只是为了说明问题起见。

注意 (14) 中黑体部分是句中的**焦点**（focus），一般都重读，常被称为**对比焦点**（contrastive focus）。(14d) 是把"反驳李四"与"批评王五"、"责怪小马"等相对比，即作为句子焦点的是整个动词短语，而不是该短语中的某个成分。(14) 中给出的各种焦点否定有下面对应的背景—焦点结构。

(15) a. **张三**没有反驳李四。

$< \lambda x [\text{Fanbo}'(x, \text{lisi}')], \text{zhangsan}' >$

b. 张三没有反驳**李四**。

$< \lambda x [\text{Fanbo}'(\text{zhangsan}', x)], \text{lisi}' >$

c. 张三没有**反驳**李四。

< λP[P(zhangsan′,lisi′)] , Fanbo′ >

d. 张三没有**反驳李四**。

< λP[P(zhangsan′)] , Fanbo′(lisi′) >

这些结构都由两个部分组成:一个是**背景**(background)集合(由 λ 表达式给出),一个是焦点。用一个变量代替句子中的焦点部分,并对该变量进行 λ - 抽象就得到了背景。一个含有焦点的否定句之意义是:某个特定的**实体**(entity)不具备背景集合的特征,即它不是该集合的一员。例如,(15a)所定义的集合是所有可能反驳李四的人,这由"λx..."部分给出。(15a)的意义是:张三不是该集合中的一员,即其他成员而不是张三反驳了李四。(15c)的意义是,在张三和李四可能具有的关系中,"反驳"不是其中的一种关系。(15d)则表示张三所具有的特征或所作的活动中,"反驳李四"不是其中的一个特征或活动。

内部否定不仅可以否定句子中的动词与其主要论元,也可以否定句子中的非必要部分,如:副词或其他修饰成分等。(16)中的黑体部分都是否定的焦点。

(16) a. 他不**在家**看书。 (他在别的地方看书。)

b. 他**昨天**没去学校。 (他在其他时间去过/了学校。)

c. 他没买那本**红色**的书。(他买了其他颜色的书。)

从上述例子可以看出,内部否定能够否定句子中的所有成分,而不受一般句法条件的限制。所有成分当然是指句子中的连续成分,但是,不包括只起语法作用的功能词,像助词"的、地、得"等。① 下面的例子进一步证明了内部否定可以否定各种句法成分。

(17) a. *他不说得快。

b. 他能不说得**快**,他说得慢,你要不要他?

---

① 一个自然想到的问题是能否把外部否定和内部否定统一起来,不分内与外,而说只有一种否定,即焦点否定。实际上,我们可以把外部否定也看成是一种焦点否定,其焦点是否定词"不"或者"没(有)",例如:

(i) 他**不**是学生。

(ii) 他**没(有)**去学校。

这两个句子的语义解释是:背景集合引出的是两个命题。比如,(i)中的背景是集合:{他是学生,他不是学生},焦点部分就是"不"。

c. 他故意不说得很**慢**，有意为难你。

d. 他在家不说得很**快**，你拿他一点办法都没有。

e. 你不说得**流利**，我就不让你毕业。

通常，我们说"不"只能放在"快"之前"得"之后，才能修饰"得"后的形容词，否则，句子就不合语法，如(17a)所示。可是，(17b,c,d)中的句子却可以说。比较它们之间的差别，我们发现，可以说的都是焦点否定或内部否定。至于为什么焦点否定可以挽救像(17a)这样的句子，已超出了我们这里讨论的范围，就不再讨论了。①

汉语助词"过"与否定的关系

从汉语助词"过"与否定的相互作用看，它就像一个相对过去时的标志，如下所示：

(18) a. 张三没打过李四。

b. 张三从未打过李四。

c. 张三昨天没打过李四。

(18a)是有歧义的，既可以表示(18b)的意思，也可以表达与(18c)相

---

① 黄正德(Huang,1988)提出了一种解释为什么(17a)不合法的办法。他指出：在(17a)那样的句子中汉语的"不"不能单独使用，其后一定要有一个能愿动词，所以，(17a)不合法。他同时指出，(17e)合法的原因是有一个空语类的能愿动词在(17e)中的"不"后面出现。问题是，为什么我们不能说(17a)中的"不"后面也有一个空语类的能愿动词呢？另外，(17b)到(17d)中的句子都是合法的，可是，黄的解释没有办法说明为什么它们是合法的。尽管可以修改黄的解释说：不论前后，只要有一个能愿动词在"不"的旁边，它就可以修饰"得"后面的形容词，我们还是没有办法解释(17d)。

一种可能的解释是利用焦点和"不"之间的关系，即把它看成是一种焦点否定，这样，在没有焦点否定的句子里，"不"就先和动词结合在一起，形成"不 V"，然后，这整个单位再和"得 ADJ"相结合。但是，这种结合有一种潜在的语义冲突。这是因为在讨论一个动作的程度时，必须假设这个动作所指谓的集合不是空集，然后才能讨论它的程度，从而进一步限定该集合的大小。可是，在我们前面说的结合中，即"[(不 V)(得 ADJ)]"，"不 V"给出的集合是该动作 V 的否定，即 V 的集合为空集，其中没有任何元素。因此，上面说的结合，就无从讨论相关动作的程度问题。这是一种解释(17a)不合法的办法。(17b)到(17e)中的例子都支持这种解释方案。例如，(17b)中的"说得快"与"说得慢"相对，所以，动词和"得 ADJ"先结合，然后，才和"不"组成一个更大的短语。这样，"不"否定的就不是动词，而是形容词"快"或者整个动词短语。在这两种情况下，动作所指谓的集合都是非空的，所以，我们才可以讨论该动作的程度问题，详细的讨论见 Lee & Pan(1997,2001)。

观察句子(17a)到(17e)似乎可以得到这样一种印象：只要有办法使"不"和"动词"本身不先形成一个单位，所得到的句子就是合法的。在这一点上，黄所假设的"不"要和一个能愿动词连用有其道理，只不过其解释有一定的局限而已。

似的意思,即在某个时点"张三没打李四"。如果我们用 P̲ 表示"过"的意义,即把"过"当做汉语中的过去时标志,那么,我们就可以把(18b)和(18c)的意义表示成(19a)和(19b)。

(19) a. ⟦ ~P̲ Da′(zhangsan′, lisi′) ⟧^{M,g,t} = 1

       = iff ⟦ P̲ Da′(zhangsan′, lisi′) ⟧^{M,g,t} = 0

       = iff ~∃t′[t′ < t & Da′(zhangsan′, lisi′) ⟧$^{M,g,t'}$ = 1]

    b. ⟦ P̲ ~Da′(zhangsan′, lisi′) ⟧^{M,g,t} = 1

       = iff ∃t′[t′ < t & ⟦ ~Da′(zhangsan′, lisi′) ⟧$^{M,g,t'}$ = 1]

       = iff ∃t′[t′ < t & ⟦ Da′(zhangsan′, lisi′) ⟧$^{M,g,t'}$ = 0]

(19a)意指没有一个时点,在该时点张三打了李四。(19b)则表示,存在着某一个时点,在该时点,张三没打李四。这正是(18b)和(18c)所表达的意思。

两个新的时制算子

用否定算子与时制算子我们可以定义出两个新算子 **G** 和 **H**。**G** 表示将来总是为真,**H** 则表示过去总是为真。

(20) a. **G**Ψ : = ~F̲~Ψ

    b. **H**Ψ : = ~P̲~Ψ

当然,我们也可以直接定义 **G** 和 **H**,如(21b)和(22b)所示。这两个新算子对于某些语言现象的解释有一定的帮助。

(21) a. ⟦ **G**Ψ ⟧^{M,g,t} = 1 iff ⟦ F̲~Ψ ⟧^{M,g,t} = 0

                 iff ~∃t′[t < t′ & ⟦ ~Ψ ⟧$^{M,g,t'}$ = 1]

                      i.e., ⟦ Ψ ⟧$^{M,g,t'}$ = 0

    b. ⟦ **G**Ψ ⟧^{M,g,t} = 1 iff ∀t′[t < t′ & ⟦ Ψ ⟧$^{M,g,t'}$ = 1]

(22) a. ⟦ **H**Ψ ⟧^{M,g,t} = 1 iff ⟦ P̲~Ψ ⟧^{M,g,t} = 0

                 iff ~∃t′[t′ < t & ⟦ ~Ψ ⟧$^{M,g,t'}$ = 1]

                      i.e., ⟦ Ψ ⟧$^{M,g,t'}$ = 0

    b. ⟦ **H**Ψ ⟧^{M,g,t} = 1 iff ∀t′[t′ < t & ⟦ Ψ ⟧$^{M,g,t'}$ = 1]

三 时制算子与量词 (quantifier)

在前面的章节中我们介绍了量词的句法规则和语义解释,并讨论了量词辖域的确定以及量词的相互作用问题。在此我们考察量词与时制算

第九章 时间、时制与时态

子相互作用的情况。

存在量词和全称量词既可出现在时制算子的辖域之内，也可出现在其辖域之外。例如我们可以有 $\forall x \underline{P} \Psi$，$\underline{P} \forall x \Psi$，$\exists x \underline{P} \Psi$，$\underline{P} \exists x \Psi$，$\mathbf{H} \exists x \Psi$，$\exists x \mathbf{H} \Psi$，它们之间的关系如（23）所示。时制算子 $\underline{F}$ 和 G 与 $\exists$ 和 $\forall$ 也有类似的关系。

(23) a. $\underline{P} \forall x \Psi \Rightarrow \forall x \underline{P} \Psi$
    b. $\exists x \mathbf{H} \Psi \Rightarrow \mathbf{H} \exists x \Psi$
    c. $\underline{P} \exists x \Psi \Leftrightarrow \exists x \underline{P} \Psi$

句子(24)的语义解释中量词的顺序分别对应于 $\forall x \underline{P} \Psi$ 和 $\underline{P} \forall x \Psi$。

(24) a. 每个人都吃过中国饭。
    $\Rightarrow \forall x [\text{Ren}'(x) \rightarrow \underline{P}\text{Chi}'(x, \text{zhongguofan}')]$
    $= \forall x [\text{Ren}'(x) \rightarrow \exists t'[t' < t \& [\![\text{Chi}'(x, \text{zhongguofan}')]\!]^{M,g,t'}]]$
    $= \forall x \exists t'[\text{Ren}'(x) \rightarrow [t' < t \& [\![\text{Chi}'(x, \text{zhongguofan}')]\!]^{M,g,t'}]]$

    b. 张三吃过每一道菜。
    $\Rightarrow \underline{P}[\forall x [\text{Chi}'(x) \rightarrow \text{Chi}'(\text{zhangsan}', x)]]$
    $= \exists t'[t' < t \& [\![\forall x [\text{Cai}'(x) \rightarrow \text{Chi}'(\text{zhangsan}', x)]]\!]^{M,g,t'}]$

在(24)中我们根据 $\underline{P}$ 的语义解释把(a)和(b)句分别展开，这样(24)就变成含有"<"和 $[\![S]\!]^{M,g,t}$ 的表达式，然而在 $[\![S]\!]^{M,g,t}$ 的解释过程中，我们并不直接对时间进行运算。从(24)中给出的语义解释，可以看出，已经介绍的时制系统需要作某些修改，以便能直接对时间进行操作和运算。

第四节 对时间进行直接运算

一 为什么对时制的基本定义行不通？

上一节定义的时制系统中没有直接对时间进行运算，而是间接地通过**元语言**（meta-language）对时间进行运算。要想直接对时间进行运算，就必须在我们的系统中引入类型 s，时间变量 i，i′等，i 和 i′都具有类型 s，且有 $g(i) \in T$，即变量赋值函项 g 赋给变量 i 一个属于时间集合 T

的值。我们用 n 指当前时间或说话时间,且有 $[\![n]\!]^{M,g,t} = g(n) = t$。同时,再引入一个二元关系 AT,它把时间变量 i 和句子联系起来。我们用 AT(i,Ψ)表示句子 Ψ 在时点 i 处为真。其解释规则如下:

(25) $[\![AT(i, Ψ)]\!]^{M,g,t} = 1$ iff $[\![Ψ]\!]^{M,g(i),t} = 1$。

在新的时制系统中,我们重新定义 **F**,**P**,**H** 和 **G** 如下:

(26) a. <u>P</u>Ψ: $\exists i'[i' < i$ & $AT(i', Ψ)]$
  b. <u>F</u>Ψ: $\exists i'[i < i'$ & $AT(i', Ψ)]$
  c. **H**Ψ: $\forall i'[i' < i$ & $AT(i', Ψ)]$
  d. **G**Ψ: $\forall i'[i < i'$ & $AT(i', Ψ)]$

有了这些定义,我们就可以根据(26)很容易推导出(23)中给出的一些蕴涵关系。(27)到(29)分别给出了相关的推导过程。

(27) a. <u>P</u> $\forall x$ Ψ $\Rightarrow$ $\forall x$ <u>P</u> Ψ
  b. $\exists i' \forall x[i' < i$ & $AT(i', Ψ)]$
   $\Rightarrow \forall x \exists i'[i' < i$ & $AT(i', Ψ)]$

(28) a. $\exists x$ **H** Ψ $\Rightarrow$ **H** $\exists x$ Ψ
  b. $\exists x \forall i'[i' < i$ & $AT(i', Ψ)]$
   $\Rightarrow \forall i' \exists x$ $[i' < i$ & $AT(i', Ψ)]$

(29) a. $\exists x$ <u>P</u> Ψ $\Leftrightarrow$ <u>P</u> $\exists x$ Ψ
  b. $\exists x \exists i'[i' < i$ & $AT(i', Ψ)] \Leftrightarrow \exists i' \exists x[i' < i$ & $AT(i', Ψ)]$

根据第二章中(26)给出的推理规则,我们知道:$\exists x \forall i Ψ \Rightarrow \forall i \exists x Ψ$,$\exists x \exists i Ψ \Leftrightarrow \exists i \exists x Ψ$,所以,(27)到(29)中给出的推理都成立。

二 时制算子与组合性原则

时制算子和否定算子虽然使用相同的句法规则以产生新句子,但是它们之间存在着一个重要的差别。句子 ~Ψ 的意义可以直接从 Ψ 的意义得出,即可以用 $[\![Ψ]\!]^{M,g,t}$ 来定义 $[\![\sim Ψ]\!]^{M,g,t}$。所以,否定算子的类型是:<t, t>,且对含有否定算子的逻辑式之语义解释符合组合性原则。可是,含有时制算子的句子之语义解释,如 $[\![\underline{P}Ψ]\!]^{M,g,t}$,就不可以直接从 Ψ 的语义解释 $[\![Ψ]\!]^{M,g,t}$ 中推出。我们还需要看 Ψ 在其他时点 t′的值(这里,t′<t)。虽然我们可以直接定义否定算子的语义解释,如:

〖~〗 = {1→0, 0→1},但是我们不可以直接定义时制算子的语义解释〖P〗或〖F〗,而必须依赖逻辑式 Ψ,即我们只能通过定义〖PΨ〗来间接地定义 P 的语义。也就是说(3)和(10)中给出的时制算子的语义解释不遵循组合性原则。例如,FPΨ 的解释,若遵循组合性原则,就应该有下面的解释:

(30) ∃i'[i < i' & AT(i', ∃i''[i'' < i' & AT(i'', Ψ)])]

关键是画线部分中的参照点 i'。在计算了将来时的语义之后,我们知道有某个时点 i'在参照时间 i 之后,同时,在该时点 PΨ 为真。那么,在进一步计算 PΨ 时,就不应该从头开始(即:从 i 开始),而是应该从 F 提供的参照点 i'开始来计算 PΨ 的值,即相对于 F 所解释的那个时点来解释 P 的意义。

可是,按(26)中的定义,我们只能得到(31):

(31) a. ∃i'[i < i' & AT(i', PΨ)]

　　　b. ∃i'[i < i' & AT(i', ∃i'''[i''' < i''' & AT(i''', Ψ)])]

(31b)中没有反映出 F 和 P 有一种依赖关系,也就是说(31b)中时点 i'''应该和 i'取相同的值,即在评价 PΨ 时,所用的参照点不应该是任意一个参照时间 i''',而应该是 F 所确定的时间 i'。可是,现有系统中定义的时制算子没有办法使我们得到(30)的结果。这是因为(31b)中的时点 i'和时点 i'''不一定有直接的关系。

那么,问题出在什么地方呢?到此为止,我们一直都把像 J 那样的一元谓词看成具有类型 < e, t > 的常项,其解释依赖于时点,且具有(32)所示的语义。

(32) F(J, 三点钟) = {陈规}

尽管在前面的小节中引入了时间变量,且希望对其进行直接操作,可是时间在我们的模型中依然是**元语言**(meta-language)中的变量,而**不是对象语言**(object language)中的变量。如果把它引入到后者之中,(32)就会变成(33),我们可以用图 6 表示 F(J)给出的内容。也就是说若要时间是对象语言中的变量,它就必须出现在赋值函项的值域中,而不是在其论域中。

(33) F(J) ={三点钟→{陈规},两点钟→{王五,小兵,陈规},一点钟→{张三,李四,大力,陈规}}

图 6

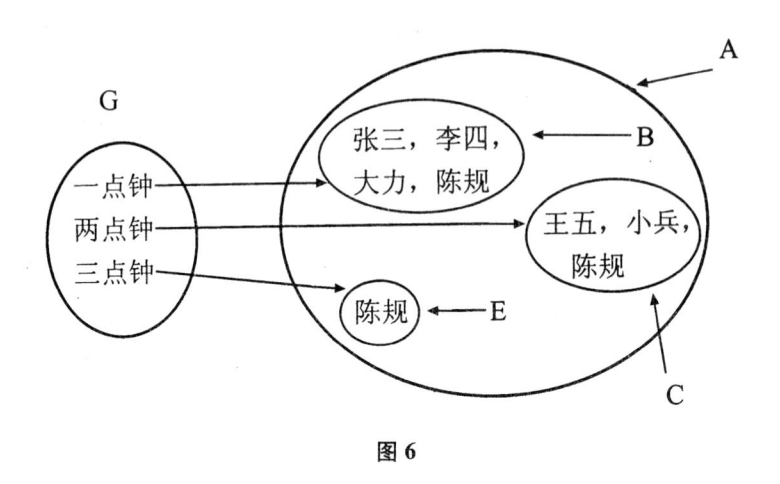

在图 6 中集合 G 是函项 F 的论域，$\mathscr{P}(A)$，即 A 的幂集，是其值域。A 有三个子集：B，C，E，它们分别是时点"一点钟"、"两点钟"和"三点钟"的值。也就是说 J 的指谓不是一个简单的集合，而是一个函项，其论域是 T 的一个子集，值域是 A 的幂集。这样，一元谓词的类型就不再是 $<e,t>$，而应该是 $<s,<e,t>>$ 了。同理，专有名词，如人名，所对应的指谓也是时间的函项，其类型是 $<s,e>$，句子的类型是 $<s,t>$，时制算子的类型也不再是 $<t,t>$（与否定算子一样），而是 $<<s,t>,<s,t>>$。我们把具有类型 $<s,e>$ 的常量叫做**个体概念**（individual concept），具有类型 $<s,<e,t>>$ 的常量叫做**特征**或**属性**（property），具有类型 $<s,t>$ 的叫做**命题**（proposition）。命题不同于句子，因为后者只具类型 t。同理，个体概念 $<s,e>$ 不同于个体 $<e>$，特征也不同于动词的指谓 $<e,t>$。带有 s 的类型属于内涵性类型，不再是外延性的，因为它们未落实到具体的时间和可能世界，不具外延性。

由于在对象语言中加入了时间，我们不再把专有名词 β（具有类型 $<s,e>$）和一元谓词 R（具有类型 $<s,<e,t>>$）直接结合起来而形成一个句子，因为它们的类型不能直接结合。但是，若将它们分别与时间变量结合之后，就有 β(i) 和 R(i)，其类型就分别变成了 $<e>$ 和 $<e,t>$，这样，它们就可以像以前那样结合在一起了，例如 R(i)(β(i))，其类型为 t。

至此，我们还是不能把时制算子和 R(i)(β(i)) 结合起来，因为时制算子要求的输入类型是 $<s,t>$，输出类型也是 $<s,t>$，而 R(i)(β(i)) 类型是 t。但是,利用 **λ-抽象**(λ-abstraction),我们就可把 R(i)(β(i))的类型变成 <s,t>,如(34)所示。这是因为 i 的类型为 s,Ψ 经 λ-抽象后得到的类型为 <s,t>。

(34) Ψ: λi[R(i)(β(i))](其类型是 <s,t>)

现在我们就可以直接定义时制算子 <u>P</u> 和 <u>F</u> 了,其定义如(35)所示:

(35) a. <u>P</u>: λq λi ∃i'[i'<i & q(i')]
    b. <u>F</u>: λqλi ∃i'[i<i' & q(i')]

这两个时制算子的类型都是 <<s, t>, <s, t>>,这是因为 i 的类型是 <s>,画线部分的类型是 t。对 i 进行 λ-抽象就是把含有 i 的逻辑式,即画线部分,变成 i 的函项,即在该逻辑式的原类型 t 中加入一个与 i 对应的类型 s,其结果就是 <s, t>。同理,q 的类型是 <s, t>,对其进行 λ-抽象,就是把含有 q 的逻辑式变成是 q 的函项,即在 λi ∃i' [i'<i & q (i')] 的本来类型 <s, t>中加入一个与 q 对应的类型 <s, t>,就得到了时制算子的类型 <<s, t>, <s, t>>。(35a)是说过去时 <u>P</u> 可以由命题 q 生成出一个新命题,该命题也是时间的函项。

有了新的时制定义,我们就可以求 <u>F</u>P Ψ 的值了。首先我们计算 <u>P</u> Ψ 的值:把(35a)运用到(34),就有下面的(36),即 <u>P</u> Ψ 的值。其结果类型是 <s, t>。

(36) a. λq λi ∃i'[i'<i & q(i')]<u>(λi[R(i)(β(i))])</u>
    b. λi ∃i'[i'<i & <u>λi[R(i)(β(i))]</u>(**i'**)]
    c. λi ∃i'[i'<i & <u>λi″[R(i″)(β(i″))]</u>(**i'**)] (λ-还原)
    d. λi ∃i'[i'<i & R(i')(β(i'))]

在(36)中,我们先用论元"λi [R (i) (β (i))]"(画线部分)代替 q,这样,就把(36a)中的 λq 去掉了,得到的是(36b)。把(36b)中画线部分的 i 变成 i″,以便区别于其后的论元 i',就得到(36c),再用论元 i'(黑体)代替 i″,就去掉了画线部分的 λi″,从而得到了(36d),即 <u>P</u> Ψ 的值。

我们也可以用图示的办法给出(36)中的内容。如下所示,在(36′)中 <u>P</u> 是函项,Ψ 则是一个论元,把函项应用于论元,就得到了一个类型为 <s, t> 的命题。

(36′) P: λq λi ∃i′[i′ < i & q(i′)]，类型为 < <s,t>, <s,t> >

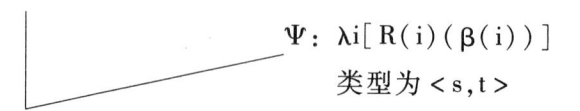

Ψ: λi[R(i)(β(i))]
类型为 <s,t>

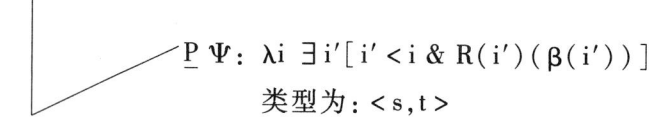

P Ψ: λi ∃i′[i′ < i & R(i′)(β(i′))]，类型为：<s,t>

现在我们来看 FP Ψ 的值。把(35b)运用到(36)中得出的结果，就可以得到(37)，其类型也是 <s,t>。

(37) a. λq λi ∃i′[i < i′ & q(i′)] (λi ∃i′[i′ < i & R(i′)(β(i′))])
b. λi ∃i′[i < i′ & λi ∃i′[i′ < i & R(i′)(β(i′))](i′)]
c. λi ∃i′[i < i′ & λi ∃i″[i″ < i & R(i″)(β(i″))](i′)]
d. λi ∃i′[i < i′ & ∃i″[i″ < i′ & R(i″)(β(i″))]]

与(36)一样，在(37a)中，我们首先把函项（画虚线的部分）运用到论元（画实线部分）上，就可以得到(37b)，然后，把(37b)中画线部分的 i′改为 i″，以便区别于其后的论元 i′，这样，就得到(37c)。接着，用论元 i′代替 i，就去掉了(37c)中画线部分的 λi，从而得到(37d)。(37′)中给出了用图示法所得到的相关结果：

(37′) F: λq λi ∃i′[i < i′ & q(i′)]，类型为 < <s,t>, <s,t> >

P Ψ: λi ∃i′[i′ < i & R(i′)(β(i′))]
类型为：<s,t>

FP Ψ: λi ∃i′[i < i′ & ∃i″[i″ < i′ & R(i″)(β(i″))]]
类型为：<s,t>

注意与(31)不同的是(37)中对应于(31)中第二个 n 的变量与第一部分中的时间 i′一致了，这正是我们所需要的结果。这样，在新的定义下，时制算子的语义解释就符合组合性原则了。

虽然(37)中得到的是 FP Ψ 的语义解释，但它仍然是一个命题，而不是一个句子。把它映射到一个时点上，才能得到一个句子。若用 n 表示说话时间，则有下面的(38)：

(38) λi ∃i′[i < i′ & ∃i″[i″ < i′ & R(i″)(β(i″))]](n)
= ∃i′[n < i′ & ∃i″[i″ < i′ & R(i″)(β(i″))]]

$$= \exists i[\, n < i \,\&\, \exists i'[\, i' < i \,\&\, R(i')(\beta(i'))\,]\,]$$

同时注意，(38) 中的结果再也不能和其他的时制算子相结合了，因为它不再含有 λ 变量。也就是说，如果还想加入新的时制算子，原有的逻辑式就应该是命题，而不是句子，且只有到最后才能把命题变成句子。这是因为时制算子只能作用于命题，而不是句子，前者是内涵式，其类型为 <s, t>，后者为外延式，其类型为 t。只有在所有的时制运算完毕之后，才能用 λ - 还原的方法把逻辑式转换成句子。

在新的模型中，时间也是一种"**实体**"（entity），这样，它们就和 D 中其他的物体一样。所以，在新的模型中就有两种实体，一般的物体，如"椅子"，"人"等，以及特殊的实体"时间点"或简称"时点"。含有这样两种实体的模型系统是加林（Gallin）1975 年提出的，**叫做两体类型论**（two-sorted type theory）。在后面第十二章里我们还会进一步讨论这一理论。

三 绝对时制与时间副词

前面给出的有关时制算子的定义没有明确地说明在评价句子的语义时是相对于说话时间（ST）还是相对于参照时间（RT）。若是相对于前者，定义的就是**绝对时制**。若是后者，就是相对时制。其实在英语中这两者都存在，如下所示：

(39) a. A child was born that will be king.
 b. A child was born that would be king.

(39) 中的两个句子都是说一个将来会成为国王的小孩出世了，可是 (39a) 是相对于 ST 而言，即这个小孩是在 ST 之后会成为国王，(39b) 则是相对于小孩出世的那个时间来说，即 RT，在该时间之后他会成为国王。当然 (39b) 并不排除在 ST 之后小孩成为国王的可能性。也就是说如果这个小孩在 RT 之后但在 ST 之前成为国王，则只有 (39b) 为真。如果 RT 在 ST 之后或小孩在 ST 之后成为国王，那么这两个句子都为真。由此，我们可以看出"will"引入的将来时是绝对时制，而由"would"引入的将来时是相对时制。这两个句子中包含的时间关系都可以用图示法表示出来。这里，我们用 Ψ 表示"A child is born that is

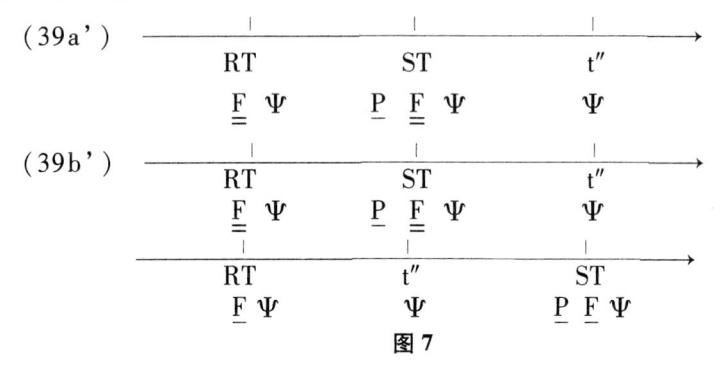

king", (39a) 就可以表示成 $\underline{P}\ \underline{\underline{F}}\ \Psi$, (39b) 则表示成 $\underline{P}\underline{F}\ \Psi$。① $\underline{F}$ 和 $\underline{\underline{F}}$ 分别表示相对将来时和绝对将来时算子。

(39a')
```
            |            |            |
            RT           ST           t″
            F̳ Ψ          P̱ F̳ Ψ        Ψ
```

(39b')
```
            |            |            |
            RT           ST           t″
            F̳ Ψ          P̱ F̳ Ψ        Ψ

            |            |            |
            RT           t″           ST
            F̳ Ψ          Ψ            P̱ F̳ Ψ
```

图 7

由于 (39a) 中将来时是绝对将来时,所以,只有一种解释的办法,就是 t″ 必须在 ST 之后。与 (39a) 不同,(39b) 里的将来时不是绝对的,而是相对的,所以,t″ 可以在 ST 之前,也可以在它之后。这是因为相对将来时的要求是 Ψ 必须在 RT 之后为真,而不是相对于 ST。这样,就有两种可能性,即 t″ 在 ST 之前或者 t″ 在 ST 之后。这两种可能性都可以满足将来时的要求,即:在 RT 之后。这就是为什么 (39b) 比 (39a) 多一个意义的原因。

时间副词也有相对和绝对之分。例如,"昨天"是相对于 ST 而言,"下午"则是相对于某个 RT 而言。前者是绝对时间副词,后者是相对时间副词。如果一个绝对时间副词(如"昨天")和一个相对时制算子(如过去时)同时出现在一个句子里,在老的表达系统中就很难给出正确的语义表达。在下面的讨论中,我们把"昨天"当作是一个作用于句子的算子,用 Y 表示。②

(40) $[\![\ Y\ \Psi\ ]\!]^{M,g,t} = 1$ iff $\exists t'[\text{IN}(t', \text{the day before } t)$ &

$[\![\ \Psi\ ]\!]^{M,g,t'} = 1]$

(41) $[\![\ \underline{P}\ Y\ \Psi\ ]\!]^{M,g,t} = 1$ iff $\exists t'[t' < t$ & $[\![\ Y\ \Psi\ ]\!]^{M,g,t'} = 1]$

iff $\exists t''[\text{IN}(t'', \text{the day before } t')$ &

$[\![\ \Psi\ ]\!]^{M,g,t''} = 1]$

---

① 这里,我们忽略了定语从句"that is king"修饰"a child"而带来的语义上的差别,因为讨论的重点不在这个差别上。

② 英语短语"the day before t"意为"时点 t 前的一天"。

第九章 时间、时制与时态

$$(42)\ [\![\ Y\ \underline{P}\ \Psi\ ]\!]^{M,g,t} = 1\ \text{iff}\ \exists t'[\text{IN}(t',\ \text{the day before}\ t)\ \&$$
$$[\![\ \underline{P}\ \Psi\ ]\!]^{M,g,t'} = 1]$$
$$\text{iff}\ \exists t''[\ t'' < t'\ \&\ [\![\ \Psi\ ]\!]^{M,g,t''} = 1]$$

(40)是时间副词"昨天"在老系统中的语义解释,IN 是一个新算子,表示是某个时间区域中的一个时点。我们可用下图来描述(41)和(42)所包含的时间关系。

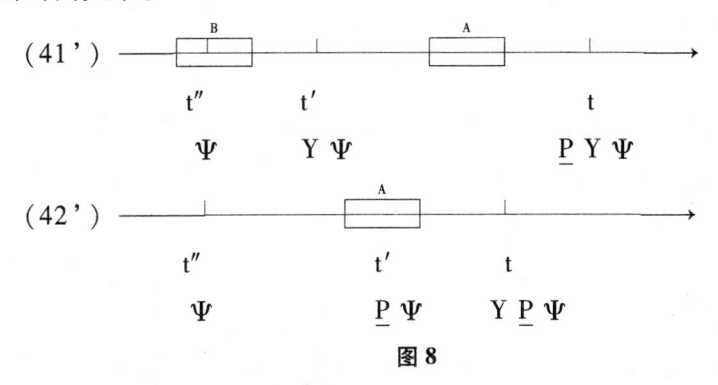

(41')

```
            B                A
    ────[──■──]──────[──■──]──────────→
         t″       t′              t
         Ψ        YΨ              P YΨ
```

(42')

```
                         A
    ─────[──────■──────]──────────→
         t″          t′      t
         Ψ           P Ψ    Y P Ψ
```

图 8

(41')中 t′是展开 P 之后得到的一个时点,即 YΨ应该相对于这个时点为真。A 和 B 分别是相对于 t 和 t′来说的"昨天",是一个**时段**(time interval);我们在第五节里会讨论时段的问题。按照(41)的解释,Y应该相对于 t′来解释,即:使 Ψ为真的 t″应该在 B 中。可是,我们需要的正确解释应该是在 A 中的某一点使 Ψ为真。在(42)中,先解释 Y,这样,t′就在 A 中。再解释 P 时,t″只要在 t′之前,就满足了(42)的要求,即 t″可以在,但不需要在 A 中。这说明(42)也不能保证一定会给出我们所需要的语义解释。也就是说,(41)和(42)中评价 Ψ的时间都不一定是在说话时间 t 前的一天之内,这是因为评价 Ψ的时间 t″只依赖于 t′,而 t′在 t 之前。对于(41)来说,如果 t′取 t 前一天之外的任何值,那么评价 Ψ的时间 t″就不一定在说话时间 t 前的一天之内。对于(42)来说,无论 t′取 t 之前一天中的什么值,都不能保证 t′之前的 t″一定取说话时间 t 前的一天内的值。

总之,无论是 Y 在 P 的辖域之内还是在其辖域之外,(41)和(42)中给出的都不是正确的语义表达。(43)才是我们所需要的,即 Y 和 P 形成一个合取式,且评价 Ψ的时间一定在参照时间 t 前的一天之内,如下图所示。

(43) $[\![Y\underline{P}\Psi]\!]^{M,g,t} = 1$ iff $\exists t'[t' < t$ & IN $(t',$ the day before $t)$
         & $[\![\Psi]\!]^{M,g,t'} = 1]$

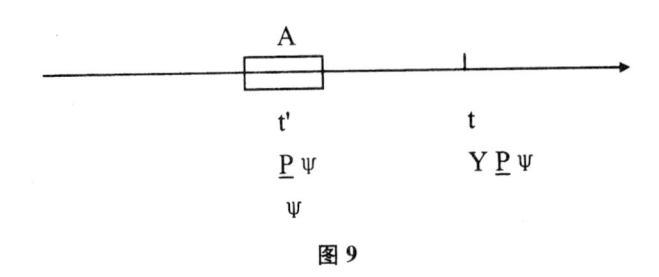

图 9

这相当于说过去时 $\underline{P}$ 仅仅表示 Ψ 发生在 t 或参照时间 RT 之前，而不必给出某个具体的时点；该时点的确定由句子中的时间副词来决定。这样，"昨天"就可以把 t′ 限制在 t 前的一天之内。

为得出（43）的正确表达，一种解决问题的办法是在评价语义时，使用两个时间变量，一个是可以向前或向后移动的时间 t，一个是不可移动的时间 t*，即说话时间。这样，一个相对性的时制算子和时间副词就相对于 t 来评价，一个绝对性的时制算子和时间副词则应该相对于 t* 来评价。

另一种办法是用新的模型（即以两体类型为基础的模型）定义时制算子及时间副词，下面（44）和（45）中分别给出了时间副词和绝对过去时的定义。相对时制算子的定义在前面一节里已经给出，这里重复如下。我们分别用 $\underline{P}$ 和 $\underline{\underline{P}}$ 表示相对过去时和绝对过去时。

(44) "昨天"：$\lambda p \lambda i [Y(n)(i) \& p(i)]$

(45) a. 绝对过去时 $\underline{\underline{P}}$： $\lambda p \lambda i \exists i'[i' < n \& p(i')]$

    b. 绝对将来时 $\underline{\underline{F}}$： $\lambda p \lambda i \exists i'[n < i' \& p(i')]$

(35) a. 相对过去时 $\underline{P}$： $\lambda q \lambda i \exists i'[i' < i \& q(i')]$

    b. 相对将来时 $\underline{F}$： $\lambda q \lambda i \exists i'[i < i' \& q(i')]$

比较绝对时制和相对时制的定义，我们可以看出，两者的差别就在于（45）中的 λi 不约束任何变量，而（35）中的 λi 约束变量 i，它对应于（45）中的说话时间 n。

与（35）中定义的相对时制算子一样，（44）中的"昨天"也具有类型 <<s, t>, <s, t>>。它由一个命题 p 可以生成另外一个命题 λi

第九章 时间、时制与时态   259

[Y(n)(i)&p(i)]，这里 Y(n)(i) 表示 i 在说话时间 n 前的一天之内。同时，"p(i)"的加入以及对 p 进行的 λ-抽象运算都是为了让该算子可以进一步和其他的算子结合，即："昨天"是一个函项，它可以接受一个类型为 <s,t> 的论元。若把（44）运用到命题（34）上，就有（46）。我们用图示的办法给出了整个推导过程。

(46)"昨天"： λpλi[Y(n)(i)&p(i)],类型为：<<s,t>,<s,t>>
　　　　　　　　　　　　　Ψ：λi[R(i)(β(i))]
　　　　　　　　　　　　　　类型为：<s,t>

"昨天"Ψ：　a. λpλi[Y(n)(i) & p(i)](λi[R(i)(β(i))])
　　　　　　b. λi[Y(n)(i) & λi[R(i)(β(i))](i)]
　　　　　　c. λi[Y(n)(i) & λi'[R(i')(β(i'))](i)]
　　　　　　d. λi[Y(n)(i) & R(i)(β(i))]   类型为：
　　　　　　　<s,t>

在（46）中我们把函项"昨天"运用到论元 Ψ 上，并使用 λ-演算进行推导。先是把论元"λi[R(i)(β(i))]"代入到"p"中，以消除 λp，从而得到（b）中的结果。然后，把（b）中画线部分的变量 i 改为变量 i'以区别于论元 i 得到（c），再把函项"λi'[R(i')(β(i'))]"应用到论元 i 上消去 λi'所得到（46d）。

把绝对过去时的定义（45）运用到命题（46）上，就有（47）：

(47)　　P̲：λpλi∃i'[i' < n & p(i')],类型为：<<s,t>,<s,t>>
　　　　　　　　　"昨天"Ψ：
　　　　　　　　　λi[Y(n)(i)&R(i)(β(i))],类型为：<s,t>

P̲"昨天"Ψ：

　　a. λpλi ∃i'[i'<n & p(i')](λi[Y(n)(i)&R(i)(β(i))])
　　b. λi ∃i'[i'<n & λi[Y(n)(i)&R(i)(β(i))](i')]
　　c. λi ∃i'[i'<n & λi''[Y(n)(i'')&R(i'')(β(i''))](i')]
　　d. λi ∃i'[i'<n & Y(n)(i')&R(i')(β(i'))]
　　e. ∃i'[i'<n & Y(n)(i')&R(i')(β(i'))]，　类型为：
　　　　<s,t>

在（47）的推导中，函项是 P̲，论元是"昨天 Ψ"所得到的结果。把

函项运用到论元上，即用该论元代替 p 以消去 λp，就得到了（b）。然后，把（b）中画线部分的变量 i 改为 i″ 以示区别而得到（c）。从（c）到（d）是用论元 i′ 代替 i″ 得到的结果，从而消去了 λi″。由于（d）中的 λi 不约束任何变量，我们可以直接去掉它，从而得到最后结果（e）。

注意，绝对过去时的定义（45）中的 λ 变量 i 在逻辑式中并没有约束任何变量，这是因为绝对时制只与说话时间 n 有关，而不与参照时间 RT（35）中的 i = RT 有关。若把绝对时制改为相对时制，我们就应该把 n 改为 i。也就是说绝对时制和相对时制的差别在于 i 是否会随着 λi 的取值而改变，后者随之变化，但是前者不随之变化。

（47）中得到的结果正是我们所需要的，其意义是：存在着一个时点 i′，且该时点在说话时间 n 前的一天之内，命题 R(i)(β(i)) 在 i′ 处为真。这样，一个含有"昨天"的过去时句子就得到了正确的解释，即：不同于（41）和（42）中给出的语义解释，（47）中的 i′ 一定是取在说话时间 n 前的一天之内，相应的句子才能为真。

如果在推导（47）时，不用绝对过去时，而用相对过去时的定义（35a），就有下面的结果。整个推导过程与（46）和（47）中给出的基本相似，我们这里就不再说明了。

(48)　P: λpλi ∃i′[i′ < i & p(i′)]，类型为：<<s,t>,<s,t>>
　　　　　　　"昨天"Ψ:
　　　　　　　　　λi[Y(n)(i)&R(i)(β(i))]，类型为：<s,t>
　　　P("昨天"Ψ):
　　　a. λpλi ∃i′[i′ < i & p(i′)](λi[Y(n)(i)&R(i)(β(i))])
　　　b. λi ∃i′[i′ < i & λi[Y(n)(i)&R(i)(β(i))](i′)]
　　　c. λi ∃i′[i′ < i & λi″[Y(n)(i″)&R(i″)(β(i″))](i′)]
　　　d. λi ∃i′[i′ < i & Y(n)(i′)&R(i′)(β(i′))]

在得到的结果（48）中，变量 i 仍受 λ 约束，要想得到与（43）相似的结果就得让 i 取值 n，这样我们就可以得到（49），即和（47）一样的结果。

(49)　λi ∃i′[i′ < i & Y(n)(i′)&R(i′)(β(i′))](n)
　　　= ∃i′[i′ < n & Y(n)(i′)&R(i′)(β(i′))]

从上面的推导可以看出，在新系统中，不论用绝对过去时还是相对过去时，都可以得到含有"昨天"及过去时的句子之正确语义。差别仅在于用相对过去时最后要把评价时点定为说话时间 n，而绝对过去时本身的定义中就把这一步完成了。在第十章中我们还会进一步讨论对时间的量化问题，并介绍对时间量化的限制。

思考与练习三

给出"昨天（P̲Ψ）"的语义解释，看它是否和"P̲（昨天 Ψ）"的语义一样。

第五节 时段与时态

在前面的讨论中，我们都是说一个句子在某个时点为真，这对于动词"跳"、"跑"等是没有问题的，因为含有这些动词的句子确实可以在一个时点上为真。例如，张三从三点跑到五点，就意味着在三点到五点这个时间段（interval of time，下文简称"**时段**"）里的每个时点，该句子都为真。可是，对于有些动词，就不可能有像前面那样的情况。例如，张三在三点到五点这个时段内看完了一本书，我们就不能说在这之中的任何一个**子时段**（subinterval of time）里，该句子也为真，当然更谈不上在其中的任何一个时点上为真了。实际上，对于这类句子，如果假设含有句子起始点和结束点的最小时段为 W，那么所有包含 W 的时段，都能使该句子为真，反之，所有小于 W 的时段，即 W 的真子集，都不能使该句子为真。这个例子说明，对于这一类的句子，仅仅考虑时点是不够的，还必须考虑时段的作用。同时，在解释句子时，我们应该考虑句子所表达的事件之结构。

一 时段

时段是一个非常重要的概念，它在句子的解释中起着很重要的作用。下面我们给出时段的定义以及相关的一些概念。

(50) 时段之集合：$I = \{i \subseteq T | (t_i \in i \ \& \ t_k \in i \ \& \ (t_i < t_j < t_k) \rightarrow t_j \in i)\}$

(50) 中的每一个 i 都是一个集合，它们又都是 T 的子集。(50) 中的条件是说：如果 t_i 和 t_k 都在集合 i 中，即它们都是集合 i 的一个元素，同时 t_i 在 t_j 之前而 t_j 在 t_k 之前，那么 t_j 就一定在 i 之中。集合 i 和另一个集合 j 可以重叠，也可以不重叠，一个集合也可以包含在另一个集合之中。下面（51）中我们给出这几个概念的定义：①

(51) 对于 I 中的时段 i 和 j，可以有：
a. $i\ O\ j \leftrightarrow i \cap j \neq \phi$
b. $i \subseteq j \leftrightarrow i \cap j = i$
c. $i < j \rightarrow \forall t \in i\ [\ \forall t' \in j\ [\ t < t'\ ]\ ]$

(51a) 是说集合 i 和集合 j 重叠的条件是它们的交集不能是空集，(51b) 表示如果集合 i 和集合 j 的交集是 i，则 i 是 j 的一个子集，即 i 中的每一个时点都在 j 中，反之亦然。(51c) 则表明集合 i 在集合 j 之前的条件是 i 中的每一个时点都应该在 j 之前。在下文的讨论中我们用"$[t_1, t_3]$"表示一个从时点 t_1 到 t_3 的时段，且有：$t_1 < t_2 < t_3$。同时，一个时点也可以组成一个时段，记为 $[t_i]$。一个事件的**起始时段**和**终结时段**定义如下：

(52) a. 起始子时段：如果时段 i 是时段 j 的一个子时段，同时不存在时点 t、t' 且有：$t \in j - i$，$t' \in i$，$t < t'$，那么，i 就是 j 的起始子时段。

b. 终结子时段：如果时段 i 是时段 j 的一个子时段，同时不存在时点 t、t' 且有：$t \in j - i$，$t' \in i$，$t' < t$，那么，i 就是 j 的终结子时段。

(50) 到（52）所定义的概念在我们后面讨论时态问题时会很有用。

二 时态的种类

在前面几节的讨论中，我们只着重于句子所表达的**事件**（event）的外部特征，如：整个事件与说话时间 ST 和参照时间 RT 的关系。若事件发生的时间 ET 在 ST 之前，就可能是过去时。若同时 ET 在 RT 之前，则是英语中的**完成时**（perfect）。若是 ET 在 ST 之后，就是将来时。简

---

① 符号"O"表示重叠，它不同于第二章中讨论过的表示复合函项的符号"∘"。

单时制中 RT 和 ET 相同，完成时中 ET 总是在 RT 之前。也就是说我们考虑的是事件的外部时间特征，而没有考虑到事件的内部特征，也没有考虑事件所处的状态，即：事件是刚开始，正在进行，还是结束了，同时与事件相关的结果状态是否已经达到等。其实，事件本身的结构及其所处的状态是理解句子语义的重要组成部分，没有这一部分，对于整个句子的理解就是不完全的。

描述事件的状态包括两个方面的内容，一个是事件本身的结构，一个是观察它的方法和角度。比如说，一个事件如果有起始点，也有结束点，还有中间过程/状态，从逻辑上讲，就可以从三个角度来观察该事件。如果观察的是整个事件，就像用一个照相机给该事件照相一样，把整个事件都放在镜头里，就是我们通常所说的**完成体**或**完成态**（perfective）。这样做的结果就是该事件的结束点一定包括在镜头之内，所以就给人一种动作完成结果达到的印象。如果我们只观察事件的中间过程，即我们的镜头只取事件中间的一部分，起始点和结束点都不在镜头里，就好像身处于一辆正在奔驰的列车中，有一种身临其境的感觉，所以，就有事件正在进行的感觉，这就是我们常说的**进行态**（progressive）。因为是摄取事件的**中间状态**（intermediate stage），所以事件本身一定要具有中间过程，不具备中间状态的事件就不能和正在进行态连用。最后一种观察的方法就是只把起始点和其后的一些中间状态放入镜头。这种观察法看到的是事件已经发生，并且正在进行，至于结束否，则没有明确说明。史密斯（Smith，1992/7）把这种观察法叫做**相容态**（neutral viewpoint），即该事件既可以结束，也可以没有结束。史密斯认为相容态在自然语言中的表现应该是用空语类（empty category）来表示，因为它和进行态与完成态都相容。可是，我们认为一个语言有没有这种时态以及用空语类或是词汇/语素来表达这种时态完全取决于该语言，即相容态不是一种普遍现象，因此也就不可能有统一的表现形式。

除了上述三种观察方法外，还有一种描述状态持续的方法，叫做**非完成态**（imperfective）。这种方法只表示某个状态在持续，所以，并不要求它所描述的事件具有中间过程，即该事件可以是不包含任何动作的事件或纯粹就是一个状态。这样，仅表示瞬间动作的动词就不能和这种时态连用，但是如果该动作发生之后有一个相应的状态存在，那么该状态就可以和非完成态连用。史密斯把非完成态与进行态归于一类，也叫**非完成态**（imperfective）。所以，对于她来说，共有两种体态：完成态和非完成态，后者又细分为进行态和非完成态。

上述讨论只是从逻辑和概念上来看时态的问题，而不涉及它们在具体语言中的表达方式。上述讨论中有一个很基本的假设，就是在讨论时态时，应该把摄影镜头和事件本身的结构严格地区分开来。事件有其本身的结构，由于摄影镜头只是给事件照相，所以它不可能改变事件的结构。我们通常说的时态就相当于前面谈到的摄影镜头，而事件的结构则是下一节要讨论的情状类型。这种区分，对于时态的讨论很有帮助，详细的讨论参见 Smith（1992/7）。

三 句子的情状类型

句子的**情状类型**（situation type）讨论句子本身所描述的结构，如是表示一个**状态**（state）还是表示一个事件。在表示事件的句子中，要看它有没有**起始点**（beginning point）、**结束点**（finishing/end point），有没有**中间过程**（intermediate stage）。根据万德勒（Vendler, 1957）的分类，只表示状态的动词，叫做**状态动词**（stative verb）。有起始点而没有**自然结束点**（natural end point），但有中间过程的动词叫做**活动动词**（activity verb）。如果同时又有自然结束点的动词就叫**完结动词**（accomplishment verb）。只有起始点和自然结束点，没有中间过程的动词叫做**瞬间实现动词**（achievement verb，简称**实现动词**）。对动词的这种分类通常叫做**情状类别**（aspectual class，或 aktionsarten）。有人把活动动词和完结动词归为一类，叫做**过程动词**（process verb），因为它们都包含有中间过程。但是它们两者之间有差别，活动动词没有一个自然结束点，即说该动作完成是不确切的，因为并没有一个确定的目标可以达到，因此说这些动词所表示的动作停止了（termination 或 stop），更确切一些。另外，完结动词所包含的状态变化不一定是恒定的，即任何一部分都不能代表该动词所表示的意义，然而，活动动词的变化则是相同的或恒定的，即任何一部分都能代表该动词所表示的意义。例如"跑"是一个活动动词，在跑的过程中，任何一点或一段都可以说是在跑。可是，完结动词如"赶跑"就不一样，在赶跑一个人的过程中，任何一部分都不能称得上"赶跑"，而只有到了结束点之后，才能说是赶跑了。

最后一类动词是指瞬间发生的动作，可是，与实现动词不同，这类动词没有一个自然结束点，即它们只有一个停止点，例如"敲"、"咳嗽"等，这类动词叫做**单动作动词**（semelfactive），它们的特点之一是这些动作只发生一次，且没有一个结果出现。但是，这些动作可以重复，例如"他在敲门"就表示这个"敲"的动作在重复。与完结动词和活动动词不一样，单动作动词在时间上的轨迹是动作重复的时间，而不是同一个动作持续的时间。例如"他敲了三分钟的门"就表示敲的动作重复了三分钟，而不是指一个"敲"的动作持续了三分钟。实现动词和单动作动词组成一对，完结动词和活动动词组成一对。前两者没有中间过程，后两者则有。这两组之内的差别是实现动词和完结动词有一个自然结束点，而另外两个则没有。由于这一差别，前两个既不能重复，也不能重叠，可是后两个却都可以，如：＊死死、＊打跑打跑、敲敲、跑跑。我们可以用图示的方法来说明这几类动词之间的不同，如下所示：

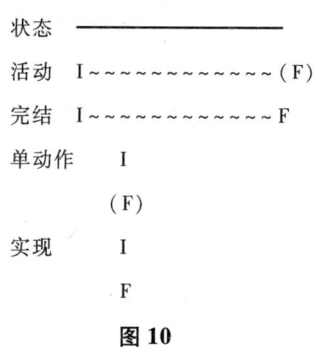

```
状态    ─────────────
活动    I～～～～～～～～～～～（F）
完结    I～～～～～～～～～～～F
单动作     I
           (F)
实现       I
           F
```

图 10

图 10 中"I"和"F"分别表示起始点和自然结束点，(F) 表示不包括自然结束点，有波浪线表示有中间过程，否则就是没有。与其他四类动词不同，状态动词只有一个状态，但是该状态可以持续下去，所以用直线表示这一特点。用直线的另一个意义是该状态不发生变化。也可以用三个参数（中间过程 duration，有界 telic，动态性 dynamic）来区分这五类动词，如表 1 所示。

动词的分类

	状态	活动	完结	单动作	实现
中间过程	−	+	+	−	−
有界	−	−	+	−	+
动态性	−	+	+	+	+

我们还可以用下面的定义来说明这些动词种类间的差异。

(53) a. 如果 Ψ 是由活动动词或状态动词形成的句子，则有：

$[\![\Psi]\!]^I = 1 \Rightarrow \forall I'[I' \subseteq I \ \& \ [\![\Psi]\!]^{I'} = 1]$

b. 如果 Ψ 是由完结动词形成的句子，则有：

$[\![\Psi]\!]^I = 1 \Rightarrow I$ 不能是一个时点，且有 $\sim \exists I'[I' \subset I \ \&$
$[\![\Psi]\!]^{I'} = 1]$，同时有 $\exists I''[I \subseteq I'' \ \& \ [\![\Psi]\!]^{I''} = 1]$

c. 如果 Ψ 是由实现或者单动作动词形成的句子，则有：

$[\![\Psi]\!]^t = 1 \Rightarrow t$ 一定是个时点，或者是由一个时点组成的时段。

这里 t 是一个时点，I 和 I′ 都是时段，I′ 是 I 的一个子集，I 是 I″ 的子集。(53a) 中 I 和 I′ 都可以是时点，且 I′ 不需要是 I 的真子集。但是，在 (53b) 中，I 不能是一个时点，且 I′ 必须是 I 的真子集，否则，(53b) 就不能成立。(53a) 的意思是，若 Ψ 在某个时段 I 上为真，则它在 I 的所有子集（包括一个时点）上都为真。(53b) 是说，若 Ψ 在时段 I 上为真，则它在 I 的所有子集 I′ 上都不能为真，而它在比 I 大的所有时段 I″ 上都为真，即：所有包含 I 的集合都能使相关的句子为真。

与动词的类型一样，我们把句子的结构类型也分为：状态类情状、活动类情状、单动作类情状、完结类情状以及实现类情状。后两类情状的区分有时不一定容易，关键在于有没有中间过程以及这个过程有多长。例如：煤气罐爆炸了，可以是一瞬间，也可以长达几秒钟，比如电影中的一个慢镜头 Ψ。还有像动词"写"，人写一个字要花几秒钟，可是若用一台速度很快的电脑写可能一秒钟都不要。这个问题到目前为止还没有一个满意的解决办法。

上面谈到的是动词对确定句子情状类型的影响，而没有考虑到句子中其他成分对确定句子情状类型的影响。实际上，句子中的成分确实影响句子的情状类型。例如，动词"跑"是一个活动动词，可是加上宾语"一里路"，动词短语"跑一里路"就不再是活动类情状，而是完结类情状，因为"跑一里路"有起始点和终结点。这个例子说明从一个活动动词我们可以得到一个完结类情状结构，要求是其宾语必须是一个有数量限定的短语，因为该数量短语限定了句子所能表达的结构，即提供起始点和结束点。另一个例子是："在公园里走"是一个活动类情状结构，它没有一个终结点，可是换成"走到学校"就是一个完结类情状了，因为从出发点，如家里，到学校就分别是起始点和终结点。这绝不是说只有及物动词才能提供完结类情状的句子，不及物动词也同样可以做到。例如，"那块冰融化了"中的动词是不及物的，可是，整个句子是完结类情状，而不是活动类情状，因为我们有一个起始点（整块冰都在的时点）和一个终结点（冰不存在的时点，即整块冰都变成水的时点）。

另外，及物动词也并非总是引进完结类情状，这要看有没有起始点和固有的结束点。例如，动词"看"是一个及物动词，可是当其宾语是"小说"时，就引入活动类情状，而当宾语是"一本小说"时，引入的则是完结类情状。"一本小说"有其自然起始点和终结点，"小说"则不一定：当它解释为某一本特定的小说如"红楼梦"时，就和"一本小说"一样引入一个完结类情状，不然，就只引入一个活动类情状。尽管像"小说"这样的光杆名词只有在解释成指某个特定的实体时，才能引入完结类情状，带有数量词的名词，如"一本小说"就不一定非得解释成指特定的实体时才能引入完结类情状。例如，"他能吃五个苹果"中"吃五个苹果"引入一个完结类情状，可是"五个苹果"却不是指五个特定的苹果，而是指任意五个。

虽然数量名词基本上总是限定句子的情状结构，时量名词则不一定。只有当时量名词限定名词所指的是实体之长短时，才能限定句子的情状结构。例如，看三个小时的录像，可以有两个意思，一个是看的录像长达三个小时，另一个是指看录像这个活动持续了三个小时，而看的录像可能是一个半小时长，也可以是四个小时长。只有是第一个意义时，我们才可以说"看了一部三个小时的录像"。我们还可以说，他十分钟就看完了那部一个半小时的录像。也就是说"他看完了三个小时的录像"只表示那个录像的长度是三小时。在这个意义上，"看三个小时的录像"引入一个完结类情状,而在第二个意义上,它引入一个活动类情状。

有一点值得注意的是,如果用一个时段来限制活动类情状,结果就是一个时间上有固定界限的情状类型,如上面提到的"看三个小时的录像"的第二个意义。尽管我们不能把它叫做完结类情状(因为它没有一个自然结束点),可是我们应该把它看成是不同于一般活动类情状(如"看录像")的情状类型。这是因为只有前者不能和表示进行态的"在"连用,如"在看录像","*在看三个小时的录像",所以只有前者具有在时间上受限制的特征。尽管"看三个小时的录像"的第二个意义仍然是活动类情状,可是它的两个意义都是有界的。从这一点上看,我们也可以把时间上受限制的活动类情状看成是一个在时间上有结束点的情状类型,所以和完结类情状有相似之处,Smith(1992/7)把这一类情状叫做派生的完结类情状。

因此,确定句子的结构类型关键在于看它所描述的事件结构有没有起始点和结束点。不仅动词对确定句子的结构类型起作用,而且名词短语也对确定句子的结构类型起着很重要的作用。数量名词,不论是特指的还是非特指的,通常都会给我们一个完结类情状。光杆名词只有在解释成指特定的实体时才可以引入完结类情状,时量名词则只有在限定它所修饰的名词所指的实体之长短时才能引入完结类情状。另外,句子中一些非论元的成分也可能改变句子的情状类型。因此,句子情状类型的确定是其成分相互作用的结果(参见 Pan,1993 的有关讨论)。

四 汉语句子的情状类型

汉语的情状类型已经有一些文献讨论过,如屈承熹(Chu,1976),马庆株(1981),戴浩一(Tai,1984),邓守信(Teng,1986),陈平(1987),史密斯(Smith,1992/7),潘海华(Pan,1993)、叶萌(Yeh,1993),龚千炎(1995),杨素英(Yang,1995)等。戴文主张汉语中没有完结类动词这个类型,因为与英语不同,汉语中含有完成态的句子可以被否定,如下所示:

(54) a. 十年前他拍了一部动作片,但是由于经费不够,没有拍完。

b. #Ten years ago he made an action movie, but did not finish it due to lack of money.

我们用"#"表示一个句子中的两个小句互相矛盾。(54) 中第一个小句的情状类型是完结类，用了所谓的完成态标志"了"之后，汉语中还可以用否定形式来否定前面的陈述，然而英语中就不允许。由此，戴文认为汉语中没有完结类动词。但是，这只是一种可能性，另一种可能就是汉语的完成态和英语的不一样。按照史密斯的观点，一个句子的语义解释是两个方面互动的结果，即句子的情状类型和时态相互作用的结果，那么，完全可能汉语和英语的不同是时态解释的不同，或者是情状类型和时态解释两者都不同。另外，动词的情状类型和句子的情状类型是不同的。虽然汉语中有没有完结类动词还是一个有争议的问题，但是我们认为汉语句子一定有完结类情状类型。这是因为像前面讨论的那样，"看一本小说"情状确实提供了一个完结类情状。

史密斯的书中给出了判断汉语情状类型的条件，龚千炎的书中讨论了马文、邓文及其陈文对动词的分类，同时还给出了他自己的分类，并给出了大量的例子。这里我们不详细讨论各家的分类及看法，而简要地讨论一下汉语动结式的问题。

汉语中有一种特殊的语法手段可以用来表示一个事件的结束状态，因此也就相应地确定了该事件的结束点，这种手段就是动结式。动结式既可以引入完结类情状，也可以引入实现类情状。有一些还可以引入活动类情状。动结式可以分为三种：一种是描述事件的状态，如"完"、"成"、"到"等，一种是表示主、宾语的状态，表状态的词很多，如"跑"、"死"、"破"、"断"、"长"等。还有一种说明动词的状态，如"清楚"、"错"等。动补结构则是更广泛的一种结构，它包含动结式。在以前的文献中，有人认为动词如"改良"、"改进"引入完结类情状，这不一定没有其道理。例如，被改良的东西自然会比以前好一些。可是我们仔细地想一想就会发现这些动词与"打破"不一样。"良"是一个相对的概念，它是比较一个物体的两个不同的状态，并表示后一个状态比前一个好一些，而"破"则是表示一个物体所处的状态。另外，好一点叫"良"，好很多也叫"良"，似乎"良"是没有止境的。既然没有止境，就很难说"改良"引入一个完结类情状，它更像一个活动类情状。它可以和表示正在进行态的标志"在"连用就是一个明证，而一般的完结类情状不能和"在"连用。

（55）a. 他们在改良（一种）水稻。
　　　b. *他们在打破（一个）瓶子。

五　时态的语义解释

现在我们给出时态的一般语义解释：

（56）a. 完成态：$[\![Perf(\Psi)]\!]^{M,g,I} = 1$
$$\leftrightarrow [[\![\Psi]\!]^{M,g,I} = 1 \ \& \ \exists i' \exists i''[i' = First(I) \ \&$$
$$i'' = Final(I) \to i', i'' \in I]]$$
　　　b. 进行态：$[\![Prog(\Psi)]\!]^{M,g,I} = 1$
$$\leftrightarrow \exists J[I \subset J \ \& \ [\![\Psi]\!]^{M,g,J} = 1]$$

这里，First（I），Final（I）分别表示 Ψ 的起始点与结束点。（56a）是说含完成态的句子为真的条件是其不含完成态的对应句子为真，同时，如果该句子有起始点和结束点，使该句子为真的时段应该包含这两个时点。不过，由于存在着不包括自然结束点的情状类型，我们必须对（56a）给出的定义作必要的修改，如（56'）所示。与（56a）不同，（56'）并不要求 Ψ 一定有一个结束点，但是如果它真有的话，该结束点一定要在时段 I 中。

（56'）修改后的完成态定义：
$$[\![Perf(\Psi)]\!]^{M,g,I} = 1 \leftrightarrow [[\![\Psi]\!]^{M,g,I} = 1 \ \&$$
$$\exists i'[i' = First(I) \ \& \ i' \in I \ \&$$
$$\exists i''[i'' = Final(I) \to i'' \in I]]]$$

（56b）是说含有进行态的句子 Ψ 在时段 I 上为真的条件是存在着一个包含 I 的时段 J，句子 Ψ 在该时段上为真。由于（56b）中的 J 并不排除含有句子起始点和结束点的时段，我们可以做出下面的推理，其中 I $\subset$ J：

（57）$[\![Prog(\Psi)]\!]^{M,g,I} = 1 \Rightarrow \exists J[[\![Perf(\Psi)]\!]^{M,g,J} = 1]$

也就是说，根据（56b），若含有进行态的句子为真，我们同时可以推导出该句子的完成态也为真。然而，这个推理不一定总是对的，例如：

（58）a. John was writing a paper, but he did not finish it.

（约翰当时在写一篇论文，但是没写完。）

b. John was crossing the street, but he never made it

（约翰当时在过马路，但是没有走到对面）

(because he was hit by a car).

（因为他被车撞了）。

（58）中给出的两个句子，其进行态都为真，可是它们的完成态都不为真。这些例子表明上面给出的进行态的定义需要修改。一种办法就是在其定义中不涉及比求证的时段更大的时段，而只要求句子在参照时段上为真就可以了。另一种方法则是仍然保留原定义，但是作一点修改，加上条件"在正常情况下"。这样，（58）中的句子就不会给我们带来问题，因为我们可以说，这两个句子都属于不正常情况下出现的句子。由于这一方法要用到第十一章里讨论的可能世界的概念，到时我们再作详细讨论。

阅 读 文 选

本章的内容主要参考了坎恩（Cann, 1995）和克里夫卡（Krifka, 1995），其他相关的文献有道蒂（Dowty, 1979）、道蒂等（Dowty et al., 1981）、基尔基亚与麦考奈尔-基内（Chierchia & McConnell-Ginet, 1990）。在坎恩（Cann, 1995）的第262页有详细的文献资料，有兴趣的读者可以参考。有关汉语情状类型与时态方面的讨论，可以参考戴浩一（Tai, 1984）、邓守信（Teng, 1987）、陈平（1988）、史密斯（Smith, 1992/7）、坦内（Tenny, 1994）、杨素英（Yang, 1995）、龚千炎（1995）、潘海华（Pan, 1993）、叶萌（Yeh, 1991; 1996），邹崇理（2000）等。

第十章　对时间的量化与限制、量化类型及其三分结构

本章讨论对时间的量化（**temporal quantification**）、量化的类型及三分结构等问题。我们先介绍对时间的一般量化，然后讨论对时间量化的限制，及对时间的进一步量化，其中涉及参照时间对于句子意义的解释所起的作用。在本章的最后一节，我们还会介绍两种类型的量化，即：**限定词量化**（determiner quantification）和**修饰语量化**（adverbial quantification），并讨论它们的异同，之后，介绍**三分结构**（tripartite structure）的概念，它跟量化的关系，以及焦点对量化的作用与影响。

第一节　对时间的量化

汉语中有很多时间副词与第九章第四节中讨论的时间副词"昨天"一样，都作用于时间，如下面的句子所示：
（1）a. 小李昨天哭过。
　　b. 小李总是哭。
　　c. 小李经常哭。
　　d. 小李大部分时间都在哭。
　　e. 小李从不哭。
　　f. 小李有时哭。
　　g. 小李很少哭。

很明显，这些时间副词与量词"每个"（every）、"很多"（many）、"大部分"（most）、"没"（no）、"一些"（some）等相关。我们可以把（1b）到（1g）改写为下面的等价形式：

第十章 对时间的量化与限制、量化类型及其三分结构　　273

(2) b. 对于每个时点 t，小李在该时点哭。

　　c. 对于很多时点 t，小李在该时点哭。

　　d. 对于大部分时点 t，小李在该时点哭。

　　e. 没有一个时点 t，小李在该时点哭。

　　f. 对于一些时点 t，小李在该时点哭。

　　g. 对于很少时点 t，小李在该时点哭。

在前面的章节里，我们已经给出了上述量词的语义表达，这里重复如下。注意（3b）和（3c）中使用的符号"#"表示求其后集合中元素的个数，这一点我们在第二章里已经提到过。在第八章里我们使用的是符号"｜｜"，它和"#"等价。

(3) a. EVERY(P)(Q)：λPλQ[P→Q]

　　　或 λPλQ∀x[P(x)→Q(x)]

　b. MANY(P)(Q)：λPλQ[#(P∩Q)>s]

　c. MOST(P)(Q)：λPλQ[#(P∩Q)/#P>1/2]

　d. NO(P)(Q)：λPλQ[P∩Q=φ]

　　　或 λPλQ~∃x[P(x)&Q(x)]

　e. SOME(P)(Q)：λPλQ[P∩Q≠φ]

　　　或 λPλQ∃x[P(x)&Q(x)]

　f. FEW(P)(Q)：λPλQ[#(P∩Q)<s]

普通量词表示两个谓词之间的关系，命题也可被看做是一种谓词，因为在第九章中我们已经指出它们是时间的函项。因此，可以把时间量词看成是表达命题之间的关系。这样，(1b)到(1g)就可有下面的语义表达：

(4) b. EVERY(I)(λi[Ku'(i)(xiaoli'(i))])

　c. MANY(I)(λi[Ku'(i)(xiaoli'(i))])

　d. MOST(I)(λi[Ku'(i)(xiaoli'(i))])

　e. NO(I)(λi[Ku'(i)(xiaoli'(i))])

　f. SOME(I)(λi[Ku'(i)(xiaoli'(i))])

　g. FEW(I)(λi[Ku'(i)(xiaoli'(i))])

这里，我们把 I 当做是一个关于时间的命题，且在每个时点上它都取真值。I 是模型中所有时点之集合。可是，在实际的语言应用中，说话人讲

(1b)时并不包括小李出生以前的时点,同样,也不包括他死后的时点,也就是说我们应该进一步对 I 加以限制。

(3)中符号":"左边给出的量词的语义表达包括两个部分:P 叫做**"限定部分"**(restrictor),Q 叫做**"主体部分"**(matrix 或者 nuclear scope)。P 和 Q 都是集合,#P 表示 P 中元素的个数,s 是某种客观标准。MOST 是一个相对量词,其评价是相对于限定部分来进行的。只要 P 和 Q 交集的个数大于 P 中元素个数的一半,MOST 就取真值。MANY 和 FEW 则是绝对量词,它们只看 P 和 Q 交集的个数是否大于或小于某个标准 s,而不考虑限定部分的大小。通常我们把 MOST 叫做**比例性量词**(proportional quantifier)或者**关系量词**(relational quantifier),把 MANY 和 FEW 叫做**个数量词**(cardinal quantifier)。当然,MANY 和 FEW 有时也可以用作比例性量词,即这些量词是有歧义的。

在关系量词的语义表达中,一个要求是限定部分和主体部分应该至少有一个共有的变量由该量词约束,不然,得到的语义表达就是非法的。另一个要求是逻辑式中不含有自由变量。但是在做语义翻译时主体部分可以含有自由变量,即限定部分不允许有自由变量,这些变量要么被关系量词约束,要么被限定部分内的量词约束。这是因为主体部分的自由变量可以由一个存在量词来约束,这种运算叫做**存在封闭**(existential closure)。① 不过在存在封闭运算之后,上面提到的第二个要求还是应该得到满足的。也就是说上面的两个要求都应该满足,违反一个都不行。不过要检查的语义表达式应该是存在封闭运算之后的式子而不是之前的。

例如,(5)中给出的语义表达式都是合法的,但是,(6)中给出的都是不合法的。这里,用 Q_x、Q_z 以及 $Q_{x,y}$ 表示关系量词,Q_x、Q_z 只约束一个变量,$Q_{x,y}$ 则约束两个变量,但是它们都含有两个论元,所以

---

① 这一运算是海姆(Heim)1982 年在其博士论文中提出的。她认为,只有两个地方允许这一操作,一个是在整个**文本**(text)这一层次,另一个则是关系量词中的主体部分。可是,基尔基亚(Chierchia, 1995)则认为,所有的自由变量都可以受某个存在量词约束,要得到某个语义表达,如要使某个被存在量词约束的变量改为由一个关系量词来约束,就要执行他所提出的存在量词消除规则,他把这种规则叫做**存在消除**(existential disclosure)。详细的内容,我们在后面第十四章介绍**篇章表述理论**(discourse representation theory)时,再进一步讨论。

第十章 对时间的量化与限制、量化类型及其三分结构

是关系量词。用 Q_y 表示非关系性量词，它只有一个论元。同时用";"把限定部分和主体部分分隔开来。注意关系量词的确定是看其表达式中是否含有由";"分隔开的两个部分。如果有，就是关系量词，否则就是非关系量词。一个量词是几元的，则看它约束几个变量。如果约束一个就是一元量词，约束两个就是二元量词。因此，我们可以看出一个量词是否关系量词与它是几元量词是不同的概念。前者由";"来确定，后者由量词约束变量的多少来区别。

(5) a. Q_x[人(x);聪明(x)]
   b. $Q_{x,y}$[人(x)&动物(y);喜欢(x,y)]
   c. Q_x[Q_y[人(x)&动物(y)&喜欢(x,y)];高兴(x)]
   d. Q_x[Q_z[人(x)&动物(z);喜欢(x,z)];高兴(x)]
   e. Q_x[人(x);Q_y[动物(y)&喜欢(x,y)]]
   f. Q_x[人(x);Q_z[动物(z)&喜欢(x,z);~打(x,z)]]

(6) a. Q_x[人(x);聪明(y)]
   b. $Q_{x,y}$[人(x)&动物(y);喜欢(x,张三)]
   c. Q_x[Q_y[动物(y)];高兴(x)]
   d. Q_x[Q_z[人(x)&动物(y);喜欢(x,y)];高兴(x)]
   e. $Q_{x,y}$[人(x);[动物(y)&喜欢(x,y)]]
   f. Q_x[人(x);Q_z[动物(y)&喜欢(x,y);高兴(x)]]

(5a) 中的变量 x 同时在限定部分和主体部分出现，所以，没有违反关系量词的要求。(5b) 中的语义表达也没有问题，其中的关系量词 $Q_{x,y}$ 约束两个变量。(5c) 的限定部分有一个一元量词，它约束其中的变量 y。由于限定部分和主体部分仍然有一个共享的变量 x，(5c) 还是合法的。(5e) 和 (5c) 也一样，只不过 (5e) 中的一元量词是在主体部分而已。(5d) 的限定部分和 (5f) 的主体部分分别有一个关系量词，这两个量词都只约束变量 z，所以，其中的变量 x 受外面的关系量词 Q_x 约束。因此，(5d) 和 (5f) 都是合法的。

(6) 中的语义表达式不合法的原因，要么是限定部分和主体部分不共享同一个变量，如：(6a)、(6c)、(6e)，要么是量词没有变量约束如 (6d) 和 (6f)。后一种情况就是通常所说的**空约束**（vacuous binding），它违反了有关**禁止空量化**（Prohibition Against Vacuous Quantifica-

tion）的条件［详情见帕蒂（Partee 1988），克拉策尔（Kratzer 1995），德-施瓦尔特（de Swart 1991）］，这正是前面提到的对于逻辑表达式的第二个要求。注意，关系量词上标注的所有变量一定都要在两个部分同时出现，这是为什么（6b）不合法的原因。

与关系量词的表达相关的另一个问题是怎样确定其限定部分和主体部分。这一点我们将在本章的最后一节作详细的讨论。

第二节 限制对时间的量化

在自然语言中，我们可以用三种方法对时间的量化加以限制，即前面提到的时制和时间副词，另外就是由像"的时候/时"这样的词引导的时间状语从句，如下所示：

(7) a. 小李以前总是哭。
  b. 小李昨天总是哭。
  c. 老师笑的时候，小李总是哭。
  d. 老师笑时，小李总是哭。

由于汉语中没有明确的时制标志，这里我们用"以前"来担当时制所起的作用。[①] 假设时间量词"总是"有（8）中给出的语义表达，我们就可把"小李总是哭"表达为（9）中给出的语义。这里，我们把"小李哭"叫做 Ψ。

(8) "总是"：λqλp[$\underline{EVERY(p)(q)}$]

(9) "总是"：λqλp[EVERY(p)(q)]

$$\text{类型为：} <<s,t>,<<s,t>,t>>$$
$$\Psi: \lambda i[Ku'(i)(xiaoli'(i))]$$
$$\text{类型为：} <s,t>$$

"总是"Ψ：λqλp[EVERY(p)(q)](λi[Ku'(i)(xiaoli'(i))]) = λp[EVERY(p)(λi[Ku'(i)(xiaoli'(i))])]，类型为：<<s,t>,t> 这里，

[①] 至于"过"和"了"为什么不能与"常常"等表示副词性量词连用，可参阅潘海华（Pan, 1993）。

第十章　对时间的量化与限制、量化类型及其三分结构　　277

p 和 q 都是命题,其类型为 <s,t>。由于(8)中画线部分是一个句子,所以其类型为 t。用 λ 抽象把画线部分变成 p 的函项,就相当于得到类型 <<s,t>,t>,再进一步对 q 进行抽象,而使之变成 q 的函项,我们就有:<<s,t>,<<s,t>,t>>。这就是(8)中量词"总是"的语义类型。

时间副词"昨天"的定义在(10)中给出,由于变量 R 的类型(即(9)给出的结果)是 <<s,t>,t>,所以,"昨天"的类型是 <<<s,t>,t>,t>。(10)中给出的类型相当于把"昨天"的基本类型 <s,t> 提升(type raising)到 <<<s,t>,t>,t>,这样,"昨天"就是一个可以接受论元为类型 <<s,t>,t> 的函项了。把(10)应用到(9)上就有(11),如下所示:

(10)"昨天":λR[R(λi[Y(n)(i)])]

(11)"昨天":λR[R(λi[Y(n)(i)])],类型为:<<<s,t>,t>,t>

　　　"总是"Ψ:

　　　　λp[EVERY(p)(λi[Ku'(i)(xiaoli'(i))])]

　　　　类型为:<<s,t>,t>

"昨天"("总是"Ψ):

a. λR[R(λi[Y(n)(i)])](λp[EVERY(p)(λi[Ku'(i)(xiaoli'(i))])])

b. λp[EVERY(p)(λi[Ku'(i)(xiaoli'(i),)])](λi[Y(n)(i)])

c. EVERY(λi[Y(n)(i)])(λi[Ku'(i)(xiaoli'(i))])

d. [λpλq∀i[p(i)→q(i)](λi[Y(n)(i)])](λi[Ku'(i)(xiaoli'(i))])

e. λq∀i[λi[Y(n)(i)](i)→q(i)](λi[Ku'(i)(xiaoli'(i))])

f. λq∀i[Y(n)(i)→q(i)](λi[Ku'(i)(xiaoli'(i))])

g. ∀i[Y(n)(i)→λi[Ku'(i)(xiaoli'(i))](i)]

h. ∀i[Y(n)(i)→Ku'(i)(xiaoli'(i))],　　　类型为:t

(11a)中画线部分的内容是论元,将之代替 R,就消去了 λR,从而得到(11b)。(11b)中的论元也是画线部分,将之代入 p,就消去了 λp。从(c)到(d)是利用"EVERY"的语义表达[见(3a),这里,我们把变量 x 变成了 i,同时把大写变成了小写]得到的结果。把(d)中画线部分代入 p，就消去了 λp。(f) 是用论元 **i** 消去 (e) 中的 λi 得到的结果，(g) 则是把 (f) 中画线部分代入到 q 的结果。接着消去 (g) 中的 λi，就得到了 (h)。(11h) 正是 (7b) 的语义，其意义是：对于所有的时点 i，如果 i 是在说话时间 n 前的一天之内，那么小李就在时点 i 哭为真。再看下面的 (12)：

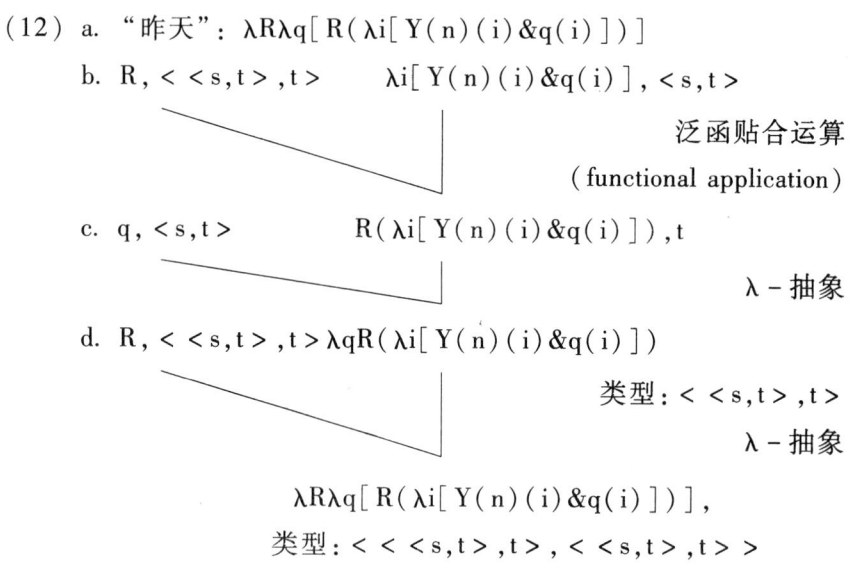

(12) a. "昨天"：λRλq[R(λi[Y(n)(i)&q(i)])]

b. R, <<s,t>,t>　　λi[Y(n)(i)&q(i)], <s,t>

　　　　　　　　　　　　　　　　　　泛函贴合运算
　　　　　　　　　　　　　　　　　　(functional application)

c. q, <s,t>　　　　R(λi[Y(n)(i)&q(i)]), t

　　　　　　　　　　　　　　　　　　λ-抽象

d. R, <<s,t>,t> λqR(λi[Y(n)(i)&q(i)])

　　　　　　　　　　　　　　　　　　类型：<<s,t>,t>
　　　　　　　　　　　　　　　　　　λ-抽象

　　　　λRλq[R(λi[Y(n)(i)&q(i)])],
　　　　类型：<<<s,t>,t>,<<s,t>,t>>

(10) 中给出的"昨天"的定义和一个命题的函项结合之后，就不能再和时制或者是时间从句结合而形成新的语义表达式。因此，我们应该在其定义中加入另一个命题，并把它变成是该命题的函项，这样就有上面的 (12)。我们用图示的方法给出了"昨天"的类型。

注意，(12b) 中的 R 是函项，其类型为：<<s,t>,t>；λi[Y(n)(i)&q(i)] 是论元，其类型为 <s,t>。把函项运用到论元上，就得到 R(λi[Y(n)(i)&q(i)])，其类型为 t。(12c) 是对命题变量 q 进行 λ-抽象，即把 (b) 中得到的结果变成是 q 的函项。由于 λ-抽象的结果就是把相关的两部分之类型（q 的类型是 <s,t>，R(λi[Y(n)(i)&q(i)]) 的类型为 t）加在一起，所以，我们得到的类型就是 <<s,t>,t>，这就是 λqR(λi[Y(n)(i)&q(i)]) 的类型。然后，再对谓词变量 R 进行 λ-抽象，就可以得到(12d)中给出的类型了。

把(12)应用到(9)上就得到了下面的(13)。

第十章 对时间的量化与限制、量化类型及其三分结构 279

(13)"昨天":λRλq[R(λi[Y(n)(i)&q(i)])]
　　　　　　　类型为:<<<s,t>,t>,<<s,t>,t>>
　　　　　　"总是"Ψ:
　　　　　　　　λp[EVERY(p)(λi[Ku'(i)(xiaoli'(i))])]
　　　　　　　类型为:<<s,t>,t>
"昨天"("总是"Ψ):
a. λRλq[R(λi[Y(n)(i)&q(i)])]
　　　(λp[EVERY(p)(λi[Ku'(i)(xiaoli'(i))])])
b. λq[λp[EVERY(p)(λi[Ku'(i)(xiaoli'(i))])]
　　　　　　　(λi[Y(n)(i)&q(i)])]
c. λq[EVERY(λi[Y(n)(i)&q(i)])(λi[Ku'(i)(xiaoli'(i))])]
　　　类型为:<<s,t>,t>

在(13)中,"昨天"是函项,"总是Ψ"是论元,把它们结合在一起就得到了(13a)。用其中的论元(画线部分)代替R,就得到了(13b)。在(13b)中,函项是画虚线部分,论元是实线部分。同理,用论元代替p就得到了(13c),其类型为<<s,t>,t>。这个结果还可以和另一个命题相结合,从而得到一个句子。

若把(14)中定义的绝对过去时算子应用到(13)上,就可以得到(15)。这里函项R的类型是<<s,t>,t>。(15)的意思是:小李昨天总是哭。不同于(13),(15)中给出的结果就不能再和其他的句子相结合了。

(14)绝对过去时:λR[R(λi[i<n])],类型为:<<<s,t>,t>,t>
(15) P̲: λR[R(λi[i<n])],<<<s,t>,t>,t>
　　　　　　"昨天""总是"Ψ:
　　　　　　　λq[EVERY(λi[Y(n)(i)&
　　　　　　　　q(i)])(λi[Ku'(i)(xiaoli'(i))])]
P̲("昨天""总是"Ψ):
a. λR[R(λi[i<n])](λq[EVERY(λi[Y(n)(i)&q(i)])
　　　　　　　　(λi[Ku'(i)(xiaoli'(i))])])
b. λq[EVERY(λi[Y(n)(i)&q(i)])(λi[Ku'(i)(xiaoli'(i))])]
　　　　　　　　　　　　(λi[i<n])

c. EVERY(λi[Y(n)(i) & λi[i<n](i)])(λi[Ku'(i)(xiaoli'(i))])

d. EVERY(λi[Y(n)(i) & i<n])(λi[Ku'(i)(xiaoli'(i))])

e. λpλq∀i[p(i)→q(i)](λi[Y(n)(i) & i<n])
　　　　　　　　　　　　　　(λi[Ku'(i)(xiaoli'(i))])

f. λq∀i[λi[Y(n)(i) & i<n](i)→q(i)](λi[Ku'(i)(xiaoli'(i))])

g. ∀i[(Y(n)(i) & i<n)→λi[Ku'(i)(xiaoli'(i))](i)]

h. ∀i[(Y(n)(i) & i<n)→Ku'(i)(xiaoli'(i))]，　　　类型为 t

(15a)是把 P 的语义表达运用到论元（"昨天""总是"Ψ）上得到的，用该论元替代 R 就可以消去 λR，从而得到（15b）。再把（15b）中画线部分代入变量 q 就得到（15c），并对其画线部分进行 λ 还原，即用论元 i 替代 λ 变量 i，得到（15d）。把量词 EVERY 的语义代入（15d），就得到了（15e），再把画线部分，即 EVERY 的第一个论元，代入变量 p 以消除 λp，其结果是（15f）。再用（15f）的画实线部分，即 EVERY 的第二个论元，代入变量 q 以消除 λq，其结果是（15g）。注意，（15f）的画虚线部分也进行了一次 λ 还原，即用论元 i 替代 λ 变量 i。再对（15g）的画线部分进行了一次同样的 λ 还原，即用论元 i 替代 λ 变量 i，就得到最后的结果（15h）。

（14）中的绝对过去时 P 的类型和"昨天"一样，都是<<<s,t>,t>,t>。但是，同前面刚提到的"昨天"的定义（10）一样，（15）中给出的结果再也不能和其他的时间副词或算子相结合，也就是说，（14）中定义的绝对过去时，只有不在任何算子或时间副词的辖域内，才可能是正确的。若绝对过去时出现在别的算子或时间副词的辖域内，其定义就应该是（16），而不是（14）。两者的差别仅在于（16）中加入了一个命题 p(i)，并对其进行 λ-抽象，使之同时成为 p 的函项，这和（12）给出的"昨天"的定义相似。

（16）绝对过去时：λRλp[R(λi[i<n & p(i)])]
　　　　　　　　其类型为：<<<s,t>,t>,<<s,t>,t>>

从（12）和（16）的定义中可以看出：如果想要让自己所定义的算子能和其他的语义表达式作进一步的运算，就必须在定义中用合取的方式加入一个命题,并用 λ-抽象把所得到的结果变为新加入命题之函项。

下面讨论由"的时候/时"引导的时间状语从句之语义表达。"的时候/时"的语义表达应该和时间副词"昨天"相似,所以,引导时间状语从句的标志"的时候/时"也应该有相应的语义表达。但是,有一点两者不同。"昨天"一定要相对于说话时间来解释,"的时候/时"则没有这个必要。因此,在"的时候/时"的定义中就要用一个普通命题,而不用"Y(n)(i)"。同时,加入一个新命题,并使用 λ-抽象将之也变成新命题的函项。这是因为"的时候/时"联结两个句子。注意,"当……的时候"也具有相同的语义。

(17) "的时候/时":λpλRλq[R(λi[p(i) & q(i)])]
     类型为:<<s,t>,<<<s,t>,t>,<<s,t>,t>>>

把(17)应用到句子"老师笑"(φ),就可以得到状语从句"老师笑的时候"的语义表达,如(18)所示:

(18) "的时候/时":λpλRλq[R(λi[p(i) & q(i)])]
    类型:<<s,t>,<<<s,t>,t>,<<s,t>,t>>>
    φ:λi[Xiao′(i)(laoshi′(i))],<s,t>

"的时候/时"φ = 老师笑的时候/时
 a. λpλRλq[R(λi[p(i) & q(i)])](λi[Xiao′(i)(laoshi′(i))])
 b. λRλq[R(λi[λi[Xiao′(i)(laoshi′(i))](i) & q(i)])]
 c. λRλq[R(λi[λi′[Xiao′(i′)(laoshi′(i′))](**i**) & q(i)])]
 d. λRλq[R(λi[Xiao′(i)(laoshi′(i)) & q(i)])]
     类型为:<<<s,t>,t>,<<s,t>,t>>

把(a)中画线部分代入 p 就消去了 λp,而得到(b)。把(b)中画线部分的变量 i 改为 i′以避免混淆,从而得到(c)。把黑体变量 **i** 代入画线部分以消除变量 λi′,这样,就得到了(d)中给出的结果。

再把(18)中得到的结果应用到(7c)中的主句中,就得到下面的(19)。注意,(7c)中主句的语义已经在(9)中给出,另外,我们用 Ψ 表示"小李哭"。

(19) "的时候/时" φ : λRλq[R(λi[Xiao'(i)(laoshi'(i)) & q(i)])]

　　　　　　　类型为 : < <<s,t>,t>,<<s,t>,t> >

　　　　　"总是" Ψ :

　　　　　　　λp[EVERY(p)(λi[Ku'(i)(xiaoli'(i))])]

　　　　　　　类型为 : <<s,t>,t>

"的时候/时" φ("总是" Ψ) :

a. λRλq[R(λi[Xiao'(i)(laoshi'(i)) & q(i)])]
　　　　　　(λp[EVERY(p)(λi[Ku'(i)(xiaoli'(i))])])

b. λq[λp[EVERY(p)(λi[Ku'(i)(xiaoli'(i))])]
　　　　　　(λi[Xiao'(i)(laoshi'(i)) & q(i)])]

c. λq[EVERY(λi[Xiao'(i)(laoshi'(i)) & q(i)])
　　　　　　(λi[Ku'(i)(xiaoli'(i))])]

　　　类型为 : <<s,t>,t>

与(17)一样,把(a)中画线部分代入 R 即可消除 λR,从而得到(b)。在(b)中,函项是画虚线部分,论元是画实线部分。把函项运用到论元上就可消去 λp,而得到(c)。(19)中得到的结果还可以进一步和时制算子或者时间副词进行运算,从而得到句子的语义表达式。假若有一个将来时算子作用于(19)中得到的结果上,就可以有(20):

(20) F : λR[R(λi[n<i])],类型为 : <<<s,t>,t>,t>

　　　　　"的时候/时" φ("总是" Ψ) : (类型为 : <<s,t>,t>)
　　　　　λq[EVERY(λi[Xiao'(i)(laoshi'(i)) & q(i)])
　　　　　　　(λi[Ku'(i)(xiaoli'(i))])]

F(("的时候/时" φ)("总是" Ψ)) :

a. λR[R(λi[n<i])](λq[EVERY(λi[Xiao'(i)(laoshi'(i)) & q(i)])(λi[Ku'(i)(xiaoli'(i))])])

b. λq[EVERY(λi[Xiao'(i)(laoshi'(i)) & q(i)])
　　　　　(λi[Ku'(i)(xiaoli'(i))])](λi[n<i])

c. EVERY(λi[Xiao'(i)(laoshi'(i)) & λi[n<i](i)])
　　　　　(λi[Ku'(i)(xiaoli'(i))])

d. EVERY(λi[Xiao'(i)(laoshi'(i)) & λi'[n<i'](i)])

e. EVERY(λi[Xiao′(i)(laoshi′(i)) & n<i])
        (λi[Ku′(i)(xiaoli′(i))])

f. λpλq∀i[p(i)→q(i)](λi[Xiao′(i)(laoshi′(i)) & n<i])
        (λi[Ku′(i)(xiaoli′(i))])

g. λq∀i[λi[Xiao′(i)(laoshi′(i)) & n<i](i)→q(i)]
        (λi[Ku′(i)(xiaoli′(i))])

h. λq∀i[[Xiao′(i)(laoshi′(i)) & n<i]→q(i)]
        (λi[Ku′(i)(xiaoli′(i))])

i. ∀i[[Xiao′(i)(laoshi′(i)) & n<i]→λi[Ku′(i)(xiaoli′(i))](i)]

j. ∀i[(Xiao′(i)(laoshi′(i)) & n<i)→Ku′(i)(xiaoli′(i))]

用（a）中的论元，即画线部分，替代 R 以消去 λR，从而得到（b）。再用（b）中的论元，即画线部分，替代 q 以消去 λq，从而得到（c）。把（c）中画线部分的 i 变成 i′以区别于其论元 **i**，如（d）所示，同时用 **i** 替代 i′就消去了 λi′而得到（e）。把 EVERY 的语义代入（e）就得到（f），再用（f）的画线部分替代变量 p 并消去 λp 而得到（g）。用论元 **i** 替代其函项中的变量 i 从而消去 λi 并得到（h）。再用（h）的画线部分替代变量 q 并消去 λq 而得到（i）。最后，用论元 **i** 替代其函项中的变量 i 从而消去 λi 并得到最终的结果（j）。

（20）的意思是说：在老师笑的所有未来时点上，小李都在哭。也就是说，时间从句提供一个有关时点的集合。由于我们加入了将来时，所以，这个集合里所包含的时点都在说话时间 n 之后。同时在这些时点上，主句所表达的事件都为真。这个例子说明时间从句起确定关系量词限定部分的作用。

下面，我们讨论（21a）和（21b）这两个句子的语义表达。在（21a）的时间从句中，有一个时间副词"昨天"，这样，它就应该先和从句相结合，然后，和联结词"的时候"结合。（21b）则和（20）中的推理近似，唯一的不同是：一个用了将来时，一个用了副词"昨天"。当然，它们的辖域也不一样。（21c）和（21b）中分别给出了句子（21a）和（21b）中各部分结合的顺序，（22）到（24）中给出了（21a）的语义表达的推导过程。

(21) a. 老师昨天笑的时候，小李总是哭。
b. 昨天，老师笑的时候，小李总是哭。
c. （"的时候"（"昨天"φ））（"总是"Ψ）
d. "昨天"（（"的时候"φ）（"总是"Ψ））

(22) "昨天"：λqλi[Y(n)(i) & q(i)]，类型为：<<s,t>,<s,t>>
  φ：λi[Xiao′(i)(laoshi′(i))]，类型为：<s,t>

"昨天"φ：
a. λqλi[Y(n)(i) & q(i)]（λi[Xiao′(i)(laoshi′(i))]）
b. λi[Y(n)(i) & λi[Xiao′(i)(laoshi′(i))](i)]
c. λi[Y(n)(i) & Xiao′(i)(laoshi′(i))]，类型为：<s,t>

(23) "的时候/时"：λpλRλq[R(λi[p(i) & q(i)])]
  类型为：<<s,t>,<<<s,t>,t>,<<s,t>,t>>>
  "昨天"φ：λi[Y(n)(i) & Xiao′(i)(laoshi′(i))]
    类型为：<s,t>

"的时候/时"（"昨天"φ）：
a. λpλRλq[R(λi[p(i) & q(i)])]
     (λi[Y(n)(i) & Xiao′(i)(laoshi′(i))])
b. λRλq[R(λi[λi[Y(n)(i) & Xiao′(i)(laoshi′(i))](i) & q(i)])]
c. λRλq[R(λi[λi′[Y(n)(i′) & Xiao′(i′)(laoshi′(i′))](i) & q(i)])]
d. λRλq[R(λi[Y(n)(i) & Xiao′(i)(laoshi′(i)) & q(i)])]
    类型为：<<<s,t>,t>,<<s,t>,t>>

(24) "的时候/时"（"昨天"φ）：
  λRλq[R(λi[Y(n)(i) & Xiao′(i)(laoshi′(i)) & q(i)])]
    类型为：<<<s,t>,t>,<<s,t>,t>>
  "总是"Ψ：类型为：<<s,t>,t>
    λp[EVERY(p)(λi[Ku′(i)(xiaoli′(i))])]

"的时候/时"（"昨天"φ）（"总是"Ψ）：
a. λRλq[R(λi[Y(n)(i) & Xiao′(i)(laoshi′(i)) & q(i)])]
     (λp[EVERY(p)(λi[Ku′(i)(xiaoli′(i))])])

b. λq[λp[EVERY(p)(λi[Ku′(i)(xiaoli′(i))])
　　　　　　(λi[Y(n)(i) & Xiao′(i)(laoshi′(i)) & q(i)])]
c. λq[EVERY(λi[Y(n)(i) & Xiao′(i)(laoshi′(i)) & q(i)])
　　　　　　　　　(λi[Ku′(i)(xiaoli′(i))])]

这样，就得到了句子（21a）的语义表达。在整个推导过程中，"昨天"的定义，我们使用的是第九章第四节中没有经过提升的（44），而不是本章中经过提升后的定义（10）或者（12）。这是因为"昨天"在从句中仅仅修饰一个命题，并不包含副词性量词"总是"，即不提升就可以满足相关句子的要求。但是，在推导（21b）的语义表达时，就应该用"昨天"提升之后的定义（10），这是因为这里"昨天"是最外层的算子。

另外，如果还想让得到的结果可以进一步和其他的算子相结合的话，就应该用（12）中给出的"昨天"的定义。我们把推导（21b）的语义表达的任务当作一个练习留给读者去做。

（24）中给出的结果还可以进一步和一个时制算子结合。如果不想进一步和其他的算子结合，"的时候/时"的语义表达就应该使用下面的定义（25），这样，（23）和（24）推导就要重做。我们在（26）和（27）中分别给出了相应的推导过程。

（25）"的时候/时"：λpλR[R (λi[p(i)])]
（26）"的时候/时"：λpλR[R(λi[p(i)])]

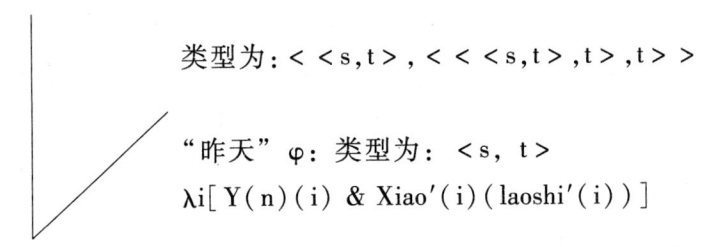

　　　　　　　类型为：< <s,t>, < < <s,t>,t>,t> >

　　　　　　　"昨天"φ：类型为： <s, t>
　　　　　　　λi[Y(n)(i) & Xiao′(i)(laoshi′(i))]

"的时候/时"（"昨天"φ）:类型为：< <s,t>,t>,t >
a. λpλR[R(λi[p(i)])](λi[Y(n)(i) & Xiao′(i)(laoshi′(i))])
b. λR[R(λi[λi[Y(n)(i) & Xiao′(i)(laoshi′(i))](i)])]
c. λR[R(λi[λi′[Y(n)(i′) & Xiao′(i′)(laoshi′(i′))](i)])]
d. λR[R(λi[Y(n)(i) & Xiao′(i)(laoshi′(i))])]
（27）"的时候/时"（"昨天"φ）:类型为：< <s,t>,t>,t >

λR[R(λi[Y(n)(i) & Xiao'(i)(laoshi'(i))])],

"总是"Ψ:类型为:<<s,t>,t>
λp[EVERY(p)(λi[Ku'(i)(xiaoli'(i))])]

"的时候/时"("昨天"φ)("总是"Ψ):
 a. λR[R(λi[Y(n)(i) & Xiao'(i)(laoshi'(i))])]
     (λp[EVERY(p)(λi[Ku'(i)(xiaoli'(i))])])
 b. λp[EVERY(p)(λi[Ku'(i)(xiaoli'(i))])]
     (λi[Y(n)(i) & Xiao'(i)(laoshi'(i))])
 c. EVERY(λi[Y(n)(i) & Xiao'(i)(laoshi'(i))])
     (λi[Ku'(i)(xiaoli'(i))])
 d. λpλq∀i[p(i)→q(i)](λi[Y(n)(i) & Xiao'(i)(laoshi'(i))])
     (λi[Ku'(i)(xiaoli'(i))])
 e. λq∀i[λi[Y(n)(i) & Xiao'(i)(laoshi'(i))](i)→q(i)]
     (λi[Ku'(i)(xiaoli'(i))])
 f. λq∀i[[Y(n)(i) & Xiao'(i)(laoshi'(i))]→q(i)]
     (λi[Ku'(i)(xiaoli'(i))])
 g. ∀i[[Y(n)(i) & Xiao'(i)(laoshi'(i))]→λi[Ku'(i)(xiaoli'(i))](i)]
 h. ∀i[(Y(n)(i) & Xiao'(i)(laoshi'(i)))→Ku'(i)(xiaoli'(i))]

比较（21）和（25）的语义类型，可以看出，它们之间的唯一差别就是（21）中多出了一个 q(i)。这说明要想对一个算子作进一步运算，一种办法就是用合取方式加入一个命题，并用 λ 抽象使整个算子变成该命题的函项。

现在，我们总结一下前面介绍的两种操作：提升与扩展，以及副词、时制算子、副词性量词的各种语义表达。扩展主要是为了使某个算子可以再吸收一个同类型的论元，比如，过去时算子可以被定义为：λp[λi[i<n & p(i)]]，p 的类型是 <s,t>，该算子的类型是 <<s,t>,<s,t>>。也就是说该算子可以接受一个类型为 <s,t> 的论元，如果想让该算子可以再多接受一个与 p 一样类型的论元，就可以再用合取的方式加入一个命题q,然后用λ抽象使该算子成为q的函项。这样得到的结果就是:λp λq [λi[i<n & p(i) & q(i)]],其类型为:<<s,t>,<<s,t>,<s,t>>>。

提升的原因是因为当前的函项不能接受某种类型的论元,如假设N为λp[λi[i<n & p(i)]],其类型为<<s,t>,<s,t>>。该函项只能接受一个类型为<s,t>的论元。如果想让它也可以接受一个高于<s,t>的论元,就应该使用提升的办法,从而使当前算子成为那个高阶论元的函项。

比如,我们想让函项N接受论元类型为<<s,t>,t>的论元R,就不能像扩展那样加入一个合取式,因为类型不同。由于R可以接受类型为<s,t>的论元,而N中未对P进行λ抽象部分λi[i<n & p(i)]的类型是<s,t>,所以,我们就可以先把R和λi[i<n & p(i)]结合起来,从而形成一个句子R(λi[i<n & p(i)]),其类型为t,然后,再用λ抽象使N成为R的函项,得到的结果就是:λRλp[R(λi[i<n & p(i)])],这个算子的类型是<<<s,t>,t>,<<s,t>,t>>(该算子还经过了对p的λ抽象运算)。这样,提升后的算子就可以接受一个类型为<<s,t>,t>的论元了,这个论元的类型正好是我们想要的R的类型。因此,提升后的N就是R的函项。

比较扩展和提升这两种方法,可以看出,提升只适用于当前算子或函项无法接受的论元,而扩展则是针对同类型的论元。它们加入的方式也不同,扩展是用合取的方式,而提升却是用将论元变成函项的方法。

前面讨论过的几种算子的不同定义,现重复如下:
(28)"昨天":

  a. λp[λi[Y(n)(i) & p(i)]],类型为:<<s,t>,<s,t>>
                (44)

  b. λR[R(λi[Y(n)(i)])],类型为:<<<s,t>,t>,t>
                (11)

  c. λRλp[R(λi[Y(n)(i) & p(i)])]
     类型为:<<<s,t>,t>,<<s,t>,t>>

(29)"总是":λpλq[EVERY(p)(q)]
     类型为:<<s,t>,<<s,t>,t>>

(30)"的时候/时":
 a. λpλq[λi∃I[i∈I & p(i) & q(i)]]
   类型为:<<s,t>,<<s,t>,<s,t>>>
 b. λpλR[R(λi[p(i)])],类型为:<<s,t>,<<<s,t>,t>,t>>
 c. λpλRλq[R(λi[p(i) & q(i)])]
   类型为:<<s,t>,<<<s,t>,t>,<<s,t>,t>>>

(31) 时制算子:
P: a. λpλi∃i′[i′<i & p(i)],类型为:<<s,t>,<s,t>>
  b. λR[R(λi∃i′[i′<i])],类型为:<<<s,t>,t>,t>
  c. λpλR[R(λi∃i′[i′<i & p(i)])]
   类型为:<<s,t>,<<<s,t>,t>,t>>

F: a. λpλi∃i′[i<i′ & p(i)],类型为:<<s,t>,<s,t>>
  b. λR[R(λi∃i[i<i′])],类型为:<<<s,t>,t>,t>
  c. λpλR[R(λi∃i′[i<i′ & p(i)])]
   类型为:<<s,t>,<<<s,t>,t>,t>>

P̲: a. λpλi∃i′[i′<n & p(i)],类型为:<<s,t>,<s,t>>
  b. λR[R(λi[i<n])],类型为:<<<s,t>,t>,t>
  c. λpλR[R(λi∃i′[i′<n & p(i)])]
   类型为:<<s,t>,<<<s,t>,t>,t>>

F̲: a. λpλi∃i′[n<i′ & p(i)],类型为:<<s,t>,<s,t>>
  b. λR[R(λi[n<i])],类型为:<<<s,t>,t>,t>
  c. λpλR[R(λi∃i′[n<i′ & p(i)])]
   类型为:<<s,t>,<<<s,t>,t>,t>>

  (31)中所有的(a)都是相应算子的基本类型经过扩展之后的结果,这样,这些算子至少可以和一个论元相结合。值得说明的是"的时候/时"的定义(a)。由于它是联结两个小句,所以必须有两个论元。同时,因为和它相连的小句引出的并不一定是一个时点,所以,我们使用了一个时点的集合I。(31)中所有的(b)都是经过提升后的结果,它们都可以和一个高阶类型的论元相结合。(31)中的(c)都是在(b)的基础上经过进一步扩展而得到的结果,它们至少可以接受两个论

第十章 对时间的量化与限制、量化类型及其三分结构

元：一个是同类型的论元，一个是高阶论元。

思考与练习一

用这一节里定义的"昨天"、"总是"等给出（21b）的语义表达，并给出详细的推导过程。

第三节 进一步限制对时间的量化

在前面的讨论中，绝对过去时被当作是一个存在量词，即存在着一个在说话时间 n 之前的时点 i，相关的句子在该点为真。也就是说我们的要求是存在着一个在 n 之前的时点 i，而没有更多的限制。可是，在有些句子中，仅仅这样做是不够的。帕蒂（Partee, 1984）指出，（32）中的句子不能仅仅把过去时定义为存在量词，而应该对它作进一步的限制。

(32) I didn't turn off the stove.

（直译为：我没有把炉子关上。）

(uttered by someone that just left the house.)

（说话人此时刚刚离开屋子。）

若用 Ψ 表示命题"I turn off the stove"，就可以有下面两种解释：（33a）是否定算子在过去时的辖域之外，（33b）是否定算子在过去时的辖域之内。我们用"SOME"表示一个存在量词，并使用（3e）中给出的语义表达式 $SOME(P)(Q) = \lambda P \lambda Q \exists i[P(i) \& Q(i)]$ 和第二章第四节（25）中给出的量词定律就可以得出下面的结果。

(33) a. $\sim SOME(\lambda i[i<n])(\Psi)$

$\Leftrightarrow \sim \lambda P \lambda Q \exists i[P(i) \& Q(i)](\lambda i[i<n])(\Psi)$

$\Leftrightarrow \sim \lambda Q \exists i[\lambda i[i<n](i) \& Q(i)](\Psi)$

$\Leftrightarrow \sim \lambda Q \exists i[i<n \& Q(i)](\Psi)$

$\Leftrightarrow \sim \exists i[i<n \& \Psi(i)]$

$\Leftrightarrow \forall i \sim [i<n \& \Psi(i)]$

$\Leftrightarrow \forall i[\sim(i<n) \vee \sim \Psi(i)]$

b. $SOME(\lambda i[i<n])(\lambda i[\sim \Psi(i)])$

⇔ λPλQ∃i[P(i) & Q(i)](λi[i<n])(λi[~Ψ(i)])
⇔ λQ∃i[λi[i<n](i) & Q(i)](λi[~Ψ(i)])
⇔ λQ∃i[i<n & Q(i)](λi[~Ψ(i)])
⇔ ∃i[i<n & λi[~Ψ(i)](i)]
⇔ ∃i[i<n & ~Ψ(i)]

注意（33b）中 SOME 的第二个论元不能直接写成 ~Ψ，这是因为 Ψ 的类型在我们现在的模型中不再是 t，而是 <s, t>，而否定算子 ~ 的类型还是 <t, t>，所以两者不能直接结合。由于 Ψ(i) 的类型是 t，可以和 ~ 结合得到 ~Ψ(i)，再经过 λ 抽象就得到 λi[~Ψ(i)]，这正是 SOME 的第二个论元所需要的集合。

（33a）的意思是，在说话时间 n 之前不存在一个时点，在该时点说话人把炉子给关了，即：他过去从未关过炉子。换句话说，就是，对于所有的时点 i，要么它不在说话时间 n 之前，要么 Ψ 在该时点为假。若把时点都限制在说话时间 n 之前，Ψ 就必须在这些时点上都为假，才能使（33a）为真，即 ~Ψ（=他过去从未关过炉子）为真。然而,这绝对不是(32)所表达的意思。

（33b）的意思是，在 n 之前有一个时点，在该时点说话人没有把炉子关上。这等于没有说什么，因为没有人在过去的所有时点都在关炉子。也就是说（33b）表达的意思太微不足道了。（32）中表达的意思要比（33b）给出的强得多，其意思是，说话人在离开房子之前忘了关炉子，而不是过去的任何一个时点。这个时间就是我们在第九章开始时提到的参照时间（reference time，RT）。一种解决办法是把 RT 引入到时制的定义中去，这样，就可以把（33a）改写为下面的（34）：

（34）~SOME(λi[i<n & γ(i)])(Ψ)
⇔ ~∃i[i<n & γ(i) & Ψ(i)]
⇔ ∀i~[i<n & γ(i) & Ψ(i)]
⇔ ∀i[~(i<n & γ(i)) ∨ ~Ψ(i)]

这里，γ 的值域是我离开房间时那段很短的时间。可以说 RT 不是明确给出的，而是由上下文提供的。当然也可以由句子中的成分提供，如（35）所示，其中我们用 Ψ 代表"小李关炉子"。

（35）a. 昨天小李没关炉子。

b. $\sim \text{SOME}(\lambda i[i < n \ \& \ Y(n)(i)])(\Psi)$

$\Leftrightarrow \sim \exists i[i < n \ \& \ Y(n)(i) \ \& \ \Psi(i)]$

$\Leftrightarrow \forall i \sim [i < n \ \& \ Y(n)(i) \ \& \ \Psi(i)]$

$\Leftrightarrow \forall i[\sim(i < n \ \& \ Y(n)(i)) \vee \sim\Psi(i)]$

(35b)的意思是,不存在一个在昨天内的时点 i,在该时点小李关了炉子。(35b)中给出的限制并没有具体到某个时点,它否定的是整个时段"昨天",即小李昨天一整天都没有关炉子。但是,(35)更确切的意思应该是在昨天某个特定的时间,小李没有关炉子。如果用 RT 表示那个时点,就可以有下面的(36)。

(36) $\sim \text{SOME}(\lambda i[i < n \ \& \ Y(n)(i) \ \& \ i = RT])(\Psi)$

$\Leftrightarrow \sim \exists i[i < n \ \& \ Y(n)(i) \ \& \ i = RT \ \& \ \Psi(i)]$

$\Leftrightarrow \forall i \sim [i < n \ \& \ Y(n)(i) \ \& \ i = RT \ \& \ \Psi(i)]$

$\Leftrightarrow \forall i[\sim(i < n \ \& \ Y(n)(i) \ \& \ i = RT) \vee \sim\Psi(i)]$

这个办法并不一定恰当。我们也完全可以说 RT 的确定就包括了"昨天"的贡献,所以,在(36)中不用放入 Y(n)(i),这样,(36)变成了(37)。

(37) $\sim \text{SOME}(\lambda i[i < n \ \& \ i = RT])(\Psi)$

$\Leftrightarrow \sim \exists i[i < n \ \& \ i = RT \ \& \ \Psi(i)]$

$\Leftrightarrow \forall i \sim [i < n \ \& \ i = RT \ \& \ \Psi(i)]$

$\Leftrightarrow \forall i[\sim(i < n \ \& \ i = RT) \vee \sim\Psi(i)]$

前面讨论过的时间状语从句引导词"的时候"就可以从某种程度上确定 RT 的位置。

上述讨论似乎表明,过去时的定义不需要给出很具体的时间,事实上也给不出具体的时间。而它在特定句子中的解释,则由上下文来确定。可是,我们又必须在过去时的定义中,反映出这种对上下文的依赖关系,因此,在解释像(32)那样的句子时,我们必须使用下面的定义。其中 RT 的确定就反映出我们前面提到的对上下文的依赖关系。

(38) 绝对过去时 <u>P</u> : $\text{SOME}(\lambda i[i < n \ \& \ i = RT])(\Psi)$

在我们讨论(32)的语义表达时,用的是外部否定,并在量词的限定部分加入了某种限制。从讨论中可以看出,如果这种限制最后落实到一个时点上的话,这时的外部否定就相当于是一种内部否定,而这个否定的时点就是上下文中所给出的时点。也就是说，如果限定的时间变成一个时点的话，外部否定和内部否定等价。

上面的讨论还告诉我们自然语言的量化现象都是受到某种限制的，也就是说对于每一个量词都存在着一个限定部分。因此，可以说所有的量词都是关系量词，都有限定部分和主体部分。不同的仅仅是限定部分内容的明确程度如何。对于有些量词和上下文环境，限定成分很明确，但是对另外一些量词则不一定。

第四节 量化类型与三分结构

在本章第一节，我们谈到了关系量词及其表达，与之相关的一个问题是怎样确定关系量词的限定部分和主体部分。通常，如果有两个小句，那么，一个充当限定部分，另一个就作主体部分。一般的原则是，从句充当限定部分，主句则填充主体部分，但是，这一原则会被焦点映射规则所取代。**焦点映射规则**（focus mapping principle）规定，焦点部分充当主体部分，背景部分作限定部分。也就是说，在没有焦点的情况下，上面讲的一般规则才可以使用。

第九章第三节第二小节中讨论的焦点否定的情况就是一个使用焦点映射规则的例子。我们把相应的句子和**背景-焦点**（background-focus）结构重复如下：

(39) a. **张三**没有反驳李四。

$<\lambda x[\text{Fanbo}'(x, \text{lisi}')], \text{zhangsan}'>$

b. 张三没有反驳**李四**。

$<\lambda x[\text{Fanbo}'(\text{zhangsan}', x)], \text{lisi}'>$

c. 张三没有**反驳**李四。

$<\lambda p[p(\text{zhangsan}', \text{lisi}')], \text{Fanbo}'>$

d. 张三没有**反驳李四**。

$<\lambda P[P(\text{zhangsan}')], \text{Fanbo}'(\text{lisi}')>$

在（39）中给出的结构中，我们并没有给出否定算子，但是，对（39）稍作修改，就可以得到相应的语义表达，如（40）所示：

(40) a. **张三**没有反驳李四。

NO［Fanbo′(x, lisi′); x = zhangsan′］
b. 张三没有反驳**李四**。
NO［Fanbo′(zhangsan′, x); x = lisi′］
c. 张三没有**反驳**李四。
NO［P(zhangsan′, lisi′); P = Fanbo′］
d. 张三没有**反驳李四**。
NO［P(zhangsan′); P = Fanbo′(lisi′)］

(40a)中语义表达的意思是:在背景部分提供的集合中(所有反驳李四的x),不存在着一个等于张三的x,即:张三不在该集合中。

哪些可以作为焦点映射规则中的算子呢?所有的量词,包括时间性量词"总是"、"经常",副词性的词,如"只"、"也"、"都"、"还",否定算子等都可以做算子。另外,还有一个特殊的算子,叫做"**陈述性**"或**断言**算子(assertion operator),记为 AST。比如,我们可以说"张三是**学生**",这里"学生"是焦点,这个句子的语义表达是:AST［Shi′(zhangsan′,P), P = Xuesheng′］。它的意思是,在张三所有可能具有的特征 P 中,这个句子中陈述的是 P 等于"学生"。

下面我们讨论在没有焦点,也没有两个小句子时,怎么样找出限定部分和主体部分。有两种情况值得讨论:一种是句子中有一个表达时间性的量词,如:"总是";另一种是句中不含有这样的副词。

在第一种情况下,一般是该句子提供主体部分,而限定部分则由上下文或是句中的其他时间副词提供。例如,"张三总是哭"的语义表达是"EVERY(I)(λi[Ku′(i)(zhangsan′(i))])",其中"(I)"是限定部分。像第一节中的(4)一样,这里的"I"是一个时点的集合,它包括所有的时点,可是,还是有一定的限制的,这些由上下文来决定。另一个例子是"张三昨天总是哭",这个句子的语义表达就应该比上面的一个带有更多的限制,必须是昨天,其语义表达是:"EVERY(λiY(n)(i))(λi[Ku′(i)(zhangsan′(i))])"。

在第二种情况下,我们要看句子中是否有一般量词或称限定词,如"每(一)个"、"某(一)个"等。若有,一般的规则是该量词后的名词短语提供限定部分,句子的其他部分提供主体部分。如果没有一般量词,则按狄辛(Diesing,1992)的**映射假设**(mapping hypothesis)理论来确定限定部分和主体部分,即:动词短语以内的内容提供主体部分,动词词组以外的内容提供限定部分。蔡维天(Tsai,1994)提出修改狄辛的影射理论,将它推广到所有的谓词(predicate)上,即:不仅应该包括动词短语作谓词的情况,而且还应该包括名词词组作谓词,形容词作谓词的情况。

实际上,狄辛的映射理论以及蔡的修改都可以看成是焦点映射规则的一种特例。如果我们把一个谓词的下属部分看成是其**自然焦点域**(default focus domain)的话,那么,按照焦点映射规则,就可以把谓词下属部分的内容放入主体部分,而把该谓词短语以外的内容放入限定部分,这正是狄辛以及蔡的映射理论所预期的结果。因此,我们可以不需要他们的映射理论,而使用更具普遍性的焦点映射规则。

当然,也可以把焦点映射看成是一种更具体的规则,即:只有在有**对比焦点**(contrastive focus)的情况下,才使用该规则,而把狄辛的映射理论以及蔡的修改看成是一种缺省规则,即:当没有焦点时,就使用这一规则。

这里讨论的映射规则基本上是针对**修饰语量化**(adverbial quantification),或简称 A-**量化**(A-quantification)的情况。另一种情况就是**限定词量化**(determiner quantification),或简称 D-**量化**(D-quantification),即:自然语言中存在着两种量化类型:A-量化与 D-量化,相关的例子如下[引自哈季婥娃、帕蒂和思篙(Hajičová, Partee & Sgall, 1998)]。

(41) Most quadratic equations have two different solutions.

　　(大部分二次方程式都有两个不同的解。)

　　a. [Det'(CNP')](VP')

　　b. Det'(CNP', VP')

　　c.
```
                  S
                 / \
               NP   VP
              /  \   △
            Det  CNP  have...
             |    △
           most  quad. eqs.
```

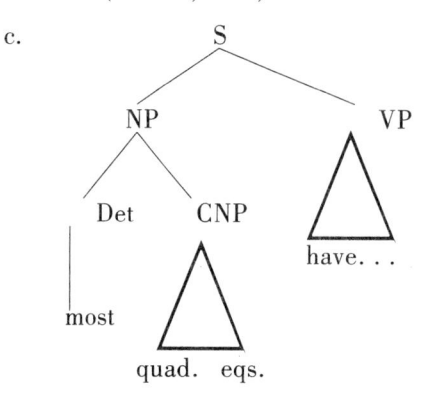

(42) A quadratic equation usually has two different solutions.
（二次方程式一般都有两个不同的解。）
  a. Usually, x is a quadratic equation, x has two different solutions.
  （通常，x是一个二次方程式，x有两个不同的解。）
  b. ADV'（NP'，VP'$_2$）
  c.
```
            S
           / \
          NP  VP₁
         /  \
       ADV  VP₂
```

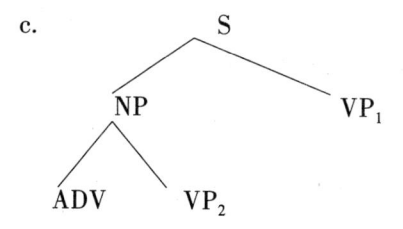

（41）和（42）分别是限定词量化和修饰语量化的例子，（41c）和（42c）分别是它们简化了的树形图，其中的 CNP 代表"可数名词词组"（common noun phrase）。从（41c）可见，限定词 most "大部分"与名词词组 quadratic equation "二次方程式"组成一个句法成分。（41a）为对应于（41c）的逻辑表达式，即把量化名词短语 most quadratic equation "大部分二次方程"以广义量词（generalized quantifier）形式释义，限定词 most 被视为一个函项，取名词词组 quadratic equation 为其主目（argument），两者组成一个广义量词短语［Det'（CNP'）］。该量词短语作函项，句子其余部分为其主目，如（41）中的动词词组（VP）have two different solutions "有两个不同的解"，从而得出（41a）。（41a）中的"函项（主目）"表达式并不是我们想要的三分结构，而是一个二分结构。不过，（41a）中的 CNP 和 VP 实际上可被看成是限定词的第一主目和第二主目，即把涉及的从属结构去掉，得出一个逻辑意义与二分结构等值的三分结构，如（41b）所示。

（42）中所代表的修饰语量化最早由刘易斯（Lewis, 1975）提出，其后再详述于坎普（Kamp, 1981）和海姆（Heim, 1982）。（42c）是简化了的句法关系。比较（41c）和（42c），可以看出（41c）的 most 是在主语名词词组中，而（42c）的 usually "一般/通常"是与动词词组 VP 相连的修饰语。（42b）则是简化了的"函项（主目）"逻辑表达式，如（41b）一样，以三分结构形式表达。

像（41）及（42）这样的句子显示，限定词量化和修饰语量化确实有类似的地方，最后都是得出一个三分结构。

以三分结构形式把它们表达出来是非常重要的，原因是限定词量化和修饰语量化在语义上同属量化现象，但是它们却代表着两种完全不同的句法结构：限定词和可数名词词组结合，量化副词却属副词成分，修饰的是句子或动词词组。

因此，要比较这两种量化现象，就需要用一种可以把它们联系起来的语义表达式。从这一点出发，海姆（Heim, 1982）提出了下面的三分结构。

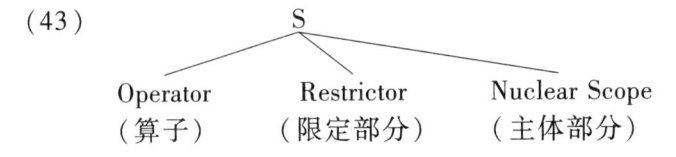

（43）
```
           S
     /     |     \
Operator Restrictor Nuclear Scope
（算子） （限定部分） （主体部分）
```

即：算子（operator），限定部分（restrictor）和主体部分（nuclear scope）。Heim用这个三分结构描述所有的量化现象，包括限定词量化和修饰语量化。以（41b）和（42b）这两个三分结构为例，可以看到在（41b）中，Det'为算子，CNP'为限定部分，而VP'则代表主体部分；在（42b）中，ADV'是算子，NP'是限定部分，而VP$_2$则为主体部分。值得注意的是三分结构的划分可以用句法位置决定，也可以由纯语义因素决定。由于（41）中的限定词量化得出的三分结构由各成分的句法位置决定，即限定词是算子，其所修饰的名词词组是限定部分，而动词词组则是主体部分，因此，整个三分结构的划分是不受语义因素影响的，完全取决于句法。与限定词量化不同，修饰语量化的三分结构不是由句法位置所决定的，因为焦点位置的不同会影响修饰语量化的三分结构的组成。试比较下面的句子，（44）是限定词量化，most是限定词，而（45）则是修饰语量化，always"总是"是修饰语。

（44）a. Most logicians like linguistics.
大部分逻辑学家都喜欢语言学。

b. Most [**nice**]$_F$ logicians like linguistics.
大部分友善的逻辑学家都喜欢语言学。

（45） a. Mary always took [**John**]_F to the movies.
　　　　Mary 总是带 John 去看电影。
　　　b. Mary always took John to the [**movies**]_F.
　　　　Mary 总是带 John 去看电影。

上述句子的三分结构，分别如（46）和（47）所示。

（46） a. MOST　　（logicians）　　（like linguistics）
　　　　算子　　　限定部分　　　　主体部分
　　　b. MOST　　（nice logicians）　（like linguistics）
　　　　算子　　　限定部分　　　　主体部分

（47） a. ALWAYS（Mary took x to the movies）（x = John）
　　　　算子　　　限定部分　　　　　　　主体部分
　　　b. ALWAYS（Mary took John to x）（x = the movies）
　　　　算子　　　限定部分　　　　　主体部分

从上面两个句子的语义解释可以看出，只有修饰语量化［见（47）］，而非限定词量化［见（46）］，会受焦点位置的影响。除了限定词量化外，英语中实际上也存在着许多由句法位置决定三分结构的情况，大部分都是复句。有关例子如下［引自梵-芬特尔（von Fintel，1994）及罗博兹（Roberts，1995）］。

量化作用的 If-短语（Quantifying if-clause）

（48） If it was sunny out, Jessie generally ran in the park.
　　　 如果外面天气好，Jessie 一般都在公园跑步。

能愿作用的 If-短语（Modal if-clause）

（49） If I can afford to buy plants, I might buy a Reine de Violettes rose bush.
　　　 如果我有能力买植物，我或许会买一棵叫 Reine de Violettes 的玫瑰丛木。

When-短语（When-clause）

（50） When Alice called her to dinner, Gertrude gladly put aside her papers and left her desk.
　　　 当 Alice 叫她吃晚饭时，Gertrude 很高兴地放下文件，离开了书桌。

Unless-短语（Unless-clause）

(51) Unless I miss the bus, I never walk home from school.
除非我误了巴士，否则我绝不会从学校走路回家。

上面的句子都属复句，从句部分，即 if it was sunny out "如果外面天气好"，if I can afford to buy plants "如果我有能力买植物"，when Alice called her to dinner "当 Alice 叫她吃晚饭时" 和 unless I miss the bus "除非我误了巴士"，会被影射到限定部分，而主句则会被影射到主体部分。有关划分是由句法位置决定的，从句映像到限定部分，主句映像到主体部分，而算子则视乎句子性质而决定，带有能愿意义的句子一般带有能愿算子 [如 (49) 中的 might "可能/或者"]，量化句带有量化算子 [如 (48) 中的 generally "一般" 和 (51) 中的 never "永不"]，断言 (assertion) 带有断言算子 [如 (50)] 等。这些句子明显与修饰语量化及与语义焦点关联的焦点敏感算子的情况不同，即使焦点的位置会令句子的意思有所不同，却不会影响其从句影射到限定部分和主句影射到主体部分的三分结构划分。

帕蒂（Partee, 1991）把这个限定词/修饰语量化理念应用到焦点话题上，认为话题（或背景）会被影射到限定部分，而焦点则影射到主体部分上。如果句内存在像 only 这样的焦点敏感算子，该句子便会被划分成焦点敏感算子，焦点和背景三个部分。因此，焦点的位置是决定这个三分结构的一个重要因素，焦点的位置不同，会影响这个三分结构的组成，并形成不同的语义解释，如下所示。

(52) a. I only claimed that Carl likes [**Herring**]$_F$.
　　 a'. ONLY (I claimed that Carl likes x) (x = Herring)
　　　　焦点敏感算子　　　限定部分　　　　主体部分
　　 b. I only claimed that [**Carl**]$_F$ likes Herring.
　　 b'. ONLY (I claimed that x likes Herring) (x = Carl)
　　　　焦点敏感算子　　　限定部分　　　　主体部分

从 (52a') 和 (52b') 的三分结构可见，焦点位置的不同所引发的三分结构也不同，因此，与修饰语量化现象一样，在英语中，焦点关联所引发的三分结构也是由纯语义因素而非句法位置所决定的。

然而，赫尔玻格（Herburger, 1997, 2000）则认为，D-量化也可能受到焦点的影响，尤其是**弱量化短语**（weak quantifier）。① 她指出，尽管**强量化短语**（strong quantifier）不受焦点的影响，弱量化短语的语义解释却受到焦点的影响。相关的句法结构和语义解释分别由（53），（54）和（55）给出。

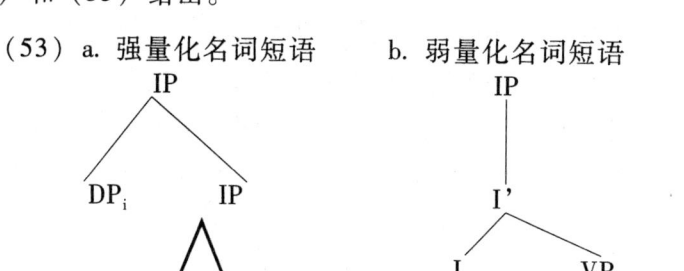

(53) a. 强量化名词短语　　b. 弱量化名词短语

(54) a. [$_{IP}$[$_{DP}$D NP]$_i$[$_{IP}$…t$_i$…]]
　　 b. [$_{IP}$[$_I$ D$_i$ I][$_{VP}$…[$_{DP}$ t$_i$ NP]…]]

(55) a. 算子为 D，限制部分为与 D 在一起的 NP，主体部分则是 IP 的剩余部分。

　　 b. 算子为 D，限制部分由一个集合组成，是把焦点部分变成变量，然后对该变量进行 λ-抽象的结果，主体部分则是焦点部分。

从（53a）中给出的树形图可以看出，强量化名词短语 DP 整个嫁接到 IP 上，这样就是通常情况下的映射，该 DP 中的 D 是算子，其中的 NP 或叫 CNP 是限制部分，剩下的 IP 是主体部分，如（55a）所示。在（53b）中，弱量化名词短语只是移动其限定词 D，将其嫁接到 I 上，而不是整个短语。这样，D 就没有固定的限定部分，因为其 NP 部分并没有跟它一起移动，这时的 D 就和 A-量化的情况很相似，即句法结构不能直接为其提供一个限定部分，因此，焦点就可以影响相关的映射，把

---

① 弱量化短语与**强量化短语**对应，是由密尔沙克（Milsark）在 1977 年提出的。前者包括含有不定冠词 a（一个）、数词 three（三个）、表存在的 some（某个/一些）、表数量的 many（很多）、few（很少）等的名词短语，后者包括含有 every（每个）、most（大部分）、all（所有的）、no（无/没有）等的名词短语。只有弱量化短语才可以出现在英语的**存在句**（existential sentence）中。

焦点映射到主体部分，而把剩余部分映射到限制部分。

赫尔玻格认为，不同于强量化名词短语，弱量化名词短语有三个不同的解释，一是和强量化名词短语一样的解释，是一个关系量词，有限制部分，由与 D 相连的名词短语提供，和（54a）中的情况相似；二是弱化的不定短语的意思，只有一个论元，即主体部分，没有限制部分，同时由存在算子约束；三是受焦点影响的解释，从句法上讲，它只有一个论元，即（54b）中的 VP，但是，从语义上讲，它是一个关系量词，由背景—焦点结构决定其相关的映射，背景映射到限制部分，焦点映射到主体部分。这第三个解释是赫尔玻格首先提出的。

从上面的讨论可以看出，D-量化的相关映射有三种不同的情况：强量化名词短语的映射只由句法结构决定，不受其他因素的影响，弱量化名词短语的相关解释也是一样，其相关的句法结构就是（53a）；除此之外，弱量化名词短语还有另外两个解释，存在量化的解释和受焦点影响的解释，两者的句法结构都是（53b），其映射只有主体部分，然而，受焦点影响的解释还可以作进一步的映射，由背景—焦点结构来决定，背景映射到限制部分，焦点映射到主体部分。

赫尔玻格还指出，弱量化名词短语的第三个解释，即受焦点影响的解释，只有在谓词是**状态性谓词**（stage-level predicate）时才可能出现；若谓词是**个体性谓词**（individual-level predicate）时就不可能出现。

阅 读 文 选

本章前面三节的内容主要参考了克里夫卡（Krifka，1995），相关的文献有帕蒂（Partee，1984）、坎普（Kamp，1981）等。第四节的部分内容来自李宝伦、潘海华（即出），相关的内容还可以参阅帕蒂（Partee，1991；1999）、鲁斯（Rooth，1985；1992）、德-施瓦尔特（de Swart，1991）、赫尔玻格（Herburger，1997；2000）、梵-芬特尔（von Fintel，1994）、梵-斯特仇（Stechow，1990）、罗博兹（Roberts，1995）、坎普（Kamp，1981）、海姆（Heim，1982）、刘易斯（Lewis，1975）、哈季婷娃、帕蒂和思篙（Hajičová，Partee & Sgall，1998）、狄辛（Diesing，1992）、蔡维天（Tsai，1994）等。

第十一章　可能世界与模态逻辑

　　本章先介绍可能世界的概念，然后利用这一概念来定义一个能够解释模态算子的模型，之后讨论能够解释模态算子和时态算子的模型，介绍自然语言中的情态问题以及将来时的重新定义问题。最后讨论时制悖论和非进行态悖论，并指出可能世界语义学较其他的语义学理论的优越之处。

第一节　可能世界的概念

　　在前面两章里，我们讨论了句子的语义表达依赖于时间的问题，即一个句子在不同的时点或时段上可以有不同的真值。在自然语言中，句子的语义表达还依赖于其所处的语境。如果句子陈述的是一个真实的事件，我们就会在**真实世界**（real/actual world）这个语境中评价该句子；如果是在一个寓言故事或非纪实性小说中，我们就不能在真实世界里评价该句子，而应该在**可能世界**（possible world）里评价它。例如，"龙会飞"相对于真实世界来评价，就取假值，因为在我们生活的这个世界里，根本就没有"龙"这种动物，它只不过是中国人创造出来的一种动物，即：在我们的思维世界里，我们确实承认有"龙"这种动物。如果不是相对于真实世界，而是相对于思维世界来评价"龙会飞"，我们就可以说该句子取真值。如果把思维世界看成是一种可能世界，就可以说该句子在某个可能世界里取真值。我们可以把真实世界也当做是可能世界中的一个，这样，我们就可以把句子解释的语境统称为可能世界的集合或者是它的某个子集了。

　　上面的例子说明句子的语义表达除了依赖于时间外，还依赖于可能世界。这样，用于解释句子的模型中就应该有一个可能世界的集合，记为 W。同时，我们用 w 表示某个可能世界，如：真实世界。我们把在所有的可能世界里都为真的句子叫做逻辑上为真的句子，简称**永真句**（logically true sentence 或者 tautology），而把在所有的可能世界里都为假的句子叫做逻辑上为假的句子，简称**矛盾句**（logically false sentence 或者 contradiction）。还有一种句子叫做**偶然句**（contingent sentence），它们在某些可能世界里为真，而在另一些可能世界里为假。例如，前面提到的句子"龙会飞"就是一个偶然句，它既不是在所有的可能世界里取真值，也不是在所有的可能世界里取假值。可以用下面的图示来表示偶然句中真假命题之间的关系：

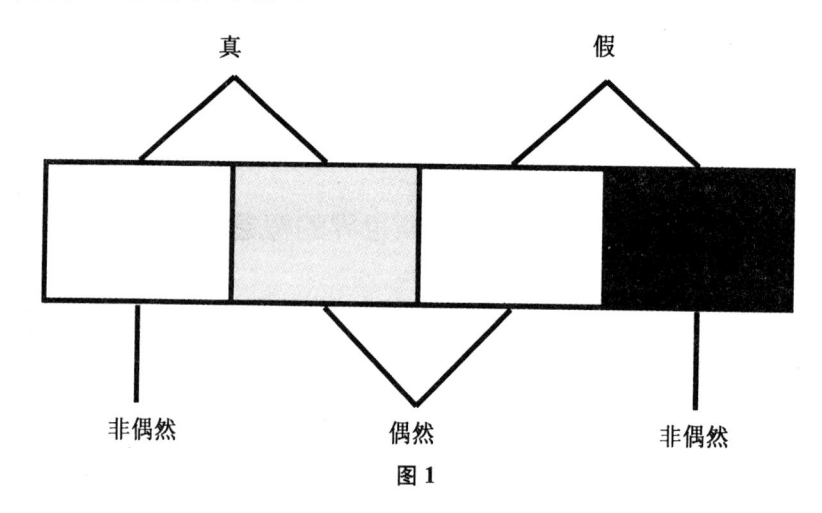

图 1

该图表明一个句子或命题如果是偶然句或命题的话，就可以取真假值，可是如果一个命题为非偶然命题的话，它就要么为真，要么为假，即它不可以在某些可能世界里为真，而在另一些可能世界里为假。上图最左边的长方形表示总取真值的命题之集合，而最右边的则是总取假值的命题之集合，注意这两个集合里的命题都是由非偶然句来表达的。图 1 中间的两个长方形表示偶然命题组成的集合。如果从永真命题、永假（或矛盾）命题以及可能命题的角度来看的话，我们就可以有下面的图示关系（见下页图 2）。

与图 1 一样，永真命题的集合是最左边的长方形，永远为假的命题之集合是最右边的长方形。可是可能为真的命题之集合和可能为假的命题之集合就有差别了，前者也包括最左边的长方形，后者则还包括最右边的长方形。这是因为永真命题蕴涵（entail）着其相应的命题可能为

必然真　　可能真

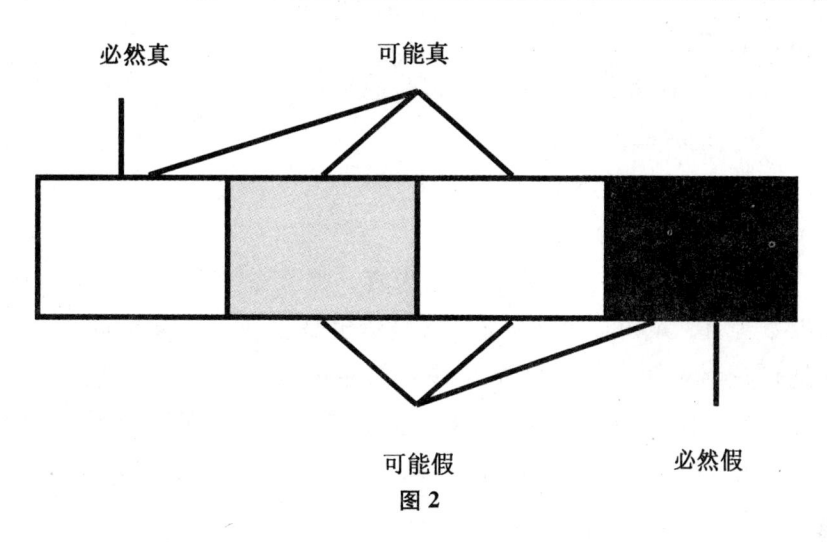

可能假　　必然假
图 2

真，同时永假命题也蕴涵其相应的命题可能为假。

第二节　一个新的模态逻辑模型

有了可能世界的概念，我们就可以定义一个新的模型 M = < A, W, F >。在这个模型中，我们暂时不加入时间参数，而先讨论可能世界对句子意义的影响。这样，我们就有与第九章中给出的一般解释规则（2b）相似的规则，唯一的不同是在第九章中的 t，在下面的（1）中被 w 所代替。

（1）$[\![\Psi(\beta)]\!]^{M,g,w} = [\![\Psi]\!]^{M,g,w}([\![\beta]\!]^{M,g,w})$

一　模态算子

在新的模型中，我们可以引入两个新算子 "□" 和 "◉" 并加入一条新的句法规则，如（2）所示，其中句子 □φ 表示 φ 一定为真，而 ◉φ 则表示 φ 可能为真。它们的语义解释规则在（3）中给出。

（2）如果 φ 是一个句子，那么 ◉φ 和 □φ 都是句子。

（3）a. 如果对于每一个 w' ∈ W，都有 $[\![\varphi]\!]^{w'} = 1$，则有
　　　　$[\![\Box\varphi]\!]^{w} = 1$

　　 b. 如果有一个 w' ∈ W，使 $[\![\varphi]\!]^{w'} = 1$，则有 $[\![\text{◉}\varphi]\!]^{w} = 1$

按照我们给出的定义，下面的推理逻辑式都成立：

(4) a. $\Box\varphi \to \varphi$

b. $\varphi \to \talloblong\varphi$

c. $\Box\varphi \Leftrightarrow \Box\Box\varphi$

d. $\talloblong\varphi \Leftrightarrow \Box\talloblong\varphi$

e. $\Box\varphi \Leftrightarrow \talloblong\Box\varphi$

(4a) 是说如果 $\Box\varphi$ 为真，即 φ 一定为真，那么 φ 当然为真。(4b) 表明如果 φ 为真，就可以推出 $\talloblong\varphi$。这当然也是正确的，因为 $\talloblong\varphi$ 为真的条件是有一个 w 使 φ 为真，而 (4b) 的左边是说 φ 为真，这样，当然存在着一个 w 使 φ 为真，所以，$\talloblong\varphi$ 为真的条件就得到了满足。同理，也可以推出 (4c) — (4e) 中的逻辑式都成立。另外，$\Box$ 和 $\talloblong$ 之间有 (5) 中给出的关系，这和 (6) 中的量词定律很相似。①

(5) a. $\Box\varphi \Leftrightarrow \sim \talloblong \sim \varphi$

b. $\talloblong\varphi \Leftrightarrow \sim \Box \sim \varphi$

(6) a. $\forall x\varphi \Leftrightarrow \sim \exists x \sim \varphi$

b. $\exists x\varphi \Leftrightarrow \sim \forall x \sim \varphi$

我们可以把"$\Box$"和"$\talloblong$"看成是作用于可能世界上的两个算子。假设在我们的对象语言中有变量 w, w' 等，同时，仿第九章引入一个关系 AT，其意义为：AT (w, φ) 表示句子 φ 在可能世界 w 中为真。这样，我们就可以重新定义"$\Box$"和"$\talloblong$"，如 (7) 所示。

(7) a. $\Box\varphi$: $\forall w[AT(w,\varphi)]$

b. $\talloblong\varphi$: $\exists w[AT(w,\varphi)]$

有了 (7) 中给出的定义，就可以很容易地推出 (5) 中给出的等价关系。例如，应用量词定律 (6a)，就可以得到 (5a)：$\Box\varphi = \forall w[AT(w, \varphi)] = \sim \exists w \sim [AT(w,\varphi)] = \sim \talloblong \sim \varphi$。同时，应用 (7) 中的定义以及量词定律也可以推出下面的逻辑式，这和第二章中给出的量词定律也十分相似。

(8) a. $\exists x\Box\varphi \Rightarrow \Box\exists x\varphi$ a' $\exists x\Box\varphi \not\Leftarrow \Box\exists x\varphi$

b. $\talloblong\forall x\varphi \Rightarrow \forall x\talloblong\varphi$ b' $\forall x\talloblong\varphi \not\Leftarrow \talloblong\forall x\varphi$

c. $\forall x\Box\varphi \Leftrightarrow \Box\forall x\varphi$ d. $\exists x\talloblong\varphi \Leftrightarrow \talloblong\exists x\varphi$

---

① 有关的量词定律，已在本书的第二章里提到过。

思考与练习一
利用（6）和（7）证明（8）中给出的等式或不等式成立。

二 模态算子的问题

虽然在我们的表达语言中（8c, d）都是正确的，可是把它们用于自然语言中就不一定总是正确的。例如，下面句子的语义表达对于（8c）的左右两边就不一定是一样的。这两个句子的语义表达在（10）中给出。

(9) a. 每个人都必须有一个名字。

    b. 每个人都必须接受身体检查。

(10) a. □∀x[有名字(x)]

    b. ∀x□[接受身体检查(x)]

在我们现有的表达语言中，（10a）和（10b）是等价的，即（8c）是成立的。可是，如果我们认真研究一下（9a）和（9b），就会发现它们的意义有所不同。（9a）适用于所有的人，已经存在于现实世界里的人，以后将会存在的人及不存在于现实世界但是存在于其他可能世界里的人。与（9a）不同，（9b）只适用于存在于现实世界中一组特定的人，这组人当然是由上下文来决定的。更重要的是，（9b）不适用于现在还不存在或不生活在现实世界里的人。然而，（9a）和（9b）的这种差别，按照现有的定义，是（10a）和（10b）所反映不出来的，这是因为在我们现有的表达系统中，它们两者是等价的。我们所需要的是（10a）应该作用于任何一个可能世界中所有的人，而（10b）只应该作用于现实世界中某个集合中所有的人。这样，（9a）和（9b）就应该表达成下面的（11a）和（11b）。

(11) a. 对于所有的 w，如果存在于 w 中所有的人使 φ 为真，则

    〖□∀xφ〗^{M,w,g} = 1

    b. 如果对于存在于 w 中所有的人，φ 一定为真，则

    〖∀x□φ〗^{M,w,g} = 1

三 可能的解决办法

有两种办法可以解决上文指出的问题：一是使用一个**存在谓词**（existence predicate) E，一是使用刘易斯（Lewis，1979）关于**仿本体**（counterpart）的概念。由于使用仿本体的方法比较复杂，且涉及一些哲学上的问题，这里只讨论使用存在谓词的方法。

假设对于一个可能世界 w，存在谓词 E 给出存在于该 w 里的所有个体，这样，就只需对一个世界中存在的个体进行操作。因此，得到下面的定义：

(12) a. $\forall x \Box \varphi = \forall x [E(x) \to \Box \varphi]$
     b. $\Box \forall x \varphi = \Box \forall x [E(x) \to \varphi]$
     c. $\exists x \Box \varphi = \exists x [E(x) \to \Box \varphi]$
     d. $\Box \exists x \varphi = \Box \exists x [E(x) \to \varphi]$

下面用一个例子来说明存在谓词是怎么样帮助我们解决前面提到的问题的。假设有如下模型及相关的赋值：

(13) $M = <A, F, W>, A = \{a, b, c, d\}, W = \{w_1, w_2\}$
     $F(w_1, E) = \{a, b, c\}, F(w_2, E) = \{a, b, c, d\}$
     $F(w_1, B) = \{a, b, c\}, F(w_2, B) = \{a, b, c\}$

就可以计算 $\forall x \Box \varphi$ 和 $\Box \forall x \varphi$ 的值，看看它们是否等价。在下面的计算中 φ 等于 B(x)，(14) 中给出了 $\forall x \Box \varphi$ 的计算过程：

(14) a. $[\![\forall x \Box B(x)]\!]^{M, w1, g} = 1$ iff
     b. $[\![\forall x [E(x) \to \Box B(x)]]\!]^{M, w1, g} = 1$ iff
     c. 对于每一个个体 $e \in A$，有
         $[\![[E(x) \to \Box B(x)]]\!]^{M, w1, g[e/x]} = 1$ iff
     d. $e \notin F(w_1, E)$ 或者
     e. 对于所有的 $w' \in W$，$[\![B(x)]\!]^{M, w', g[e/x]} = 1$ iff
     f. $e \in F(w', B)$

(14b) 是由 (14a) 按照 (12a) 推出的，(14c) 是把全称量词 $\forall x$ 去掉后得到的结果。(14c) 中的"g[e/x]"表示变量赋值函项 g 把个体 e 赋给变量 x。然后，根据"→"的语义解释，要想使整个条件式为真，要么前件 E(x) 为假，也就是 e 不在 F(w_1, E) 中，由此得出 (14d)；要么后件为真，也就是 □B(x) 取真值。把"□"的语义代入后，就得到了 (14e)。(14e) 为真的条件是 $e \in F(w', B)$，即 (14f)。

检查 (13) 中给出的模型，可以看出，当 e = d 时，(14d) 为真，

这样，(14c) 在 x = e = d 时为真。同时，当 e = a, b, c 时，有 e ∈ F (w_1, E)，在这种情况下，我们就必须证明对于每个 w' 来说，e ∈ F (w', B) 都为真，即 e 在 F (w_1, B) 之中也在 F (w_2, B) 之中。检查 (13) 我们知道个体 e = a, b, c 时这些 e 都在 F (w_1, B) 中，同时，这些 e 也都在 F (w_2, B) 中。这样，(14f) 就为真，即 (14e) 为真。因此，(14c) 为真，即 (14a) 为真。

现在来看看 $⟦□∀xB(x)⟧^{M,w1,g} = 1$ 是否成立，(15) 中给出了相应的推理过程，整个过程和 (14) 基本相似。

(15) a. $⟦□∀xB(x)⟧^{M,w1,g} = 1$ iff

b. $⟦□∀x[E(x)→B(x)]⟧^{M,w1,g} = 1$ iff

c. 对于所有的 w' ∈ W，

有 $⟦∀x[E(x)→B(x)]⟧^{M,w',g} = 1$ iff

d. 对于每一个个体 e ∈ A, $⟦E(x)→B(x)⟧^{M,w',g[e/x]} = 1$ iff

e. e ∉ F(w', E) 或者

f. e ∈ F(w', B)

(15b) 是由 (15a) 按照 (12b) 推出的，(15c) 是把作用于可能世界上的全称量词 "□" 去掉后得到的结果。(15d) 是去掉 ∀x 之后得到的结果。然后，根据 "→" 的语义解释，可以得到 (15e) 和 (15f)。即与 (14) 中的推导一样，要么前件 E(x) 为假，也就是 e 不在 F(w', E) 中（见 15e），要么后件为真，也就是 e 在 F(w', B) 中（见 15f）。

由于 (15) 中的计算要查看所有的可能世界，即 w_1 和 w_2，我们先看看当 w' = w_1 时的情况。检查 (13) 中给出的模型，可以看出，当 e = d, (15e) 为真，这样，(15d) 在 x = e = d 时为真。同时，当 e = a, b, c 时，这些个体 e 都在 F(w_1, B) 中，所以，当 w' = w_1 时，(15d) 为真。当 w' = w_2 时，A 中的所有个体都在 F(w', E) 中，这样，(15e) 不可能为真。我们就必须查看这些个体是否都在 F(w_2, B) 中。虽然 e = a, b, c 时，这些 e 都在 F(w_2, B) 中，但是当 e = d 时，e 不在 F(w_2, B) 中。所以，当 w' = w_2 时，并不是所有在 F(w', E) 中的 e 都能使 (15d) 为真，因此，(15c) 不能取真值，即 $⟦□∀xB(x)⟧^{M,w1,g} = 0$，也就是说它取假值。

比较 (14) 和 (15) 的计算结果，可以看出 $⟦∀x□B(x)⟧^{M,w1,g}$ 和

$〚\Box \forall xB(x)〛^{M,w_1,g}$ 并不取相同的值,所以,在新的定义中,$\forall x\Box\varphi$ 和 $\Box\forall x\varphi$ 并不等价,这正是我们想要得到的结果。

思考与练习二

假设有下面的模型 M = <A, W, F>,其中 A = {张三、李四、王五},W = {w_1, w_2},存在谓词 E 和谓词 B 如下:

F(E, w_1) = {李四、王五},F(E, w_2) = {张三、李四、王五}

F(B, w_1) = {李四、王五},F(B, w_2) = {李四、王五}

把下面的句子翻译成模态逻辑中的逻辑式,其中用 B 表示"是秃子",并计算所得到的逻辑式在 w_1 和 w_2 中的真值。

Every man is necessarily bald. (每个男人都一定是秃子。)[1]

第三节 时态逻辑与模态逻辑的统一

与第九章的时态逻辑相比,我们发现前面讨论的模态逻辑与之有相似之处:两者都是在某个**索引**(index)处评价一个句子的真值。前者是在一个时点或时段上评价,后者则是在一个可能世界里评价。时态算子 H/G 和模态算子 □ 都是对索引的全称量化,P/F (以及 P̲/F̲) 和 ◉ 则是对索引的存在量化。但是,它们之间还是有一点区别的。例如:H 对时间有一定的限制,即必须是所有过去的时点,可是 □ 对可能世界就没有什么限制。同样,P 限制时点在过去,◉ 则没有什么限制。

这两种系统间的相似之处使我们可以定义一个统一的系统。假设用 L 表示全称模态算子,用 M 表示存在模态算子,且用 R 表示索引间的**相关性关系**(accessibility relation),就可以定义下列一般语义规则:

(16) a. 对于所有的 i'∈I,当且仅当有 R(i, i'),$〚\varphi〛^{i'} = 1$ 时,才有 $〚L\varphi〛^i = 1$

　　 b. 当且仅当存在着一个 i'∈I,且有 R(i, i'),$〚\varphi〛^{i'} = 1$ 时,才有 $〚M\varphi〛^i = 1$

---

[1] 本书不讨论"都"的语义表达和解释,可参考的文献有林若望(Lin, 1996;1998)、黄师哲(1996)、蒋严(1998)和潘海华(2000)等。

(16) 中的 I 是索引的集合，R 是 I×I 的一个子集。如果是时态算子如过去时的时候，就有 L = H, M = P̲, I = T, R = <。如果是模态算子时，就有 L = □, M = ●, I = W, R = W×W。虽然在模态逻辑中每个可能世界都与所有其他的可能世界相关，但是在时态逻辑中的相关性关系"<"却不一定。实际上该关系不是**自返**（reflexive）的，所以，一般来讲，不可能有：Hφ⇒φ 或者 φ⇒Fφ，即：Hφ ≠ >φ, φ ≠ >F̲φ。然而，在模态逻辑中，相关性关系是自返的，所以有：□φ⇒φ, φ⇒●φ。

模态逻辑是研究相关性关系以及它们所支持的逻辑真理的。最著名的三个系统分别是"T"系统、"S4"系统和"S5"系统。在"T"系统中，R 具有自返性，在"S4"系统中，R 除了具有**自返性**（reflexivity）外，① 还具有**传递性**（transitivity）。② "S5"系统中的 R 除了具有 S4 系统中的特性之外，还具有**对称性**（symmetry）。③ 在该系统中，有：Mφ ⇒LMφ, MLφ⇒φ 等。我们前面讨论的具有算子 □ 和 ● 的系统很明显是属于"S5"系统的，因为它具有自返性、传递性和对称性。

第四节 自然语言中的情态

现在来看看自然语言中**情态**（modality）的问题。每个自然语言一般都含有很多表达模态的方法。最明显的一种就是使用"可能"或"一定"等表示猜测的副词。另一种是用能愿动词，如："必须"、"能够"、"大概"、"也许"、"会"等。还有就是一个词中含有"可"或"能"，如："可处理的"、"能解决的"。

从语义上看，我们可以把情态分成三种：**真势情态**（alethic modality）、**规范情态**（deontic modality，又叫道义情态）和**认识情态**（episte-

---

① 关系的自返性是指一个关系的两个项相同，如 aRa。如果一个形式系统的每个项都可以和它本身形成一个关系 R，就可以说该系统具有自返性。

② 关系的传递性是指下面这样一种特性：(aRb) & (bRc) ⇒aRc，即如果 a 和 b 及 b 和 c 都具有关系 R，就可以推出 a 和 c 也具有关系 R。如果一个形式系统具有上述特性，我们就说这个系统具有传递性。

③ 关系的对称性是指下面这样一种特性：aRb⇒bRa，即如果 a 和 b 具有关系 R，就可以推出 b 和 a 也具有关系 R。如果一个形式系统具有上述特性，我们就说这个系统具有对称性。

mic modality）。真势情态就是前面已经讨论过的含有□和●算子的系统。由于这两个算子的判断是从所有可能世界的角度来进行的，所以，我们又把这种情态叫做逻辑情态。下面我们来讨论一下规范情态和认识情态。

(17) a. 每个公民都必须投票。
　　　b. 每个公民都能投票。

句子（17）表达的不是从逻辑上讲的每个公民投票的可能性或必然性，而是根据某项法律，每个公民必须投票，或者具有投票的权利。由于是根据某种法律或者规范来评价相关的句子，所讨论的可能世界的集合就不包括所有的可能世界，而只包括那些不与相关的法律或规范相冲突的可能世界，也就是说在规范情态中讨论的集合是真势情态中讨论的集合的一个子集。这是因为在相应的集合中的可能世界都应该满足相关的规范。我们可用 L_d 和 M_d 分别表示规范情态中的必然性和可能性算子，用 R_d 表示相关性关系，对于每个 w，R_d 给出由所有满足 w 中规范的可能世界 w' 所组成的集合。(18) 中给出了上述两个算子的语义解释：

(18) a. 〚$L_d\varphi$〛^{w} = 1 iff $\forall$ w' $\in$ W[R_d(w,w') & 〚φ〛$^{w'}$ = 1]
　　　b. 〚$M_d\varphi$〛^{w} = 1 iff $\exists$ w' $\in$ W[R_d(w,w') & 〚φ〛$^{w'}$ = 1]

由于在现实世界里很多法律和规范都有违反的情况，所以，必然律在规范情态中不成立，即：$L_d\varphi \nvDash \varphi$。当然，我们也可以把上面定义的必然性算子看成是作用于一个特定集合上的函项，这个集合就是满足相关性关系 R_d 的所有可能世界的集合，这个集合也是克拉策尔（Kratzer, 1981）所说的**情态基集**（modal base）。在自然语言中，情态基集可以由下面画线部分的词组给出：

(19) a. <u>根据法律规定</u>，每个公民都必须/应该能投票。
　　　b. <u>按照惯例</u>，每个人都要给三十块钱。

认识情态是第三种情态，与规范情态一样，它也是只作用于可能世界的一个子集。与规范情态不同，认识情态作用的子集是与人的知识状态相关的，而不是与某种法律或社会规范有关。下面的句子说明这种情态的使用情况。

(20) a. （张三的书包已经不见了。）张三一定离开了。
　　　b. （张三离开了。）张三可能有约会。

第十一章 可能世界与模态逻辑

(20a) 中的"张三一定离开了"不同于"张三离开了"。前者是根据当前的知识所做的推理,而后者纯粹表示一个事实。前者不一定为真,因为张三的书包虽然不见了,他可能还没有走,即他可能还在,只是去办别的事了。当然,前者所表达的内容也可能为真。与后者相比,差别在于:后者一定为真,而前者则不一定总为真。同样,(20b) 中的"张三可能有约会"与"张三有约会"的不同也是一样的,因为离开的原因可以是多种多样的,例如他可能太累,回家休息了;也可能去买飞机票了。既然有着多种可能性,就很难说他有约会一定为真了。

从上面的讨论中可以看出(20)中的句子是根据当前的知识状态所作出的判断。因此,认识情态中所讨论的情态基集是一个含有所有与当前的知识状态相容的可能世界之集合。与规范情态一样,认识情态中的情态基集也是所有可能世界的一个子集。

若用 L_e 和 M_e 表示认识情态中的必然性与可能性,用 R_e 表示可能世界 w 与集合 W 之间的关系,W 是所有与我们知识相容的可能世界 w' 之集合,就可以用下面的定义来解释认识情态中的必然性与可能性。

(21) a. $[\![L_e\varphi]\!]^w = 1$ iff $\forall w' \in W[R_e(w,w') \& [\![\varphi]\!]^{w'} = 1]$
b. $[\![M_e\varphi]\!]^w = 1$ iff $\exists w' \in W[R_e(w,w') \& [\![\varphi]\!]^{w'} = 1]$

与规范情态一样,必然律在认识情态中也不成立,即:$L_e\varphi \mid \neq \varphi$。可以用词组"据我所知"、"据我们所掌握的证据"等来表达认识情态中的情态基集。

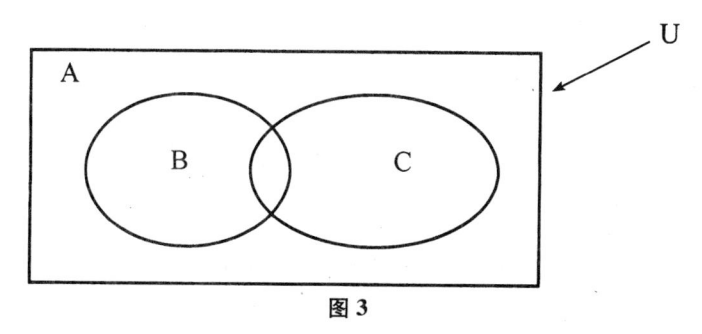

图 3

还可以用下面的图示来表示这三种情态中情态基集之间的关系,如图 3 所示。若用长方形 U 代表整个可能世界的集合,用圆 B 代表规范情态中的情态基集,椭圆 C 代表认识情态中的情态基集,那么 U – B – C 就是真实情态中的情态基集,用 A 表示。由于规范情态和认识情态有可能相关和相容，所以他们的情态基集 B 和 C 有可能重叠，当然也不一定肯定重叠。

从图 3 可以清楚地看出，在 B 和 C 中为真的命题不一定在 A 中为真，所以就很容易看出为什么必然律在认识情态和规范情态中不成立。例如"据我所知，张三吸烟"中的"张三吸烟"可能在 C 中一定为真，因为根据我对他的了解，他确实吸烟。可是如果由于某种原因，他戒了烟，而我很久没有见他了，所以不知道这个变化，这样我的知识状态就不包括他不吸烟的那些可能世界，它们在 C 之外而在 A 中。因此，在 A 中"张三吸烟"不成立，反之亦然。

第五节 含有时态和模态算子的新模型

到此为止，我们用不同的表达语言讨论了时态和模态算子的问题，然而，在自然语言中这两种算子可以同时出现在一个句子中，如下面的句子所示：

（22）张三明天应该会去学校。

（23）可能正在下雨。

（24）可能他会得奖。

因此，应该设计一种表达语言来处理同时含有这两种算子的句子。可以假设这样一个模型，其中有一个表示时间的集合 T 和一个表示可能世界的集合 W，记为 M = <A, W, T, <, F>。这样，就可以相对于一个可能世界 w 和一个时间 t 来评价一个表达式 β，记为 $[\![β]\!]^{M,w,t,g}$。

该模型中的 F 是一个从常量及时间和可能世界的有序偶到语义实体的函项，记为：$F(β, <w_1, t_2>)$，其定义如下：

如果 β 是一个个体常量，则有 $F(β, <w_1, t_2>) \in A$；

如果 β 是一个一元谓词常量，则有 $F(β, <w_1, t_2>) \subseteq A$；

如果 β 是一个二元谓词常量，则有 $F(β, <w_1, t_2>) \subseteq A \times A$；

如果 β 是一个三元谓词常量，则有 $F(β, <w_1, t_2>) \subseteq A \times A \times A$。

如果 β 是一个 n 元谓词常量，则有 $F(β, <w_1, t_2>) \subseteq \underbrace{A \times A \cdots \times A}_{n 个}$。

(25)

```
w
│   <w₁,t₁>      <w₁,t₂>      <w₁,t₃>
│   <w₂,t₁>      <w₂,t₂>      <w₂,t₃>
│                                        → t
```

由于时间下标和可能世界下标正好组成一个**笛卡尔坐标**（Cartesian coordinate），① 如上图所示，所以利用这两个下标的语义学就被称为**坐标语义学**（coordinate semantics）。

在该系统中，有各种方式来解释时态和模态算子。如果我们只相对于时点来解释时态算子，也就是说时态算子可以在某个特定的可能世界里把时间往前或是往后移动，那么过去时算子 P̲ 和将来时算子 F̲ 就可以解释如下：

(26) a. $[\![P\varphi]\!]^{M,w,t,g} = 1$ iff $\exists t' [t' \in T \& t' < t \& [\![\varphi]\!]^{M,w,t',g} = 1]$

b. $[\![F\varphi]\!]^{M,w,t,g} = 1$ iff $\exists t' [t' \in T \& t < t' \& [\![\varphi]\!]^{M,w,t',g} = 1]$

模态算子则可以看成是在某个特定的时点对可能世界的量化，这样，必然性算子□和可能性算子●就可以分别解释为：

(27) a. $[\![\Box\varphi]\!]^{M,w,t,g} = 1$ iff $\forall w' [w' \in W \& [\![\varphi]\!]^{M,w',t,g} = 1]$

b. $[\![\blacklozenge\varphi]\!]^{M,w,t,g} = 1$ iff $\exists w' [w' \in W \& [\![\varphi]\!]^{M,w',t,g} = 1]$

另一种解释办法则把模态算子看成是同时对可能世界和时间的量化。与前面的解释方法不同，这种方法把时态算子和模态算子看成是既依赖于可能世界，又依赖于时间的变量，其定义如下：

(28) $[\![\Box\varphi]\!]^{M,w,t,g} = 1$ iff $\forall w' \forall t' [w' \in W \& t' \in T \& [\![\varphi]\!]^{M,w',t',g} = 1]$

在下面的讨论中，我们选用（28）中给出的定义，即：**必然性**被解释成**必然总是**。在这样的系统中，下面的逻辑式成立：

(29) a. F̲φ → ●φ

b. P̲φ → ●φ

c. □φ → F̲φ

---

① 一个笛卡尔坐标是由我们在第二章中定义的笛卡尔积来确定的，即把笛卡尔积中所有的关系放在一个两维的平面上就可以得到一个笛卡尔坐标。

  d. $\Box\varphi \rightarrow \Box \underline{F}\varphi$

  e. $\underline{F}\Box\varphi \rightarrow \Box\varphi$

  有一点要注意的是（29c）到（29e）成立的条件是其模型中的时间没有起始点，也没有结束点，换句话说，就是（29c）到（29e）对于起始点和结束点之外的时点都成立，但是在这两个点上却不能成立。

  在上面讨论的模型中，可能世界被看成是相对独立的，每一个可能世界都有自己的时间，可以用（30）表示这种关系。

(30)

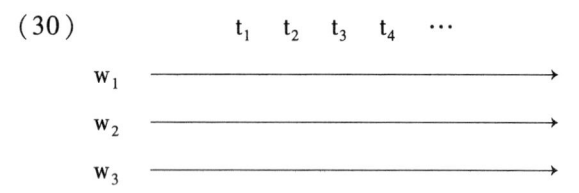

$$
\begin{array}{cccccc}
 & t_1 & t_2 & t_3 & t_4 & \cdots \\
w_1 & \longrightarrow & & & & \\
w_2 & \longrightarrow & & & & \\
w_3 & \longrightarrow & & & & \\
\end{array}
$$

  一个更复杂的但更现实的模型是：过去和将来存在着一个很基本的不对称，也就是说，过去是不可改变的，所以，它只有一种可能性，即实现了的可能性。可是将来则存在着多种可能性。这意味着对于任何一个给定的时点都只有一个唯一的、固定的过去，但是却有很多种可能的将来。我们可以用一组索引 I 来描述上述情况，该索引包括时间、可能世界以及作用于这组索引上的部分有序关系"<"，如（31）所示：

(31)

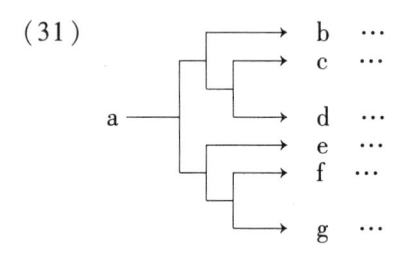

$$
a \longrightarrow \begin{cases} b \cdots \\ c \cdots \\ d \cdots \\ e \cdots \\ f \cdots \\ g \cdots \end{cases}
$$

  （31）表示一个事件的发展从时点 a 开始，其后续进程可能是分支 b，也可能是分支 d。同时分支 b 可能属于可能世界 w_1，而分支 d 属于可能世界 w_2。（31）只是一种描述将来多种可能性的方法，且是一种非常粗略的描述，我们也不必假设有一个相同的起始点。在这样的模型中，很容易定义过去时算子。假设 I 是一个索引集，"<"是该集合上的部分有序关系，我们就可以像先前那样定义过去时算子，如（32）所示：

  (32) $[\![\underline{P}\varphi]\!]^i = 1$ iff $\exists i'[i' \in I \ \& \ i' < i \ \& \ [\![\varphi]\!]^{i'} = 1]$

第六节 将来时的新定义

可是，怎么样定义将来时算子却不是很清楚。下面的定义显然不合适，因为用它来解释下面的句子（34）会给出不合适的意义。

（33）〚Fφ〛^{i} = 1 iff ∃i'[i' ∈ I & i < i' & 〚φ〛$^{i'}$ = 1]

（34）我会给你一百万美元。

如果把"会"解释成像英文中"will"那样的意义，即看成是一个将来时算子的话，按照（33）中给出的定义，（34）总为真；尽管我在某个时点还没给你钱，但是仍然存在着一个未来的时点我会给你钱。我就是永远不给你钱，该句子还是为真，因为总是存在着一个比我不给你钱的时点更后的时点可以使将来时算子为真。然而，自然语言中的"会"似乎要更强一点，即在不远的将来我会给你一百万。当然，我们并不是说（34）不含有（33）所包含的意义，其实，这种意义是完全可能的。例如，你用枪逼着我，让我给你一百万，我不得已说出（34）时，就不一定表示我肯定会给你一百万。我们可以把将来时算子的解释看作是相对于某个特定的时点或者是相对于任意一个在说话时点之后的时点。（33）中定义的是后一种意义。我们可以用（31）中给出的模型来看（33）中给出的定义。因为将来存在着多种可能性，而只有当某种可能性与我们生活的现实世界一致时，这种可能性才可能成为现实，所以，当我们解释将来时算子时，如果所选的参照点正好是成为现实的那一条线的话，我们用（33）解释（34）才合适；如果所选的参照点不是可能成为现实的那些线的话，用（33）解释（34）就不合适。这表明若要保证（34）为真，就应该把将来时定义为如（35）所示的那样。

（35）〚Fφ〛^{i} = 1 iff ∀i'[i' ∈ I→i < i' & ∃i"[i < i" & 〚φ〛$^{i"}$ = 1]]

（35）要求对于时点 i 之后每一个可能的将来发展线上的 i'，都有一个 i" 使 φ 为真。按照（35）中给出的定义，（34）为真的条件是你在未来的某个时点一定会得到一百万，也就是说（35）中定义的将来时算子包含着一种必然性在里面。虽然（35）中给出的定义可以恰当地表达句子（34）表达的一种意义，它却没有办法给出另一种意义，即你永远得不到那笔钱。句子（36）就具有这后一种意义。

（36）张三今年会毕业。

假设张三是一个好学生，到学期结束时，他会顺利地完成学业。可是，也完全可能今年他家里很忙，需要他帮忙，耽误了很多功课，而需要留级或者退学。同时也可能他刚刚赢了六合彩，而决定退学。在后面的两种情况下，（35）给出的将来时的定义就太严格了。假设（31）中的 f 和 g 分别对应于后面的两种情况，若我们用（35）中的定义来解释（36）中的"会"，所得到的语义表达就是（36）总取假值。这是因为（35）要求对于（31）中每一个可能性，即 b 到 g 中都应该有一个时点使（36）为真，可是，我们知道 f 和 g 这两条线上不存在一个时点使（36）为真，所以，（35）的要求就总也得不到满足，因此，（36）应该总是为假。然而，这和我们的语感有冲突。我们觉得在不是 f 和 g 的线上，即若现实世界的发展和 b 到 e 中的可能性相容时，（36）可能为真。也就是说我们的语感告诉我们（36）可能为真，也可能为假，可是，（35）给出的定义却总是使（36）在我们所假定的情况下取假值。因此，用（35）中定义的将来时来解释自然语言中的将来时算子还是有问题的。

我们若把与（36）的解释相关的可能世界分类的话，就可以得到两种情况。一种是使其为真的可能世界，一种是使其为假的可能世界。而使其为假的可能世界都有这样一个特点，即它们都不是通常解释（36）时所想到的情况。也就是说在通常情况下（36）应该取真值，而在非常情况下，它才取假值。因此，我们若把将来时定义为在通常情况下取真值，就可以得到（36）的正确语义。在下面的定义中，我们引入一个函项 N，它把一个索引映射到一个索引集合上。对于索引 i，N(i) 给出相对于 i 的所有在通常情况下可能的索引的集合。虽然我们不知道函项 N 的一般特性，可是，它具有（37）的特征。有了函项 N，就可以定义将来时算子了，（38）中给出了将来时的新定义。

（37）a. 对于所有的 $i, N(i) \neq \phi$

b. 对于所有的 i, i'：如果 $i' \in N(i)$，就有 $i < i'$。

c. 对于所有的 i, i', i''：如果 $i' \in N(i)$ 且 $i'' \in N(i')$，就有 $i'' \in N(i)$。

(38) 〚Fφ〛^{i} = 1 iff $\forall$ i'[i' $\in$ N(i)→〚φ〛$^{i'}$ = 1]

在该定义中我们把所有的可能世界一分为二：通常情况下的可能世界的集合和非常情况下的可能世界的集合。(38) 只要求在所有通常的可能世界里 φ 在 i 之后的某个 i' 取真值。至于在非常情况下 φ 取什么值我们不管。这样前面提到的有关（36）的情况就有可能取真值。

这种划分可能世界的方法只是一种可能性。有些句子的解释就需要把可能世界划分为与真实世界相容的可能世界的集合以及与真实世界不相容的可能世界的集合。例如，"张三吸烟"这个句子的解释就应该把可能世界分成两个部分：与真实世界相容的部分和与真实世界不相容的部分。在与真实世界相容的部分中评价该句子时，如果他确实在该世界里吸烟，则该句子取真值，否则就取假值。而在与真实世界不相容的部分里，该句子就取与前面相反的值。注意第一种划分里的通常情况不一定非是真实世界不可，它完全可以是人们想象的可能世界中的普遍情况。

上面两种划分可能世界的方法都是以一个可能性为基点，而另一个可能性则是对这个可能性的否定，即划分标准有某种依赖关系。当然，划分的标准也可以没有依赖性。在第八节中讨论条件句和**反事实句**（counterfactual）时，我们会给出一个这样的例子。

第七节 时制悖论和非进行态悖论

一 时制悖论

前面引入的有关将来时算子的定义可以帮助我们解释下面的明显对比。按照一般的理解，(39) 中给出的两个句子不可能同时为真，可是我们的语感告诉我们，它们是可以同时为真的。由于两者对比如此之大，所以被称做**时制悖论**（tense paradox）。

(39) a. 张三会毕业。[时间是 1 月 1 日]

b. 张三不会毕业。[时间是 1 月 2 日]

如果不使用新的定义而使用（33）中给出的定义，(39) 就可以有以下的语义表达，这里我们用 zs 代表张三。

(39) a' $[\![F(毕业(zs))]\!]^i = 1$ iff $\exists i'[i' \in I \& i < i' \&$
$[\![毕业(zs)]\!]^{i'} = 1]$

b' $[\![F(毕业(zs))]\!]^i = 0$ iff $\forall i'[i' \in I \& i < i' \&$
$[\![毕业(zs)]\!]^{i'} = 0]$

(39a')的意义是有一个i之后的时点使φ=毕业(zs)为真,而(39b)是说没有一个在i之后的时点使φ为真。从这两个语义表达来看我们知道(39a')和(39b')自相矛盾,两者不可能同时为真。可是我们的语感告诉我们(39a)和(39b)完全可以同时为真。

可是按照我们前面给出的新定义(38),(39a)就可以有如下的语义表达:

(40) a. $[\![\underline{F}(毕业(zs))]\!]^i = 1$ iff $\forall i'[i' \in N(i) \to [\![毕业(zs)]\!]^{i'} = 1]$

(40)是说i在所有通常情况下的可能继续中,都存在着一个i'使张三毕业为真。然而,也完全可能事情的实际发展进入某种非常情况i',且它在i之后,同时不属于N(i),而在i'之后所有正常的可能性N(i')中,都有一个时点i"属于N(i'),同时它使张三毕业为假,即(40b)。

(40) b. $[\![\underline{F}(毕业(zs))]\!]^{i'} = 0$ iff $\forall i''[i'' \in N(i')$
$\to [\![毕业(zs)]\!]^{i''} = 0]$

在我们给出的例子中,i是1月1日,i'是1月2日。也就是通常情况下可能世界的继续是相对于某个时点来说的。如果该点取在使句子为真的可能世界里,其正常的发展就会使该句子为真。然而,如果该点取在使句子为假的可能世界里,其正常的发展就会使该句子为假。关键在于不同点的选择,以及每一个点的通常可能性的集合不一定相同,因此,就有同样的将来时的句子可以同时取真假值,尽管是在不同的可能世界里取真假值。如果不引入通常情况算子N,我们就不可能解释为什么(39)中的句子都可以为真。注意(40b)中给出的语义表达也允许张三在i'的非常情况下毕业,即对于每个时点都有正常和非常情况之分,如图4所示。由于将来的每一个时点都存在着这样的可能性,所以图4可以是无穷无尽的。

第十一章 可能世界与模态逻辑

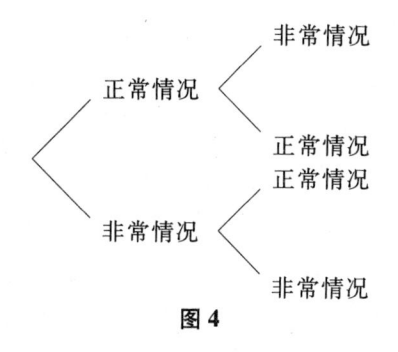

```
                    非常情况
        正常情况 <
                    正常情况
                <   正常情况
        非常情况 <
                    非常情况
```

图 4

二 非完成态悖论

与时制悖论相似的是道蒂（Dowty, 1972; 1979）所讨论的"**非完成态悖论**（Imperfective Paradox）"；这种现象最早由亚里士多德发现。我们在前面一章里讨论进行态的语义表达时已经提到了这种现象以及解决的办法，只是由于技术上的原因，而没有详细讨论。该现象可以用英语的进行态来展现；注意英语的进行态含有某种将来时的意味。

(41) John was crossing the street when he was hit by a truck.

（直译：约翰被卡车撞了的时候，他正在过马路。）

尽管 John 没有穿过那条街，(41) 中的句子 "John was crossing the street" 还是可以为真的，也就是说其对应的完成态的句子 "John crossed the street" 可能为假。所以下面的两个句子可以同时为真：

(42) a. John was crossing the street.

（过去的某个时点，约翰在过马路。）

b. John did not cross the street.

（约翰没有穿过那条马路。）

如果使用前面一章中给出的有关进行态的定义来表达 Prog，用 I 表示所有时点的集合，就可以得到(42)中句子的语义表达如下：

(43) a. $[\![P(Prog(cross\_the\_street(j)))]\!]^i = 1$

iff $\exists i'[i' < i \ \& \ \exists k[i' \in k \ \& [\![cross\_the\_street(j)]\!]^k = 1]]$

b. $[\![\sim P(cross\_the\_street(j))]\!]^i = 1$

iff $\sim \exists k[k < i \ \& \ k \subseteq I \ \& [\![cross\_the\_street(j)]\!]^k = 1]$

（43a）是说如果存在着一个在 i 之前的时点 i'，同时存在着一个包含 i' 的时段 k，能使句子"cross_the_street（j）"为真，（42a）就可以取真值。（43b）的意义是：如果不存在一个在 i 之前的时段 k 能使句子"cross_the_street（j）"为真，即如果"cross_the_street（j）"取假值，（42b）就为真。显然，我们不可能找到同一个时段 k 使"cross_the_street（j）"同时取真假两值，这就是为什么我们说是"**非完成**态悖论"的原因。也就是说按照（43）中的语义表达，（43a）和（43b）不可能同时为真。然而我们的语感告诉我们像（39）一样（42）中的两个句子都可能为真。问题出在什么地方呢？关键在于（42）中的两个句子是在不同的可能世界里取真值。如果我们能够区分这两个不同的可能世界，就可以解释为什么（42）中的两个句子可以同时为真。

道蒂是用**时段语义学**（Interval Semantics）的方法来解释（42）中的对比的。不同的时段可以有一个相同的起始点，不同的结束点，即时间可以是分叉的，如图 5 所示。

同时我们引入前面讨论的"正常情况下"算子 N。在使用这个算子后，新的"进行态"的语义表达如下：

(44) 〖Progφ〗^{i} = 1 iff ∀i'[i' ∈ N(i) → ∃j[i' ∈ j & 〖φ〗^{j} = 1]]

该定义的关键在于使用了算子 N，这样，尽管我们不可以找到同一个时段 k 使（42a）和（42b）同时为真，可是，我们可以找到不同的时段 k 和 k'，它们分别使（42a）和（42b）为真。有了（44），（42a）就可以表达成下面的（45）：

(45) 〖P(Prog(cross_the_street(j)))〗^{i} = 1
   iff ∃i'[i' < i & ∀i"[i" ∈ N(i') → ∃k[i" ∈ k
       & 〖cross_the-street(j)〗^{k} = 1]]]

使（42a）为真的时段 k 一定是该句子在正常情况下的时间轨迹，而使（42b）为真的时段 k' 则是该句子在非正常情况下的时间轨迹。这就可以解释为什么（42）中的两个句子都可以为真。我们可以用下面的图 5 表示进行态这种语义解释的情况，黑线部分代表正常情况下的时间轨迹，而虚线部分则代表非正常情况下的时间轨迹。

第十一章　可能世界与模态逻辑　　　　　　　　　　　　　321

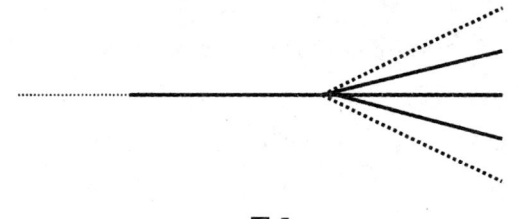

图 5

第八节　条件句

一　真实条件句

自然语言中最具挑战性的语义结构之一是条件句。我们知道命题逻辑中的条件蕴涵"→"用于处理自然语言中的条件句时很成问题，例如：我们若把（46b）分析成条件蕴涵"→"，即使我们不把盐放进水里时，它也会自动取真值，这是因为"→"的语义解释是，若前件为假，整个条件句就为真。

（46）a. 如果张三没有自行车，他会走路去学校。
　　　　b. 如果把盐放进水里，就会溶解。

上面的例子说明，我们可以用"→"把一个取假值的句子 φ 和一个取真值的句子 Ψ 联结起来，而组成一个取真值的条件句，尽管这两个句子之间没有任何直接的关系。例如：假设句子 φ 为 "$2+2=5$"，句子 Ψ 为"月亮是圆的"，则有"如果 $2+2=5$，则月亮是圆的"。我们所得到的条件句一定为真，可是我们看不出其前件和后件之间有任何关系。下面在命题逻辑中永为真的逻辑式，在自然语言中就不一定成立。

（47）a. $\vdash (\varphi \to \Psi) \vee (\Psi \to \varphi)$
　　　　b. $\vdash (\varphi \to (\Psi \to \varphi))$
　　　　c. $\vdash \sim \varphi \to (\varphi \to \Psi)$

我们可以用范氏图（Venn's diagram）来表示上述逻辑式的值都是 1，即灰色覆盖整个长方形（见图 6c）。图 6 中的圆表示 φ，椭圆表示 Ψ。图 6a 中只有圆的非灰色部分使条件式 $\varphi \to \Psi$ 取假值，而 6b 中只有椭圆的非灰色部分使 $\Psi \to \varphi$ 取假值，其余的部分都使相应的逻辑式取真值。这是因为条件式等价于 $\sim \varphi \vee \Psi$，即前件的补集总使该条件式为真，同时条件式前件和后件的交集也使其为真。也就是说从前件的集合中除去它和后件相交的部分就是条件式取假值的部分，即圆（6a）和椭圆（6b）的非灰色部分。6c 中给出这个两个条件式组成的析取式的结果，即它在整个长方形中都取真值，这是因为当 6a 部分取假值的时候，6b 部分却取真值，反之亦然。由于析取只要求其中的一个为真，所以 6c 中表达的析取式总为真，即（47a）成立，也就是它总为真。

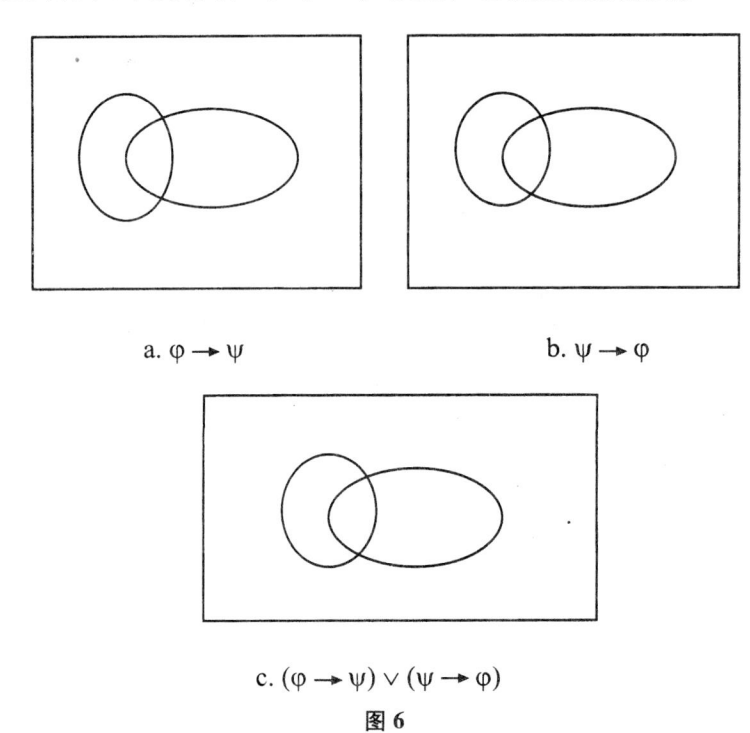

a. $\varphi \rightarrow \psi$　　　　　　　　b. $\psi \rightarrow \varphi$

c. $(\varphi \rightarrow \psi) \vee (\psi \rightarrow \varphi)$

图 6

由于一元谓词逻辑中的**实质蕴涵**（material implication）"→"与自然语言中的条件句表现不一样，所以就被称为**实质蕴涵悖论**（paradoxes of material implication）。由于实质蕴涵"→"用于解释自然语言的条件句似乎限制太宽，所以就应该把限制变得更严格一些。

一种可能的解决办法就是把模态算子加入到条件句的语义表达中去，这样条件句就表示相对于模态和可能世界的一种必然性了，如图 7 所示：

（48）□[$\varphi \rightarrow \Psi$] iff 在所有相关的可能世界 w 中有：$\varphi \rightarrow \Psi$

事实上，与（47）中给出的逻辑式相对应的模态逻辑中的逻辑式，如（49）所示，并不成立：

第十一章 可能世界与模态逻辑

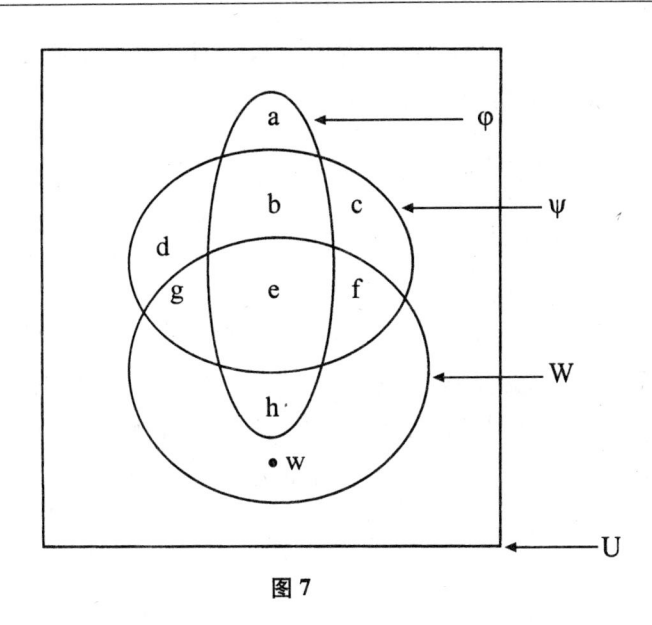

图 7

(49) a. ⊢ ☐(φ→Ψ) ∨ ☐(Ψ→φ)
     b. ⊢ ☐(φ→☐(Ψ→φ))
     c. ⊢ ☐(~φ→☐(φ→Ψ))

我们可以用范氏图来表示（49a），注意含有模态算子的逻辑式依赖于相关性条件，即只有与可能世界 w 相关的世界才在考虑的范围之内，这样，我们所考虑的基本集合就不是长方形 U，而是 φ 和 Ψ 及某个以 w 为中心的叫做**相关世界**（accessible world）的集合 W 的并集，如图 7 所示。在图 7 中我们分别用 a、b、c、d、e、f、g、h 和 w 来表示由三个集合 φ、Ψ 和 W 相交所分出来的各个小部分。注意 φ 的补集可以是只相对于 W 的，也可以是相对于 W 和 Ψ 的。如果只相对于 W，使 φ→Ψ 为真的集合是 w、g 和 f 的并集，再加上 φ 和 Ψ 在 W 中的交集 e。如果求补时考虑到 Ψ，那么使 φ→Ψ 为真的集合是 w、f、g、d 和 c 的并集，再加上 φ 和 Ψ 的交集 e+b。这样，就有下面的（50），它给出了使 ☐(φ→Ψ) 为真的集合。同时（51）中给出了使 ☐(Ψ→φ) 为真的集合。

(50) a. w+f+g+e   （只相对于 W 进行运算）
     b. w+f+g+d+c+e+b   （相对于 W 和 Ψ）
(51) a. w+h+b+e   （只相对于 W 进行运算）
     b. w+h+a+b+e   （相对于 W 和 φ）

把（50a）和（51a）及（50b）和（51b）分别加起来就可以得到使（49a）为真的集合，如下所示：

(52) a. w+f+g+h+b+e = W+b（只相对于 W 进行运算）

　　b. w+f+g+h+d+c+e+b+a = W+Ψ+φ

　　　（相对于 W 和 Ψ 或者 φ）

从（52）中的结果可以看出不论是使用哪一种补集运算，使（49a）为真的集合都不会大于 W、φ 和 Ψ 的并集。如果用（52a）作为结果，我们可以说（49a）在（52a）之外的集合里都取假值，所以（49a）不成立。如果用（52b）作为结果，虽然（49a）在 W、φ 和 Ψ 并集的范围内成立，但是我们还是可以说它在这个并集之外并不成立。因此，我们可以说（49a）不成立。

思考与练习三

利用范氏图的方法证明（47b）和（47c）成立，但是（49b）和（49c）不一定成立。

二　反事实条件句

上面讨论的是**真实条件句**（indicative conditional），它们的前件和后件都可以为真。还有一种条件句叫做反事实条件句，这种条件句的前件一定为假，即它们的前件表达的是一种**虚拟状态**（subjunctive mood）。由于这些原因，这种条件句又叫做**反事实条件句**（counterfactual conditional，简称**反事实句** counterfactual）。

(53) a. If Nixon had won the 1960 elections, Kennedy would not have been assassinated.

　　（要是尼克松赢了1960年的总统大选，肯尼迪就不会被刺杀了。）

　　b. If kangaroos had no tails, they would topple over.

　　（要是袋鼠没有尾巴，就会栽跟头。）

如果用（48）中给出的办法来解释（53）的句子，可能会有问题，因为我们完全可以想象出这样的可能世界，其中袋鼠确实没有尾巴，可是它们拄着拐杖走路，这样就不会摔倒或者栽跟头。因此，在这些可能世界里（53b）就为假。由于我们用（48）解释（53b），所以就要求（53b）在所有相关的可能世界里前件 φ = kangaroos have no tails 为真时，后件 Ψ = they would topple over 也同时为真。由于袋鼠在没有尾巴但是拄着拐杖走路的情况下还是一个相关的可能世界，所以，我们知道至少存在一种情况使 φ→Ψ 为假，所以 □[φ→Ψ] 就总取假值。然而，这种解释和我们的语感有冲突。至少我们认为在所有与 φ 相容，且不具有使 Ψ 为假（或者说尽可能与真实世界相似）的可能世界中（53b）可以为真。

一种解决的办法是用下面的定义来解释反事实句，这种办法由刘易斯（Lewis, 1973）提出，克拉策尔在其后续的几篇文章（如 Kratzer, 1981）中作了进一步的改进。

假设能够判断一个可能世界 w' 比另一个可能世界 w" 与 w 更相似，当然，我们并不能对所有的可能世界作出判断，例如两个可能世界可能会不可比较。但是，只要有一个部分有序关系就可以了。假设这个部分有序关系为 $<_w$，它表示与可能世界 w 的相似度，例如 $w' <_w w"$ 就表示 w' 与 w 的相似度小于 w" 与 w 的相似度，这样，就可以用下面的 (54) 来解释 (53b)。

(54) $[\![\text{If } \varphi \text{ then } \Psi]\!]^w = 1$
   iff $\forall w'[[\![\varphi]\!]^{w'} = 1 \ \& \ \forall w"[w" \neq w \ \& \ w" <_w w' \ \&$
            $[\![\varphi]\!]^{w"} = 0] \ \& \ [\![\Psi]\!]^{w'} = 1]$

(54) 中用到的一个重要概念是"相似性"（similarity）。(54) 的意思是说，对于每一个使 φ 为真的可能世界 w' 来说，下面的两个条件应该得到满足：(a) 后件 Ψ 在 w' 中为真，且 (b) 每一个不比 w' 与 w 更相似的 w" 使 φ 为假。(54) 的重点是所有与 w 很相似的 w' 都使 φ 为真，而与 w 不是那么相似的 w" 都使 φ 取假值。这样，只要那些和 w 很相似的可能世界都使 φ 和 Ψ 同时为真，我们就说 (53b) 为真。因此，我们可以说袋鼠拄拐杖走路的可能世界是不与 w 很相似的可能世界，这样，它们就不会影响 (53b) 的真值了。

(53) 中的句子表明仅仅说反事实句（或条件句）依赖于可能世界是不够的，还必须说在这些可能世界里存在着一定的结构，有一些可能世界和真实世界很相似，有些则不那么相似，即与真实世界的相似程度有一个强弱的问题。

虽然前面对可能世界的划分是依赖于一个特定的可能世界,如真实世界,可是有关反事实句中前件部分强化的例子如(55)就说明,可以使用多于一个的可能世界作为参照点,好像有两个极点似的。一个是使句子为真的参照点 w',一个是使句子为假的参照点 w"。如果我们讨论的句子与 w' 更相似的话,该句子就为真,反之,如果该句子与 w" 更相似的话,它就取假值,如图 8 所示。

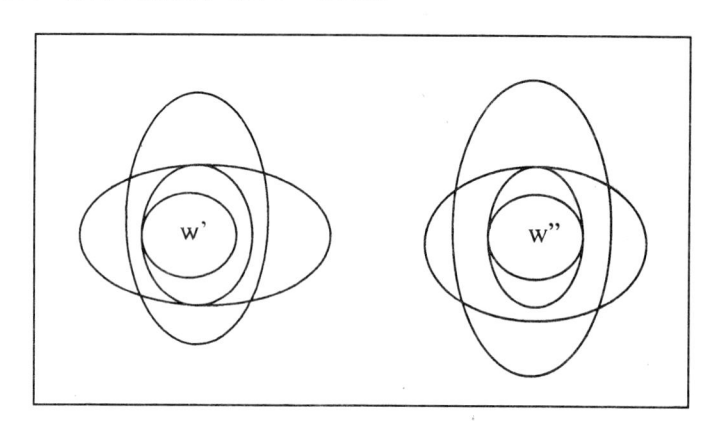

图 8

(55) a. If I had struck this match, it would have lit.
(要是我擦了一下这根火柴,它可能已经着了。)

b. If I had struck this match and it had been wet, it would not have lit.
(要是我擦了一下这根火柴,但它是湿的,那它也不可能点着。)

c. If I had struck this match and it had been wet and I had previously coated it with paraffin, it would have lit.
(要是我擦了一下这根火柴,它虽是湿的,然而之前我把它裹上 paraffin,那它还是可能点着。)

d. If I had struck this match and it had been wet and I had previously coated it with paraffin and the paraffin had in the meantime all worn off, it would not have lit.
(要是我擦了一下这根湿火柴,之前我虽把它裹上 paraf-

fin，可是那 paraffin 当时全掉了，那这根火柴还是可能点不着。）

有了两个参照点之后，就很容易解释为什么（55）中的句子会随着前件的加强有时候取真值，有时候却取假值。例如（55a）的后件在其前件为真时可以为真，而（55b）的后件是（55a）中后件的否定，它在其前件为真时也可以为真。这里的关键是命题 φ = it would have lit，它有时为真，有时为假，如在（55a）和（55c）中为真，而在（55b）和（55d）中为假。我们可以说使 φ 取真值的条件是其相应的前件与 w' 更相似，而使 φ 取假值的条件是其相应的前件与 w" 更相似。例如（55b）的前件中加入了"it had been wet"就使该前件更接近于 w"，所以，φ 取假值。而当到（55c）时，"I had previously coated it with paraffin"的加入又使该前件更接近于 w'，这样，φ 就取真值。

由于我们不一定知道（55）中句子的前件一定和真实世界相似，所以，与帕蒂等文献中的讨论不一样，我们认为提出有两个不同的参照点比说是相对于真实世界来评价这些句子要好一些。可以用图示的方法表示上面的两个极点，如图8所示。图8中所有包含 w' 的集合都使 φ 为真，而所有包含 w" 的集合都使 φ 为假。也就是说反事实条件句前件的加强是否使后件为真取决于加强之后的可能世界的集合是更接近于 w' 还是更接近于 w"。如果更接近于前者 φ 就为真，但是如果更接近于后者 φ 就取假值。用了这样的模型和方法，我们就可以很清楚地解释为什么（55）中的句子都可以为真。注意（55b）和（55d）中的后件是 φ 的否定，即 ~φ，所以，尽管我们前面说 φ 取假值，（55b）和（55d）的后件还是取真值，因为有 ~φ = 1。因此，（55）中的句子都可以为真。

第九节 可能世界语义学的优越性

除了前面小节里提到的在处理反事实条件句时利用可能世界作为表达方式的形式语义学比以前的语义学有很明显的优越之处外，可能世界语义学在处理问句及其回答的关系上、处理含有内涵算子的句子特别是命题态度句上、处理语用学中的预设及话语篇章对句子意义的解释等问题上都有独到的见解。由于篇幅有限,这里我们只讨论可能世界语义学在处理并列结构时的优点,在下一章里我们还会讨论含有内涵算子的句子之语义表达。

在处理并列结构时,可能世界语义学非常简单明了,并不需要求助于某种句法结构或者语义结构。

(56) a. John and Bill are intelligent.
(约翰和比尔都很有智慧。)

b. John is intelligent and Bill is intelligent.
(约翰很有智慧,比尔也很有智慧。)

c. John is intelligent.
(约翰很有智慧。)

d. Bill is intelligent.
(比尔很有智慧。)

从句法的角度看,句子(56b)是(56c)和(56d)的合取,但是(56a)却不是。然而从语义的角度来看,(56a)应该和(56b)一样都是(56c)和(56d)的合取。如果我们用可能世界来表达命题的话,就会非常明确、清楚,这是因为(56a)和(56b)都挑选出同样的可能世界的集合,该集合是(56c)和(56d)所选取的集合之交集。虽然我们可以用规则对应的方法使(56a)具有(56b)的语义结构,但是仅仅只使用可能世界的方法要简单一些,它不需要一个中间的表达层次。就像小学算术一样,数字5既可以是加法的结果(1+4),也可以是减法的结果(7-2)。就是都用加法也不一定总是使用数字1和4,例如可以用2和3,还可以用0和5。另外还可以使用乘法,如1×5。所以,使用语义结构和可能世界之集合来表示一个命题有着重要的不同。

如果使用语义结构来表示A是B和C的合取,A中就必须提到B和C,并用一个合取符号把它们联结起来。然而,如果用可能世界的集合来表示的话,A就只需要和B和C的交集一样大,其中并不需要提到B和C。

上图中A是带灰影的小方框,它表示(56)中并列结构的可能世界集合,集合B、C、E和F则都包括A。要想得到A,可以用四个集合B、C、E和F的任何两个,而不需要只依赖于B和C,这在语义结构的

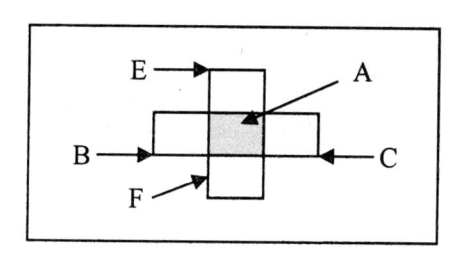

图 9

表达中是不可能的。

因此,使用可能世界来表达并列结构的意义就使我们的解释工作变得非常简单。

有关可能世界语义学在处理命题态度句等包括内涵算子的情况,我们将在下一章中讨论。至于前面提到的可能世界语义学的其他几种优越性,读者可以参阅帕蒂(1987)及下面阅读文选中给出的书目和文章。

阅 读 文 选

本章的内容主要参考了道蒂等(Dowty et al.,1981)、克里夫卡(Krifka,1995)、坎恩(Cann,1995)、帕蒂(Partee,1987)等。有兴趣的读者可以进一步阅读上述文献,还可以参阅刘易斯(Lewis,1979)、帕蒂(Partee,1990)、邹崇理(1995)以及莱平(Lappin,1996)中的相关文章。

第十二章 内涵逻辑与命题态度

本章讨论内涵逻辑以及**命题态度**（propositional attitude）的问题，先介绍内涵逻辑中的一些基本概念和名词词组的涉实、涉名解释，然后介绍蒙太格的内涵逻辑和一种替代它的理论，该理论对蒙太格的理论有所改进，使我们可以直接对索引进行运算，最后介绍命题态度的问题和名词词组的涉己解释，指出处理命题态度的技术方法中的一些问题，并讨论如何解决这些问题。

第一节 组合性原则与替换定律

时间和可能世界在我们形式模型中的引入促使我们重新考虑一个最基本的问题，即逻辑上等价的表达式的替换能力问题。在没有模态算子的命题逻辑系统中，下面的替换过程成立：

(1) 如果命题 φ 和 Ψ 具有相同的真值，φ 出现在表达式 A = [⋯Ψ⋯] 中，同时 B = [⋯Ψ⋯] 是把 A 中 φ 用 Ψ 代替后得到的结果，那么 A 和 B 就具有相同的真值。

(1) 中给出的就是**等值代换原理**（substitution salva veritate = substitution under retention of the truth value），又叫**莱布尼兹定律**（Leibniz' law）。例如，如果 φ 和 Ψ 取相同的真值，那么 ~φ 和 ~Ψ 也取相同的真值。这一原理使我们可以把否定算子 "~" 看成是具有类型 <t, t> 的算子，其定义如下：

(2) a. 〖~〗= [0→1, 1→0]
    b. 〖~φ〗= 〖~〗(〖φ〗)

这样，我们就可以用〖~〗和〖φ〗来定义〖~φ〗，如 (2b) 所示。

然而，在有模态算子的系统中，(1) 中给出的原理就不一定成立。

例如，对于模态算子"□"来说，虽然 φ 和 Ψ 在某个可能世界里取相同的值，但这并不一定能够保证它们在所有的可能世界中都取相同的值，即□φ 和□Ψ 不一定具有相同的值。这是因为模态算子"□"作用于所有的可能世界，而我们的前提只是说 φ 和 Ψ 在一个可能世界里取相同的值。由于并不知道它们是否在其他的可能世界里取相同的值，所以，就不能说□φ 和□Ψ 也具有相同的值。由于"□"与否定算子不一样，就不可能把模态算子"□"也看成是具有类型 <t, t> 的算子，所以，就不可以把下面（3）中的定义重新改写成用〖□〗和〖φ〗来定义〖□φ〗的形式，即：〖□φ〗^{w} = 〖□〗^{w}（〖φ〗^{w}）不可能成立，或者说是下面的公式成立：〖□φ〗^{w} ≠ 〖□〗^{w}（〖φ〗^{w}）。

(3) 〖□φ〗^{w} = 1 iff ∀w'［〖φ〗$^{w'}$ = 1］

这些讨论说明在含有模态算子的形式系统中，必须放弃等值代换原理。下面自然语言的实例也表明等值代换原理在有模态算子的系统中不成立。

(4) 二加二**必然**等于四。
　　"二加二等于四"与"北京是中国的首都"都为真。
　　|--/--北京**必然**是中国的首都。

(4) 中有一个必然性算子，它表明上述推理不成立。这是因为尽管"二加二等于四"在所有的可能世界里都为真，但是，"北京是中国的首都"只是在一定的可能世界里为真，即：它并不是在所有的世界里为真。因此，"二加二等于四"与"北京是中国的首都"都为真并不表明它们两者必然都为真，所以，（4）中给出的结论不能成立。

第二节　弗雷格的所指与含义理论

具有相同真值的表达式不一定能相互替换，这最早是由德国哲学家弗雷格发现的（Frege, 1892）。他给出的例子是有关"晨星"（the morning star）和"暮星"（the evening star）的。现在我们都知道这两颗星指向同一个物体"金星"。虽然我们会接受下面（5）中的推理，但是，我们不会接受（6）和（7）中给出的推理。

(5) 晨星是一颗行星。

晨星 = 暮星
⊢ = 暮星是一颗行星。

(6) 巴比伦人相信晨星是一位女神。

晨星 = 暮星
⊢ --/--巴比伦人相信暮星是一位女神。

(7) 必然地，晨星 = 晨星

晨星 = 暮星
⊢ --/--必然地，晨星 = 暮星

由于巴比伦人并不知道暮星就是晨星，所以，尽管他们相信晨星是一位女神，可是他们不一定相信暮星也是一位女神。

弗雷格把一个表达式的意义分为两个方面，一是其**涵义**（sense），一是其意义，后者通常都被翻译为**所指**（reference 或 nominatum）。例如，尽管晨星和暮星的所指都是金星，可是它们有着不同的涵义。同理，虽然"二加二等于四"与"北京是中国的首都"的所指都是真值 1，但是，它们的涵义却完全不同。

这些例子表明等值代换原理只适用于那些不要求涵义相同的语境。费雷格把适合于等值代换原理的语境叫做"**偶**"结构（even context），而把不适合的叫做"**奇**"结构（odd context）。这样，(8a) 中给出的是偶结构，而 (8b) 中给出的则是奇结构。

(8) a. [　] 是一颗行星。

　　b. 必然地，[　]；

　　　张三相信 [　]。

卡尔纳普（Carnap, 1947）用**外延**（extension）表示**所指**（reference），用**内涵**（intension）表示**涵义**（sense）；奎因（Quine, 1960）用**显性结构**（transparent context）指偶结构，用**隐性结构**（opaque context）指奇结构。我们在 (9) 中给出了自然语言中几种可能的隐性结构：

(9) a. 含有模态算子的表达式

　　b. **信念语境** [belief context, 也叫**命题态度**（propositional attitude）]

　　c. 表达**意念**（intention）的隐性解释动词，如："寻找"（seek, look for）、"想/要"（want）等

  d. 隐性形容词：以前的（former）、所谓的（alleged）等
  e. 引语（quotation）
  f. 间接引语（indirect speech）
  g. 时间指向（temporal designation）如"1487 年"、时制算子等

  有一点需要说明的是英文的 intention（意念）和内涵逻辑中使用的 intension（内涵）是两个完全不同的概念。前者与有意识、有目的等内容联系在一起，而后者则不同，它没有前者所带有的那些涵义，它只不过是内涵逻辑中的一个技术名词，是一个从可能世界到外延的函项。

第三节　名词的涉名与涉实解释

  句子（10a）中的有定名词词组"the prime minister（首相）"可以有两个不同的解释，如下面的（10b）和（10c）所示：

（10） a. John believes that the prime Minister of Great Britain resides at Downing Street No. 10.

    （约翰相信英国首相住在唐宁街十号。）

  b. that a certain person who happens to be the Prime Minister (Blair) lives at Downing Street No. 10.

    （……刚好是英国首相的某个人如布莱尔住在唐宁街十号。）

  c. that British prime ministers in general live at Downing Street No. 10.

    （……英国首相一般都住在唐宁街十号。）

  （10b）中的解释叫做有定名词词组的"**涉实**"解释（*de re* interpretation），（10c）中的解释叫做"**涉名**"解释（*de dicto* interpretation）。具有第一个解释的有定名词词组指向某个特定的人或实体，具有第二个解释的有定名词词组则不指向任何实体，而是指向一个概念，如"首相"。

  一般来讲，专有名词如人名和地名都可以有涉实解释，但是，在特定的情况下它们也有涉名解释，例如"张三喜欢张三"中的"张三"

就不一定总是解释成涉实的,该句子表示同一类的人喜欢同一类的人。第一人称和第二人称代词却必须解释成涉实的。

另外,具有涉实解释的有定名词词组指向的实体不一定非要存在于真实世界里不可,他/她/它完全可以存在于某个可能世界里。具有涉名解释的有定名词词组并不一定要有任何实体满足它所表达的特征,例如,在任何可能世界里都没有一个实体满足这一特征也没有关系。

具有第一个解释的有定名词词组允许等值替代原理的使用,如下所示:

(11) John believes that the Prime Minister of Great Britain resides at Downing Street 10.

(约翰相信英国首相住在唐宁街十号。)

Tony Blair is the Prime Minister. (东尼·布莱尔是首相。)
Hence, John believes that Tony Blair resides at Downing Street No. 10.

(所以,约翰相信东尼·布莱尔住在唐宁街十号。)

其他相关的例子有下面的(12)和(13),这些句子中的有定名词词组都具有两种不同的解释,即涉实和涉名解释,分别对应于(b)和(c)中的意思。

(12) a. In former times, the Pope supported the arts.

(从前,教皇支持过这些艺术。)

b. The person who is the Pope now supported the arts in former times. (现在的教皇过去支持过这些艺术。)

d. In former times, he, who was the Pope, supported the arts.

(从前的教皇支持过这些艺术。)

(13) a. Mary wants to marry a Swede.

(玛丽想嫁一个瑞典人。)

b. There is someone, who is a Swede, whom Mary wants to marry. (有一个瑞典人玛丽想嫁给他。)

c. Mary wants there to be a Swede and she marries him.

(玛丽希望有一个瑞典人她可以嫁。)

(12)中的有定名词词组"the Pope"和(13)中的无定名词级

"a Swede"都有两个解释。第一个解释（涉实）都是指向一个特定的人如"现在的教皇"和"玛丽昨天刚见的那个瑞典人"；第二个解释则是指任何一个具有该名词词组特征的人，如任何一个以前是教皇的人或任何一个瑞典人。

第四节 内涵与外延

卡尔纳普（Carnap，1947）提出在可能世界语义学中用下述方法来区分内涵和外延。一个表达式 β 的外延是它在可能世界 w 里的意义，记为 $[\![\beta]\!]^{M,w,g}$。而一个表达式 β 的内涵则包括它在不同的可能世界里的意义，它是一个从可能世界 w' 到 β 在可能世界 w' 里的意义之函项，我们用 $[\![\beta]\!]^{M,g}$ 表示该函项。若把该函项运用到一个可能世界 w 上，就可以得到它在给定可能世界的值，$[\![\beta]\!]^{M,g}(w) = [\![\beta]\!]^{M,w,g}$，即 β 在可能世界 w 里的意义。

表达式	外延	内涵
逻辑公式	真值	命题（从 W 到 {0, 1} 的函项）
个体项	集合 A 中的个体	个体概念（从 W 到 A 的函项）
一元谓词	集合（A 的子集）	特征（从 W 到 $\mathscr{P}(A)$ 的函项）

表 1 中列出了几个重要表达式及其它们的意义。从该表中可以看出，内涵和外延的差别在于后者是指一个表达式在某个可能世界的值，而前者则是该表达式在所有可能世界的值，即，如果我们把一个表达式在每个可能世界的值集中起来就可以得到该表达式的内涵。例如，命题 P 是可能世界到真值 0 或 1 的函项，即对于每一个可能世界来说，P 要么取值 1，要么取值 0，这样命题 P 就把可能世界的集合分成两个集合，一个是使其为真的可能世界的集合，一个是使其为假的可能世界的集合。所以，可以把命题 P 看成是可能世界的某个集合的**特征函项**(characteristic function)，它对应于一个由可能世界组成的集合，在这个集合中 P 为真。

谓词 P 的外延是指在某个可能世界里论域 A 中 P 所对应的一个子集，其内涵则是从每一个可能世界到 P 所对应的论域 A 中的子集，即其值域是论域 A 的幂集，用 $\mathscr{P}(A)$ 表示，我们在本书第二章里已经定义过，$\mathscr{P}(A)$ 包括 A 中所有的子集以及空集 φ。例如，可以把谓词"跳"定义如下，这里假设模型为 M = < W, A, F >，其中 W = {w_1, w_2, w_3, w_4}，A = {张三、李四、王五、……}：

(14) a. 〚跳〛^{M,g} = {w_1→{张三、李四、王五}，
　　　　　　　　w_2→{张斌、李平、王小二、洪欣}，
　　　　　　　　w_3→{马军、钱钟}, w_4→{张三}}

b. 〚跳〛^{M,g}(w_1) = {张三、李四、王五}

c. 〚a〛^{M,g} = {w_1→张三, w_2→张斌, w_3→钱钟,
　　　　　　　w_4→张三}

d. 〚跳(a)〛^{M,g} = {w_1→1, w_2→0, w_3→0, w_4→1}

w_1 ⟶ {张三、李四、王五}
w_2 ⟶ {张斌、李平、王小二、洪欣}
w_3 ⟶ {马军、钱钟}
w_4 ⟶ {张三}
w_i ⟶ φ（对于所有 i 小于 1 或大于 4 的可能世界）

图 1　"跳"的内涵

w_1, w_4 ⟶ 张三
w_2 ⟶ 张斌
w_3 ⟶ 钱钟

图 2　"a"的内涵

w_1, w_4 ⟶ 1
w_i ⟶ 0（对于所有 i 不等于 1 和 4 的可能世界）

图 3　"跳(a)"的内涵

(14a)中给出的是谓词"跳"的内涵，它表示在可能世界 w_1, w_2, w_3, w_4 中，"跳"都有一个非空的集合与之相对应，而在其他的可能世界中"跳"的外延都为空集。(14b)中给出了"跳"在可能世界 w_1 里的外延。(14c)中给出了"a"的内涵，它在可能世界 w_1 和 w_4 里的外延都是"张三"，而在

可能世界 w_2 和 w_3 里的外延分别是"张斌"和"钱钟"。(14d)中给出了"跳(a)"的内涵。由于"跳(a)"是一个命题,且只有在可能世界 w_1 和 w_4 里"张三"才在跳,所以,也只有在这两个可能世界里该公式才取真值。我们可以用图示的方法给出(14)中定义的公式"跳(a)"的内涵,谓词"跳"和常项"a"的内涵,如图 1-3 所示。

内涵是一个非常抽象的概念,对于有一些个体概念,我们可能在自然语言中找不到对应的名字。作为第一步,我们先把**显性算子**(transparent operator)定义成一个取逻辑式的外延为其值的函项,而**隐性算子**(opaque operator)则把一个逻辑式的内涵作为其真值。例如,否定算子"~"就是一个显性算子,而必然性算子"□"则是一个隐性算子,其定义如下:

(15) a. $[\![\sim\varphi]\!]^{M,w,g} = 1$ iff $[\![\varphi]\!]^{M,w,g} = 0$

b. $[\![\Box\varphi]\!]^{M,w,g} = 1$ iff $\forall w' \in W [[\![\varphi]\!]^{M,g}(w') = 1]$

这两者的差别在于否定算子可以被定义成一个把句子作为其论元的函项,可是必然性算子则不可能,即我们不知道(16b)中的"?"是什么。在(15)和(16)中内涵和外延的区别表现在形式系统的元语言中,而不是在其对象语言中,在以下的小节里我们会把这种差别反映到对象语言中去。

(16) a. $[\![\sim(\varphi)]\!]^{M,w,g} = [\![\sim]\!]^{M,w,g}([\![\varphi]\!]^{M,w,g})$

$\qquad\qquad\qquad = [0\to1, 1\to0]([\![\varphi]\!]^{M,w,g})$

b. $[\![\Box(\varphi)]\!]^{M,w,g} = [\![\Box]\!]^{M,w,g}([\![\varphi]\!]^{M,w,g})$

$\qquad\qquad\qquad = ?([\![\varphi]\!]^{M,w,g})$

第五节 内涵逻辑的基本定义

丘奇(Church, 1951)与蒙太格(60 年代后期)在形式逻辑中引入符号"∧"和"∨"来区分内涵和外延,其规则如下:

(17) a. 如果 β 是一个逻辑式,那么 $^\wedge\beta$ 和 $^\vee\beta$ 也是逻辑式。

b. $[\![^\wedge\beta]\!]^{M,w,g} = [\![\beta]\!]^{M,g}$

c. $[\![^\vee\beta]\!]^{M,w,g} = [\![\beta]\!]^{M,w,g}(w)$

"∧"和"∨"分别叫做**内涵算子**(intensor)和**外延算子**(extensor)。前者把一个逻辑式变成内涵式,即把该逻辑式在每一个可能世界的值都集合起来，而后者则是把一个内涵式变成其外延，即该逻辑式在某个可能世界的值。这两个算子可以有如下关系，其中我们省略了模型 M 和变量赋值函项 g：

(18) a. 〚$^{\vee\wedge}\beta$〛^{w,t}
b. = 〚$^{\wedge}\beta$〛^{w,t} (<w, t>)
c. = 〚β〛^{w,t}

(18) 表示 "$^{\vee\wedge}$" 自动抵消，这是因为外延算子 "$^{\vee}$" 把一个内涵逻辑式在索引 <w, t> 处的值选出来，即得到该逻辑式的外延，如 (18b) 所示。"〚$^{\wedge}\beta$〛^{w,t}" 表示一个从索引 I = W×T 到〚β〛^{w,t} 的函项 h，即对于所有的 <w', t'>，有 h(<w', t'>) = 〚β〛$^{w',t'}$。(18b) 是说把该函项运用到索引 <w, t> 上去，这样，就有 h(<w,t>) = 〚β〛^{w,t}，这正是 (18c) 中给出的结果。注意，如果我们把内涵和外延算子的顺序颠倒以下，即内涵算子在前，外延算子在后 "$^{\wedge\vee}$"，就不一定可以有像 (18) 一样的结果，我们用下面的例子来说明这一点。

假设有一个常项 p，其类型为 <s, t>，有两个可能世界和时间的索引 i_1 和 i_2，(19) 中给出了这个模型中 p 在索引 i_1 和 i_2 的值。(20) 中的计算表明〚$^{\wedge\vee}p$〛不等于〚p〛，即内涵算子和外延算子调换顺序后的值与前面的 (18) 不同。

(19) F(p)(i_1) = { <i_1,1> , <i_2,0> }
F(p)(i_2) = { <i_1,0> , <i_2,1> }

(20) a. 〚p〛^{i_1} = F(p)(i_1) = { <i_1,1> , <i_2,0> }
b. 〚p〛^{i_2} = F(p)(i_2) = { <i_1,0> , <i_2,1> }
b. 〚$^{\vee}p$〛^{i_1} = (p)^{i_1}(i_1) = 1
c. 〚$^{\vee}p$〛^{i_2} = (p)^{i_2}(i_2) = 1
d. 〚$^{\wedge\vee}p$〛^{i_1} = { <i_1,〚$^{\vee}p$〛^{i_1}> , <i_2,〚$^{\vee}p$〛^{i_2}> }
= { <i_1,1> , <i_2,1> }
≠〚p〛^{i_1}

内涵和外延算子的引入是一个重大的突破。有了它们之后，把前面提到的等值代换原理修改一下就可以成立了。条件是代换的两个逻辑式应该具有相同的内涵，也就是说在隐性结构中等值代换原理也可以成立，只不过条件变了，即从一般外延等值变为内涵等值。因此下面的推理成立：

第十二章 内涵逻辑与命题态度

(21) $^\wedge\alpha = ^\wedge\beta|--\backslash--[\varphi\leftrightarrow[\beta/\alpha]\varphi]$

另一个用到等值代换原理的是 λ - 代换或叫 λ - 还原。在下面几种情况下，λ - 代换"$\lambda u\beta(\gamma) = [\gamma/u]\beta$"是可以在隐性结构中进行的。①

(22) a. γ 的值不随索引 I 的变化而变化；
　　　b. γ 是一个内涵式，即具有形式 $^\wedge p$；
　　　c. γ 是一个变量。

(22b) 成立的原因是一个逻辑式的内涵相对于索引 I 来说是一个常数，这是因为它的内涵包括所有可能的索引到该逻辑式的外延。既然包括了索引所有的可能性，一个逻辑式就只能有一个内涵，所以，它就不会随着索引的变化而变化。同时变量也是不随索引而变化的，它们只随变量赋值函项 g 而变化。实际上，(22) 中的三种情况都满足一个条件，即相关逻辑式的值不随索引而变化。因此，在进行 λ - 还原时，我们应该检查被替代的元素是否在一个隐性结构中，如果不是的话，就可以直接进行变换。如果是的话，就应该检查论元的值是否随索引的变化而变化。如果不是，就可以进行变换，反之，则不行。

另外，如果要计算一个内涵式的内涵的话，所得到的结果就是一个从索引 I 到该内涵式语义值所组成的集合的函项。由于内涵式的语义值会给出所有索引下的值，所以它不随索引的变化而变化，这样一个内涵式的内涵是一个**常量函项**（constant function），即每一个索引都对应于一个相同的值，也就是该内涵式的值。例如，假设 β 的内涵是 (23a)，那么，(23b) 就是其内涵式的内涵。

(23) a. $[\![^\wedge\beta]\!]^{M,w,g}$
　　　　= [w_1→{张三，李四}，w_2→{张三，李四，王五}，w_3
　　　　→{张三}，w_i→φ(w_i 指所有其他的可能世界)]
　　b. $[\![^{\wedge\wedge}\beta]\!]^{M,w,g} = [w_1\to[\![^\wedge\beta]\!]^{M,w,g}, w_2\to[\![^\wedge\beta]\!]^{M,w,g},$
　　　　$w_3\to[\![^\wedge\beta]\!]^{M,w,g}, w_i\to\phi]$
　　　　= [w_1→[w_1→{张三，李四}，w_2→{张三，李四，王五}，w_3→
　　　　{张三}，w_i→φ]，[w_2→[w_1→{张三，李四}，w_2→{张三，李

---

① λ - 代换"$\lambda u\beta(\gamma) = [\gamma/u]\beta$"和我们前面的章节中使用的方式略有不同，前面的方式是"... = $\beta^{[\gamma/u]}$"，其中"$[\gamma/u]$"放在逻辑式的右上角。不过这两者是等价的。

四，王五},w₃→{张三},wᵢ→φ]],[w₃→[w₁→{张三,李四},w₂→{张三,李四,王五},w₃→{张三},wᵢ→φ]],[wᵢ→[w₁→{张三,李四},w₂→{张三,李四,王五},w₃→{张三},wᵢ→φ]]

第六节 蒙太格的内涵逻辑

在这一小节里，我们介绍蒙太格（Montague, 1973）在其"正确处理英语的量化现象"（简称PTQ）一文中给出的**内涵逻辑**（intensional logic，简称IL）系统。在该系统中，他区分所有语义类型的内涵和外延，同时他使用了可能世界和时间变量，并认为所有类型的常量的语义值都是其内涵，即内涵是基本的，要得到某个常量的外延可以通过**意义公设**（meaning postulate，简称MP）规则来实现。[①]

一 类型的递归定义

- e，t ∈ 基本类型；
- 如果 σ，τ 各是一个类型，那么 <σ，τ> 也是一个类型；
- 如果 τ 是一个类型，那么 <s，τ> 也是一个类型。

在这个系统中只有两个基本类型，即 s 不是一个基本类型。对于每个类型 τ，有无数个常量 $c_{n,\tau}$，其中 n≥0，我们把这些常量集合写做 Con_τ，并把所有类型常量组成的集合写做 CON。同时也有无数个变量 $v_{n,\tau}$，其中 n≥0，我们把这个集合叫做 Var_τ，并把所有类型变量的集合写做 VAR。下面我们分别给出了 IL 的句法和语义解释规则。

二 句法规则（递规定义合法的逻辑式集合）

1. 如果 α ∈ Var_τ，那么 α ∈ ME_τ；（ME是合法逻辑式的简称）
2. 如果 α ∈ Con_τ，那么 α ∈ ME_τ；

[①] 例如：动词 find（找）被翻译成 find'，即其内涵，类型为 <s,<e,<e,t>>>。要得到其外延 find* 就要使用下面的 MP 规则。有关 MP 详细的讨论可参阅道蒂等（Dowty et al., 1981）。

∀x∀𝒫□[find'(x,𝒫)↔𝒫{^λy[find*(x,y)]}]

3. 如果 $\alpha \in ME_{<\sigma,\tau>}$，$\beta \in ME_\sigma$，那么 $\alpha(\beta) \in ME_\tau$；
4. 如果 $u \in Var_\sigma$，$\alpha \in ME_\tau$，那么 $\lambda u\alpha \in ME<\sigma,\tau>$；
5. 如果 α，$\beta \in ME_\tau$，那么 $\alpha = \beta \in ME_t$；
6 – 10：如果 φ，$\Psi \in ME_t$，下面的逻辑式也属于 ME_t：
　　　　$\sim\varphi$、$[\varphi \vee \Psi]$、$[\varphi \wedge \Psi]$、$[\varphi \rightarrow \Psi]$、$[\varphi \leftrightarrow \Psi]$；①
11，12：如果 $\varphi \in ME_t$，$u \in VAR$，那么 $\forall u\varphi$、$\exists u\varphi \in ME_t$；
13 – 15：如果 $\varphi \in ME_t$，那么 $\Box\varphi$、$\underline{F}\varphi$、$\underline{P}\varphi \in ME_t$；
　　　　（其中 $\underline{F}$ 和 $\underline{P}$ 分别是将来时和过去时算子。）
16. 如果 $\alpha \in ME_\tau$，那么 $^\wedge\alpha \in ME_{<s,\tau>}$；
17. 如果 $\alpha \in ME_{<s,\tau>}$，那么 $^\vee\alpha \in ME_\tau$。

三　语义解释规则

模型 M：$<A, W, T, <, F>$，可能指谓的论域如下：
– $D_e = A$
– $D_t = \{0, 1\}$（常用 2 表示）
– $D_{<\sigma,\tau>} = D_\tau{}^{D\sigma} = D_\sigma \rightarrow D_\tau$
– $D_{<S,\tau>} = D_\tau{}^{W \times T} = W \times T \rightarrow D_\tau$

这里的指谓论域只是逻辑式的外延，而我们给出的逻辑式解释应该是其涵义，所以就应该对应于逻辑式的内涵。一个类型为 τ 的逻辑式就有下面的涵义：$S_\tau = D_{<S,\tau>}$，这样，就可以定义解释函项 F 如下：常量的解释是一个从常量到涵义 S_τ 的函项，对于每个类型 τ，每个数字 n，有 F($c_{n,\tau}$) $\in S_\tau$。变量的解释则相对于变量赋值函项 g，它是从一个变量集合 VAR 到论域 D 的函项。对于类型为 τ 的变量，有 $Var_\tau \rightarrow D_\tau$。

复杂逻辑式的解释规则是相对于模型 M、可能世界 w、时间 t 和变量赋值函项 g 来进行的，下面我们给出有关的规则。注意，这些规则与前面提到的句法规则是一一对应的。

1. 如果 $\alpha \in VAR$，那么 $[\![\alpha]\!]^{M,w,t,g} = g(\alpha)$；
2. 如果 $\alpha \in CON$，那么 $[\![\alpha]\!]^{M,w,t,g} = F(\alpha)(<w,t>)$；
3. $[\![\alpha(\beta)]\!]^{M,w,t,g} = [\![\alpha]\!]^{M,w,t,g}([\![\beta]\!]^{M,w,t,g})$；

---

① 注意这里使用的合取"$\wedge$"和我们前面使用的"&"是等价的。

4. 如果 $u \in Var_\sigma, \alpha \in ME_\tau$，那么 $[\![\lambda u\alpha]\!]^{M,w,t,g}$ 就相当于函项 $h: D_\sigma \to D_\tau$，其中对于每一个 $a \in D_\sigma$，有：$h(a) = [\![\alpha]\!]^{M,w,t,g[a/u]}$；

5. $[\![\alpha = \beta]\!]^{M,w,t,g} = 1$ iff $[\![\alpha]\!]^{M,w,t,g} = [\![\beta]\!]^{M,w,t,g}$；

6 – 10：$[\![\sim \alpha]\!]^{M,w,t,g} = 1$ iff $[\![\alpha]\!]^{M,w,t,g} = 0$；$[\![\alpha \wedge \beta]\!]^{M,w,t,g} = 1$ iff $[\![\alpha]\!]^{M,w,t,g} = 1\ \&\ [\![\beta]\!]^{M,w,t,g} = 1$；对于 $\alpha \vee \beta$、$\alpha \to \beta$、$\alpha \leftrightarrow \beta$，则可以用类似的方法来定义；

11，12：如果 $u \in Var_\tau$，那么 $[\![\forall u\varphi]\!]^{M,w,t,g} = 1$ iff 所有的 $a \in D_\tau$ 都使 $[\![\varphi]\!]^{M,w,t,g[a/u]} = 1$；$[\![\exists u\varphi]\!]^{M,w,t,g} = 1$ iff 有一个 $a \in D_\tau$ 使 $[\![\varphi]\!]^{M,w,t,g[a/u]} = 1$；

13. $[\![\Box\varphi]\!]^{M,w,t,g} = 1$ iff 对于所有的 $w' \in W$、$t' \in T$ 都有 $[\![\varphi]\!]^{M,w,t,g} = 1$；

（蒙太格的原始定义中没有 $\Diamond$，但是可以根据 $\sim \Box \sim$ 来定义它。）

14. $[\![\underline{F}\varphi]\!]^{M,w,t,g} = 1$ iff 有一个在 t 之后的 t'（t < t'）能使 $[\![\varphi]\!]^{M,w,t',g} = 1$；①

15. $[\![\underline{P}\varphi]\!]^{M,w,t,g} = 1$ iff 有一个在 t 之前的 t'（t' < t）能使 $[\![\varphi]\!]^{M,w,t',g} = 1$；

16. 如果 $\alpha \in ME_\tau$，那么 $[\![{}^\wedge\alpha]\!]^{M,w,t,g}$ 就是这样一个函项 $h: W \times T \to D_\tau$，其中每个属于 $W \times T$ 的有序偶 $<w',t'>$ 都能使 $h(<w',t'>) = [\![\alpha]\!]^{M,w',t',g}$；

17. $[\![{}^\vee\alpha]\!]^{M,w,t,g} = [\![\alpha]\!]^{M,w,t,g}(<w,t>)$。

只相对于模型 M、可能世界 w 和时间 t 的语义解释规则如下：

- 如果 $\varphi \in ME_t$，那么 $[\![\varphi]\!]^{M,w,t} = 1$ iff 所有的变量赋值 g 都使 $[\![\varphi]\!]^{M,w,t,g} = 1$；

- 如果 $\varphi \in ME_t$，那么 $[\![\varphi]\!]^{M,w,t} = 0$ iff 有的变量赋值 g 都使 $[\![\varphi]\!]^{M,w,t,g} = 0$。

第七节　信念与涉实—涉名歧义

在前面的讨论中，我们区分了显性结构和隐性结构，同时指出，虽

---

① 在蒙太格的原始定义中过去时和将来时算子都没有下划线。我们这里使用下划线主要是为了区别于赋值函项 F 和谓词 P。

然在显性结构中等值代换原理成立，在隐性结构中，该原理就不一定成立。蒙太格以前的语义学没有很好的办法来解决这个问题，那么蒙太格的语义学是否可以解决这一问题呢？为了回答这个问题，我们必须先看看在 IL 中如何表示**信念**（belief）的问题，这是因为信念语境是隐性结构中的一种。

在一个信念句中，有一个名词词组是**信念持有者**（believer，或者 carrier of beliefs，简称**信念者**），另一个则是信念的内容，或叫**信念命题**（believed proposition），例如："张三认为李四喜欢王五"中"张三"是信念者，"李四喜欢王五"是信念命题，这两者形成一个相信的关系。如果用"Bel"表示这种关系，就可以把该句子表示成下面的逻辑式：

（24）a. Bel（张三，^李四喜欢王五）

这里我们必须用句子"李四喜欢王五"的内涵，而不能用其外延。这是因为一个句子的外延是 0 或 1，如果我们只用外延的话，张三的信念内容就是 1，同时我们可以推出他也认为"北京是中国的首都"为真，因为该句子的外延也是 1。可是，从"张三认为李四喜欢王五"不一定能推出"张三认为北京是中国的首都"。这是因为他不一定知道有一个叫"北京"的城市，北京是否是中国的首都也就无从谈起了。然而，如果用内涵来表达信念的内容，结果就不一样了。

（24）b. Bel（张三，^北京是中国的首都）

比较（24a）和（24b）可以看出"张三认为李四喜欢王五"和"张三认为北京是中国的首都"是不一样的。由于信念的内容在内涵算子的辖域之内，等值代换原理不能使用，所以，从（24a）推出（24b）是不可能的。

由动词"认为"等引出的句子被叫做**命题态度**（propositional attitude）句，它表示一种信念者与命题之间的关系，其他的动词有："想"、"希望"、"期望"、"假定"等。有了像（24）这样的表达，就可以解释为什么信念语境是不透明的，这是因为它们在内涵算子的辖域之内。例如，假设有 m = n、Bel[j,^B(m)]，就不能推出 Bel[j,^B(n)]。原因是 m 在内涵算子的辖域之内，而 m = n 并不是在所有的可能世界里都为真。从前面的讨论中我们知道这个条件并不满足在隐性结构中使用等值代换原理的条件，所以这个代换不能成立。这里的内涵算子表示其辖域里的内容为一个隐性结构，因此，等值代换只能在特殊条件下才可以执行。

使用了内涵算子之后，就可以解释前面讨论过的名词歧义问题。通常一个名词词组可以在内涵算子的辖域之内，也可以在其辖域之外。因为该名词所处的语境不一样，所以就有不同的意义。现在来看看我们前面讨论过的（10）。

(10) a. John believes that the Prime Minister of Great Britain resides at Downing Street No. 10.

（约翰相信英国首相住在唐宁街十号。）

b. that a certain person who happens to be the Prime Minister (Major) lives at Downing Street No. 10.

（刚好是英国首相的某个人如梅杰住在唐宁街十号。）

c. that British prime ministers in general live at Downing Street No. 10.

（……英国首相一般都住在唐宁街十号。）

如果用"Reside_at_Downing_10"表示谓词常量"reside at Downing Street No. 10"，用常量 p 表示指"the Prime Minister of Great Britain"的个体，就可以得到下面的表达式：

涉名：

Bel(^Reside_at_Downing_10(p))(j)

$[\![$ **Bel**(^Reside_at_Downing_10(p))(j)$]\!]^{w,t}$ = 1 iff

$[\![$ **Bel**$]\!]^{w,t}$ ($[\![$ ^Reside_at_Downing_10(p)$]\!]^{w,t}$)($[\![$ j$]\!]^{w,t}$) = 1

F: W × T → {0,1}

对于每个索引 w', t'，当且仅当英国首相在该索引处住在唐宁街十号，该函项就把真值1赋予索引 w', t'。

涉实：

λx[**Bel**(^Reside_at_Downing_10(x))(j)](p)

$[\$]\!]^{w,t}$ = 1 iff

$[\![$ λx[**Bel**(^Reside_at_Downing_10(x))(j)]$]\!]^{w,t}$($[\![$ p$]\!]^{w,t}$) = 1

F: D → {0,1}

当且仅当在索引 w, t 处，约翰认为命题"x 在唐宁街十号住"

第十二章　内涵逻辑与命题态度

为真,那么该函项就把真值1赋予实体x。

比较这两个语义表达式,可以看出在涉实解释中个体 p 在内涵算子"^"之外,而在涉名解释中,它在内涵算子的辖域之内。注意在涉实解释的相应表达式中不能进行 λ - 还原运算。这是因为变量 x 在内函算子的辖域之内,而论元 p 不满足(22)中的任何一个条件。因此,常量 p 的值是在当前的索引中独立计算的。与涉实解释不同,涉名解释中的常量 p 在每个索引下的值都必须查看。

第八节　直接对索引进行运算

一　内涵逻辑的一个问题

内涵逻辑是一个非常有用的处理自然语言现象的工具,它能区分显性结构和隐性结构之间的差别,所以,在自然语言的语义解释中得到广泛的应用,因此,很多重要现象的分析都是在这一个理论系统中进行的。可是,作为一个表达工具,IL 还是有其不足之处的。其中一个突出的问题是,不能直接对索引进行操作,从而在对象语言中谈论这些索引。由于这个原因,我们只能进行非常有限的 λ - 还原运算,尤其是必须注意相关的变量是不是在内涵算子的辖域之内,且是否随索引的变化而变化。因此,IL 不具备作为一个真正的语义表达语言的重要特征,即**菱形特征**(diamond property,也叫**丘奇 - 罗瑟特征** Church-Rosser property)。菱形特征是指在一个表达语言中其复杂表达式的计算与计算的顺序无关。这个特征对于降低表达式的复杂性非常重要。我们用具体的例子来说明这一特征,如图3所示。

L_{type} 表达式的菱形特征:

$$\lambda x[\lambda y[y=n](x)](m)$$

$$\lambda y[y=n](m) \qquad \lambda x[x=n](m)$$

$$m=n$$

图 3(a)

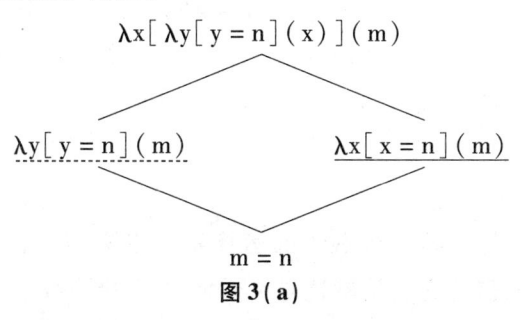

算术表达式的菱形特征:

$$(2+3) \times (6-2)$$

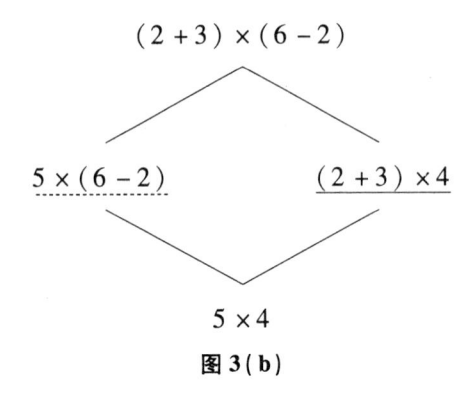

$$5 \times (6-2) \qquad (2+3) \times 4$$

$$5 \times 4$$

图 3(b)

注意图（3a）中画虚线部分是先对外层的 λx 进行运算而得到的结果，而先对里层的 λy 进行运算则得到画实线的部分，可是，两种操作都得到相同的值 m = n。同样，(3b) 中的运算也具有相同的特性。

图 3 中的例子表明语言 L_{tpye} 中类型论的 λ - 还原运算和算术运算一般都具有菱形特征，即一个复杂表达式的运算与顺序无关。可以证明这两种语言都具有菱形特征。

$$λx[λy[[ˆy] = h(x)](x)](c)$$

$$λy[[ˆy] = h(c)](c) \qquad λx[[ˆx] = h(x)](c)$$

图 4

弗里德曼与华伦（Friedman & Warren, 1980）指出 IL 不具备菱形特征，也就是说该语言中一些表达式的计算与顺序有关。例如，假定常量 h 具有类型 <e, <s, e>>，常量 c 具有类型 e，我们就得不到一个菱形的图，如图 4 所示。在图 4 中的第二行，我们分别使用了一次 λ - 还原运算，左边的是先去掉外面的 λx，右边的则是去掉里面的 λy。可是进行了这一运算之后，就不能再继续下去了，所以，就得不到一个完整的菱形。

注意从第一行到第二行右边的运算是可以进行的，这是因为去掉 y 时是用变量 x 来代替它。虽然这是在内涵算子的辖域内进行的，但是该运算是合法的，前面我们讨论过什么时候可以对内涵算子内的变量进行

λ-运算，其中一种情况就是代替变量的论元也是一个变量。由于变量的赋值只受变量赋值函项 g 的影响，而不受索引变化的影响，所以，在内涵算子的辖域之内用一个变量代替另外一个变量不会引起任何真值的变化。

图 4 中第二行不能再往下面进行 λ-运算是因为用于运算的论元是一个常量不是变量，而常量随着索引的变化而变化，这样，进行 λ-运算就不能保证其真值不变。同时，图中第二行的左右两边结果不一样，即两者并不等价。这些表明运算的顺序对于 IL 中的表达式是有关系的，因此，IL 不具备菱形特征。

二 两体类型论

由于蒙太格的 IL 有上面指出的不足，一些替代理论［如狄奇（Tichý，1988）及蒙太格的学生加林（Gallin，1975）］被相应地提出，在这些替代理论中，可以直接对索引（可能世界和时间）进行运算，同时它们也具备上一小节里谈到的菱形特征。这里我们主要介绍加林的理论。

在加林的系统中，索引可以在对象语言中出现，它们被当做是一种特殊的实体，这样，在该系统中就有两种实体：正常的实体 A 和特殊实体"索引"I（I = W × T）。所以，加林的系统就被叫做"两体类型论"（two-sorted type theory，简称为 Ty2）。①

不同于蒙太格的系统，Ty2 中表示索引的类型 s 也被当成是一个基本类型，所以，有下面有关类型的定义：

(25) a. e, t, s ∈ TYPE；
　　　b. 如果 σ、τ ∈ TYPE，那么 <σ, τ> ∈ TYPE。

除了加入了无数多个类型为 s 的变量如 i，i' 外，Ty2 的句法和 IL 的基本一样，但是有两点例外。一是在 Ty2 中不使用下列算子：^、˅、□、P、F；二是在 Ty2 中引入一个定义在时间上的关系算子 "<"：如果 α、β 具有类型 s，那么 α < β 具有类型 t。②

---

① 在前面的第九章中，我们已经提到过"两体类型论"这一理论。
② 这里定义的类型允许有具有类型 <τ, s> 的实体，其中 τ 是任何类型。

Ty2 的语义解释规则与 IL 的也基本一样，但是有以下不同。首先，相同类型表达式的指谓集合有一点变化，其定义如下：

- $D_e = A$
- $D_t = \{0, 1\}$
- $D_s = W \times T$
- $D_{<\sigma,\tau>} = [D_\sigma \to D_\tau]$

第二，函项 F 的定义比 IL 中的也简化了一些，它把常量映射到其相应类型的指谓，而不是 IL 中的涵义上。这个简化是合理的，这是因为在 IL 中的常量若具有类型 τ，在 Ty2 的类型就是 $<s, \tau>$。例如，IL 中的名字 m 具有类型 e，其在 Ty2 中的类型就是 $<s, e>$，我们用 m^* 来表示 Ty2 中的 m。很容易看出，这两种不同的方法在两个系统中给出的信息是一样的。

IL：F(m) 被解释成类型 e 的涵义，它是一个从 $W \times T$ 到 A 的函项。

Ty2：F(m^*) 被解释成类型 $<s, e>$ 的指谓，它是一个从 $W \times T$ 到 A 的函项。

在 Ty2 中解释只是相对于模型和变量赋值，而没有其他的东西，如可能世界和时间等。

第三，在 Ty2 中，可能世界和时间都变成了对象语言中的实体，而不是元语言中的东西了。这是一种合理的简化，这是因为在 IL 中由索引做的事，在 Ty2 中由变量赋值函项来做。在 Ty2 中变量赋值函项 g 会把由可能世界和时间组成的有序偶赋给变量 i，这和 IL 中的可能世界和时间的索引相对应。下面给出这种对应关系：

IL：$[\![m]\!]^{M,w,t,g}$，其中 m 是一个类型为 e 的常量

Ty2：$[\![m^*(i)]\!]^{M,g}$，其中 m^* 是一个类型为 $<s,e>$ 的常量，i 是类型为 s 的变量，且有 $g(i) = <w, t>$

我们必须规定变量赋值函项 g 开始总是把 i 解释成当前的可能世界和时间。另外，还需要一个解释关系算子"<"的规则：

(26) $[\![\alpha < \beta]\!]^{M,g} = 1$ iff $[\![\alpha]\!]^{M,g} = <w, t>$, $[\![\beta]\!]^{M,g} = <w, t'>$，且有 $t < t'$。

三 内涵算子在 Ty2 中的表达

Ty2 作为 IL 的一个变体，我们希望它和 IL 有一样的能力，尤其是可以在 Ty2 中表示 IL 中的内涵算子。下面讨论如何在 Ty2 中表达内涵算子、外延算子、必然性算子、过去和将来时算子。

假设赋值函项 g 把索引 <w, t> 赋给变量 i，即 g(i) = <w, t>。同时，如果 α 是 IL 中具有类型 τ 的表达式，那么 α* 就是 Ty2 中对应于 α 的具有类型 <s, τ> 的表达式。下面给出上面几个算子在 Ty2 中和 IL 中的对应关系：

(27) a. ⟦∀iφ*(i)⟧^{M,g} 对应于 ⟦□φ⟧^{M,w,t,g}
    （φ* 的类型是 <s, t>，φ 的类型是 t。）

b. ⟦λiα*(i)⟧^{M,g} 对应于 ⟦^α⟧^{M,w,t,g}
    （α* 的类型是 <s, τ>，α 的类型是 τ。）

c. ⟦α*(i)⟧^{M,g} 对应于 ⟦ˇα⟧^{M,w,t,g}

d. ⟦∃i'[i<i' & φ*(i')]⟧^{M,g} 对应于 ⟦Fφ⟧^{M,w,t,g}

e. ⟦∃i'[i'<i & φ*(i')]⟧^{M,g} 对应于 ⟦Pφ⟧^{M,w,t,g}

比较在 Ty2 和 IL 中上面几个算子的语义表达，可以发现 IL 中对可能世界和时间的隐性量化变成了 Ty2 中对它们的直接量化，差别就在于 w, t 在 IL 中是元语言里的变量，写在语义表达式的右上角，而在 Ty2 中它们以变量 i 的形式出现，且不是在语义表达式的右上角，而是在逻辑式中，即在对象语言中。下面我们看看几个具体的例子：

(28) a. IL：⟦B(m)⟧^{M,w,t,g}，其中 B 的类型是 <e, t>，m 的类型是 e。

b. Ty2：⟦B*(i)(m*(i))⟧^{M,g}，其中 B* 的类型是 <s, <e, t>>，m* 的类型是 <s, e>，B*(i) 的类型是 <e, t>，m*(i) 的类型是 e。

(29) a. IL：⟦FB(m)⟧^{M,w,t,g}

b. Ty2：⟦∃i'[i<i' & B*(i')(m*(i'))]⟧^{M,g}

我们用下面的模型来说明上述例子中的语义表达是等价的。假设有 IL 模型 M = <A, W, T, <, F>，其中 A = {张三，李四，王五}，W = {w₁, w₂}，T = {t₁, t₂}，t₁ < t₂，F(m)(<w₁, t₁>) = 李四，F (m)(<w₁, t₂>)=李四，F(B)(<w₁, t₁>)={张三，王五}>，F(B)(<w₁, t₂>)={张三，李四}，(29a)就有如下的语义解释：

(30) $[\![\underline{F}B(m)]\!]^{M,w1,t1,g}=1$ iff $\exists t[t_1<t\ \&\ [\![B(m)]\!]^{M,w1,t,g}=1]$

在我们的模型中，在 t_1 之后的值只有一个，即 t_2，这样，就必须检验 t_2 是否能使（30）中双条件式右边的" $[\![B(m)]\!]^{M,w1,t,g}=1$ "为真。把 t_2 代入其中的 t，就有如下结果：

(31) $[\![B(m)]\!]^{M,w_1,t_2,g}=1$ iff $[\![B]\!]^{M,w_1,t_2,g}([\![m]\!]^{M,w_1,t_2,g})=1$
    iff F(B)(<w₁, t₂>)(F(m)(<w₁, t₂>))=1
    iff F(m)(<w₁, t₂>) ∈ F(B)(<w₁, t₂>)
    iff 李四 ∈ {张三,李四}

由于**李四**确实是{张三,**李四**}中的一个元素，所以$[\![B(m)]\!]^{M,w_1,t_2,g}$取真值，因此，(30)中的$[\![\underline{F}B(m)]\!]^{M,w_1,t_1,g}$也取真值。

现在来看看 Ty2 中的情况，Ty2 中的模型和 IL 中的基本一样，不同的只是常量 m* 和谓词 B* 的定义：F(m*)={<<w₁, t₁>,**李四**>,<<w₁, t₂>,**李四**>}，F(B*)={<<w₁, t₁>,{张三,王五}>,<<w₁, t₂>,{张三,李四}>}。假定变量赋值函项 g 为 g(i)=<w₁, t₁>，我们就可以得到如下的结果：

(32) $[\![\exists i'[i<i'\ \&\ B^*(i')(m^*(i'))]]\!]^{M,g}=1$
    iff $\exists a[a\in D_s\ \&\ [\![[i<i'\ \&\ B^*(i')(m^*(i'))]]\!]^{M,g[a/i']}=1]$

假设 a 为 <w₁, t₂>，同时用 g' 表示 g[<w₁, t₂>/i']，就有如下的结果：

(33) $[\![[i<i'\ \&\ B^*(i')(m^*(i'))]]\!]^{M,g'}=1$
    iff $[\![i<i']\!]^{M,g'}\ \&\ [\![B^*(i')(m^*(i'))]\!]^{M,g'}=1$

(33) 右边的合取式为真，因为其中的两项都分别为真，如下所示：

(34) a. $[\![i<i']\!]^{M,g'}=[\![i]\!]^{M,g'}<[\![i']\!]^{M,g'}$
    =<w₁, t₁> < <w₁, t₂> = $t_1<t_2$ = 1

   b. $[\![B^*(i')(m^*(i'))]\!]^{M,g'}=[\![B^*(i')]\!]^{M,g'}([\![m^*(i')]\!]^{M,g'})$
    =$[\![B^*]\!]^{M,g'}([\![i']\!]^{M,g'})([\![m^*]\!]^{M,g'}([\![i']\!]^{M,g'}))$
    =$[\![B^*]\!]^{M,g'}(<w_1,t_2>)([\![m^*]\!]^{M,g'}(<w_1,t_2>))$

$= F(B^*)(<w_1,t_2>)(F(m^*)(<w_1,t_2>))$

$= F(m^*)(<w_1,t_2>) \in F(B^*)(<w_1,t_2>)$

= 李四 ∈ {张三,李四}

= 1

因为（33）中合取式的两个部分都为真，所以，该合取式为真，即（33）为真。因此，就证明了（32）为真。

由上述例子可以看出 IL 模型和 Ty2 模型给出同样的结果，这就说明两个系统具有相同的表达能力，所以，可以把 Ty2 看成是 IL 的一个变体。

下面我们看看在 Ty2 系统中能不能处理好隐性结构以及涉实解释与涉名解释的差别问题，在 Ty2 中隐性结构包括所有对可能世界进行量化运算的语境，如全称量化（∀）、存在量化（∃）以及 λ-运算等语境。在这些语境中，应该不能进行等值代换运算，下面我们来比较一下在 Ty2 和 IL 中的情况。

(35) a. IL: $m = n, \Box B(m) \not\models \Box B(n)$

b. Ty2: $m^*(i) = n^*(i), \forall i B^*(i)(m^*(i)) \not\models \forall i B^*(i)(n^*(i))$

从前面小节的讨论中，我们知道（35a）成立。（35b）同样也成立，这是因为其条件是 m^* 和 n^* 在某个变量 i 的赋值下等值，可是要证明的是在变量 i 的所有赋值中 m^* 和 n^* 都等值，这显然不可能。

(36) a. IL: $m = n, Bel(\hat{}B(m))(j) \not\models Bel(\hat{}B(n))(j)$

b. Ty2: $m^*(i) = n^*(i), Bel^*(i)(\lambda i'B^*(i')(m^*(i')))(j^*(i))$

$\not\models Bel^*(i)(\lambda i'B^*(i)(n^*(i)))(j^*(i))$

这里"$\lambda i B^*(i)(m^*(i))$"和"$\lambda i B^*(i)(n^*(i))$"代表两个不同的函项，它们分别给出所有可能的变量赋值 i 下 $B^*(i)(m^*(i))$ 和 $B^*(i)(n^*(i))$ 的值，由于只知道 $m^*(i)$ 和 $n^*(i)$ 仅在某个 i 下等值，所以，我们不能说它们在所有的 i 下都等值，因此（36b）中的推理也成立。

现在我们看看名词词组的涉实和涉名解释。由于（36）中已经给出了相关的涉名解释，下面我们只给出相应的涉实解释：

(37) a. IL: $\lambda x[\text{Bel}(\hat{}B(x))(j)](m)$

b. Ty2: $\lambda x[\text{Bel}^*(i)(\lambda i[B^*(i)(x)])(j^*(i))](m^*(i))$

$= \lambda x[\text{Bel}^*(i)(\lambda i'\underline{[B^*(i')(x)]})(j^*(i))](m^*(i))$

$= \text{Bel}^*(i)(\lambda i'[B^*(i')(m^*(i))])(j^*(i))$

比较（37a）和（37b）可以看出，在 Ty2 中可以进行 λ-还原运算，而在 IL 里，如果有内涵算子，通常都不能进行该运算。注意在（37b）中我们先把画线部分受 λi 约束的变量 i 改名为 i'，然后用 $m^*(i)$ 代换变量 x，就得到了结果。从所得的结果中可以看出常量 m 的取值和 Bel 的一样，都不受 λi' 约束，即 $m^*(i)$ 是相对于当前的可能世界和时间的索引 i 来取其值的。由于它在 λi' 的辖域之外而不在 λi' 的辖域之内，所以，得到的就是涉实解释。比较（36b）和（37b）可以看出，在 Ty2 中，名词词组的涉名和涉实解释还是有差别的。涉名解释时 m^* 受到 λi' 约束，而在涉实解释时，m^* 不受 λi' 的约束。由于 λi' 涉及到所有的索引，所以，m^* 在被解释成涉名时，需要考虑的是它在每一个索引下的值，而当被解释成涉实时，我们只需看 m^* 在当前索引 i 处的值。因此，在涉名解释时我们看的是 m^* 的内涵，而在涉实解释时我们看的是它的外延。

另外，很容易看出，Ty2 系统具有菱形特征。如果把图 4 中给出的 IL 逻辑式翻译成 Ty2 中相应的表达式，就可以看出 Ty2 确实具备菱形特征。由于常量 h、c 和函项"^y"都随索引变化，所以，我们分别用 $h^*(i)$、$c^*(i)$ 和"λi[y]"替代它们，如图 5 所示：

$$\lambda x[\lambda y[\lambda i[y] = h^*(i)(x)](x)](c^*(i))$$

$$\lambda y[\lambda i[y] = h^*(i)(c^*(i))](c^*(i)) \quad \lambda x[\lambda i[x] = h^*(i)(x)](c^*(i))$$

$$\lambda i'[c^*(i)] = h^*(i)(c^*(i))$$

图 5

第十二章 内涵逻辑与命题态度

注意图 5 中第二行左右两边公式中 λi 的辖域分别是其后的 y 和 x，即它们不约束这两个公式里的变量 i。因此，在推导出第三行时必须把 λi 改为 λi'。由于可以同时从左右两边推出第三行，Ty2 具有菱形特征。另外，第三行可以进一步简化成：$c^*(i) = h^*(i)(c^*(i))$。这是因为 λi' 并不约束任何变量，可以去掉，而不影响该式的真值。

最后我们来看看 IL 和 Ty2 在处理带有量词词组的句子的情况。由于篇幅限制，我们只讨论一个含有全称量词和存在量词的句子。

(38) Every farmer sought a unicorn.

　　（每个农民都寻找过（一只）独角兽。）

由于动词"seek"的宾语是一个隐性语境，这个句子有三个解释：(a) "a unicorn" 作涉名解释；(b) "a unicorn" 作涉实解释，但是在 "every farmer" 的辖域之外；(c) "a unicorn" 作涉实解释，它在 "every farmer" 的辖域之内。我们先给出主语和宾语的基本表达如下：

(39) a. every farmer：　λQ∀x[farmer'(x)→Q(x)]
　　　b. a unicorn：　　λQ∃x[unicorn'(x) & Q(x)]

下面我们用图示的方法给出 (a) 和 (b) 的语义组合过程，其中使用了第八章里讨论过的内进式量化（quantifying-in）规则，即把广义量词词组（GQ）都放在左边，让它们逐个地与句子结合起来。

在图 6 中对应于每一个 GQ 的本来位置，我们都用一个变量来表示，同时也去掉了过去时算子，即我们讨论的是一个没有时制算子的句子，但是，在最后我们会把过去时算子加入从而得到句子 (38) 的语义表达。

注意一个名词词组的涉名解释就意味着它不会用内进式量化规则，如图 (6a) 中的 a unicorn 就是在它本身的位置被解释的。但是在图 (6b) 中该词组是使用内进式量化方式和动词词组结合的，所以在该语义表达中 a unicorn 是涉实解释，且在主语 every frmer 的辖域之外。整个语义解释的过程是从下往上进行的。下面我们分别给出这两个意义的详细推导过程，其中在 ":" 左边我们给出了被解释的句子、词组或词，而在其右边或下一行给出相应的语义表达。

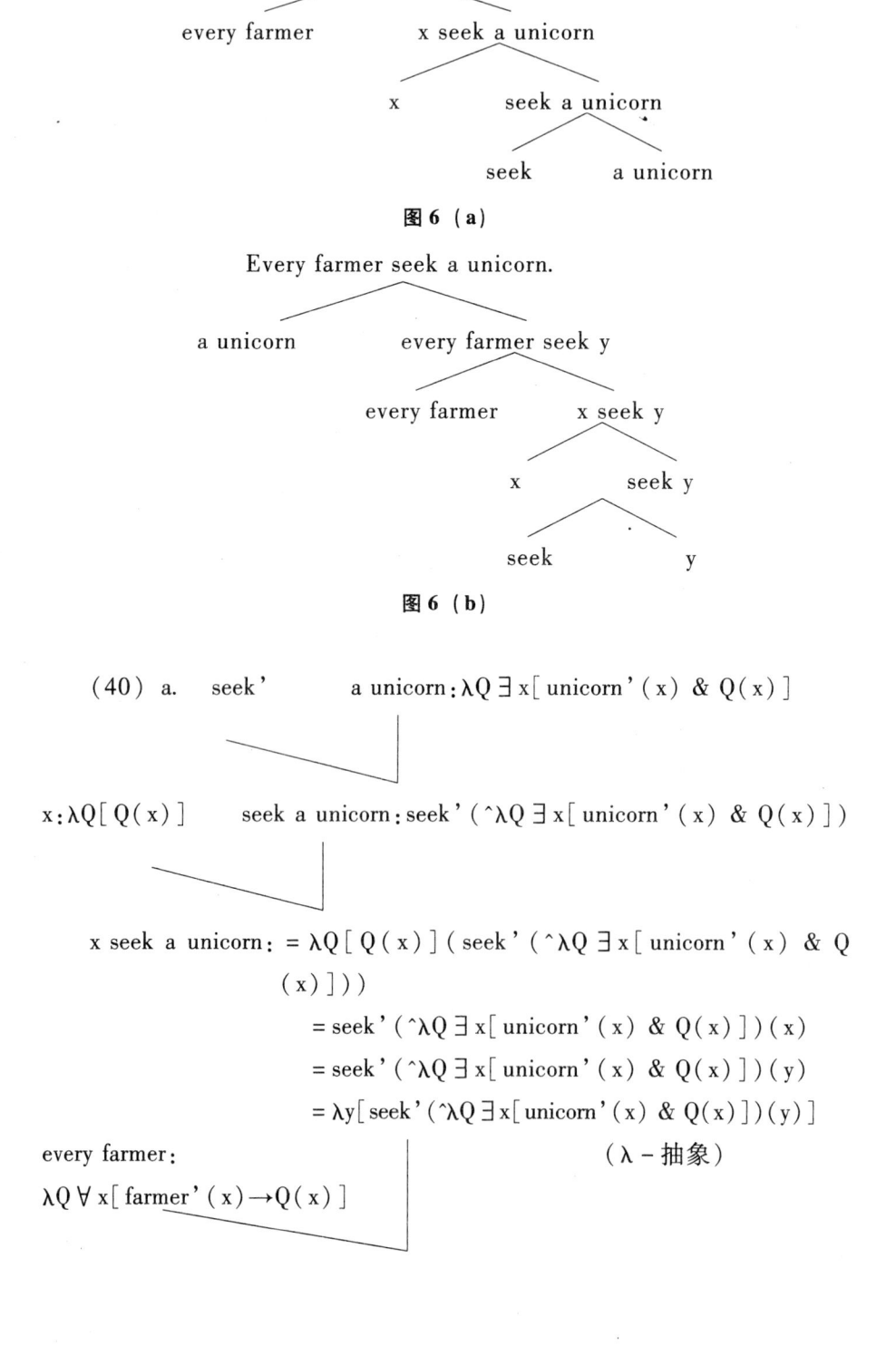

```
                Every farmer seek a unicorn.
               ╱                            ╲
        every farmer              x seek a unicorn
                                 ╱              ╲
                                x          seek a unicorn
                                          ╱          ╲
                                       seek        a unicorn
```

图 6（a）

```
                Every farmer seek a unicorn.
               ╱                            ╲
          a unicorn              every farmer seek y
                                ╱                   ╲
                        every farmer            x seek y
                                               ╱       ╲
                                              x       seek y
                                                     ╱    ╲
                                                  seek     y
```

图 6（b）

(40) a.　seek'　　　　a unicorn：$\lambda Q \exists x[\text{unicorn'}(x) \& Q(x)]$

$x：\lambda Q[Q(x)]$　　　seek a unicorn：seek'($^\wedge\lambda Q \exists x[\text{unicorn'}(x) \& Q(x)]$)

x seek a unicorn：$= \lambda Q[Q(x)](\text{seek'}(^\wedge\lambda Q \exists x[\text{unicorn'}(x) \& Q(x)]))$

　　　　　　　　$= \text{seek'}(^\wedge\lambda Q \exists x[\text{unicorn'}(x) \& Q(x)])(x)$

　　　　　　　　$= \text{seek'}(^\wedge\lambda Q \exists x[\text{unicorn'}(x) \& Q(x)])(y)$

　　　　　　　　$= \lambda y[\text{seek'}(^\wedge\lambda Q \exists x[\text{unicorn'}(x) \& Q(x)])(y)]$

　　　　　　　　　　　　　　　　　　（λ-抽象）

every farmer：
$\lambda Q \forall x[\text{farmer'}(x) \rightarrow Q(x)]$

第十二章　内涵逻辑与命题态度

every farmer seek a unicorn：
$= \lambda Q \forall x[\text{farmer}'(x) \to Q(x)]$
$(\lambda y[\text{seek}'(\char`\^\lambda Q \exists x[\text{unicorn}'(x) \& Q(x)])(y)])$
$= \forall x[\text{farmer}'(x) \to \lambda y[\text{seek}'(\char`\^\lambda Q \exists x[\text{unicorn}'(x) \& Q(x)])(y)](x)]$
$= \forall x[\text{farmer}'(x) \to \text{seek}'(\char`\^\lambda Q \exists x[\text{unicorn}'(x) \& Q(x)])(x)]$
$= \forall x[\text{farmer}'(x) \to \text{seek}'(\char`\^\lambda Q \exists y[\text{unicorn}'(y) \& Q(y)])(x)]$

b.　seek'　　　　　y：$\lambda Q[Q(y)]$

x：$\lambda P[P(x)]$　　　seek y：seek'$(\char`\^\lambda Q[Q(y)])$

x seek y：$\lambda P[P(x)](\text{seek}'(\char`\^\lambda Q[Q(y)]))$
$= \text{seek}'(\char`\^\lambda Q[Q(y)])(x) = \lambda x[\text{seek}'(\char`\^\lambda Q[Q(y)])(x)]$
（λ - 抽象）

every farmer：
$\lambda Q \forall x[\text{farmer}'(x) \to Q(x)]$

every farmer seek y：$\lambda Q \forall x[\text{farmer}'(x) \to Q(x)]$
$(\lambda y[\text{seek}'(\char`\^\lambda Q[Q(y)])(x)])$
$= \forall x[\text{farmer}'(x) \to \lambda x[\text{seek}'(\char`\^\lambda Q[Q(y)])(x)](x)]$
$= \forall x[\text{farmer}'(x) \to \lambda x'[\text{seek}'(\char`\^\lambda Q[Q(y)])(x')](x)]$
$= \forall x[\text{farmer}'(x) \to \text{seek}'(\char`\^\lambda Q[Q(y)])(x)]$
$= \lambda y[\forall x[\text{farmer}'(x) \to \text{seek}'(\char`\^\lambda Q[Q(y)])(x)]]$

a unicorn：
$\lambda Q \exists x[\text{unicorn}'(x) \& Q(x)]$

$\lambda Q \exists x[\text{unicorn}'(x) \& Q(x)]$
$(\lambda y[\forall x[\text{farmer}'(x) \to \text{seek}'(\char`\^\lambda Q[Q(y)])(x)]])$
$= \exists x[\text{unicorn}'(x) \&$
$\lambda y[\forall x[\text{farmer}'(x) \to \text{seek}'(\char`\^\lambda Q[Q(y)])(x)]](x)]$
$= \exists x'[\text{unicorn}'(x') \&$

$$\lambda y[\forall x[farmer'(x) \to seek'(\char`\^\lambda Q[Q(y)])(x)]](x')]$$
$$= \exists x'[unicorn'(x') \&$$
$$\forall x[farmer'(x) \to seek'(\char`\^\lambda Q[Q(X')])(x)]]$$
$$= \exists y[unicorn'(y) \&$$
$$\forall x[farmer'(x) \to seek'(\char`\^\lambda Q[Q(y)])(x)]]$$

在上述推导中我们把个体变量翻译成了一般广义量化短语，如变量 x 就变成了 λQ[Q(x)]，这是广义量词理论的一般做法，我们在第八章里已经详细讨论过。另外 (40b) 中画线部分的推导中我们用变量 x' 消去了 λy，即用 x' 代替了 y。虽然 y 在内涵算子的辖域内，但是这个替换是允许的、合法的。这是因为按照第十一章给出的在内涵算子中进行变换的条件之一是用一个变量替换另一个变量，而我们这里所作的变换正是用变量 x' 替换变量 y。然后又把含有 x' 的部分改为 y，这后一步只是为了使用变量 x 和 y，而不使用 x 和 x'。不过这后一步转换不做也是可以的。

(38) 的第三个意义 (c) 和 (39) 中 (b) 的推导过程差不多。唯一不同的地方是 a unicorn 先和动词词组结合，然后再和 every farmer 结合。我们把它当做一个练习留给读者。

下面我们来看看在 Ty2 中，与 (40a) 和 (40b) 所对应的语义表达。由于整个推导过程是相同的，我们就不给出详细的推导了。实际上，在 Ty2 中所有的常量都随着索引的变化而变化，同时 IL 中的内涵算子都由 λi 所替代，这样，我们就可以很容易地得到与 (40) 相似的结果，如下所示。

(41) a. $\forall x[farmer^*(i)(x)$
$\to seek^*(i)(\lambda i[\lambda Q \exists y[unicorn^*(i)(y) \& Q(y)]])(x)]$
$= \lambda i[\forall x[farmer^*(i)(x)$
$\to seek^*(i)(\lambda i'[\lambda Q \exists y[unicorn^*(i')(y) \& Q(y)]])(x)]]$

b. $\exists y[unicorn^*(i)(y) \&$
$\forall x[farmer^*(i)(x) \to seek^*(i)(\lambda i[\lambda Q[Q(y)]])(x)]]$
$= \lambda i[\exists y[unicorn^*(i)(y) \&$
$\forall x[farmer^*(i)(x) \to seek^*(i)(\lambda i'[\lambda Q[Q(y)]])(x)]]]$

在所得到的结果中我们先对自由的索引 i 进行 λ - 抽象，然后把内层的 λi 改为 λi' 并把其辖域内的 i 都改成 i'，以示区别。如果把 (41)

中的结果和过去时算子相结合就可以得到句子（38）的两个意思的完整的解释。

（42） a. every farmer seek a unicorn：

$\lambda i[\forall x[\text{farmer}^*(i)(x)$
$\to \text{seek}^*(i)(\lambda i'[\lambda Q \exists y[\text{unicorn}^*(i')(y) \& Q(y)]])(x)]]$

绝对过去时 $\underline{P}$ ：$\lambda p \exists i[i < n \& p(i)]$

Every farmer sought a unicorn：

$\lambda p \exists i[i < n \& p(i)](\lambda i[\forall x[\text{farmer}^*(i)(x)$
$\to \text{seek}^*(i)(\lambda i'[\lambda Q \exists y[\text{unicorn}^*(i')(y) \& Q(y)]])(x)]])$

$= \exists i[i < n \& \lambda i[\forall x[\text{farmer}^*(i)(x)$
$\to \text{seek}^*(i)(\lambda i'[\lambda Q \exists y[\text{unicorn}^*(i')(y) \& Q(y)]])(x)]](i)]$

$= \exists i[i < n \& \lambda i''[\forall x[\text{farmer}^*(i'')(x)$
$\to \text{seek}^*(i'')(\lambda i'[\lambda Q \exists y[\text{unicorn}^*(i')(y) \& Q(y)]])(x)]](i)]$

$= \exists i[i < n \& \forall x[\text{farmer}^*(i)(x)$
$\to \text{seek}^*(i)(\lambda i'[\lambda Q \exists y[\text{unicorn}^*(i')(y) \& Q(y)]])(x)]]$

b. every farmer seek a unicorn：

$\lambda i[\exists y[\text{unicorn}^*(i)(y) \& \forall x[\text{farmer}^*(i)(x)$
$\to \text{seek}^*(i)(\lambda i'[\lambda Q[Q(y)]])(x)]]]$

绝对过去时 $\underline{P}$ ：$\lambda p \exists i[i < n \& p(i)]$

Every farmer sought a unicorn：

$\lambda p \exists i[i < n \& p(i)](\lambda i[\exists y[\text{unicorn}^*(i)(y) \& \forall x[\text{farmer}^*(i)(x)$
$\to \text{seek}^*(i)(\lambda i'[\lambda Q[Q(y)]])(x)]]])$

$= \exists i[i < n \& \lambda i[\exists y[\text{unicorn}^*(i)(y) \& \forall x[\text{farmer}^*(i)(x)$
$\to \text{seek}^*(i)(\lambda i'[\lambda Q[Q(y)]])(x)]]](i)]$

$= \exists i[i < n \& \lambda i''[\exists y[\text{unicorn}^*(i'')(y) \& \forall x[\text{farmer}^*(i'')(x)$
$\to \text{seek}^*(i'')(\lambda i'[\lambda Q[Q(y)]])(x)]]](i)]$

$= \exists i[i < n \& \exists y[\text{unicorn}^*(i)(y) \& \forall x[\text{farmer}^*(i)(x)$
$\to \text{seek}^*(i)(\lambda i'[\lambda Q[Q(y)]])(x)]]]$

思考与练习一

推导出（39）中（b）在 IL 中的语义表达式，并给出详细的推理过程。同时给出它在 Ty2 中的语义解释，即：和过去时算子相结合之后得出的结果。

第九节　命题态度以及信念的非逻辑性

一　基本问题

在前面的讨论中，我们把命题态度句解释成一个信念者和一个命题的关系，而相关的命题则被看成是可能世界的集合，例如：

(43) a. 张三认为北京是中国的首都。

　　b. Bel(^Shi_zhongguo_de_shoudu'(bj))(zh)

　　c. Bel*(i)(λi[Shi_zhongguo_de_shoudu*(i)(bj*(i))])(zh*(i))

（43b）和（43c）分别给出了（43a）在 IL 和 Ty2 中的语义表达，它表示 zh"张三"是满足条件 Shi_zhongguo_de_shoudu'(bj)"北京是中国的首都"的可能世界集合 W 论域中的一员，因为他相信命题"北京是中国的首都"为真。也就是说，如果你相信某一个命题为真，就表示你存在于那个与该命题相容的可能世界的集合之中。

然而，这种用可能世界来描述命题态度句的方法存在着一个很严重的概念问题，如果你相信某个命题为真的话，那么所有与之相容的命题都会出现在同一个集合之中，既然你存在于这个集合中，你就应该相信包含在该集合中所有的相容命题也为真，这显然是不可能的。这表明信念在逻辑等值的情况下并不是封闭的，运用可能世界来描述信念句的内容是不合适的。

下面我们详细说明为什么信念在逻辑等值的情况下并不是封闭的。在处理句子的语义时，我们希望某些逻辑推理在简单句和复杂句中都成立，如下所示：

(44) a. 张三在香港。

　　b. <u>李四也在香港。</u>

c. 他们都在香港。

(45) a. 王五认为张三在香港。

b. <u>王五认为李四也在香港。</u>

c. 王五认为他们都在香港。

像（44）和（45）这样的例子表明下面的推理对于信念句是合适的，我们甚至可以说（46）中给出的更一般的推理规则是成立的。

(46) 如果 φ⊨Ψ，那么[α 相信 φ 为真]⊨[α 相信 Ψ 为真]。

(47) α 相信 φ 为真。

<u>α 相信 Ψ 为真。</u>

α 相信[φ∧Ψ]为真。

(46) 表示逻辑上如果可以从 φ 推出 Ψ，那么就可以从"张三相信 φ"推出"张三相信 Ψ"。也就是说"信念"在逻辑等值的情况下封闭。

但是，这不可能为真。例如，我们知道条件式 p→q 和 ~q→~p 是等价的，但是，如果张三不知道这一事实的话，下面的两个句子就不能都为真。

(48) a. 张三认为北方下雪时，南方就很冷。

b. 张三认为南方不冷时，北方就不下雪。

下面的例子也说明一般的合取推理也可能在隐性结构中出问题。假设张三知道他银行里只有五百块钱，可是他写了三张价值分别为 137、232 和 148 的支票，因为他懒得把这三个数字加起来，所以，他还是可能认为他的银行里还有钱，因此，他不会认为他写的最后一张支票会被退回，即（44）中的两个句子可以同时为真。

(49) a. 张三相信他签了三张价值分别为 137、232 和 148 的支票。

b. 张三不认为他的一张支票会被退回。

这些例子表明我们的信念有时是非逻辑性的，即我们不能假定一般情况下信念句在逻辑等值的条件下会封闭。

另外，我们也不能用可能世界的集合来表达信念句的意义，这是因为用可能世界的集合来描述信念就意味着我们必须假设信念句在逻辑等值的情况下封闭。下面的例子说明了这一点。我们知道下面的 W_1 和 W_2 相等，因为条件式 p→q 和 ~q→~p 等价。

W_1 =〖北方下雪时,南方就很冷〗

$W_2 = 〚南方不冷时,北方就不下雪〛$

$W_1 = W_2$

(48)中两个句子的语义解释应该等价,如下所示:

$〚相信〛^W(〚张三〛^W, W_1) = 〚相信〛^W(〚张三〛^W, W_2)$

这是因为 $W_1 = W_2$,按照组合性原则,一个复合逻辑式的意义等于其部分的意义之和。由于上述公式两边的部分都等值,所以其两边的复合式也等值。这就表明用可能世界表达的信念句应该在逻辑等值的情况下封闭。然而,前面已经指出信念句不可能在逻辑等值的情况下封闭,因此,用可能世界的集合来描述信念是有问题的。

如果我们检查关于数学式的信念,就会很清楚地看到信念句不是在逻辑等值下封闭的。例如,下面的句子并不都取真值:

(50) a. 张三知道二加二等于四。

b. 张三知道144的平方根是12。

c. 张三知道方程式 $a^n + b^n = c^n$ 没有大于3的解。

(50)中表达的信念命题都是数学中的定理或者是一般的数学常识,它们都为真。同时它们都不随索引的变化而变化,即它们的内涵是等价的。然而,我们很难保证(50)中的句子都为真,即张三知道上面给出的所有数学事实。完全可能张三根本就不知道"平方根"是什么,所以,他就不一定知道144的平方根是12。

这些例子说明就是用内涵来表达信念句中命题的意义也是不够的,因为内涵相同时,并不能保证信念者具有某一信念。我们所需要的是即使是在内涵相同时,如果表达命题的小句的内容或行文不同时,所表达的信念也是不一样的。也就是说,对于像(48)中的句子,我们应该用不同的实体来表达张三的信念,虽然这两个信念的内涵一样,但是我们应该分别用下面的语义解释来表达(48a)和(48b)的语义,其中 O_1 与 O_2 不等。

(51) a. $〚相信〛^W(〚张三〛^W, O_1)$

b. $〚相信〛^W(〚张三〛^W, O_2)$

由于内涵不能区分不同信念句的语义解释,由信念态度动词引出的语境有时被叫做**超内涵结构**(hyper-intensional context)(Cresswell, 1973)。

这些例子还说明前面讨论过的等值代换原理在超内涵结构中不成立，这样，λ-代换或叫λ-还原"λuβ（γ）=［γ/u］β"的条件（22）（重复如下）就应该加上一个限制，即（22a）和（22b）不适用于像信念句那样的超内涵结构。

（22）a. γ的值不随索引的变化而变化；
　　　　b. γ是一个内涵式，即具有形式^p；
　　　　c. γ是一个变量。

但是，如果采用加林的Ty2系统，就不必考虑（22）中的条件，因为在该系统中内涵算子不存在了，且索引被引入到系统的对象语言中去了。

二　可能的解决办法

一种解决的办法是引入**不可能世界**（impossible world）。假设存在着一些不可能世界，在这些世界中，"二加二等于四"为真，可是"144的平方根等于12"为假。这样我们就可以区分（50）中的句子，即存在着不可能世界W'，（50a）为真，但是（50b）为假。所以，两句的内涵就会不相同，这样，它们的意义也就不一样了。问题是我们能不能定义出"不可能世界"。当然，我们可以说这些世界是指通常的逻辑公式不为真的世界。由于逻辑公式的意义来自其逻辑符号，所以，对于不可能世界，我们必须假设其中的逻辑符号的意义与正常的可能世界中的不同。这样，谈论不可能世界就意味着谈论不同的语言，例如，在一个语言中，"加"具有通常的意义，可是"平方根"则具有不同的意义。但是，在信念句中，完全可能张三把这两个符号都理解成通常的意义，仍然会认为"二加二等于四"为真，而认为"144的平方根等于12"为假。例如，他的数学不好，平方根总是算错，或者他刚开始学平方根运算，还不知道怎么样计算平方根。

另一种解决的办法是像处理时间和可能世界一样把命题当做基本实体，不能再进一步划分，即它们不可能是可能世界的集合，所以，假设信念的内容是新的基本实体。这样，"二加二等于四"和"144的平方根等于12"就引入不同的实体。这种办法意味着一个命题p和其双重否定不是等价的，即~~p引入一个不同于p的实体。同时，命题p→q和

命题 ~q→~p 也是不同的命题。这种解决办法的问题是我们不知道如何从简单逻辑式的真值和语义解释来计算复合逻辑式的语义解释和真值，如何定义逻辑算子也就无从谈起了。这种方法显然不太严格。

第三种办法是利用所谓的**引语理论**（quotation theory）。该理论认为信念的内容是**语言实体**（linguistic object），这样，信念句就表示信念者与一个语言实体即引语之间的关系。如果是这样的话，就很难用不同的词语来表达相同的信念，例如，下面的句子就不具有相同的真值，因为两句中使用的词语不同。

（52） a. 张三认为让李四离开是可能的。

　　　 b. 张三认为可能让李四离开。

尽管我们觉得这两个句子表达相同的意思，可是"引语"理论会得出它们两者真值不同的结论。

更成问题的是有时候信念的内容是用信念者不懂的外语表达的，如下所示：

（53） Zhangsan thinks he is smart. （张三认为他很聪明。）

这个句子可以用作回答一个说英语的外国人的问题。我们完全可以假设张三不懂英语，答案是由他的翻译告诉外国人的。在这种情况下，如果根据引语理论来解释这个句子的话，我们就必须说张三持有的信念是英文"he is smart"，而不是对应的中文"他很聪明"，这显然是不正确的。这个例子说明引语理论太严格了，需要把标准放宽一些。

第四种理论是对引语理论的一种改进，认为信念的内容是用一种通用的思维语言来表达的。它假定人们用一种特殊的但是标准的格式来表达人类的知识，这样，信念内容就是该语言中的逻辑式。如果我们用中文作为那种普遍语言，就可以把（48）的信念内容表达成下面的思维表达式，其中"如果—那么"是一个条件句算子。

（54） a. 如果 下雪（北方），那么 很冷（南方）

　　　 b. 如果不［冷（南方）］，那么不［下雪（北方）］

尽管（48a）和（48b）指向同一个命题，可是它们是不同的逻辑表达式，所以，（48）中两个句子的意义就不相同。

第五种办法是由刘易斯（Lewis, 1986）、克莱斯威尔（Cresswell, 1985）和冯-斯特仇（von Stechow, 1982）提出的，叫做**结构化的意义**

(structured meaning) 其目的是想把信念的内容变得更严格一些。具体办法是把句子中的每一成分或词组都当做一个语义实体,并由它们组成命题。这样,信念的内容不再是一个简单的命题,而是一组语义实体。这组语义实体就是所谓的结构化意义。例如,(45) 中的 (a) 和 (c) 就可以分别表示成下面的逻辑式:

(55) a. 〖相信〗^{W}(〖张三〗^{W}, <〖二〗^{W}, 〖加〗^{W}, 〖二〗^{W}, 〖等于〗^{W}, 〖四〗^{W} >)

b. 〖相信〗^{W}(〖张三〗^{W}, <〖144〗^{W}, 〖的平方根〗^{W}, 〖等于〗^{W}, 〖12〗^{W} >)

(55) 中给出的信念内容比简单的命题要详细很多。同时,与引语理论不同,(55) 给出的是语义实体,例如 (55a) 表示的是关于数字"二"、关系"加"和数字"二"的一个信念,这个信念给出的结果数字是"四"。

然而,该方法存在着一个问题,它不能区分意义和结构都相似的信念语境,如下所示:

(56) a. 张三认为一辆的士来了。

b. 张三认为一辆出租车来了。

由于"的士"和"出租车"同义,用结构化意义的方法得到的信念内容会是一样的,所以,从 (56a) 为真就可以推出 (56b) 为真。可是我们的语感告诉我们这个推理不一定成立,原因是张三可能不知道"出租车"就是"的士"。

总之,上面讨论的几种办法都有其不足之处。到目前为止,还没有一个比较满意的解决办法能处理信念语境中的每种情况。

三 名词词组的涉己解释

哲学家卡斯塔讷达(Castañeda, 1966; 1968)、佩里(Perry, 1993)和刘易斯(Lewis, 1979)都讨论过名词词组的涉己解释问题。刘易斯最先提出名词词组的**涉己解释**(*de se* interpretation)这一概念。他认为信念句中涉及的不应该是信念持有者(简称信念者)与一个命题之间的关系,而应该是他与一个特征(property)之间的关系,即信念者具有某种特征。

按照他的理论，人们的信念都是**涉己信念**（*de se* belief），信念句的中心是人，信念的持有者。他认为涉名信念（*de dicto* belief）是涉己信念的一个特例，即信念者认为自己是某个可能世界集合中的一员，且在该集合中涉名信念所表述的命题为真。由于是信念者把生活在该集合中这一特征赋给他自己，所以，还是一个涉己信念，即他认为自己在那个集合中。这样，就可以把所有的涉名信念都看成是涉己信念。由此，所有的信念都必须依赖于一个信念者而存在，脱离了信念者就无信念可言。因此，刘易斯否认有**涉实信念**（*de re* belief）的存在，认为所有的信念都是某种涉己信念，而人们通常所说的所谓的涉实信念根本就不是信念，而只不过是对事件的某种陈述（state of affairs，简称**事件陈述**）而已。这是因为在所谓的涉实信念中，如果信念者是第三人称的名词词组的话，在信念内容中出现第一或第二人称代词，就很难说这些第一人称或者第二人称代词的所指之确定依赖于这个信念者；既然他们不依赖于这个信念者，怎么可以把这个信念放入到信念者的信念集合中去呢？如果放不进去，就表明我们所说的所谓信念不是一个信念，而是一个事件陈述。注意如果信念句中只包括第三人称的名词词组，则该词组可以是涉实解释，也可以是涉名解释。如果是前者，引出的就不是信念，而是事件陈述，因为我们知道涉实解释的名词不依赖于信念者，它是在信念者的辖域之外引入的。可是，如果解释成涉名的，就一定是在信念者的辖域之内，所以是涉己信念。①

前面章节讨论过的命题态度问题，按照刘易斯的信念理论就应该分析成涉己信念。由于一个信念总是和它的持有者联系在一起，要验证一个信念者是否具有某个信念，只需检查一下该信念是否在他的信念集合里就行了。这样，一个逻辑上等值的命题就不一定和其他相等的命题一样存在于某个信念者的信念集合中。也就是说尽管两个信念的内容等值，并不表示它们一定会同时存在于一个信念者的信念集合中。

另外，把信念看成是信念者的特征，也可以解释下面的句子为什么是可以接受的：

---

① 涉己信念在自然语言中的一个运用是汉语的反身代词"自己"，它被认为是一个涉己信念的指示标志，它指向信念者，详见潘海华（Pan, 1997）。

(57) a. 张三认为二加二等于五。
　　　b. 张三认为李平不是刘刚。

(57a) 表明张三有一个与逻辑相矛盾的信念，但是，这个句子没有什么问题。为什么呢？这个例子说明我们的信念与逻辑是在两个不同的系统中运行，逻辑独立于信念者而存在，就像是信念者的思想之外的东西，然而，信念则存在于我们的思维之中。由于（57a）中表达的只是一个信念，所以它可以与逻辑规定相矛盾，只要在张三的信念中没有矛盾就行了。

(57b) 是另一个例子。本来这个例子没有一点问题，可是如果我们假设"李平"和"刘刚"实际上指同一个人的话，（57b）就会和我们的一般理解相冲突。不过（57a）和（57b）都是可以接受的信念，当然，知道李平就是刘刚的人会认为张三的信念是错的。这个例子说明像（57b）这样句子的解释和评价对于张三来说是在他的信念集合中进行的。只要在其信念集合中该句子成立就行了，而不需要在真实世界里或张三之外的模型中进行评价。当然，在张三的信念集合中，他一定是把李平和刘刚当做不同的人，所以，就指向不同的个体。这样，张三的信念就不会错。也就是说张三不会认为他的想法是不正确的，他很可能对自己的信念坚信不疑呢。我们知道他的信念不正确，是因为我们比他知道得多一些，同时，我们是在他的信念之外进行评价的。

像（57）这样的例子说明信念结构是与信念者相关的，其评价也只是在信念者的信念集合中进行的。因此，刘易斯有关涉已信念的理论似乎可以用来解释命题态度中的一些问题，为最终解决这一难题提供了一条新的似乎可行的路子。由于篇幅的限制以及命题态度的难度，我们在这里就不再详细讨论了。

阅 读 文 选

本章的内容主要参考了克里夫卡（Krifka, 1995），还参考了坎恩（Cann, 1995）、道蒂等（Dowty et al., 1981）、帕蒂（Partee, 1987）等。有兴趣的读者可以进一步阅读上述文献，还可以参阅徐烈炯（1995）、帕蒂等（Partee et al., 1990）、拉森与西格尔（Larson & Segal，1995）以及莱平（Lappin，1996）中的相关文章。有关意义公设方面的讨论可参阅道蒂等（Dowty et al.，1981）。有关涉实、涉名和涉己信念的差别及对命题态度的讨论可参阅卡斯塔讷达（Castañeda，1966；1968）、刘易斯（Lewis，1979）、阿西尔（Asher，1986）、佩里（Perry，1993）、潘海华（Pan，1997）等。至于这些解释在解释汉语反身代词"自己"中的应用，可参阅潘海华（Pan，1997）。

第十三章 博弈论语义学

本章以量化的表达与解释为例，简要介绍**博弈论语义学**（Game-theoretical Semantics）。**博弈论**（Game Theory）首先是作为一种数学理论被提出的，70年代经由欣迪卡［Jaako Hintikka］和他的学生们应用到自然语言的研究中来。博弈论语义学通过独特的构思和程序来表达和解释许多逻辑语义现象。虽然其基本思路和技术细节与其他语义理论不甚吻合，但认真推敲起来，仍能找出其背后的逻辑基础。所以该理论至今仍为逻辑学家和形式语义学家所认同。

第一节 问题的提出

我们从欣迪卡的**欠明论**（the Underdeterminacy Thesis）谈起。欣迪卡（Hintikka, 1979a）注意到，在自然语言的量化结构中，确定绝对概念的辖域范围并不重要，因为它在句子或语篇中可不受限制地任意延伸。比如在例（1）中，由存在量词引入的辖域经过显现或隐现的代词的传递可贯通整个语篇：①

(1) 一个男人走进店来，他先翻了一通架上的杂志，接着Δ逗了会儿猫，然后Δ又想喂鸟，最后Δ终于被撵了出去。

但对多重量化式相对辖域的确定却对相关语句的正确理解至关重要。不过在自然语言的语篇里研究相对辖域并不容易，因为没有逻辑式中的括弧或句点来界定辖域的范围。因此，相对辖域并不能通过句法形式清楚地界定。在形式语言中，可以通过语句的组成部分递归地构筑逻辑式的真值语义，然后在该式前冠以量词，以统辖全式。这样，辖域的范围也就随之界定，量词所统辖的式子便是个命题函项，整个量化式就

---

① Δ 为空语类。

不难解释。自然语言中既无域的标记，绝对辖域又可无限延伸，我们只能先假设某量词所冠的应是哪个命题函项，然后组装后者以供前者统辖，进而解释相关的量化语句。但在处理分枝量化式时，我们甚至无法在构造命题函项后逐个冠上量词，因为有关量词的排列呈分枝状，需要同时引入、并行解释，但这对于一阶逻辑的组合性解释方法来说，也是不知如何入手的。[①]

欣迪卡认为问题的症结在于量化式的解释步骤是从内层到外层作组合性解释的。这是逻辑上的惯常做法。但如果反其道而行之，从外层到内层解释量化句，就不必先确定量词的辖域。我们可以对量化词组赋予一个任意选择的个体（arbitrarily-chosen object），然后解释余下的语篇。每一步的解释都会影响下一步的解释。在解释的过程中建立量词间的逻辑依存关系，从而变相地确立相对辖域。这种观点通过博弈理论而系统化。下面我们讨论博弈论对一阶谓词逻辑和自然语言量化结构的处理。[②]

第二节　对一阶逻辑式的解释

博弈论把一阶逻辑式的解释模拟成一种两人之间的博弈比赛。为讨论方便，一般把参与比赛的双方拟人化，一方称作**自然**，另一方称作**我**。每场比赛必分出胜负，不容平局。给定一逻辑式 S，参赛双方轮流把 S 约简为 S′、S″等等。[③] 最后使约简的式子不再含有变量和连接词算子，这种句式叫做原子句。此时双方展开决战。**我**要找出一句取真值的原子句，而**自然**则试图找出一句取假值的原子句，谁先达到了目的，谁就是赢家，对方就是输家。**我**赢时，有关逻辑式就被确认为真，否则为假。如果有一套取胜策略能使**我**百战不殆，不管遇上哪种逻辑式，那就

[①] 蒙太格语义学的解决方法是引入高阶逻辑中的斯科林函项并用二阶量词来约束相关论元。这样，分枝量化式转化成了线性逻辑式，又可以根据组合性原则作由内向外的逐层解释了。参见本书第六章第三节。但欣迪卡认为高阶逻辑的技术方法不值得采用。他认为从哲学和心理学的角度看，一阶逻辑自然得多，所以自然语言只能用一阶逻辑的技术来分析。詹森（Janssen, 1997）对欣迪卡的这个立场提出了质疑。

[②] 博弈论语义学的另一个重点研究课题为**回指词**（anaphora）的解释，参见章末开列的阅读书目。

[③] S′、S″代表从较复杂的句式约简得到的句式。上标的撇越多，句式就越简单。这种表示法与生成语法中的 X-标杠理论无关。

是一个行之有效的语义解释理论。

欣迪卡（Hintikka，1974；1976a）拟就了一些取胜策略，详举如下：

设有论域 D，D 是个体的集合，待解释语言（L）的所有谓词都根据此论域解释。另设 L 中只有 D 中的专名才是不受（量词）约束的单个论元。这两个规定保证每句原子句都有一个确定的真值，只要它是由 L 中的谓词加 D 中的专名组成的。

(2) 策略(G.∃)：

设 S′为(∃x)Φ(x)，**我**在 D 中选一个体，给它一个专名，比如 b（假设这个个体尚无可用的专名），得到 Φ(b/x)，然后比赛继续进行。

(3) 策略(G.∀)：

设 S′为(∀x)Φ(x)，比赛策略如(G.∃)，不同之处在于**自然**选出个体 b（即这次**自然**是先手，**我**为后手。）

(4) 策略(G.∨)：

设 S′为(F∨G)，**我**选 F 或 G，比赛继续进行。

(5) 策略(G.&)：

设 S′为(F&G)，比赛策略如(G.∨)，不同之处在于由**自然**先来选 F 或 G。

(6) 策略(G.~)：

设 S′为~F，比赛双方交换由策略(G.∃)、(G.∀)、(G.∨)、(G.&)、(G.~)和(G.A)所规定的先后手，得出 F，继续比赛。

(7) 策略(G.A)：

如 A 为真，**我赢**，否则**自然赢**。（A 为原子句。）

(8) 策略(G.T)：

S 为真当且仅当**我**在比赛中能够运用策略取胜。

运用上述策略可以处理其他复合逻辑式，如设 S′为（P→Q），我们可把它转换为（~P∨Q），然后用策略（G.∨）和(G.~)继续比赛。

回到欣迪卡原来要解决的相对辖域问题，现在我们可以应用量词策略，从外层至内层解释多重量化句了。

例如，设 S 为（9）：

(9) $\forall x \exists y \Phi(x,y)$.

则我们先处理 $\forall x$。应用策略(G. $\forall$),**自然**从 D 中选一个体,将它命名为 b,得出 S':

(10) $\exists y \Phi(b/x,y)$.

现在轮到**我**应招。应用(G. $\exists$),**我**从 D 中选出一个体 c,得到 S″:

(11) $\Phi(b/x, c/y) \Rightarrow \Phi(b,c)$.

当**我**在选 c 时,**我**已知道**自然**的上一招是什么,所以**我**的应招是一个有针对性的选择,针对的就是**自然**上一招所选的个体,c 的值于是依赖于 b 的值。比赛继续进行。如果 c 值确实依赖于 b,则**我**赢。如果不管**自然**选的是哪个个体 n_i,**我**都能选一个相应的个体 n_j,使 n_j 依赖于 n_i,则式(9)便取真。以这种方式得出的语义解释实际上等同于一个斯科林前束式(12):

(12) $\exists f \forall x (x, f(x))$.

如要解释存在量词在前的(13),则由**我**先出招,得到(14):

(13) $\exists x \forall y \Phi(x,y)$.

(14) $\forall y \Phi(b/x,y)$.

然后轮到**自然**出招,得(15):

(15) $\Phi(b/x, c/y)$,即 $\Phi(b,c)$。

(15) 是一个原子句。至此,比赛结束,由(G. A)定胜负。

在上述两个实例中,双方在选择个体时都知道先前的选择结果是什么。但倘若他们仅知部分选择结果,则后继的选择便会只依照这部分知识来进行。这种选择的结果便使我们得到了分枝量化式的解释。例如,给定(16):

(16) $\forall x \exists u$
     $\Phi(x,u,y,w)$.
     $\forall y \exists w$

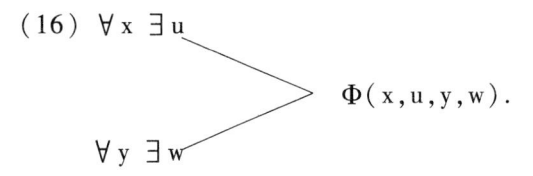

比赛可以这样进行:双方先处理一个分枝,然后再解决另一个。具体做法是:**自然**先出招,得(17):

(17) $\exists u \Phi(b/x, u, \_\_\_, \_\_\_)$.

然后**我**出招,得(18):

(18) Φ(b/x,c/u,＿＿,＿＿).

自然随后得(19):

(19) ∃w Φ(b/x,c/u,d/y,w).

我随即得出(20):

(20) Φ(b/x,c/u,d/y,e/w).

(20)与斯科林前束范式(21)相同:

(21) ∃f ∃g ∀x ∀y Φ(x,f(x),y,g(y)).

第三节 对自然语言量化句的解释

欣迪卡将博弈理论应用于自然语言的解释,从而创立了**博弈论语义学**(Game-theoretical Semantics)。只要把第二节所列的取胜策略稍加改编,就可用于自然语言的语义解释。下面我们列出用于汉语语义解释的一些主要取胜策略:①

(22)策略(G. 一(CL)):

  X——一(CL)(Z 的)Y——W[**我**先选择]

⇒ X — b — W,b 是"一(CL)Y";且 b 是 Z。

  (CL 为单位词;X — W 为一任意句法环境;"Z 的"为关系从句;Z 为从句中的谓语。括弧内的成分为有选成分。)

(23)策略(G. 每(CL)):

  X — 每(CL)(Z 的)Y — W[**自然**先选择]

⇒ X — d — W,如 d 是"一(CL)Y"且 d 是 Z。

(24)策略(G. 且):

  X 且 Y   [**自然**先选择]

⇒ X,或 Y。

(25)策略(G. 或):

  X 或 Y   [**我**先选择]

---

① 改编自欣迪卡制定的用于英语语义解释的策略。策略中的具体选词仅是范例,也可由其他功能相同的词充任。

⇒ X,或 Y。

(26) 策略(G. 否定):

否定[X]

[比赛双方交换由原来的策略规定的角色,然后继续比赛。]

(27) 策略(G. 如果):

X 如果 Y　　　　　　　　　　　　　[**我**先选择]

⇒ ~Y,或 X。

策略(7)(G. A)和(8)(G. T)对自然语言一样适用。英语中类似的算子和其他在此未涉及的算子的比赛策略可在本章末所列的阅读文选中找到,如"any[任何]"、"a certain[某个]"、定指词("the N")、回指词以及非标准量词。

现在我们以(28)为例,示范一下博弈论语义学对自然语言的多重量化句的处理:

(28) 每个在香港理工大学工作的教师都有一间办公室。

应用策略(23)(G. 每),**自然**先出招,选择一位在香港理工大学工作的教师,如蒋严,得(29):

(29) 蒋严,如果蒋严是一位教师且蒋严在理工大学工作,拥有一间办公室。

应用策略(27)(G. 如果),**我**提供一析取式(30):

(30) [并非(蒋严是教师且在理工大学工作)]或[蒋严拥有一间办公室]。

应用策略(25)(G. 或),**我**选了(30)的第二个析取项。应用策略(22)(G. 一),**我**选了一间特定的办公室:如理工大学 AG 505 室。这样,就得出了下式:

(31) 蒋严拥有 AG 505 室且 AG 505 室是一间办公室。

应用策略(24)(G. 且),**自然**得出原子句(32):

(32) 蒋严拥有 AG 505 室。

现在是应用策略(7)(G. A)"决战"的时候了。根据特定模型,如果**我**选的 AG 505 室确实属于**自然**选的蒋严这个人,则这盘**我**胜。如果针对**自然**每次选择的教师,**我**都能应之以一间具体的办公室,则据策略(8)(G.T),**我**每盘皆胜,说明**我**的取胜策略奏效了。这样便可证实(28)

为真。

　　如果针对**自然**每次选择的教师，**我**都应之以同一个办公室，则由此得到的就是由"一间办公室"在（28）中取宽域的解，是否为真则视模型而定。

　　自然语言中分枝量化语句在博弈论语义学中的解释与在逻辑语言中的解释无异，请读者根据本书第六章的例子尝试写出解释步骤。

第四节　博弈论语义学的主要特征

　　就博弈理论对纯逻辑及自然语言量化式的处理而言，该理论对量化结构的语义采取了一种**程序化**（procedural）的解释。它系统地把量词消除，用个体常量代替受约变量。这种过程要求博弈者根据语境信息有意识地去搜寻选择论域中的个体。博弈者如对双方先前的过招完全知晓，则会使个体的选择具有明确的承前依存性，即：使前一步的选择左右后一步的选择。倘若博弈者对先前的过招不能完全知晓，则他会根据局部或有限的过程而选择个体，甚至盲目选择。这样个体间便不会有很强的逻辑依存关系。这种解释方式可被视为是对一阶逻辑及自然语言量化式的功能性解释，与运用斯科林函项得出的二阶逻辑表达式结果相同。由于程序化操作过程将复杂结构逐步化解为原子句，所以能从外向内一步一步地验证和评价语句并用明确的形式化方法表达出来。这就是说，程序化的解释从最外层的量词入手，逐个深入，乃至最内层的量词，最后评价命题函项。这与塔斯基式的从内向外的解释步骤截然不同。后者对最内层的命题函项先作一临时的赋值，然后一步一步地向外层扩展。欣迪卡认为唯有由外向内型解释法才可处理有穷偏序列逻辑式即分枝量化式，因为由内向外型的组合性解释法的操作完全不知外层的分析结构，所以无法对其作出解释。

　　这里我们需要区分**程序化**与**动态**（dynamic）这两个不同概念。动态的语义表达注重其研究对象随表达的不同阶段而表现出的不同的表达特征。研究对象可以呈阶段性的变化，并伴有相应的适用规则。代表性的例子就是下一章要介绍的篇章表述理论。但动态理论并不精确地说明先做什么、再做什么。针对一个表达阶段，几条规则可同时实施，并无严格的次序。也就是说动态操作并不一定是程序化的，仅仅是总体地勾勒出一些变化顺序。程序化的理论对操作步骤有细致的规定，要求环环相接，就像写一个电脑程序一样。做错了一步或弄错了一个先后顺序，就会使整个操作陷于停顿。当然我们完全可以设计程序化的动态理论。

从语言学的角度看，博弈论语义学确如其名，纯属语义理论，因为它仅对语句作解释，不对其作句法分析。它由规则支配，经过替换操作将语句分解成原子句。不同语言的区别就直接表达成博弈规则及其操作顺序。语义解释被当做是对逻辑式的验证，按各相关逻辑算子的真值条件来确定。

讲到这里，我们还要简略地介绍一下**任意名**（arbitrary name）与**任意物**（arbitrary object）。根据莱蒙（Lemmon, 1965），设有论域 D, 我们可以从中任意选取一个体，以替换逻辑式中的某个受量词约束的变量论元，同时除去有关的量词前束式。我们把这种任意选取的个体叫做**任选物**（arbitrarily chosen object），把指谓任选物的逻辑符号叫做**任意名**（arbitrary name）。引进任意名是为了帮助量化逻辑式的推导，因为冠以量词的逻辑式不能直接参加推导，需先运用量词规则将量词除去。等推导完毕，再把得到的逻辑式重新量化。任意名最早由希尔伯特与贝纳斯（Hilbert & Bernays, 1934; 1939）提出，在雷申林（Leisenring, 1969）中被纳入更严密的逻辑体系。博弈论语义学沿用了任意名的概念。此外，法因（Fine, 1985）提出了**任意物**（arbitrary object）的概念，定义为从某个集合中抽象出的个体。任意物不能等同于集合中的任何个体，因此它与任选物不同。但在逻辑式中任意物也可通过任意名指谓。事实上，法因（Fine, 1985）认为任意名指谓的只能是任意物，不能是任选物，所以任意名背后的语义实体应该是任意物。而较传统的做法是把任意名与任选物联系起来，具体讨论参见法因（Fine, 1984; 1985）、麦耶-维尔（Meyer Viol, 1995a, b）及蒋严（Jiang, 1995）。

第五节 博弈论与证明程序

欣迪卡（Hintikka, 1979c）把他设计的博弈游戏称作是"探索世界、证明及证伪语句的游戏"。博弈论背后的技术细节的确与其他的真理证明方式如出一辙。对后者的考察有助于我们把握博弈游戏的实质。

我们先来看一下**贝斯图证法**(Beth Tableau)。据霍杰斯（Hodges, 1983），贝斯图证法的逻辑基础可用以下定理来概括：

(33) $\phi_1, \ldots, \phi_n \models \Psi$ 当且仅当 $\phi_1, \ldots, \phi_n, \sim\Psi \models \perp$.
（⊥表示假。）

从霍杰斯（Hodges, 1983）中撷取一例，让我们来判定一下**列式**(sequent)(34)是否有效：

(34) P & Q, ~(P & R) ⊨ ~R.

据(33)，(34)有效当且仅当(35)有效：

(35) P & Q, ~(P & R), ~ ~R ⊨ ⊥.

(36) a.　　P & Q,　　~(P & R),　　~ ~R ⊨ ⊥.
　　　　　　　　　　│
　　　　　　　　　　[双重否定律]
　　　　　　　　　　│
　　　b.　　P & Q,　　~(P & R),　　R　　⊨　　⊥.
　　　　　　　　　　│
　　　　　　　　　　[& 的 TC]
　　　　　　　　　　│
　　　c.　　P, Q　　~(P & R),　　R　　⊨　　⊥.
　　　　　　　　　　│
　　　　　　　　　　[~(A & B) 的 TC]
　　　　　　　　　　│
　　　d.　　P, Q,　　~P ∨ ~R,　　R　　⊨　　⊥.
　　　　　　　　　╱　　　　　╲
　　　　　　　　　　[∨ 的 TC]
　　　e.　P, Q, ~P, R = ⊥.　　　P, Q, ~R, R = ⊥.
　　　　　　（TC = 真值条件。）

(35)告诉我们，⊨左边的三个表达式在任何模型都不能同时成立。为从反面证明(35)为真，我们可以尝试建立一个模型，以求否定(35)。具体的做法是将列式(35)中的各表达式按其真条件所规定的内容分解成原子成分。如果各原子成分可以和平共处，互不抵触，则我们就成功地构造起了一个不导致荒谬的模型。那样的话，我们就成功地证明（35）无效。否则我们就无法否定（35），该列式便为真。（36）中给出了证伪细节。

（36）中的原子式如导致矛盾，则该式被封闭，在此用下划线表示。如各原子式皆遭封闭，则整个等式为真。故（36）证明该等式不能否定，因而从反面证明（34）为真。

例（37）也选自霍杰斯（Hodges，1983）。

(37) P∨~(Q→R), Q→R ⊨ Q.

(38) a.   P∨~(Q→R), Q→R, ~Q ⊨ ⊥.

　　　　　　　　　　　　　　　［∨ 的 TC］

b. P, Q→R, ~Q ⊨ ⊥.

　　　　　　~(Q→R), Q→R, ~Q = ⊥

　　　　　　　　　　［→的 TC］

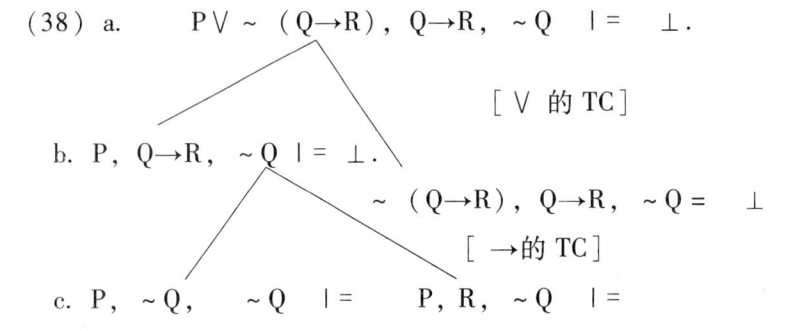

c. P, ~Q, ~Q ⊨　　P, R, ~Q ⊨

我们只能证明（38b）的右边一项导致了矛盾，可以封闭，可左边的一项直至分解成原子句都可导致矛盾，不能封闭。这说明（38）⊨ 左边第一式的左析取项 P 与其他两式 Q→R 和 ~Q 可以共存。因此我们成功地构建了一个无荒谬的模型。(37) 因此被否定。

至此，我们介绍的贝斯图证法与真值表一样，只能验证以命题为最小成分的逻辑式。对这种图证法略加扩展就可以处理谓词逻辑的表达式，但由此也带来了许多技术上无法解决的问题，最终表明这种方法是具有根本性缺陷的。[①] 为求简便，我们接下来的考察改换另一种相似的证明法。该证明法借一些复杂的定理和过程，可以验证谓词逻辑的表达式，戴维斯（Davis，1994）将这种方法称作**证伪程序**（refutation procedures）。我们从戴维斯（Davis，1994）中选取一例示范。[②] 给定例

[①] 详见布莱克本与博斯（Blackburn & Bos, 2003：上卷第五章）。
[②] 原例用的是英文句子，我们已将其改写成中文。另外，我们在此的解释主要根据蒋严（1995），与戴维斯（Davis，1994）在表述方式上有很大出入。

(39) 及其翻译式 (40)，(40) 为真当且仅当 (41) 为假。

(39) 张三帮助李四。每个人都帮助助人者。

　　　|= 　每个人帮助张三。

(40) $B(m,n), \forall x \forall y[\exists z(B(y,z) \rightarrow B(x,y))]$

　　　|= 　$\forall x (B(x,m))$.

(B = 帮助，m = 张三，n = 李四。)

(41) $B(m,n) \& \forall x \forall y[\exists z(B(y,z) \rightarrow B(x,y))] \& \sim \forall x(B(x,m))$.

我们先列出验证步骤，然后讲解：

(42) $B(m,n) \& \forall x \forall y[\sim \exists z(B(y,z)) \vee B(x,y)] \& \exists x \sim B(x,m)$.

⇒ (43) $B(m,n) \& \forall x \forall y[\forall z \sim B(y,z) \vee B(x,y)] \& \exists x \sim B(x,m)$.

⇒ (44) $B(m,n) \& \forall x \forall y[\forall z \sim B(y,z) \vee B(x,y)] \& \exists w \sim B(w,m)$.

⇒ (45) $\exists w \forall x \forall y \forall z[[B(m,n)] \& [\sim B(y,z) \vee B(x,y)] \& \sim B(w,m)]$.

⇒ (46) $\forall x \forall y \forall z[[B(m,n)] \& [\sim B(y,z) \vee B(x,y)] \& \sim B(c,m)]$.

我们先将 (41) 中的条件式转化成等值的析取式，并根据量词转换规则把 ~∀x 转化为 ∃x~，得 (42)，然后再将 ~∃z 改写成 ∀z~，得 (43)。接着我们把式中由 ∃ 约束的变量 x 改成 w，得 (44)，这样就避免了一式中有两个量词所约束的不同变量取同一字母的情况。将 (44) 规范化，得前束范式 (45)。由于式中有一个存在量词 ∃w，所以我们可按斯科林化将其消除，在 ∃w 约束的变量位置用 $g(\alpha)$ 代替 w，其中 g 为函项，α 为 w 依存的个体。然而，因 (45) 式中的 ∃w 在最左边，w 的解释无个体可依赖，所以 $g(\alpha)$ 中的 α = 0。这时，据戴维斯（Davis, 1994），代换变量 w 的项 $g(\alpha)$ 就可简化为一个常量值，也可以把它看成是一个主目为 0 的函项。我们据此定义用**斯科林常量**（Skolem constant）**c** 代替 w，得 (46)。① 在继续验证 (46) 之前，我们需引介一下**斯科林—柯布朗定理**（the Skolem-Herbrand Theorem）及其相关定义。

(47) 斯科林—柯布朗定理

---

① 有关斯科林常量的讨论可在加贝（Gabbay, 1996）中找到。

令 α 为 Λ 语汇构造的语句，α 取 $\forall \xi_{i1}\ldots \forall \xi_{in} \zeta(\xi_{i1},\ldots,\xi_{in})$ 的形式，则 α 有效当且仅当其**柯布朗支集**（Herbrand support）S(α) 的真值意义有效（即无矛盾）。

(48) α 的**柯布朗支集**是句子的集合：

$S(\alpha) = \{\zeta(\mu_1,\ldots,\mu_n) | \mu_1,\ldots,\mu_n \in H(\alpha)\}$，其中 $H(\alpha)$ 为 α 的**柯布朗域**（Herbrand universe）。

(49) α 的**柯布朗域**为 α 的语汇中所有不为变量的项的集合。据上述定义，我们构造一个由三个个体组成的柯布朗域：

(50) H = {m, n, c}.

(m = 张三，n = 李四，c 为另一特定个体)。

鉴于 (46) 式含有三个变量 x、y、z，我们得出以下抽象式：

(51) $\zeta(x,y,z)$ = B(m,n) & [~B(y,z) ∨ B(x,y)] & ~B(c,m)].

(51) 的等号左边告诉我们有关语句的谓词 ζ 含三个变量，等号右边为实际句子。

我们用 (50) 中的三个个体来系统地更替 (51) 中的变量，总共可得出 3^3 种可能。因此 (46) 的柯布朗支集共有 3^3 = 27 个句子。其中一句为 (52)：

(52) B(m,n) & [~B(m,n) ∨ B(c,m)] & ~B(c,m).

(52) 可再分解成以下两式：

(53) B(m,n) & ~B(m,n) & ~B(c,m).

(54) B(m,n) & B(c,m) & ~B(c,m).

(53) 和 (54) 皆因导致矛盾而无效，所以整个柯布朗支集的真值意义不能成立。根据斯科林—柯布朗定理 (47)，(46) 不成立，故 (41) 亦不成立。既然 (41) 被否定，(40) 便证明是有效的。

上述两个例子给我们似曾相识的感觉，因为它们使我们联想起了博弈论的做法。贝斯图证法、戴维斯的反证法及博弈论都采用了分解、简化复杂逻辑式和否定否命题的技术手法。三者都采用了 (33) 所列的逻辑反证原则，也都可以采用个体常量（任意名）替换受约变量的方法。我们可把它们统称为**反证法**（the refutation method），或据雷申林（Leisenring, 1969) 把它们叫作**非建设性证法** (non-constructive method)。①

倘若一个句子 α 的柯布朗域是一个无穷集,如自然数的集合,则其柯布朗支集也是无尽的。这意味着验证过程永远不会完结,同为柯布朗支集中生成的每个句子都需要验证。从**可计算性理论**(compatability theory)的角度来说,这种情况是**递归穷举**的(recursively enumerable),因而是无法计算的。就算是一个有限的集合,这种验证过程的效率也极差。②

德-基洛茨(de Queiroz, 1994)认为:"尽管[博弈论]澄清了数学语言的一些语义问题,阐明了命题的理解过程中语义解释的作用,这种观点似乎并未反映出数学家的思维特性。"这告诉我们,博弈理论似乎不具备**心理现实性**(psychological reality)。

换一个角度看,自然语言的语句生成、语义表达和解释可以基于推理性的机制,③ 不必与真值语义的验证策略直接等同起来。以量化结构的处理为例,变量论元间的逻辑依存关系可以通过句法结构来确定,也可以随句法结构的构建而逐步确立,并不一定需要根据验证策略用任意名一一替换变量。当然,以推理机制为本的语义理论在计算效率上是否一定优于验证型的理论,这还需要进一步的探讨。另外,程序化的语言理论与验证型的理论并不等同,我们也可以制定推理型的程序化理论,**动态句法**(Dynamic Syntax)就是一个例子,它是在逻辑语义的概念和方法的基础之上建立起来的句法理论。④ 用语义概念建立句法理论,这种做法并无矛盾之处。比如贝斯图证法虽然完全是建立在语义概念之上的,但该证明程序的运用是全然机械的,不需要顾及任何语义上的因素。

---

① 按雷申林(Leisenring, 1969),非建设性论辩的定义为:欲证明某物的存在,假设该物不存在并从中导出矛盾。
② 具体讨论参见霍杰斯(Hodges, 1983)、戴维斯(Davis, 1994)以及布莱克本与博斯(Blackburn & Bos, 2003: 上卷第四章、第五章)。
③ 如基于标记推理系统而建构的类型—逻辑语法。
④ 参见肯普森等(Kempson, et al., 2001)。

阅读文选

博弈论语义学的主要文献见本书末参考书目中所开列的欣迪卡的著作、萨瑞南（Saarinen ed., 1979）主编的文集、德-基洛茨（de Queiroz, 1994）的文章。另见海姆（Heim, 1982）的有关评介。较新的论著是欣迪卡与山度（Hintikka & Sandu, 1997）和皮塔瑞南的博士论文（Pietarinen, 2001）。

对贝斯图证法的详细介绍和评估参见布莱克本与博斯（Blackburn & Bos, 2003：上卷第四章、第五章）。

第十四章 篇章表述理论

篇章表述理论（Discourse Representation Theory，英文简称 DRT，以下简称**篇章理论**）是 80 年代初期由汉斯·坎普（Hans Kamp，1981）提出的一种动态地描述自然语言意义的形式语义学理论。[①] 它与六七十年代的形式语义学理论，如蒙太格语义学的不同之处在于：它强调语言的动态特征及上下文（context）对句子意义的影响，认为一个句子的意义不仅取决于它本身的语义，也取决于其上下文，特别是代词的所指和**无定名词词组**（indefinite noun phrase）的语义解释都依赖于其上下文。不同的上下文会给出不同的可能性及不同的语义解释，而篇章理论的特点之一就是能很好地处理代词的所指和无定名词词组的语义解释问题。篇章理论由篇章语义的构造算法和语义的正确性验证两部分组成，前者按照篇章结构的翻译规则把自然语言的句子转换成其特有的框式表达，后者则根据一定的模型来解释所得到的语义结构。

在这一章里我们先讨论传统形式语义学理论所存在的问题，然后介绍篇章表述理论的基本形式和特点，接着说明如何对得到的框式表达进行语义解释。最后，讨论一些对篇章表述理论的改进，并介绍基尔基亚（Chierchia，1995）的**动态约束**（dynamic binding）理论。

第一节　传统形式语义学的问题

在篇章理论提出之前，传统形式语义学理论注重于对单个句子意义

[①] 海姆（Heim，1982）提出的**文本更新语义学**（File Change Semantics）与 DRT 在原理上非常相似，只不过它们的表达方式不太一样。通常人们讨论 DRT 时也把她的文本更新语义学包括在内。除篇章理论外，巴怀士与佩里（Barwise and Perry，1983）提出的**境况语义学**（Situation Semantics），格罗伦戴克与斯托克夫（Groenendijk & Stokhof，1991）的**动态谓词逻辑**（Dynamic Predicate Logic）等都是动态地描述自然语言的语义学理论。

的处理及其真值的验证,并且只是静态地描述一个句子的意义。可是,在处理时制(tense)、时态(aspect)、代词所指和无定名词词组的解释时,上述理论遇到了一定的困难。[①] 从罗素(Russell, 1905)开始,无定名词词组就被解释成具有**存在量词**的意义,即: a man "一个人"被翻译为 ∃x man′(x),而代词则被理解为**受约变量**(bound variable)。一个变量受约束意味着它在某个量词的辖域之内。若一个变量不在任何量词的辖域之内。则表示该变量为自由变量。因为自由变量不可能得到解释,所以含有自由变量的公式就是不合法的。

传统语义学理论遇到的第一个问题是:下面句子中的代词是一个自由变量,所以没有办法解决其所指问题。

(1) A man came in. He sat down.
    (有一个人走了进来,然后(他)坐了下来。)
(2) ∃x[man′(x) & came-in′(x)] & sat-down′(x)

由于(2)中的存在量词只能管第一句中的变量,所以 sat-down′(x)中的 x 是一个自由变量。因此,(2)中的公式不合法,即我们不知道 sat-down′(x)中的 x 受哪个量词约束。当然,这只是说,按照传统的方法,我们不知道如何解释代词 he(他)。凭语感,任何以英语为母语的人都会说 he 指 a man(一个人),即(1)应该有下面的语义表达:

(3) ∃x [man′(x) & Came-in′(x) & sat-down′(x)]

这是基奇(Geach, 1962)提出的解决办法,即存在量词的辖域是整个篇章。可是,下面的句子则表明这种改进的办法亦行不通。

(4) John: A man fell over the edge.
    (一个人从悬崖边掉了下去。)
    Mary: He didn't fall; he jumped.
    (他不是掉下去的,他是跳下去的。)
(5) There is a doctor in London and he is Welsh.
    (伦敦有一个医生,是威尔士人。)

如果存在量词的辖域是整个篇章的话,(4)的语义表达就有 ∃x[…&

---

① 由于篇幅的限制,这里我们不讨论有关时制和时态的问题,而集中讨论代词的所指以及无定名词词组在篇章表述理论中的表达与解释问题,但是我们不讨论代词作为**指示词**(indexical)的用法。

fell′(x) & ~fell′(x) &…]。这是一个矛盾命题，即 fell′(x) 及其否定命题 ~fell′(x) 同时为真。同样，(5) 的意义应该是：**伦敦有一个医生，他是威尔士人**，而不是基奇建议的方法所给出的**伦敦有一个威尔士医生**。第一个意义是说伦敦有一个特定的医生，而第二个意义是在伦敦的任何威尔士医生都可以使 (5) 为真。第二个意义更适合于描述下面句子的语义：

(6) There is a doctor in London who is Welsh.

这些例子说明不可能简单地把 (1)、(4) 和 (5) 中的代词都解释成受约变量。于是又有了像埃文斯 (Evans, 1980) 那样的建议，把这些代词看成是一个**有定摹状词** (definite description)，如 (5) 中的 he 就翻译为 the x who is a doctor in London (在伦敦的那个医生)，即代词 he 是变量 x 的函项。这种解释代词的方法被称为 **E-类代词** (E-type pronoun) 解释策略。

虽然无定名词词组可以作为代词的先行语，而不受句子边界的限制，其他的量词则表现不一样。比如下面 (7) 中的代词就与 (1) 不同，它不能以前面一句的量词词组作为其先行语。

(7) *Every/*No dog$_i$ came in. It$_i$ lay down under the table.

在这一点上无定名词词组不同于其他的量词词组，而更像专有名词词组，因为我们可以有 "John$_i$ came in. He$_i$ sat down"。这说明传统形式语义学把无定名词词组看成同其他量词一样具有量化功能的观点是有问题的。

传统形式语义学遇到的另一个问题是：如果真值是决定句子意义的唯一标准，在真值等价的情况下，句子形式不同，代词所指的可能性应该一样，可是，事实并非如此。例如，在谓词逻辑中，(8) 中左右两边的命题是等价的。

(8) $\exists x \Psi \leftrightarrow \sim \forall x \sim \Psi$

如果 Ψ = man′(x) & came-into-the-room′(x)，则 (8) 中左右两边的命题可分别表达下面 (9) 和 (10) 两句话的语义。

(9) A man came into the room. (有一个人进了房间。)

(10) It is not true that every man did not come into the room.
 (并不是每一个人都没有进房间。)

根据（8）中的表达式，**有人走进了房间**等价于**不是每一个人都没有走进房间**。可是，下面（11）中的句子在带有所给出的**下标**（index）时只能接在（9）之后，而不能接在（10）之后，如（12）和（13）所示。

(11) He looked happy.（他看上去很高兴。）

(12) [A man]$_i$ came into the room. He$_i$ looked happy.

（有一个人进了房间。他看上去很高兴。）

(13) It is not true that [every man]$_i$ did not come into the room.

   *He$_i$ looked happy.

（并不是每一个人都没有进房间。他看上去很高兴。）

类似这样的差别是篇章理论之前的形式语义学理论没有办法解释的，因为从逻辑的角度来看，既然句子（9）和（10）真值等价，两者都应该可以用在句子（11）之前，而（12）和（13）表明这是不对的。下面的一组句子进一步表明：真值只是理解句子意义的一部分，而不是唯一的部分；句子的上下文也是非常重要的。

(14) a. I dropped ten marbles and found all of them, except for **one**$_i$。It$_i$ is probably under the sofa.

   （我掉到地上十个弹珠，除了一个，都找到了。很可能在沙发下面。）

   b. ? I dropped ten marbles and found nine of them. It is probably under the sofa.

   （我掉到地上十个弹珠，找到了九个。很可能在沙发下面。）

(15) a. John owns **a bicycle**$_i$. He rides it$_i$ daily.

   （约翰有一辆自行车。他每天都骑。）

   b. ? John is a *bicycle*$_i$-owner. He rides it$_i$ daily.

   （约翰是自行车拥有者。他每天都骑。）

(16) a. John has **a spouse**$_i$. She$_i$ is nice.

   （约翰有一个妻子，她人很好。）

   b. ? John is married. She is nice.

   （约翰结了婚，她人很好。）

句子（14）—（16）中（a）句和（b）句的主要差别在于：（a）中有一个明确的名词词组（黑体）作为其后出现的代词 it 或 she 的先行语，而在（b）中要么没有这样的名词词组，如（14b）和（16b），要么这种先行语（斜体）被包含在另一个大的名词词组中，如（15b）。这些例子说明代词的先行语必须是上下文中最**显要**（prominent）且与之相容的一个名词词组，其中明确给出的名词词组比未给出的名词词组更显要，一个名词词组 X 比它所包含的所有名词词组都显要。

传统形式语义学所遇到的又一个问题是：它规定所有无定名词词组都具有**存在量化**（existentially quantified）特征，可是在一定条件下无定名词词组可以解释成**全称量化**的（universally quantified）词组。这一点可由典型例句（17）和（18）看出。这种句子在语义学的讨论中常常被称为**驴子句**（donkey sentence）（Geach，1962）。[①]

(17) If Pedro$_i$ owns a donkey$_j$, he$_i$ likes it$_j$.

　　[如果 Pedro 有一头驴子，他（一定）会喜欢（它）的。]

(18) Every farmer who owns a donkey$_i$ beats it$_i$.

　　（每个拥有驴子的农民都会打它的。）

(17) 和（18）句的正确语义表达应该分别是（19）和（20）。

(19) $\forall x[(donkey'(x) \& owns'(Pedro', x)) \rightarrow likes'(Pedro', x)]$

(20) $\forall x \forall y[(farmer'(x) \& donkey'(y) \& owns'(x,y) \rightarrow beats'(x,y))]$

本来，按照传统语义学的解释，无定名词词组 a donkey"一头驴子"应该翻译成存在量化的词组，可是，这里只有把它翻译成全称量化的而不是存在量化的词组才能正确地表达（17）和（18）两句的意义，即：donkey'(x) 和 donkey'(y) 中的变量 x，y 分别在全称量词 $\forall x$，$\forall y$ 的辖域之内。像（17）和（18）这样的句子表明：无定名词词组本身并没有量化特征，其语义解释随着其所在的语义环境的变化而变化。若出现在

---

① Cheng & Huang(1996)讨论了汉语中的两种"驴子"句，不过蒋严、潘海华和邹崇理（Jiang et al.，1997）认为虽然代词两种不同的语义表达（无选择约束和 E-类代词策略，详见本章第五节）都是必要的，但是郑礼珊与黄正德（Cheng & Huang, 1996）所提出的一种驴子只对应着一种代词的解释策略，所以汉语有两种驴子句这个观点，并不正确。潘海华与蒋严（Pan & Jiang, 1997)进一步指出郑礼珊与黄正德所讨论的两类驴子句都可以使用他们谈到的两种策略:无选择约束和 E-类代词策略。至于什么时候使用哪一种策略请参阅上面提到的三篇文章，我们这里不做详述。有关无选择约束和 E-类代词策略的概念，我们在本章的第五节里会详细讨论。

存在量词的辖域之内,就被解释为存在性的;若出现在全称量词的辖域之内,就是全称性的。因此,那种把意义狭义地当做真值条件的观念是不够的,必须把意义看成是动态的,随着上下文的变化而变化。

传统语义学中把无定名词词组当做存在量化词组,把代词简单地当做受约变量(bound variable)的观点就恰恰反映了这种理论上的局限性。同时,无定名词词组与其他的量化词组如"每个"、"大多数"、"常常"、"总是"等在代词所指的问题上,尤其是在"驴子"句中,表现不一样是提出篇章理论的一个主要原因。

第二节 篇章理论的形式和特点

上面所指出的传统形式语义学的问题似乎都与其缺乏动态观点有关,而本章所介绍的篇章表述理论(DRT)正是一种把意义看成是动态变化的理论。这种理论认为,每个句子不仅有意义,也含有一定的信息。由于人们是一步一步循序渐进地处理篇章中的每一个句子的,新句子的处理都依赖于前面已经处理过的上文,而新的句子反过来又更新已有的信息内容,这些信息内容又继而成为处理和理解后续句子的前提和依据。篇章理论由两个部分组成,一是语义表达的建立,一是语义表达在模型中的解释。在篇章理论中所构造的语义表达叫做**篇章表达结构**(Discourse Representation Structure,英文简称 DRS,本章简称**篇章结构**)。意义的动态性体现在新的句子如何被加进已处理过的篇章结构之中,以及这种更新对于后续句的处理可能带来的影响。这种过程可以看成是一个上下文的函项,即从一个上下文(已建立的篇章结构)可以得到一个新的上下文(更新过的篇章结构),而这种更新过的篇章结构又是后续句子处理的前提。篇章结构的框式表达由两个部分组成,第一个部分列出**篇章所指对象**(discourse referent,本章简称**所指对象**)。[①] 第二

[①] **篇章所指对象**这个术语最先由卡托伦(Karttunen,1976)提出,意在强调名词词组在篇章中的作用,而不管该名词词组是否在真实世界(real or actual world)中有一个对应的实体(entity)。例如有定名词词组 the King of France,尽管在真实世界里没有所指,为了谈话的需要,听者还是可以假设有这样一个实体而继续交谈。所以这样的名词词组也可以作为代词的先行语,如(i)所示。

个部分给出有关这些对象的条件。所指对象在篇章理论中有两个功能，一是作为代词的先行语，一是作为受约变量而受到**量化理论**（quantificational theory）的制约。 由于每个文件（text）都由篇章结构来表达，篇章结构中的条件是用于确定文本真假值的基础。在下面的例子中，（21a）含有两个相连接的短句。（21b）和（21c）是两个篇章结构，分别表达对这两个短句进行篇章处理后所得到的框式表达。①

(21) a. Pedro owns a donkey. He beats it.

b.
```
| u  v              |
| u = Pedro         |
| donkey ( v )      |
| u owns v          |
```

c.
```
| u  v  r  w                  |
| u = Pedro        r = ?       |
| donkey ( v )     w = ?       |
| u owns v         r beats w   |
```

篇章理论与传统形式语义学重要分歧之一是：它认为所有的无定名词词组都没有量化特征，不引入存在量词，而是和专有名词一样，都向篇章结构中引入**新的**所指对象，所以在（21b）中 Pedro 和 a donkey 分别引入 u 和 v，那么第一句所引入的条件就有：u = Pedro, donkey(v), u owns v。当我们处理第二句的时候，前面已经建立的篇章结构就是其上下文。第二句的两个代词都引入一个新的所指对象，即 r 和 w，同时还

　　(ⅰ.) [The King of France]_i is bald. He_i does not sit in the room.
　　　　（法国国王是秃顶，他没坐在房间里。）
由此可见，篇章理论不同于以前的语义学理论，它在引入所指对象时，并不以该名词是否在真实世界里存在作为重要的标准。
　　① 在把句子翻译成篇章结构时，篇章理论是根据句子的句法结构来进行翻译的，所以篇章结构中包含有句子的句法树。为了简单起见，也为了节省篇幅，本章省略了所有的句法树。

引入两个条件：r = ?, w = ?。这里"?"表示我们不知道 r 和 w 的值是什么，需要寻找，而这个寻找过程叫做**代词所指的确认**（pronoun resolution）。在这个例子中，r 和 w 分别被确认为 u 和 v。

篇章结构中的条件也可以是另一个篇章结构，称为**子结构**（Sub DRS）。子结构通过逻辑联结符，否定"~"、析取"∨"、蕴涵"⇒"等联结起来而形成更复杂的条件。如（21a）中第一句的否定句 Pedro does not own a donkey 就可以用（22）中的篇章结构来表达：

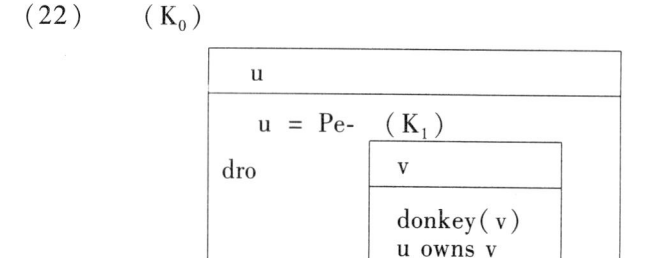

(22)　　（K₀）

u
u = Pedro　　（K₁）
~ ┌─────────────┐
│ v   │
│ donkey(v)   │
│ u owns v   │
└─────────────┘

注意在（22）中，两个新的所指对象 u 和 v 并不是在相同的篇章结构中引入的，u 在大的篇章结构 K₀ 中，v 在小的篇章结构 K₁ 中，且小的篇章结构 K₁ 在否定符号"~"的范围之内。

如果假设在否定词辖域内引入的所指对象不能作否定词辖域之外代词的先行语，我们就可以预言下面的话语片断不适当，即 a donkey 不能作为代词 it 的先行语，如下面的（23）所示：

(23) Pedro_i does not own a donkey_j. He_i beats it_{*j}.

　　　[Pedro 没有驴子。他（总是）打它。]

下面的（24）是处理了（23）之后所得到的篇章结构。由于 r 和 w 都在否定词的辖域之外，所以，只有 r 可以确认为 u 而 w 不能确认为 v。这是因为 v 在否定词的辖域之内，而在否定词之外的代词 w 不能指向否定词之内所引入的所指对象。这就是为什么（23）中的代词 it 不能把 a donkey 作为其先行语的原因。

(24)

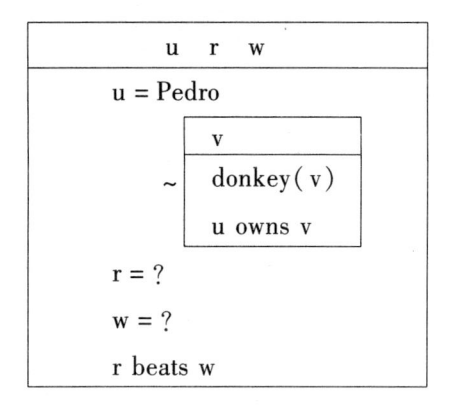

```
┌─────────────────────────┐
│      u  r  w            │
│   u = Pedro             │
│         ┌─────────────┐ │
│         │   v         │ │
│      ~  │  donkey(v)  │ │
│         │  u owns v   │ │
│         └─────────────┘ │
│   r = ?                 │
│   w = ?                 │
│   r beats w             │
└─────────────────────────┘
```

（23）中的句子表明，无定名词词组不同于专有名词词组。只有专有名词词组才不受否定词的制约，可以在否定词的辖域之外引入所指对象，无定名词词组则不能。所以我们在大的篇章结构中只引入了 u，而没有引入 v。实际上，在 DRT 中专有名词被认为是独立于任何算子，在最外层的框式表达中引入的，而无定名词词组则在其当前框中引入。

下面介绍全称量词和条件式（conditional）的表达结构。两者都引入上面（25）中给出的框式，其中有两个子结构，K_1 和 K_2，两者间的蕴涵关系用"⇒"来表达。①

(25)

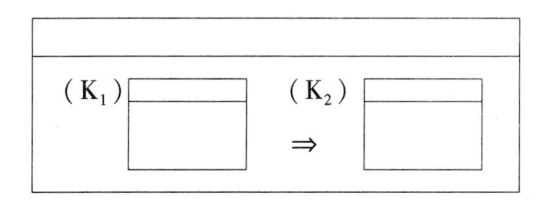

```
┌──────────────────────────────────┐
│  ┌────────┐      ┌────────┐      │
│  │ (K₁)   │      │ (K₂)   │      │
│  │        │  ⇒   │        │      │
│  └────────┘      └────────┘      │
└──────────────────────────────────┘
```

---

① 用蕴涵关系来表达全称量词的意义是坎普（Kamp, 1981）的表达法，这与传统的形式语义学中把全称量词翻译成条件式一致。例如，Every man loves a woman（每个男人都爱一个女人）在传统的形式语义学中就被译为 (i)：
(i.) $\forall x [man'(x) \rightarrow \exists y [woman'(y) \& loves'(x,y)]]$
在篇章理论后来的发展中，为了和其他量词的翻译方法协调起来，"→"被菱形（diamond）符号所代替，并且把全称量词 every 写在该菱形符号中。

（26） a. Every man who loves a woman$_j$ kisses her$_j$.
（每个爱一个女人的男人都会吻她。）

b. If John$_i$ loves a woman$_j$, he$_i$ kisses her$_j$.
（如果约翰爱一个女人，他会吻她。）

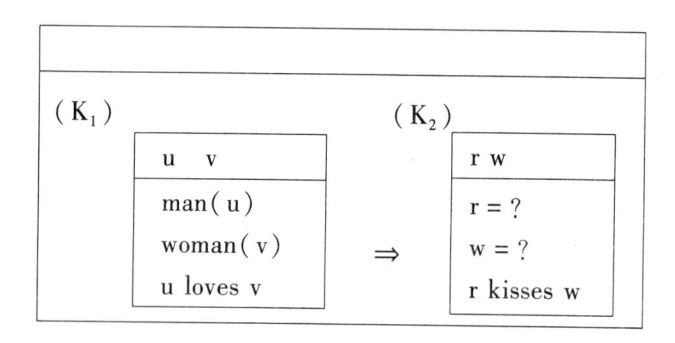

c.

```
(K₁)                            (K₂)
┌─────────────┐                ┌─────────────┐
│ u v         │                │ r w         │
│ man(u)      │       ⇒        │ r = ?       │
│ woman(v)    │                │ w = ?       │
│ u loves v   │                │ r kisses w  │
└─────────────┘                └─────────────┘
```

d.

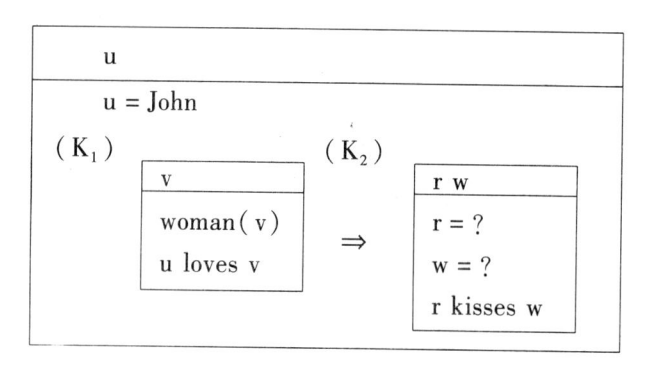

```
u
u = John
(K₁)                            (K₂)
┌─────────────┐                ┌─────────────┐
│ v           │                │ r w         │
│ woman(v)    │       ⇒        │ r = ?       │
│ u loves v   │                │ w = ?       │
└─────────────┘                │ r kisses w  │
                               └─────────────┘
```

我们来看一看上面的（26）中这种篇章结构框式如何被用来分析含有全称量词和条件式的句子。（26c）和（26d）分别是（26a）和（26b）的篇章结构。这两个结构的不同之处在于后者中的专有名词John是在大的篇章结构中引入的，而前者中的无定名词词组是在小的篇章结构K₁中引入的。从结构中可以看出，r和w应该分别确认为u和v。这说明在条件式的前件（K₁）中引入的所指对象可以作为后件（K₂）里代词的先行语。

可是下面的例子表明，同有否定词的情况一样，条件式中无定名词词组引入的所指对象，也不能作为条件式外面的代词的先行语，如（27）所示。

(27) Every man$_i$ who loves a woman$_j$ kisses her$_j$. *She$_i$ is happy. （每个爱一个女人的男人都会吻她。她很高兴。）

注意（27'）中的 w 被确认为 v 是因为 v 是前件（K$_1$）中引入的，且 w 是后件（K$_2$）中引入的。这里我们无法确认的是 n，因为它在条件式的外面。

另外，如果在条件式的前件中有全称量词，则后件里面的代词不能指向全称量词辖域内引入的所指对象，（28）中给出的句子就说明了这一点。

(27')

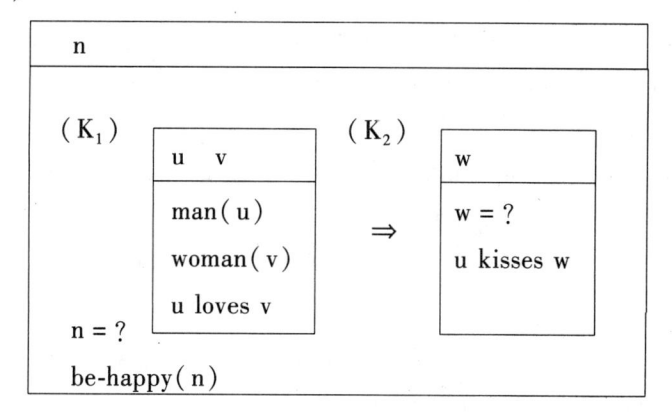

```
┌─────────────────────────────────────────────────────────┐
│ n                                                       │
│  (K₁)  ┌──────────────┐      (K₂) ┌──────────────┐     │
│        │ u   v        │           │ w            │     │
│        │ man(u)       │    ⇒      │ w = ?        │     │
│        │ woman(v)     │           │ u kisses w   │     │
│        │ u loves v    │           │              │     │
│        └──────────────┘           └──────────────┘     │
│  n = ?                                                  │
│  be-happy(n)                                            │
└─────────────────────────────────────────────────────────┘
```

(28) If [every man]$_i$ loves a woman$_j$, he$_{*i}$ kisses her$_j$.

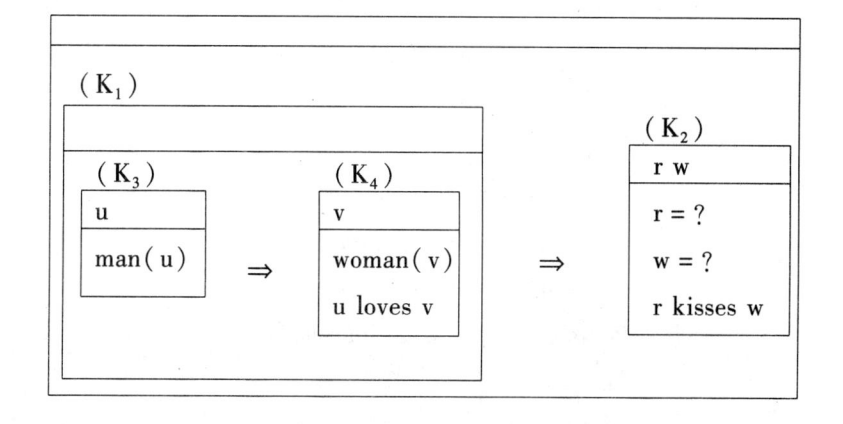

```
┌───────────────────────────────────────────────────────────────┐
│ (K₁)                                                          │
│ ┌─────────────────────────────────────┐  (K₂) ┌────────────┐ │
│ │ (K₃)          (K₄)                  │       │ r  w       │ │
│ │ ┌──────┐    ┌──────────┐            │   ⇒   │ r = ?      │ │
│ │ │ u    │ ⇒  │ v        │            │       │ w = ?      │ │
│ │ │man(u)│    │woman(v)  │            │       │ r kisses w │ │
│ │ └──────┘    │u loves v │            │       └────────────┘ │
│ │             └──────────┘            │                      │
│ └─────────────────────────────────────┘                      │
└───────────────────────────────────────────────────────────────┘
```

在（28）的框式中，K$_1$ 是条件式 if...then 中的前件，K$_2$ 是后件。由于在篇章理论中全称量词被翻译成条件式，所以，K_3是全称量词的第一部分，K_4是其第二部分。(28) 表明，尽管条件式后件里的代词可以指向同一级前件中引入的所指对象（K_1中并没有引入任何所指对象），位于该前件内低一级的篇章结构中所引入的所指对象却不能够作为后件里面代词的先行语。

无定名词词组和专有名词词组的不同之处在于：尽管所有的专有名词词组都可以作为代词的先行语，并不是所有的无定名词词组在任何情况下都可以作为代词的先行语的。一个无定名词词组能不能作为某个特定代词的先行语，不仅取决于两者之间的相对位置，也取决于所牵涉的量词以及联结符（或称算子，operator），这些条件在篇章理论中叫做代词所指的**先行语条件**（accessibility condition of anaphora）。

简单地讲，在一个代词的当前框式、其左边的同级框式，以及比当前框大的**超级框式**（superordinate DRS）中，由无定名词词组所引入的所指对象都可以作为该代词的先行语。①

但是，联结左边框和当前框的联结符不能是**析取**'∨'，否则左边框式中引入的对象就不能作为当前框式中代词的先行语。这是因为句子(29) 中给出的下标不合适，所以，这些句子表明由析取联结的句子引入的所指对象不能做代词的先行语。

由于 (29) 里的联结符是析取，(29c) 中右边框式 K_2（即当前框式）里的代词不能指向其左边的框式（K_1）中所引入的所指对象。(29d) 中左边框式里的代词也不能在其右边的框式中找先行语，因为先行语的条件里并不包含右边的框式。于是，(29c) 和 (29d) 中的代词 w 和 r 就都找不到先行语，这样 (29a) 和 (29b) 两句话给出的下标都不合法。

(29) a. *Pedro owns a donkey$_i$ or Juan owns it$_i$.
（要么 Pedro 拥有一头驴子，要么 Juan 拥有它。）
b. *Pedro owns it$_i$ or Juan owns a donkey$_i$.
（要么 Pedro 拥有它，要么 Juan 拥有一头驴子。）

---

① 如果用文字而不是用框式来表达代词先行语的条件的话，一个无定名词词组可以作为代词的先行语的条件就是：该无定名词词组和代词之间不能有一个非存在量词阻隔（intervening），也就是说两者必须受同一个量词的约束，或者都受某一个存在量词的约束。

c.

```
┌─────────────────────────────────────────────┐
│  u  v                                       │
│  u = Pedro                                  │
│  v = Juan                                   │
│   (K₁)                    (K₂)              │
│   ┌──────────────┐        ┌──────────────┐  │
│   │ r            │        │ w            │  │
│   ├──────────────┤   ∨    ├──────────────┤  │
│   │ donkey(r)    │        │ w = ?        │  │
│   │ u owns r     │        │ v owns w     │  │
│   └──────────────┘        └──────────────┘  │
└─────────────────────────────────────────────┘
```

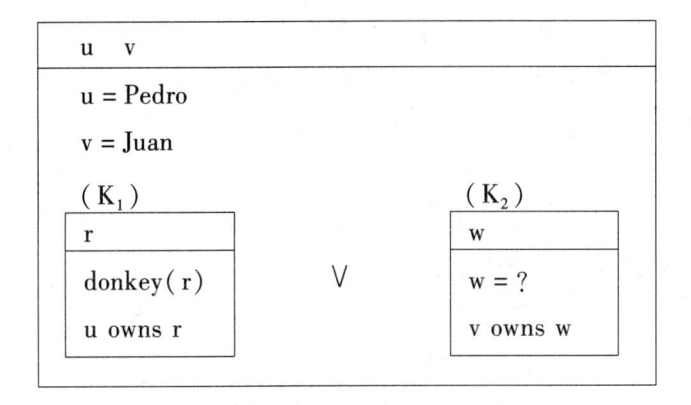

d.

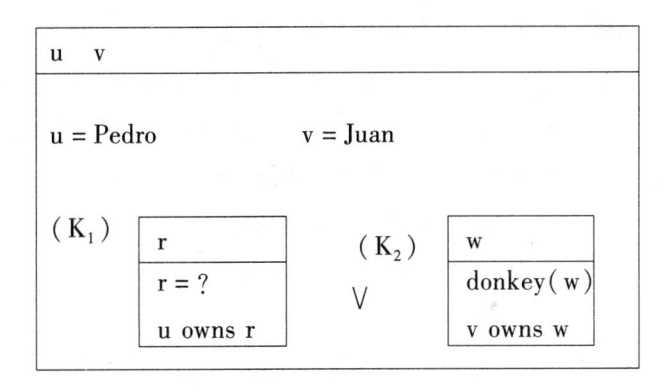

```
┌─────────────────────────────────────────────┐
│  u  v                                       │
│                                             │
│  u = Pedro            v = Juan              │
│                                             │
│  (K₁) ┌──────────┐   (K₂) ┌──────────────┐  │
│       │ r        │        │ w            │  │
│       ├──────────┤   ∨    ├──────────────┤  │
│       │ r = ?    │        │ donkey(w)    │  │
│       │ u owns r │        │ v owns w     │  │
│       └──────────┘        └──────────────┘  │
└─────────────────────────────────────────────┘
```

从上面的讨论中可以看出,无定名词词组的解释受到它在框式表达中相对位置的影响。如果处在一个全称量词的辖域之内,就被解释为全称量化的名词词组,如果不在这些量词的辖域之内,就会被解释成存在量化的名词词组。也就是说无定名词词组本身并没有什么量化的特征,它只是引入一个自由变量,并总是受最近的一个量词的制约,在逻辑上依存于该量词。这些量词可以是全称量词,也可以是否定词(negation)或其他量词,如:通常(often)、很多(many)、大多数(most)、有时(sometimes)等。

有定名词词组(definite noun phrase)的处理不同于专有名词和无定名词词组,它们本身通常都不引入新的所指对象,而要求其所指的对象已在前文中引出,这就是所谓的使用有定名词的先决条件,叫做**熟悉性条件**(familiarity condition, Heim, 1982)。所以,一般来说,带有有定名词词组的句子只是更新已有的篇章结构,即加入更多关于已经引出的所指对象的条件。注意与无定名词词组一样，有定名词词组本身也翻译成一个自由变量，所不同的是前者是一个新引入的变量，而后者是一个已经引入的变量，同时，前者没有任何**预设**（presupposition），而后者有预设。不过，尽管有定名词词组不引入新的变量，在 DRT 中它们还是被翻译成一个与它们的所指的名词引入的变量一样的变量。

综上所述，我们可以把名词词组在篇章结构中所起的作用及一些量词的翻译规则归纳成下面几条：①

(30) a. 专有名词词组总是在篇章结构中最大或最外层的框式中引入篇章所指对象。

b. 无定名词词组只能在其当前框式中引入所指对象；有定名词词组通常不引入篇章所指对象，而是更新已有的篇章所指对象的条件。但是，与罗素的处理不一样，海姆（Heim, 1982）认为有定名词词组只是被翻译成一个与其先行语相同的变量，而且不具有所谓的唯一性特征，不过它们必须满足前面谈到的熟悉性条件。

c. 条件式和全称量词均引入两个子结构，且两结构之间均为蕴涵关系。

d. 否定词引入一个篇章结构，该篇章结构受否定词的约束。

e. 析取式也引入由析取符号联结的两个篇章结构。

f. 存在量词和合取都不引入任何篇章结构。

假设代词所在的框式为 K，那么确认代词所指的条件（亦称为代词所指的先行语之条件）是：所有包含 K 的框式中引入的所指对象都可以作为该代词的先行语。与 K 同级的左边框式中引入的所指对象也可以作为该代词的先行语，只要联结这两个框式结构的符号不是析取符号"∨"。

篇章结构的构造算法包括输入和输出两个部分。输入部分是一个话语片断 $D = S_1、S_2、...S_n$ 和一个初始的篇章结构 K_0，我们可以假设这是说话人和听话人所共有的背景知识。为了讨论方便起见，通常都假设 K_0 为空结构。输出部分是构造出的话语片断 D 的语义结构。算法中有两个

---

① 篇章理论中讨论的代词先行语的条件只是结构性的，而不包括语用方面的条件，有关的讨论可见本章第五节。

递归步骤,一个是句子间的,它按照句子的顺序来处理每一个句子;另一个是句子内的,它按照句子的句法结构来处理句中的每一个成分。这个构造算法可以被归纳为下面的(31):

(31) 从 i 等于 1 到 i 等于 n

  a. 将句子 S_i 加入篇章结构 K_{i-1} 中;然后,执行(b)。

  b. 重复运用篇章结构构造规则,把 K_{i-1} 中可以简化的条件分解为子条件,直到不可以再简化的条件为止。将所得到的篇章结构叫做 K_i;然后,执行(a)。

除了(30)中给出的翻译规则外,构造算法中还包括有关逻辑联结符,如析取、否定、广义量词等的翻译规则。

第三节 篇章理论的语义解释

在介绍了篇章理论的基本模式和主要特点之后,让我们来讨论一下有关篇章结构的语义解释问题。篇章结构的语义解释是在一个模型 M(model)中进行的,该模型由两个部分组成,我们把它记为 M = <U, F>。U 包含宇宙中的万物,F 是赋值函项,其定义如下:

(32) a. 对于每个篇章所指对象 a,函项 F 可以从 U 中赋予它一个值,即 $F(a) \in U$。

  b. 对于每一个不及物动词和普通名词(common noun)a 而言,函项 F 把 U 的一个子集赋给它,所以有 $F(a) \subseteq U$。

  c. 对于每个及物动词 a,函项 F 把由一个有序偶(ordered pair)组成的集合赋给它,且有 $F(a) \subseteq U \times U$。

  d. 对于每一个双宾语动词 a,F 把一个有序三元组(triple)组成的集合赋给它,有 $F(a) \subseteq U \times U \times U$。

  e. 一般来讲,对于一个 n 元动词 a,F 把一个有序 n 元组(n-tuple)组成的集合赋给 a,并且有 $F(a) \subseteq \underbrace{U \times U \times \cdots \times U}_{n \text{个}}$。

如果说篇章结构 K 在模型 M = <U, F> 中为真,就是说存在着一个函项 f 能使 K 中的所有篇章所指对象都在 U 中有一个对应的值,同时 K 中的所有条件都可以在 M 中得到满足。例如,前面(21c)中的篇章结构

(它表达句子"Pedro owns a donkey. He beats it"的语义)为真的条件是:存在着一个函项 f:{u,v,r,w}→U 使 u 为 Pedro, v 为驴子, u 拥有 v,且 u 抽打 v。注意在代词的所指确认之后,(21c)中的 r 等于 u, w 等于 v。与(21c)不同的是对于(26c)中篇章结构的解释。该结构表达句子"Every man who loves a woman kisses her"的语义。它的解释需要依赖于条件式(conditional)的真值特性,即:当前件为真时,其后件也应该为真。所以,每一个使前件的篇章结构 K_1 为真的函项 f:{u,v,r,w}→U(即,f 使 u 为男人, v 为女人,且 u 爱 v 在 M 中得到满足)应该可以扩展到另一个函项 h:{u,v,r,w}→U,该函项使条件"u 吻 v"在 M 中也得到满足,从而使为后件的篇章结构 K_2 为真。按照这样的解释法,(26d)中的篇章结构取真值的条件则是:每一个使 u 为约翰,v 为女人,u 爱 v 的函项 f:{u,v,r,w}→U 必须能够扩展到另一个函项 h:{u,v,r,w}→U,且该函项使 u 吻 v 为真。这里我们没有详细介绍用于解释篇章结构语义的形式化定义,有兴趣的读者可参阅坎普与雷勒(Kanp & Reyle,1993)。

第四节 相关问题的讨论

自从坎普(Kamp,1981)提出篇章表述理论以来,该理论在形式语义学界引起了很大的反响,也推动了人们对篇章语义学的研究。这个理论所涉及的语言现象包括**广义量词**(generalized quantifier)在篇章理论中的表达,复数名词的解释,**双重否定**(double negation)、**析取式**(disjunction)、**模态嵌套**(modal subordination)、**省略**(ellipsis)等问题,还包括事件(event)、状态(state)和时间所指(temporal reference)在篇章理论中的描述以及与之有关的代词所指问题。篇章理论在十多年的时间里经历了逐步健全和完善的过程,但由于篇幅的限制,在此我们只举两个例子来说明对篇章理论所作的改进。

一 双重否定

前面的讨论中提到,在含有**否定**和**析取**的句子中,代词的所指受到一定的限制,即由无定名词词组引入的所指对象不能作为否定词范围外及析取句中代词的先行语［见句子（23）和（29）］。但是这种限制在处理双重否定句或含有否定词的析取句时遇到了困难。由于坎普的理论中没有涉及双重否定句，也没有将含有否定的析取句转换成条件式的能力，所以像下面（33）中所列出的句子就不能处理。

（33） a. It is not true that John does not have **a bike**$_i$. He bought it$_i$ two years ago.

（约翰并不是没有自行车，他两年前买了一辆。）

b. Either there is ［no bathroom］$_i$ here, or it$_i$ is on a different floor.

［要么这里没有洗手间，要么（它）就在另一层楼上。］

于是，克莱默与缪斯肯斯（Krahmer & Muskens, 1995）提出了一个新的篇章理论，叫做**双重否定篇章理论**（double negation DRT）。在此理论中，双重否定和肯定是等价的。同时，若析取式的第一部分中含有否定词，则该析取式可以变成条件式，因为在一阶谓词逻辑中，有（～P∨Q）⇔（P→Q），即～P∨Q 和 P→Q 是等价的。这种提法使（33）中的句子和下面（34）中的句子等价起来。于是（33）中无定名词词组所引入的所指对象就可以作为后续代词的先行语了。这样，就可以解释为什么（33）和一般的否定式和析取式不同了。

（34） a. John has **a bike**$_i$. He bought it$_i$ two years ago.

（约翰有一辆自行车，他两年前买的。）

b. If there is **a bathroom**$_i$ here, then it$_i$ is on a different floor.

（如果这里有洗手间，那一定在另一层楼上。）

二 唯一性与比例问题

在 DRT 中，虽然假设无定名词词组不引入存在量词而是引入一个自由变量能解释一些问题，但是也引出了一些新问题，**比例问题**（proportion problem）就是其中的一个。海姆（Heim, 1982）最先注意到这个问题，后来帕蒂（Partee, 1984）、博伊尔勒与伊艾格里（Bäuerle & Egli, 1985）、海姆（1987）、卡德蒙（Kadmon, 1987）、柏曼（Berman, 1987）等都讨论了这个问题。克拉策尔（Kratzer, 1995）详细地讨论了这个问题，并提出了自己的见解，这里我们主要参考她的论述。

(35) a. When a house has a fireplace, it (the house) is usually old.
（如果一栋房子里有壁炉，通常都很旧。）
b. Usually$_{x,y}$ [house(x) & fireplace(y) & have(x,y)] [old(x)]

按照 DRT 的观点，句子（35a）的语义解释是（35b），其中量词"usually"约束两个变量 x 和 y，且有一个限定部分和一个主体部分，其限定部分是画虚线的部分，其主体部分是画实线的部分。由于没有区分主语和宾语，所以在限定部分中"house（x）"和"fireplace（y）"一样重要。那么，在评价（35b）时，我们需要检查的是有序偶 <x,y>，而不能只看 x 或者 y。可是，在有些情况下，（35b）表达的意思和我们的语感有冲突，例如，假设有50套房子，20套旧的，30套新的，其中每个旧房子里有五个壁炉，而每个新房子里只有一个壁炉。如果我们计算房子和壁炉组成的有序偶，就有130个对子，其中旧房子组成的有序偶是 $20 \times 5 = 100$ 个，而新房子的只有 $30 \times 1 = 30$ 个。根据"usually"的语义解释，我们知道（35b）为真的条件是满足主体部分的个数必须超过满足限定部分的个数一半以上。由于满足限定部分的有序偶是130个，而满足主体部分的是100个，大于130的一半，所以，（35b）为真。可我们的语感告诉我们，如果在50套房子中只有20套是旧的，很难说大部分房子是旧的，这是因为旧房子的个数没有超过房子数量的一半。那么，问题出在什么地方呢？似乎是我们不应该计算房子和壁炉组成的对子的个数，而应该只计算房子的个数。要只计算房子的个数，就必须在（35b）的表达中不让量词"usually"约束变量 y，即它只约束变量 x。当"usually"只约束变量 x 时，我们只计算 x 即房子的数量，正确的语义表达应该是（36）。

(36) Usually$_x$ [house(x) & ∃y[fireplace(y) & have(x,y)]] [old(x)]

由于在（36）中量词"usually"不再约束变量 y，所以计算（36）的真值时，就只需要计算 x 的数量，即房子的数量。因为在50套房子中只有不超过半数的房子是旧的，所以（36）就不能取真值，而应该取假值，这正好和我们的语感一致。

语义表达式（36）中有一点需要说明。变量 y 受到一个存在量词约束，这和我们前面讲到的内容有冲突。这是因为在 DRT 中，所有的无定名词词组都只引入一个自由变量，可是在（36）中似乎是无定名词词组"a fireplace"引出一个存在量词。一种解释是说我们可以利用第九章中提到过的狄辛的映射假设：对于条件句中的前件小句，我们可以把其分成动词词组以内和动词词组以外，以内的映射到主体部分，而以外的映射到限定部分，这样，在量词"usually"的限定部分同时存在着一个主体部分和限定部分。根据海姆的假设，只有在主体部分我们可以运用存在封闭规则，因此，我们可以说（36）中的语义表达是先把无定名词词组都变成自由变量，然后，用量词"usually"约束变量 x，这样，只剩下自由变量 y。由于它出现在第一个小句的动词词组之内，就被映射到其主体部分，使用存在封闭就可以得到（36）中给出的语义解释。所以，有了映射假设，我们还是可以保留 DRT 的基本思想，而不必回到一阶谓词逻辑对无定名词词组的处理方法上去。

注意，按照海姆的意思，存在封闭只能作用于主体部分的自由变量，同时（36）表明主体部分不一定是最外层的，也可以是一个主体部分或者限定部分内的主体部分，即存在封闭运算是递归地运用于逻辑式的主体部分的。

虽然 DRT 的基本思想加上某种映射假设可以解释"比例问题"这样的现象，下面的句子却给 DRT 带来一定的问题。

(37) When a house has a barn, it often has a second one right next to it (the first barn).

（如果一栋房子里有个谷仓，通常有另一个紧挨着它。）

在不使用映射假设时，按照 DRT 的思想，（37）就会被翻译成下面的逻辑表达式：

(37') $\text{Often}_{x,y}[\text{house}(x) \& \text{barn}(y) \& \text{have}(x,y)]$
$\exists z[\text{barn}(z) \& \text{have}(x,z) \& z \neq y \& \text{next-to}(z,y)]$

其中画实线的是限定部分，画虚线的是主体部分。约束变量 z 的存在量词是使用存在封闭运算的结果，这是因为无定名词词组"a second one"引入的自由变量 z 在量词"often"的主体部分，所以可以使用存在封闭来约束它。这在海姆 1982 年的博士论文中已经提出。克拉策尔的理论是在 DRT 中使用狄辛的映射假设来区分限定部分和主体部分，并把存在封闭运算推广到所有的主体部分，而不仅仅是最外层的主体部分。(37')是没有使用克拉策尔的理论时得到的结果，它和（35）一样存在着"比例问题"。例如,假设有30套房子,其中的10套每个都有五个谷仓,且这五个谷仓都排成一列,一个挨着另一个,而另外的20套房子都只有一个谷仓。如果我们检查房子和谷仓组成的对子,就会发现谷仓紧挨着的对子是 10 × 5 = 50,没有谷仓挨着的对子是 20 × 1 = 20。这样,谷仓紧挨着的对子就超过所有对子(50 + 20 = 70)的半数以上,因此,(37')就应该为真。可是,我们的语感告诉我们,30套房子中有20套是没有谷仓紧挨着的房子,(37)在这种情况下不可能为真,因为有谷仓紧挨着的房子(10套)不到房子总数(30套)的一半。

在前面的讨论中,所有的代词都被翻译成一个自由变量,且该变量和其先行词一样使用同一个变量。这对于一些代词是可以的,可是对于(37)中的第二个代词 it 就不合适,它不能简单地等于 a barn(一个谷仓),而是应该等于 the barn that a house has(一个房子里的谷仓)。这是因为这个代词指向条件句(37)前件中引出的那个谷仓,而不是任何一个谷仓,所以把它翻译成埃文斯和库珀提出的E-类代词更合适些,这样(37)的语义就应该是下面的(37"):

(37") Often$_x$[house(x) & ∃!y[barn(y) & have(x,y)]
　　　　　∃z[barn(z) & have(x,z) & z≠ιy[barn(y)
　　　　　& have(x,y)] & next-to(z,ιy[barn(y)
　　　　　& have(x,y)])]

在(37")中,"∃!y"表示存在着唯一一个 y,"ιy"指向那个唯一的 y,这是因为E-类代词有一个**唯一性预设**(uniqueness presupposition)。但是(37")中给出的语义解释很荒谬,它的意思是一套房子有一个唯一的谷仓,同时对于同一套房子存在着第二个谷仓紧挨着那个唯一的谷仓。既然每套房子只有一个唯一的谷仓,那么可能还有第二个呢?那么问题出在什么地方呢?按照埃文斯的想法,像(37)中的第二个代词 it 就应该和**有定摹状词**(definite description)一样处理。根据罗素的理论,有定摹状词应该解释成一个唯一的实体,所以,E-类代词就有一个唯一性的要求。可是,(37")中给出的语义解释显然不合适。

克拉策尔提出把(37)中的第二个代词 it 看成是E-类代词,与有定摹状词一样处理这并不错,问题出在我们不应该像罗素那样处理有定摹状词,而应该像海姆那样把它们当做一个自由变量,这样就没有唯一性的要求。然而，与无定名词词组不同，有定摹状词必须满足前面提到的熟悉性条件，即它们有一定的预设，同时有定摹状词引出的变量可以由上下文提供一个值。反映熟悉性条件的一种办法就是在有定摹状词出现的地方加入相应的语义内容。对于 E-类代词来说，就是应该把其先行词的语义内容加入到该代词出现的地方。这样，对于（37），就有如下的语义解释：

(37''')   Often$_x$,[house(x) & $\exists$ y[barn(y) & have(x,y)]]
           $\exists$ z,y[barn(z) & have(x,z) & barn(y) & have(x,y)
           & z≠y & next-to(z,y)]

(37''') 中画虚线部分和（36）一样是把条件式前件也看成是具有限定部分和主体部分的结构，同时使用狄辛的映射假设把变量 y 用存在量词约束起来的结果。(37''') 中的画实线部分是把（37）中的第二个代词 it 翻译成 E-类代词，并加入它的先行词的语义内容而得到的结果，即 it 引入自由变量 y（因为它的先行词是 y），并把限定部分与 y 相关的语义内容加入到 it 出现的主体部分中。因为我们只把有定摹状词看成是引入一个自由变量并带有一定的预设，所以，我们并没有把惟一性的限制强加给它。(37''') 中的主体部分的两个自由变量 y 和 z 都是在使用了存在封闭运算之后才被存在量词约束的。在 (37''') 给出的语义解释中，我们既避免了 DRT 的"比例问题"，也没有 E-类代词所固有的唯一性要求。关键在于我们既采纳了 DRT 的思想，把所有的无定名词词组都翻译成自由变量，又利用了海姆对有定摹状词的处理方法，即把它们看成是与无定名词词组一样引入一个自由变量，同时不同于无定名词词组，这些有定名词词组需要加入一定的预设，而没有罗素给出的唯一性要求，也就是说有定摹状词可以对应于多于一个的实体，当然也可以把多于一个的实体看成是一个整体。

第五节　基尔基亚的动态约束理论

有些"驴子"句中的无定名词词组不一定都像 DRT 所预期的那样被解释成全称量化的词组，而是被解释成存在量化的词组，如下所示：

(38) a. Yesterday every person who had a credit card paid his bill

with it.

（昨天每个有信用卡的人都用它付了账。）

b. Every person who has a dime will put it in the meter.

（每个有一角钱硬币的人都把它放到了仪表里。）

c. Most women that have a dime will put it in the meter.

（大多数有一角钱硬币的人都会把它放进仪表里。）

d. Usually, if a man has a nice hat, he wears it to lunch.

（通常如果一个人有一顶漂亮的帽子，他会戴着它去吃午饭。）

(38a) 中的无定名词词组很明显的一个解释就是存在量化的，即一般人都不会用他身上带的所有信用卡一起付账，而是会用其中的一个付账。(38b) 和 (38c) 中的无定名词词组很明显的一个解释也是存在量化的，即把一个一角钱的硬币放入仪表的可能性比把所有一角钱的硬币放入仪表的可能性要大一些。(38d) 中的无定名词词组宾语更可能的一个解释也是存在量化的，即人们一般都会从自己漂亮的帽子中选一顶戴着去吃午饭，而戴上所有漂亮的帽子去吃午饭则显得不那么可能。当然，我们并不排除这种可能性。可是，无论是存在量化还是全称量化的可能性大，都不是我们关心的重点。我们的重点是 (38) 中的无定名词词组也都可以解释成存在量化的，其中有些存在量化的可能性比全称量化的可能性还要大。

由于 DRT 中把所有的无定名词词组都翻译成自由变量，(38) 中的无定名词词组就不可能被解释成存在量化的。按照 DRT 的理论，上述句子的语义解释如下。

(39) a. $\forall x,y[\text{person}(x) \& \text{credit-card}(y) \& \text{have}(x,y)]$
$\rightarrow \exists z[\text{bill}(z) \& \text{bill-of}(x) \& x \text{ paid } z \text{ with }(y)]$ ①

b. $\forall x,y[\text{person}(x) \& \text{dime}(y) \& \text{have}(x,y)]$
$\rightarrow \exists z[\text{meter}(z) \& x \text{ put } y \text{ in } z]$

c. $\text{MOST}x,y[\text{woman}(x) \& \text{dime}(y) \& \text{have}(x,y)]$
$[\exists z[\text{meter}(z) \& x \text{ put } y \text{ in } z]]$

---

① 为了简单起见，我们省略了对时间副词"昨天"的处理。

d. MOSTx,y[man(x) & hat(y) & nice(y) & have(x,y)]
[x wears y to lunch]

这些语义解释会给我们带来前面讨论过的比例问题,同时(39)中给出的意义并不准确。例如,(39a)的意思是"每一个有信用卡的人都用他所有的信用卡付了账",也就是说,如果一个人有三张信用卡,而他只用其中的一张卡付了账,(39a)就不会取真值。可是我们的语感告诉我们,在这种情况下(38)应该为真。这个例子表明并不是所有无定名词词组在驴子句中都有全称量化的解释的,(38a)中的"credit card"实际上是存在量化的。同理,(38b,c,d)中关系从句里的无定名词词组都应该解释成存在量化的,而不是(39)中给出的全称量化的解释。基尔基亚(Chierchia,1995)把这种存在量化的解释叫做∃-**类解释**(∃-reading)。这些例子说明 DRT 中让量词不仅约束其后的名词引出的变量,而且也约束修饰该名词的从句中所有无定名词引出的变量,似乎并不是很恰当。

一种改进的办法是我们前一节讨论的像克拉策尔那样使用狄辛的映射理论。由于关系从句中的无定名词词组都是在动词词组以内,就可以用存在封闭运算把它们都约束起来,由此,就可以得到非全称量化的解释。

然而,基尔基亚采用了另外一种方法。他认为应该回到原来把无定名词词组看做是引入一个存在量化词组的立场上去。对于"驴子"句中代词的处理,他则认为**动态约束**(dynamic binding)和 **E-类代词策略**(E-type pronoun strategy)都是必要的:对于受代词先行语条件约束的代词,我们应该使用动态约束,即把该代词翻译为一个变量,而对于不受代词先行语条件约束的代词,则使用 E-类代词策略。也就是说单独使用动态约束或者只使用 E-类代词策略都是不够的,必须两者并用。前者与DRT 一样可以给出所谓的对无定名词词组的全称量化的解释,后者则可以帮助我们得到所谓的对无定名词词组的 ∀-**类解释**(∀-reading),即对无定名词词组的一种特定的全称量化解释。

为了使存在量词可以约束它辖域之外的变量,基尔基亚提出使用一个叫做**上下文变化潜力**(context change potential)的概念。在该系统中所有的量词除了其原有的语义解释之外,还多出了一个表示上下文变化力的变量 p，例如，"a book"就翻译成"λp∃x[book(x)&̲ˇp]"，"every book"被翻译成"λp∀x[book(x)→̲ˇp]"。算子&̲和→̲都带下画线是要区别于非动态约束情况下的相应算子。

在动态约束中，虽然对无定名词词组的∃-类解释是由把它们看成是引入存在量化的词组而得到的，可是这样做并不能直接得到所谓的∀-类解释。以下面的例子来说就是如果一个人拥有五头驴子，∀-类解释是指他五头驴子都打，即他打每一头驴子。不过可以在E-类代词策略的帮助下得到对无定名词词组的∀-类解释。

(40) a. Every man who owns a dondey$_i$ beats it$_i$.
  b. $\forall x[[man(x) \& \exists y[donkey(y) \& owns(x,y)]]$
    $\rightarrow beats(x,f(x))]$
  c. f 是一个从"男人"到他拥有的"驴子"间的函项

在（40）中如果我们假设使用 E-类代词策略后得到的函项没有单复数之分，那么 f(x) 就表示某个人 x 所拥有的驴子，这样 beats(x, f(x)) 就表示 x 打他所拥有的驴子。如果驴子的数量大于1，就自然得到了无定名词词组的∀-类解释，即 x 打他所拥有的每头驴子。

这里谈到的∀-类解释和 DRT 中对无定名词词组的全称量化解释不完全一样。后者由（41a）来表示，前者由（41b）给出。

(41) a. $OP_x[\cdots x \cdots][\cdots x \cdots]$
  b. $OP[\cdots \exists x[\cdots x \cdots]\cdots][\cdots f(\alpha)\cdots]$

（41）中给出了两种解释策略的一般模式，它们都由一个量词 OP、一个限定部分及一个主体部分组成。先行语在限定部分，代词在主体部分（右边中括号中）。（41a）是**无选择约束**（unselective binding）的模式，而（41b）则是 E-类代词的模式。在前一模式中，先行语和代词都被翻译成了变量 x，同时受量词 OP 约束，但是在后一模式中，先行语被翻译成变量 x 并受存在量词约束，而代词则被翻译成了与其先行语 x 相关的 α 的函项，用 f(α) 表示。由于（41b）中的代词不在存在量词的辖域之内，它只能被翻译成 E-类代词。

我们可以得到代词的两种不同的解释是因为代词有两种不同的用法，它们既可以做受约变量，也可以做**指称代词**（referential pronoun）。前者对应于（41a），后者对应于（41b），受上下文等语用条件的制约，

第十四章 篇章表述理论

而不受结构性条件的限制。后者可以给出代词在使用 E-类代词策略时的 $\forall$-类解释。

由于所有的无定名词词组都被翻译成存在量化的词组，在不使用 E-类代词策略时，基尔基亚的动态约束理论就无法得到对它们的全称量化的解释，如（41a）所示的语义表达。同时动态约束与 E-类代词策略有本质的不同，后者受上下文和语用条件的制约，而前者则受代词先行语条件的限制。这两种限制属于不同类型，前者是某种结构性的限制，而后者是非结构性的。所以，如果都用 E-类代词策略来得出无定名词词组的全称量化的解释，就显得不太合适。这样，我们就需要寻求别的方法。与海姆的存在封闭运算不同，戴克（Dekker, 1993）和基尔基亚认为更合适的应该是使用**存在消除运算**（existential disclosure）。这是因为在基尔基亚的系统中，所有的无定名词词组都引入一个存在量词，因此，要想让某个量词约束被存在量词约束的变量就必须把该存在量词去掉，并把所得到的自由变量复制到应该约束它的那个量词上。由于基尔基亚认为只有副词性量词允许这样的运算，所以这个复制过程被称为**副词性量词复制**（Q-adverb indexing）。下面句子的语义表达就是一个显示如何使用存在消除运算、副词性量词复制等运算，从而得到对无定名词组进行全称量化解释的例子。

(42) a. Always, if a farmer owns a donkey, he likes it.

b. Always $[\ \exists x[\ \text{farmer}(x)\ \&\ \exists y[\ \text{donkey}(y)\ \&\ \text{owns}(x,y)\ ]\ ]\ ]$
$[\ \text{likes}(x,y)\ ]$

c. Always$_x$ $[\ \text{farmer}(x)\ \&\ \exists y[\ \text{donkey}(y)\ \&\ \text{owns}(x,y)\ ]\ ]$
$[\ \text{likes}(x,y)\ ]$
（存在消除运算只作用于变量 x）

d. Always$_{x,y}$ $[\ \text{farmer}(x)\ \&\ \text{donkey}(y)\ \&\ \text{owns}(x,y)\ ]$
$[\ \text{likes}(x,y)\ ]$
（存在消除运算作用于变量 x 和 y）

按照基尔基亚理论，(42b) 是把 (42a) 中所有的无定名词词组变为存在量词，并应用副词性量词"always"的语义所得到的结果。如果我们只想把"a farmer"解释为全称量化的词组，就只需要对其进行存在消除运算，并利用副词性量词复制运算把 x 复制到量词"always"上。

(42c) 中给出了经过这两个运算之后的结果，其中"a farmer"被解释成全称量化的，而"a donkey"则被解释成存在量化的。

要得到两个全称量化的无定名词词组，就必须对它们都进行存在消除运算，并把它们引出的变量都复制到副词性量词上去，这样就可以得到（42d）。（42d）中得到的都是无定名词词组的全称量化解释。也就是说我们可以有两种方法来得到无定名词词组的全称量化解释，一是使用 E-类代词策略，一是使用存在消除规则和副词性量词复制规则。前者适用于受语用限制而不受结构性限制的代词，对应于（41b），而后者只适用于受结构性限制的代词，对应于（41a）。

下面我们给出基尔基亚自己列出的有关动态约束与 E-类代词策略的比较、他自己的理论与 DRT 的共同点和不同之处以及他的理论的优越之处。

（43）**动态约束**

    a. 受限于代词的先行语条件

    b. 不受语用因素的影响

    c. 能给出"驴子"句中无定名词词组的 $\exists$-类解释

    d. 不受唯一性条件的限制

（44）**E-类代词策略**

    a. 不受限于代词的先行语条件

    b. 受语用因素的影响

    c. 能给出"驴子"句中无定名词词组的 $\forall$-类解释

    d. 受唯一性条件的限制

（45）**DRT 和动态约束理论之共同点**

    a. 量化结构都是由三个部分组成的：量词、限定部分和主体部分

    b. 无定名词词组是开放性的，而其他量词是封闭性的，即在其他量词中引入的所指对象不可以做后续句子中代词的先行语

    c. 条件和时间从句都确定量化结构的限定部分，而量词部分由时间性副词如"通常"、"有时候"、"总是"等确定。若没有这样的时间性副词，就用"总是"来代替

d. 都受限于代词的先行语条件

（46） **DRT 和动态约束理论之不同点**
  a. DRT 的构造规则对应于动态约束理论中更复杂的意义
  b. DRT 中的无定名词词组做自由变量对应于动态约束理论中的无定名词词组作为一个存在量化的词组
  c. DRT 中的存在封闭规则对应于动态约束理论中的存在消除规则
  d. DRT 中的一阶谓词逻辑系统对应于动态约束理论中的高阶谓词逻辑系统

基尔基亚认为他的动态约束理论比 DRT 有如下优越性：

（47） a. 存在消除规则优于存在封闭规则
   b. 不必使用**加入规则**（accommodation）
   c. 可以解释**名词词组的并列**（NP coordination）现象

同时，DRT 不能处理好"比例问题"，且没有讨论无定名词词组的 ∃-类解释。虽然克拉策尔对 DRT 的改进可以处理好"比例问题"，并可以给出无定名词词组的 ∃-类解释，但是却需要加入额外的强行规定。例如，存在封闭规则作用于三种不同的情况：量词结构的限定部分、主体部分和**文本层次**（text level），① 然而，动态约束理论中的存在消除规则只作用于一种情况：副词性量词的辖域。另外 DRT 需要使用一个"加入规则"把被存在封闭规则错误地变成不活跃的无定名词词组加入到后续的句子或小句中，这样这些名词词组可以做后续代词的先行词（详细的讨论可参阅 Roberts, 1986, Kadmon, 1987; 1990）。

  最后，下面带名词并列结构的句子给 DRT 带来很大的困难。

（48） Every boy that has a dog and every girl that has a cat will beat it.
   （每个有狗的男孩和每个有猫的女孩都会打他们的狗和猫。）

英文句子的意思是每个男孩会打他自己的狗，每个女孩也会打她自己的猫。尽管英文可以用一个非人称代词 it "它"来代表这个意思，中文似乎不能这样说。由于（48）中代词 it 要受两个无定名词词组"a dog"

---

① 尽管可以说存在封闭规则只作用于主体部分，可是克拉策尔假设可以使用狄辛的映射规则递归地作用于所有的主体部分。由于限定部分也可以再分为限定部分和主体部分，所以我们可以说这个规则间接地作用于限定部分。

和"a cat"的约束，DRT就没有办法可以表达这个意义。然而，在动态约束理论中，可以给（48）下面的语义解释：

(49)
a. $\lambda P [\forall x [boy(x) \& \exists y [dog(y) \& has(x,y)] \rightarrow {}^{\vee}P(x)]$
$\& [\forall x [girl(x) \& \exists y [cat(y) \& has(x,y)] \rightarrow {}^{\vee}P(x)]]]$
$({}^{\wedge}\lambda z [beat(z,f(z))])$

b. $\forall x [boy(x) \& \exists y [dog(y) \& has(x,y)] \rightarrow {}^{\vee\wedge}\lambda z [beat(z,f(z))](x)]$
$\& [\forall x [girl(x) \& \exists y [cat(y) \& has(x,y)]$
$\rightarrow {}^{\vee\wedge}\lambda z [beat(z,f(z))](x)]]$

c. $\forall x [boy(x) \& \exists y [dog(y) \& has(x,y)] \rightarrow \lambda z [beat(z,f(z))](x)]$
$\& [\forall x [girl(x) \& \exists y [cat(y) \& has(x,y)] \rightarrow \lambda z [beat(z,f(z))](x)]]$

d. $\forall x [boy(x) \& \exists y [dog(y) \& has(x,y)] \rightarrow beat(x,f(x))]$
$\& [\forall x [girl(x) \& \exists y [cat(y) \& has(x,y)] \rightarrow beat(x,f(x))]]$

(49) 中给出了 (48) 的语义解释以及详细的推导过程。从 (49d) 可以看出动态约束理论在 E-类代词策略的帮助下可以正确地给出含有量词的名词词组并列结构的语义。

阅 读 文 选

本章是在潘海华《国外语言学》（1996年第3期）发表的"篇章表述理论概述"的基础上改写而成的，同时加入了一些新的内容，如：第四节第二小节和第五节。我们主要参考了克拉策尔（Kratzer, 1995）、海姆的 MIT 博士论文（Heim, 1982）、基尔基亚（Chierchia, 1995）、英国爱丁堡大学的 FraCas（1996）项目报告等。有兴趣的读者还可以参阅坎普与雷勒（Kamp & Reyle, 1993）和阿西尔（Asher, 1993）等。

第十五章 研习文献

本章介绍一些与形式语义学有关的重要文献、主要期刊和互联网址，供读者进一步研修。由于涉及众多的著述者，我们在此只列出作者的原文名，不再提供汉语译名。

一 基本教材

已出版的英文教科书主要有：Allwood et al.（1977）、Dowty et al.（1981）、Bach（1989）、Partee et al.（1990）、Gamut（1991）、Cann（1993）、McCawley（1993）、Larson & Segal（1995）、Heim & Kratzer（1998）、Authier & Reed（1999）、de Swart（1999）和 Chierchia & McConnell-Ginet（2000）。其中 Allwood et al.（1977）已有中译本，该书用了较多的篇幅介绍逻辑知识，语义理论方面着墨不多，亦未详细介绍形式化描写，且内容已显陈旧。Dowty et al.（1981）详细介绍了蒙太格语义学，虽较陈旧却仍是一本起点高、技术性强的佳作。Bach（1989）最为简洁，但未详细介绍技术细节。Partee et al.（1990）虽然篇幅不小，但主要介绍语言学中的各种数学方法，讨论形式语义学时仍嫌简略。Gamut（1991）实由四位荷兰逻辑学家和语言学家合著。上卷完全介绍逻辑，下卷介绍形式语义学。篇幅不小，难度也大于前几部。McCawley（1993/1981）内容丰富，有许多独特见解，就连逻辑表达方式也自建一套。该书着力介绍逻辑方法，发掘语义事实，并不系统地介绍形式语义学的某家理论。该书已有中译本。Cann（1993）循序渐进地对形式语义学作了充分的介绍，特别是在技术细节上有详细的解释。de Swart（1999）紧扣形式语义学的基本内容和关键概念，简洁实用，其练习选编自多部同类教材和专著。Chierchia & McConnell-Ginet（2000）深入浅出、内容丰富。新版增加了对类型论的简介，弥补了旧版的不足。该书辟专章讨论了非真值条件意义的理论和研究，但没有提供形式化的分析。Cann（1993）与 Chierchia & McConnell-Ginet（2000）都自始至终地采用繁复的词组结构规则来生成语句，这与本书的策略明显不同。

此外，Larson & Segal（1995）、Heim & Kratzer（1998）和 Authier & Reed（1999）都试图把语义学的研究成果与生成语法的句法理论衔接起来，其中 Authier & Reed（1999）与乔姆斯基的最简方案句法（minimalist syntax）最为贴近，这与模型论语义学的基本假设多有不同。

Landman（1991）比 Partee et al.（1990）更高一层次，着重介绍用于语义学研究的逻辑、数学手段。特别是该书介绍了本书未能涉及的复数名词组和集体名词的语义研究及技术方法。

新近出版的教材还有方立（1997，2000），前者用英文撰写，着重介绍了与语言学有关的数学、逻辑方法；后者用汉语撰写，涵盖的题材还包括先设（即预设）和词汇意义。

形式语义学的一些经典性文章已被收入 Portner & Partee（eds.）（2002）这一极有价值的读本中。

二　蒙太格语法

蒙太格本人的论文都收录在 Thomason（ed.）（1974）中，其中 Thomason 的导言和蒙太格的 PTQ 已被译成中文。[①] 最早的研究论文集为 Partee（ed.）(1976)。重要著作有 Cooper（1983）和 Dowty（1979）。介绍蒙太格的"普遍语法"的文章有 Halvorsen & Ladusaw（1979）。用中文撰写的研究蒙太格语法的论著有邹崇理（1995），介绍性文章有吴道平（1986，1987）、方立（1993a）、金顺德（1994）、周祯祥（1994）等。此外，从 Dowty et al.（1981）、Partee（1996）及 Partee（1997）中都可以找到十分详细的研究书目。

[①] Thomason 的导言中译文载康宏逵（编译）（1993）；PTQ 的中译文载《国外语言学》（Montague，1973）。此外，蒙太格的一篇研究形式语用学的文章也已译成中文（Montague，1970）。详见本书参考书目。

三 广义量词理论

主要文献均已在第八章末的阅读文选中列出。对无定名词组的较早研究还可参考 Reuland & ter Meulen（eds.）（1987）。对量化结构及无定名词组的新近研究成果可参考 Bach et al.（eds.）（1995）、Egli & Heusinger（eds.）（1995）、Szabolcsi（ed.）（1997）、Reinhart（1997）、Hintikka（1997）、Winter（1995，1997，2001）、Kratzer（1998）以及 Heusinger & Egli（eds.）（2000）。

近期出版的研究名词语义的重要文献还有 Schein（1993）、Fiengo & May（1994）、von Fintel（1994）、Carlson & Pelletier（eds.）（1995）、Lasersohn（1995）、Comorovski（1996）、Schwarzschild（1996）、Moltmann（1997）、Hamm & Hinrichs（eds.）（1997）、Link（1998）等。

研究汉语名词形式语义的新著有 Xu（ed.）（1997）、Cheng & Huang（1996）、Cheng & Sybesma（1999）、Lin（1996，1998 a，b，1999）、Yang（2001）以及 Huang & Ahrens（2003）。

四 动态语义学

作为对本书第十四章的补充，我们在此提供更详细的文献介绍。Kamp & Reyle（1993）是详尽介绍篇章表述理论的教科书。Spencer-Smith（1987）是一篇综述性的文章。DRT 及广义动态语义学的有关专著有 Kamp（1981）、Heim（1982，1983）、Kadmon（1987）、Roberts（1987）、Groenendijk & Stokhof（1990）、Groenendijk & Stokhof（1991）、Dekker（1993）、Asher（1993）、Poesio（1994）、Beaver（1995）、Jäger（1995）、Chierchia（1995）、ter Meulen（1995）、Kawamori（1996）和 Fernando（1997）。爱丁堡大学的 FraCaS Public Deliverables（1994—1996）对动态语义学有很详细的综述。新近论著如 Krahmer（1998）、Geurts（1999）、Beaver（2001）、Kadmon（2001）以及 Bras & Vieu 合编的论文集（2001）都试图用 DRT 来研究超越真值语义的一些现象，尤其是预设。

五　事件语义学

本书未介绍的一个重要专题是**事件语义学**（event semantics）。可资参考研习的专著有 Parsons（1990）、Schein（1993）、Zucchi（1993）、Lasersohn（1995）、Landman（2000）、Peterson（1997）。Rothstein（1998）以及 Bayer（1996）和 Huang（1996）的博士论文。另外还有一些论文集：Higginbotham et al.（合编）(2000) 和 Tenny & Pustejovsky（合编）(2000)。

六　境况语义学、范畴语法和动态句法

这三个理论是本书未能列专章讨论的。

对境况语义学的最浅显的介绍有 Cooper（1992）和 Barwise & Perry（1985）。专著有 Barwise & Perry（1983）、Barwise（1989）、Devlin（1991）和 Gawron & Peters（1990）。论文集有 *Situation Theory and its Applications*。现已出到第四集。见 Cooper et al.（eds.）(1990)、Barwise et al.（eds.）(1991)、Aczel et al.（eds.）(1993) 和 Seligman（ed.）(1995)。

对范畴语法作综述性介绍的有 Wood（1993）、Steedman（1993）、Morrill（1994）、Carpenter（1998）及 König（1996）的讲义。经典文集有 Buszkowski et al.（eds.）(1988) 和 Oehrle et al.（eds.）(1988)。专著专文有 Ades & Steedman（1982）、Moortgat（1988）、Carpenter（1989）、Hepple（1990）、van Benthem（1991）、Emms（1992）和 Steedman（1996）等。

动态句法（Dynamic Syntax）是由 Ruth Kempson，Dov Gabbay 和 Meyer-Viol 发展起来的程序化语言学理论。其逻辑基础为加标演绎系统 LDS，见 Gabbay（1996）、de Queiroz & Gabbay（1993）和 de Queiroz & Gabbay（1995）。动态句法的文献主要有 Gabbay & Kempson（1992a,b）、Jiang（1995）、Kempson（1996）和 Kempson, Meyer-Viol & Gabbay（2001）。

七 计算语义学

　　计算语义学（Computational Semantics）这个全新的科目涉及对句子、语篇片段和对话这些语言单位的意义计算。如果说形式语义学是借助某些中介逻辑表征而对自然语言片段作出了模型论解释，那么计算语义学就是在形式语义学的基础上，借助电脑和编程语言来具体构建这种对自然语言的逻辑表征（即语义构建），并对结果作进一步推理。这方面的教材有 Blackburn & Bos（2003）[①] 和 van Eijck（2003）。[②] 论文集有 Bunt & Muskens（合编）（1999）、Bunt et al.（合编）（2001）。汉语方面的研究成果有靳光瑾（2001）。

八 逻辑进阶教材

　　语言学专业的读者可以通过一些中级逻辑教材增强自己的逻辑知识和理解形式语义学原著的能力，如 Hunter（1971）、Bostock（1997）、Gabbay（1998）、Bonevac（2003）、Lepore（2003）、Sanford（2003）。另可参阅 Goble 主编的哲学逻辑手册（Goble，2001）以及 Fulop 论述逻辑与形式语法的博士论文（Fulop，1999）。

九 综述、丛书及其他要籍

　　Lewis（1976）的名篇深入浅出地介绍了形式语义学的目标与方法，已有中译文问世。更为浅易的当数 Abbott（1999）。新近的两本大型文集以手册的形式对形式语义学的新成果作了总结，它们是 Lappin（ed.）（1996）*Handbook of Contemporary Semantics*［《当代语义学手册》］和 van Benthem & ter Meulen（eds.）（1997）*Handbook of Logic and Language*［《逻辑与语言手册》］。这两本手册汇集了著名学者就学派、理论和逻

[①] 采用的编程语言为 Prolog。
[②] 编程语言为 Haskell。

辑、语义现象撰写的多篇重要长文，值得详细阅读。爱丁堡大学的 Fra-CaS Public Deliverables（1994—1996）是置于互联网上的有关计算语义学的大型多集系列研究报告。FraCaS 的报告有的分专题综述、评介和综合形式语义学各流派的理论和方法，有的是新的研究成果。此外，逻辑方面尚有多部大型多卷本手册，对语义研究最有帮助的当属 Gabbay & Geunthner（eds.）（1983—1989/2002-）*Handbook of Philosophical Logic* [《哲学逻辑手册》]第一版共四卷，新版已出了十卷，计划出十八卷。van Bentham（1996）讨论了范畴语法、动态语义学和自然语言加标演绎系统的逻辑基础。题材更广泛的手册是 Wilson & Keil 主编的《MIT 认知科学百科全书》（1999）。

难以归类但比较重要的著作还有 Cresswell（1973，1985，1996）、Keenan & Faltz（1985）、Katz（1995）、Muskens（1995）、Pinkal（1995）、Steedman（1996，2000）、Cecchetto et al.（eds.）等。另外要推介的是邹崇理（2000，2002）。

下面我们开列几套系列丛书：

Studies in Linguistics and Philosophy，Kluwer Academic Publishing；
Explorations in Semantics，Blackwell Publishing；
CSLI Lecture Notes，CSLI Publications；
Studies in Logic, Language, and Information，CSLI Publications；
Cambridge Studies in Linguistics，Cambridge University Press；
Linguistic Inquiry Monograph，the MIT Press；
Current Studies in Linguistics，the MIT Press；
Language, Speech and Communication，the MIT Press；
Applied Logic Series，Kluwer Academic Publishing。

十　主要期刊和会议论文集

经常刊载形式语义学论文的期刊有：

Journal of Logic, Language and Information；
Journal of Philosophical Logic；
Journal of Semantics；

Lingua;

Linguistic Inquiry;

Linguistics;

Linguistics and Philosophy;

Natural Language Semantics;

Theoretical Linguistics;

Language and Computation。

多数期刊已开始在网上提供论文的电子版,如果读者所在院校的图书馆订阅了有关期刊,则可凭该校用户账号在网上阅读该刊的所有电子版论文。

有两个大型国际会议较多地讨论形式语义学的专题,它们是美国的 Annual Semantics and Linguistic Theory Conference(SALT)和(Annual) West Coast Conference on Formal Linguistics(WCCFL)。SALT 与 WCCFL 都出版会议论文集。

在欧洲每年夏天语言、逻辑和信息学院(Institute of Logic, Language and Information)都举办大规模的 European Summer School in Logic, Language and Information(ESSLLI),通过其课程介绍网站可以下载许多专著的未定稿。美国语言学学会(Linguistic Society of America)也隔年举办语言学暑期学校,均由著名学者主讲多门课程并举办学术报告会和讨论会。

十一 互联网信息

在信息科技高度发展的今天,互联网已经成为及时获取学术新知识新信息的重要手段。鉴于网上搜索功能日趋完善,加上网站网页的具体地址经常会有变动,提供现时可搜集到的所有相关网址反倒成了不智之举。故此,我们在此仅提供几个汇集语义学研究成果、链接众多个人网页且比较固定、不断更新的网址:

The Linguist List

http://www.emich.edu/~linguist/

Blackwell Linguistics Resource Centre

http://www.blackwellpublishing.com/linguist/

Semantics Archive

http://semanticsarchive.net/

Cognitive Sciences E-Print Archive

http://cogprints.ecs.soton.ac.uk/

von Fintel's Semantics Web Resources

http://web.mit.edu/fintel/resources.html

Dekker's Transferium

http://turing.wins.uva.nl/~pdekker/transferium.html

作为网络世界的新生事物，有些网站已具有新闻饲供（newsfeed）功能，就是在网页上用特别的 XML 格式发表论文和网络日志、交流新闻及业内消息。读者可以从网上下载专门的 RSS（Rich Site Summary）阅读器，把相关的网页收录为阅读器的频道。这样，打开阅读器，就能定时自动更新各频道的标题内容，提取相关的 XML 文本，进而详细阅读有关信息，无须用网络浏览器分别探访各网站。在此我们推荐以下三个频道及其 RSS 地址：

Semantics etc. [形式语义学频道]

http://semantics-online.org/blog/semantics.rss

Online Papers in Philosophy [涵盖语言哲学和语义学的哲学频道]

http://opp.weatherson.net/index.rdf

Language Log [广义的语言讨论频道，有众多投稿者]

http://itre.cis.upenn.edu/~myl/languagelog/index.rdf

最后要邀请大家光临本书作者的网页：

蒋　严　http://www.cbs.polyu.edu.ctyjiang

潘海华　http://ctlhpan.cityu.edu.hk/haihuapan

我们在自己的网页上也尽力收集了一些语言学网址，特别是汉语语言学的研习网址，并提供自己论文、译作和教材的电子版，还开辟了语言学讨论区和中英文新闻饲供，给大家提供一块集中讨论语言学特别是形式句法、形式语义、形式语用、自然语言逻辑和语言哲学话题的园地。

附录

形式语义学经典书目

书目一 40 Classics in Formal Semantics and Pragmatics
(Frank Veltman 编写)

Bach, E. 1981, "On Time, Tense, and Aspect: An Essay in English Metaphysics", in P. Cole (ed.), *Radical Pragmatics*, Academic Press, New York, 62—81. **Barwise, J. and R. Cooper, R.** 1981, "Generalized Quantifiers and Natural Language", *Linguistics and Philosophy* 4, 159—219. **Barwise, J.** 1981, "Scenes and Other Situations", *Journal of Philosophy* 78(7), 369—397. **van Benthem, J.** 1984, "Questions about Quantifiers", *Journal of Symbolic Logic* 49, 443—466. **Carlson, G.** 1977, *Reference to Kinds in English*, Ph. D. Thesis, University of Massachusetts, Umass Graduate Linguistics Student Association, Amherst, Mass. **Davidson, D.** 1967, "The Logical Form of Action Sentences", in N. Rescher (ed.), *The logic of Decision and Action*, University of Pittsburgh Press, Pittsburgh PA. **Dowty, D.** 1979, *Word Meaning and Montague Grammar*, Reidel, Dordrecht. **Evans, G.** 1977, "Pronouns, quantifiers, and relative clauses", *Canadian Journal of Philosophy* 7, 467—536. **Fine, K.** 1975, "Vagueness, Truth and Logic", *Synthese* 30, 265—300. **Gazdar, G.** 1979, *Pragmatics: Implicature, Presupposition, and Logical Form*, Academic Press, New York. **Geach, P.** 1962, *Reference and Generality*, Cornell University Press, Ithaca, New York. **Grice, H.** 1975, "Logic and Conversation", in P. Cole and J. L. Morgan (eds.), *Syntax and Semantics, vol 3: Speech Acts*, Academic Press, New York, 41—58. **Groenendijk, J. and M. Stokhof** 1984, *Studies on the Semantics of Questions and the Pragmatics of Answers*, Doctoral dissertation, University of Amsterdam. **Groenendijk, J. and M. Stokhof** 1991, "Dynamic Predicate Logic", *Linguistics and Philosophy* 14, 39—100. **Heim, I.** 1982, *The Semantics of Definite and Indefinite Noun Phrases*, Ph. D. Thesis, University of Massachusetts, Umass Graduate Linguistics Student Association, Amherst, Mass. Published in 1988 by Garland, New York. **Hintikka, J.** 1962, *Knowledge and Belief*, Cornell University Press, Ithaca NY. **Kamp, H.** 1971, "Formal Properties of 'Now'", *Theoria*, 227—273. **Kamp, H.** 1981, "A Theory of Truth and Semantic Representation", in J. Groenendijk, T. Janssen, and M. Stokhof (eds.), *Formal Methods in the Study of Language: Part 1*, Mathematisch Centrum, Amsterdam, 277—322. **Kaplan, D.** 1989, "Demonstratives", in J. Almog, J. Perry, and H. Wettstein (eds.), *Themes from Kaplan*, Oxford University Press, New York, 481—563. **Karttunen, L.** 1979, "Syntax and Semantics of Questions", *Linguistics and Philosophy* 1, 3—44. **Kratzer, A.** 1981, "The Notional Category of Modality", in H.-J. Eikmeyer and H. Reiser (eds.), *Words, Worlds, and Contexts*, Berlin, 38—74. **Kripke, S.** 1963, "Semantical Considerations on Modal Logic", *Acta Philosophica Fennica* 16, 83—94. **Kripke, S.** 1972, "Naming and Necessity", in D. Davidson (ed.), *Semantics of Natural Language*, D. Reidel, Dordrecht, 253—355. Addenda: 763—769. **Ladusaw, W.** 1979, *Polarity Sensitivity as Inherent Scope Relations*, Ph. D. Thesis, University of Texas, Austin, Indiana University Linguistics Club, Indiana. **Lewis, D.** 1973, *Counterfactuals*, Basil Blackwell, Oxford. **Lewis, D.** 1975, "Adverbs of Quantification", in E. Keenan (ed.), *Formal Semantics of Natural Language*, Cambridge University Press, Cambridge Mass, 3—15. **Link, G.** 1983, "The Logical Analysis of Plurals and Mass Terms: a Lattice-theoretical Approach," in C. Schwarze, R. Bäuerle and A. von Stechow (eds.), *Meaning, Use, and the Interpretation of Language*, de Gruyter, Berlin/New York, 302—323. **Moens, M. and M. Steedman** 1988, "Temporal Ontology and Temporal Reference", *Computational Linguistics*, 14(2), 15—28. **Montague, R.** 1969, "On the Nature of Certain Philosophical Entities", *The Monist* 53, 159—194. **Montague, R.** 1973, "The Proper Treatment of Quantification in Ordinary English", in J. Hintikka, J. Moravcsik and P. Suppes (eds.), *Approaches to Natural Language*, Synthese Library 49, Reidel, Dordrecht, 221—242. **Partee, B.** 1984, "Nominal and Temporal Anaphora", *Linguistics and Philosophy* 7, 243—286. **Partee, B.** 1987, "Noun Phrase Interpretation and Type Shifting Principles", in J. Groenendijk, D. de Jongh, and M. Stokhof (eds.), *Studies in Discourse Representation Theory and the Theory of Generalized Quantifiers*, GRASS 8, Foris, Dordrecht, 115—144. **Quine, W.** 1971, "Quantifiers and propositional attitudes", in W. Quine, *The Ways of Paradox*, Random House, New York, 183—194. **Rooth, M.** 1985, *Association with Focus*, Ph. D. Thesis, University of Massachusetts, Umass Graduate Linguistics Student Association, Amherst, Mass. **Sandt, R. van der**, 1992, "Presupposition Projection as Anaphora Resolution", *Journal of Semantics* 9(2), 333—377. **Stalnaker, R.** 1974, "Pragmatic Presuppositions", in M. Munitz and P. K. Unger (eds.) *Semantics and Philosophy*, New York University Press, New York, 197—213. **Stalnaker, R.** 1978, "Assertion", in P. Cole (ed.), *Syntax and Semantics, vol. 9: Pragmatics*, Academic Press, New York, 315—

332. **Thomason, R. and R. Stalnaker** 1973,"A Semantic Theory of Adverbs", *Linguistic Inquiry* 4,195—220. **Vallduvi, E.** 1990, *The Informational Component*, PhD thesis, University of Pennsylvania, Philadelphia, PA. Published in 1992 by Garland, New York. **Vendler, Z.** 1967, *Linguistics in Philosophy*, Cornell University Press, Ithaca N. Y. (in particular chapter 4,"Verbs and Times", and chapter 6,"Facts and Events".) [中英双语对照本:泽诺·万德勒《哲学中的语言学》,陈嘉映 译,北京:华夏出版社,2002年10月第一版,2003年2月第一次印刷。]

书目二 Essential Readings in Semantics
(Kai von Fintel 编写)

[**Foundations**] **LEWIS, David**: 1970."General Semantics."*Synthese*, 22:18—67. Reprinted with a postscript in Lewis (1983) *Philosophical Papers*, Volume 1, Oxford University Press, pp. 189—232. **MONTAGUE, Richard**: 1973."The Proper Treatment of Quantification in Ordinary English."In Jaako Hintikka, Julius Moravcsik, & Patrick Suppes (Editors) *Approaches to Natural Language*, pages 221—242. Reidel. Reprinted in Portner & Partee (Editors.) (2002) *Formal semantics: the essential readings*, Oxford: Blackwell, pp. 17—34. [**Noun Phrases and Quantification**] **BARWISE, John & COOPER, Robin**: 1981."Generalized Quantifiers and Natural Language."*Linguistics & Philosophy*, 4:159—219. **LADUSAW, William**: 1980."On the Notion 'Affective' in the Analysis of Negative Polarity Items."*Journal of Linguistic Research*, 1:1—23. [**Type-Shifting**] **PARTEE, Barbara H. & ROOTH, Mats**: 1983."Generalized Conjunction and Type Ambiguity."In Rainer Bäuerle, Christoph Schwarze, & Arnim von Stechow (Editors) *Meaning, Use, and Interpretation of Language*, pp. 361—383. Berlin: de Gruyter. **PARTEE, Barbara**: 1987."Noun Phrase Interpretation and Type-Shifting Principles."In Jeroen Groenendijk, D. de Jongh, & Martin Stokhof (Editors) *Studies in Discourse Representation Theory and the Theory of Generalized Quantifiers*, pp. 115—144. Reidel. [**Modality and Conditionals**] **LEWIS, David**: 1973. *Counterfactuals*. Oxford: Blackwell, Chapter 1. **KRATZER, Angelika**: 1981."The Notional Category of Modality."In H. J. Eikmeyer & H. Rieser (Editors) *Words, Worlds, and Contexts. New Approaches in Word Semantics*, pages 38—74. de Gruyter. Reprinted in Portner & Partee (Editors.) (2002) *Formal semantics: the essential readings*, 289—323. **PARTEE, Barbara H.**: 1974."Opacity and Scope."In Milton Munitz & Peter Unger (Editors) *Semantics and Philosophy*. New York University Press. [**Tense, Aspect, Events**] **PARTEE, Barbara H.**: 1973."Some Structural Analogies Between Tenses and Pronouns in English."*The*

Journal of Philosophy, 70:601—609. **PARTEE, Barbara H.**:1984. "Nominal and Temporal Anaphora." *Linguistics & Philosophy*, 7 (3):243—286. **BACH, Emmon**:1986. "The Algebra of Events." *Linguistics & Philosophy*, 9:5—16. **DOWTY, David**:1997. "Toward a Semantic Analysis of Verb Aspect and the English 'Imperfective' Progressive." *Linguistics & Philosophy*, 1:45—77. [**Existentials and Generics**] **MILSARK, Gary**:1977. "Toward an Explanation of Certain Peculiarities of the Existential Construction in English." *Linguistic Analysis*, 3(1):1—29. **CARLSON, Greg**:1977. "A Unified Analysis of the English Bare Plural." *Linguistics & Philosophy*, 1:413—458. [**Indefinites and Dynamic Semantics**] **LEWIS, David**:1975. "Adverbs of Quantification." In Edward Keenan (Editor) *Formal Semantics of Natural Language*, pages 3—15. Cambridge University Press. **HEIM, Irene**:1983. "File Change Semantics and the Familiarity Theory of Definiteness." In Rainer Bäuerle, Christoph Schwartze, & Arnim von Stechow (Editors) *Meaning, Use, and Interpretation of Language*, pages 164—189. de Gruyter. **KAMP, Hans**:1981. "A Theory of Truth and Semantic Interpretation." In Jeroen Groenendijk, Theo Janssen, & Martin Stokhof (Editors) *Formal Methods in the Study of Language*, pages 277—322. Mathematical Centre Amsterdam. **GROENENDIJK, Jeroen & STOKHOF, Martin**:1991. "Dynamic Predicate Logic." *Linguistics & Philosophy*, 14:39—100. [**Plurals**] **LINK, Godehard**:1983. "The Logical Analysis of Plurals ad Mass Terms: A Lattice-Theoretical Approach." In Rainer Bäuerle, Christoph Schwarze, & Arnim von Stechow (Editors) *Meaning, Use, and Interpretation of Language*, pp. 303—323. Berlin: de Gruyter. [**Questions**] **KARTTUNEN, Lauri**:1977. "Syntax and Semantics of Questions." *Linguistics & Philosophy*, 1:3—44. **GROENENDIJK, Jeroen & STOKHOF, Martin**:1989. "Type-Shifting Rules and the Semantics of Interrogatives." In Gennaro Chierchia, Barbara H. Partee, & Ray Turner (Editors) *Properties, Types and Meaning II: Semantic Issues*, pp. 21—68. Kluwer. [**Implicature**] **GRICE, Paul**:1967. "Logic and Conversation." Published in Grice (1989) *Studies in the Way of Words*. Cambridge, Mass., Harvard University Press. [**Presupposition and Context**] **STALNAKER, Robert**:1974. "Pragmatic Presuppositions." In Milton Munitz & Peter Unger (Editors) *Semantics and Philosophy*, pp. 197—213. New York University Press. **STALNAKER, Robert**:1978. "Assertion." In Peter Cole (Editor) *Syntax and Semantics Vol. 9: Pragmatics*, pages 315—322. New York: Academic Press. **LEWIS, David**:1979. "Scorekeeping in a Language Game." *Journal of Philosophical Logic*, 8:339—359. **HEIM, Irene**:1983. "On the Projection Problem for Presuppositions." *West Coast Conference on Formal Linguistics* (WCCFL), 2:114—125. [**Indexicality**] **KAMP, Hans**:1971. "Formal Properties of Now." *Theoria*, 37:227—273. **KAPLAN, David**:1989. "Demonstratives. An Essay on the Semantics, Logic, Metaphysics, and Epistemology of Demonstratives and Other Indexicals." In Joseph Almog, John Perry, & Howard Wettstein (Editors) *Themes from Kaplan*, pages 481—614. Oxford University Press. **FODOR, Janet & SAG, Ivan**: 1982. "Referential and Quantificational Indefinites." *Linguistics & Philosophy*, 5: 335—398. [**Focus**] **ROOTH, Mats**: 1996. "Focus." In Shalom Lappin (Editor) *The Handbook of Contemporary Semantic Theory*, pages 271—297. Blackwell.

书目三 Table of Contents of Porther & Partee (eds.) (2002) Formal semantics: the essential readings, Oxford: Blackwell.

1. The Proper Treatment of Quantification in Ordinary English (Richard Montague); 2. A Unified Analysis of the English Bare Plural (Greg N. Carlson); 3. Generalized Quantifiers and Natural Language (Jon Barwise and Robin Cooper); 4. The Logical Analysis of Plurals and Mass Terms: A Lattice-theoretical Approach (Godehard Link); 5. Assertion (Robert C. Stalnaker); 6. Scorekeeping in a Language Game (David Lewis); 7. Adverbs of Quantification (David Lewis); 8. A Theory of Truth and Semantic Representation (Hans Kamp); 9. File Change Semantics and the Familiarity Theory of Definiteness (Irene Heim); 10. On the Projection Problem for Presuppositions (Irene Heim); 11. Toward a Semantic Analysis of Verb Aspect and the English "Imperfective" Progressive (David R. Dowty); 12. The Notional Category of Modality (Angelika Kratzer); 13. The Algebra of Events (Emmon Bach); 14. Generalized Conjunction and Type Ambiguity (Barbara H. Partee and Mats Rooth); 15. Noun Phrase Interpretation and Type-shifting Principles (Barbara H. Partee); 16. Syntax and Semantics of Questions (Lauri Karttunen); 17. Type-shifting Rules and the Semantics of Interrogatives (Jeroen Groenendijk and Martin Stokhof); 18. On the Notion *Affective* in the Analysis of Negative-polarity Items (William A. Ladusaw).

书目四 Table of Contents of Javier Gutirrez-Rexach (ed.) (2003) Semantics: Critical Concepts in Linguistics. London: Routledge.

Volume I: Foundational Issues

Part A. Truth and Denotation Gottlob Frege, "On Sense and Reference", translated by Max

Black, *The Philosophical Review*, 57, 1948, pp. 207—230. (Originally published as "Sinn und Bedeutung", in Zeitschrift für Philosophie und Philosophische Kritik, 100, 1892, pp. 25—50); *Bertrand Russell*, "On Denoting", *Mind*, 14, 1905, pp. 479—493; *Peter F. Strawson*, "On Referring", *Mind*, 59, 1950, pp. 320—344; *Rudolph Carnap*, "Extensions and Intensions", in *Meaning and Necessity*, (Chicago: University of Chicago Press, 1947), pp. 23—32. **Part B. Semantics and Grammar** *Jerrold Katz* and *Paul Postal*, "The Semantic Component", in *An Integrated Theory of Linguistic Descriptions*, (Cambridge, Mass: MIT Press, 1964), pp. 12—29; *Richard Montague*, "Universal Grammar", *Theoria*, 36, 1970, pp. 373—398; *David Lewis*, "General Semantics", *Synthese*, 22, 1970, pp. 18—67; *Noam Chomsky*, "Deep Structure, Surface Structure and Semantic Interpretation", in Danny Steinberg and Leon Jakobovits, eds., *Semantics. An Interdisciplinary Reader in Philosophy, Linguistics, and Psychology*, (Cambridge: Cambridge University Press, 1971), pp. 183—216; *George Lakoff*, "On Generative Semantics", in Danny Steinberg and Leon Jakobovits, eds., *Semantics. An Interdisciplinary Reader in Philosophy, Linguistics, and Psychology*, (Cambridge: Cambridge University Press, 1971), pp. 232—252; *Richard Montague*, "The Proper Treatment of Quantification in Ordinary English", in Jaako Hintikka, J. Moravcsik, and Patrick Suppes, eds., *Approaches to Natural Languages: Proceedings of the 1970 Stanford Workshop on Grammar and Semantics*, (Dordrecht: D. Reidel Publishing Company, 1973), pp. 221—247; *Barbara Partee*, "Some Transformational Extensions of Montague Grammar", *Journal of Philosophical Logic*, 2, 1973, pp. 509—534; *Robert May*, "Logical Form as a Level of Linguistic Representation", in *Logical Form: Its Structure and Derivation*, (Cambridge, Mass.: MIT Press, 1985), pp. 1—30; *Richard Larson* and *Gabriel Segal*, "Knowledge of Meaning and Theories of Truth", in *Knowledge of Meaning*, (Cambridge, Mass.: MIT Press, 1995), pp. 25—42; *Carlos Otero*, "Language, meaning and interpretation: Chomsky against the philosophers", 2002, pp. 1—26. (An adapted excerpt of a paper that is to appear elsewhere).

Volume II: Generalized Quantifiers and Scope

Jon Barwise and *Robin Cooper*, "Generalized Quantifiers and Natural Language", *Linguistics and Philosophy*, 4, 1981, pp. 159—219; *William Ladusaw*, "Semantic Constraints on the English Partitive Construction", in *Proceedings of the West Coast Conference on Formal Linguistics (WCCFL)*, 1, (Stanford, CA: CSLI Publications, 1982), pp. 231—242; *Johan Van Benthem*, "Determiners and Logic", *Linguistics and Philosophy*, 6, 1983, pp. 437—464; *Franciska De Jong* and *Henk Verkuyl*, "Generalized Quantifiers:

The Properness of their Strength", in Johan van Benthem, and Alice ter Meulen, eds., *Generalized Quantifiers in Natural Language*, (Dordrecht: Foris Publications, 1984), pp. 21—43; *Dag Westerståhl*, "Determiners and Context Sets", in Johan van Benthem, and Alice ter Meulen, eds., *Generalized Quantifiers in Natural Language*, (Dordrecht: Foris Publications, 1984), pp. 45—71; *Barbara Partee*, "Noun Phrase Interpretation and Type Shifting Principles", in Jeroen Groenendijk, Dick de Jongh, and Martin Stokhof, eds., *Studies in Discourse Representation Theory and the Theory of Generalized Quantifiers*, (Dordrecht: Foris Publications, 1987), pp. 115—143; *Johan Van Benthem*, "Polyadic Quantifiers", *Linguistics and Philosophy*, 12, 1989, pp. 437—464; *Edward Keenan*, "Semantic Case Theory", in Jeroen Groenendijk, Martin Stokhof, and Frank Veltman, eds., *Proceedings of the Sixth Amsterdam Colloquium*, (Amsterdam: ILLC, University of Amsterdam, 1987), pp. 109—132; *Gila Sher*, "Ways of Branching Quantifiers", *Linguistics and Philosophy*, 14, 1990, pp. 393—422; *Donka Farkas*, "Quantifier Scope and Syntactic Islands", in *Proceedings of the Chicago Linguistics Society* (CLS), 7, 1981, pp. 59—66; *Feng-Hsi Liu*, "Scope Dependency" in *Scope and Specificity*, (Amsterdam: John Benjamins, 1998), pp. 9—15; *Dorit Ben-Shalom*, "Object Wide Scope and Semantic Trees", in *Proceedings of Semantics and Linguistic Theory* (SALT), 3, (Ithaca, NY: CLC Publications, Cornell University, 1993) pp. 19—37; *Anna Szabolcsi*, "Strategies for Scope Taking", in *Ways of Scope Taking*, (Dordrecht: Kluwer Academic Publishers, 1997), pp. 109—154;

Volume III: Noun Phrase Classes
Part A. Indefiniteness and Definiteness *David Lewis*, "Adverbs of Quantification", in Edward Keenan, ed., *Formal Semantics of Natural Language*, (Cambridge: Cambridge University Press, 1975), pp. 3—15; *Lauri Karttunen*, "Discourse Referents", in James McCawley, ed., *Syntax and Semantics*, 7, (New York: Academic Press, 1976), pp. 363—385; *Gary Milsark*, "Towards an Explanation of Certain Peculiarities in the Existential Construction in English", *Linguistic Analysis*, 3, 1977, pp. 1—29; *Janet Fodor* and *Ivan Sag*, "Referential and Quantificational Indefinites", *Linguistics and Philosophy*, 5, 1982, pp. 355—398; *Irene Heim*, "File Change Semantics and the Familiarity Theory of Definiteness", in Rainer Bäuerle, Christoph Schwarze, and Arnim von Stechow, eds., *Meaning, Use and Interpretation of Language*, (Berlin: Walter de Gruyter, 1983), pp. 164—189; *Edward Keenan*, A Semantic Definition of "Indefinite NP", in Eric Reuland and Alice ter Meulen, eds., *The Representation of (In) definiteness*, (Cambridge, MA: MIT Press, 1987), pp. 286—317; *Alessandro Zucchi*, "Existential

Sentences and Predication", in Paul Dekker and Martin Stokhof, eds., *Proceedings of the Eighth Amsterdam Colloquium*, (Amsterdam: ILLC, University of Amsterdam, 1991), pp. 601—621; *Mürvet Enç*, "The Semantics of Specificity", *Linguistic Inquiry*, 22, 1991, pp. 1—25; *Molly Diesing*, "Deriving Logical Representations: A Proposal", in *Indefinites*, (Cambridge, Mass.: MIT Press, 1992), pp. 1—11; *Veerle Van Geenhoven*, "Semantic Incorporation: A Uniform Semantics for West Greenlandic Noun Incorporation and West Germanic Bare Plural Configurations" in *Proceedings of the Chicago Linguistic Society (CLS)*, 31, 1995, pp. 171—186; *Yoad Winter*, "Semantic Universals and Choice Function Theory", in Francis Corblin, Carmen Dobrovie-Sorin, and Jean-Marie Marandin, eds., *Empirical Issues in Formal Syntax and Semantics*, (The Hague: Holland Academic Graphics, 1999), pp. 59—73, **Part B. Plurals and Mass Nouns.** *Greg Carlson*, "A Unified Analysis of the English Bare Plural", *Linguistics and Philosophy*, 1, 1997, pp. 413—456; *Remko Scha*, "Distributive, Collective and Cumulative Quantification", in Jeroen Groenendijk, Theo Janssen, and Martin Stokhof, eds., *Formal Methods in the Study of Language. Proceedings of the Third Amsterdam Colloquium*, (Amsterdam: Matematisch Centrum, 1981), pp. 483—512. *Godehard Link*, "The Logical Analysis of Plural and Mass Terms: A Lattice-Theoretical Approach", in Rainer Bäuerle, Christoph Schwarze, and Arnim von Stechow, eds., *Meaning, Use and Interpretation of Language*, (Berlin: Walter de Gruyter, 1983), pp. 302—323; *Brendan Gillon*, "The Readings of Plural Noun Phrases in English", *Linguistics and Philosophy*, 10, 1987, pp. 199—219; *Peter Lasersohn*, "On the Readings of Plural Noun Phrases", *Linguistic Inquiry*, 20, 1989, pp. 130—134; *Roger Schwarzschild*, "Against Groups", in Martin Stokhof and Leen Torenvliet, eds., *Proceedings of the Seventh Amsterdam Colloquium*, (Amsterdam: ILLC, University of Amsterdam, 1989), pp. 475—494; *Almerindo Ojeda*, "On Conceptional Neuterality", in *Linguistic Individuals*, (Stanford: CSLI Publications, 1991), pp. 161—183; *Gennaro Chierchia*, "Partitives, Reference to Kinds and Semantic Variation", in *Proceedings of Semantics and Linguistic Theory (SALT)*, 4, (Ithaca, NY: CLC Publications, Cornell University, 1997), pp. 73—98.

Volume IV: The Semantics of Predicates and Inflection

Part A. Events, Aspect, and Thematic Roles *Zeno Vendler*, "Verbs and Times", *The Philosophical Review*, 56, 1957, pp. 143—160; *Terence Parsons*, "Underlying Events in the Logical Analysis of English", in Ernest Lepore, ed., *Actions and Events: Perspectives on the Philosophy of Donald Davidson*, (Oxford: Blackwell, 1985), pp. 235—267; *Emmon Bach*, "The Algebra of Events", *Linguistics and Philosophy*, 9, 1986, pp. 5—16; *Henk Verkuyl*, "Aspectual Asymmetry and Quantification", in Veronika Ehrich and Heinz Vater, eds., *Temporalsemantik*, (Tübingen: Max Niemeyer Verlag, 1988), pp. 220—259; *James Pustejovsky*, "The Geometry of Events", in Carol Tenny, ed., *Studies in Generative Approaches to Aspect. MIT Lexicon Project Working Papers 24*, (Cambridge, Mass.: MIT, Center for Cognitive Science, 1988), pp. 19—39; *Greg Carlson*, "Thematic Roles and their Role in Linguistic Theory", *Linguistics*, 22, 1984, pp. 259—279; *Malka Rappaport* and *Beth Levin*, "What to Do with Theta-Roles", in Wendy Wilkins, ed., *Syntax and Semantics 21, Thematic Relations*, (New York: Academic Press, 1988), pp. 7—36; *David Dowty*, "Thematic Proto-Roles and Argument Selection", *Language*, 67, 1991, §4—8, pp. 560—582. **Part B. Tense and Modality.** Hans Reichenbach, "The Tenses of Verbs", in *Elements of Symbolic Logic*, (New York: The MacMillan Co., 1947), pp. 287—298; *David Dowty*, "The Effects of Aspectual Class on the Temporal Structure of Discourse: Semantics or Pragmatics?", *Linguistics and Philosophy*, 9, 1986, pp. 37—62; *Mürvet Enç*, "Anchoring Conditions for Tense", *Linguistic Inquiry*, 18, 1987, pp. 633—657; *Dorit Abusch*, "Sequence of Tense, Intensionality and Scope", in *Proceedings of the West Coast Conference on Formal Linguistics (WCCFL)*, 7, 1988, pp. 1—14; *Mark Moens* and *Mark Steedman*, "Temporal Ontology in Natural Language", in *Proceedings of the 25th Annual Meeting of the Association for Computational Linguistics (ACL)*, 1987, Stanford University, pp. 1—7; *Dorit Abusch*, "The Present under Past as De Re Interpretation", in *Proceedings of the West Coast Conference on Formal Linguistics (WCCFL)*, 10, 1991, pp. 1—12; *Toshiyuki Ogihara*, "Adverbs of Quantification and Sequence of Tense Phenomena", in *Proceedings of Semantics and Linguistic Theory (SALT)*, 4, (Ithaca, NY: CLC Publications, Cornell University, 1994), pp. 251—267; *Henriutte De Swart*, "Quantification over Time", in Jaap van der Does and Jan van Eijck, eds., *Quantifiers, Logic and Language*, (Stanford. CA.: CSLI Publications, 1996), pp. 311—336; *Angelika Kratzer*, "The Notional Category of Modality", in Hans-Jürgen Eikmever and Hannes Rieser, eds., *Words, Worlds and Context*, (Berlin: Walter de Gruyter, 1981), pp. 38—74; *Donka Farkas*, "On the Semantics of Subjunctive Complements", in Paul Hirschbueler and Konrad Koerner, eds., *Romance Languages and Modern Linguistic Theory*, (Amsterdam: John Benjamins, 1992), pp. 69—104; *Paul Portner*, "Modal Discourse Referents and the Semantics of the Mood Phrase", in *University of Maryland Working Papers in Linguistics*, 3, 1995, pp. 224—255.

Volume V: Operators and Sentence Types
Part A. Adjectives, Degrees, and Comparatives. *Hans Kamp*, "Two Theories about Adjectives", in Edward Keenan, ed., *Formal Semantics of Natural Language*, (Cambridge: Cambridge University Press, 1975), pp. 123—155; *Max J. Cresswell*, "The Semantics of Degree", in Barbara Partee, ed., *Montague Grammar*, (New York: Academic Press, 1976), pp. 261—292; *Jean-Yves Lerner* and *Manfred Pinkal*, "Comparatives and Nested Quantification", in Paul Dekker and Martin Stokhof, eds., *Proceedings of the Eighth Amsterdam Colloquium*, (Amsterdam: ILLC, University of Amsterdam, 1991), pp. 329—345; *Christopher Kennedy*, "Comparison and Polar Opposition", in *Proceedings of Semantics and Linguistic Theory (SALT)*, 5, (Ithaca, NY: CLC Publications, Cornell University, 1997), pp. 240—257. **Part B. Negation and Negative Polarity Items.** *Gilles Fauconnier*, "Polarity and the Scale Principle", in *Proceedings of the Chicago Linguistics Society*, 11, 1975, pp. 188—199; *Jack Hoeksema*, "Monotonicity Phenomena in Natural Language", *Linguistic Analysis*, 16, 1986, pp. 25—40; *Nirit Kadmon* and *Fred Landman*, "Polarity Sensitive Any and Free Choice Any", in Martin Stokhof and Leen Torenvliet, eds., *Proceedings of the Seventh Amsterdam Colloquium*, (Amsterdam: ILLC, University of Amsterdam, 1989), pp. 227—252; *Frans Zwarts*, "Nonveridical Contexts", *Linguistic Analysis*, 25, 1995, pp. 286—312; *William Ladusaw*, "Configurational Expression of Negation", in Jaap van der Does and Jan van Eijck, eds., *Quantifiers, Logic, and Language*, (Stanford. CA.: CSLI Publications, 1996), pp. 203—223. **Part C. Questions.** *Lauri Karttunen*, "Syntax and Semantics of Questions", *Linguistics and Philosophy*, 1, 1977, pp. 3—44; *James Higginbotham* and *Robert May*, "Questions, Quantifiers and Crossing", *The Linguistic Review*, 1, 1981, pp. 41—79; *Jeroen Groenendijk* and *Martin Stokhof*, "On the Semantics of Questions and the Pragmatics of Answers", in Fred Landman and Frank Veltman, eds., *Varieties of Formal Semantics*, (Dordrecht: Foris Publications, 1984), pp. 143—170; *Stephen Berman*, "Towards the Semantics of Open Sentences: Wh Phrases and Indefinites", in Martin Stokhof and Leen Torenvliet, eds., *Proceedings of the Seventh Amsterdam Colloquium*, (Amsterdam: ILLC, University of Amsterdam, 1989), pp. 53—77; *Utpal Lahiri*, "Questions, Answers and Selection", in *Proceedings of the North East Linguistic Society (NELS)*, 21, 1991, pp. 233—246; *Jonathan Ginzburg*, "A Quasi-Naive Semantics for Interrogatives and its Implications", in Paul Dekker and Martin Stokhof, eds., *Proceedings of the Eighth Amsterdam Colloquium*, (Amsterdam: ILLC, University of Amsterdam, 1991), pp. 197—212; *Veneeta Dayal*, "Two Types of Universal Terms in Questions",

in *Proceedings of the North East Linguistic Society* (*NELS*), 22, 1992, pp. 443—457; James Higginbotham, "Interrogatives", in Ken Hale and Samuel J. Keyser, eds., *The View from Building 20*, (Cambridge, Mass.: MIT Press, 1993), pp. 195—227; Javier Gutiérrez-Rexach, "Interrogatives and Polyadic Quantification", in Nelia Scott, ed., *Proceedings of the International Conference on Questions*, (Liverpool: University of Liverpool, 1999), pp. 1—14.

Volume VI: Discourse and Dynamics

Part A. Topic and Focus Barbara Partee, "Topic, Focus and Quantification", in *Proceedings of Semantics and Linguistic Theory* (*SALT*), 1, (Ithaca, NY: CLC Publications, Cornell University, 1991), pp. 159—187; Manfred Krifka, "A Compositional Semantics for Multiple Foci", in *Proceedings of Semantics and Linguistic Theory* (*SALT*), 1, (Ithaca, NY: CLC Publications, Cornell University, 1991), pp. 127—158; Sjaak De Mey, "Generalized Quantifier Theory and the Semantics of Focus", in Jaap van der Does and Jan van Eijck, eds., *Quantifiers, Logic, and Language*, (Stanford, CA: CSLI Publications, 1996), pp. 269—279; Daniel Büring, "Topic", in Peter Bosch and Rob van der Sandt, eds., *Focus. Linguistic, Cognitive, and Computational Perspectives*, (Cambridge: Cambridge University Press, 1999), pp. 142—165. **Part B. Pronouns and Anaphora.** Peter Geach, "Pronominal Reference: Relative Pronouns", in *Reference and Generality*, (Ithaca, NY: Cornell University Press, 1962), pp. 108—132; Gareth Evans, "Pronouns", *Linguistic Inquiry*, 11, 1980, pp. 337—362; Hans Kamp, "A Theory of Truth and Semantic Representation", in Jeroen Groenendijk, Theo Janssen, and Martin Stokhof, eds., *Formal Methods in the Study of Language. Proceedings of the Third Amsterdam Colloquium*, (Amsterdam: Matematisch Centrum, 1981), pp. 1—41; Craige Roberts, "Modal Subordination and Pronominal Anaphora in Discourse", *Linguistics and Philosophy*, 12, 1989, pp. 683—722; Paul Dekker, "Existential Disclosure", *Linguistics and Philosophy*, 16, 1993, pp. 561—587; Gennaro Chierchia, "Dynamic Binding", in *Dynamics of Meaning*, (Chicago: University of Chicago Press, 1995), pp. 62—84; Jeroen Groenendijk, Martin Stokhof and Frank Veltman, "Coreference and Contextually Restricted Quantification", in *Proceedings of Semantics and Linguistic Theory* (*SALT*), 5, (Ithaca, NY: CLC Publications, Cornell University, 1995), pp. 112—129; Chris Barker, "A Presuppositional Account of Proportional Ambiguity", in *Proceedings of Semantics and Linguistic Theory* (*SALT*), 3, (Ithaca, NY: CLC Publications, Cornell University, 1993), pp. 1—18. **Part C. The Semantics/Pragmatics Interface.** Robert Stalnaker, "Assertion", in Peter Cole, ed., *Syntax and Semantics*, 9,

(New York, Academic Press, 1978), pp. 315—332; *David Lewis*, "Scorekeeping in a Language Game", in Rainer Bäuerle, Urs Egli, and Arnim von Stechow, eds., *Semantics from Different Points of View*, (Berlin: Springer Verlag, 1979), pp. 172—187; *Enric Vallduvi*, "A Theory of Informatics", in *The Informational Component*, PhD diss., University of Pennsylvania, 1990, (Ann Arbor, MI: Garland Publishing Co., 1992), pp. 201—218; *Kai Von Fintel*, "The Context-Dependency of Quantifiers", in *Restrictions on Quantifier Domains*, PhD diss., University of Massachusetts at Amherst, 1995, pp. 27—36; *Dov Gabbay* and *Ruth Kempson*, "Natural-Language Content: A Proof-Theoretic Perspective. A Preliminary Report", in Paul Dekker and Martin Stokhof, eds., *Proceedings of the Eighth Amsterdam Colloquium*, (Amsterdam: ILLC, University of Amsterdam, 1991), pp. 173—195; *Nicholas Asher*, "Mathematical Treatments of Discourse Contexts", in Paul Dekker and Martin Stokhof, eds., *Proceedings of the Tenth Amsterdam Colloquium*, (Amsterdam: ILLC, University of Amsterdam, 1995), pp. 21—40.

汉英译名对照表

[说明：本表按词首汉字的笔画数目递增排列，符号字母起首的术语列于表末。英文人名的姓氏全部用大写字母，姓在前、名在后，中间用逗号隔开。鉴于中国大陆、香港地区、台湾地区三地对汉语人名采用不同的拉丁化拼音，我们在此收录了以英文发表著作的华人中文姓名。非华人英文人名只译姓氏。]

一 画

一一对应	one-to-one correspondence
一元谓词	one-place predicate
一对一函数	one-to-one function
一价算子	unary operator

二 画

二元谓词	two-place predicate
二价算子	binary operator
二阶逻辑	second-order logic

三 画

三分结构	tripartite structure
下降	lower
下箭头	down arrow ↓
万德勒	VENDLER, Zeno
大前提	major premise
上下文变化力	context change potential, CCP
上箭头	up arrow ↑
小前提	minor premise
山度	SANDU, Gabriel
个体	individual
个体变量（变项、变元）	individual variable
个体常量	individual constant
个体谓词	individual-level predicate
个体概念	individual concept
个数量词	cardinal quantifier
广义会话寓意	generalized conversational implicature
广义并列结构	generalized conjunction
广义词组结构语法	Generalized Phrase Structure Grammar, GPSG
广义量词	generalized quantifier, GQ
子时段	subinterval of time
子结构	Sub DRS
子弹算子/连词	bullet operator/connective
子集	subset
马苏赫	MASUCH, Michael
马神武	MCCAWLEY, James D

四 画

开语句	open sentence
无定名词	indefinite noun
无定名词词组	indefinite noun phrase
无定的	indefinite
无界限依存	unbounded dependency
无选择约束	unselective binding
元语言	meta-language
元逻辑系统	metalogical system
不可能世界	impossible world
不相容析取	exclusive disjunction
不恰当的	infelicitous
欠明论	underdeterminacy thesis
欠明确的	underdetermined
比例问题	proportion problem
比例性量词	proportional quantifier
中心语驱动的词组结构语法	Head-driven Phrase Structure Grammar, HPSG
中间过程	intermediate stage
中间状态	intermediate state
中置算子	infix operator
贝纳斯	BERNAYS, Paul
贝斯图	Beth Tableau
内进式量化	quantifying-in
内部否定	internal negation
内涵	intension
内涵语义	intensional meaning
内涵结构	intensional context
内涵逻辑	intensional logic
内涵算子	intensor, ^
反身代词"自己"	reflexive "ziji"
反证法	refutation method
反事实句（违实句）	counterfactual
反事实条件句	counterfactual conditional
分枝	branch
分枝量词	branching quantifier
分析性语句	analytic sentence
分析性真理	analytic truth
文本	text
文本更新语义学	File Change Semantics
认识情态	epistemic modality
心理现实性	psychological reality
心理表达	mental representation
计算语义学	computational semantics
引入	introduction
引语理论	quotation theory
巴怀士	BARWISE, Jon
巴赫	BACH, Emmon
邓守信	TENG, Shoushin
双条件式	biconditional
双重否定	double negation

五 画

正在进行时态	progressive aspect
正在进行态	progressive
正斜线	forward slash, /
艾伦	ALLEN, James
艾阿康纳	IACONA, Andrea
节点	node
可计算性	computability
可计算性理论	computability theory
可并列类型	conjoinable type
可能世界	possible world
可能世界语义学	possible-world semantics
皮彻	PITCHER, George
皮塔瑞南	PIETARINEN, Ahti
左下单调	left downward entailing/

汉英译名对照表

中文	英文	中文	英文
	monotone, ↓MON	外延性	Extension, EXT
左上单调	left upward entailing/	外延语义	extensional meaning
	monotone, ↑MON	外延算子	extensor,
左单调	left monotone	外部否定	external negation
右下单调	right downward entailing/	包含	include
	monotone, MON↓	主目	argument
右上单调	right upward entailing/	主体部分	matrix/nucleus
	monotone, MON↑	主题	topic
右单调	right monotone	主题句	topic sentence
布卢姆	BLOOM, Alfred	兰贝克	LAMBEK, Joachim
布尔	BOOLE, George	兰德曼	LANDMAN, Fred
布罗迪	BRODY, Michael	汉语助词"过"	Chinese verbal
布莱克本	BLACKBURN, Patrick		marker GUO
布莱克莫	BLAKEMORE, Diane	必然真理	necessary truth
卡尔纳普	CARNAP, Rudolf	永真句	logically true sentence
卡茨	KATZ, Jerrold	弗雷格	FREGE, Gottlob
卡彭特	CARPENTER, Bob	加入规则	accommodation
卡斯顿	CARSTON, Robyn	加贝	GABBAY, Dov
卡斯塔讷达	CASTANEDA, Hector-Neri	加林	GALLIN, Dan
卡德蒙	KADMON, Nirit	加标演绎系统	labelled deductive
归谬原则	reductio ad absurdum		systems, LDS
叶萌	YEH, Meng	加登弗斯	GÄRDENFORS, Peter
史迪曼	STEEDMAN, Mark	对比焦点	contrastive focus
史密斯	SMITH, Carlota	对称性	symmetry
丘奇	CHURCH, Alonzo	对象语言	object language
丘奇—罗瑟特征	Church-Rosser property	矛盾句	logically untrue sentence
代词的先行语条件	accessibility condition of anaphora	矛盾命题	contradiction
代词所指的确认	pronoun resolution	**六　画**	
句义	sentence meaning	动态约束	dynamic binding
句法范畴	syntactic category	动态谓词逻辑	dynamic predicate logic
句法语义同构原则	the isomorphic principle of syntax and semantics	动态语义学	dynamic semantics
		动态句法	dynamic syntax
外延	extension	吉尔	GIL, David

吉奇	GEACH, Peter
过去时	past tense
过去时算子	past tense operator
过程动词	process verb
西尔斯	SEARS, Donald
西格尔	SEGAL, Gabriel
有条件的证明	Conditional Proof, CP
有序三元组	ordered triple
有序偶	ordered pair
有穷偏序量词	finite partially-ordered quantifier
有定的	definite
有定摹状词	definite description
存在句	existential sentence
存在封闭	existential closure
存在消除	existential disclosure
存在谓词	existence predicate
存在量化	existentially quantified
存在量词	existential quantifier, ∃
列式	sequent
同形	isomorphism
同构映射	isomorphic mapping
回指（现象）	anaphora
回指词	anaphor
里查德	RICHARD, Mark
里却茨	RICHARDS, I. A.
先行词管辖	antecedent government
先进后出	first in last out
乔姆斯基	CHOMSKY, Noam
传递性	transitivity
伍德	WOOD, Mary McGee
任选物	arbitrarily chosen object
任意名	arbitrary name
任意物	arbitrary object
仿本体	counterpart
伊艾格里	EGLI, Urs
自反	reflexive
自反性	reflexivity
自由变量	free variable
自动机理论	automata theory
自然结束点	natural end point
自然焦点域	default focus domain
后入先出	last in first out
后件	consequent
行动逻辑	action logic
全函数	complete function, total function
全真命题	tautology
全称封闭	universal closure
全称量化	universally quantified
全称量词	universal quantifier, ∀
合取	conjunction
合取引入规则	& Introduction, &I
合取项	conjunct
合取消除规则	& Elimination, &E
名词短语的并列结构	NP coordination
名物化	nominalization
名物化（函数）	nom
多对一函数	many-to-one function
多重量化式	multiply quantified structure
刘凤樨	LIU, Feng-hsi
刘易斯	LEWIS, David
交集	intersection
充实	flesh out
并集	union
关系	relation
关系量词	relational quantifier
关联理论	Relevance Theory
守恒性	Conservativity, CONSERV

字母变换	alphabetic variation	否定词	negator
字母变换式	alphabetic variant	连词词组	conjunction phrase
论元	argument	连贯	coherence
论域	domain of discourse	时间的量化	temporal quantification
约束	bind/binding	时间所指	temporal reference
		时间副词	time adverb
		时间逻辑	temporal logic
七 画		时间索引	temporal indices
贡斯纳	GUENTHNER, Franz	时态	aspect
麦考耐尔-基内	MCCONNELL-GINET, Sally	时制	tense
麦克道威尔	MCDOWELL, John	时制悖论	tense paradox
麦耶-维尔	MEYER-VIOL, Wilfried	时制算子	tense operator
麦肯奇	MACKENZIE, I. E.	时制算子 H	tense operator H
形式化的表达	formalized representation	时制算子 G	tense operator G
形式表达	formal representation	时点	moment of time/time point
形式逻辑	formal logic	时段	interval of time
进行态	progressive	希尔伯特	HILBERT, David
坎恩	CANN, Ronnie	希金博特姆	HIGGINBOTHAM, James
坎普	KAMP, Hans	坐标语义学	coordinate semantics
严格解	strict reading	狄辛	DIESING, Molly
严格管辖	properly govern	狄奇	TICHY, Pavel
克里夫卡	KRIFKA, Manfred	删除	deletion
克拉策尔	KRATZER, Angelika	条件引入规则	→Introduction
克罗夫特	CROFT, William	条件式	conditional
克莱尼基	KRYNICKI, Michall	条件联词	conditional
克莱斯威尔	CRESSWELL, Max	言有所为	doing things with words
李亚非	LI, Yafei	言语行为	speech act
李行德	LEE, Hun-tak, Thomas	言语行为义	performative meaning
李艳惠	LI, Yen-hui Audrey	状态	state
杨素英	YANG, Suying	状态动词	stative verb
两体类型论	two-sorted type theory	状态性谓词	stage-level predicate
否定	negation	亨金	HENKIN, Leon
否定后件规则	Modus Tollendo Tollens, MTT	库珀	COOPER, Robin
		泛涵贴合运算	functional application

沈思国	SHEN, Siguo	范畴语法	Categorial Grammars
怀特海	WHITEHEAD, Alfred North	直陈义	literal meaning
完成时	perfect	直接对时间运算	explicit reference to time
完成体	perfective	构造算子	constructor A ⇑ B
完成态	perfective	析取	disjunction
完结动词	accomplishment verb	析取引入规则	∨ Introduction, ∨ I
完整一致的	complete and consistent	析取消除规则	∨ Elimination, ∨ E
证伪程序	refutation procedure	杰肯道夫	JACKENDOFF, Ray
补集	complement	事件	event
词义	lexical meaning	事件时间	event time
词汇语义学	lexical semantics	事实否定	factual negation
词汇管辖	lexical government	事例	token
词组结构语法	phrase structure grammar	事例上的差异	token difference
阿布希	ABUSCH, Dorit	奇结构	odd context
阿西尔	ASHER, Nicolas	非连续体结构	discontinuous constituent
陈平	CHEN, Ping	非完成态	imperfective
陈述性算子	assertion operator	非实质分枝式	inessential branching
		非单调逻辑	non-monotonic logic

八 画

		非终端节点	non-terminal node
驴子句	donkey sentence	非指称的	non-referential
表层结构	S-structures	非标准量词	non-standard quantifier
表情感叹义	emotive meaning	非真值条件语义学	non-truth-conditional semantics
规则对应假设	Rule to Rule Hypothesis		
规约	stipulation	肯定前件规则	Modus Ponendo Ponens, MPP
规约寓意	conventional implicature	肯普森	KEMPSON, Ruth
规范情态	deontic modality	迪-迈伦	ter MEULEN, Alice
抽取算子	extraction operator ↑	罗素	RUSSELL, Bertrand
抽象算子	abstractor	罗博兹	ROBERTS, Craige.
坦内	TENNY, Carol	帕蒂	PARTEE, Barbara Hall
拉森	LARSON, Richard	凯	KAY, Martin
范-艾伊克	van EIJCK, Jan	凯因	KAYNE, Richard
范-本瑟姆	van BENTHEM, Johan	佩里	PERRY, John
范-戴-道伊斯	van der DOES, Jaap	佩雷拉	PEREIRA, Fernando
范氏图	Venn's diagram		

欣迪卡	HINTIKKA, Jaakko	实质蕴涵悖论	paradoxes of material implication
所指	reference	话语	utterance
所指代词	referential pronoun	话语小词	utterance particle
舍尔	SEARLE, John	话语标记词	discourse marker
命题	proposition	话题句	topic sentence
命题态度	propositional attitude	屈承熹	CHU, Chauncey
命题变量	propositional variable	函数（函项）	function
命题函数	propositional function	限制型量化式	restricted quantification
命题逻辑	propositional logic	限定词	determiner
受约	bound	限定词量化	determiner quantification
受约变量	bound variable	限定部分	restrictor
变体规则	variation rule	参照时间	reference time
变量	variable	线性逻辑	linear logic
变量赋值函数	variable assignment function	组合性原则	the Principle of Compositionality
郑礼珊	CHENG, Lai-Shen, Lisa.	终结时段	finishing interval
单动作动词	semelfactive	终端节点	terminal node
单位词	classifier		
单射	injective		
单调性	monotonicity		

九　画

法尔茨	FALTZ, Leonard	封闭（闭包）	close up
法因	FINE, Kit	项	term
波洛斯	POLOS, Laszlo	项短语	term phrase, T
性质	property	赵元任	CHAO, Yuen Ren
性质理论	property theory	括充式标准理论	Extended Standard Theory
定指（函数）	iota	指示语	indexical, deixis
空约束	vacuous binding	指称	refer (to)
空语类	empty category, Δ	指称关系	Bedeutung/nominatum/reference
空语类原则	the Empty Category Principle, ECP	指谓	denote
空集	empty set	指谓关系	denotation
实体	entity	指谓赋值函数	denotation assignment function
实现动词	achievement verb	标记	label
实质性分枝式	essential branching	柯比	COPI, Irving
实质蕴涵	material implication		

柯布朗支集	Herbrand support	思笃	SGALL, Peter
柯布朗域	Herbrand universe	勋芬克尔	SCHÖNFINKEL, Moses
柯里	CURRY, Haskell	勋芬克尔化	Schönfinkelization
柯里化	Currying	选择函数	choice function
相对过去时算子	relative past tense operator	科马克	CORMACK, Annabel
相对时间副词	relative time adverb	科恩	COHEN, Carl
相对时制	relative tense	复写	copying
相对补集	relative complement	复合命题	compound proposition
相对将来时算子	relative future tense operator	复合函数	composite function
		复杂度	complexity
相对辖域	relative scope	复杂类型	complex type
相关的世界	accessible world	复数名词组	plural NP
相关性关系	accessibility relation	信念	belief
相干逻辑	relevance logic	信念者	believer
相容析取	inclusive disjunction	信念命题	believed proposition
相容态	neutral viewpoint	信念持有者	believer, carrier of beliefs
柏曼	BERMAN, Stephen	信念语境	belief context
树枝相交	cross	修饰语量化	adverbial quantification
威尔逊	WILSON, Deirdre	狭义会话寓意	particularized conversational implicature
威斯特希戴尔	WESTERSTÅHL, Dag		
背景	background	独一	unique
背景—焦点	background-focus	独元集	singleton
省略结构	ellipsis	将来时	future tense
哈格曼	HAEGEMAN, Lillian.	将来时算子	future tense operator
哈季婷娃	Hajičová	类升级	type-lifting, type-raising
显义	explicature	类名词组	generic NP
显性结构	transparent context	类别	type
显性算子	transparent operator	类别与事例	type and token
显要	prominent	类别差异	type difference
映(射)入	(map) into	类转换	type-shifting
映(射)满	(map) onto	类降级	type-lowering
映入函数	into function	类型—逻辑语法	Type-Logical Grammar
映射假设	mapping hypothesis	类型论	type theory
映满函数	onto function	类型推理的等级规定	hierarchy of

	type-deduction	起始时段	beginning interval
类指名词组	generic NP	起始点	starting/beginning point
类映射	type mapping	埃厄普	IOUP, Georgette
前件	antecedent	埃斯皮纳尔	ESPINAL, Teresa
前提	premise	莱文森	LEVINSON, Stephen
逆斜线	back slash, \	莱布尼兹定律	Leibniz' law
活动动词	activity verb	莱平	LAPPIN, Shalom
恰当的	felicitous	莱因哈特	REINHART, Tanya
语用学	pragmatics	莱辛巴赫	REICHENBACH, Hans
语导行动	illocutionary speech act	莱昂斯	LYONS, John
语形变体	variation	莱蒙	LEMMON, Edward John
语言实体	linguistic object	莫拉伏契克	MORAVCSIK, Julius
语言哲学	philosophy of language	莫瑞尔	MORRILL, Glyn
语法主语	grammatical subject	真	true
语迹	trace	真子集	proper subset
语篇分析	discourse analysis	真势情态	alethic modality
语篇回指词	discourse anaphora	真实世界	real/actual world
说话人	speaker	真实条件句	indicative conditional
说话时间	speech/utterance time	真值	truth value
结束点	finishing/end point	真值论语义学	truth-theoretic semantics
结构化意义	structured meaning	真值条件	truth condition
绝对过去时算子	absolute past tense operator	真值条件义	truth-conditional meaning
		真值条件语义学	truth-conditional semantics
绝对时间副词	absolute time adverb	真值表	truth table
绝对时制	absolute tense	格罗伦戴克	GROENENDIJK, Jeroen
绝对补集	absolute complement	格赖斯	GRICE, Paul
绝对将来时算子	absolute future tense operator	索引	index
		索绪尔	de SAUSSURE, Ferdinand
统指解	collective reading	索姆斯	SOAMES, Scott
统领	c-command	原子命题	atomic proposition
		原子类型	primitive type
		逐指解	distributive reading

十　画

		特征	property
高阶逻辑	higher-order logic		
班尼特	BENNETT, Michael	特征合一理论	unification theory

437

特征函数	characteristic function	基本类型（原子类型）	basic/primitive type
特指	specific	基尔基亚	CHIERCHIA, Gennaro
特纳	TURNER, Raymond	基南	KEENAN, Edward
	TURNER, Ken	黄正德	HUANG, Cheng-teh James
值域	range	黄师哲	HUANG, Shi-Zhe
徐烈炯	XU, Liejiong	黄宣范	HUANG, Shuan-Fan
部分函数	partial function	菱形特征	diamond property
递归穷举的	recursively enumerable	菲尔德	FIELD, Hartry
递归定义法	recursive definition	萨瑞南	SAARINEN, Esa
涉己信念	*de se* belief	梵-斯特仇	VON STECHOW, Arnim
涉己解释	*de se* interpretation	梵-芬特尔	von Fintel
涉名信念	*de dicto* belief	梅	MAY, Robert
涉名解释	*de dicto* interpretation	梅兹	MATES, Benson
涉实信念	*de re* belief	副词性量词下标复制	Q-adverb indexing
涉实解释	*de re* interpretation	虚拟状态	subjunctive mood
消除	elimination	常量	constant
		常量词	constant
		常量函数	constant function

十一画

		惟一性预设	uniqueness presupposition
海姆	HEIM, Irene	逻辑主语	logical subject
萨保契	SZABOLCSI, Anna	逻辑式	logical form，简称 LF
宽松解	sloppy reading	逻辑否定	logical negation
宽域	wide scope	逻辑证明	logic proof
窄域	narrow scope	逻辑依存	logical dependency
萨博	SZABO, Zoltán	逻辑语义学	logical semantics
弱式的组合性原则	the weak version of the Principle of Compositionality	逻辑真理	logical truth
		逻辑宾语	logical object
弱量化短语	weak quantifier	逻辑量词	quantifier
预设	presupposition	逻辑算子	logical operator
预指词	cataphora	移位	movement
描写能力	descriptive power	偶结构	even context
堆栈	stack	偶然句	contingent sentence
推理义	inferred meaning	偶然真理	contingent truth
控制	control		

假	false	斯科林—柯布朗定理	Skolem-Herbrand Theorem
假设	assumption	斯科林化	Skolemization
假设规则	Rule of Assumption, A	斯科林函数	Skolem function
衔接	cohesion	斯科林前束范式	Skolem normal form
斜线算子/连词	slash operator/connective	斯科林常量	skolem constant
旋栅号	turnstile, ⊢	斯特布勒	STABLER, Edward
盖莫特	Gamut, L. T. F.	斯博贝尔	SPERBER, Dan
断言符号	assertion sign, ⊢	蒋严	JIANG, Yan
涵义	sense	韩礼德	HALLIDAY, MAK
情状类别	aspectual class	量化名词组	quantified NP (QNP)
情状类型	situation type	量化状语	adverb of quantification
情态	modality	量化理论	quantification theory
谓词	predicate	量词前束式	quantifier prefix
谓词变量	predicate variable	量词前提法	quantifier-raising (QR)
谓词逻辑	predicate logic	最大投射	maximal projection
隐性结构	opaque context	最小约束要求	Minimal Binding Requirement (MBR)
隐性算子	opaque operator	嵌入算子	infixation operator ↓
维特根斯坦	WITTGENSTEIN, Ludwig	赋类函数	type assignment function

十二画

塔尔斯基	TARSKI, Alfred	程序化	procedural
超内涵结构	hyper-intensional context	密尔沙克	MILSARK, Gary
超集	superset	等同(函数)	ident
博斯	BOS, Johan	等值代换原理	substitution salva veritate = substitution under retention of the truth value
博伊尔勒	BÄUERLE, R
博弈论	Game Theory
博弈论语义学	Game-theoretical Semantics	等值式	equivalence
提升	raise	集合	set
插入	insertion	集合论	set theory
联词	conjunction	集合的集合	set of sets, family of sets
斯道纳克	STALNAKER, Robert	集体名词组	collective NP
斯托克夫	STOKHOF, Martin	焦点	focus
斯坦纽思	STENIUS, Erik	焦点句	focus sentence
斯科林	SKOLEM, Thoralf	焦点否定	focus negation

焦点映射规则	focus mapping principle	雷勒	REYLE, Uwe
焦点域	focus domain	零形回指	zero anaphora
奥尔伍德	ALLWOOD, Jens	简单命题	simplex proposition
奥格登	OGDEN, C. K.	詹森	JANSSEN, Theo
奥恩	AOUN, Joseph	鲍林杰	BOLINGER, Dwight
奥斯汀	AUSTIN, John	意义	Sinn/sense
鲁伊斯	RUYS, Eduard	意义公设	meaning postulate
鲁斯	ROOTH, Mats	意念	idea
普通名词	common noun	意念	intention
普遍算子	generic operator	数量性	Quantity, QUANT
普遍语法	universal grammar	数量性限定词	quantitative determiner
普赖尔	PRIOR, Arthur	满足	satisfy
道义逻辑	deontic logic	满射	surjective
道蒂	DOWTY, David	福考尼艾	FAUCONNIER, Giles
温特	WINTER, Yoad	福德	FODOR, Janet
寓意	implicature		
幂集	power set	**十四　画**	
谢尔	SHER, Gila	算法证明	algorithmic proof
属性	property	赫尔玻格	HERBURGER, Elena
属性的	attributive	蔡维天	TSAI, Wei-Tien, Dylan
强量化短语	strong quantifier	境况语义学	Situation Semantics
强式守恒性	conservativity$^+$	模态逻辑	modal logic
强式组合性原则	the strong version of the Principle of Compositionality	模态嵌套	modal subordination
		模型	model
		模型论语义学	model-theoretic semantics
十三　画		辖域	scope
蒯因	QUINE, Willard	辖域原则	scope principle
禁止空量化	Prohibition Against Vacuous Quantification	管辖	govern
		管辖与约束理论(管约论)	Government and Binding Theory(GB 理论)
蒙太格	MONTAGUE, Richard		
蒙太格语义学	Montague Semantics	管辖者	governor
蒙太格语法	Montague Grammar	嫁接	adjoin
裘凯维茨	AJDUKIEWICZ, Kazimierz	裹住	wrap
雷申林	LEISENRING, A. C	端木三	DUANMU, San

		戴浩一	TAI, H. Y., James
		戴维斯	DAVIS, Martin
十五画		戴维森	DAVIDSON, Donald
蕴涵（衍推）	entail	瞬间实现动词	achievement verb
蕴涵义（衍推义）	entailed meaning		
蕴涵式	conditional	**符号及字母起首之术语**	
蕴涵论（衍推论）	Entailment Thesis		
篇章表述结构	discourse representation structure	λ–还原	λ–reduction (contraction)
		λ–抽象	λ–abstraction
篇章表述理论	Discourse Representation Theory (DRT)	λ–抽象算子	λ–abstractor
		λ–转换	λ–conversion
篇章所指对象	discourse referent	λ–算子	λ–operator
德-施瓦尔特	de SWART, Henriëte	λ–演算	λ–Calculus
德-基洛茨	de QUEIROZ, Ruy	∀-类解释	∀-reading
熟悉性条件	familiarity condition	∃-类解释	∃-reading
潘洛斯	PENROSE, Roger	A-量化	A-quantification
潘海华	PAN, Haihua	D-量化	D-quantification
		E-类代词	E-type pronoun
十六画及以上		E-类代词策略	E-type pronoun strategy
霍夫曼	HOFMANN, Thomas	n-元谓词	n-place predicate
霍杰斯	HODGES, Wilfrid	X-标杠句法	X-bar Syntax
穆加	MOORTGAT, Michael		

参考书目

(凡例:a. 英文书目在前,中文书目列后。中文书名按作者拼音字母顺序入目。b. 英文书名、杂志名和博士论文名用斜体表示;中文书名、杂志名和博士论文名置于书名号《 》内;中英文文章名一律置于双引号" "内。c. 英文第一作者姓在前、名在后,其余作者名在前、姓在后。中文作者一律姓在前、名在后。d. 出版社所在的地名在前,社名在后,中间用冒号隔开。社名中已含地名的不再列地名。e. "pp."意为"页码";"ed."意为"主编";"eds."意为"合编"。f. "Vol."意为"第 x 卷";g. "ms."意为"手稿"。h. "MIT"意为"美国麻省理工学院"。)

Abbott, Barbara. (1999). "A Formal Approach to Meaning: Formal Semantics and its Recent Developments". 《外国语》, 1999 年第 1 期, pp. 2—20。

Abransky, S., D. Gabbay and T. Maibaum (eds.) (1992—2001). *Handbook of Logic in Computer Science*. Vols. 1—5, Vol. 6 to appear. Oxford: Clarendon Press.

Abusch, Dorit. (1994). "The Scope of Indefinites". *Natural Language Semantics*. Vol. 2. pp. 83—135.

Aczel, Peter., David Israel, Yasuhiro Katagiri, and Stanley Peters (eds.) (1993). *Situation Theory and its Applications*. Vol. 3. Stanford: Center for the Study of Language and Information.

Ades, Anthony. and Mark Steedman (1982). "On the Order of Words". *Linguistics & Philosophy*. Vol. 4. pp. 517—558.

Ajdukiewicz, Kazimierz. (1935). "Die Syntaktische Konnexität". *Studia Philosophica*. Vol. 1. pp. 1—27. Translated as "Syntactic Connexion" in S. McCall (ed.) (1967) *Polish Logic*. Oxford University Press. pp. 207—231. Part I translated as "On Syntactical Coherence". *Review of Metaphysics*. (1967) Vol. 20. pp. 635—647.

Akmajian A., R. A. Demers, and R. M. Harnish (1984). *Linguistics: An Introduction to Language and Communication*. Cambridge, Mass: MIT Press.

Allen, James. (1987/1995). *Natural Language Understanding*. Redwood City, California: Benjamin Cummings. Second Edition.

Allwood, Jens., Lars-Gunnar Andersson, and Östen Dahl(1977). *Logic in Linguistics.* Cambridge University Press.《语言学中的逻辑》,王维贤等译,河北人民出版社,1984。

Aoun, Joseph. and Yen-hui Audrey Li(李艳惠)(1993). *Syntax of Scope.* Cambridge, Mass: MIT Press.

Asher, Nicholas. (1986). "Belief in Discourse Representation Theory". *Journal of Philosophical Logic.* Vol. 15. pp. 127—189.

Asher, Nicholas. (1993). *Reference to Abstract Objects in Discourse.* Dordrecht: Kluwer.

Austin, John. (1962). *How to Do Things with Words.* Oxford University Press.

Authier, Marc. and Lisa Reed(1999). *Structure and Interpretation in Natural Language.* Muenchen: Lincom Europa.

Bach, Emmon. (1989). *Informal Lectures on Formal Semantics.* Albany, New York: State University of New York Press.

Bach, Emmon., Eloise Jelinek, Angelika Kratzer and Barbara Partee (eds.) (1995). *Quantification in Natural Languages.* Vols. 1 & 2. Dordrecht: Kluwer.

Baltin, Mark. and Chris Collins (eds.) (2000). *The Handbook of Contemporary Syntactic Theory.* Oxford: Blackwell.

Barwise, Jon. (1979). "On Branching Quantifiers in English". *Journal of Philosophical Logic* 8, pp. 47—80.

Barwise, Jon. (1989). *The Situation in Logic.* Stanford: Center for the Study of Language and Information.

Barwise, Jon. and Robin Cooper(1981). "Generalized Quantifiers and Natural Language". *Linguistics and Philosophy.* Vol. 4. pp. 159—219.

Barwise, Jon. and John Perry(1983). *Situations and Attitudes.* Cambridge, Mass: MIT Press.

Barwise, Jon. and John Perry (1985). "Shifting Situations and Shaken Attitudes". *Linguistics & Philosophy* 8, pp. 105—161.

Barwise, Jon., Mark Gawron, Gordon Plotkin, and Syun Tutiya (eds.) (1991). *Situation Theory and its Applications.* Vol. 2. Stanford: Center for the Study of Language and Information.

Bäuerle, R., C. Schwarze, and A. Von Stechow (eds.) (1983). *Meaning, Use and Interpretation of Language.* Berlin: de Gruyter.

Bäuerle, R. and U. Egli (1983). "Anapher, Nominalphrase und Eselsaetze". In R. Bäuerle et al. (eds.) (1983) *Meaning, Use and Interpretation of Language.*

Bayer, Samuel. (1996). *Confessions of a Lapsed Neo-Davidsonian: Events and Arguments in Compositional Semantics.* Doctoral Dissertation, Brown University. New York: Garland.

Beaver, David. (2001). *Presupposition and Assertion in Dynamic Semantics.* Stanford: Center for the Study of Language and Information & the European Association for Logic, Language and Information.

Bennett, Michael. (1976). "A Variation and Extension of a Montague Fragment of English". In B. Partee (ed.) (1976), pp. 119—163.

Berman, Stephen. (1987). "Situation-based Semantics for Adverbs of Quantification". In *Proceedings of WCCFL* 6. Stanford University: Stanford Linguistics Association, pp. 17—31.

Blackburn, Patrick. and Johan Bos (2003). *Representation and Inference for Natural Language: a First Course in Computational Semantics.* Vol. 1. *Working with First-Order Logic.* Vol. 2. *Working with Discourse Representation Structures.* Department of Computational Linguistics, University of the Saarland, Germany, ms.

Blakemore, Diane. (1987). *Semantic Constraints on Relevance.* Oxford: Blackwell.

Blakemore, Diane. (1992). *Understanding Utterances: an Introduction to Pragmatics.* Oxford: Blackwell.

Bloom, Alfred. (1981). *The Linguistic Shaping of Thought: A Study in the Impact of Language on Thinking in China and the West.* New Jersey: Lawrence Erlbaum Associates.

Bolinger, Dwight. and Donald Sears (1981). *Aspects of Language.* New York: Harcourt Brace Jovanovich. 3rd Edition.

Bonevac, Daniel. (2003). *Deduction: Introductory Symbolic Logic.* Oxford: Blackwell. Second Edition.

Bostock, David. (1997). *Intermediate Logic.* Oxford University Press.

Bowers, John. (1993). "The Syntax of Predication". *Linguistic Inquiry*, Vol. 24, pp. 591—656.

Bras, Myriam. and Laure Vieu (eds.) (2001). *Semantic and Pragmatic Issues in Discourse and Dialogue: Experimenting with Current Dynamic Theories.* Oxford, etc: Elsevier Science.

Brody, Michael. (1993). "θ-Theory and Arguments". *Linguistic Inquiry*, Vol. 24, pp. 1—23.

Bunt, Harry. and Reinhard Muskens (eds.) (1999). *Computing Meaning.* Vol. 1. Dordrecht: Kluwer.

Bunt, Harry., Reinhard Muskens and Elias Thijsse (eds.) (2001). *Computing Meaning.* Vol. 2. Dordrecht: Kluwer.

Buszkowski, Wojciech., Witold Marciszewski and Johan van Benthem (eds.) (1988). *Categorial Grammar.* Amsterdam: John Benjamins.

Cann, Ronnie. (1993). *Formal Semantics.* Cambridge University Press.

Carlson, Gregory. and Francis Pelletier (eds.) (1995). *The Generic Book.* The University of Chicago Press.

Carnap, Rudolf. (1947). *Meaning and Necessity: a Study in Semantics and Modal Logic.* The University of Chicago Press.

Carpenter, Bob. (1989). *Phrase Meaning and Categorial Grammar.* Doctoral dissertation, University of Edinburgh.

Carpenter, Bob. (1994 a). "Quantification and Scoping: a Type-logical Account". Technical Report.

Carpenter, Bob. (1994 b). "Distribution, Collection, and Quantification: a Type-logical Account". Technical Report.

Carpenter, Bob. (1998). *Type-Logical Semantics*. Cambridge, Mass: MIT Press.

Carston, Robyn. (1988). "Implicature, Explicature, and Truth-theoretic Semantics". In Ruth Kempson(ed.)(1988), pp. 155—181.

Carston, Robyn. (1995). "Truth-conditional Semantics". In Verschueren et al. (eds.)(1995) pp. 544—550.

Castañeda, H. N. (1966). "'He': A Study in the Logic of Self-Consciousness". *Ratio*. Vol. 8. pp. 130—57.

Castañeda, H. N. (1968). "On the Logic of Attributions of Self-Knowledge to Others". *Journal of Philosophy*. Vol. 65. pp. 439—456.

Cecchetto, Carlo., Gennaro Chierchia and Maria Guasti (eds.) (2001). *Semantic Interfaces: Reference, Anaphora and Aspect*. Stanford: Center for the Study of Language and Information.

Chao, Yuen Ren. (赵元任)(1955). "Notes on Chinese Grammar and Logic". In Y. R. Chao(1976), *Aspects of Chinese Sociolinguistics*. California: Stanford University Press. pp. 237—249. "汉语语法与逻辑杂谈"白硕译,载袁毓林(主编)(1992)《中国现代语言学的开拓和发展》,北京:清华大学出版社,第219—230页。

Cheng, Lisa. (郑礼珊) and James. C.-T. Huang. (黄正德)(1996). "Two Types of Donkey Sentences". *Natural Language Semantics*. Vol. 4, pp. 121—163.

Cheng, Lisa. and Rint Sybesma (1999). "Bare and Not-So-Bare Nouns and the Structure of NP". *Linguistic Inquiry* 30. 4, pp. 509—542.

Chierchia, Gennaro. (1984). *Topics in the Syntax and Senantics of Infinitives and Gerunds*. Doctoral Dissertation. University of Massachusetts, Amherst.

Chierchia, Gennaro. (1985). "Formal Semantics and the Grammar of Predication". *Linguistic Inquiry*. Vol. 16. pp. 417—443.

Chierchia, Gennaro. (1995). *Dynamics of Meaning: Anaphora, Presupposition, and the Theory of Grammar*. The University of Chicago Press.

Chierchia, Gennaro. and Raymond Turner (1988). "Semantics and Property Theory". *Linguistics and Philosophy*. Vol. 11. pp. 261—302.

Chierchia, Gennaro. and Sally McConnell-Ginet. (1990/2000). *Meaning and Grammar: An Introduction to Semantics*. Cambridge, Mass: MIT Press. Second Edition.

Chomsky, Noam. (1957). *Syntactic Structures*. The Hague: Mouton. 乔姆斯基《句法结构》,邢公畹等译,北京:中国社会科学出版社,1979。

Chu, Chauncey C. (屈承熹)(1976). "Some Semantic Aspects of Action Verbs." *Lingua*. Vol. 40. pp. 43—54.

Church, Alonzo. (1941). *The Calculi of Lambda-Conversion*. Princeton University Press.

Church, Alonzo. (1951). "The Need for Abstract Entities". In *American Academy of Arts and Sciences Proceedings*. Vol. 80. pp. 100—113. Also appeared as "Intensional Semantics" in A. P. Martinich (ed.) (1990).

Church, Alonzo. (1956). "Propositions and Sentences", from Church (1956) *The Problem of Universals.* Notre Dame, Indiana: University of Notre Dame Press, pp. 3—11. Also in Rosenberg and Travis (eds.) (1971), pp. 276—282.

Comorovski, Ileana. (1996). *Interrogative Phrases and the Syntax-Semantics Interface.* Dordrecht: Kluwer.

Cooper, Robin. (1983). *Quantification and Syntactic Theory.* Dordrecht: Reidel.

Cooper, Robin. (1992). "A Working Person's Guide to Situation Theory". In S. Hansen and F. Sørensen (eds.) (1992) *Semantic Representation and Interpretation.* Frederiksberg: Samfunds-litteratur.

Cooper, Robin., Kuniaki Mukaai, and John Perry (eds.) (1990). *Situation Theory and its Applications.* Vol. 1. Stanford: Center for the Study of Language and Information.

Copi, Irving. and Carl Cohen (1990). *Introduction to Logic.* 8th Edition. New York: MacMillan. 柯比与科恩《逻辑导论》，香港公开进修学院，1992。

Cresswell, Max. (1973). *Logics and Languages.* London: Methuen.

Cresswell, Max. (1985). *Structured Meanings: the Semantics of Propositional Attitudes.* Cambridge, Mass: MIT Press.

Cresswell, Max. (1996). *Semantic Indexicality.* Dordrecht: Kluwer.

Croft, William. (1984). "Verbal Semantics, Disambiguating Scope and Distribu-

tive Readings". *Proceedings of the West Coast Conference on Formal Linguistics.* Vol. 3. pp. 48—61.

Davidson, Donald. (1967). "Truth and Meaning". Originally appeared in *Synthese*, Vol. 17. pp. 304—323; also in Davidson (1984) pp. 17—36; in Garfield and Kiteley (eds.) (1991), pp. 254—270, and in Martinich (ed.) (1990), pp. 79—90. 唐纳德·戴维森"真理与意义"，牟博译，载涂纪亮（主编）（1988），pp. 297—320；另载戴维森（著）、牟博（编译）（1993），第1—25页。

Davies, Martin. (1989). "'Two Examiners Marked Six Scripts.' Interpretations of Numerically Quantified Sentences", *Linguistics and Philosophy* Vol. 12, pp. 293—323.

Davis, Martin. (1993). "First Order Logic". In Gabbay et al. (eds.) (1993—1998), Vol. 1, pp. 31—65.

de Queiroz, Ruy. (1994). "Normalization and Language-Games". *Dialectica.* Vol. 48. pp. 83—123.

de Queiroz, Ruy, and Dov M. Gabbay (1993). "An Introduction to Labelled Natural Deduction". First presented in Third Advanced Summer School in Artificial Intelligence, Ellis Horwood. Later appeared as "Labelled Natural Deduction" in H. J. Ohlbach and U. Reyle (eds.) (1999) *Logic, Language and Reasoning: Essays in Honour of D. M. Gabbay*, Kluwer, pp. 173—250.

de Queiroz, Ruy. and Dov M. Gabbay

(1995). "The Functional Interpretation of the Existential Quantifier". In R. Kempson (ed.) (1995a), pp. 243—90.

de Swart, Henriitte. (1991). *Adverbs of Quantification: a Generalized Quantifier Approach*. Groningen Dissertations in Linguistics (Grodil). Groningen University. Also published by New York: Garland Publishing.

de Swart, Henriitte. (1999). *Introduction to Natural Language Semantics*. Stanford: Center for the Study of Language and Information.

Dekker, Paul. (1993). *Transsentential Meditations: Ups and Downs in Dynamic Semantics*. Doctoral Dissertation. University of Amsterdam.

Devlin, Keith. (1991). *Logic and Information*. Cambridge University Press.

Diesing, Molly. (1992). *Indefinites*. Cambridge, Mass: MIT Press.

Dowty, David. (1972). *Studies in the Logic of Verb Aspect and Time Reference in English*. Doctoral Dissertation. University of Texas at Austin.

Dowty, David. (1979). *Word Meaning and Montague Grammar*. Dordrecht: Reidel.

Dowty, David. (1982). "Grammatical Relations and Montague Grammar". In Jacobson and Pullum (eds.) (1982), pp. 79—130.

Dowty, David., Robert Wall, and Stanley Peters (1981). *Introduction to Montague Semantics*. Dordrecht: Reidel.

Duanmu, San. (端木三) (1988).

"The Lack of Scope Ambiguity in Chinese". Syntax Generals Paper. MIT.

Egli, Urs. and Klaus von Heusinger (eds.) (1995). *Choice Functions in Natural Language Semantics*. Arbeitspapier Nr. 71. Universität Konstanz.

Emms, Martin. (1992). *Logical Ambiguity*. Doctoral Dissertation. University of Edinburgh.

Espinal, Teresa. (1996). "On the Semantic Content of Lexical Items within Linguistic Theory". *Linguistics*. Vol. 34, pp. 109—131.

Evans, Gareth. (1980). "Pronouns". *Linguistic Inquiry*. Vol. 11, pp. 337—362.

Fernando, Tim. (1997). *Papers on Dynamic Semantics and Related Topics*. Arbeitspapiere des SFB 340, Bericht Nr. 87, University of Tübingen.

Field, Hartry. (1972). "Tarski's Theory of Truth". Originally appeared in *Journal of Philosophy*, Vol. 59; also in Garfield and Kiteley (eds.) (1991), pp. 271—296.

Fiengo, Robert and Robert May (1994). *Indices and Identity*. Cambridge, Mass: MIT Press.

Fine, Kit. (1984). "A Defense of Arbitrary Objects". In Landman, Fred. and Frank Veltman (eds.) (1984) *Varieties of Formal Semantics*. Dordrecht: Foris. pp. 123—142.

Fine, Kit. (1985). *Reasoning with Arbitrary Objects*. Oxford: Blackwell.

Fodor, Janet Dean. (1977). *Semantics*.

Harvard University Press.

FraCaS Consortium (1994—1996). *Public Deliverables.*

Frege, Gottlob. (1879). *Begriffsschrift: a Formalized Language of Pure Thought Modelled upon the Language of Arithmetic.* 英文选译载 Geach and Black (1952/1980), pp. 1—20.《概念文字：一种模仿算术语言构造的纯思维的形式语言》（摘译），载王路 (1994), 第1—36页。

Frege, Gottlob. (1892/1952). "Ueber Sinn und Bedeutung". English version translated by Max Black as "On Sense and Meaning". In Geach and Black (eds.) (1952/1980) pp. 56—78. "论涵义和指称", 肖阳译, 载涂纪亮（主编）(1988) 第1—24页。"论意义和意谓", 王路译, 载王路 (1994), 第90—112页。

Fromkin, Victoria. and Robert Rodman (1993). *An Introduction to Language.* 5th Edition. New York: Harcourt Brace Jovanovich.

Fulop, Sean. (1999). *On the Logic and Learning of Language.* Doctoral Dissertation UCLA. Revised version to be published by Victoria, British Columbia: Trafford Publishing, 2004.

Gabbay, Dov. (1994). "What is a Logical System?", in Dov Gabbay (ed.) (1994) *What is a Logical System?* Oxford University Press. pp. 179—216.

Gabbay, Dov. (1994/5). "I am a Logic", in *Ta!, the Dutch Students' Magazine for Computational Linguistics.*

Gabbay, Dov. (1996). *Labelled Deductive Systems. Vol. 1 —Foundations.* Oxford: Clarendon Press; New York: Oxford University Press.

Gabbay, Dov. (1998). *Elementary Logics: a Procedural Perspective.* London: Prentice Hall Europe.

Gabbay, Dov M. and Frans Geunthner (eds.) (1983—1989). *Handbook of Philosophical Logic.* Vols. 1—4. Dordrecht: Reidel.

Gabbay, Dov M. and Frans Geunthner (eds.) (2002—) *Handbook of Philosophical Logic.* Second Edition, Vol. 1—10, (Vol. 11—18, to appear). Dordrecht: Kluwer.

Gabbay, Dov M. and Ruth M. Kempson (1992a). "Natural-Language Content: A Proof-Theoretic Perspective—A Preliminary Report". In Dekker, P. and M Stokhof (eds.) (1992) *Proceedings of the Eighth Amsterdam Colloquium. Institute for Logic, Language and Computation,* University of Amsterdam, pp. 173—195.

Gabbay, Dov M. and Ruth M. Kempson (1992b). "The Tale of Disappearing Operators—Part I: A Preliminary Report". Paper included in the Course Reader for Formal Pragmatics, taught by R. Kempson at Fourth European Summer School in Logic, Language, and Information. University of Essex, Colchester.

Gabbay, Dov. and Julius Moravcsik (1974). "Branching Quantifiers, English, and Montague-Grammar", *Theoretical Linguistics.* Vol. 1. pp. 139—157.

Gabbay, Dov. , C. Hogger and J. Robinson (eds.) (1993—1998). *Handbook of Logic in Artificial Intelligence and Logic Programming.* Vols. 1— 6. Oxford: Clarendon Press.

Gallin, Dan. (1975). *Intensional and Higher-Order Modal Logic.* Amsterdam: North Holland.

Gamut, L. T. F. (1991). *Logic, Language, and Meaning.* Vol. 1. *Introduction to Logic*; Vol. 2. *Intensional Logic and Logical Grammar.* The University of Chicago Press.

Gärdenfors, Peter. (ed.) (1987). *Generalized Quantifiers: Linguistic and Logical Approaches.* Dordrecht: Reidel.

Garfield. Jay. and Murray Kiteley (eds.) (1991). *Meaning and Truth: The Essential Readings in Modern Semantics.* New York: Paragon House.

Gawron, J. Mark. and Stanley Peters (1990). *Anaphora and Quantification in Situation Semantics.* CSLI Lecture Note Series.

Geach, Peter and Max Black (eds.) (1952/1980). *Translations from the Philosophical Writings of Gottlob Frege.* 3rd Edition. Oxford: Blackwell.

Geach, Peter. (1962). *Reference and Generality.* Cornell University Press.

Geach, Peter. (1965). "Assertion". *The Philosophical Review*, LXXIV, NO. 4 (1965), 449— 465. Also in Rosenberg and Travis (eds.) (1971), pp. 250—261.

Geurts, Bart. (1999). *Presuppositions and Pronouns.* Oxford, etc: Elsevier Science.

Gil, David. (1982). "Quantifier, Scope, Linguistic Variation, and Natural Language Semantics". *Linguistics and Philosophy.* Vol. 5. pp. 421—472.

Goble, Lou. (2001). *The Blackwell Guide to Philosophical Logic.* Oxford: Blackwell.

Grice, Paul. (1989). *Studies in the Way of Words.* Harvard University Press.

Groenendijk, Jeroen. and Martin Stokhof (1984). "On the Semantics of Questions and the Pragmatics of Answers". In Fred Landman and Frank Veltman (eds.) (1984) *Varieties of Formal Semantics.* Dordrecht: Foris. pp. 143—170.

Groenendijk, Jeroen. and Martin Stokhof (1989). "Type-Shifting Rules and the Semantics of Interrogatives". In Gennaro Chierchia, Barbara H. Partee and Raymond Turner (eds.) *Properties, Types and Meaning.* Vol. II. *Semantic Issues.* Dordrecht: Kluwer Academic Publishers. pp. 21—68.

Groenendijk, Jeroen. and Martin Stokhof (1997). "Questions". In van Benthem and ter Meulen (eds.) (1997), pp. 1055—1124.

Groenendijk, Jeroen. and Martin Stokhof. (1990). "Dynamic Montague Grammar". In L. Kalman and L. Polos (eds.) *Papers from the Second Symposium on Logic and Grammar.* Budapest: Akademiai Kiado. pp. 3—48.

Groenendijk, Jeroen. and Martin Stokhof. (1991). "Dynamic Predicate Logic". *Linguistics and Philosophy.* Vol. 14. pp.

39—100.

Groenendijk, Jeroen. , D. de Jongh and Martin Stokhof (eds.) (1987). *Studies in Discourse Representation Theory and the Theory of Generalized Quantifiers.* Dordrecht: Foris.

Guenthner, F. and S. Schmidt (eds.) (1979). *Formal Semantics and Pragmatics in Natural Language.* Dordrecht: D. Reidel.

Haegeman, Liliane. (1994). *Introduction to Government and Binding Theory.* Second Edition. Oxford: Blackwell.

Hajičová, Eva, Barbara, H. Partee and Peter Sgall. (1998). *Topic-Focus Articulation, Tripartite Structures, and Semantic Content.* Dordrecht: Kluwer Academic Publishers.

Hale, Bob. and Crispin Wright (eds.) (1997). *A Companion to the Philosophy of Language.* Oxford: Blackwell.

Halliday, M. A. K. (1970). "Language Structure and Language Function", in John Lyons (ed.) (1987/1970) *New Horizons in Linguistics.* New Edition. Harmondsworth: Penguin.

Halvorsen, Per-Kristian. and William A. Ladusaw (1979). "Montague's 'Universal Grammar': an Introduction for the Linguist". *Linguistics and Philosophy.* 3. pp. 185—223.

Hamm, Fritz. and Erhard Hinrichs (1997). *Plurality and Quantification.* Dordrecht: Kluwer Academic Publishers.

Heim, Irene. (1982). *The Semantics of Definites and Indefinites.* Doctoral Dissertation. University of Massachusetts, Amherst.

Heim, Irene. (1983). "File Change Semantics and the Familiarity Theory of Definiteness". In R. Bäuerle et al. (eds.) (1983), pp. 164—189.

Heim, Irene. (1987). "E-type pronoun in 1987", talk given at Stuttgart University, 11 Dec.

Heim, Irene. and Angelika Kratzer (1998). *Semantics in Generative Grammar.* Oxford: Blackwell.

Hepple, Mark. (1990) *The Grammar and Processing of Order and Dependency: a Categorial Approach.* Doctoral Dissertation. University of Edinburgh.

Herburger, Elena. (1997) "Focus and Weak Noun Phrases". *Natural Language Semantics* 5: 53—78.

Herburger, Elena. (2000). *What Counts: Focus and Quantification.* Cambridge. Mass: MIT Press.

Higginbotham, James., Babio Pianesi and Achille Varzi (eds.) (2000). *Speaking of Events.* Oxford University Press.

Hilbert, David. and Paul Bernays (1934, 1939). *Grundlagen der Mathematik* [*Foundations of Mathematics*]. Vol. I, II. Springer, Heidelberg.

Hintikka, Jaakko. (1974). "Quantifiers vs. Quantification Theory". *Linguistic Inquiry.* 5, pp. 153—77. Also in Saarinen (ed.) (1979) pp. 49—79.

Hintikka, Jaakko. (1976a). "Quantifiers in Logic and Quantifiers in Natural Languages". In Stefan Kørner, (ed.) (1976) *Philosophy of Logic*, Oxford: Blackwell. pp.

208—232. Also in Saarinen (ed.) (1979) pp. 27—47.

Hintikka, Jaakko. (1976b). "Partially Ordered Quantifiers vs. Partially Ordered Ideas". *Dialectica* 30, pp. 89—99.

Hintikka, Jaakko. (1979a). "Quantifiers in Natural Languages: Some Logical Problems". In Saarinen (ed.) (1979) pp. 81—117.

Hintikka, Jaakko. (1979b). "Language-Games". In Saarinen (ed.) (1979) pp. 1—26.

Hintikka, Jaakko. (1979c). "Rejoinder to Peacocke". In Saarinen (ed.) (1979), pp. 135—151.

Hintikka, Jaakko. (1983). "Game-Theoretical Semantics: Insights and Prospects". In Hintikka and Kulas (1983), pp. 1—31. "博弈论语义学：透视和展望"，康宏逵译，载康宏逵（编译）（1993）第396—423页。

Hintikka, Jaakko. (1997) "No Scope for Scope". *Linguistics and Philosophy* 20, pp. 515—544.

Hintikka, Jaakko. and Jack Kulas (1983). *The Game of Language: Studies in Game-theoretical Semantics and its Applications.* Dordrecht: Reidel.

Hintikka, Jaakko. and Jack Kulas (1985). *Anaphora and Definite Descriptions: Two Applications of Game-theoretical Semantics.* Dordrecht: Reidel.

Hintikka, Jaakko. and Gabriel Sandu (1997). "Game-Theoretical Semantics". In van Benthem and ter Meulen (eds.) (1997). pp. 361—410.

Hodges, Wilfrid. (1983). "Elementary Predicate Logic". In Gabbay, D. and F. Guenthner (eds.) (1983) Vol. I, pp. 1—131.

Hofmann, Thomas. (1993). *Realms of Meaning.* London and New York: Longman.

Huang, Chu-Ren. (黄居仁) (1989). "试论汉语的数学规范性质"，载《中央研究院历史语言研究所集刊》，第六十本，第一分卷，台北，第47—73页。

Huang, Chu-Ren. （黄居仁）and Kathleen Ahrens (2003). "Individuals, Kinds and Events: Classifier Coercion of Nouns". *Language Sciences* 25, pp. 353—373.

Huang, C-T. James. （黄正德）(1982). *Logical Relations in Chinese and the Theory of Grammar.* Doctoral Dissertation. MIT.《汉语生成语法——汉语中的逻辑关系及语法理论》，宁春岩、侯方、张达三译，黑龙江大学科研处出版，1983。

Huang, Cheng-teh James. （黄正德）(1983). "On the Representation of Scope in Chinese". *Journal of Chinese Linguistics.* Vol. 11. pp. 37—91.

Huang, C-T. James. （黄正德）(1988). "*Wo pao de kuai* and Chinese Phrase Structure", *Language*, Vol. 64. pp. 274—311.

Huang, C-T. James. （黄正德）(1995). "Logical Form", in Gert Webelhuth (ed.) *Government and Binding Theory* and the Minimalist Program. Oxford: Blackwell. pp. 125—175.

Huang, Shi-Zhe. (黄师哲) (1996). Quantification and Predication in Mandarin Chinese: a Case Study of Dou. Doctoral Dissertation. University of Pennsylvania.

Huang, Shuan-Fan. (黄宣范) (1981). "On the Scope Phenomena of Chinese Quantifiers". Journal of Chinese Linguistics. Vol. 9. pp. 226—243.

Hunter, Geoffrey. (1971). Metalogic: an Introduction to the Metatheory of Standard First-Order Logic. Berkeley: University of Californis Press.

Hurford, James R. and Brendan Heasley (1983). Semantics: a Coursebook. Cambridge University Press.

Iacona, Andrea. (2003). "Are There Propositions?" Erkenntnis 58, pp. 325—351.

Ioup, Georgette. (1975). The Treatment of Quantifier Scope in a Transformational Grammar. Doctoral Dissertation. City University of New York.

Ioup, Georgette. (1976). "Some Universals for Quantifier Scope", in John Kimball (ed.) (1976) Syntax and Semantics. Vol. 4. New York: Academic Press. pp. 37—58.

Jackendoff, Ray. (1977). X-Bar Syntax: A Study of Phrase Structure. Cambridge, Mass: MIT Press.

Jacobson, Pauline. and Geoffrey Pullum (eds.) (1982). The Nature of Syntactic Representation. Dordrecht: Reidel.

Jäger, Gerhard. (1995). Topics in Dynamic Semantics. Doctoral Dissertation, Humboldt-University, Berlin.

Janssen, Theo. (1997). "Compositionality", in van Benthem and A. ter Meulen (eds.) (1997), pp. 417—473.

Jiang, Yan. (蒋严) (1995). Logical Dependency in Quantification. Doctoral Dissertation. London University.

Jiang, Yan. (蒋严) (1998). "Remarks On Scope Interpretation in Chinese", in Yang Gu (顾阳) (ed) (1998) Studies in Chinese Linguistics. Linguistic Society of Hong Kong.

Jiang, Yan. (蒋严), Pan Haihua (潘海华) and Zou Chongli (邹崇理) (1997). "On the Semantic Content of Noun Phrases", in Liejiong Xu (徐烈炯) (ed.) (1997). pp. 3—24.

Kadmon, Nirit. (1987). On Unique and Non-Unique Reference and Asymmetric Quantification. Doctoral Dissertation. University of Massachusetts at Amherst. New York: Garland Publishing, 1993.

Kadmon, Nirit. (1990). "Uniqueness". Linguistics and Philosophy. Vol. 13, pp. 273—342.

Kadmon, Nirit. (2001). Formal Pragmatics. Oxford: Blackwell.

Kamp, Hans. and Uwe Reyle (1993). From Discourse to Logic: Introduction to Model-theoretic Semantics of Natural Language, Formal Logic and Discourse Representation Theory. Dordrecht: Kluwer.

Kamp, Hans. (1979). "Semantics

versus Pragmatics". In Guenthner and Schmidt (eds.) (1979), pp. 255—287.

Kamp, Hans. (1981). "A theory of truth and semantic representation". In J. Groenendijk, T. Janssen, and M. Stokhof (eds.) *Truth, Interpretation and Information*. Dordrecht: Foris. pp. 1—41.

Kaplan, David. (1975). "Quantifying-in". In D. Davidson and J. Hintikka (eds.) (1975) *Words and Objections: Essays on the Work of W. V. Quine*. Dordrecht: Reidel. pp. 206—242.

Karttunen, Lauri. (1976). "Discourse referents". In James McCawley (editor) (1976) *Syntax and Semantics* 7. New York: Academic Press. pp. 363—385.

Katz, Graham. (1995). *Stativity, Genericity and Temporal Reference*. Doctoral Dissertation, University of Rochester.

Katz, Jerrold. (1987). "Common Sense in Semantics", in Ernest LePore (ed.) (1987) *New Directions in Semantics*. New York: Academic Press. pp. 157—233.

Kawamori, Masahito. (1996). *Hilbertian Description in Discourse Semantics: An Inferential View on Meaning*. Doctoral Dissertation, Sophia University, Japan. *Sophia Linguistica: Working Papers in Linguistics* NO. 39.

Kay, Martin. (1992). "Unification". In Rosner and Johnson (1992), pp. 1—29.

Kayne, Richard. (1994). *The Antisymmetry of Syntax*. Cambridge, Mass: MIT Press.

Keenan, Edward. and Leonard Faltz (1985). *Boolean Semantics for Natural Language*. Dordrecht: Reidel.

Kempson, Ruth. (1977). *Semantic Theory*. Cambridge University Press.

Kempson, Ruth. (1988a). "The Relation between Language, Mind, and Reality", in Kempson (ed.) (1988b), pp. 3—25.

Kempson, Ruth. (ed.) (1988b). *Mental Representations: the Interface between Language and Reality*. Cambridge University Press.

Kempson, Ruth. (1996). "Semantics, Pragmatics and Natural-Language Interpretation", in Lappin (ed.) (1996), pp. 561—598.

Kempson, Ruth. (ed.) (1995). *Bulletin of the Interest Group in Pure and Applied Logics*. Vol. 3. Nos. 2 & 3. *Special Issue on Deduction and Language*. Produced by the Max-Planck-Institut für Informatik Im Stadtwald, Saarbrücken, Germany.

Kempson, Ruth. and Annabel Cormack (1981). "Ambiguity and Quantification", *Linguistics and Philosophy*. Vol. 4, pp. 259—309.

Kempson, Ruth., Wilfried Meyer-Viol, and Dov Gabbay (2001). *Dynamic Syntax: The Flow of Language Understanding*. Oxford: Blackwell.

Kønig, Esther. (1996). *Introduction to Categorial Grammars*. Universität Stuttgart. ms.

Krahmer, Emiel. (1998). *Presupposition and Anaphora*. Stanford: Center of the Study of Logic and Language.

Krahmer, Emiel and Reinhard Muskens. (1995). "Negation and Disjunction in Discourse Representation Theory". *Journal of Semantics* Vol. 12, pp. 355—376.

Kratzer, Angelika. (1981). "The Notational Category of Modality". In H. Eikmeyer and H. Rieser (eds.) *Words, Worlds, and Contexts*. Berlin: de Gruyter. pp. 38—74.

Kratzer, Angelika. (1991). "The Representation of Focus". In A. von Stechow and D. Wunderlich (eds.) (1991) *Semantik/Semantics: An International Handbook of Contemporary Research*. Berlin: Walter de Gruyter, pp. 804—882.

Kratzer, Angelika. (1995). "Stage-level and Individual-level Predicates". In G. N. Carlson and F. J. Pelletier (eds.) (1995), pp. 125—174.

Kratzer, Angelika. (1998). "Scope or Pseudoscope: Are their Wide-Scope Indefinites?". In Rothstein (ed.) (1998), pp. 163—196.

Krifka, Manfred. (1992). "A Compositional Semantics for Multiple Focus Constructions". In J. Jacobs (ed.), *Informationsstruktur und Grammatik*. Opladen: Westdeutscher Verlag, pp. 17—53.

Krifka, Manfred. (1995). *Introduction to semantics: Advanced topics*. Unpublished Lecture Notes. The University of Texas at Austin.

Krifka, Manfred. (1996). *Introduction to Semantics*. Unpublished Lecture Notes. The University of Texas at Austin.

Krifka, Manfred. (1997). "Frameworks for the Representation of Focus". In *Proceedings of the ESSLLI '96 Conference on Formal Grammar*. Prague, August 11—12.

Krynicki, Michall., Marcin Mostowski, and Lesllaw Szczerba (eds.) (1995). *Quantifiers: Logics, Models, and Computation*. Vols. 1, 2. Dordrecht: Kluwer.

Landman, Fred. (1991). *Structures for Semantics*. Dordrecht: Kluwer.

Landman, Fred. (2000). *Events and Plurality: the Jerusalem Lectures*. Dordrecht: Kluwer.

Lappin, Shalom. (ed.) (1996). *Handbook of Contemporary Semantics*. Oxford: Blackwell.

Larson, Richard. and Gabriel Segal (1995). *Knowledge of Meaning: An Introduction to Semantic Theory*. Cambridge, Mass: MIT Press.

Lasersohn, Peter. (1995). *Plurality, Conjunction and Events*. Dordrecht: Kluwer.

Lee, Hun-tak Thomas. （李行德）(1986). *Studies on Quantification in Chinese*. Doctoral Dissertation. UCLA.

Lee, Peppina P. L. （李宝伦）and Pan Haihua （潘海华）(2001). "Chinese Negation Marker *bu* and its Association with Focus". *Linguistics* 39 (4): 703—731.

Leech, Geoffrey. (1974/1981). *Semantics: the Study of Meaning*. Second Edition. Harmondsworth: Penguin. 利奇《语义学》，李瑞华、王彤福、杨自俭、穆国豪译，何兆熊、华钧校订，上海外语教育出版

社，1987。

Leisenring, A. C. (1969). *Mathematical Logic and Hilbert's ε-Symbol*. London: MacDonald Technical & Scientific.

Lemmon, Edward John. (1965). *Beginning Logic*. London: Van Nostrand Reinhold.

Lemmon, Edward John. (1966). "Sentences, Statements, and Propositions". In Bernard Williams and Alan Montefiore (eds.) (1966) *British Analytical Philosophy*. London: Routledge & Kegan Paul, pp. 87—107. Also in Rosenberg and Travis (eds.) (1971), pp. 233—250.

Lepore, Ernest. (2003). *Meaning and Argument: an Introduction to Logic Through Language*. Oxford: Blackwell. Revised Edition.

Levinson, Stephen. (1983). *Pragmatics*. Cambridge University Press.

Lewis, David. (1971/1976). "General Semantics". In Partee (ed.) (1976), pp. 1—50. D. 刘易斯"普通语义学"，黄致伟等译，《语用学与自然逻辑》，中国逻辑学会语言逻辑专业委员会/符号逻辑专业委员会编译，北京：开明出版社，1994，第216—281页。

Lewis, David. (1973). *Counterfactuals*. Oxford: Blackwell.

Lewis, David. (1979). "Attitudes de dicto and de se". *The Philosophical Review*. vol. 88.

Lewis, David. (1986). *The Plurality of Worlds*. Oxford: Blackwell.

Lin, Jo-wang. (1996). *Polarity Licensing and Wh-phrase Quantification in Chinese*. Doctoral Dissertation, University of Massachusetts, Amherst.

Lin, Jo-wang. (1998a). "Distributivity in Chinese and its Implications". *Natural Language Semantics* 6, pp. 201—243.

Lin, Jo-wang. (1998b). "On Existential Polarity Wh-Phrases in Chinese". *Journal of East Asian Linguistics* 7, pp. 219—255.

Lin, Jo-wang. (1999). "Double Quantification and the Meaning of Shenme 'What' in Chinese Bare Conditionals". *Linguistics and Philosophy* 22, pp. 573—593.

Link, Godehard. (1998). *Algebraic Semantics in Language and Philosophy*. Stanford: Center for the Study of Language and Information.

Liu, Feng-hsi. (刘凤樨) (1990). *Scope Dependency in English and Chinese*. Doctoral Dissertation, University of California at Los Angeles.

Liu, Feng-hsi. (刘凤樨) (1997). *Scope and Specificity*. Amsterdam & Philadelphia: John Benjamins.

Ludlow, Peter. (ed.) (1997). *Readings in the Philosophy of Language*. Cambridge, Mass: MIT Press.

Lyons, John. (1977). *Semantics*. Vols. 1 and 2. Cambridge University Press.

Mackenzie, I. E. (1997). *Introduction to Linguistic Philosophy*. Thousand Oaks, California: Sage Publications.

Martinich, A. P. (ed.) (2001). *The Philosophy of Language*. Fourth Edition. Oxford

University Press. 旧版中译本：马蒂尼奇（主编）《语言哲学》，牟博、杨音莱、韩林合译，北京：商务印书馆，1998。

May, Robert C. (1977). *The Grammar of Quantification*. Doctoral Dissertation. MIT.

May, Robert C. (1985). *Logical Form：Its Structure and Derivation*. Cambridge, Mass：MIT Press.

McCawley, James D. (1993/1981). *Everything that Linguists Have Always Wanted to Know about Logic*. The University of Chicago Press. Second Edition. 第一版中译本：麦考莱《语言逻辑引论》，王维贤、李先焜、陈宗明译，湖北教育出版社，1989。第二版中译本：《语言逻辑分析——语言学家关注的一切逻辑问题》，徐颂列等译、王维贤校，杭州大学出版社，1998。

McDowell, John. (1978). "Physicalism and Primitive Denotation：Field on Tarski". *Erkenntnis* Vol. 13, pp. 131—152, also in Garfield and Kiteley (eds.) (1991), pp. 297—315.

Meyer Viol, Wilfried. (1995a). "A Proof-theoretic Treatment of Assignments". In R. Kempson (ed.) (1995), 223—242.

Meyer Viol, Wilfried. (1995b). *Instantial Logic：An Investigation into Reasoning with Instances*. Amsterdam：Institute for Logic, Language, and Computation Dissertation Series.

Milsark, Gary. (1977). "Toward an Explanation of Certain Peculiarities of the Existential Construction in English". *Linguistic Analysis* 3, 1—30.

Moltmann, Friederike. (1997). *Parts and Wholes in Semantics*. Oxford University Press.

Montague, Richard. (1970). "Pragmatics and Intensional Logic". In R. Thomason (ed.) (1974), pp. 119—147. R. 蒙塔古"语用学和内涵逻辑"，翁世盛译，《语用学与自然逻辑》，中国逻辑学会语言逻辑专业委员会/符号逻辑专业委员会编译，北京：开明出版社，1994，第168—194页。

Montague, Richard. (1973). "The Proper Treatment of Quantification in Ordinary English" (PTQ). In R. Thomason (ed.) (1974), pp. 247—270. "普通英语中量化的特定处理"，金顺德译，《国外语言学》，1989年第三期。

Moortgat, Michael. (1988). *Categorial Investigations：Logical and Linguistic Aspects of the Lambek Calculus*. Dordrecht：Foris.

Morrill, Glyn. (1994). *Type Logical Grammar*. Dordrecht：Kluwer.

Morrill, Glyn. (1995). "Discontinuity in Categorial Grammar". *Linguistics & Philosophy*. Vol. 18. pp. 175—219.

Muskens, Reinhard. (1995). *Meaning and Partiality*. Stanford：Center for the Study of Language and Information and the European Association for Logic, Language and Information.

Oehrle, Richard, Emmon Bach, and Deirdre Wheeler (eds.) (1998). *Categorial Grammars and Natural Language Structures*. Dordrecht：Reidel.

Ogden, C. K. and I. A. Richards

(1923). *The Meaning of Meaning: a Study of the Influence of Language upon Thought and of the Science of Symbolism.* New York and London: Harcourt Brace Jovanovich.

Pan, Haihua. (潘海华)(1993). "Interaction Between Adverbial Quantification and Perfective Aspect". In Stvan, L. S., et al. (eds.) (1993) *Proceedings of the Third Annual Formal Linguistics Society of Mid-America Conference*, Northwestern University. Bloomington: Indiana University Linguistics Club Publications. pp. 188—204.

Pan, Haihua. (潘海华)(1996). "Imperfactive Aspect 'Zhe', and Locative Inversion in Mandarin Chinese". *Natural Language and Linguistic Theory.* Vol. 14, pp. 409—432.

Pan, Haihua. (潘海华)(1997). *Constraints on Reflexivization in Mandarin Chinese.* New York: Garland Publishing.

Pan, Haihua. (潘海华)(2000). "Implicit Arguments, Collective Predicates, and Dou Quantification in Chinese", presented at the 74th Annual Meeting of the Linguistic Society of America, Chicago, IL, 6—9 Jan. 2000.

Pan, Haihua. (潘海华) and Peppina Lee (李宝伦)(1998) Chinese Negation Marker *bu* and its Association with Focus, paper presented at the Annual Meeting of the Linguistic Society of America, New York, January 8—11.

Pan, Haihua. (潘海华) and Yan Jiang (蒋严) (to appear) "NP Interpretation and Donkey Sentences in Chinese", *Journal of East Asian Linguistics.*

Parsons, Terence. (1990). *Events in the Semantics of English: a Study in Subatomic Semantics.* Cambridge, Mass: MIT Press.

Partee, Barbara H. (ed.) (1976). *Montague Grammar.* San Diego: Academic Press.

Partee, Barbara H. (1984). "Nominal and Temporal Anaphora". *Linguistics and Philosophy* Vol. 7, pp. 243—286.

Partee, Barbara H. (1987). "Possible Worlds in Model-theoretic Semantics: A Linguistic Perspective". In: Blevins, J. and Anne Vainikka (eds.) (1987) *Studies in Semantics. University of Massachusetts Occasional Papers in Linguistics*, pp. 1—44.

Partee, Barbara. (1988). "Many Quantifiers". In *Proceedings of the Eastern States Conference on Linguistics.* Ohio: Ohio State University, Columbus.

Partee, Barbara H. (1991). "Topic, Focus, and Quantification". In S. Moore and A. Wyner (eds.) *Proceedings from SALT1*, Ithaca: Cornell University Press.

Partee, Barbara H. (1992). "Syntactic Categories and Semantic Type". In Rosner and Johnson (eds.) (1992) pp. 97—126.

Partee, Barbara H. (1996). "The Development of Formal Semantics in Linguistic Theory", in Lappin (ed.) pp. 11—38.

Partee, Barbara H. (1999). "Focus, Quantification, and Semantic-Pragmatic Issues". In Peter Bosch and Rob van der Sandt (eds.) (1999) *Focus: Linguistic, Cognitive, and Computational Perspectives*, Cambridge University Press, pp. 187—212.

Partee, Barbara H., Alice ter Meulen, and Robert E. Wall (1990). *Mathematical Methods in Linguistics*. Dordrecht: Kluwer.

Partee, Barbara H., and Herman Hendriks (1997). "Montague Grammar", in van Benthem and ter Meulen (eds.), pp. 5—91.

Partee, Barbara. and Mats Rooth (1983). "Generalized Conjunction and Type Ambiguity". In R. Bauerle et al. (eds.) (1983), pp. 362—383.

Penrose, Roger. (1989). *The Emperor's New Mind*. Oxford University Press.

Pereira, Fernando. C. N. (1990). "Categorial Semantics and Scoping". *Computational Linguistics*. Vol. 16. pp. 1—10.

Perry, John. (1993). *The Problem of Essential Indexical and Other Essays*. Oxford University Press.

Peterson, Philip. (1997). *Fact, Proposition, Event*. Dordrecht: Kluwer.

Pietarinen, Ahti. (2001). *Semantic Games in Logic and Language*. Doctoral Dissertation. University of Helsinki.

Pinkal, Manfred. (1995). *Logic and Lexicon*. Dordrecht: Kluwer.

Pitcher, George. (1964). "Propositions and the Correspondence Theory of Truth". Originally taken from the Introduction to Pitcher (ed.) (1964) *Truth*. Englewood Cliffs, New Jersey: Prentice-Hall. Also in Rosenberg and Travis (eds.) (1971), pp. 223—233.

Poesio, Massimo. (1994). *Discourse Interpretation and the Scope of Operators*. Doctoral Dissertation. University of Rochester.

Polos, Laszlo. and Michael Masuch (eds.) (1995). *Applied Logic: How, What and Why—Logical Approaches to Natural Language*. Dordrecht: Kluwer.

Portner, Paul. and Barbara H. Partee (eds.) (2002). *Formal Semantics: the Essential Readings*. Oxford: Blackwell.

Prior, Arthur N. (1967). *Past, Present and Future*. Oxford University Press.

Quine, Willard. (1955). "Quantifiers and Propositional Attitudes". In Garfield J. and M. Kiteley (eds.) (1991) pp. 323—333.

Quine, Willard. (1960). *Word and Object*. Cambridge, Mass: MIT Press.

Radford, Andrew. (1988). *Transformational Grammar*. Cambridge University Press.

Reichenbach, Hans. (1947). *Elements of Symbolic Logic*. Berkeley: University of California Press.

Reinhart, Tanya. (1976). *The Syntactic Domain of Anaphora*. Doctoral Dissertation. MIT.

Reinhart, Tanya. (1983). *Anaphora and Semantic Interpretation*. London: Croom-Helm.

Reinhart, Tanya. (1995). *Interface Strategies. OTS Working Papers*. Research Institute for Language and Speech (OTS), Utrecht University.

Reinhart, Tanya. (1997). "Quantifier Scope: How Labor is Divided Between QR and Choice Functions". *Linguistics and Philosophy* 20, pp. 335—397.

Reuland, Eric. and Alice ter Meulen. (eds.) (1987). *The Representation of (In)-definiteness.* Cambridge, Mass: MIT Press.

Richard, Mark. (1990). *Propositional Attitudes: an Essay on Thoughts and How We Ascribe Them.* Cambridge University Press.

Richard, Mark. (1997). "Propositional Attitudes". In Hale and Wright (eds.) (1997), pp. 197—226.

Roberts, Craige. (1987). *Modal Subordination, Anaphora, and Distributivity.* Doctoral Dissertation, University of Massachusetts, Amherst.

Roberts, Craige. (1995). "Domain Restriction in Dynamic Interpretation". In Bach et al. (eds.) (1995).

Rooth, Mats. (1985). *Association with Focus.* Doctoral Dissertation, University of Massachusetts, Amherst, MA.

Rooth, Mats. (1992). "A Theory of Focus Interpretation". *Natural Language Semantics* 1, pp. 75—116.

Rooth, Mats. (1996). "Focus", in Lappin (ed.) (1996), pp. 271—297.

Rosenberg, Jay F. and Charles Travis (eds.) (1971). *Readings in the Philosophy of Language.* Englewood Cliffs, New Jersey: Prentice-Hall.

Rosner, Michael. and Roderick Johnson (eds.) (1992). *Computational Linguistics and Formal Semantics.* Cambridge University Press.

Rothstein, Susan. (ed.) (1998). *Events and Grammar.* Dordrecht: Kluwer.

Russell, Bertrand. (1905). "On Denoting". *MIND* Vol. 14. pp. 479—493. Reprinted in I. Copi. and J. Gould (eds.) (1967) *Contemporary Readings in Logical Theory.* New York: Macmillan. Also in J. Garfield and M. Kiteley (eds.) (1991), pp. 87—99.

Russell, Bertrand. (1940). *An Inquiry into Meaning and Truth.* London: Unwin.

Ruys, Eduard. (1992). *The Scope of Indefinites.* Doctoral Dissertation, Utrecht University. Published by Research Institute for Language and Speech (OTS), Utrecht University, the Netherlands.

Saarinen, Esa. (ed.) (1979). *Game-Theoretical Semantics.* Dordrecht: Reidel.

Sanford, David. (2003). *If P, then Q: Conditionals and the Foundations of Reasoning.* London: Routledge. Second Edition.

Schein, Barry. (1993). *Plurals and Events.* Cambridge, Mass: MIT Press.

Schwarzschild, Roger. (1996). *Pluralities.* Dordrecht: Kluwer.

Searle, John. (1968). "Austin on Locutionary and Illocutionary Acts". *The Philosophical Review*, LXXVII, NO. 4 (1968). Also in Rosenberg and Travis (eds.) (1971), pp. 262—275.

Seligman, Jerry. (ed.) (1995). *Situation Theory and its Applications.* Vol. 4. Stanford: Center for the Study of Language and Information.

Shen, Siguo. (沈思国) (1989) *A Study of English and Chinese Quantification*. M. A. Thesis, Fudan University, Shanghai.

Sher, Gila. (1991). *The Bounds of Logic—A Generalized Viewpoint*. Cambridge, Mass: MIT Press.

Smith, Carlota. (1991). *The Parameter of Aspect*. Dordrecht: Kluwer.

Soames, Scott. (1987). "Direct Reference, Propositional Attitudes, and Semantic Content". *Philosophical Topics* 15 (1987), pp. 44—87. Also in Ludlow (ed.) (1997), pp. 921—962.

Soames, Scott. (1999). *Understanding Truth*. Oxford University Press.

Spencer-Smith, Richard. (1987). "Semantics and Discourse Representation". *Mind & Language*. Vol. 2. NO. 1. pp. 1—26.

Sperber, Dan. and Deirdre Wilson (1986/1995). *Relevance: Communication and Cognition*. Oxford: Blackwell. Second Edition.

Stalnaker, Robert. (1976). "Propositions". In McKay and Merrill (eds.) (1976) *Issues in the Philosophy of Language*. New Haven: Yale University Press. Also in J. Garfield and M. Kiteley (eds.) (1991), pp. 467—477.

Steedman, Mark. (1993). "Categorial Grammar". *Lingua*. Vol. 90. pp. 221—258.

Steedman, Mark. (1996). *Surface Structure and Interpretation*. Cambridge, Mass: MIT Press.

Steedman, Mark. (2000). *The Syntactic Process*. Cambridge, Mass: MIT Press.

Stenius, Erik. (1976). "Comments on Jaakko Hintikka's Paper", *Dialectica* 30.

Suppes, Patrick. (1963). *Introduction to Logic*. Princeton: Van Nostrand. 6th Edition. 苏佩斯《逻辑导论》，宋文淦等译，北京：中国社会科学出版社，1984。

Szabó, Zoltán. (2000). *Problems of Compositionality*. New York & London: Garland Publishing.

Szabolcsi, Anna. (2000). "The Syntax of Scope". In Baltin and Collins (eds.) (2000), pp. 607—633.

Szabolcsi, Anna. (ed.) (1997). *Ways of Scope Taking*. Dordrecht: Kluwer.

Tarski, Alfred (1944). "The Semantic Conception of Truth and the Foundations of Semantics". Originally appeared in *Philosophy and Phenomenological Research*, Vol. 4 (1944), pp. 341—375. Also in Garfield and Kiteley (eds.) (1991), pp. 53—86, and in Martinich (ed.) (2001), pp. 69—91. 阿尔弗雷德·塔尔斯基"真理的语义学概念和语义学的基础"，肖阳译、涂纪亮校，载涂纪亮（主编）(1988)，第244—285页。

Tarski, Alfred. (1956a). "The Concept of Truth in Formalized Languages", in Tarski (1956b), pp, 152—278.

Tarski, Alfred. (1956b). *Logic, Semantics, Meta-Mathematics: Papers from 1923 to1938*. Oxford: Clarendon Press.

Tenny, Carol. (1994). *Aspectual Roles and the Syntax-Semantics Interface*. Dordrecht:

Kluwer.

Tenny, Carol. and James Pustejovsky (eds.) (2000). *Events as Grammatical Objects: the Converging Perspectives of Lexical Semantics and Syntax.* Stanford: Center foy the Study of Language and Information.

ter Meulen, Alice. (1995). *Representing Time in Natural Language.* Cambridge, Mass: MIT Press.

Thomason, Richmond H. (ed.) (1974). *Formal Philosophy—Selected Papers of Richard Montague.* Yale University Press.

Tichý, Pavel. (1988). *The Foundations of Frege's Logic.* Berlin: Walter de Gruyter.

Tsai, W.-T. Dylan（蔡维天）(1994) *On Economizing the Theory of A-bar Dependencies.* Doctoral Dissertation, MIT, Cambridge, MA.

Turner, Ken. (ed.) (1999). *The Semantics/Pragmatics Interface from Different Points of View.* Oxford, etc: Elsevier Science.

Turner, Raymond. (1992). "Properties, Propositions and Semantic Theory". In Rosner and Johnson (eds.) (1992), pp. 159—180.

Turner, Raymond. (1997). "Types". In van Benthem and ter Meulen (eds.) (1997), pp. 535—586.

van Benthem, Johan. and Alice ter Meulen (eds.) (1984). *Generalized Quantifiers in Natural Language.* Dordrecht: Foris.

van Benthem, Johan. and Alice ter Meulen (eds.) (1997). *Handbook of Logic and Language.* Amsterdam: Elsevier Science.

van Benthem, Johan. (1986). *Essays in Logical Semantics.* Dordrecht: Reidel.

van Benthem, Johan. (1991). *Language in Action: Categories, Lambdas and Dynamic Logic.* Amsterdam: Elsevier Science.

van der Does, Jaap. and Jan van Eijck (1996). "Basic Quantifier Theory". In van der Does and van Eijck (eds.) (1996), pp. 1—45.

van der Does, Jaap. and Jan van Eijck (eds.) (1996). *Quantifiers, Logic, and Language.* Stanford: Center for the Study of Language and Information (CSLI).

van Eijck, Jan. (1996). *Formal Forays into Language.* University of Utrecht. ms.

van Eijck, Jan. (2003). *Computational Semantics and Type Theory.* Amsterdam University. ms.

Vendler, Zeno. (1957). "Verbs and Times", *The Philosophical Review*, LXVI, pp. 143—160. Also in Vendler (1967), Chapter 4.

Vendler, Zeno. (1967). *Linguistics in Philosophy.* Ithaca, New York: Cornell University Press. 中英双语对照本: 泽诺·万德勒《哲学中的语言学》，陈嘉映译，北京：华夏出版社，2002 年 10 月第一版，2003 年 2 月第一次印刷。

Verkuyl, Henk J. (1993). *A Theory of Aspectuality: the Interaction between Temporal and Atemporal Structure.* Cambridge University Press.

Verschueren Jef., Jan-Ola Östman, and Jan Blommaert (eds.) (1995). *Handbook of*

Pragmatics. Amsterdam/Philadelphia: John Benjamins.

von Fintel, Kai. (1994). *Restrictions on Quantifier Domains.* Doctoral Dissertation, University of Massachusetts at Amherst.

von Heusinger, Klaus and Urs Egli (eds.) (2000). *Reference and Anaphoric Relations.* Dordrecht: Kluwer.

von Stechow, Anim. (1990). "Focusing and Backgrounding Operators", In W. Abraham (ed.), *Discourse Particles.* Amsterdam: John Benjamins.

Westerståhl, Dag. (1989). "Quantifiers in Formal and Natural Language". In Gabbay and Geunthner (eds.) (1983—89) Vol. 4. pp. 1—131.

Wilson, Deirdre. and Dan Sperber (1993). "Linguistic Form and Relevance". *Lingua*, Vol. 90. pp. 1—25.

Wilson, Robert. and Frank Keil (eds.) (1999). *The MIT Encyclopedia of the Cognitive Sciences.* Cambridge, Mass: MIT Press.

Winter, Yoad. (1995). "On the Formalization of Choice Functions as Representing the Scops of Indefinites". In G. Morrill and R. Oehrle (eds.) (1995) *Formal Grammar: Proceedings of the Conference of the European Summer School in Logic, Language, and Information.* Barcelona.

Winter, Yoad. (1997). "Choice Functions and the Scopal Semantics of Indefinites". *Linguistics and Philosophy* 20, 399—466.

Winter, Yoad. (2001). *Flexibility Principles in Boolean Semantics: the Interpretation of Coordination, Plurality, and Scope in Natural Language.* Cambridge, Mass: MIT Press.

Wittgenstein, Ludwig. (1922). *Tractatus Logico-Philosophicus.* 维特根斯坦《逻辑哲学论》,郭英译,北京:商务印书馆,1962。

Wood, Mary McGee. (1993). *Categorial Grammars.* London: Routledge.

Xu, Liejiong. (徐烈炯) (ed.) (1997) *The Referential Properties of Chinese Noun Phrases.* Ecole des Hautes Etudes en Sciences Sociales, Paris.

Xu, Liejiong. (徐烈炯) and Thomas Hun-tak Lee (李行德) (1989). "Scope Ambiguity and Disambiguity in Chinese". In *Papers from the 25th Chicago Linguistics Society Meeting*, pp. 451—466.

Yang, Suying. (杨素英) (1995). *The Aspectual System of Chinese.* Doctoral Dissertation, University of Victoria.

Yang, Rong. (2001). *Common Nouns, Classifiers, and Quantification in Chinese.* Doctoral dissertation, Rutgers University.

Yeh, Meng. (叶萌) (1991). "The Stative Situation and the Imperfective *Zhe* in Mandarin". In Cynthia McLemore (ed.) (1991) *Texas Linguistic Forum.* 32: *Discourse.* Department of Linguistics and the Center for Cognitive Science. The University of Texas at Austin. pp. 231—270.

Yeh, Meng. (叶萌) (1996). "An Analysis of the Experiential guo_{EXP} in Mandarin:

a Temporal Quantifier". *Journal of East Asian Linguistics*. Vol. 5. pp. 151—182.

Zadrozny, Wlodek. (1994). "From Compositional to Systematic Semantics", *Linguistics and Philosophy*, Vol. 17, pp. 329—342.

Zhang, Qiao. (张乔) (1996). *The Semantics of Fuzzy Quantifiers.* Doctoral Dissertation, University of Edinburgh.

Zucchi, Alessandro. (1993). *The Language of Propositions and Events.* Dordrecht: Kluwer.

陈嘉映（2003）：《语言哲学》，北京大学出版社。

陈平（1988）："论现代汉语时间系统的三元结构"，《中国语文》1988年第6期。另载陈平（1991a），第142—180页。

陈平（1991a）：《现代语言学研究——理论·方法与事实》，重庆出版社。

陈平（1991b）："英汉否定结构对比研究"，载陈平（1991a），第210—246页。

陈宗明（主编）（1993）：《汉语逻辑概论》，北京：人民出版社。

戴维森（著）、牟博（编译）（1993）：《真理、意义、行动与事件——戴维森哲学论文选》，北京：商务印书馆。

方立（1993a）："数学与蒙太古语法"，载方立（1993b），第143—157页。

方立（1993b）：《美国理论语言学研究》，北京语言学院出版社。

方立（1997）：《数理语言学》，北京语言文化大学出版社。

方立（2000）：《逻辑语义学》，北京语言文化大学出版社。

冯胜利（1997）："'管约理论'与汉语的被动句"，《中国语言学论丛》，北京语言文化大学出版社。另载冯胜利（1997）《汉语的韵律、词法与句法》，北京大学出版社。

龚千炎（1995）：《汉语的时相、时制、时态》，北京：商务印书馆。

何元建（1995）："X-标杠理论与汉语词组结构"，《国外语言学》，1995，Vol.2，第36—44页。

蒋严（1998）："语用推理与'都'的句法/语义特征"，《现代外语》，NO.1，第10—24页。

蒋严（2000）："汉语条件句的违实解释"，《语法研究和探索》十，北京：商务印书馆，第257—279页。

蒋严（2002）："论语用推理的逻辑属性——形式语用学初探"，《外国语》，NO.3，第18—29页。

蒋严（2004）"形式语用学与显义学说——兼谈显谓与汉语配价研究的关系"，载刘丹青（主编）《语言学前沿与汉语研究》，上海教育出版社。

金顺德（1994）："蒙塔古语法"，俞如珍、金顺德(编著)(1994)《当代西方语法理论》,上海外语教育出版社,第366—405页。

靳光瑾（2001）：《现代汉语动词语义计算理论》，北京大学出版社。

康宏逵（编译）（1993）：《可能世界的逻辑》，上海译文出版社。

李宝伦、潘海华（1999）："焦点与'不'字句之语义解释"，《现代外语》，NO.2，第111—127页。

李宝伦、潘海华（即出）："焦点关联

现象与对焦点敏感的结构",徐烈炯、潘海华(主编)(即出),第105—130页。

李珊(1994):《现代汉语被字句研究》,北京大学出版社。

林杏光、王玲玲、孙德金(合编)(1994):《现代汉语动词大词典》,北京语言学院出版社。

卢卡西维茨(1981):《亚里士多德的三段论》,北京:商务印书馆。[Jan Eukasiewicz (1957) Aristotle's Syllogistic: From the Standpoint of Modern Formal Logic. Second Edition. Oxford University Press.]

陆俭明(1986):"周遍性主语句及其他",《中国语文》1986年第3期。

马庆株(1981):"时量宾语和动词的类",《中国语文》1981年第2期。

莫绍揆(1980):《数理逻辑初步》,上海人民出版社。

潘海华(1996):《篇章表述理论概说》,《国外语言学》第3期,第17—26页。

邵京(1988):"语言差别与思维差异——汉英反事实假设研究综述",《外语教学与研究》第73期,第2—9页。

宋国明(1997):《句法理论概要》,北京:中国社会科学出版社。

宋玉柱(1991):《现代汉语特殊句式》,山西教育出版社。

涂纪亮(主编)(1988):《语言哲学名著选辑(英美部分)》,北京:生活·读书·新知三联书店。

王路(译)(1994):《弗雷格哲学论著选辑》,北京:商务印书馆。

王维贤、张学成、卢曼云、程怀友(1994):《现代汉语复句新解》,上海:华东师范大学出版社。

韦世林(1994):《汉语-逻辑相应相异研究》,云南教育出版社。

吴道平(1986):"蒙塔古句法学",《现代英语研究》第15期。

吴道平(1987):"蒙塔古语法理论概观",《外国语》,1987年第2期。

邢福义(2001):《汉语复句研究》,北京:商务印书馆。

徐烈炯(1988):《生成语法理论》,上海外语教育出版社。

徐烈炯(1990/1995):《语义学》(修订本),北京:语文出版社。

徐烈炯(1993):《当代国外语言学:学科综述》,河南人民出版社。

徐烈炯、潘海华(主编)(即出):《焦点结构和意义的研究》,北京:外语教学与研究出版社。

徐颂列(1998):《现代汉语总括表达式研究》,杭州:浙江教育出版社。

徐阳春(2002):《现代汉语复句句式研究》,北京:中国社会科学出版社。

于思(1993):《句法的逻辑分析》,北京:中国社会科学出版社。

中国社会科学院语言研究所词典编辑室(编)(1996):《现代汉语词典》修订本,北京:商务印书馆。

周斌武、张国梁(1996):《语言与现代逻辑》,上海:复旦大学出版社。

周祯祥(1994):"蒙塔古语用学基本概念及一般系统",中国逻辑学会语言逻辑专业委员会/符号学专业委员会(编)(1994)《逻辑语用学与语义学》,郑州:

中州古籍出版社，第153—171页。

朱水林（主编）（1992）：《逻辑语义学研究》，上海教育出版社。

邹崇理（1995）：《逻辑、语言和蒙太格语法》，北京：社会科学文献出版社。

邹崇理（1996）："广义量词理论和汉语量化句"，Paper presented at the Symposium on the Referential Properties of Chinese Noun Phrases. The City University of Hong Kong。

邹崇理（2000）：《自然语言逻辑研究》，北京大学出版社。

邹崇理（2002）：《逻辑、语言和信息：逻辑语法研究》，北京：人民出版社。